Geistliches Wunderhorn

Geistliches Wunderhorn

Große deutsche Kirchenlieder

Herausgegeben,
vorgestellt und erläutert von

Hansjakob Becker
Ansgar Franz
Jürgen Henkys
Hermann Kurzke
Christa Reich
Alex Stock

unter Mitwirkung von
Markus Rathey

Verlag C.H.Beck München

Mit 74 Abbildungen

Die Vignette auf Seite 2 ist dem Gesangbuch
*Mainz 1841 entnommen.

ISBN 3 406 48094 2

Gestaltung und Satz: Michael Hempel, München
Druck und Bindung: Kösel, Kempten
Gedruckt auf säurefreiem, alterungsbeständigem Papier
(hergestellt aus chlorfrei gebleichtem Zellstoff)
Printed in Germany

www.beck.de

Inhaltsverzeichnis

Vorwort

> Alle Epochen, in welchen der Glaube herrscht, unter welcher Gestalt er auch wolle, sind glänzend, herzerhebend und fruchtbar für Mitwelt und Nachwelt. Alle Epochen dagegen, in welchen der Unglaube, in welcher Form es sei, einen kümmerlichen Sieg behauptet, und wenn sie auch einen Augenblick mit einem Scheinglanze prahlen sollten, verschwinden vor der Nachwelt, weil sich niemand gern mit Erkenntnis des Unfruchtbaren abquälen mag. (Goethe)[1]

Des Knaben Wunderhorn heißt eine Sammlung alter deutscher Lieder, die Achim von Arnim und Clemens Brentano 1805–1808 in Heidelberg herausgegeben haben. Wie die Brüder Grimm ihre *Kinder- und Hausmärchen* in einem geschichtlichen Augenblick sammelten, als das Volk keine Märchen mehr erzählte, so präsentierten Arnim und Brentano «Volkslieder», die das Volk, wenn es sie überhaupt je gekannt hat, inzwischen vergessen hatte. Wenn die Sammler kommen, dann ist eine Gestalt des Lebens alt geworden. Mit Sammeln läßt sie sich nicht verjüngen, sondern nur erkennen: «Die Eule der Minerva», bemerkt Hegel,[2] «beginnt erst mit der einbrechenden Dämmerung ihren Flug.»

Schon Clemens Brentano soll, einer Familienüberlieferung zufolge, ein «Geistliches Wunderhorn» geplant haben.[3] Es hätte sich nicht nur an die Frommen, sondern auch an jenen Personenkreis richten sollen, dem Friedrich Schleiermacher seine *Reden über die Religion* zugedacht hatte, an «die Gebildeten unter ihren Verächtern» also. Brentanos seinerzeit unverwirklicht gebliebenen Gedanken aufnehmend, möchte das vorliegende Buch Kirchenlieder und geistliche Lieder einer aufgeklärten Öffentlichkeit als Kulturgut attraktiv zu machen versuchen, zu einem Zeitpunkt, da die Weitergabe der christlichen Überlieferung an die nächste Generation auf eine bisher nicht gekannte Schwundstufe reduziert scheint und selbst denen, die bisweilen den Fuß in eine Kirche setzen, viele der hier vorgestellten Lieder unbekannt sind, zumindest in ihrer originalen Gestalt. Tradition ist zerbrechlich. Ist das Haus einmal abgerissen, weiß niemand, ob es je wieder errichtet wird. «Wär ich ein Bienenvater», schrieb Achim von Arnim über *Des Knaben Wunderhorn*, «ich würde sagen, es war der letzte Bienenstock, er wollte eben wegschwärmen, es hat uns wohl Mühe gemacht, ihn im alten Hause zu sammeln, bewahrt ihn, stört ihn nicht, genießt seines Honigs wie recht.»[4]

Kirchenlieder sind Gebrauchsliteratur. Sie werden üblicherweise nicht in kritischen Editionen überliefert, sondern in Gesangbüchern, die sie den verschiedensten Bedürfnissen anzupassen pflegen. Daß solche Anpassungen vollzogen werden, ist kein Zeichen der Schwäche und Treulosigkeit, sondern der lebendigen Kraft einer Tradition, die sich das Überlieferte durch Erneuerung zu eigen macht. Fast alle Lieder Martin Luthers sind Bearbeitungen von Vorlagen, überformen Altes aus neuer Begeisterung heraus. Zeiten großer Texttreue sind nicht automatisch Zeiten starken Glaubens, sondern oft im Gegenteil Zeiten geringer Eigenproduktivität, Zeiten dogmatischer Verhärtung oder Zeiten eines nostalgischen Historismus, der in der Vergangenheit die Größe sucht, die er in der eigenen Zeit nicht mehr findet.

Die letzte große Kirchenliednostalgie entstand, als die Aufklärung versuchte, die althergebrachten Choräle des 16. und 17. Jahrhunderts in ihrem Geist zu bearbeiten oder durch «vernünftige» und «moderne» Gesänge zu ersetzen. Damals schrieb Johann Gottfried Herder in der Vorrede des von ihm herausgegebenen Weimarer Gesangbuchs:[5]

> Ein Wahrheits- und Herzensgesang, wie die Lieder Luthers alle waren, bleibt nie mehr derselbe, wenn ihn jede fremde Hand nach ihrem Gefallen ändert, so wenig unser Gesicht dasselbe bliebe, wenn jeder Vorübergehende darinn schneiden, rücken und ändern könnte, wie's ihm, dem Vorübergehenden, gefiele.

Den neuen Liedern wirft Herder vor, daß sie kühle Machwerke seien, routiniert verfertigt, aber nicht aus dem echten Glauben entsprungen. Die alten hingegen:

> welche Seele, welche Brust ist in ihnen! Aus dem Herzen entsprungen, gehen sie zu Herzen, erheben dasselbe, trösten, lehren, unterrichten, daß man sich immer im Lande der geglaubten Wahrheit, In GOttes Gemeine, in freiem Raume ausser seiner alltäglichen Denkart und geschäftigen Nichtsthuerei fühlet. [...] Sollten diese letztern, die ich die bessern nenne, nun auch in alten Melodien und Reimen seyn, sollten sie auch die treuherzige Sprache der verlebten Zeit und hie und da zu viele Sylben in einer Reihe haben; gerade diese alte Melodien, diese treuherzige Altvatersprache, einer, leider! verlebten Zeit und der ungezählte, hinüberlaufende Herzensüberfluß zu vieler Sylben und Worte macht auf eine bewundernswürdige Weise den Reiz und die Kraft dieser Lieder, so, daß man nicht glätten, nicht rücken und schneiden kann, oder der erste unmittelbare Eindruck wird geschwächt und das Ehrwürdige der alten Vatergestalt geht verloren.

Das ist unverkennbar der Tonfall der Nostalgie. Eigentlich hätte, wenn das aufklärerische Fortschrittspathos recht behalten hätte, nach der Abendröte schon damals die definitive Nacht hereinbrechen müssen. Aber es kam anders. Auf Hegels Dämmerung folgte ein neuer Morgen, wider alle mythenkritische Vernunft. So wie man im 19. Jahrhundert wieder Märchen erzählte und Volkslieder sang, sich dabei im Strome einer alten Überlieferung fühlte und aus dem Gedächtnis verlor, daß man die schönen Antiquitäten nicht aus der Hand des Volkes, sondern aus der Hand von Sammlern und Intellektuellen empfangen hatte, so kam es auch zu einer Wiederbelebung des Kirchenlieds, bei der bald die Nostalgie vergessen wurde und es als natürlich zu gelten begann, daß ein moderner Mensch Lieder des 16. und 17. Jahrhunderts sang.

Der größere Teil unserer gebildeten Öffentlichkeit definiert sich heute säkular. Vom Religiösen scheint nur noch der gelegentliche Phantomschmerz zu zeugen, den das wegoperierte Organ hinterließ. Etwas Unbestimmtes fehlt seitdem. Darf man sich erlauben, zur Linderung des Mangels die alten Lieder, die auch ohne explizite Frömmigkeit voller großer Bilder sind, wenigstens kulturell lebendig zu halten? Sich ihrer wenigstens zitatweise zu erinnern, anstatt aufgeklärt ins Leere zu starren? Goethe, kein Kirchgänger, hielt sich doch von den Zerstörern des Christentums fern. «Die Menschen», sagte er zu Friedrich Wilhelm Riemer, «sind nur so lange produktiv in Poesie und Kunst, als sie noch religiös sind; dann werden sie bloß nachahmend und wiederholend.»[6] Was wäre sein Faust ohne Teufel, ohne Himmel? Flach. Ob, was kulturell bewahrenswert ist, religiös wiederkehren kann oder sollte, ist eine andere Frage. Vielleicht dann, wenn alles noch weiter zugrunde gerichtet ist, so daß, was jetzt als verstaubt und überholt gilt, wieder neu und überraschend erscheinen kann. Wahrhafte Anarchie sei das Zeugungselement der Religion, verkündete Novalis. «Als eine fremde unscheinbare Waise muß sie erst die Herzen wiedergewinnen.»[7]

Vignette aus *Des Knaben Wunderhorn*

Aber so weit darf der Ehrgeiz dieses Buches nicht reichen. Es will nur den Zauber des Christentums seiner gegenwärtigen Depression entgegenhalten. Es spricht von der Schönheit des Christentums[8] beschwörender als von seiner Wahrheit. Es will den Kirchenlied-Diskurs wieder anschlußfähig machen an die Zeitgeistdebatten der Gegenwart. Es will die untergehende Sonne nützen, nicht um das Hegelsche Grau in Grau zu malen, sondern um die Seelenlandschaft der alten Lieder in die Farben des Abendlichtes zu tauchen, «bevor die Nacht sinkt, eine lange Nacht vielleicht und ein tiefes Vergessen».[9] Es versteht sich als Dienstleistung am kulturellen Gedächtnis. In der *Divina Commedia* ist von einem Manne die Rede, der ein Licht auf dem Rücken trägt, das ihm nicht leuchtet, aber hinter ihm den Kommenden den Weg erhellt.[10]

Einem kleineren und leiseren Teil unserer Öffentlichkeit leuchtet dieses Licht auch heute noch. Wieso Abschied, fragen sie, wieso Nostalgie und untergehende Sonne, wo doch weltweit das Kirchenlied im Aufwind ist, wenn auch nicht gerade in Deutschland, wo aber auch die deutschsprachigen

Länder mit dem *Evangelischen Gesangbuch* (das seit 1993 in Deutschland eingeführt wurde) sowie dem Reformierten und dem Katholischen Gesangbuch der deutschsprachigen Schweiz (beide seit 1998) vielbeachtete Bücher hervorgebracht haben, von einer Qualität, die in der Gesangbuchgeschichte ihresgleichen sucht! Durchaus ist das Christentum nicht am Ende, auch in Deutschland nicht.

Freilich würden die Kirchen kulturell ernster genommen, wenn sie sich selbst ernster nähmen. Das *Geistliche Wunderhorn* will das Desinteresse an der überlieferten Glaubensgeschichte und die Verwahrlosung des christlichen Bewußtseins bekämpfen und den Stolz auf die eigene Tradition stärken. Es will Brücken zwischen dem Alten und dem Neuen bauen und an das Reservoir der Vergangenheit erinnern, das helfen kann, die religiöse Spracharmut wenigstens zitativ zu überwinden. Wofür unsere Zeit keine eigene Sprache mehr hat (wie im Bereich der letzten Dinge), dafür hat sie den Schatz des schon Formulierten, schon in Verse und Melodien Gegossenen, Zitierbaren zur Verfügung, dessen Kunstcharakter überdies den vielen Menschen Schutz bietet, denen ein legitimes Bedürfnis nach religiöser Diskretion kein lautes Bekenntnis mehr gestattet.

Das Buch beginnt mit den hebräischen, griechischen und lateinischen Quellflüssen des deutschen Kirchenlieds. Es strömt wie ein Delta aus mit drei Liedern, die aus dem Englischen, dem Schwedischen und dem Niederländischen übersetzt sind. Damit wird der Internationalisierung des Kirchenlieds in den letzten Jahrzehnten Rechnung getragen und sinnfällig gemacht, daß Deutschland, was die Produktivität in diesem Bereich angeht, heute keinen Spitzenplatz mehr einnimmt.

Die chronologische Anordnung der fünfzig Lieder richtet sich nach dem Zeitpunkt der ersten deutschsprachigen Bezeugung des Textes, auch dann, wenn aus den verschiedensten Gründen dieses früheste Zeugnis nicht immer als Editionsgrundlage verwendet werden kann. Der Entstehungszeitpunkt der Melodie bleibt bei der Reihung unberücksichtigt.

Was die Liedauswahl betrifft, war der wichtigste Prüfstein die poetische und musikalische Qualität. Man wird viele große Namen unter den Textdichtern wie unter den Komponisten finden. In weitem Abstand davon haben auch andere Kriterien eine Rolle gespielt, etwa die liturgische Bedeutung und eine ausreichende Berücksichtigung aller Jahrhunderte. Daß, angesichts der vielen tausend Lieder, die es gibt, auch subjektive Vorlieben der Herausgeber eingeflossen sind, versteht sich; es sollte auch neben der Aufnahme von unbestrittenen Klassikern ein gewisser Spielraum für Neu- und Wiederentdeckungen bleiben.

Konfessionelle Gesichtspunkte durften nicht im Wege stehen. Die Sammlung ist ökumenisch nicht in dem Sinne, daß man sich auf dem Niveau des kleinsten gemeinsamen Nenners beider Konfessionen träfe, sondern daß sie Lieder dezidiert katholischer Tradition (wie *Maria Maienkönigin*) ebenso enthält wie solche dezidiert evangelischer Tradition (wie *Nun freut euch, lieben Christen g'mein*) und beiden Seiten anbietet, vom Reichtum der jeweils anderen Kenntnis zu nehmen und Gebrauch zu machen. Die konfessionelle Prägung ist oft tiefer, als das Bewußtsein zugeben möchte; das haben jedenfalls die Bearbeiter, von denen Jürgen Henkys und Christa Reich aus der evangelischen Tradition, die übrigen aus der katholischen inspiriert sind, bei ihrem Austausch oft erfahren.

Der editorische Teil möchte, in Absetzung von den meistens nicht originalgetreuen Gesangbuchdrucken mit ihren oft fragwürdigen Quellenangaben, die Überlieferungslage transparent machen, die Lieder von mancherlei Schlacken befreien und text- wie melodiekritisch geprüfte Worte und Weisen präsentieren. Alte Texte werden behutsam orthographisch modernisiert. Darüber hinausgehende Eingriffe an Stellen, wo es die Verständlichkeit erfordert, werden einzeln kenntlich gemacht. Ein einheitliches Editionsprinzip kann nicht aufgestellt werden. Wo es einen autorisierten Erstdruck oder einen sonstwie «originalen» Text gibt, ist dieser die Richtschnur. Bei etlichen Liedern aber verlieren sich die Ursprünge im dunkeln. Für manche ist es geradezu konstitutiv, daß es keinen «Urtext» gibt, sondern nur eine prozeßhafte Überlieferung, die zwar von Zeit zu Zeit zu festeren Gebilden auskristallisiert, in anderen Zeiten aber die Textgrenzen auflöst und in einen flüssigen Aggregatzustand zurückkehrt, aus dem sich wechselnde Mischungen und schließlich neue Verfestigungen bilden. Manche Lieder finden nicht bei ihrer Entstehung, sondern erst durch spätere Überformungen ihre schönste Ausprägung. Das Ganze kompliziert sich noch einmal dadurch, daß auch die Melodien sich wandeln, daß Lieder manchmal erst nach Generationen ihre Melodie aufspüren, während die Erstdrucke nicht selten andere (und oft schlechtere) Melodiezuweisungen haben. Eine kanonisch gültige, über die Jahrhunderte konstante Gestalt des Gesamtgebildes Lied gibt es oft überhaupt nicht. Die Edition will zwar Rechenschaft über die vorgenommenen Text- und Melodie-Entscheidungen ablegen, kann aber keine komplette historisch-kritische Dokumentation bieten.

In vielen Fällen verleihen erst die Melodien einem Text die spezifische Prägung. Die Edition erfolgt, von wenigen Ausnahmen abgesehen, einstimmig, auch dann, wenn die als Druckvorlage verwendete Quelle mehrstimmig ist. Musikwissenschaftliche Analyse kann die formalen und musikalischen Charakteristika einer Melodie darstellen. Es ist aber sehr schwer, Liedmelodien über das Fachsprachliche hinaus so zu charakterisieren, daß ihre Tiefenwirkung überzeugend erklärt wird. Eine beschriebene Melodie ist wie ein beschriebener Kuß. Die unterschiedliche musikologische Kompetenz der Bearbeiter hat oft auch bei sehr bedeutenden Melodien zum Verzicht auf solche Beschreibungen genötigt. Nur in herausgehobenen Fällen (zum Beispiel für die zwölftönige Melodie von *Der du uns weit voraus*) kann der Kommentar vom Singen Ergiebiges vermelden. Er konzentriert sich meistens auf die Texte, gibt Hinweise zur Entstehung und zur Wirkungsgeschichte, erläutert die poetische Struktur und die heute oft nicht mehr auf den ersten Blick verständlichen theologischen, biblischen, liturgischen und kulturgeschichtlichen Hintergründe. Er zeigt, wie sich die Lieder wandeln, immer neuen Kontexten ihre Dienste anbieten. Lange nicht oder nie Gehörtes erschließt sich. Die Liedbiographien von *O heilge Seelenspeise*, von *O du hochheilig Kreuze*, von *Wunderschön prächtige*, von *Du Kind, zu dieser heilgen Zeit*, um nur einige Beispiele zu nennen, waren bisher mehr oder weniger unerforscht. Fünfzig verschiedene Lieder, das sind fünfzig Geschichten, deren keine der anderen gleicht, Lebensläufe voller unerwarteter Wendungen, Pointen und Anekdoten. Was hat *Lobe den Herren* mit dem Neandertaler zu tun? Wie heißt das Schiff (*Es kommt ein Schiff, geladen*)? Wie schnell ist ein Auferstandener (*Ist das der Leib, Herr Jesu Christ*)? Wie lautet der Name der Rose (*Es ist ein Ros entsprungen*)?

Der Wunsch besteht, die Lieder nicht nur wissenschaftlich zu erschließen, sondern auch kulturell wieder zum Leuchten zu bringen. Die beiliegende CD des Windsbacher Knabenchors bietet das Hörerlebnis zu dem, was das Buch will. Das *Geistliche Wunderhorn* kann als Intimgeschichte des Christentums gelesen werden, als Sammlung von Essays über geistliche Kunstwerke oder als hymnologische Fachliteratur. Es kann zusammen mit der CD als Inspiration für Gottesdienste und Predigten dienen und auch zum Singen oder Aufführen verwendet werden. Es richtet sich an solche, die sich als Gläubige verstehen, aber ebensosehr an die vielen, die das nicht mehr von sich sagen wollen oder können. Den ersten möge es dazu dienen, ihre Erfahrung wieder an den Strom der Tradition anzuschließen. Den letzteren ist es nahe durch die unvermeidliche Teilhabe jedes denkenden Menschen von heute an den guten Gründen des Unglaubens, aber auch in der Gewißheit, daß das, was Jahrtausende wichtig war, nicht gänzlich veralten kann. Jedenfalls sind alle willkommen. «In meines Vaters Haus sind viele Wohnungen» (Joh 14,2).

H. K.

Eingang

Die Christen hätten eine Musik, die die der anderen Religionen weit übertreffe, soll Julian Apostata gesagt haben, der «Abtrünnige» auf dem römischen Kaiserthron, der, anders als sein Großonkel Konstantin, nicht den ‹neuen›, an der Milvischen Brücke siegreichen Christus, sondern den ‹alten› Sonnengott Helios als Reichsgott etablieren wollte. Mit einer Rückkehr zu den alten Werten versuchte er, sein zerfallendes Weltreich zu retten, und seine Bemerkung über die Qualität christlicher Musik ist kein Gefälligkeitsurteil eines Parteigängers – sympathisch waren ihm diese Neuerer, die ‹Galiläer›, wie er die Christen nannte, nun wirklich nicht.

Freilich läßt sich seine Behauptung auch nicht näher überprüfen, denn zu spärlich ist das, was wir von den Anfängen der christlichen Musik und von der Musikpraxis der anderen Religionen wissen. Deutlich wird aus den Quellen jedoch, daß die Frage nach Musik und Gesang von zentraler Bedeutung für das junge Christentum ist, und zwar nach innen wie nach außen hin. Die Positionen nach außen hin, im Blick auf das pagane Umfeld, werden markiert durch penible Abgrenzung. Die Kritik an der heidnischen («Theater»-) Musik ist – da diese mit dem alten Götterglauben verbunden war – ausgesprochen scharf und fast allgegenwärtig. Berufsmusiker müssen wie Schauspieler und Bordellbesitzer den Beruf wechseln, bevor sie in die christliche Gemeinde aufgenommen werden. Auch im Innenbereich der Gemeinden steht die Frage nach Musik und Gesang im Zusammenhang mit dem grundsätzlichen Problem der angemessenen Gottesverehrung. Da nach dem Opfertod Christi am Kreuz alle anderen kultischen Opfer sinnlos geworden sind, kann christlicher Gottesdienst nur «geistiges Opfer» sein, Lobpreis Gottes also, und besonders: gesungener Lobpreis Gottes. Die Lobopfer der Christen, fordert Tertullian († nach 220) in seiner Schrift «Über das Gebet», sollen «mit dem Schmuck guter Werke unter Psalmen- und Hymnengesang zum Altare Gottes»[1] gebracht werden.

Gesungen wird tatsächlich viel und oft, nicht nur in den Gottesdiensten, auch im familiären Bereich, bei der häuslichen Arbeit, bei den Mahlzeiten. Der berühmte Prediger Johannes Chrysostomus († 407), dessen «Goldmund» recht scharfzüngig sein konnte, läßt sich die Gelegenheit nicht entgehen, anläßlich der christlichen Mahlgesänge auf die Lieder der heidnischen Bankette hinzuweisen:

Dies sage ich nicht, damit ihr allein lobsingt, sondern damit ihr auch eure Frauen und Kinder solche Lieder, nämlich Psalmen und Hymnen, singen lehrt, und zwar nicht allein am Webstuhl oder bei anderen Arbeiten, sondern vor allem auch bei Tisch. Denn da namentlich bei den Gastmählern der Teufel auf der Lauer liegt, weil er dort Trunksucht, Völlerei und Gelächter sowie Unbescheidenheit und Zügellosigkeit der Seele zu Bundesgenossen hat, so ist es besonders dort notwendig, vor Tisch und nach Tisch die von den Psalmen herrührende Sicherheit wie eine Festung gegen ihn aufzubauen und, indem man sich vom Mahl erhebt, gemeinsam mit Weib und Kind Gott heilige Hymnen zu singen. Wie nämlich diejenigen, die Schauspieler, Tänzer und unzüchtige Weiber zu den Gastmählern laden, die Dämonen und den Teufel dorthin rufen und auf diese Weise ihre Häuser mit unzähligen Feinden füllen, so holen diejenigen, die David mit der Harfe herbei bitten, durch ihn Christus in ihr Heim. Wo Christus ist, da hat kein Dämon Platz. Jene machen ihr Haus zu einem Theater, du aber mach deine Wohnung zu einer Kirche.[2]

Hebräische Psalmen

David mit der Harfe herbeibitten – die Bemerkung zeigt, wo christlicher Gesang im Bewußtsein der Alten Kirche seine Wurzeln hat. Was der Apostel Paulus in seinem Brief an die Römer grundsätzlich über das Verhältnis der Kirche zu Israel sagt – daß nämlich die (Heiden-)Christen als wilde Zweige in den edlen Ölbaum Israel eingepfropft wurden und so Anteil an der Kraft der Wurzel erlangt hätten, weshalb sie Israel mit Achtung begegnen sollten: «Nicht du trägst die Wurzel, sondern die Wurzel trägt dich» (Röm 11,18) –, gilt auch für die Musik. Die Bibel Israels, das sogenannte Alte Testament, bezeugt eine vielfältige Musiktradition in den unterschiedlichsten Bereichen. Musik und Gesang gehören zum Kult wie zum Alltag. Die Psalmen, erst nachträglich in einem langen Redaktionsprozeß durch das Zusammenwachsen verschiedener Sammlungen zu einem Buch mit 150 Stücken vereinigt,[3] illustrieren diese Vielgestaltigkeit. Neben Lobhymnen finden sich Klagelieder, neben Weisheitsdichtungen und Geschichtserzählungen stehen Psalmen zu liturgischen Anlässen wie Krönungsritual und Bußgottesdienst, es gibt Wallfahrtslieder und Lieder zum Tempelopfer. Die Dichter und Sänger der Psalmen gelten als Weise und Seher (2 Chr 29,30; 35,15), und ein guter König ist auch ein guter Liedschöpfer. David wird mit weitem Abstand am häufigsten, nämlich dreiundsiebzigmal, in den Psalmenüberschriften als Autor genannt, aber Salomon, sein Sohn und Nachfolger, übertrifft den Vater nicht nur in der Anzahl der Ehefrauen: «… und die Zahl seiner Lieder betrug tausendundfünf», heißt es in dem Leporello des ersten Königsbuches (1 Kön 5,12). So wird auch das Hohe Lied der Liebe, dessen Aufnahme in den Kanon der Heiligen Schrift zu allen Zeiten Fromme und Unfromme erstaunt hat, dem weisen König Salomon zugeschrieben.

Auch wenn die moderne Musikforschung eher zurückhaltend ist, was eine Kontinuität der *musikalischen Formen* zwischen den jüdischen Gemeinden und der frühen Kirche angeht,[4] so ist doch unzweifelhaft, daß hinsichtlich des *Textrepertoires* das Christentum fest im «Ölbaum» Israel verwurzelt ist.

Halleluja הַלְלוּ־יָהּ

Ein fremder Sprachsplitter wandert durch die deutsche Sprache: Halleluja! An ganz unterschiedlichen Orten begegnet dieses Wort. Manche kennen es aus der Kirche. Liebhaber oratorischer Musik verbinden es mit dem berühmten Chor aus Händels «Messias». Anderen ist es aus Gospels oder Spirituals geläufig, und auch der Popmusik ist das Wort nicht fremd. Als Seufzer der Erleichterung kann sich das Halleluja in der Alltagssprache melden, und auch im Filmtitel taucht es auf: «Vier Fäuste für ein Halleluja». So ist das fremde Wort vielfach präsent in der deutschen Sprache, und für viele, die es hören oder benutzen, ist es mit positiver Stimmung verbunden, auch wenn sie gar nicht wissen, was es bedeutet: hallelu-jah, «lobt Gott!»

Mit diesem Ruf enden die 150 Psalmen. Schon jedes der fünf Bücher, in welche der Psalter – in Anlehnung an die fünf Bücher der Tora – geordnet ist, mündet in diese Aufforderung. Und am Ende des fünften Buches stehen fünf Psalmen, die mit hallelu-jah beginnen und enden. Dabei steht die Silbe jah für den Namen des Gottes Israels.

Uralt sind die Psalmen. Aus der Tiefe von drei Jahrtausenden kommen sie, aber bis in die heutige Zeit haben sie Frische und Vitalität bewahrt. Immer noch reizen sie Poeten und Sprachliebhaber zu neuen Übersetzungen und Weiterschreibungen;[5] immer noch inspirieren sie Musikschaffende zu neuen Kompositionen;[6] und bis heute werden Psalmen in aller Welt in vielen Sprachen gesungen, gebetet, rezitiert – von Juden und von Christen. Es ist nicht selbstverständlich, daß Texte diesen Alters nicht nur Gegenstand literaturwissenschaftlicher, philologischer und theologischer Bemühung sind, sondern daß sie auch in lebendigem Gebrauch erscheinen.

Ohne die Psalmen ist christliches Singen nicht denkbar. Dies gilt in mehrfacher Hinsicht. Sehr früh schon hat der Umgang mit den Psalmen die gottesdienstlichen Versammlungen und die persönliche Frömmigkeit, aber auch das theologische Erkennen geprägt. Später, in den Klöstern, wurde der Psalter zur Sprachschule für Theologie und Spiritualität: Man sang und betete die Psalmen, sie wurden meditiert und studiert. Jahrhundertelang blieb das so. Noch Martin Luthers Theologie ist ohne diesen Hintergrund nicht zu verstehen. Für ihn waren die Psalmen die «kleine biblia»,[7] die er in seinen Psalmliedern auch der christlichen Gemeinde in den Mund legte.

Die Bedeutung der Psalmen für Kirche und Theologie liegt aber nicht nur in der umfassenden und andauernden Rezeption ihrer Texte. Mindestens ebenso bedeutsam ist jene Grunderfahrung Israels, die zur Entstehung der Psalmen geführt hat: Wo der

Gott Israels begegnet, da sind Poesie und Musik nie fern.[8] *Die Juden haben keine Dogmatik. Die Begegnung mit ihrem Gott, die Rede von ihm und zu ihm, rufen Gesang hervor, jenes Ineinander von poetischer Rede und musikalischem Klang, das nur über die menschliche Stimme, und das heißt, nur über den Einsatz der Person, laut werden kann. Poetisches Sagen gestaltet eine Wahrheit, die oft der Beweisbarkeit spottet. Im Singen bleibt solches Sagen nicht im Bereich nur privater, auf persönlicher Erfahrung gegründeter Wahrheit, es gewinnt vielmehr öffentlich Raum und somit auch öffentlich Geltung.*

Über das Sagen hinaus macht die musikalische Dimension hörbar, daß auch Unsagbares sich meldet. «Gott ist mein Lied», heißt es im Lied des Mose, das auf die Erzählung von der Errettung des Volkes aus dem Schilfmeer folgt.[9] *Im Singen Israels wird die Unterscheidung von Subjekt und Objekt gegenstandslos. «Gott ist mein Lied», wiederholt der Psalm 118 (V. 14), der die Errettung vom Tod besingt; Gott ist «mein Lob» (Ps 109,1); er «wohnt über den Lobgesängen Israels» (Ps 22,4), ist «Israels Lobpreis».*[10] *Gesang ist eine Weise seiner Gegenwart. Einerseits schaffen die Singenden dieser Gegenwart durch ihr Singen Raum, denn wenn Gottes Taten gepriesen werden oder wenn er angeredet wird, dann wird seine Präsenz in der Welt hörbar gemacht. Dies gilt für das Wort des Vertrauens oder der Liebe zu ihm, aber auch für den Schrei, der sich an ihn wendet: «Warum hast du mich verlassen?» (Ps 22,2). Andererseits werden die Singenden im Singen selbst von fremder Präsenz berührt. Sie bedienen sich ja einer Sprache, die ursprünglich nicht ihre eigene ist, und durch diese Sprache werden sie in Beziehung zu einem Anderen gesetzt, demgegenüber sie als Ich – oder auch als Wir – erst konstituiert werden.*

«Gott ist mein Lied», das ist keine Definition Gottes und keine Festlegung des singenden Menschen. Es ist ein Prozeß. Ein Lied klingt auf und verklingt. Aber bei jedem Erklingen öffnet sich ein Raum, in den wieder neu eingetreten werden kann. Auf Partizipation über Zeiten und Räume hinweg sind diese Gesänge Israels angelegt, rechnen wie selbstverständlich damit, daß sie Zukunft haben und daß es immer wieder lebendige Menschen geben wird, die diesen Worten anderer Menschen, die vor ihnen gewesen und längst gestorben sind, ihre Stimme leihen.

Aufs Ganze gesehen, überwiegt der Anteil der Klagen in den Psalmen bei weitem das Lob. Die Erfahrung von Not und Tod, von Verzweiflung und Elend wird weder ausgeblendet noch religiös außer Kraft gesetzt. Aber der Halleluja-Ruf am Ende hält einen Raum offen. Es ist der Raum «zwischen dem, was und wie es ist und dem, was und wie es sein kann, sein soll, sein wird.»[11] *Denn dieser Ruf ist nicht nur Erinnerung an befreiende Erfahrung, er ruft auch in die Zukunft.*

Es ist kein Zufall, daß sich in der jungen Christenheit der Halleluja-Ruf mit der Erfahrung von Ostern verbunden hat. Was immer diese Erfahrung auch im einzelnen gewesen sein mag – für die Jüngerinnen und Jünger Jesu von Nazareth war es die unabweisbare Begegnung mit der lebenschaffenden und zukunfteröffnenden Macht des Gottes Israels. Deswegen ist es auch kein Zufall, daß der Halleluja-Ruf in den christlichen Gesängen nicht in andere Sprachen übersetzt wurde. Er ist hebräisch geblieben bis heute. Wo Christen, wie z. B. im Dritten Reich, sich von ihrem jüdischen Ursprung lösen und die Erinnerung an ihn auslöschen wollten, haben sie das Halleluja getilgt.[12] *Aber sehr zu Recht singen Christen ganz verschiedener Länder bis heute diesen Ruf in der ihnen fremden hebräischen Sprache. Vielfach unbeachtet, steht das Halleluja so für die Präsenz der Wurzel, die christliches Singen trägt*[13] *und von der dieses sich nur zu seinem eigenen Schaden löst. Hörbar erinnert es die Christen daran, daß sie nicht allein singen, sondern daß neben ihnen nach wie vor der Gesang des alten Gottesvolkes klingt.*

Halleluja! Lobet Gott!	הַֽלְלוּ־יָהּ
Lobet Gott in seinem Heiligtum.	הַלְלוּ־אֵל בְּקָדְשׁוֹ
Lobet Gott im erhabenen Himmel!	הַלְלוּהוּ בִּגְבוּרֹתָיו
Lobet Gott für Gottes mächtige Taten.	הַלְלוּהוּ בְּתֵקַע שׁוֹפָר
Lobet Gott für Gottes gewaltige Größe.	הַלְלוּהוּ בְּתֹף וּמָחוֹל
Lobet Gott durch das Blasen des Schofars.	הַלְלוּהוּ בְצִלְצְלֵי־שָׁמַע
Lobet Gott mit Psalter und Harfe.	כֹּל הַנְּשָׁמָה תְּהַלֵּל יָהּ
Lobet Gott mit Paukenschlag und Tanz.	הַלְלוּהוּ בִּרְקִיעַ עֻזּוֹ׃
Lobet Gott mit Laute und Flöte.	הַלְלוּהוּ כְּרֹב גֻּדְלוֹ׃
Lobet Gott durch das Schlagen von Zimbeln,	הַלְלוּהוּ בְּנֵבֶל וְכִנּוֹר׃
durch den Klang der Zimbeln.	הַלְלוּהוּ בְּמִנִּים וְעוּגָב׃
Alles was atmet, lobe Gott!	הַלְלוּהוּ בְּצִלְצְלֵי תְרוּעָה׃
Lobet Gott! – *Halleluja!*[14]	הַֽלְלוּ־יָהּ׃

*Das *Freylinghausensche Gesangbuch und andere Gesangbücher früherer Zeiten greifen in ihrem Titelblatt (hier S. 499) auf einen Text aus der Offenbarung des Johannes (15,3) zurück. Die Erlösten singen «das Lied des Mose, des Knechtes Gottes, und das Lied des Lammes». In der Abbildung ist auch ein Engel zu sehen, der ein Halleluja-Spruchband trägt. Im 19. Kapitel der Offenbarung wird von einer «großen Stimme vieler Scharen im Himmel» berichtet. Sie singen «Halleluja» – viermal erscheint der Ruf in dem kurzen Text. Der Ruf, in den die Psalmen münden, der fremde Sprachsplitter in den Sprachen der Welt, erscheint hier als Vorklang der Zukunft.*

Griechische Lieder

Die frühe Kirche ist nicht nur eine streitbare – wie die Auseinandersetzungen zwischen Petrus und Paulus zeigen (Gal 2,11–14) –, sondern auch eine sehr sangesfreudige. «Laßt in eurer Mitte Psalmen, Hymnen und Lieder erklingen, wie der Geist sie eingibt. Singt und jubelt aus vollem Herzen zum Lob des Herrn», heißt es in den neutestamentlichen Briefen an die Epheser und Kolosser (Eph 13,20; Kol 3,16). Zwar besitzen wir kein «Gesangbuch» aus dieser Frühzeit, doch sind glücklicherweise einige dieser Lieder in den Briefen des Paulus überliefert; der Apostel flicht sie, wohl auswendig memorierend, in die Argumentation seiner Lehr- und Mahnschreiben ein. Sie werden meist nach dem Namen der Briefadressaten benannt, so der berühmte «Philipperhymnus» aus dem Brief an die Philipper (Phil 2,5–11), der «Epheserhymnus» (Eph 1,3–14) oder der «Kolosserhymnus» (Kol 1,12–20) – allesamt besingen sie Christus, den Mittler, und ihre poetische wie theologische Qualität zeugen von hoher Kultur. Auch die nachfolgenden Generationen setzen diese Tradition fort. Eusebius von Caesarea († 399) zitiert in seiner «Kirchengeschichte» aus einer verlorengegangenen Schrift des 3. Jahrhunderts, in der es heißt: «Wie viele Psalmen und Lieder, die von Anfang an von gläubigen Brüdern geschrieben wurden, besingen Christus, das Wort Gottes, und verkünden seine Gottheit.»[15]

Kyrie eleison κύριε ἐλέισον

Von Jerusalem aus verbreitete sich das frühe Christentum in den hellenistischen Kulturraum des römischen Reiches hinein. Die Sprache dieser Tradition ist griechisch. Das gilt von den Schriften des Neuen Testaments ebenso wie von den ältesten Liturgien. Wenn auch in späteren Jahrhunderten im Westen das Griechische durch die lateinische Sprache verdrängt wurde, so ist doch das Kyrie eleison als Erbe der Frühzeit bis heute lebendig geblieben.

In der Antike war das Kyrie ein halb militärischer, halb demonstrativer Jubelruf, vergleichbar etwa mit dem ‹Heil› der Hitlerschen Ära oder dem ‹Hotchimin› der studentischen Revolution. So findet es sich schon im Sonnen- und Kaiserkult: Als in Konstantinopel eine Säule mit der Statue des Kaisers eingeweiht wurde, sprach der Priester ein litaneiförmiges Gebet, und das dabeistehende Volk rief hundertmal Kyrie eleison.[16]

Neben der politischen Dimension steht die biblische. Wenn die Septuaginta, die griechische Übersetzung des Alten Testamentes, den aus Ehrfurcht nie ausgesprochenen Gottesnamen JHWH mit KYRIOS wiedergibt, so schafft sie damit sprachlich die Voraussetzung für die Deutung alttestamentlicher Texte auf Christus. Hierbei spielen die Psalmen eine besondere Rolle. Mit dem Ruf «Herr, erbarme dich!» (Psalm 6,3) wendet sich der Blinde an Jesus (Mt 20,31).

Das Kyrie eleison ist das Urgebet der Christenheit. Die knappe Akklamation, die Lobpreis und Bitte lapidar verbindet, ist bis heute ein Grundelement der liturgischen und spirituellen Tradition, besonders in den Kirchen des Ostens. Das althochdeutsche «Ludwigslied» aus dem 9. Jahrhundert zeigt, daß sich das Volk trotz der lateinischen Klerikerliturgie den vertrauten Kyrie-Ruf nicht nehmen ließ:

Ther kuning reit kuono, Sang lioth frono Ioh alle saman sungun: ‹Kyrrieleison›	Kühn sprengte der König voran, ein heiliges Lied auf den Lippen, und alle fielen ein mit ‹Kyrie eleison›[17]

Gleichzeitig entstehen aus der Verbindung einer deutschen Liedstrophe mit dem Kyrieeleis die Leisen, wie wir sie aus «Christ ist erstanden» kennen.[18]

Das Bekenntnis zu Christus dem Kyrios findet seinen dichtesten Ausdruck in dem uralten, nur zwei bis drei Jahrzehnte nach Jesu Tod entstandenen Hymnus, den Paulus im Philipperbrief (2,6–11) überliefert:[19]

Er war Gott gleich,
hielt aber nicht daran fest, wie Gott zu sein,
sondern er entäußerte sich
und wurde wie ein Sklave
und den Menschen gleich.
Sein Leben war das eines Menschen;
er erniedrigte sich
und war gehorsam bis zum Tod,
bis zum Tod am Kreuz.

Darum hat ihn Gott über alle erhöht
und ihm den Namen verliehen,
der größer ist als alle Namen,
damit alle im Himmel, auf der Erde
und unter der Erde
ihre Kniee beugen vor dem Namen Jesu
und jeder Mund bekennt:
«Jesus Christus ist der Herr» –
zur Ehre Gottes des Vaters.

τοῦτο φρονεῖτε ἐν ὑμῖν ὃ καὶ ἐν
Χριστῷ Ἰησοῦ,
ὃς ἐν μορφῇ θεοῦ ὑπάρχων
οὐχ ἁρπαγμὸν ἡγήσατο τὸ εἶναι ἴσα θεῷ,
ἀλλὰ ἑαυτὸν ἐκένωσεν μορφὴν δούλου λαβών,
ἐν ὁμοιώματι ἀνθρώπων γενόμενος·
καὶ σχήματι εὑρεθεὶς ὡς ἄνθρωπος
ἐταπείνωσεν ἑαυτὸν γενόμενος ὑπήκοος μέχρι θανάτου,
θανάτου δὲ σταυροῦ.

διὸ καὶ ὁ θεὸς αὐτὸν ὑπερύψωσεν
καὶ ἐχαρίσατο αὐτῷ τὸ ὄνομα
τὸ ὑπὲρ πᾶν ὄνομα,
ἵνα ἐν τῷ ὀνόματι Ἰησοῦ πᾶν γόνυ κάμψῃ
ἐπουρανίων καὶ ἐπιγείων
καὶ καταχθονίων
καὶ πᾶσα γλῶσσα ἐξομολογήσηται ὅτι
κύριος Ἰησοῦς Χριστὸς
εἰς δόξαν θεοῦ πατρός.

Kyrie eleison und Philipperhymnus verbinden sich im Mittelalter in den um 1000 im Antiphonale des Hartker von St. Gallen bezeugten Versus in Triduo Sacro zu einer liedähnlichen Kyrielitanei:[20]

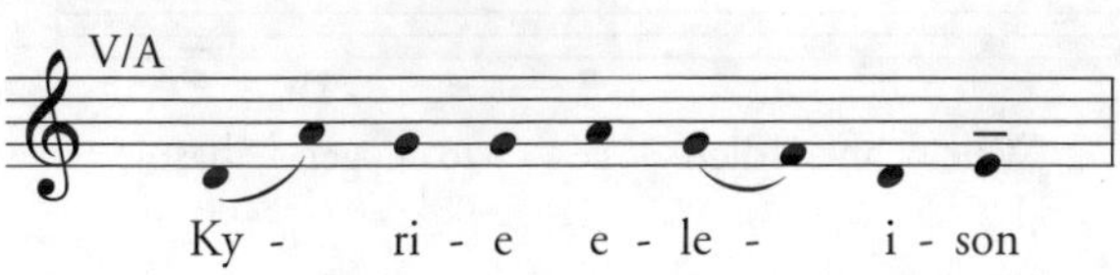

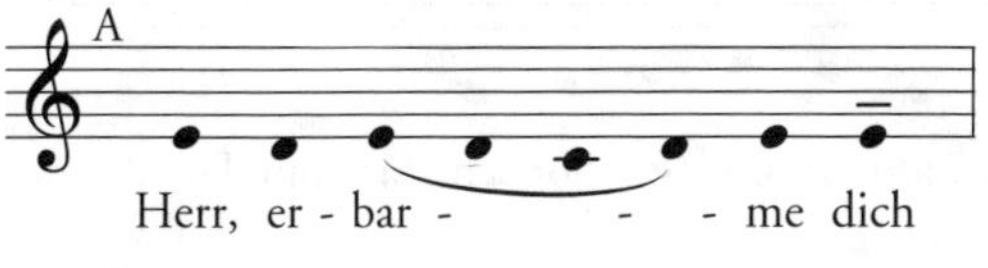

V/A
Ky - ri - e e - le - i - son
V
Der du pro-phe-tisch ver-kün-digt hast: Tod, ich wer-de dich tö-ten
A
Herr, er - bar - - - me dich
V
Chri-stus, un-ser Herr, ward für uns ge-hor-sam bis zum To-de
V/A
Ky - ri - e e - le - i - son
V
Der du am Kreuz mit aus - ge - spann - ten Ar - men
die gan - ze Welt an dich ge - zo - gen hast
A
Herr, er - bar - - - me dich
V
Chri-stus, un - ser Herr, ward für uns ge - hor-sam bis zum To - de
Ja, bis zum Tod am Kreu - ze

Kyrie eleison!
Der du auf diese Welt kamst, uns durch Leiden zu erlösen:
Herr, erbarme dich!
Christus, unser Herr, ward für uns gehorsam bis zum Tode.

Kyrie eleison!
Der du prophetisch verkündigt hast: Tod, ich werde dich töten:
Herr, erbarme dich!
Christus, unser Herr, ward für uns gehorsam bis zum Tode.

Kyrie eleison!
Der du am Kreuz mit ausgespannten Armen die ganze Welt an dich gezogen hast:
Herr, erbarme dich!
Christus, unser Herr, ward für uns gehorsam bis zum Tode.
Ja, bis zum Tod am Kreuze.

Die Kyrielitanei bringt mit ihren Christusprädikationen die entscheidenden Aspekte der Heilsgeschichte zur Sprache: die Erniedrigung in der Menschwerdung, die Überwindung des Todes durch das Kreuz und die liebende Umarmung der ganzen Welt. Sie tut dies mit starken, prägnanten Bildern. Das Drama der Erlösung wird ebenso schlicht wie eindrucksvoll inszeniert, und dies in einer musikalischen Gestalt, die mit ihrer phrygischen Tonart und dem unerwarteten Schluß «Ja, bis zum Tod am Kreuze» das eine, wunderbare Mysterium zum Klingen bringt, das in der Paschaliturgie gefeiert wird.

Lateinische Hymnen

Schon im zweiten Jahrhundert zeigt sich ein Phänomen, das von da an die Geschichte des Kirchenliedes begleiten wird: Die Macht des gesungenen Wortes nutzend, versuchen Einzelne oder Gruppen, die von der Glaubensüberzeugung der ‹Großkirche› abweichen, ihre Anschauungen durch Lieder zu verbreiten. Alle großen Häretiker dieser Frühzeit sollen auch Hymnen gedichtet haben, so der Gnostiker Markion († um 160), Bardessanes von Edessa († 222), der wie David 150 ‹Psalmen› verfaßt, und der Erzhäretiker Arius († 336). Die Reaktion der Kirche auf diese wohl mit großem Erfolg agierende Propaganda kann grundsätzlich in zwei Richtungen gehen:

Zum einen kommt es zu dem recht hilflosen Versuch, unterschiedslos alle neuen Lieder aus dem Gottesdienst zu verbannen und das Textreservoir auf die Bibel einzuschränken: «Wenn du Lieder willst, dann nimm die Psalmen Davids», heißt es in einer Kirchenordnung zu Beginn des 3. Jahrhunderts,[21] und eine um 350 in Laodicaea zusammengetretene Synode bestimmt kurz und bündig: «Es ist nicht erlaubt, selbstverfaßte Psalmen in der Kirche vorzulesen, noch im Kanon nicht enthaltene Bücher, sondern ausschließlich die kanonischen Bücher des Alten und Neuen Testaments.»[22]

Doch bleibt dies nicht die einzige Reaktion auf die heterodoxen Lieder. Andere Bischöfe, weitsichtigere, beginnen nun ihrerseits, Hymnen zu schreiben, um so die Gegner mit deren eigenen Waffen zu schlagen. Im Osten ist der berühmteste von ihnen Ephraem der Syrer († 373), die «Harfe des Heiligen Geistes»; er soll sogar die Melodien seines Gegenspielers Bardessanes einfach übernommen und ihnen lediglich einen ‹rechtgläubigen› Text unterlegt haben. Im Westen, in der lateinischen Kirche, ist es Ambrosius von Mailand († 397), der sich über das Hymnenverbot hinwegsetzt und Lieder schafft, die eine beispiellose Wirkungsgeschichte entfalten sollten.

Aeterne rerum conditor

«Wie weinte ich, wenn ich die Hymnen und Gesängen hörte, die sanfttönenden Stimmen deiner Kirche. Die Melodien strömten in mein Ohr, und ihre Wahrheit flößte sich ein in mein Herz und erzeugte dort eine innige Frömmigkeit; die Tränen flossen und taten mir wohl.»[23] *– Wer hier bekennt, beim Anhören von Kirchenliedern in Tränen ausgebrochen zu sein, ist kein Geringerer als der große Kirchenvater Augustinus, Bischof von Hippo, einer der scharfsichtigsten Theologen seiner Zeit und gewiß nicht übertriebener Sentimentalität verdächtig. In den «Bekenntnissen» seines wechselvollen Lebens erinnert er sich auch an jene hochdramatischen Tage, die er 385 in Mailand miterlebt hat: Das römische Kaiserhaus, das schon vor längerer Zeit seinen Sitz von der Tiberstadt in die oberitalienische Metropole verlegt hat, verlangt von Bischof Ambrosius eine Kirche, um in ihr die Feierlichkeiten des bevorstehenden Osterfestes zu begehen.*

Offenbar besteht man auf getrennten Liturgiefeiern, da man bei Hof nicht – wie der Bischof und die Mehrheit der Bevölkerung – dem Bekenntnis des Konzils von Nicaea folgt (Christus ist mit dem Vater «wesensgleich»), sondern zu der Anschauung des Arius neigt, wonach Christus ein Geschöpf und dem Vater untergeordnet ist. Ambrosius weigert sich, ein Gotteshaus abzutreten. Er könne dem Kaiser nur geben, was des Kaisers sei. Daraufhin läßt der Hof kurzerhand eine der größeren Kirchen der Stadt beschlagnahmen und von Soldaten umstellen. Bischof und Bevölkerung reagieren unerwartet heftig: Sie stürmen die Kirche und besetzen sie. «Des Nachts hielt das fromme Volk in der Kirche Wache, bereit, für Deinen Diener, den Bischof, zu sterben», so schildert Augustinus die Szene. «Damals wurde das Singen von Hymnen und Psalmen nach der Weise der Ostkirchen eingeführt, um die Ermattung des Volkes vor Trauer und Überdruß zu verhindern.»[24] *Als dann noch die kaiserlichen Soldaten offen mit den Kirchenbesetzern sympathisieren, muß der Hof seine Forderungen zurückziehen.*

Was sind das für Lieder, die in lebensbedrohlicher Lage «Trauer und Überdruß» verhindern? Wer Durchhaltepropaganda oder gereimte Abhandlungen über den rechten Glauben befürchtet, wird – angenehm – enttäuscht sein. – Der wohl schönste dieser Hymnen ist das «Lied zum Hahnenschrei». Die Bezeichnung «ad galli cantum» verweist zunächst einfach auf den liturgischen Ort des Stückes, nämlich auf das persönliche oder gemeinschaftliche Morgengebet. Ambrosius aber macht diese äußere Zeitangabe auch zum Inhalt, indem er die gesamte Komposition seines Liedes um die Erzählung über jenen berühmten Hahn der Bibel webt, der im Hof des Hohenpriesters dem Petrus kräht (Lk 22,54–62):

Zisterzienserhymnar 13. Jahrhundert, Heiligenkreuz, Stiftsbibliothek, MS 20, fol. 224r

Wie hier nach der dritten Verleugnung der Hahn seine Stimme erhebt, Christus den Petrus anblickt und dieser, seine Schuld erkennend und bereuend, hinausgeht und bitterlich weint, so ist der Hymnus durch «Hahnenschrei» (2,1ff.) und «Christusblick» (7,1ff.) und deren sündenvergebende Kraft im Zeichen der «Reuetränen» (4,3f.; 7,3f.) strukturiert.[25]

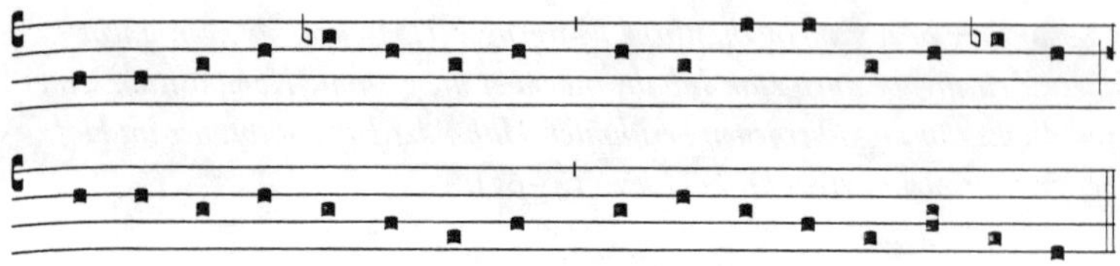

1,1	Aeterne rerum conditor,	O Ew'ger, Schöpfer aller Welt,
2	noctem diemque qui regis,	der du Tag und Nacht regierst,
3	et temporum das tempora,	du setzt den Zeiten ihre Zeit,
4	ut alleves fastidium,	schenkst Wechsel in der Zeiten Lauf.
2,1	praeco diei iam sonat,	Der Hahn, des Tages Herold ruft,
2	noctis profundae pervigil,	der Wächter in der Finsternis,
3	nocturna lux viantibus	dem Wanderer zur Nacht ein Licht,
4	a nocte noctem segregans.	sein Schrei trennt von der Nacht die Nacht.
3,1	hoc excitatus lucifer	Da erwacht durch ihn der Morgenstern,
2	solvit polum caligine,	erhellt das schwarze Firmament,
3	hoc omnis errorum chorus	da weicht der dunklen Mächte Schar
4	vias nocendi deserit,	vom Weg des Unheils scheu zurück.
4,1	hoc nauta vires colligit	Da fühlt der Schiffer neue Kraft,
2	pontique mitescunt freta,	des Meeres Brandung sänftigt sich,
3	hoc ipse petra ecclesiae	da weint Petrus, der Kirche Fels,
4	canente culpam diluit.	bereut die Schuld beim Hahnenschrei.
5,1	surgamus ergo strenue:	Erheben wir uns rasch vom Schlaf:
2	gallus iacentes excitat,	Der Hahn weckt jeden, der noch liegt,
3	et somnolentos increpat,	er schilt die, die noch schläfrig sind,
4	gallus negantes arguit.	der Hahn klagt die Verleugner an.
6,1	gallo canente spes redit,	Hoffnung erwacht beim Hahnenschrei,
2	aegris salus refunditur,	und Heilung fließt den Kranken zu,
3	mucro latronis conditur,	der Räuber läßt von seinem Tun,
4	lapsis fides revertitur.	Gefallene vertrauen neu.
7,1	Iesu, labentes respice	Herr, wenn wir fallen, sieh uns an
2	et nos videndo corrige,	und heile uns durch deinen Blick;
3	si respicis, lapsus cadunt	Dein Blick löscht Fehl und Sünde aus,
4	fletuque culpa solvitur.	in Tränen löst sich unsre Schuld.
8,1	tu lux, refulge sensibus	Du Licht, durchdringe unsern Geist,
2	mentisque somnum discute,	von unsern Herzen scheuch den Schlaf,
3	te nostra vox primum sonet	dir sei das erste Wort geweiht,
4	et vota solvamus tibi.	Dich preise unser Morgenlob.

Nach der Anrufung des ewigen, überzeitlichen Schöpfergottes (1,1f.), die, im Unterschied zum modernen Glaubensbewußtsein, nicht Gott Vater, sondern Christus meint, das Wort, den Logos, «durch den alles geworden ist» (Joh 1,3; Gen 1,3), wechselt der Hymnus in die irdische Szenerie der ausgehenden Nacht, die durch den Hahnenschrei, oder besser, den «Hahnengesang»,[26] *charakterisiert ist (2,1). Über mehrere Strophen hinweg folgt nun eine Beschreibung der Tätigkeit dieses Vogels am frühen Morgen, mit der Ambrosius ein ganzes Kompendium jener geläufigen Vorstellungen liefert, die die antiken Mythologien mit dem Hahn verbinden: Der Hahn ist «Nachtwächter» (2,2), «Zeitmesser» (2,4), «Sternkundiger» (3,1), «Vertreiber der Nachtgeister» (3,3f.) und «des Schlafdämons» (4,2–4), dem Äskulap geweihter «Heiler» (6,2).*[27]

Doch ist diese Sinnebene des Textes, mit der Ambrosius an die unmittelbare Lebenswelt seiner Sänger/Hörer anknüpft, nicht die einzige und schon gar nicht die wichtigste des Liedes: Wie durch die Parallelisierung von «Hahnenruf» und «Christusblick» nahegelegt[28] *und durch die Bezeichnung des Hahnes als «Licht» (2,3) – ein Wort, das in V. 8,1 von «Iesus» wiederholt wird – ausdrücklich gemacht ist, steht der Hahn für Christus selbst. Christus ist, wie Ambrosius auch an anderer Stelle sagen kann, «iste gallus mysticus»,*[29] *jener mystische Hahn, der den Tag der Erlösung verkündet und aus dem Schlaf der Sünde weckt. Auch hier kann sich der Dichter auf eine breite christliche Tradition stützen, die den Herrn im Zeichen des Hahnes symbolisiert findet.*[30]

Der Prediger Christus wird als Hahn dargestellt, der die Menschen aus dem Schlaf der Sünde und des Todes weckt. Genau diese Vorstellung steht auch hinter dem im Jahr 820 zum ersten Mal bezeugten Brauch, Hähne auf Kirchturmspitzen anzubringen: Es sind keine ‹Wetterhähne›, sondern Christussymbole.

Der Hymnus übersteigt diese Tradition jedoch noch, indem hier nun, die Heilige Schrift ‹geistreich› übersetzend, Vers für Vers die Aussagen über den Hahn transparent gemacht werden für das Wirken des vorösterlichen Jesus (wie es die Evangelien berichten), und, davon nicht zu trennen, da bleibendes Paradigma, für das je gegenwärtige Wirken des erhöhten Christus. Christus ist selbst der «Herold des Tages der Erlösung» (vgl. Lk 4,16ff. mit Bezug auf Jes 61,1ff.), des «Tages, der nahe ist» (vgl. Röm 13,11ff.); er weckt den «Morgenstern», das ist nach 2 Petr 1,19 die «Erkenntnis des Heils», das die Welt von der Dunkelheit der Sünde löst; er vertreibt die «unreinen Geister» (vgl. Mt 17,18ff. u.ö.) und die «Irrtümer» der falschen Propheten; er stillt den «Sturm auf dem See» (vgl. Mt 14,22ff.; Lk 8,22ff.) wie auch die «Stürme der Leidenschaften», damit es nicht zum «Schiffbruch im Glauben» (vgl. 1 Tim 1,19) kommt; durch seinen Blick bereut Petrus unter Tränen, und ihm wie allen Reuigen wird die Schuld vergeben. Christus selbst weckt die Schlafenden, die im Garten von Getsemani (Mt 26,36ff.) und die im «Schlaf der Sünde» Verharrenden (vgl. Röm 13,11ff.; Eph 5,14); er festigt die Hoffnung (Kol 1,22f.), schenkt Heilung (Mt 9,5ff. u.ö.), schützt vor den tödlichen Nachstellungen des «Räubers» (Joh 10,1ff.), stärkt den Glauben (Lk 22,31ff.).

Was in den beiden letzten Strophen unter Anrufung des Namens Jesu erbeten wird, ist vorher im Bild des Hahnes als heilendes Handeln Christi bekannt. Der Hymnus spricht also nicht, wider den ersten Anschein, phantasievoll von einem nützlichen Vogel oder sentimental von einer morgendlichen Naturidylle, sondern von Christus, dem Menschensohn, und vom Menschen selbst, von dessen Gefährdung durch Beirrungen, Krankheit und Versagen, einst und jetzt, und von dessen Rettung im Glauben.

Noch zu Lebzeiten des Augustinus († 430) verbreiten sich die Hymnen des Ambrosius von Mailand «in vielen, ja fast allen Kirchengemeinden der Welt».[31] Nach ihrem Vorbild entstehen in der Folgezeit Hunderte weiterer Hymnen, so daß schließlich jedes in der Manier des Mailänders geschaffene Lied einfach «(hymnus) ambrosianus» heißen kann. Benedikt von Nursia († 550), der Begründer des westlichen Mönchtums, nimmt die Hymnen des Ambrosius in seine Ordnung des Tagzeitengebetes auf, wodurch sie bis in die Gegenwart hinein in Klöstern und Kathedralen lebendig geblieben sind, und durch die Vermittlung Martin Luthers und anderer finden sie sich als deutsche Kirchenlieder auch in den Gesangbüchern der Neuzeit.

A.F., H.B., C.R.

Holzschnitt aus dem *Babstschen Gesangbuch, Leipzig 1545

Christ ist erstanden

Edition

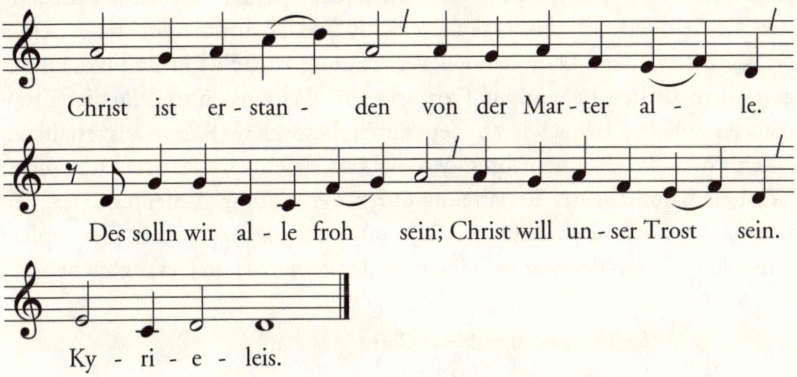

Christ ist erstanden
von der Marter alle.
Des solln wir alle froh sein;
Christ will unser Trost sein.
Kyrieleis.

Druckvorlage

Die Strophe entspricht der ökumenischen Fassung des Liedes.[1] Die ältesten Quellen enthalten, oft neumiert, nur das Initium. Eine Klosterneuburger Handschrift des 14. Jahrhunderts bietet erstmals den gesamten Text und eine vollständige Aufzeichnung in Neumen.[2] Seit dem 15. Jahrhundert ist die Melodie in Liniennotation überliefert. Zugleich erscheinen die ersten mehrstimmigen Bearbeitungen, so zum Beispiel in einem Chorsatz aus dem Jahre 1513.[3] Das **Klugsche Gesangbuch* von 1533 (erste Ausgabe 1529)[4] zeigt, daß in den 20er Jahren des 16. Jahrhunderts unser Lied seinen Platz im Gesangbuch gefunden hat.

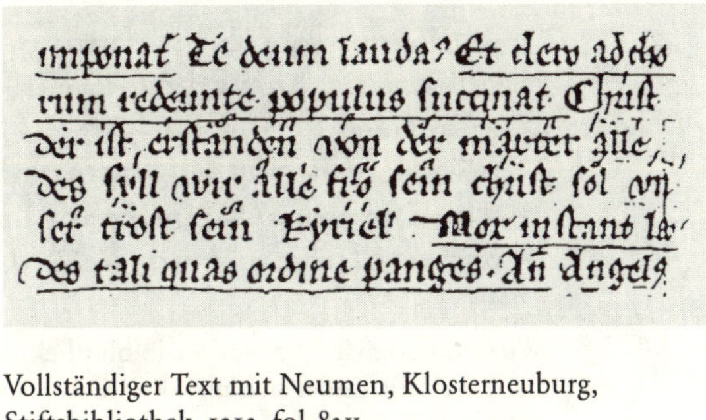
imponat Te deum lauda? Et clero ad cho
rum redeunte populus succinat Christ
der ist erstanden von der marter alle,
des sull wir alle fro sein christ sol un
ser trost sein Kyriel. Mox instans la
des tali quas ordine panges. An angels

Vollständiger Text mit Neumen, Klosterneuburg, Stiftsbibliothek, 1213, fol. 83v

Kyrieleis

Die Liturgie des Mittelalters war lateinisch. Auch wenn das Volk den Gottesdienst besuchte, hatte es nur äußerst begrenzte Möglichkeiten, sich an dem von Klerikern oder Mönchen getragenen liturgischen Geschehen betend und singend zu beteiligen. Eine der wenigen waren die liturgisch hochwertigen und vom Volk sehr geschätzten Akklamationen. Aus der Verbindung von gottesdienstlichen Rufen mit volkssprachlichen Texten entstanden die ältesten Gemeindelieder, die wegen der Schlußakklamation *Kyrieleis* als Leisen bezeichnet werden.[5] Diese fanden Verwendung zunächst in Randzonen des gottesdienstlichen Lebens wie Prozessionen, Wallfahrten und Predigtgottesdiensten, dann aber auch an den durch besondere Feiern ausgestalteten Hochfesten des Kirchenjahres, wo sie der Erschließung des liturgischen Geschehens und seiner Bestätigung durch die Gläubigen dienten. Die meisten Leisen sind noch heute in Gebrauch und besitzen einen Ehrenplatz unter den Liedern der evangelischen wie der katholischen Gesangbücher:

Nun bitten wir den heiligen Geist[6]
Sei willekommen, Herre Christ[7]
Gelobet seist du, Jesu Christ[8]
In Gottes Namen fahren wir[9]
Gott sei gelobet und gebenedeiet[10]
Ehre sei dir, Christe, der du littest Not[11]
Mitten wir im Leben sind von dem Tod umfangen[12]

und – nicht zu vergessen – die ehrwürdigste aller Leisen:

Christ ist erstanden.[13]

Die Osterfeier

Christ ist erstanden ist, sieht man vom althochdeutschen Freisinger Petruslied[14] des 9. Jahrhunderts ab, nicht nur die älteste unter den Leisen, sondern auch das älteste deutsche Kirchenlied. Es hatte seinen Platz an einem der emo-

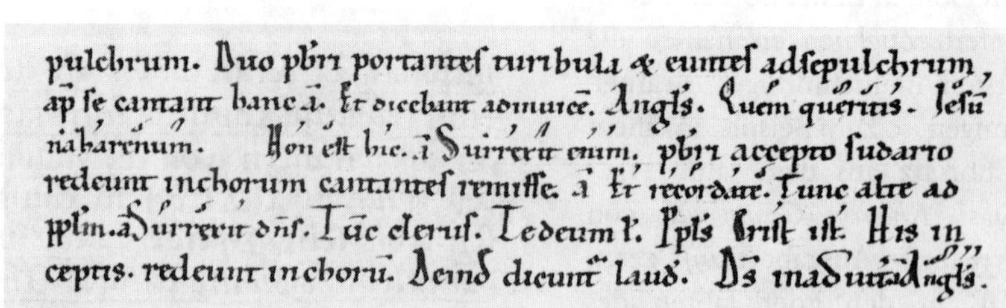
pulchrum. Duo pbri portantes turribula & euntes adsepulchrum, ap se cantant hanc .a. Et dicebant adinuicem. Angls. Quem queritis. Iesu nazarenum. Non est hic .a. Surrexit enim. pbri accepto sudario redeunt inchorum cantantes remisse. a. Et recordate. Tunc alte ad plm. a. Surrexit dns. Tuc clerus. Tedeum l'. Ppls Crist ist. His inceptis. redeunt inchoru. Deinde dicunt laud. Ds ma...

Wien, Österreichische Nationalbibliothek, 1482, fol. 84v. In der vorletzten abgebildeten Zeile findet sich mit «Ppls Crist ist.» (Das Volk singt: Christ ist erstanden) der älteste bisher bekannte Hinweis auf das Lied.

tionalen Höhepunkte der Osterliturgie. Versetzen wir uns in das Geschehen, wie es sich in Salzburg in der zweiten Hälfte des 12. Jahrhunderts abzuspielen pflegte.[15]

Am Ende der Karfreitagsliturgie, auf Passion und Kreuzverehrung (Adoratio crucis) folgend, wurde eine Abbildung des Gekreuzigten, mit Leinentüchern verhüllt, in das Heilige Grab gelegt (Depositio crucis) und vor Beginn

Das leere Grab, St. Gallen, Stiftsbibliothek, 341(3)

der Osternacht in aller Stille wieder erhoben (Elevatio crucis). Dann wurden Klerus und Volk zum Gottesdienst gerufen, in dem der Besuch des Grabes durch die Frauen (Mt 28,1 ff.; Mk 16,1; Lk 24,10) sowie durch die Apostel Petrus und Johannes (Joh 20,1 ff.) Darstellung fand (Visitatio sepulchri). Beim Zeigen der im leeren Grab zurückgebliebenen Leinentücher sang der Chor: *Surrexit enim, sicut dixit* (Er ist auferstanden, wie er gesagt hat), und die Gemeinde antwortete: *Christ ist erstanden von der Marter alle*. Mit dem *Te Deum* fand dieser Gottesdienst seinen Abschluß.[16]

Dennoch: Nicht Salzburg, sondern das Passau des 12. Jahrhunderts kommt vor allen anderen Orten als die Stätte in Frage, wo die kurze Strophe zuerst gesungen wurde. Das läßt sich aus der engen Beziehung schließen, die das Lied nur dort mit der Ostersequenz *Victimae paschali laudes* eingegangen ist. In Paris in die Osterfeier übernommen,[17] war diese durch die Augustinerchorherren nach St. Nicolaus in Passau[18] gelangt und verbreitete sich von hier aus in alle benachbarten Augustinerchorherrenstifte.[19] In der Folgezeit ist allerdings die für St. Nicolaus in Passau typische Verbindung von Lied und Sequenz nicht immer vorhanden, sei es, daß das *Victimae paschali* keinen Eingang in die Osterfeier gefunden hat, sei es, daß es durch andere Gesänge von *Christ ist erstanden* getrennt ist. Was aber bis heute von der ursprünglichen Verbindung zeugt, ist die Abhängigkeit sowohl des Textes als auch der Melodie der deutschen Osterleise von der lateinischen Ostersequenz.[20]

Die Ostersequenz

1	Victimae paschali laudes immolent Christiani.	Dem österlichen Opferlamme sollen Lob opfern die Christen.
2a	Agnus redemit oves: Christus innocens patri reconciliavit peccatores.	Das Lamm erlöste die Schafe: Christus, der Sündenlose, versöhnte mit dem Vater die Sünder.
2b	Mors et vita duello conflixere mirando, dux vitae mortuus regnat vivus.	Tod und Leben trafen aufeinander in erstaunlichem Kampfe, der Herr des Lebens, obwohl tot, lebt und herrscht.
3a	«Dic nobis, Maria, quid vidisti in via?» – «Sepulchrum Christi viventis et gloriam vidi resurgentis,	«Sag uns, Maria, was sahest du auf dem Wege?» – «Das Grab Christi, des Lebendigen, und die Glorie des Auferstehenden,
3b	angelicos testes, sudarium et vestes. Surrexit Christus spes mea, praecedet suos in Galilea.»	die Engel als Zeugen, Schweißtuch und Gewänder. Auferstanden ist Christus, meine Hoffnung, vorangehen wird er den Seinen nach Galiläa.»
4a	Credendum est magis soli Mariae veraci quam Judaeorum turbae fallaci.	Eher zu glauben ist allein Maria, der wahrhaftigen, als der Juden lügnerischem Haufen.
4b	Scimus Christum surrexisse a mortuis vere; tu nobis, victor rex, miserere!	Wir wissen: Christus ist auferstanden von den Toten, wahrhaftig; du, Sieger, König, erbarme dich unser!

Das *Victimae paschali* wird Wipo von Burgund († ca. 1050) zugeschrieben. Die Eröffnungsstrophe fordert die Christen zum Lobpreis des Osterlammes auf. Den Grund für diesen Lobpreis bietet die zweite Strophe: Das Lamm hat die Schafe erlöst, Christus hat uns mit Gott versöhnt. Das ist für Wipo keine abgenützte religiöse Floskel, sondern Anlaß zum Staunen über den wunderlichen Krieg, als Tod und Leben miteinander kämpften. Das Leben errang den

Sieg, und der, der durch seinen Tod den Tod getötet hat, lebt (2b)! Das wird in der dritten Strophe durch ein Gespräch mit Maria Magdalena bezeugt, die das leere Grab und die Herrlichkeit des Auferstandenen gesehen hat. Dieses Zeugnis bekräftigt die Gemeinde in der vierten Strophe – leider mit einem deutlich antijüdischen Akzent[21] – und bittet um das Erbarmen des Auferstandenen.

Wenn in der Liturgie von St. Nicolaus in Passau[22] das Lied unmittelbar auf die letzte Strophe der Sequenz folgte, so war die Osterleise, was den Text angeht, wohl nichts anderes als eine freie Übersetzung der Schlußstrophe (4b), in der sich die Gemeinde in ihrer Muttersprache die Quintessenz der Sequenz aneignete, und so zum Ausdruck brachte, daß die frohe Botschaft die Herzen aller erreicht.

Auch in der Melodie entspricht die Leise der Schlußstrophe der Sequenz. Die Initialformel a g a c d a mit dem starken Quartsprung d a in der Kadenz (*Christ ist erstanden*) ist im zweiten und letzten Versikel der Sequenz vorgebildet (*Agnus redemit / Mors et vita / Scimus Christum*) und klingt, wenn auch eine Quinte tiefer, bereits im Anfangsversikel (*Victimae paschali laudes*) an. Die zweite (*von der Marter alle*) und vierte (*Christ will unser Trost sein*) Zeile des Liedes bringen notengetreu die zweite Zeile des zweiten Versikels (*Christus innocens Patri / Conflixere mirando*) in der Fassung des deutschen Choraldialekts, und die dritte Zeile des Liedes (*des solln wir alle froh sein*) entspricht in ihrem Beginn der dritten Zeile des zweiten Versikels (*Reconciliavit / Dux vitae mortuus*). So ist «das melodische Material der Sequenz in genialer Weise im Lied zusammengefaßt».[23]

Die Osterleise

Christ ist erstanden bestand jahrhundertelang nur aus einer einzigen vierzeiligen Strophe mit je fünf bis sieben Silben und einem angehängten *Kyrieleis*. Der Text ist durch vier zentrale Worte strukturiert: *erstanden – Marter – froh – Trost*. Sie bestimmen je eine Verszeile der Strophe und werden durch eine Ligatur musikalisch akzentuiert.[24]

Unmittelbar und lapidar beginnt das Lied mit der Proklamation *Christ ist erstanden* (Mt 28,6), der Botschaft, mit der der christliche Glaube steht und fällt (1 Kor 15,1–58): «Ist Christus nicht auferweckt worden, dann ist unsere Verkündigung leer und euer Glaube sinnlos» (1 Kor 15,14).

> Da gehöret nu ein starcker glaube zu, der diesen Artikel starck und gut mache und diese wort ‹Christus ist erstanden› mit grossen buchstaben jnns hertz schreibe und so gros mache als himmel und erden, das er nichts anders sehe, höre, dencke noch wisse denn diesen Artickel.[25]

Das Wort «erstehen» oder «auferstehen» wird heute nur noch sakralsprachlich verwendet, als eine Art Fachterminus, und ist infolgedessen in Gefahr, unverständlich zu werden. «Auferstehen» ist eine Intensivbildung zu «aufstehen», analog wie «erklingen» zu «klingen». «Erstehen» betont den Verlauf, also die Niedrigkeit, aus der heraus das Aufstehen erfolgt. *Erstanden* ist insofern ein emphatisches Wort, und *Christ ist erstanden* ein spontaner, begeisterter Jubelruf.[26]

Zugänglicher als *erstanden* ist die *Marter.* Mit diesem Wort läßt sich Erfahrung verbinden – von Pein, Qual, Folter, Leiden, Schmerz und Tod.[27] Das Leben überhaupt ist Marter, ist nur «ein fortdauerndes gehemmtes Sterben, ein immer aufgeschobener Tod», der nur eine Weile mit seiner Beute spielt, «bevor er sie verschlingt».[28] Diesen Tod zu besiegen ist die große Sehnsucht des Menschen, und von der Marter-Seite aus betrachtet, muß es Staunen, Sehnsucht und Verwunderung erregen, wenn da gesungen wird: *Christ ist erstanden.*

Die alten theologischen Texte kennen dieses Staunen. Auferstehung ist hier nicht die Legende von der mirakelhaften Rückkehr eines Gestorbenen, sondern ein viel Größeres, das alle meint. Auferstehung ist Pascha, Durchgang durch den Tod zum Leben. Pascha aber setzt Passion und damit Kreuz voraus: «Begreift ihr denn nicht? … Mußte nicht der Messias all das erleiden, um so in seine Herrlichkeit zu gelangen?» (Lk 24,25–26).

Im Unterschied zum Credo besingt unser Lied nicht die Auferstehung *von den Toten*, sondern verwendet das anschauliche *von der Marter*, noch gesteigert durch das nachgestellte *alle*. Das zeigt, daß diese Passion etwas mit uns zu tun hat (Hebr 2,17–18; 5,7–9). Der Gemarterte war einer von uns, unser Stellvertreter, der Gottesknecht (Jes 52,13–53,12):

> Fürwahr, er trug unsere Krankheit und lud auf sich unsere Schmerzen.
> Wir aber hielten ihn für den, der von Gott geschlagen und gemartert wäre.

Aber:

> Er ist um unserer Missetat willen verwundet und um unserer Sünde willen zerschlagen.
> Die Strafe liegt auf ihm, damit wir Frieden hätten, und durch seine Wunden sind wir geheilet.[29]

Menschwerdung und Kreuzestod geschahen *propter nostram salutem* – zu unserem Heil (1 Petr 2,21–24). Aber Christus ist nicht nur «wegen unserer Verfehlungen hingegeben», sondern auch «wegen unserer Gerechtmachung auferweckt» (Röm 4,25):[30] Die Rechtfertigung gründet in der Auferstehung, und die Konsequenz aus dem Indikativ *Christ ist erstanden* ist der Imperativ *des solln wir alle froh sein* (vgl. 1 Joh 4,10–11):

> Das singt man auch yetzt uff dise zeit allenthalben ym gesang von der ufferstehung des herren, es verstehets aber schier niemants. Der es gemacht hat, hat wol ein rechten verstand gehabt, lessits nit dabey bleiben, das der herr

> ufferstanden ist, alls er sagt ‹Christ ist erstanden› etc. als were es damit gnug, sundern gibt es uns heim und setzet dazu ‹des sollen wir alle fro sein›; wie kunden wir uns aber sein frewen, wenn wir nichts davon haben und nit unser ist? Drumb, sol ich sein fro, so muß es ja mein seyn, das ich mich sein annemen muge als meins eignen guts, das mirs zu nutz komme.[31]

Aufgrund der Auferstehung Christi können wir getrost froh sein. Das Wort *Trost* wurde im Mittelalter um ein vielfaches breiter und ganzheitlicher verstanden als heute. Es meinte den Beistand eines, der mächtig ist, Leiden zu lindern, meinte deshalb freudige Zuversicht, Lebensmut, Vertrauen und Sicherheit.

> So glauben wir nicht allein, daß Christus in seiner Person gestorben und von den Toten auferstanden sei, sondern auch daß wir uns des selbigen Leidens und Auferstehung annehmen als unseres gegebenen und geschenkten Schatzes und rechten Trost davon haben, wie wir im Osterliede singen: ‹des solln wir alle froh sein, Christ will unser Trost sein.› Es gilt uns, Christus will uns mit seiner Auferstehung trösten. Das ist recht wohl gesungen und sind sehr tröstliche, ja eitel geistliche Worte.[32]

Immer wieder kommt Luther in seinen Predigten auf das *Christ ist erstanden* zu sprechen. Er schätzte das Lied wegen seines theologischen Ranges, den er in die Worte zusammenfaßte: «Dies lied ist fein gemacht, das den nutz also gefasset, das werck ist nu geschehen, todt, sund, Teuffel, hell sind gefangen.»[33] Aber auch als kraftvoller Gesang hat es ihn begeistert: «Aller Lieder singt man sich mit der Zeit müde, aber das *Christ ist erstanden* muß man alle Jahre wieder singen.»[34]

Das Osterlied

Erst seit dem 15. Jahrhundert sind Erweiterungen des einstrophigen Liedes bezeugt. Da die meisten Quellen nur den Anfang zitieren und vollständige mehrstrophige Aufzeichungen erst sehr spät einsetzen, bleibt die genaue Verbreitung der einzelnen Strophen unsicher. Die Strophe *Wär er nicht erstanden* läßt sich durch eine Parodie auf politische Ereignisse des Jahres 1474 nachweisen.[35] Die abschließende *Halleluja*-Strophe ist in einer aus Tegernsee stammenden Handschrift des 15. Jahrhunderts bezeugt.[36]

Durch das **Klugsche Gesangbuch* verbreitet sich eine dreistrophige Version, die, nach zahlreichen Umwegen, Umdichtungen, Erweiterungen zum vielstrophigen Erzähllied und deren Rücknahmen, seit der zweiten Hälfte des 19. Jahrhunderts immer mehr Boden gewinnt und heute – mit kleinen Unterschieden zwischen der evangelischen und der katholischen Überlieferung – das Feld beherrscht.

In der ökumenischen Fassung haben die zweite und dritte Strophe des Liedes die folgende Gestalt:

Die zweite Strophe variiert die Aussage der ersten durch die Betonung des Gegenteils. Ohne die Auferstehung *wär die Welt vergangen.* Eine kosmische Katastrophe! Wenn Gott die Verkündigung Jesu nicht beglaubigt hätte, wäre er nicht der Gott der Lebenden (Mk 12,27), sondern der Tod hätte das letzte Wort. Dabei erhält die christologische Aussage von 1 Kor 15,17–19 eine universale Dimension im Sinne von Röm 8,17–25: *Seit daß er erstanden ist, so freut sich alles, was da ist.* Die Welt wird neu. Pascha als Übergang von der Knechtschaft zur Freiheit, vom Tod zum Leben, hat deshalb kalendarisch seinen Ort im Übergang vom Winter zum Frühling. Noch heute ist Ostern an den Zeitpunkt des ersten Frühjahrsvollmonds gebunden. Der Zusammenhang von Ostern und Frühling begegnet schon bei Zeno von Verona († ca. 371). Er durchzieht die lateinische Hymnik des Mittelalters von Venantius Fortunatus († nach 600) über Notker von St. Gallen († 912) bis hin zu Adam von St. Victor († 1192), klingt fort im deutschen Kirchenlied eines Friedrich Spee († 1635) und reicht bis zum Osterspaziergang in Goethes Faust.[37]

In der zweiten Strophe gibt es eine wichtige Variante. Dem *Seit daß er erstanden ist* ließ Martin Luther im **Klugschen Gesangbuch* anstelle von *so freut sich alles, was da ist* die Zeile *so lobn wir den Vater Jesu Christ'* folgen. Er hat damit den theologischen Duktus der zweiten Strophe verändert, der schon in der ersten grundgelegt ist (1,3) und den die Liturgie in die Worte faßt: «In deiner Auferstehung, Christus, freuen sich Himmel und Erde.»[38] Es ist erfreulich, daß die beiden Gesangbücher der Schweiz der älteren, theologisch sinnvolleren und leichter singbaren Lesart wieder Raum geben.[39]

Auszüge aus dem *Klugschen Gesangbuch, 1533

Die dritte Strophe hat das *Halleluja* zum Gegenstand. Es erklingt ebenso im Großen Hallel der jüdischen Paschaliturgie wie bei den Akklamationen auf das geschlachtete Lamm in der Offenbarung des Johannes (Offb 19,6–9; vgl. 5,1–14). Dieses *Halleluja* ist immer wieder Thema der Osterpredigt, besonders bei Augustin:

> *Halleluja*, das ist der Ostergesang schlechthin.
> *Halleluja*, das ist das Lied der Pilger auf dem Weg zur himmlischen Stadt.
> *Halleluja*, das ist das neue Lied des neuen Menschen im neuen Bund.
> *Halleluja*, das ist Jubel ohne Worte, weil man über Gott nicht reden kann
> und über ihn doch nicht schweigen darf.[40]

Melodie

Die Melodie *Christ ist erstanden* ist ganz klingendes Wort, Evangelium, verkündigt durch die Musik.[41] Sie besteht aus vier Elementen, von denen das zweite an vorletzter Stelle wiederholt wird (a, b, c, b, d). Die Weise selbst ist dorisch (1. Kirchenton).

Die erste Zeile ist eine musikalische Exegese des Auferstehungskapitels im 1. Korintherbrief. Wie mit einem Fanfarenstoß wird das Evangelium *Christ ist erstanden* proklamiert. Es ist nicht erfunden, sondern überliefert (1 Kor 15,3), wie auch die Melodie die Sequenz *Victimae paschali* (und das Halleluja *Christus resurgens*[42]) nur zitiert. Es ist der Grund, auf dem der Glaubende steht und durch den er gerettet wird (1 Kor 15,1–2). Durch die archaische Pentatonik und die Höhenlage der Anfangszeile kommt das Gesagte

zum Ausdruck. Die Melodie setzt bei dem Wort *Christ* auf a ein, eine Quinte über dem Grundton, erreicht bei *erstanden* mit der Oktave d den nur an dieser Stelle vorkommenden Spitzenton und fällt bei *von der Marter alle* in einer variierten Tonleiter vom a auf den Grundton d zurück. Daß die zweite und die vierte Zeile die gleiche Melodie haben, macht in der Sprache der Musik erfahrbar, daß Christi *Marter* mit unserem *Trost* identisch, daß sein Tod unser Leben ist. Die Sprengkraft dieser Botschaft wird durch die harten, die Dreiklangsmelodik sprengenden Quarten (d–g/g–d) verdeutlicht, mit denen die Aufforderung *des solln wir alle* beginnt. Hinzu kommt der Übergang von der gewichtigen dorischen zu der freudigen lydischen Tonart, die dem österlichen Charakter des *froh sein* (f g a) entspricht. Das abschließende *Kyrieleis* hat die schlichte Gestalt des liturgischen Rufes behalten.

In der dreistrophigen Fassung bildet das dreifache *Halleluja* den Abschluß des Liedes, wobei die ökumenische Fassung auf der Basis der Tegernseer Handschrift mit der katholischen Tradition beim ersten *Halleluja* das Eingangsmotiv des Liedes tongetreu übernimmt, während im evangelischen Raum durch Luthers Korrektur die Hallelujazeile mit a g f g b a beginnt.[43]

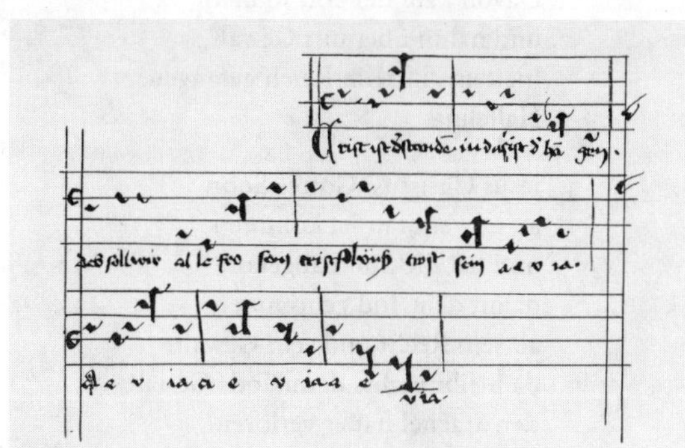

München, Bayerische Staatsbibliothek, Cgm 716, fol. 29v. Der Text begegnet hier in einer drastischen Variante: «Crist ist derstanden, iudas ist derhangen des soll wir alle fro sein, crist sol unser trost sein. alleluia.»

Der im gesamten Lied fremde Ton b bringt zwar eine Akzentuierung des *Halleluja*, die musikalische Einheit von Auferstehung und *Halleluja* geht jedoch verloren.[44]

Christ lag in Todesbanden

Auf Veranlassung Luthers und in der von ihm erstellten Fassung erschien unter der Rubrik *Nu folgen etliche geistliche Lieder/ von den Alten gemacht* das *Christ ist erstanden*, das zuerst im **Klugschen Gesangbuch* erhalten ist. Das Lied wurde im Wechsel mit der Sequenz *Victimae paschali* gesungen.[45]

Zwar schätzte Luther persönlich die Osterleise wie kaum ein anderes mittelalterliches Lied, beklagte jedoch, daß diese Leise keine Prediger gehabt habe, die uns hätten sagen können, was es sei.[46] So schuf er als Prediger und Sänger zugleich das Osterlied *Christ lag in Todesbanden*, das 1524 erschien.[47]

1. Christ lag in Todesbanden,
für unsre Sünd gegeben.
Der ist wieder erstanden
und hat uns bracht das Leben.
Des wir sollen fröhlich sein,
Gott loben und dankbar sein
und singen: Halleluja
Halleluja.

2. Den Tod niemand zwingen konnt
bei allen Menschenkindern.
Das macht alles unser Sünd;
kein Unschuld war zu finden.
Davon kam der Tod so bald
und nahm über uns Gewalt,
hielt uns in seim Reich gefangen.
Halleluja.

3. Jesus Christus, Gottes Sohn
an unsrer Statt ist kommen
und hat die Sünd abgetan,
damit dem Tod genommen
all sein Recht und sein Gewalt;
da bleibt nichts denn Tods Gestalt;
den Stachel hat er verloren.
Halleluja.

4. Es war ein wunderlich Krieg,
da Tod und Leben rungen.
Das Leben behielt den Sieg;
es hat den Tod verschlungen.
Die Schrift hat verkündet das,
wie ein Tod den andern fraß;
ein Spott aus dem Tod ist worden.
Halleluja.

5. Hier ist das recht Osterlamm,
davon Gott hat geboten.
Das ist an des Kreuzes Stamm
in heißer Lieb gebraten.
Das Blut zeichnet unsre Tür;
das hält der Glaub dem Tod für.
Der Würger kann uns nicht rühren.
Halleluja.

6. So feiern wir dies hoch Fest
mit Herzensfreud und Wonne,
das uns der Herr scheinen läßt;
er ist selber die Sonne,
der durch seiner Gnaden Glanz
erleucht unsre Herzen ganz;
der Sünden Nacht ist vergangen.
Halleluja.

7. Wir essen und leben wohl
in rechten Osterfladen.
Der alte Saurteig nicht soll
sein bei dem Wort der Gnaden.
Christus will die Koste sein
und speisen die Seel allein;
der Glaub will keins andern leben.
Halleluja.[48]

Die Überschrift *Der lobesang Christ ist erstanden, gebessert* präsentiert Luthers Osterlied *Christ lag in Todesbanden* als Entfaltung der mittelalterlichen Leise. Dabei muß *gebessert* im Sinn einer Verdeutlichung des bereits Guten verstanden werden. «Luther hat in den ersten drei Strophen seines Liedes die Motive der erweiterten Osterleise reflektiert, sie aber unter einem andersartigen theologischen Anspruch so konsequent neu verknüpft und abfolgen lassen, daß er, hier weitergehend als in anderen Fällen, den Wortlaut der Vorlage aufgeben mußte. Nicht so weit allerdings, daß in seiner siebenzeiligen Kopfstrophe die vierzeilige Vorlage durch die Placierung textlich-melodischer Teile nicht noch kenntlich genug ‹angesagt› wäre. Er hat (Strophen IV–VII) sein Lied durch weitere österliche Motive angereichert, den *wunderlichen krieg* aus der Ostersequenz aufgenommen (also dorthin zurückgegriffen, wovon die Osterleise einst ausgegangen war), die österliche Nacht-Licht-Symbolik, vor allem die Passah-Typologie in ihrem plastischen Mitteilungsgehalt. Er hat die Beziehung des heilsgeschichtlichen Geschehens zur gegenwärtigen Festfeier (VI) und in die Konsequenzen eines christlichen Lebens hinein (VII) ausdrücklich ins Wort des Liedes gebracht.»[49]

Es ist keine Frage, daß *Christ lag in Todesbanden* in eindeutiger musikalischer Anbindung an *Christ ist erstanden* bzw. die der Leise zugrunde liegende Sequenz eine theologisch reiche Ausdeutung des Ostermysteriums in einer poetisch hochstehenden Form darstellt. Gerade die musikalische Verwandtschaft von Leise und Lied macht die Frage nach der Bedeutung der so bescheiden wirkenden Osterleise um so deutlicher.

Wie kommt es, daß neben dem monumentalen, sieben siebenzeilige Strophen umfassenden Osterlied Luthers die so bescheiden wirkende vierzeilige Strophe der mittelalterlichen Osterleise überhaupt weitertradiert wurde?

Wie kommt es, daß *Christ ist erstanden* noch heute nicht nur als *ein* Osterlied, sondern als *das* Osterlied gilt und gesungen wird?

Wie kommt es, daß auch nach 1000 Jahren einer an Höhepunkten wahrlich reichen Geschichte des Kirchenliedes die mittelalterliche Osterleise unübertroffen ist?

Mit dem *Christ ist erstanden*, das aus der lateinischen Liturgie erwächst und in der lateinischen Liturgie seinen Ort hat, ersingt sich das Volk seinen Platz im Gottesdienst. Vielleicht liegen Faszination und Unverwüstlichkeit der alten Leise darin, daß wir in diesem Gesang den Geburtsvorgang des deutschsprachigen Kirchenliedes miterleben: *Christ ist erstanden*, dem Volksgesang ebenso verbunden wie dem Gottesdienst, ist ganz deutsches Kirchenlied und (noch) ganz Liturgie.

H. B.

Nun bitten wir den Heiligen Geist

Edition

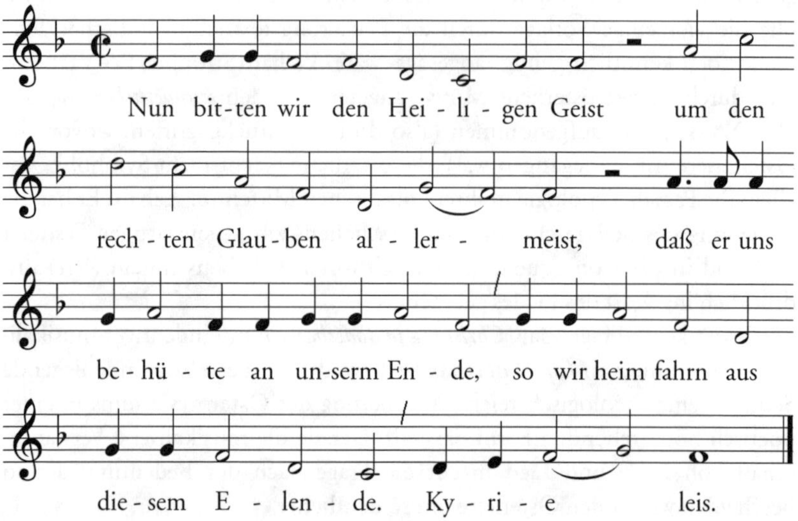

Nun bitten wir den Heiligen Geist
um den rechten Glauben allermeist,
daß er uns behüte an unserm Ende,
so wir heim solln fahrn aus diesem Elende.
Kyrieleis.

Druckvorlage

Text: Aus der Predigt *Von drin Lâgen* des Berthold von Regensburg[1] (wortgetreue Übertragung ins Neuhochdeutsche).

Melodie: Nach *Walter 1524 (=*WA 35, Ergänzungsband, S. 223 a). Der dieser Melodie zugeordnete Text hat bei *Walter eine Silbe weniger. Die Melodie dürfte auf das 13. Jahrhundert zurückgehen. Diejenige neumierte Handschrift, die bisher als die älteste Bezeugung der Melodie galt, aus dem Zisterzienserkloster Medingen bei Lüneburg, wird inzwischen nicht mehr auf etwa 1350, sondern erst auf die zweite Hälfte des 15. Jahrhunderts datiert.[2] Im übrigen ist die handschriftliche Bezeugung der Melodie im 13.–15. Jahrhundert schmal und zufällig[3] – wobei ihr melodischer Verlauf gesicherter scheint als ihre Rhythmik.

Melodie und Metrum

Der Text besteht aus zwei männlich gereimten Neunsilbern und zwei weiblich gereimten Elfsilbern. In späteren Fassungen begegnet das zweite Verspaar häufig auch zehnsilbig mit männlichem Reim, was Melodieänderungen oder Unsicherheiten in der Verteilung der Silben auf die Melodie hervorruft. Die freie Akzentverteilung, die auf unsere metrisch normierten Ohren einen archaischen Eindruck macht, läßt den Text fast wie Prosa wirken. Auch die (pentatonische, auf Halbtonschritte verzichtende) Melodik ist dem Sprechgesang-Charakter verpflichtet, sofern sie die sinntragenden Wörter tonmalend unterstreicht. In der ersten Verszeile schlingt sie sich mit einer kleinen Ausbuchtung nach oben (*bitten*) und einer größeren nach unten (*Heiligen*) um einen Grundton herum. Auch in der zweiten kehrt sie zu diesem zurück, nach einem größeren Aufschwung mit lauter halben Noten, der die Wendung *um den rech-ten Glau-ben* mit einer markanten Verstärkung versieht. Das Tempo steigt danach, der Schwung wird aber dreimal gebrochen durch drei langsame fallende, echoartige Terzen (*-hüte, Ende, heim solln*). Der tiefste Ton wird in der Schlußsilbe von *Elende* erreicht. Das *Kyrieleis* steigt dann wieder zum Grundton an. Spätere Erweiterungen fügen sich den Eigentümlichkeiten dieser Melodie nicht mehr so gut an wie dieser mittelalterliche Ursprungstext.

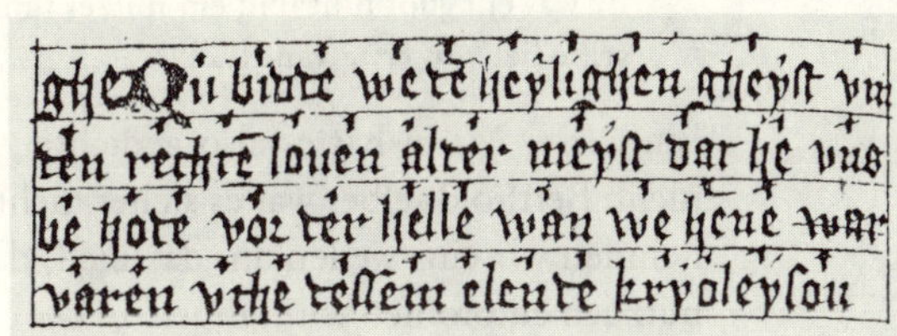

Trierer Handschrift (Ausschnitt) mit Neumen, um 1350

Ein nützlicher Sang, ein weiser Mann

Berthold von Regensburg (ca. 1210–1272) war zu seiner Zeit so berühmt, daß es Mode wurde, auch die Ermahnungen anderer Prediger unter seinem so gut eingeführten Namen aufzuzeichnen – so wie es irgendwann üblich geworden war, jedes in der Manier des Ambrosius geschaffene Lied als «hymnus ambrosianus» zu bezeichnen.[4] Es ist bisher weder möglich gewesen, Bertholds eigenen Anteil zweifelsfrei zu identifizieren, noch, die ihm zugesprochenen Texte sicher zu datieren.[5] Für die dritte Predigt, die das älteste Zeugnis für *Nun bitten wir den Heiligen Geist* überliefert, wird in der Regel die Zeit um 1250 angegeben. Der Kontext bei «Berthold», und wir bezeichnen mit diesem Namen alle, die in seinen Spuren gingen, läßt vermuten, daß das Lied damals zwar schon gebräuchlich war, aber doch nicht so allgemein bekannt, daß es ausgereicht hätte, kommentarlos das Initium zu zitieren. Vielmehr schien eine werbende Vorstellung angezeigt. Bildet ihr euch etwa ein, fragt Berthold, daß jene Leise ohne Grund erdacht sei –

> Wænet ir hêrschaft, daz der kyrleise durch ein gestüppe erdâht sî, der dâ sprichet:
>
> Nû biten wir den heiligen geist
> umb den rehten glouben aller meist,
> daz er uns behüete an unserm ende,
> sô wir heim suln varn ûz disem ellende
> kyrieleis.
>
> Ez ist gar ein nütze sanc, ir sult in iemer deste gerner singen unde sult ez alle mit ganzer andâht unde mit innigem herzen hin ze gote singen unde ruofen. Ez was ein guot funt und ein nützer funt und er was ein wîser man der daz selbe liet von êrste vant [...][6]

Ein weiser Mann hat es also gedichtet, mehr wissen wir über den Verfasser nicht. Berthold selber war es sicher nicht. In Ermangelung anderer Zeugnisse nehmen wir einstweilen an, das Lied, das von unserem Prediger als gut und nützlich empfohlen wird, müsse in der ersten Hälfte des 13. Jahrhunderts entstanden sein.

An unserem Ende

Wir singen in der dritten Zeile: *daz er uns behüete.* Wer ist «er»? Das übliche Verständnis[7] antwortet ohne langes Besinnen: der Heilige Geist. Grammatisch gesehen bezieht sich das *er* jedoch auf *glouben.* Nicht der Heilige Geist soll uns in der Todesstunde behüten, sondern der rechte Glaube. Daß dieses das ursprüngliche und adäquate Verständnis ist, geht aus dem Zusammenhang der Predigt eindeutig hervor. Drei Fallen, das ist ihr Hauptinhalt, stellt uns der Teufel. Die erste, wenn wir zur Welt kommen, die zweite, wenn wir in der Welt leben, die dritte, wenn wir aus der Welt fahren. Jede ist noch einmal zweigeteilt, weil der Hinterhältige es jeweils auf zwei verschiedene Weisen versucht. Um Falle 3a geht es hier. Kurz vor unserem Tod will der Teufel uns noch vom rechten Glauben abbringen. In den Klöstern, dies erwähnt der Prediger, gibt es darum, wenn einer im Sterben liegt, die Sitte, daß alle zusammenkommen und dem Sterbenden das Glaubensbekenntnis vorsprechen, um ihn gegen den Anschlag des bösen Feindes zu wappnen. Seid gewarnt, ruft «Berthold», daß euch der rechte Glaube nicht noch im letzten Augenblick von diesen unseligen Teufeln abgejagt wird! Denn die wenden all ihren Fleiß daran, damit wir das Himmelreich nie zu Gesicht bekommen, das sie verloren haben. Darum ist es, schärft der Prediger nochmals ein, gut und nützlich, oftmals mit Andacht zu singen: *Nun bitten wir den Heiligen Geist um den rechten Glauben allermeist, daß er uns behüte an unserm Ende, so wir heim solln fahrn aus diesem Elende. Kyrieleis.*

Das Wort *glouben* ist in der fraglichen Predigtpassage in der Regel eng gefaßt, im Sinne von Glaubensbekenntnis, Credo, das täglich zweimal, morgens und abends, zu sprechen sei, wie es von alters her in der Gebetsordnung der Mönche gebräuchlich war:

> Ein ieglich mensche sol den gelouben zwirunt in dem tage sprechen:
> des morgens sô dû ûf stêst unde des nahtes sô dû nider gêst, unz an dînen tôt:
> sô dû danne an dem ende gelîst, unde dir der tiuvel dînen kristengelouben
> gerne an gewünne, daz er dir niht guot ze nemenne ist.[8]

Daß es sich um ein Lied für die Sterbestunde handelt, nicht um ein Pfingstlied, ist deutlich geworden. Der Heilige Geist wird in der ganzen Predigt nicht ein einziges Mal genannt. Freilich wird vorausgesetzt, daß er es ist, der den rechten Glauben gibt. Mittelbar ist er es deshalb auch, der die Seelen, wenn sie heimfahren sollen, vor den letzten Anschlägen des Teufels bewahrt und hinüberführt über die Schwelle des Todes. Dort werden sie ein weit schöneres Leben vorfinden als hier. Für Berthold ist es klar, daß dem Jenseits der Vorzug vor dem Diesseits gebührt. «Wir sîn gar ellende hie, unde dâ von sollten wir wol smæhen diz leben unde sollten heim gen lande ziehen, dâ wir iemer mêr mit freuden wæren.»[9]

Die Vorstellung, daß es darauf ankäme, gerade in der Todesstunde den rechten Glauben zu haben, ist heute versunken. Wer überhaupt noch Ängste vor einem letzten Gericht mit sich herumträgt, neigt zu der Annahme, es komme auf die Bilanz des ganzen Lebens an und nicht auf die mehr oder minder zufällige, möglicherweise durch Geistestrübung reduzierte letzte Stunde. Ebenso ungeläufig ist die Vorstellung geworden, daß das Leben Fremde, der Tod Heimkunft bedeute. Das Mittelalter dachte anders. *Mitten in dem Leben sind wir vom Tod umfangen.* Wer im Leben der letzten Stunde stets gewärtig war, für den ist sie kein zufälliger Augenblick, sondern die Prüfungsstunde, in der sich die Quintessenz des Gelebten bewähren muß.

Holzschnitt aus dem *Narrenschiff* des Sebastian Brant, 1494

Luther

Im «Liederjahr» 1524 hat Martin Luther das Lied um drei Strophen erweitert,[10] so daß es fortan lautete:[11]

1. Nu bitten wyr den heyligen geyst
umb den rechten glauben allermeyst,
das er uns behute an unserm ende,
wenn wyr heym farn aus disem elende.
Kyrioleys.

2. Du werdes liecht, gib uns deynen scheyn,
lern uns Jhesum Christ kennen alleyn,
Das wyr an yhm bleyben, dem treuen Heyland,
der uns bracht hat zum rechten vater land.
Kyrioleys.

3. Du susse lieb, schenck uns deyne gunst;
las uns empfinden der liebe brunst,
Das wyr uns von hertzen eyn ander lieben
und ym fride auff eynem synn bleyben.
Kyrioleys.

4. Du hochster troster ynn aller not,
hilff, das wyr nicht furchten schand noch tod,
Das ynn uns die synnen nicht verzagen,
wenn der feind wird das leben verklagen.
Kyrioleys.

Luther war sich über die ursprüngliche Aufgabe des Liedes noch völlig im klaren, stellte er es doch 1542 unter die Begräbnislieder.[12] Seine Erweiterungen vertiefen die in der alten Strophe lapidar angesprochenen Themen «Heiliger Geist», «rechter Glaube» und Sterbestunde. Der Heilige Geist ist das Licht, das den rechten Glauben zeigt, den der treue Heiland *bracht hat*, wie Luther verdeutlicht, das wahre, reformatorisch verstandene Evangelium: *lern uns Jhesum Christ kennen alleyn* (Strophe 2). Der Geist ist die Liebe, der Frieden und die Einheit der Gläubigen (Strophe 3). Er ist schließlich der Tröster und Anwalt in der Todesstunde. Mit *wenn der feind wird das leben verklagen* ist wahrscheinlich wie bei Berthold der letzte Versuch des Teufels gemeint, dem Sterbenden und Geschwächten, dessen Sinne zu verzagen drohen, den rechten Glauben zu nehmen. Der Tröster aber hilft gegen die Todesfurcht.

Vom Sterbelied zum Pfingstlied

Luthers Erfolg spornte die katholische Seite zu einem Gegenstück an. Caspar Querhamer ist wahrscheinlich der Bearbeiter derjenigen Fassung, mit der 1537 auch in den katholischen Kirchen eine neue Seite der Liedgeschichte aufgeschlagen wird.[13]

Uff den heyligen Pfingstag vor der Predig.

1. Nu bitten wir den heyligen geyst
umb den rechten glauben allermeyst,
Das er uns behüte an vnserm ende,
wenn wir heymfarn auß diesem ellende.
Kyrioleys.

2. Erleucht du vns, o ewiges liecht!
Hilff das alles, so von vns geschicht,
Gott sey gefellig durch Jesum Christum,
Der vns macht heylig durch sein Priesterthum.
Kyrioleys.

3. O heyligste lieb vnd güttickeyt,
Durch deine gnad vnser hertz bereyt,
Das wir vnsern nachsten Christlich lieben
Vnd ewig bleyben in deinem fryden!
Kyri.

4. O höchster tröster vnd warer Gott,
Hylff vns getreulich in aller nodt!
Mach rein vnser leben, Schenck vns dein gaben,
Laß vns nit weichen vom rechten glauben!
Kyrioleys.

Das erste Mal wird das Lied unter Pfingsten rubriziert. Sein Thema ändert sich: Es geht jetzt um den Heiligen Geist und um die Kirche. Auch das Wort vom *rechten Glauben* ändert im Reformationszeitalter seinen Sinn. Wie von selbst unterschiebt sich ihm die Bedeutung «katholischer Glaube», er und nicht mehr die Todesstunde gibt die Schlußpointe ab: *Las vns nit weichen vom rechten glauben!* Die zweite Strophe hebt nicht auf den Glauben, nicht auf das *solus Christus* der evangelischen Lehre ab, sondern auf das Handeln, die Werke. Sie betont das Priestertum Christi (nach Hebr 5), möglicherweise mit dem Ziel, die reformatorische Vorstellung eines allgemeinen Priestertums zurückzuweisen.

Wirkungsgeschichte bis zur Gegenwart

Im evangelischen Bereich ist das Lied sehr stabil. Von der Reformation an ist es, mit einer kurzen Unterbrechung durch die rationalistische Gesangbuchreform (die das Lied teils streicht, teils überarbeitet), fast durchgehend präsent, mit im 19. Jahrhundert beträchtlichen, im 20. (seit *DEG 1915) meist nur noch geringfügigen Textänderungen. Das *EKG von 1950 folgt wort- und notengetreu *Walter 1524. Das *EG von 1993 scheute lediglich *der Liebe Brunst* in 3,2. Während der **Vorentwurf* von 1988 noch *der Liebe Glut* vorgeschlagen hatte, entschloß sich die endgültige Druckausgabe dann zu *der Lieb Inbrunst.*

Holzschnitt aus dem katholischen Gesangbuch *Leisentrit 1567, mit Bezug auf das in Apg 2 geschilderte erste Pfingstfest, als sich feurige Zungen auf den Jüngern niederließen, sie vom Heiligen Geist erfüllt wurden und in fremden Sprachen zu reden begannen.

Die katholische Wirkungsgeschichte, ebenfalls ziemlich durchgehend, wenngleich mit etwas geringerer Präsenz, verlief ohne den Kanonisierungsschutz, den der Name Luther verlieh, und ist infolgedessen variantenreicher und verwahrloster. Sie nimmt ihren Ausgang von der Fassung bei *Vehe. Zu ihren stärksten Bedürfnissen gehörte die Beseitigung der grammatischen Unklarheit in der zweiten Zeile. Nicht der Glaube sollte behüten (das erschien als evangelische Lesart), sondern der Heilige Geist. Die häufigste, vom 17. bis zur Mitte des 20. Jahrhunderts breit belegte Lösung des Dilemmas arbeitet mit einer ganz unauffälligen, aber entscheidenden Änderung: Nicht mehr *um den* rechten Glauben bitten wir, sondern *in dem* rechten (katholischen) Glauben. *Nun bitten wir den Heiligen Geist/ in dem rechten Glauben allermeist/ daß er uns behüte.*[14] Die Lesart nimmt in Kauf, daß *allermeist* sinnlos geworden ist. Hieß es ursprünglich, daß wir *allermeist*, also vor allem und in erster Linie, um den rechten Glauben bitten, steht die Rechtgläubigkeit nun von vornherein fest, die singende Gemeinde ist ihrer sicher.

In den übrigen Strophen verwildert das Lied im Laufe des 19. und frühen 20. Jahrhunderts immer mehr. Varianten ohne Ende ließen sich aufzählen, bis endlich eine hymnologische Besinnung einsetzt und die alten Quellen wieder zu Rate gezogen werden. Die einflußreiche Sammlung **Kirchenlied* (1938) geht auf *Vehe zurück (ohne dessen 3. Strophe), ändert allerdings das Schlußverspaar, das nun nicht mehr den *rechten Glauben* betont, sondern die Gnade: *mach rein unser Leben, schenk uns deine Gnade, laß uns nicht weichen von dem rechten Pfade.* Durch Hinzufügung der in **Kirchenlied* fehlenden Strophe wird 1947 daraus ein **Einheitslied*, das sich dann in den Nachkriegsdiözesangesangbüchern vor dem **Gotteslob* überall findet. Die Arbeitsgemeinschaft für ökumenisches Liedgut (AÖL) entschied sich zunächst für Strophe 1, dann zusätzlich für zwei Lutherstrophen, es kam aber dann alles anders, wie es in Kommissionen zu geschehen pflegt. Im Redaktionsbericht ist der Vorgang nachzulesen. «Für das *Gotteslob* wollte man sich zunächst mit Strophe 1 begnügen, da Vehes Text als gedankenblaß und schematisch empfunden wurde. Doch wurde auch hier der Wunsch nach weiteren Strophen laut.» 1973 wurde die erste Strophe um drei von Maria Luise Thurmair gedichtete Strophen ergänzt. Bei der Endredaktion des **Gotteslob* «wurde diesen Strophen durch die Hauptkommission noch eine Strophe der Vehe-Zudichtung, die bisherige Strophe 2 des Einheitsliedes, angehängt».[15]

Das bereits allgemein akzeptierte Einheitslied wurde dadurch wieder in Frage gestellt, während gleichzeitig die ökumenische Bedeutung der Neufassung gleich Null ist, weil im *EG selbstverständlich die Luther-Fassung steht. Ein Fall von Papier-Ökumene, merkwürdig auch deshalb, weil der Kommissionskompromiß aus «Berthold» (Strophe 1), Querhamer (Strophe 5, ursprünglich Strophe 2) und Maria Luise Thurmair (Strophen 2–4) natürlich keinen überzeugenden Zusammenklang ergibt:

1. Nun bitten wir den Heiligen Geist
um den rechten Glauben allermeist,
daß er uns behüte an unserm Ende,
wenn wir heimfahrn aus diesem Elende.
Kyrieleis.

2. Du heller Schein, du lebendig Licht,
Geist des Herrn, der unsre Nacht durchbricht,
laß uns Gott erkennen, ihn Vater nennen
und von Christus uns nimmermehr trennen.
Kyrieleis.

3. Du stille Macht, du verborgne Kraft,
Geist des Herrn, der in uns lebt und schafft,
wohne du uns inne, uns anzutreiben;
bete du in uns, wo wir stumm bleiben.
Kyrieleis.

4. Du mächtger Hauch, unerschaffne Glut,
Geist des Herrn, gib du uns neuen Mut,
daß wir Gottes Liebe den Menschen künden
und im Frieden als Brüder uns finden.
Kyrieleis.

5. Erleuchte uns, o ewiges Licht,
hilf, daß alles, was durch uns geschieht,
Gott sei wohlgefällig durch Jesum Christum,
der uns macht heilig durch sein Priestertum.
Kyrieleis.

Die erste Strophe bringt das alte Sterbestunde-Lied. Die Strophen 2–4 nehmen diesen Faden in keiner Weise auf, sondern erklären in großen, aus der Tradition gewonnenen Metaphernreihen das Sein und Wirken des Heiligen Geistes; er ist (dreimal) *Geist des Herrn*, ferner Licht in der Nacht, Gotteserkenntnis, Lebenskraft, Antrieb und inneres Beten, Hauch, Glut, Liebe, Frieden, er ist hell, still, lebendig, verborgen, mächtig, unerschaffen, ewig. Wobei die Häufung der Bilder eher schwächt als klärt, weil kein Bild ausschwingen kann, jedes gleich in Konkurrenz zu einem anderen gerät, das *Licht* mit der *Macht*, der *Hauch* mit der *Glut*.[16] Der *Frieden* in der 4. Strophe geht im Zuge der kleinen Gotteslob-Revision von 1997 verloren, die sich an den *Brüdern* störte. Vers 4, 4 lautet seitdem *und als Schwestern und Brüder uns finden*.

Die fünfte Strophe fällt aus dem Thurmair-Ton heraus, wegen der Archaismen (*durch Jesum Christum*), wegen der formalen Brüche (sie beginnt nicht mit einer Du-Anrede, die stehende und durch die Melodieführung stark hervorgehobene Formel *Geist des Herrn* fehlt, der Reim *Christum – Priestertum* paßt nicht zu den glatten Thurmair-Reimen), vor allem aber wegen der heute kaum noch verständlichen Schlußpointe auf *Priestertum*. Die Übernahme des Luthertexts, wie sie zum Beispiel im **Katholischen Gesangbuch der deutschsprachigen Schweiz* (1998) erfolgt ist, wäre sicher die bessere ökumenische Lösung gewesen. Oder die Beschränkung auf die erste Strophe. Sie wirkt bis heute mit archaischer Kraft.

H. K.

In dulci jubilo

Edition

1. In dulci jubilo	In süßem Jubel
nun singet und seid froh:	
Unsers Herzens Wonne	
liegt in praesepio	in der Krippe
und leuchtet als die Sonne	
matris in gremio.	im Schoß der Mutter
Alpha es et O!	Du bist das Alpha und das Omega!
Alpha es et O!	
2. O Jesu parvule,	O winziger Jesus
nach dir ist mir so weh.	
Tröst mir mein Gemüte,	
o puer optime,	o allerbester Knabe
durch alle deine Güte,	
o princeps gloriae.	o Fürst der Herrlichkeit
Trahe me post te!	Zieh mich dir nach!
Trahe me post te!	

3. Ubi sunt gaudia?	Wo sind die Freuden
Nirgend mehr denn da,	
da die Engel singen	
nova cantica,	neue Lieder
und die Schellen klingen	
in regis curia.	am Hof des Königs
Eia, qualia!	was für welche! [Freuden]
Eia, qualia!	
4. Mater et filia	Mutter und Tochter
ist Jungfrau Maria.	
Wir waren gar verdorben	
per nostra crimina.	durch unsere Sünden
Nun hat sie uns erworben	
caelorum gaudia.	die Freuden des Himmels
O quanta gratia!	
O quanta gratia!	O, wieviel Gnade!

Druckvorlage

Als Ausgangspunkt für Text und Melodie gilt: *Geistliche lieder auffs new gebessert zu Wittemberg. D. Mart. Luther XXXiii.* Wittenberg: Joseph *Klug 1533. Der Text wurde hier in Orthographie und Zeichensetzung modernisiert. Das Lied hat in diesem Druck allerdings nur drei Strophen, und das Schlußzeilenpaar der dritten Strophe lautet *Eya wer wir da.* Das ältere *Eia, qualia* wurde hier nach den frühesten erhaltenen Handschriften (Mainz um 1380, Schlesien um 1420 und Köln um 1440, s. u.) eingesetzt. Die vierte Strophe ist ergänzt nach der Handschrift Schlesien um 1420 und den weiteren Belegen bei *Bäumker I, 50 (S. 311 f.).

Aus dem *Klugschen Gesangbuch, 1533

Das sogenannte **Klugsche Gesangbuch* entstand unter Mitwirkung Martin Luthers und erschien in erster Auflage 1529. Dort fand sich vermutlich der früheste Druck von *In dulci jubilo*; da jedoch kein einziges Exemplar dieses Buches die Zeiten überdauert hat, kann man es nicht nachprüfen. Nahezu identisch in Text und Melodie, weil höchstwahrscheinlich auf das **Klugsche Gesangbuch* zurückgehend, sind die katholischen Erstdrucke bei *Vehe 1537 und *Leisentrit 1567.

Suso tanzt mit dem Engel

In den zwanziger Jahren des 14. Jahrhunderts erschien dem jungen Mönch Heinrich Seuse, genannt Suso oder auch Amandus, im Dominikanerkloster zu Köln eines Tages ein himmlischer Spielmann und riet ihm, sich alle Leiden aus dem Sinn zu schlagen und mit ihm zu tanzen. Dann stimmte der überirdische Jüngling ein fröhliches Gesänglein an vom Kinde Jesu, lautend «In dulci jubilo etc.» Als Suso den geliebten Namen Jesus so süß erklingen hörte, wurde ihm in Herz und Sinn so wohl zumute, daß er vollständig vergaß, daß er je gelitten hatte. Der himmlische Spielmann und die übrigen herrlichen Knaben, die mit ihm gekommen waren, tanzten mit jubelndem Herzen. Wohl dreimal wiederholte der Vorsänger das «Ergo merito etc.»[1]

Sie machten die höchsten und freiesten Sprünge, die man sich denken kann. Es war kein Tanzen wie in dieser Welt, sondern wie ein Hinaus- und Hineinströmen aus dem und in den unbegreiflichen Abgrund der göttlichen Vollkommenheit. Unzählig oft noch wurde Suso ein solcher Trost zuteil.[2]

Textgeschichte

Dieses zersungene, verkitschte, auf Weihnachtsmärkten plattgemachte Lied ist bei näherer Betrachtung ein Fenster zur Ewigkeit.

Zuerst ist zu klären, von welchem Text und welcher Melodie man eigentlich auszugehen hat. Die bei *Klug, *Vehe und *Leisentrit vorliegende dreistrophige Fassung hat ihren kanonischen Rang erst im 20. Jahrhundert erhalten. Das Lied sah die meiste Zeit seiner Geschichte anders aus. Sein Ursprung verliert sich im Dunkel. Die ältesten sicheren Zeugnisse sind, abweichend von den hier edierten achtzeiligen Strophen, zehnzeilig.[3]

Als Heinrich Seuse seine Vita redigierte, um 1360, muß das *In dulci jubilo* schon so bekannt gewesen sein, daß es reichte, das Initium und die Repetitio zu zitieren. Das schließt nicht aus, daß Seuse selbst der Verfasser des Liedes war – beziehungsweise jener himmlische Spielmann, der es ihm Jahrzehnte früher im Traum vorgesungen hat. Vielleicht hat Seuse es gleich nach jener Vision aufgeschrieben, und vielleicht hat es sich von Köln aus schnell zu den benachbarten und später auch zu den entfernteren Klöstern verbreitet.

Das in seiner Lebensbeschreibung überlieferte Textfragment *Ergo merito* verweist, wie die Mehrheit der übrigen frühen Zeugnisse, auf die zehnzeilige Strophe. Das ursprüngliche Lied könnte demzufolge ungefähr folgendermaßen ausgesehen haben (nach dem zweitältesten vollständig überlieferten Zehnzeilertext in einer Handschrift, die um 1440 in der Kartause St. Barbara in Köln entstanden ist):[4]

> In dulci jubilo/ singet und weset froh/ all unsers Herzens Wonne/ liegt in praesepio/ hie leucht recht als die Sonne/ matris in gremio. Ergo merito [darum verdientermaßen]/ ergo merito/ des sollen alle Herzen/ schweben in gaudio.
>
> O Jesu parvule/ nach dir ist mir so weh/ tröste du mein Gemüte/ tu puer inclite [du weltberühmter Knabe]/ hilf uns durch deine Güte/ tu puer optime/ Trahe me post te/ trahe me post te/ in deines Vaters Reich/ tu princeps gloriae.
>
> Ubi sunt gaudia/ nirgend dann allda/ da hört man Saiten klingen/ in regis curia/ da hört man Engel singen/ nova cantica/ Eya qualia [Ei welche (Freuden)]/ eya qualia/ o Mutter aller Güten bring uns ad talia. [zu solchen]
>
> Maria nostra spes [unsere Hoffnung]/ Jungfrau helf uns des/ daß wir so selig werden/ als dein progenies [Geschlecht]/ vergib uns unsre Sünden/ viel mehr denn septies [siebenmal]/ Vitam nobis des [Leben gib uns]/ vitam nobis des/ daß uns zu Teile werde/ aeterna requies. [ewige Ruhe]

Aber auch die achtzeilige Fassung ist im 15. Jahrhundert gut belegt. Es mag regional bedingt gewesen sein, daß sie und nicht die zehnzeilige dem Bearbeiter des **Klugschen Gesangbuchs* zur Hand war, der das Lied 1529 in die protestantische Tradition eingespeist hat. Er hatte damit so großen Erfolg, daß seither die Zehnzeiler in Deutschland verlorengingen. Fast alle gedruckten deutschen Quellen überliefern die achtzeilige Fassung. Wenn wir ihr folgen, folgen wir nicht dem Ursprungstext des Liedes, sondern dem Siegeslauf einer späteren, wenn auch ebenbürtigen Version.

Im **Klugschen Gesangbuch* ist die Marienstrophe weggelassen, weil sie, so Konrad Ameln, «für den Reformator theologisch untragbar war».[5] Das Lied begegnet dort in der Rubrik *geistliche Lieder/ von den Alten gemacht*, deren Vorrede ein markant reformatorisches Selbstbewußtsein verrät:

> Diese alten Lieder/ die hernach folgen/ haben wir auch mit aufgerafft/ zum zeugnis etlicher fromen Christen/ so für vns gewest sind/ jnn dem großen finsternis der falschen lere/ auff das man ja sehen müge/ wie dennoch allezeit leute gewesen sind/ die Christum recht erkand haben/ doch gar wunderlich jnn dem selbigen erkentnis/ durch Gottes gnade/ erhalten.

Diese Maxime im Herzen, hat Martin Luther selbst oder ein von ihm Beauftragter in die Vorlage eingegriffen, denn bis dahin hat das Lied in allen bekannten Quellen mindestens vier Strophen. Die abschließende Marienstrophe findet sich in der katholischen Überlieferung noch bis ins 18. Jahrhundert hinein. Die älteste erhaltene Quelle für sie ist eine um 1420 in Schlesien entstandene Handschrift.[6] Ihre Schlußzeile *o quanta gratia* wird später meistens durch *Maria hilf uns dar* [= dorthin] ersetzt. Die Marienstrophe ihrerseits ist nicht immer die letzte. Die achtzeilige Fassung neigt zu Erweiterungen und Umdichtungen stärker als die zehnzeilige. Doch weisen auch die zahlreichen Varianten der Strophenfolge auf den hier edierten vierstrophigen Kern.

Form und Klang

Die Melodie der zehnzeiligen Fassung ist bereits vorreformatorisch, wenn auch mit zahlreichen Varianten, reich belegt.[7] In den Niederlanden hat sie bis heute überlebt.[8] Aus ihr entwickelt sich die in Deutschland gebräuchliche Weise zur achtzeiligen Fassung. Die Rhythmisierung, die das Lied als Tanz im Dreiertakt erscheinen läßt, ist nicht ursprünglich, sondern bildet sich erst Ende des 15. Jahrhunderts heraus.

Die achtzeilige Fassung kommt jeweils mit nur zwei Reimsilben aus. In der ersten Strophe haben wir sechs männliche Reime auf *-o* und zwei weibliche auf *-onne*, in der zweiten sechs auf *-e* und zwei auf *-üte*, in der dritten sechs auf *-a* und zwei auf *-ingen*. Es zeigt sich eine Öffnung des Klanges von *-o* über *-e* bis *-a*. Dabei entsteht ein besonderer Reiz durch die Reimverbindung deutscher sinntragender Stammsilben (*froh – weh – da*) mit lateinischen sinnfreien Nebensilben (*o – e – a*). Die männlichen Reime werden durch zwei- oder dreigliedrige Verzierungen musikalisch stark hervorgehoben. Das verspielte Gewicht, das die Melodie den lateinischen Endsilben gibt, läßt sie geheimnisvoll erscheinen. Je weiter das Lied aus dem klösterlichen Kontext heraustritt in eine Welt, die vom Lateinischen nur noch Fragmente kannte, um so mysteriöser wurden die lateinischen Vokabeln, um so mehr konnten sie nur noch als Klang, nicht mehr als Mitteilung wirken, so daß die lange Geschichte des Liedes sicher auch mit der ihm zugewachsenen geheimnisvollen und, wie jedes Geheimnis, lockenden Dunkelheit zu tun hat. Das Ineinander von Profan- und Sakralsprache will etwas Unsagbares sagen, etwas zwischen und über den Sprachen. Der Ursprungskontext des Liedes ist nach dem Zeugnis der Überlieferungsgeschichte die dominikanische Mystik. Die deutsch-lateinische Mischdichtung muß deshalb als bewußte Kunstform betrachtet werden, nicht als «makkaronische Poesie» von Halbgebildeten, die mit lateinischen Brocken imponieren wollen.

Der Anfang ist das Ende

Ob das Lied ursprünglich nun drei oder vier Strophen hatte – fest steht, daß die ersten drei Strophen ein in sich geschlossenes Gebilde darstellen. Ihre deutschen Teile sprechen von unseres Herzens Wonne, die wie die Sonne leuchtet, nach der uns weh ist, deren Güte unsere Gemüter trösten soll, bei der die Engel singen und die Schellen klingen. Mehr theologisches Gewicht tragen die lateinischen Stellen. Die ersten Zeilen klingen zwar noch nach Weihnachtsidyllik – in süßem Jubel, in der Krippe, im Schoß der Mutter –, aber bereits mit «Du bist Alpha und Omega» kommt ein Motiv ganz anderer Herkunft hinzu. «Ich bin das A und das O, der Anfang und das Ende», sagt der Herr in der Offenbarung des Johannes (21,6; 22,13). Das Lied spricht vom Anfang und vom Ende. Weihnachten ist das Fest des wunderbaren Anfangs, der das wunderbare Ende vorwegnimmt, wenn Er alle Tränen abwischen wird, und der Tod nicht mehr sein wird noch Leid, noch Geschrei, noch Schmerz (Offb 21,4). «Im Anfang war das Wort», so beginnt das Evangelium des hohen Weihnachtsfests (Joh 1,1). Mit der Geburt Jesu beginnt alles, nicht nur unsere Zeitrechnung.

Die geschichtliche Zeit hingegen erlischt. Alles ist gleichzeitig. Das Kind in der Krippe leuchtet *wie die Sonne*, so wie der verklärte Jesus (Mt 17,2), so wie der Auferstandene im Strahlenkranz. Auch die zweite Strophe springt von Jesu Geburt direkt in die Endzeit, unter Auslassung der Passion, unter Auslassung des unruhigen Stroms der Jahrhunderte, leidlos, wie Suso bei seinem Tanz. Sie steigert die Anreden vom winzigen Jesuskind (*O Jesu parvule*) über den Knaben (*O puer optime*) bis zum princeps gloriae, dem apokalyptischen Fürsten der Herrlichkeit (z. B. Mt 16,27; 19,28; 25,31; 1 Petr 5,4: Ps 24, 7–10). *Trahe me post te* – ziehe mich dir nach – sagt im Hohen Lied des Alten Testaments die Geliebte (Hld 1,4): Ein weiterer großer Bogen öffnet sich, wobei es in der gebräuchlichen Auslegung Jesus ist, der die Kirche als Geliebte nachziehen soll. Auch die Himmelfahrtstheologie verwendet das Motiv. *O zieh uns immerdar zu dir* heißt es in *Ihr Christen, hoch erfreuet euch.*[9] Mit *Zeuch uns nach dir* beginnt ein anderes Himmelsfahrtslied.[10]

Der durchdringende Blick des Mystikers macht Zeit und Geschichte wesenlos. Die Zeit ist für ihn kein horizontales Kontinuum, sondern eine diskontinuierliche Abfolge von vertikalen Blitzen. Im Jetzt ist das Eschaton. In der Stunde seiner Geburt als winziges Kindlein ist Jesus auch schon der Fürst der Herrlichkeit. Die Zeit und ihr Leid, selbst die Passion am Kreuz, sind vernichtet. Jeder Lidschlag öffnet ein Tor zur Ewigkeit.

Im Himmel, am Ende der Zeit, am Hof des Königs, *in regis curia*, herrscht übergroße Freude. Dort singen die Engel *nova cantica* (Offb 5,9). Das inständig wünschende *Eya, wärn wir da* hat das ursprünglichere *Eya, qualia* schon früh verdrängt, das staunend zu fragen scheint: Was für Freuden, was für Lieder? Paulus antwortet darauf im 1. Korintherbrief (2,9), Jes 64,3 zitierend. Es geht um das, «was kein Auge gesehen und kein Ohr gehört hat, was keinem Menschen in den Sinn gekommen ist: das Große, das Gott denen bereitet hat, die ihn lieben». Der Sänger kann nur noch stammeln: *Eia, qualia*! Da das schwer zu verstehen war, bildeten sich bald Varianten, die die verknappte

Selige aus dem ehemaligen Westlettner des Mainzer Doms, um 1240

Wendung durch eine lectio facilior zu verdrängen suchen. Ohnehin stand das *Eia, qualia* anfangs nicht allein, stammt es doch ursprünglich aus der zehnzeiligen Fassung und erklärte sich dort ein wenig besser: *Eya qualia / eya qualia / o Mutter aller Güte / bring uns ad talia.*

In dieser Version leitete das *Eya qualia* zur Marienstrophe über, die vielleicht aus diesem *Mutter aller Güte* herausentwickelt wurde. Maria erscheint als die Helferin und Geleiterin zum ewigen Ziel. Nur über sie kommt der bisher ausgeblendete Weg dorthin, kommen Geschichte, Sünde und Tod ins Spiel. In der zehnzeiligen Fassung soll Maria uns die Sünden vergeben und uns zur ewigen Ruhe führen. In der achtzeiligen hat sie uns von der Erbsünde erlöst und die Freuden des Himmels erwirkt. Theologisch korrekt kann beides nur von Gott selbst oder von Jesus gesagt werden. Es war deshalb unvermeidlich, daß die Reformation und die ihr folgende Rezeption diese Strophe gestrichen oder verändert haben. Da die ersten drei Strophen in sich schlüssig sind, bleibt es denkbar, daß erst ein späteres Bedürfnis die Marienstrophe hinzugefügt hat. Auch poetisch kann sie ja nicht mithalten – in der achtzeiligen Fassung noch weniger als in der zehnzeiligen. Daß das Lied ursprünglich drei Strophen habe, könnte man mit philologisch gutem Gewissen freilich nur sagen, wenn man wenigstens einen einzigen Zeugen dafür aus dem 14. oder 15. Jahrhundert vorweisen könnte. Da das nicht der Fall ist, hat man als Editor nicht das Recht, die vierte Strophe zu unterdrücken.

Wirkungsgeschichte

Zuerst 1543[11] und dann im **Babstschen Gesangbuch* 1545 ist die achtzeilige Marienstrophe durch eine dogmatisch korrekte Version ersetzt worden. Die Erlösung ist nun nicht mehr Maria, sondern der Liebe des Vaters und der Milde des Sohnes zu verdanken:

> O Patris charitas, o Nati lenitas, Wir weren all verloren/
> per nostra crimina, So hat er vns erworben/
> coelorum gaudia, Eya wer wir da/ Eya wer wir da.

Der Bearbeiter rückt die Strophe an den dritten Platz und beschließt das Lied danach mit *Ubi sunt gaudia.* Ein Notbehelf ist der Schlußvers *Eya wer wir da.* Für das in den Vorlagen damals übliche *Maria hilf uns dar* hat sich offenbar kein passender Ersatz gefunden, weshalb die Wiederholung des Schlußverses in der dritten und vierten Strophe in Kauf genommen wird, ferner die formale Inkonsequenz, daß im Strophenaufbau der achtzeiligen Fassung die Schlußzeile stets lateinisch sein müßte.

In den evangelischen Gesangbüchern bleibt das Lied in dieser vierstrophigen Fassung ohne nennenswerte Änderungen bis gegen Ende des 18. Jahrhunderts präsent, allerdings mit abnehmender Tendenz. Die Gesangbücher der Spätaufklärung scheiden es dann in der Regel aus. Vergessen wurde es trotzdem nicht. Mit «Eja! wären wir da!» schließt Goethe am 26. Juli 1819 einen sehnsüchtigen Brief an Marianne von Willemer, auf die er verzichten mußte. «Wäre ich Hudhud ich liefe dir nicht über den Weg, sondern schnurstracks auf dich zu.»[12] Die Liebesbegegnung wäre wie das Paradies.

Unter den vielen Verdeutschungen, die ständig entstehen, setzt sich eine *Hannover 1646 erschienene zuerst vereinzelt, dann seit der Mitte des 19. Jahrhunderts verbreitet durch. *Nun singet und seid froh* nimmt, obgleich poetisch und theologisch weniger markant, im evangelischen Gesangbuch bis heute den Platz des *In dulci jubilo* ein. Im Chorgesang allerdings blieb die deutsch-lateinische Fassung auch unter evangelischen Christen immer bekannt.

In der katholischen Rezeption verebbt die Präsenz des Liedes ebenfalls gegen Ende des 18. Jahrhunderts beinahe gänzlich. Lediglich seine Verdeutschungen (seit dem 17. Jahrhundert *Mit einem süßen Schall,* seit dem 19. Jahrhundert vor allem *Mit süßem Jubelschall*) leben vereinzelt fort. Der Mischtext wird in der dreistrophigen Fassung Michael Vehes erst im zwanzigsten Jahrhundert wieder bekannt, zunächst über die Jugendbewegung verbreitet (zu den frühesten Neudrucken zählt der im **Singeschiff*, 1930) und dann auf dem Weg über **Kirchenlied* (1938) und **Einheitslieder* (1947) in die Diözesangesangbücher eingespeist.

H. K.

Es kommt ein Schiff

Edition

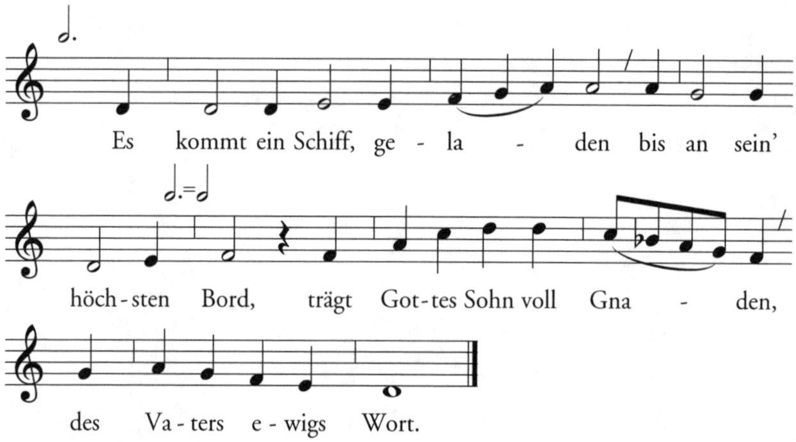

1. Es kommt ein Schiff, geladen
bis an sein' höchsten Bord,
Trägt Gottes Sohn voll Gnaden,
des Vaters ewigs Wort.

2. Das Schiff geht still im Triebe,
es trägt ein teure Last;
Das Segel ist die Liebe,
der heilig Geist der Mast.

3. Der Anker haft' auf Erden,
und das Schiff ist am Land:
Gott's Wort tut uns Fleisch werden,
der Sohn ist uns gesandt.

4. Zu Bethlehem geboren
im Stall ein Kindelein,
Gibt sich für uns verloren:
gelobet muß es sein.

5. Und wer dies Kind mit Freuden
küssen, umfangen will,
Muß vorher mit ihm leiden
groß Pein und Marter viel,

6. Danach mit ihm auch sterben
und geistlich auferstehn,
Ewigs Leben zu erben,
wie an ihm ist geschehen.

Druckvorlage

Unsere Edition richtet sich nach der Fassung *Wackernagel II, 459, die ihrerseits zurückgeht auf *Etliche Hohe geistliche Gesänge/ Sampt anderen Geist-reichen getichten / so auß der alten Christlichen Kirchen lehrer vnd jhrer nachvolger Büchern gezogen,* Straßburg 1626. Der Text wurde orthographisch modernisiert. An wenigen Stellen wurde auch in den Wortbestand minimal eingegriffen: in I,3, um die überzählige Silbe einzusparen, in II,3 durch Ersetzen des Artikels, in V,3, um das *vor* korrekt mit *vorher* übertragen zu können. (Der unveränderte Text findet sich im Laufe dieser Untersuchung.)

Die Melodie, die erstmals *Andernach 1608 belegt ist, wird hier nach *EG Nr. 8 gegeben.

Frühe Überlieferung

Das Lied gehört in seinem Kernbestand zu den ältesten geistlichen Gesängen in deutscher Sprache. Heute ist es ein häufig gesungenes und beliebtes Adventslied. Aber nicht immer ist es das gewesen. Mehrere Schichten haben sich in dem alten Text übereinandergelegt und ineinander verwoben. Bis heute ist es weder möglich, seine Urgestalt zweifelsfrei zu ermitteln, noch, die einzelnen Phasen zu rekonstruieren. Auch ist nicht geklärt, wo das Lied entstand.

Man mag das bedauern. Aber vielleicht ist das Auffinden der Urgestalt eines alten Liedes nicht das einzig Nötige. Ebenso wichtig könnte es sein, wahrzunehmen, daß ein Text in verschiedenen Situationen lebendigen Gebrauchs sich fortschreibt, sich verändert, aktualisiert wird. Dieser Prozeß kann Bereicherung oder auch Verarmung, Vertiefung oder auch Verflachung bedeuten. Das muß aber nicht sein: Es ist auch möglich, daß ein Lied sich einfach nur im Laufe der Zeiten ändert, bisherige Horizonte hinter sich läßt und weiterwandert zu neuen.

Im Jahre 1626 erschien in Straßburg ein Gesangbuch mit dem Titel *Etliche Hohe geistliche Gesänge/ Sampt anderen Geistreichen getichten/ so auß der alten Christlichen Kirchen lehrer vnd jhrer nachvolger Büchern gezogen.* Herausgeber war der evangelische Pfarrer Daniel Sudermann (1550–nach 1631). Er gehörte der spätmystischen Richtung der Schwenckfeldianer an und hatte sich als Sammler und Erforscher alter Handschriften, insbesondere der Schriften des mittelalterlichen Mystikers Johann Tauler (1300–1361), hervorgetan. Auch Tauler hatte lange Jahre seines Lebens in Straßburg verbracht.

In jenem Sudermannschen Gesangbuch steht der Text des Liedes *Es kompt ein Schiff geladen.* Über die Textfassung wird später zu berichten sein. An dieser Stelle interessiert nur die Überschrift: *Ein vraltes Gesang, So vnter deß Herrn Tauleri Schrifften funden, etwas verständlicher gemacht: Jm Thon, Es wolt ein Jäger Jagen wol in des Himmels Thron.*

Es ist ein Glücksfall besonderer Art, daß die Handschrift aus Sudermanns Besitz, die die Vorlage für seine Neubearbeitung überliefert, bis heute erhalten geblieben ist. Es ist die älteste Niederschrift des Liedes.[1] Erst im Jahre 1961 ist sie erstmals veröffentlicht und untersucht worden.[2]

Man kann mit hoher Sicherheit davon ausgehen, daß diese Handschrift aus dem Straßburger Dominikanerinnenkloster «St.Nicolaus in undis» stammt. Tauler ist als Prediger öfter in diesem Kloster gewesen und dort auch im Jahre 1361 gestorben. Er hat dem Kloster einen großen Teil seiner Schriften vermacht. Die Handschrift ist um 1450 oder etwas früher entstanden und überliefert nur den Text des Liedes. Er lautet:[3]

(1) Es kumpt ein schiff, geladen
bis an sin hoegste bort.
es draget den soen des vaters,
das eweliche wort.
r. Maria gades mutter,
gelobet mustu sy[n]!
Du edele kunyngynne,
der engel an schyn.

(2) Das schiff das geit so stille,
es traget so duren last:
der segel ist die mynne;
der heilg' geist ist der mast.
r. Maria gottes moetter etc.

(3) Der ancker ist vß geworffen.
dz schiff dz geit an lant;
Got ist mensche worden,
der sun ist vns gesant.
r. Maria gottes moetter etc.

(4) Es liget in der kribben,
das liebe hubsche kindelin.
Es ist vnser broder worden,
gelobet muß es sin.
r. Maria gottes muter etc.

(5) So wer das kint wilt kussen
fur sinen roten munt,
der enphohet groessen glusten*
von im zu der selber stunt.
r. Maria gottes muter etc.

* der empfängt große Lust[4]

Neuere Untersuchungen, die weitere Quellen des Liedes aus dem 15., 16. und 17. Jahrhundert einbeziehen,[5] zeigen, daß auch diese Fassung nicht die Originalgestalt ist: Der marianische Kehrvers fehlt in den alten Quellen, und die vierte Strophe stört sowohl in formaler als auch in inhaltlicher Hinsicht den Zusammenhang. Sie hat eine zu lange zweite Zeile und verläßt das Reim- und Assonanzschema der anderen Strophen (a-b c-b, mit Assonanz a-c). Auch das unvermittelt auftauchende Krippenmotiv wirkt an dieser Stelle nicht nur überraschend, sondern eher befremdend. Es ist denkbar, daß diese Strophe später hinzugefügt wurde, um den Strophen 1–3 einen liturgischen Ort im Umkreis des Weihnachtsfestes zu geben.

Hält man diesen Gedanken für schlüssig, so mag man geneigt sein, auch die fünfte Strophe, die ebenfalls vom *kint* spricht, als spätere Hinzufügung zu verstehen. Es ist durchaus möglich, daß das Lied ursprünglich nur drei Strophen hatte: jene ersten drei, deren Bildlichkeit durch das Motiv des Schiffes zusammengehalten wird und deren Zusammengehörigkeit auf den ersten Blick ins Auge springt.

Es ist aber ebensogut möglich, daß das Lied von Anfang an eine kompliziertere Struktur hatte: daß auf die drei Schiffs-Strophen eine weitere folgte, die sich einer anderen Bildlichkeit bediente und die Botschaft der ersten drei Strophen auf ein bestimmtes Ziel hinwendete. Für diese Möglichkeit spricht die Tatsache, daß sich die fünfte Strophe wieder dem Reim- und Assonanzschema der ersten drei Strophen zuordnen läßt (a-b c-b, der Reimvokal ist hier zugleich assonierender Vokal).

In der Sprache des Liedes mischen sich oberdeutsche und westmitteldeutsche Elemente, so daß die Vermutung naheliegt, es habe für die Straßburger Fassung bereits eine Vorlage aus dem mittel- bzw. niederrheinischen Raum gegeben. Für die Verfasserschaft muß das nichts besagen, da Taulers Schriften früh auch in jenem Raum in Abschriften kursierten. Die Sprachmischung geht durch alle Strophen.[6]

Dennoch mögen zuerst einmal die ersten drei Strophen gesondert betrachtet werden, da sie unzweifelhaft zusammengehören und den möglichen Kern des Textes bilden.

Botschaften des «Uralten Gesangs»

Bei Annahme eines dreistrophigen Kerns

Es kumpt ein schiff, geladen
bis an sin hoegste bort.
Es draget den soen des vaters,
das eweliche wort.

Der ancker ist vß geworffen,
dz schiff dz geit an lant;
Got ist mensche worden,
der sun ist vns gesant.

Das schiff das geit so stille,
es traget so duren last:
der segel ist die mynne;
der heilg' geist ist der mast.

Die drei Strophen sind parallel gebaut: Jeweils die ersten beiden Zeilen stellen ein Bild vor Augen, die beiden folgenden Zeilen bringen eine theologische Deutung.

Das Schiff ist von altersher ein Sinnbild für die Begegnung zweier Welten, für die Begegnung von Meer und Land, von Himmel und Erde, von Gott und Mensch. Aus unsichtbarer Ferne kommt es, durchfährt das Meer, ohne eine Spur zu hinterlassen, taucht plötzlich am Horizont auf, nähert sich, berührt schließlich das hiesige Ufer und entlädt seine kostbare Fracht; sie kommt aus einer Welt, die vom Hafen aus nicht mehr zu sehen ist.

Schon im Tempel zu Hierapolis im Alten Ägypten stand ein Schiff: die Barke des Sonnengottes. Und in der altkirchlichen Überlieferung, die im Mittelalter noch verbreitet und lebendig war, ist die Schiffs-Metapher von hoher, vielschichtiger Bedeutung. Sie kann z. B. für Maria stehen oder auch für die Kirche oder für die Seele, in der Gott geboren wird.

Diese Vielschichtigkeit war aus der Exegese biblischer Texte erwachsen,[7] z. B. aus der folgenden Passage aus den Sprüchen Salomos: «Eine starke Frau, wer wird sie finden? Sie übertrifft alle Perlen an Wert ... Sie gleicht dem Schiff eines Kaufmanns, aus der Ferne holt sie ihre Nahrung» (31,10.14).[8] Es mag im historisch-kritischen Umgang mit Texten wundersam erscheinen, aber die

Kirchenväter hatten keine Schwierigkeit, dieses Bibelwort auf die Kirche, die Mater Ecclesia, zu deuten oder als Hinweis auf Maria zu verstehen, die «ist wie ein Schiff, beladen mit dem reichsten Schatz, der den Armen gebracht hat himmlischen Reichtum».[9] Die Schiffs-Metapher hat sich aber noch mit einer weiteren Deutung verbunden: In Johann Taulers deutschsprachigen Predigten steht das «Schiff» für das «gemuet», «den innersten und zugleich obersten Punkt, in dem der Mensch seine Kräfte zu versammeln und in Gott zu überführen vermag».[10] Später nennt man diesen Punkt «Seele».

Das Thema des Liedes ist die Menschwerdung des *soen des vaters.* Sein Name wird nicht genannt. Diesen Sohn trägt das Schiff. Er ist das *eweliche wort,* die vom Vater von Urzeiten her gegebene und für alle Zeit gültige Zusage der Treue. Deutet man die Metapher im Taulerschen Sinn, dann singen die drei Strophen von dem mystischen Weg, von der Ankunft des *ewelichen wortes* im *gemuet.* (Andere Mystiker – z. B. Angelus Silesius – sprechen von der «Geburt in der Seele».) Sicher ist für Taulers Zeitgenossen zugleich auch die alte Tradition präsent, der zufolge das «Schiff» für Maria steht. Beispiele aus Taulers Predigten zeigen, daß für ihn Maria vor allem Bedeutung hat, weil sie sich für das Geheimnis der Geburt des Gottessohnes öffnet und dafür bereithält. So wird sie zum Typus der gläubigen Seele. Dabei spielt die ihr geschenkte Begabung zu Stille und Ruhe eine besondere Rolle.

Das Schiff fährt nicht aus eigener Kraft: *mynne* (Liebe) und *heilg' geist* setzen die Bewegung – eine Liebesbewegung – in Gang und geben ihr die Richtung. Die dritte Strophe nennt das Ziel: *der sun ist uns gesant. Uns,* das heißt, denjenigen, die das Lied gerade gemeinsam singen. Zwischen dem geschilderten Vorgang und der Gegenwart der Singenden herrscht mystische Gleichzeitigkeit. Die drei Strophen kennen als Tempus nur das Präsens. Der *sun* kommt immer heute.

Ein «Weihnachtslied» im heutigen Sinne sind diese drei Strophen nicht. Sie stellen vor Augen, wie Himmel und Erde, wie Gott und Mensch zusammenkommen: in der gläubigen Seele; in Maria, die Typus der gläubigen Seele ist; in der singenden Gemeinschaft der Kirche.

Bei Annahme eines vierstrophigen Kerns

Es kumpt ein schiff, geladen
bis an sin hoegste bort.
Es draget den soen des vaters,
das eweliche wort.

Das schiff das geit so stille,
es traget so duren last:
der segel ist die mynne;
der heilg' geist ist der mast.

Der ancker ist vß geworffen,
dz schiff dz geit an lant;
Got ist mensche worden,
der sun ist vns gesant.

So wer das kint wilt kussen
fur sinen roten mûnt,
der enphohet groessenn glusten
von im zu der selber stunt.

Geht man von dieser Textfassung aus, so ergibt sich am Ende eine neue Perspektive: das Motiv des Schiffes wird verlassen. Der Blick richtet sich jetzt auf das *kint*, das zugleich der *soen des vaters* ist. Um die liebende Vereinigung mit diesem *kint* geht es. So macht die letzte Strophe deutlich, daß die in den Strophen 1–3 geschilderte, vom Vater ausgehende Liebesbewegung mit der Sendung des Sohnes allein noch nicht an ihr Ziel gekommen ist. Vielmehr ist das Ziel die antwortende Liebesbewegung der Seele, die sich mit dem Mensch-Gewordenen in der unio mystica vereint. Im kühnen Bilde des Kusses auf den roten Mund und mit der Verheißung, der Küssende werde zur selben Stunde große Lust empfangen, wird das Glück dieser Vereinigung beschrieben. Daß ein solcher Schluß in der nachfolgenden Verwendungsgeschichte des Liedes bald wieder verdrängt oder verändert und «entschärft» werden konnte, wäre nicht überraschend.

Verfasser und Herkunft

Es ist nicht belegt, daß Johann Tauler der Verfasser der Urgestalt des Liedes gewesen ist – wie auch immer diese Fassung ausgesehen haben mag. Auch Sudermann nennt ihn nicht als Verfasser, sondern weist nur darauf hin, daß er das Lied «in des Herrn Tauleri Schrifften» gefunden habe. Es läßt sich aber durch einen Vergleich mit den Predigten Taulers im einzelnen nachweisen, daß der theologische Gedankengang, die Bildwelt und eine Reihe der verwendeten Ausdrücke der oben angenommenen dreistrophigen Fassung der Sprache und dem Denken Taulers entsprechen. Dies trifft partiell auch für die letzte Strophe der oben angenommenen vierstrophigen Fassung zu. Allerdings ist das Bild vom «Küssen auf den roten Mund» sonst bei Tauler nicht überliefert. Zusammenfassend läßt sich sagen, daß die ersten drei Strophen in jedem Fall als Einheit konzipiert sind und taulerisch klingen. Im Fall der vierten Strophe gibt es sowohl Argumente für wie gegen ihre ursprüngliche Zusammengehörigkeit mit den vorhergehenden. Falls sie in einem zweiten Schritt hinzugefügt wurde, so ist ihr Verfasser – oder ihre Verfasserin – im Kreise der «Gottesfreunde», der sich um Tauler sammelte, oder auch in einer von Tauler geistlich betreuten Dominikanerinnengemeinschaft zu suchen.

Zwischen dem 14. und 16. Jahrhundert gab es in den Klöstern eine Reihe solcher Lieder. Sie dienten der Meditation und der Vertiefung des Gebets und waren nur für einen kleinen Kreis von Eingeweihten bestimmt. Taulers Ordensschwestern, die Straßburger Dominikanerinnen, haben das Lied vom Schiff über Generationen hin weiter tradiert, aber offenbar ist es in späterer Zeit anders verstanden worden als zur Zeit seiner Entstehung. Die oben abgedruckte älteste erhaltene Quelle aus dem 15. Jahrhundert zeigt bereits in den angehängten Kehrversen den Einfluß wachsender Marienfrömmigkeit und gestaltet durch Einschub einer neuen Strophe zwischen die alten Strophen 3 und 4 das Lied zu einem Krippenlied um. Demgegenüber verliert die Dichte der mystischen Beziehung an Bedeutung, die Gleichzeitigkeit mit dem *sun* ist nicht mehr das Ziel, auf das alles hingewendet wird. Das Weihnachtsgeschehen rückt in den Vordergrund: Das Lied läßt nun das Schiff «in den Hafen des Weihnachtsgeheimnisses» einlaufen. Dem geistlichen Bedürfnis nach Verehrung des Kindes in der Krippe wird damit Rechnung getragen.[11]

Als Johann Tauler später der Häresie verdächtigt wurde und seine Schriften 1559 auf den Index kamen, konnte das Lied im katholischen Raum nicht mehr in der alten Fassung tradiert werden. Das **Andernacher Gesangbuch* von 1608 bringt eine achtstrophige, stark mariologisch gefärbte Umformung des Textes (mit einer nicht besonders gelungenen Übersetzung in das Lateinische). Sie ist nur selten weiterverbreitet worden. 200 Jahre lang blieb das Lied im katholischen Bereich vergessen.

«Ein Vraltes Gesang, etwas verständlicher gemacht»

Merkwürdige Wege kann die Geschichte gehen: Der eher am Rande der evangelischen Kirche angesiedelte, mit den Schwärmern sympathisierende Pfarrer Sudermann sollte dem am Rande der katholischen Kirche angesiedelten Liede eine neue Gestalt geben. Auf die alte Handschrift, die den Text des Liedes überlieferte, schrieb er mit eigener Hand: «Habs abg. und zurecht gebracht». Seine Abschrift des Liedes ist auch erhalten geblieben, und die «zurechtgebrachte» Fassung ist die eingangs wiedergegebene. Wir drucken sie hier in ihrer ursprünglichen Form ab.

Es kompt ein Schiff geladen
bis an sein hoechste bort,
Es traegt Gottes Sohn vollr gnaden,
deß Vatters ewigs wort.

Das Schiff geht still im triebe,
es trägt ein thewre Last;
Der Segel ist die Liebe,
der heylig Geist der Maßt.

Der Ancker hafft auff Erden,
vnd das Schiff ist am Land:
Gotts Wort thut vns Fleisch werden,
der Sohn ist vns gesandt.

Zu Bethlehem geboren
im Stall ein Kindelein,
Gibt sich fuer vns verlohren:
gelobet muß es sein.

Vnd wer diß Kind mit freuden
kuessen, umbfangen will,
Der muß vor mit jhm leiden
groß pein vnd marter vil,

Darnach mit jhm auch sterben
vnd geistlich aufferstehen,
Ewigs leben zuerben,
wie an jhm ist geschehen.

Ein Vergleich dieses Textes mit der Vorlage zeigt, daß die ersten drei Strophen des Liedes nahezu unverändert blieben. Sudermann bindet sie in seiner vierten Strophe durch Nennung von *Bethlehem* und *Stall* deutlich an das Weihnachtsgeschehen. Dann aber greift er die eigentliche Intention des «vralten

Gesangs» auf. Die veränderte fünfte und die neue sechste Strophe zielen auf die unio mystica mit dem *Kind.* Allerdings ist diese unio jetzt auf das Ganze des Christusmysteriums bezogen, nicht mehr nur auf die «Lust», sondern auch auf das Kreuz. Krippe und Kreuz gehören zusammen. Das Kindelein *Gibt sich fuer uns verlohren,* und wer sich mit ihm liebend vereinen will, wird seinen Weg mitgehen müssen: *leiden, sterben, geistlich aufferstehen.* Anders ist die Freude der Weihnacht, anders ist das Ewige Leben nicht zu haben.

*Andernach 1608

Es ist nur konsequent, daß bei dieser Zuspitzung der Aussage der mariologische Kehrvers in allen Strophen entfallen ist.

Die Sudermannsche Textfassung findet sich erstmals wieder in einer katholischen und in einer evangelischen Liedersammlung des 19. Jahrhunderts. Sie wird 1899 von Friedrich Spitta in das **Gesangbuch für Elsaß-Lothringen* aufgenommen und schließlich über das 1930 von Konrad Ameln und Wilhelm Thomas herausgegebene **Quempasheft* weiterverbreitet. Heutige Gesangbücher übernehmen den Text weitgehend unverändert und nehmen höchstens einige sprachliche Glättungen vor (z. B. «Gotts Wort will Fleisch uns werden», anstelle von «Gotts Wort tut uns Fleisch werden» – eine Änderung im **Evangelischen Gesangbuch,* die für heutiges Sprachempfinden den Verlust des präsentischen Moments bedeutet). Lediglich das **Gotteslob* bringt noch eine 7. Strophe, eine Marienstrophe, die dem ursprünglichen Duktus wieder die Spitze nimmt und zu einem unanstößigen Abschluß im Sinne von Marienlob und Weihnachtsseligkeit führt. Diese Strophe stammt aus dem **Andernacher Gesangbuch* (1608) und ist verwandt mit ähnlichen Strophen (oder dem oben abgedruckten Kehrreim) aus älteren Fassungen des Liedes. Sie lautet: *Maria, Gottes Mutter, / gelobet mußt du sein. / Jesus ist unser Bruder, / das liebe Kindelein.*

Weder das **Evangelische Gesangbuch* noch das **Gotteslob* erwähnen den Namen Taulers; das **Evangelische Gesangbuch* charakterisiert die Vorlage aus dem 15. Jahrhundert kurzerhand als «Marienlied». Merkwürdig ist, daß katholische und evangelische Gesangbuchmacher das Lied nicht unter der Rubrik «Weihnachten», sondern unter «Advent» einordnen.

Und die Melodie?

Die alten Quellen überliefern nur den Text. Sudermann nennt in seinem Gesangbuch von 1626 den «Thon, Es wolt ein Jäger Jagen wol in des Himmels Thron»; es ist aber nicht mit Sicherheit festzustellen, welche Melodie er meint.

Die Melodie, die heute verbreitet ist, steht erstmals im **Andernacher Gesangbuch* von 1608 (Abb. Seite 67). Es ist völlig ungeklärt, seit wann sie mit dem Text vom «Schiff» verbunden worden ist. Sie hat eine höchst originelle Prägung, die auf ein hohes Alter verweist.

Wer ihrer Originalität auf die Spur kommen will, mag sich ein wenig Zeit nehmen und sie mehrmals summen (pfeifen, singen, auf einem Instrument spielen) und dabei hörend auf Folgendes achten: 1) wie hier vier Melodiezeilen deutlich in zwei Zeilenpaare gegliedert sind; 2) wie diese beiden Paare melodisch stark unterschieden (dorisch / F-Dur; tiefer Raum / hoher Raum) und doch in ihren Ausgangs- und Endpunkten und in ihrem Auf und Ab aufeinander bezogen sind; 3) wie diese beiden Paare auch rhythmisch stark gegensätzlich geprägt sind und doch ein Ganzes bilden: Zwei Grundschläge gibt es pro Mensur, aber in der ersten Hälfte der Melodie entfallen auf jeden Schlag drei Viertel, in der zweiten Hälfte auf jeden Schlag zwei Viertel. Dadurch entsteht in der ersten Hälfte eine Art Wellenbewegung. Der Text bringt hier in den Strophen 1–3 jeweils die Schiffs-Metaphorik. In der zweiten Hälfte der Melodie entsteht eine Art ruhigen Schreitens. Hier bringt der Text die theologische Deutung.

Höchst ungewöhnlich ist solche Art rhythmischer Prägung einer so kurzen Liedstrophe. Es muß hier offenbleiben, wie weit diese Prägung möglicherweise damit zusammenhängt, daß auch dieses Lied, wie wir es von anderen volkssprachlichen Liedern im Umkreis religiöser Frauengemeinschaften wissen,[12] im Reigen getanzt wurde. Jedenfalls: Zwei Rhythmen – das sind zwei Welten. So stellt diese Melodie zwei Welten nebeneinander und macht zugleich hörbar, daß sie einander berühren.

C. R.

Gelobet seist du, Jesu Christ

Edition

1. Gelobet seist du, Jesu Christ,
daß du Mensch geboren bist
von einer Jungfrau, das ist wahr;
des freuet sich der Engel Schar.
Kyrieleis.

2. Des ewgen Vaters einig Kind
jetzt man in der Krippen find't;
in unser armes Fleisch und Blut
verkleidet sich das ewig Gut.
Kyrieleis.

3. Den aller Welt Kreis nie beschloß,
der liegt in Marien Schoß;
er ist ein Kindlein worden klein,
der alle Ding erhält allein.
Kyrieleis.

4. Das ewig Licht geht da herein,
gibt der Welt ein' neuen Schein;
es leucht' wohl mitten in der Nacht
und uns des Lichtes Kinder macht.
Kyrieleis.

5. Der Sohn des Vaters, Gott von Art,
ein Gast in der Welt hier ward
und führt uns aus dem Jammertal,
macht uns zu Erben in seim Saal.
Kyrieleis.

6. Er ist auf Erden kommen arm,
daß er unser sich erbarm
und in dem Himmel mache reich
und seinen lieben Engeln gleich.
Kyrieleis.

7. Das hat er alles uns getan,
sein groß Lieb zu zeigen an.
Des freu sich alle Christenheit
und dank ihm des in Ewigkeit.
Kyrieleis.

Druckvorlage

*EG Nr. 23. Diese Fassung geht zurück auf *Klug 1533 und *Babst 1545. Martin Luthers Originaltext unterscheidet sich davon orthographisch, ferner durch *Kyrioleys* (1,5 etc.), *ewigen* (2,1), *itz* (2,2), *Maria* (3,2), *werlet* (5,2, wohl Druckfehler für werelt, statt oben *Welt hier*), *er macht uns erben* (5,4), *machet* (6,3).[1] Die Melodiefassung ist im *EG gegenüber der Originalfassung um einen Ganzton tiefer gesetzt.

Sequenz und Leis

Luther wurde zu seinem Lied durch ein kurzes volkssprachliches Lied aus vorreformatorischer Zeit inspiriert, das er als erste Strophe übernahm und mit sechs Strophen weiterdichtete.[2] Die mittelalterliche Liedstrophe folgt ihrerseits einer lateinischen Weihnachtssequenz, was die Verwurzelung der neuen und neuartigen Dichtung Luthers in dem deutschen wie lateinischen Kirchengesang des Mittelalters belegt. Das vorreformatorische Weihnachtslied hat in einer niederdeutschen Handschrift des späten 14. Jahrhunderts den Wortlaut:[3]

Lovet sistu Ihesu Crist
dat du hude ghebaren bist,
van eyner maghet. Dat is war.
Des frow sik alde hemmelische schar.
Kyrieleis.

Das einstrophige Lied gehört zu der nach dem abschließenden *Kyrieleis* benannten mittelalterlichen Gattung der «Leisen». Wie die anderen berühmten Leisen (*Christ ist erstanden, Nun bitten wir den heiligen Geist, Gott sei gelobet und gebenedeiet*) ist es im Zusammenhang mit der festtäglichen Sequenz entstanden, die sich seit dem 9. Jahrhundert als textierte Form des Alleluja-Jubilus vor dem Evangelium der Messe entwickelt hatte.

Unser niederdeutscher Leis führt Impulse der aus dem 11. Jahrhundert (erstmals in einem Regensburger Tropar um 1030) stammenden lateinischen Weihnachtssequenz *Grates nunc omnes*[4] weiter:

Grates nunc omnes
reddamus Domino Deo,
qui sua nativitate
nos liberavit de diabolica potestate.
Huic oportet ut canamus cum angelis
semper gloria in excelsis.

Das katholische Gesangbuch von *Vehe (1537) hat dies wörtlich übersetzt:[5]

Dangk sagen wir alle mit schalle
dem Herrn unserm Gott,

der durch sein geburt uns erlöset hat,
von der teuffelischen macht und gewalt,
Dem sollen wir mit seinen Engeln frölich singen
allzeyt preyß in der hohe.

Die Sequenz erinnert daran, daß Singen zu diesem Fest von vornherein dazugehört. Die Verkündigung des Engels von der Geburt des Heilands geht über in den Sphärengesang der himmlischen Scharen: «Gloria in excelsis Deo» (Lk 2,13 f.); der Hirtenbesuch beim neugeborenen Kind klingt auf dem Rückweg aus im Preislied zu Gott «für alles, was sie gehört und gesehen hatten» (Lk 2,20). Die Sequenz bringt das im Evangelium zu Lesende in den Raum der zum Weihnachtsgottesdienst Versammelten. Sie finden sich in der Rolle der Hirten, die mit den Engeln singen. Dieses Motiv der Einstimmung in einen in der himmlischen Sphäre begonnenen, von den Hirten aufgenommenen Gesang ist ein in Weihnachtsliedern mehrfach wiederkehrendes Motiv. Die Resonanz des Ereignisses im Gesang ist im Aktionsgefüge der Weihnachtsgeschichte selbst angelegt und breitet sich in ihrem Umkreis durch immer wieder neu hinzutretende Stimmen aus. Der Grundzug einer choristischen Fortpflanzung gibt den kirchlichen Weihnachtsliedern durch die Jahrhunderte einen auffälligen Verwandtschaftszusammenhang: «Ein Lied erinnert an ein anderes, man könnte manchmal sogar von einem Text in den anderen überspringen.»[6]

Der Anlaß zum Gesang ist die glückliche Geburt eines Kindes, von dem es heißt: «Heute ist euch in der Stadt Davids der Heiland geboren, Christus, der Herr» (Lk 2,11). Die Sequenz *Grates nunc omnes* sagt es in einem einzigen Satz: *qui sua nativitate nos liberavit de diabolica potestate.* Die «nativitas» betrifft die «potestas», die Geburt verändert die irdischen Herrschaftsverhältnisse. Sie ist ein Akt der Befreiung. Daß Gott der Herr selbst als Menschenkind in der Welt ankommt, macht der diabolischen Gewalt ein Ende, in deren Bann die Menschen geraten waren, als sie sich verführen ließen, es selbst mit dem Gottgleichsein zu versuchen. Die auf die «diabolica potestas» zielende Befreiungstheologie der Weihnachtssequenz weitet die Rettungsbotschaft von Lk 2,11 aus bis zu jenem Urfall, der den Verlust des Paradieses bedeutete. Der «Friede auf Erden» (Lk 2,14) ist in ihrem Horizont zuerst der Gewinn einer neuen Freiheit. Das Geburtstagslied, das hier angestimmt wird, ist in seinem heilswirksamen Kern ein Freiheitslied.

Lovet sistu Ihesu Crist ist die volkssprachliche Reaktion auf den Appell der Sequenz. Jesus Christus selbst wird gelobt ob seiner Geburt. Das bekenntniswichtige «natus ex Maria Virgine» wird eigens bekräftigt: *van eyner maghet* (= Jungfrau). *Dat is war.* Aber es wird nicht einfach der Glaubenssatz von der Jungfrauengeburt wiederholt. Der Anstoß zu Freude und Lob liegt in dem *hude* («heute»), *daß du heute geboren bist.* Was die Kantorenschola im fremden Latein vorgesungen hat, daß diese Geburt uns betrifft («nos liberavit»), ratifiziert der muttersprachliche Gesang mit seinem *heute*.

Die frühen Zeugnisse für das *Lovet sistu Ihesu Crist* belegen den engen Zusammenhang mit der Sequenz *Grates*, aber nicht am klassischen Ort der Sequenz vor dem Evangelium, sondern an besonders intensiven Stellen der Meßandacht und des Stundengebets. Ende des 14. Jahrhunderts entstandene niederdeutsche Nonnengebetbücher sind die ältesten Zeugnisse seines devotionalen Gebrauchs, als Gebet / Lied zur Wandlung und Kommunion in der Mitternachtsmesse, als Betrachtungsgebet am Weihnachtsnachmittag, wahrscheinlich in Verbindung mit dem klösterlichen Brauch des Kindelwiegens,[7] auch als Gesang zur Festprozession vor dem Weihnachtshochamt.[8]

Ein neues Lied

Luther hat nun aus der überlieferten Vorlage ein neues, großes Lied gemacht.[9] Die Heilige Schrift, vor allem der Johannesprolog und das Glaubensbekenntnis, aber auch die altkirchlichen Hymnen des Ambrosius (*Veni redemptor gentium*) und des Sedulius (*A solis ortus cardine*), denen Luther eigene Liedübersetzungen gewidmet hat (*Nun komm, der Heiden Heiland* und *Christum wir sollen loben schon*), haben dabei als Motivspender gewirkt.[10] In einer winzigen Veränderung der Leis-Vorlage in der ersten Strophe ist Luthers Spracharbeit gleich zu sehen. Statt *dat du hude ghebaren bist* heißt es: *daß du Mensch geboren bist.* Da klingt das «et homo factus est» des Credo fast latinisierend an. Aber der dogmatischen Höhe des Glaubensbekenntnisses gibt Luther doch gleich den Ton bewegter Anteilnahme, wenn er das «incarnatus est» (und «caro factum est» des Johannesprologs) als Einkleidung Gottes «in unser armes Fleisch und Blut» dolmetscht.

Es geht um *das ewig Gut*; in Person ist das *des ewgen Vaters einig Kind*, wie Luther in einem einzigen deutschen Wort die Einzigkeit des Sohnes («filium Dei unigenitum») und seine Einigkeit mit dem Vater («consubstantialem patri») ergreift. Das *verkleidet* hat nichts von bloß äußerem Schein an sich, sondern beschreibt anschaulich die Annahme des neuen niederen Stands (vgl. Phil 2,7). Angebunden sind jene großen Bewegungen an die «Krippe»; es ist ja die Betrachtung eines Neugeborenen, «in Windeln gewickelt und in einer Krippe liegend».

Der Blick auf die lukanische Szene bleibt in der dritten Strophe erhalten (*in Marien Schoß, ein Kindlein*), aber deren göttliche Tiefe wird wieder johanneisch formuliert: *Den aller Welt Kreis nie beschloß; der alle Ding erhält allein.* Was Johannesprolog und Credo im Allgemeinen halten, wird von Luther in bildgenauer Paradoxalität auf die Lage des Kindes bezogen. Der nicht zu fassen ist im Ausmaß des Kosmos, liegt als Winzling im Schoß der Mutter; auf den Armen gehalten und getragen werden kann und muß der, der selbst alles im Dasein hält.

Die vierte Strophe ist aus der Lichtthematik des Prologs zum Johannesevangelium herausgearbeitet («Das Licht scheinet in der Finsternis», Joh 1,5), aber es ist bei dem *mitten in der Nacht* doch mitgedacht, was in Lk 1,8 von den Hirten steht («die hüteten des Nachts ihre Herde [...] und die Klarheit des Herrn leuchtete um sie»). In dieser Weihnachtsmitternacht überspringt dann auch Luthers Lied die johanneische Krisis, in der die Welt sich der Erscheinung des Lichts verschließt («Und die Finsternis hat's nicht ergriffen», Joh 1,5; «die Welt erkannte ihn nicht», 1,10; «die Seinen nahmen ihn nicht auf», 1,11). Das Loblied auf das neugeborene Kind denkt in diesem Augenblick nicht an die große Finsternis der Welt, sondern singt nur mit den Augen derer, denen alles durch diese Geburt in einem neuen, eben dem uranfänglich-ewigen Licht erscheint: *gibt der Welt ein' neuen Schein.* Luthers Poesie übersetzt den johanneischen Text («wie viele ihn aber aufnahmen, denen gab er Macht, Gottes Kinder zu werden», 1,12) ganz in die Lichtbildlichkeit. *Die von Gott geboren sind* (1,13, vgl. 1 Joh 3,1: «Kinder Gottes») sind ja, wie es im Einspiel anderer biblischer Stellen (Joh 12,36; Lk 16,8) heißt, *des Lichtes Kinder.* Das mit dem Kind in die Weltnacht fallende ewige Licht findet nicht nur Augen, die es aufnehmen, es bringt sie geradezu (wie einst das Sonnenlicht die ersten Rezeptoren eines Lebewesens) hervor, aber so, daß die Kinder nicht nur sehen, sondern als Lichtkörper das aufgenommene Licht selbst ausstrahlen (Mt 5,14f.: «Ihr seid das Licht der Welt [...] So soll euer Licht leuchten vor den Leuten»). Die Geburt des Kindes ist der Anfang einer sich weiterzeugenden Erleuchtung der Welt.

Die Licht-Strophe ist die Mitte des Liedes, aber nicht sein Ende. Auf das «Licht vom Licht» folgt im Duktus des nizänischen Glaubensbekenntnisses das «wahrer Gott vom wahren Gott, eines Wesens mit dem Vater». Luthers Lied schließt sich dem an. *Gott von Art* übersetzt er das von den griechischen Theologenkontroversen feingeschliffene «homoousion to patri» (vgl. auch *Nun komm, der Heiden Heiland,* *EG 4, Str. 2). Der fachsprachliche Terminus ist ohne Bedeutungsnachlaß in volkssprachliche Singbarkeit überführt. Und dann springt das Lied, anders als das Credo und die übliche Theologensprache, nicht auf den ersten, sondern auf den zweiten Halbvers von Joh 1,14: «und hat unter uns gewohnt». In dem griechischen «eskenosen» hat Luther aber bildsinnlich genauer das Nomadisch-Vorläufige des Zeltes (*«skene»*) herausgehört: *ein Gast in der Welt hier ward.* Darin liegt sowohl die seltsame Angewiesenheit des in sein Eigentum kommenden Schöpfers auf die Freiheit der gastfreundlichen Aufnahme durch die Geschöpfe wie auch das Vorübergehende dieser weltlichen Wohnungnahme. Evoziert werden das typisch johanneische In-die-Welt-Kommen und Wieder-aus-der-Welt-zum-Vater-Gehen. So wird bei der Ankunft der Abschied schon mitbedacht. Im Johannesevangelium ist der Weggang aus der Welt aber Vorangang in einen anderen Raum, der am Anfang der Abschiedsreden (Joh 14,2) «oikia tou patros» heißt, Haus des Vaters mit vielen Wohnungen. In Luthers Lied ist es *sein Saal,* im Gegenzug zu *Jammertal* wohl der *königliche Saal* aus *Nun komm, der Heiden Heiland* oder der *Freudensaal*, von dem in Nicolais Adventslied *Wachet auf, ruft uns die Stimme* (1599) die Rede ist: *Wir folgen all zum Freudensaal / und halten mit das Abendmahl.*

Der «Gast im fremden Land» (Ex 2,22) ist der neue Mose, *der führt uns aus dem Jammertal* (wie Luther das vulgatalateinische «valle lacrymarum» von Ps 83 (84),7 ins Deutsche übersetzt). Der der finsteren Welt in der Geburt des Kindes gegebene *neue Schein* ist, so sehr er sich durch *des Lichtes Kinder* ausbreiten mag, erst Vorschein eines himmlischen Lichtsaals, wo ihnen «alle Tränen von ihren Augen gewischt sind» (Offb 7,17; 21,4). Das ist das gelobte Land, das verheißene Erbe der Licht-Kinder: «Sind wir aber Kinder, sind wir auch Erben, nämlich Gottes Erben und Miterben Christi, wenn anders wir mit ihm leiden, damit wir auch mit ihm verherrlicht werden» (Röm 8,17).

Die sechste Strophe von Luthers Weihnachtslied hat immer noch den Himmel im Auge: *und in dem Himmel mache reich / und seinen lieben Engeln gleich.* Durch einen kleinen Assonanzsprung wird deutlich gemacht, daß das Himmelreich vor allem als Bereicherung zu denken ist, wofür die aus der Weihnachtsgeschichte bekannten Engel nicht nur als Boten, sondern auch als Genossen in Anspruch genommen werden. In Lk 22,36 wird das Kinder-Gottes-Sein verglichen mit dem Sein der Engel:

> Die aber, welche gewürdigt worden sind, jener Welt und der Auferstehung der Toten teilhaft zu werden, heiraten nicht und werden nicht verheiratet. Sie können ja auch nicht mehr sterben; denn sie sind Engeln gleich und sind Söhne Gottes, indem sie Söhne der Auferstehung sind.

Es ist ein Sein, das Ehebanden, Zeugung und Tod überhoben ist. Der Weg zu jenem Himmelreichtum beginnt in der irdischen Armut des Krippenkindes: *Er ist auf Erden kommen arm.* Für die Ökonomie dieses Tausches kann Luther sich auf 2 Kor 8,9 stützen, wo es heißt: «Denn ihr wisset die Gnade unsers Herrn Jesus Christus, daß er, ob er wohl reich ist, ward er doch arm euretwillen, auf daß ihr durch seine Armut reich würdet.» Zwischen dem himmlischen «reich» und dem irdischen «arm» steht bei Luther *daß er unser sich erbarm.* An dieser Stelle nähert sich das Lied am meisten seinem Refrain *Kyrieleis*, der ja, das ganze Lied durchlaufend, um das Erbarmen ruft, das in die Welt gekommen ist.

Dies greift dann auch, alles zusammenfassend, der Einsatz der letzten Strophe auf: *Das hat er alles uns getan, / sein groß Lieb zu zeigen an.* Das «propter nos homines et propter nostram salutem (descendit de coelis et incarnatus est)» gehört schon zum Urgestein des nizänischen Credos, aber Luther hat das «pro nobis», *uns zugute* der Menschwerdung Gottes mit neuer Anteilnahme herausgestellt. Wenn er *das alles* als Anzeige der großen Liebe Gottes resümiert, so ist das gewiß auch ein poetisches Echo der zu Luthers Zeit schon ein Jahrtausend im Gebrauch befindlichen, seiner Gnadentheologie aber besonders naheliegenden Weihnachtsepistel aus dem Brief an Titus: «Als aber erschien die Freundlichkeit und Leutseligkeit Gottes, unsers Heilandes, rettete er uns, nicht um der Werke willen der Gerechtigkeit, die wir getan hatten, sondern nach seiner Barmherzigkeit» (Tit 3,4f. ist in der katholischen Liturgie bis heute Lesung in der 2. Weihnachtsmesse). Die letzte Strophe schließt sich mit der ersten zum Rahmen zusammen, wenn sie das *freuet sich der Engel Schar* nun überführt in *Des freu sich alle Christenheit.*

Luthers Präsent

Von dem mittelalterlichen Leis ausgehend, dichtet Luther ein neues Lied, das die Festfreude der Christenheit plausibel machen soll. Es ist theologisch dichte Poesie, gearbeitet aus Motiven der Heiligen Schrift, des Johannesprologs vor allem, und des altkirchlichen Bekenntnisses. Luthers rhetorische Kunst überträgt das begriffslogische Konzept der Zwei-Naturen-Lehre im ständigen Blick auf das Kind in bildlogische Paradoxa, die das Vorstellungsvermögen zugleich anregen und überfordern (Str. 2/3). Das Unausdenkbare zeigt selbst seine Evidenz: In der Mitte des Liedes (Str. 4) stehen das Licht des Kindes und des Lichtes Kinder. Hier ereignet sich dann auch der Übergang von den stehenden Paradoxa, die vor dem Mysterium verharren, in eine prospektive Sicht der Inkarnation. Mit dem gottesgeschichtlichen Sprung der Geburt Christi setzt eine Bewegung der Menschheit in den eröffneten Raum Gottes ein.

Theologisch gewichtig steht Luthers Lied in der Tradition der lateinischen Weihnachtshymnen der altkirchlichen und mittelalterlichen Zeit. Was in ihm an Motiven dicht gedrängt ist, findet sich verstreut in vielen Weihnachtsliedern der Folgezeit. Ihm aber wird sichtlich der Vorrang eingeräumt. Im evangelischen Gebrauch hat es seit langem die erste Position:[11] «So sprachgewaltig in Wort und Weise ist dieses Lied, daß es in keinem Festgottesdienst des ersten Weihnachtstages fehlen dürfte»;[12] («es ist der Lobgesang auf die Geburt des Herrn»).[13] Aber auch das katholische *Gotteslob beginnt (nach einem Liedruf) den weihnachtlichen Festteil nun gleichfalls mit diesem Lied[14] und notiert, was bis dahin in den katholischen Gesangbüchern nicht üblich war, auch seinen Autor.

A. S.

Gott sei gelobet und gebenedeiet

Edition

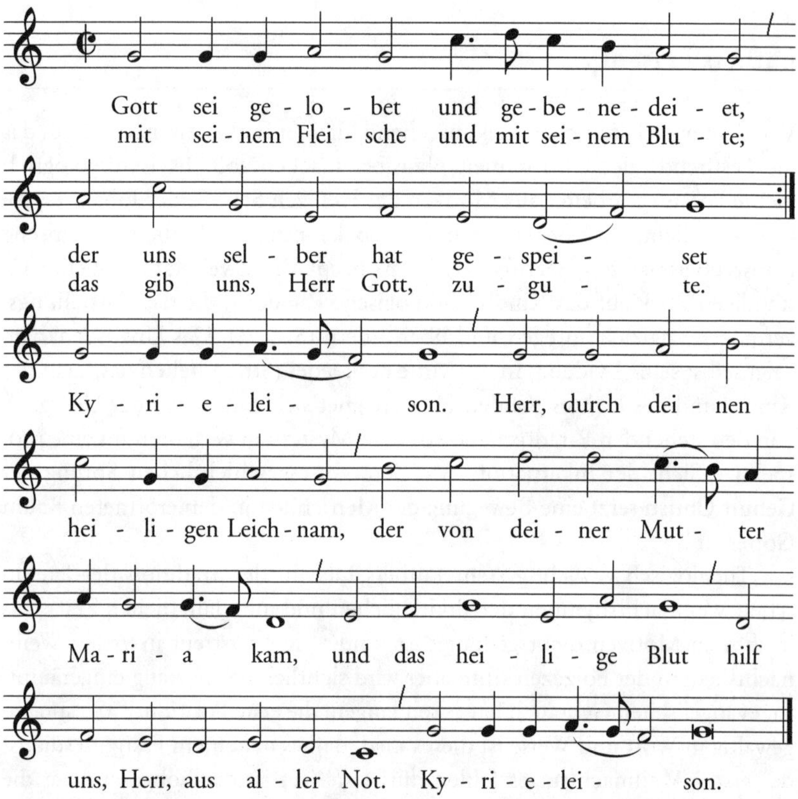

1. Gott sei gelobet und gebenedeiet,
der uns selber hat gespeiset
mit seinem Fleische und mit seinem Blute;
das gib uns, Herr Gott, zugute.
Kyrieleison.
Herr, durch deinen heiligen Leichnam,
der von deiner Mutter Maria kam,
und das heilige Blut
hilf uns, Herr, aus aller Not.
Kyrieleison.

2. Der heilig Leichnam ist für uns gegeben
zum Tod, daß wir dadurch leben.
Nicht größre Güte konnte er uns schenken,
dabei wir sein solln gedenken.
Kyrieleison.
Herr, dein Lieb so groß dich zwungen hat,
daß dein Blut an uns groß Wunder tat
und bezahlt unsre Schuld,
daß uns Gott ist worden hold.
Kyrieleison.

3. Gott geb uns allen seiner Gnade Segen,
daß wir gehn auf seinen Wegen
in rechter Lieb und brüderlicher Treue,
daß uns die Speis nicht gereue.
Kyrieleison.
Herr, dein Heilig Geist uns nimmer laß,
der uns geb, zu halten rechte Maß,
daß dein arm Christenheit
leb in Fried und Einigkeit.
Kyrieleison.

Druckvorlage

Text (orthographisch modernisiert) und Melodie in: *Luthers Geistliche Lieder und Kirchengesänge.* Vollständige Neuedition in Ergänzung zu Bd. 35 der Weimarer Ausgabe, bearbeitet von Markus Jenny, Köln 1985, 163f. Sie entspricht derjenigen in Johann Walters *Chorgesangbüchlein von 1524. Dort steht sie im Tenor eines vierstimmigen Satzes. Die älteste Quelle mit sicher lesbaren Noten ist die Handschrift München, Franziskanerkloster St. Anna, 12°Cmm 82, Bl. 33'. Es ist dies ein Prozessionale aus Mainz, bekannt geworden als *Prozessionale aus dem Franziskanerkloster zu Miltenberg.* Diese Handschrift aus dem späten 14. Jahrhundert enthält das Lied in der unten beschriebenen Weise in seine Stammsequenz eingebettet.[1]

Luther und der Leis

Im Jahre 1523 wurde in Wittenberg das Fronleichnamsfest abgeschafft. Es galt als Inbegriff jener mittelalterlichen Fehlentwicklung der Eucharistie, die Luther mit seiner Gottesdienstreform korrigieren wollte. Aus dem damit hinfällig gewordenen liturgischen Textcorpus sollte aber ein kleines Stück bewahrt werden, das nicht zum offiziellen lateinischen Bestand gehörte, sich ihm im Laufe des 15. Jahrhunderts aber angegliedert hatte, das Lied

Gott sei gelobet und gebenedeiet. Luther wollte es festhalten als Abendmahlslied. Als Gesang zur oder nach der Austeilung schrieb er ihm erstrangige Bedeutung zu.[2]

Das Lied, dessen älteste Quellen aus der zweiten Hälfte des 14. Jahrhunderts stammen, ist ursprünglich ein volkssprachlicher Leis (d. h. mit dem *Kyrieleis* schließender Gesang) zur Fronleichnamssequenz *Lauda Sion salvatorem.* Während die Sequenz vom Chor gesungen wurde, sang das Volk zwischen den lateinischen Strophen den refrainartigen Leis. Handschriften des 14. und 15. Jahrhunderts belegen den Text des Liedes aber auch schon losgelöst von seiner Stammsequenz als volkssprachliches Kommunionlied.[3]

Die Fassung, von der Luther ausgeht, besteht aus zwei solchen Leisenstrophen:

God siy gelobbet und gebenedyet
der uns alle hait gespysset
mydt synem fleysch, undt synem blude,
das gibbe unß lieber herre got zu gude
das heylge sacramente
an unßerm lesten ende
uß des gewyten priesters hende.
Kyrie eleyson.

O herre dorc dynen heilgen fronlychnam,
der von dyner mutter marien quam,
und das heilige bludt
nu hilff unß herre uß aller unßir noydt.
Kyrie eleyson.[4]

Luther macht daraus *eine* Strophe, die erste eines neuen Abendmahlsliedes. Bei dieser Bearbeitung entfallen drei Verse der mittelalterlichen Vorlage, die dem Reformator aus formalen («numeri et musicae ratio») wie auch aus theologischen Gründen überflüssig zu sein schienen: «Omissa ista particula: Vnd das heylige sacramente, an vnserm letzten ende, aus des geweyeten priesters hende, quae adicta est ab aliquo. d. Barbarae cultore, qui sacramentum tota vita parvi ducens, in morte hoc opere bono sperauit vitam sine fide ingredi»,[5] heißt es in der *Formula missae et communionis* von 1523: Luther mißfällt an dieser «particula» die Akzentuierung der Eucharistie als Sterbesakrament (die Hl. Barbara galt als Sterbepatronin; zu ihren Emblemen gehört der Kelch mit der Hostie), das die Pfaffen als gutes Werk («hoc bono opere») verwalten, mit dem man ohne Glauben («sine fide») das ewige Leben erlangen könne, auch wenn man das Sakrament zu Lebzeiten gering geachtet hat.

Ohne diesen mißliebigen Zusatz erscheint ihm das mittelalterliche Lied jedoch als reinstes Zeugnis wahren Abendmahlsverständnisses. Ein Jahrzehnt nach der *Formula missae* geht er in der Schrift *Von der Winkelmesse und Pfaffenweihe* (1533) darauf ausdrücklich ein:

Denn es ist gleichwohl der Glaube fest und rein geblieben in der Kirche, daß Christus im Sakrament eingesetzt und befohlen habe, daß alle Christen seinen Leib und sein Blut empfangen, wie das alles viele Lieder und Reime bezeugen, besonders das allgemeine Lied ‹Gott sei gelobet und gebenedeiet, der uns selber hat gespeiset/ mit seinem Fleisch und mit seinem Blute› [...] Es bezeugt, daß die Laien zu der Zeit, als es gemacht wurde, beide Gestalten empfangen haben [...] Und es ist überaus gründlich und christlich gesprochen, da sie sagen, Christus habe sie selber gespeiset, nicht der Pfarrer noch Priester, sondern Christus selber sei der Speiser, der da durch seine Ordnung und nicht durch das Werk des Priesters uns seinen Leib und sein Blut gebe. Ebenso, daß sie es nicht ein Opfer oder gutes Werk (...), sondern als Speise für ihre Seelen rühmen.[6]

Als deutsches, also von den Laien gesungenes Lied ist es Luther ein unstreitiger Nachweis für den alten Brauch der Laienkommunion unter beiderlei Gestalt, der freilich gegen Luthers Annahme in der Entstehungszeit des Liedes doch schon nicht mehr in Übung war; «manet tamen Christus totus/ sub utraque specie», so lautet in der Fronleichnamssequenz *Lauda Sion* die

Cranach-Schule: Die Spendung des Abendmahls durch Luther und Hus. Holzschnitt, um 1551 (Berlin, Staatliche Museen, Stiftung Preußischer Kulturbesitz, Kupferstichkabinett)

theologische Rechtfertigung der Kommunion unter der Gestalt des Brotes allein: Unter jeder der beiden Gestalten ist der ganze Christus ganz gegenwärtig. Zum anderen sieht Luther in dem Vers *der uns selber hat gespeiset* einen Hinweis darauf, daß das Sakrament nicht als Opfer, sondern als Speise zu verstehen ist, nicht als verdienstliches Priesterwerk, sondern als Christi eigene Gabe.

Was somit schon in dem alten, ein wenig gereinigten Volksgesang steht, wird nun von Luther mit zwei eigenen Strophen für den Gebrauch im Abendmahlsgottesdienst weitergedichtet. Aus der Art dieser poetischen Rezeption läßt sich das besondere Abendmahlsprofil, das er dem abgeschafften Fest entgegensetzen wollte, aufs beste ablesen. 1524 erscheint das neue Lied erstmals in Walters **Chorgesangbüchlein* und erobert sich in der Folgezeit einen festen Platz.

Gesungene Abendmahlstheologie

> Es gibt wenig Lieder, die so prägnant das Wesen und die Frucht des Abendmahls besingen. Wir sollten ihm in unsern Abendmahlsfeiern einen ständigen Platz *sub communione* (während der Austeilung) oder als Danklied einräumen. Den Konfirmanden stünde es als Lernlied sehr wohl an.[7]

Im Handbuch zum EKG (*HbEKG) aus dem Jahre 1970 wird das Lied geradezu als poetische Summe der lutherischen Abendmahlstheologie betrachtet. Die von Luther hinzugefügten Strophen können als Durchführung jener Motive angesehen werden, die er schon aus der mittelalterlichen Vorlage herausgehört hatte. Als erstes wird das *uns zugute* der ersten Strophe aufgegriffen: in dem *für uns* der zweiten. In fünfmaliger Wiederholung des *uns* bricht sich das für Luthers Theologie so zentrale «pro nobis» Bahn. Das «für euch gegeben», «für euch vergossen» der Einsetzungsworte ist für ihn der pronominale Skopus der Passion wie des Abendmahls. Darum ist das Herausholen dieser Worte aus der priesterlateinischen Heimlichkeit in die deutsche Allgemeinverständlichkeit nicht ein bloßer Sprachwechsel, sondern für das Sakrament essentiell, weil die, denen es gilt, es damit überhaupt erst zu Ohren bekommen. Das Gedenken des Todes Christi im Abendmahl besteht (im Anschluß an 1 Kor 11,25f.) wesentlich in der Verkündigung, daß dieser Tod *uns zugute* ist.

Das *für uns* Christi gibt die gottesdienstliche Handlungsrichtung auf uns hin an, in der Zusage der Worte wie in der Gabe der Speise. Die mittelalterliche Eucharistiefrömmigkeit, die die Konsekration als Akt des Opfers und der Anbetung auf Gott hin zelebrierte, erfährt eine Richtungsänderung. Statt der Ontologie des Sakraments, von der die Fronleichnamssequenz ausgiebig handelt (*Dogma datur christianis / Quod in carnem transit panis*[8]), rückt für Luther die Soteriologie in den Vordergrund des Interesses.

Luthers zweite neu gedichtete Strophe, die dritte des Liedes mithin, handelt in zwei Finalsätzen vom Ziel dieser Zuwendung Gottes im Sakrament:

daß wir gehn auf seinen Wegen / in rechter Lieb und brüderlicher Treue, / daß uns die Speis nicht gereue und im zweiten Teil: *daß dein arm Christenheit/ leb in Fried und Einigkeit.* So wie die zweite Strophe auf der biblischen Folie von 1 Kor 11,23–26 geschrieben ist, so diese dritte auf der der anschließenden Verse und Kapitel 12 und 13 des 1. Korintherbriefes, in denen von der Gemeinde als dem «Leib Christi» gehandelt wird. Der «Leib Christi» als sakramentale Speise des Abendmahls ist im Duktus des lutherschen Liedes ausgerichtet auf den «Leib Christi» als sozialen Körper, in dem die Glieder mit ihren jeweiligen Gaben einander in brüderlicher Eintracht dienen. Das «für uns» Gottes zielt durch das Sakrament auf das «für einander» der christlichen Gemeinde. «Es sind zwei Nutzen und Früchte des Sakraments. Die erste, die uns macht zu Brüdern und Miterben Christi, also daß wir werden ein Kuchen mit Christo. Die ander macht, daß wir auch werden ein Kuchen miteinander als mit dem Nächsten»,[9] heißt es in Luthers Gründonnerstagspredigt aus dem Jahre 1523. Wenn aus der Speise nicht die *communio* des christlichen Lebens resultiert, wird das Mahl die Teilnehmer gereuen: «der ißt und trinkt sich das Gericht», wie es bei Paulus heißt (1 Kor 11,27).

Die Maßgabe des Geistes, von der am Schluß die Rede ist, läßt von der paulinischen Textbasis her nicht an asketische Mäßigkeit, sondern an die verschiedenen Gaben denken, in denen der Geist «einem jeglichen das Seine zuteilt, wie er will» (1 Kor 12,11). Das Klagewort *arm Christenheit* erinnert an die damaligen kirchlichen Zerreißproben. Zwischen der alten päpstlichen Gesetzlichkeit und einer neuen schwärmerischen das Maß der wahren, durch die Reformation in Bewegung geratenen Abendmahlspraxis zu finden, war Luthers Sorge.

Im **Babstschen Gesangbuch* von 1545 ist dem *Gott sei gelobet und gebenedeiet* noch *Ein Gebet* beigefügt:

> Ach du lieber HErr Gott/ der du unns bey diesem wunderbarlichen Sacrament deines leidens zu gedencken/ und predigen befohlen hast/ Verleihe uns/ das wir solch deines leibs und bluts Sacrament also mügen brauchen/ das wir deine Erlösung in uns teglich fruchtbarlich empfinden/ Amen.[10]

Es ist leicht zu sehen, daß dieses Gebet, wie das Lied, seinen Vorangang in der alten Fronleichnamsliturgie hat. Es ist nichts als die deutsche Version der Oration des Festes, die lautet:[11]

> Deus, qui nobis sub Sacramento mirabili passionis tuae memoriam reliquisti: tribue, quaesumus, ita nos Corporis et Sanguinis tui sacra mysteria venerari; ut redemptionis tuae fructum in nobis iugiter sentiamus.

> Gott, Du hast uns in dem wunderbaren Sakramente das Andenken an Dein Leiden hinterlassen; wir bitten Dich: laß uns die heiligen Geheimnisse Deines Leibes und Blutes so verehren, daß wir die Frucht Deiner Erlösung allezeit in uns erfahren.

Es sind nur zwei Wortpartikel, in denen Luther die lateinische Vorlage verändert. Dem «gedencken» wird ein «und predigen» hinzugefügt, und statt «venerari» (verehren) heißt es «brauchen». Das erste macht klar, daß die «memoria» des Abendmahls ein Akt der Verkündigung und nicht etwa des Opfers ist. Das zweite stellt heraus, daß Austeilung und Empfang der Speise der spezifische Akt dieses Sakraments ist und nicht die Verehrung, die sich unter Verzicht auf die *sumptio* auf die *contemplatio* beschränken konnte und bei der mittelalterlichen Reduzierung des Kommunionempfangs der Messe der Laien auf die Oster- und Sterbekommunion auch weitgehend beschränkte. Wie im Lied zeigt sich auch im Gebet die Reformation Luthers als ein Sprachgeschehen, in dem die Überlieferung mit wohlbedachter Genauigkeit in ein neues und für Luther eben biblisch-ursprüngliches Verständnis umgeschrieben wird.

Katholischer Reimport

Die Katholiken haben das Fronleichnamsfest samt seiner scholastischen Sequenz und Oration beibehalten. Aber auch das deutsche Lied, das Luther auf seine Weise rettete, hat bei ihnen eine bis in die Gegenwart reichende Geschichte entwickelt. Als *Lobgesang vom heyligen hochwirdigen Sacrament/ auch auff die obgenanten tag und zeit zu singen* findet es sich unabhängig von der Sequenz, dem Fest aber noch zugeordnet, in dem 1537 erschienenen *New Gesangbüchlin Geistlicher Lieder* des Dominikaners und Hallenser Dompropsts Michael *Vehe. In der ersten Strophe wird Luthers Revision des mittelalterlichen Leis ohne Bedenken übernommen. Dann folgen vier weitere Strophen, deren Verfasser wohl der im Vorwort des Gesangbuchs erwähnte Hallenser Bürgermeister Caspar Querhammer ist. Ihr poetischer Rang ist nicht dergestalt, daß sie hier aufgeführt werden müßten; erwähnenswert sind höchstens die Motive spezifisch katholischer Eucharistiefrömmigkeit, die der lutherischen nun entgegengesetzt werden: die geistliche Kommunion, Buß und Beicht, Verheißung des ewigen Lebens. Dieses fünfstrophige Lied ging in das *Leisentritsche Gesangbuch und dann in die meisten katholischen Gesangbücher des 17. Jahrhunderts über.

Im 20. Jahrhundert taucht dann nicht mehr Querhammers, sondern Luthers Fassung des Lieds in gekürzter Form (der zweite Teil der zweiten und dritten Strophe wird ersetzt durch den als Refrain aufgefaßten zweiten Teil der ersten Strophe) in katholischen Gesangbüchern auf, ohne daß freilich zunächst Luthers Name genannt würde (es heißt nur «16. Jh.»[12]); das geschieht erst im *Gotteslob von 1975.[13] Der an dieser Stelle erreichte konfessionelle Konsens ist keine hymnologische Marginalie, sondern entspricht dem Grundzug der katholischen Eucharistietheologie der neueren Zeit. Im Verein von liturgischer und biblischer Bewegung ist der Mahlcharakter der Messe wieder in den Vordergrund gerückt. Desiderate der lutherischen Gottesdienstreform haben dabei, theoretisch wie praktisch, späte Erfüllung erfahren. Die spezifisch mittelalterlichen, im Barock zur konfessionellen Vollblüte getriebenen und bis zur Mitte des 20. Jahrhunderts die katholische Volksfrömmigkeit prägenden Verehrungsformen sind damit zurückgetreten. Gewisse Schwierigkeiten mit dem ja nicht abgeschafften Fronleichnamsfest sind ein deutlicher Indikator dieser frömmigkeitsgeschichtlichen Umschichtung.

A. S.

Mitten wir im Leben sind

Edition

1. Mitten wir im Leben sind
mit dem Tod umfangen.
Wen suchen wir, der Hilfe bringt,
daß wir Gnad erlangen?
Das bist du, Herr, alleine.
Uns reuet unsre Missetat,
die dich, Herr, erzürnet hat.

Heiliger Herre Gott,
heiliger starker Gott,
heiliger barmherziger Heiland,
du ewiger Gott:
laß uns nicht versinken
in des bittren Todes Not.
Kyrieleison.

2. Mitten in dem Tod anficht
uns der Hölle Rachen.
Wer will uns aus solcher Not
frei und ledig machen?
Das tust du, Herr, alleine.
Es jammert dein Barmherzigkeit
unsre Klag und großes Leid.
Heiliger Herre Gott,
heiliger starker Gott,
heiliger barmherziger Heiland,
du ewiger Gott:
laß uns nicht verzagen
vor der tiefen Hölle Glut.
Kyrieleison.

3. Mitten in der Hölle Angst
unsre Sünd' uns treiben.
Wo solln wir denn fliehen hin,
da wir mögen bleiben?
Zu dir, Herr Christ, alleine.
Vergossen ist dein teures Blut,
das g'nug für die Sünde tut.
Heiliger Herre Gott,
heiliger starker Gott,
heiliger barmherziger Heiland,
du ewiger Gott:
laß uns nicht entfallen
von des rechten Glaubens Trost.
Kyrieleison.

Druckvorlage

Text: *EG 1993, Nr. 518. Lediglich an einer Stelle verzeichnet das *Evangelische Gesangbuch* eine leichte Abweichung vom Ursprungstext, wenn es in Strophe 1 Zeile 3 heißt: *Wer ist, der uns Hilfe bringt* für *Wen suchen wir, der hulffe thu;* die Variation der Fragepronomina in der jeweils dritten Zeile aller drei Strophen (*Wen – Wer – Wo*) wird dadurch gestört. Die oben wiedergegebene Fassung versucht hier, mit *Wen suchen wir, der Hilfe bringt* näher am Original zu bleiben. Eine genaue Wiedergabe des Lutherschen Texts findet sich unten.

Die Melodie folgt dem Erstdruck im **Chorgesangbüchlein* Johann Walters von 1524, ediert von Markus Jenny.[1] Sie steht dort als Tenor in einem vierstimmigen Satz.

Ein altes Memento-Mori-Lied und seine Weiterschreibungen

«Das muß miteinander verbunden werden, daß die Sicheren geschreckt und die Erschrockenen aufgerichtet und ermutigt werden … Die Stimme des Gesetzes schreckt, indem sie den Sicheren das Lied singt: ‹Mitten wir im Leben sind mit dem Tod umfangen›; aber die Stimme des Evangeliums richtet wieder auf und singt: Mitten im Tode sind wir im Leben.» – So spricht der Prediger Martin Luther.[2]

Das muß miteinander verbunden werden – der Dichter Martin Luther verbindet in seinem Lied *Mitten wir im Leben sind* mittelalterliche Tradition und reformatorische Innovation miteinander. Es ist ein Exempel dafür, wie der Wittenberger übersetzend, bearbeitend und ergänzend älteres Liedgut aufgreift und zu einem evangelischen Bekenntnis fügt.

Am Anfang steht eine lateinische Antiphon, *Media vita in morte sumus*,[3] entstanden wohl in der ersten Hälfte des 11. Jahrhunderts im Umkreis von

Metz und dem lothringischen Reformkloster Gorze. Die ältesten Quellen belegen sie in der Komplet, dem Nachtgebet der Kirche, an bestimmten Tagen «mitten in» der Fastenzeit (eine eher spielerische Ausdeutung des Eingangsverses). Im 13. Jahrhundert wird sie als Prozessionslied gebraucht für Bittage, an Allerseelen, bei Fronleichnamsumzügen auf Friedhöfen. Das Spätmittelalter nimmt die Antiphon ins Totenoffizium. Möglicherweise leitet sich von hier der von Zeitgenossen beklagte Mißbrauch ab, das *Media vita* auch zum «Schadensingen» zu gebrauchen, nämlich um Gegnern den Tod anzuwünschen.

Media vita in morte sumus.	Mitten im Leben sind wir im Tode.
Quem querimus adiutorem,	Wen suchen wir als Helfer
nisi te, Domine?	wenn nicht dich, Herr?
qui pro peccatis nostris	der du wegen unserer Sünden
iuste irasceris.	zu Recht erzürnst.
Sancte Deus	Heiliger Gott
Sancte fortis	Heiliger Starker
Sancte et misericors salvator	Heiliger und barmherziger Heiland
amarae morti ne tradas nos.	dem bitteren Tod überlaß uns nicht.

Seit dem 15. Jahrhundert sind Übertragungen der Antiphon ins Deutsche bekannt. Eine Prosafassung findet sich bereits 1422, in Liedform überliefert sie 1456 die Handschrift aus einem Benediktinerkloster bei Salzburg; 1480 erscheint sie in der Crailsheimer Schulordnung, die auch einen Grund für die Verdeutschung benennt: Mit dem Singen des Liedes sind Ablässe verbunden, und in deren Genuß soll auch das des Lateinischen unkundige Volk kommen. In der ersten bekannten Druckfassung, dem Baseler *Plenarium oder Ewangely bouch* von 1514, hat das Lied diese Textgestalt:

In mittel vnsers lebens zeyt
im tod seind wir vmbfangen:
Wen suchen wir, der vnß hilffe geyt
von dem wir huld erlangen,
Dann dich, herr, alleine?
der du vmb vnser missetat
rechtlichen zürnen thuost.
Heiliger Herre gott,
Heiliger starcker gott,
Heiliger vnd barmhertziger heiler, ewiger got,
laß vns nit gewalt thuon des bitteren tods not.

Luthers Bearbeitung des Liedes erscheint erstmals in den *Erfurter Enchiridien* (*Erfurt 1524) – hier ohne Melodie – und im *Geistlichen *Gesangbüchlein von Johann Walter.* Sie trägt die Überschrift «lopsanck», eine zunächst befremdliche Charakterisierung im Hinblick auf das alte lateinische Memento-Mori-Lied. Nur vordergründig, nämlich im Zirkelschluß, wird sie erklärt mit dem abschließenden *Kyrieleison*, denn eben das *Kyrieleison* ist bewußte Setzung des Reformators. Luther kontrastiert mit Überschrift und Schlußruf die Bedrohung und den Schrecken, die im Anfangsverspaar der Vorlagen stecken, und die zunächst an einen heimtückisch hereinbrechenden, unzeitigen Tod denken lassen. Sein Lied versteht sich, wie noch zu zeigen sein wird, als «Lobgesang» auf die Erlösung. Daß es jedenfalls mehr sein will als ein «Begräbnislied», macht seine Zuordnung im **Wittenberger Gesangbuch* von 1533 (die Erstauflage von 1529 ist verlorengegangen) deutlich, in dem es den beiden Liedern zu den 10 Geboten als «Deutelied» beigegeben ist.

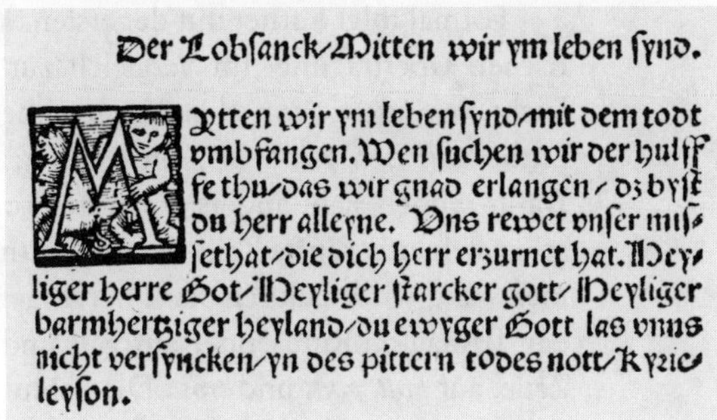
Der Lobsanck/Mitten wir ym leben synd.

Mytten wir ym leben synd/mit dem todt
umbfangen. Wen suchen wir der hulff
fe thu/das wir gnad erlangen/ dz byst
du herr alleyne. Uns rewet unser mis-
sethat/die dich herr erzurnet hat. Hey-
liger herre Got/Heyliger starcker gott/Heyliger
barmhertziger heyland/du ewyger Gott las unns
nicht versyncken/yn des pittern todes nott/Kyrie-
leyson.

*Erfurter Enchiridion 1524

Das dreistrophige Lied Martin Luthers

Was sofort auffällt, ist nicht nur die Erweiterung um zwei Strophen, sondern auch die perfekte Parallelität, in der die beiden «neuen» Strophen zu der «alten» ersten Strophe gesetzt sind:

	Str. 1	Str. 2	Str. 3
1	Mytten wir ym leben synd	Mitten yn dem tod anfycht	Mitten yn der hellen angst
2	mit dem todt umbfangen	uns der hellen rachen.	unser sund uns treiben.
3	Wen suchen wir, der hulffe thu,	Wer wil uns aus solcher not	Wo soln wir den flihen hyn,
4	das wir gnad erlangen?	frey und ledig machen?	da wir mugen bleiben?
5	das byst du, herr, alleyne.	das thustu, herr, alleyne.	Zu dir, herr Christ, alleyne.
6	Uns reuet unser missethat,	Es yamert deyn barmhertzigkeyt	Vergossen ist dein teures blut
7	die dich, herr, erzurnet hat.	unser klag und grosses leyd.	das gnug fur die sunden thut.
8	Heyliger herre Got,	Heyliger herre Got,	Heyliger herre Got,
9	Heyliger starcker gott,	Heyliger starcker gott,	Heyliger starcker gott,
10	Heyliger barmhertziger heyland,	Heyliger barmhertziger heyland,	Heyliger barmhertziger heyland,
11	du ewyger gott,	du ewyger gott,	du ewyger gott,
12	las unns nicht versyncken	laß uns nicht vertzagen	las uns nicht entfallen
13	yn des pittern todes nott.	fur der tieffen hellen glutt.	von des rechten glaubens trost.
14	Kyrieleison.	Kyrieleison.	Kyrieleison.

Bei der «Verdreifachung» des ursprünglichen Umfangs der Antiphon war möglicherweise das «Trishagion» formgebend, der dreifache *Heilig*-Ruf der Zeilen 8–10. In eigenartiger Weise entspricht diese von Jes 6,3 angeregte, aus der griechischen Liturgie in den lateinischen Ritus der Kreuzverehrung am

Karfreitag aufgenommene Christusanrufung dem Christusbekenntnis der drei Strophen: Angesichts des «Todes» (Str. 1) ist Christus der «Herr», angesichts der «Hölle Rachen» (Str. 2) ist er der «Starke», angesichts der «Sünde», für die «sein Blut vergossen» ist (Str. 3), der «barmherzige Heiland».

Formal folgt Luther mit der ersten Strophe weitgehend der vorreformatorischen Übertragung. Im Vergleich zur Basler Fassung ist das Reimschema leicht verändert: Von den Kreuzreimen der ersten vier Zeilen verzichtet Luther auf den Reim in Zeile 1 und 3; es entsteht das Reimschema a b c b. Dafür reimen sich, anders als in der Vorlage, die Zeilen 6 und 7. Die dazwischenstehende fünfte Zeile fällt bei Luther ganz pointiert aus dem «Reimrahmen» und wird dadurch stark hervorgehoben: *das byst du, herr, alleyne.* Jeder der Trishagion-Rufe endet auf *gott* und reimt oder assoniert auf die letzte Zeile, auf *nott, glutt* und *trost.* Die Schlußpointen sind dadurch mit dem Trishagion eng verzahnt.

Die Melodie

Die Melodiegestalt in *Johann Walters *Chorgesangbüchlein* dürfte nicht auf Luther selbst, sondern auf Johann Walter zurückgehen. Zusammenhänge mit der Tonfolge der Antiphon und früherer Übertragungen sind erkennbar, doch ist die gesamte melodische Anlage neu geordnet und aufs engste dem Text angepaßt. Die Melodiebögen führen immer dann zu einem Hochton, wenn es der Wortakzent erfordert. So sind in Strophe 1 z. B. die Begriffe *leben, todt, hulffe, gnad, missethat* und *herr* durch Spitzentöne hervorgehoben. Der Rhythmus ist der gesprochenen Sprache nachgebildet; durch kurzen Auftakt sind betont *das byst du, herr* und *uns reuet.*

Das gesamte Stück ist in phrygischer Tonart gehalten, was der Melodie eine gewisse Labilität und ‹Grundlosigkeit› verleiht. Bedeutsame Ausnahme ist wieder die fünfte Zeile: *das byst du, herr, alleyne* – mit dem Wechsel zum jonischen Ton erhält auch die Melodie den Charakter einer Antwort, findet, indem sie auf dem tiefen c zu stehen kommt, sozusagen ‹Boden unter den Füßen›.

Mitten im Leben: Tod, Sünde und Hölle

Luthers Lied [4] ist charakterisiert durch eine variierende Übernahme lexikalischer, syntaktischer und stilistischer Merkmale aus der ‹alten› ersten Strophe in die beiden neu geschaffenen Strophen. Dies geschieht mit außergewöhnlichem Geschick und dient nicht allein der formalen Vereinheitlichung des nun dreistrophigen Liedes. Vielmehr wird durch die strenge Parallelität in der Weiterführung beständig der Ausgangspunkt präsent gehalten: *Mytten wir ym leben synd.* Im Leben: Das Lied grübelt nicht über Sterben, Gericht und Verdammnis im Sinne weltjenseitig gedachter Größen, sondern beschreibt die Bedingungen diesseitigen Existierens: Tod, Hölle und Sünde, die Schlüsselbegriffe der drei Strophen, bedrohen jetzt, mitten im Leben. Die «Höllenangst» ist dabei nicht als Angst *vor* der Hölle mißzuverstehen. Wie der *hellen rachen* den Rachen der Hölle und der *hellen glutt* die Glut der Hölle meinen, so meint der *hellen angst* die Angst der Hölle. Angst ist das Spezificum der Hölle, Angst *ist* die Hölle. Angst entfremdet den Menschen vom Leben.

Tod, Sünde und Hölle drohen also nicht erst in der unmittelbaren Todesstunde oder im Jenseits. In seinem 1519 entstandenen *Sermon von der Bereitung zum Sterben* warnt Luther sogar ausdrücklich davor, sich in der Todesstunde den Bildern, Imaginationen und Erfahrungen von Tod, Sünde und Hölle hinzugeben. Er sieht darin gerade eine tückische List des Teufels, den Sterbenden zu verunsichern und den Tod für den Menschen nur um so schrecklicher erscheinen zu lassen. In der Gewissensbedrängnis der Todesnot hat die Imagination der Schreckensbilder, so Luther wörtlich,

> keinen Fug noch Zeit; das soll man in der Zeit des Lebens tun. So verkehrt uns der böse Geist alle Dinge. Im Leben, da sollen wir des Todes, der Sünde, der Hölle Bild stetig vor Augen haben [...]. [Doch der böse Geist tut] uns die Augen zu und verbirgt diese Bilder. – Im Tod, da wir sollten nur das Leben, Gnade und Seligkeit vor Augen haben, tut er uns dann allererst die Augen auf und ängstigt uns mit den unzeitigen Bildern, daß wir die rechten Bilder (nämlich Leben, Gnade und Seligkeit) nicht sehen sollen.[5]

Die Bereitung zum Sterben, das Betrachten der Schreckensbilder Tod, Sünde und Hölle, muß also mitten im Leben beginnen.

Das dreistrophige Lied erfüllt diese Forderung durch die formale Parallelisierung der Strophen, die sozusagen eine «Situationsgleichheit» der jeweiligen Anfangszeilen konstituiert: «Mitten im Tod» (Str. 2) und «mitten in der höllischen Angst» (Str. 3) sind nirgendwo anders als «mitten im Leben» (Str. 1). Verstärkt wird diese Situationsgleichheit durch die «Verkettung» der drei Strophen: Die jeweils zweiten und dritten Glieder der Schlüsselbegriffe aus den Zeilen 1, 2 und 12 werden, mit einer Ausnahme, in der jeweils folgenden Strophe genau an Ort und Stelle wieder aufgenommen: Leben-Tod-Tod / Tod-Hölle-Hölle / Hölle-Sünde-Gnade. Der Regelverstoß am Ende der dritten Strophe ist bezeichnend und wird uns gleich noch beschäftigen.

Ermutigung zum Leben

Wodurch sich das Lutherlied von den mittelalterlichen *Media-Vita*-Versionen, den lateinischen wie den deutschen, am deutlichsten abhebt, ist zweierlei: zum einen durch den erheblich verstärkten affektiven Charakter der Sprache, die drastischen und plastischen Bilder der Not, die wie ein Strudel die menschliche Existenz unrettbar zu erfassen scheint: *in des bittren Todes Not versinken, verzagen vor der tiefen Höllen Glut, getrieben werden von der Sünde in die Angst der Hölle.* Zum anderen durch das glasklare, fast nüchterne Bekenntnis zur reformatorischen Rechtfertigungslehre, das sich folgerichtig und genau kalkuliert durch die drei Strophen hin entwickelt. In beiden Polen verbindet der Lieddichter Luther, was der Prediger Luther forderte: Die Sicheren sollen geschreckt, die Erschreckten ermutigt werden.

Paris, Bibliothèque Nationale, Ars moriendi, Blockbuch Nr. 3. In 11 Holzschnitten aus dem 15. Jahrhundert wird der glücklich ausgehende Kampf um die Seele eines Jedermann in der Sterbestunde dargestellt. Fünf Holzschnitte veranschaulichen die fünf größten teuflischen Versuchungen: Glaubensabfall, Verzweiflung, Ungeduld, Hochmut, zeitliche Güter. Fünf Antwortbilder zeigen, wie himmlische Mächte dem Sterbenden zur Hilfe eilen. Der letzte Holzschnitt zeigt die Todesstunde. Auf obiger Abbildung wird die Versuchung durch Verzweiflung dargestellt: Sechs Teufel umzingeln das Bett. Auf Spruchbändern halten sie dem Sterbenden seine Sünden vor, z. B. «Du hast die Ehe gebrochen», «Du warst ein Geizhals», «Du warst meineidig», «Du hast gemordet». Einer der Teufel hält eine eng beschriebene Tafel in die Höhe, auf der man nicht alles lesen kann, so voll ist sie. Das Schriftband erläutert «Hier siehst du dein Sündenregister». Die ewige Verdammnis scheint unausweichlich.

Die reformatorische Ermutigung wird besonders in den Zeilen 5–7 deutlich: Die Anrufung des Helfers ist aus dem Satzgefüge der vorhergehenden Zeilen gelöst und zu einer syntaktisch neuen Einheit geformt, die sich auch melodisch von dem übrigen Lied abhebt: *das byst du, herr, alleyne.* Sie markiert Luthers Eigenstes. Eine Entsprechung in den Vorlagen fehlt. Wo die lateinische Antiphon und die Basler Fassung eine rhetorische Frage haben, setzt Luther die sichere Gewißheit: *das byst du, herr, alleyne / das thustu, herr, alleyne / zu dir, herr Christ, alleyne.* Neben diese Anrufung hatten die lateinische Urform und deren mittelalterliche Übersetzung unvermittelt und hart den tieferen Grund für die Todesbedrohung gestellt, nämlich den zu recht entflammten Zorn Gottes (*qui pro peccatis nostris iuste irasceris / der du vmb vnser missetat rechtlichen zürnen thuost*). Luther dagegen macht aus diesem nur indirekten Schuldbekenntnis ein direktes Reuebekenntnis: *Uns reuet unser missethat, die dich, herr, erzurnet hat.* Dadurch kann das, was zwischen der vom Tod umstellten Lage des Menschen und dem gerechten Zorn Gottes vermittelt, «der Herr alleine», in jeder Strophe markant akzentuiert werden.

Am Ort des Reuebekenntnisses in Strophe 1, in den Zeilen 6 und 7, antwortet in Strophe 2 auf *klag und grosses leid* der Menschen allein Gottes *barmhertzigkeyt*, und Strophe 3 schließlich, die die Todesbedrohung auf ihre letzte Ursache, die Sünde, zurückführt, nennt die glaubensgeschichtliche Grundlage dafür, daß der Sünder doch gerechtfertigt werden kann: *Vergossen ist dein teures blut, das gnug fur die sunden thut.*

Der Trishagion-Ruf nimmt diese Christuspointierung auf und findet dadurch zu seiner ursprünglichen Prägnanz zurück, die in den westlichen Kirchen durch eine trinitarische Deutung überdeckt wurde (und wird). Die spezifisch reformatorische Spitze ist am Ende des Liedes aufgesteckt: In einem überraschenden Abweichen vom bisher eingehaltenen Strukturprinzip der «Kettenbildung» heißt es – wo man *sund* erwarten sollte – *rechten glaubens trost.* Statt um Bewahrung vor der Sünde wird um die angstbefreiende Zuversicht – denn das meint Luthers *trost* – im rechten Glauben gebeten. Die einzig mögliche und einzig nötige Haltung angesichts der vollbrachten und vollkommenen Erlösung Christi (*vergossen ist deyn teures blut*) ist der «rechte Glaube». Durch Christi Tod hat der Tod seinen Stachel verloren, unwiderruflich; er kann keine Bedrohung mehr sein. Und eben darum ist dieses Lied, das diese ‹frohe Botschaft› in Wort und Ton setzt, ein «lopsanck».

Vom Lebenslied zum Sterbelied

Die Weiterschreibungen des Lutherliedes, so unterschiedliche Wege sie gegangen sein mögen, haben doch eine gemeinsame Richtung genommen: Sie punktualisieren, sie vereindeutigen Luthers «lopsanck» zu einem Sterbelied. Nur zwei große Stationen der Wirkungsgeschichte seien erwähnt.

Dreizehn Jahre nach der Erstveröffentlichung des Lutherliedes erscheint in *Leipzig 1537 das katholische Gesangbuch von Michael Vehe, das in seiner dreistrophigen Fassung von *Mitten wir ym leben synt* direkt auf den Reformator (und nicht auf die mittelalterlichen Versionen) zurückgeht. Der Version Vehes ist im folgenden Verlauf fast die gesamte katholische Überlieferung gefolgt. In der zweiten und dritten Strophe sind deutliche Veränderungen eingetragen: Die zu stark reformatorisch klingenden Aussagen werden weitestgehend getilgt, und es ist unmittelbar auf die Situation des Sterbens Bezug genommen: *Wer will uns auß solcher nodt/ helffen zu der selen heyl?* (Strophe 2, Zeilen 3–4); *Laß uns frydlich sterben,/ mach uns deines reychs erben* (Strophe 3, Zeilen 11–12). Folgerichtig erscheint Christus statt als Erlöser am Kreuz als der *gutt hyrtte*, was – analog zu der schon altchristlichen Verwendung von Psalm 23 beim Begräbnis – nun den «Seelenführer» meint, der die Seele des Verstorbenen auf dem gefahrvollen Weg zu Gottes Richterstuhl geleitet.

Eine Todesfurcht sehr konkreter Art besingt das Lied, wenn in Militärgesangbüchern, z. B. im katholischen **Feldgesangbuch* von 1940, als Eingang der dritten Strophe steht: *Mitten in des Feindes Land will die Furcht uns treiben.* Bei Vehe hieß das noch *in des Feindes Hand* und meinte mit Feind den Satan. Das Verständnis für dieses antik-mittelalterliche Sprachbild kam abhanden. In die Leerstelle stießen andere Aktualisierungen, hier z. B. nationale.

Im evangelischen Bereich wurde in den Gesangbüchern seit dem Ende des 18. Jahrhunderts der Luthertext durch eine Version von Friedrich Gottlieb Klopstock verdrängt. Bei ihm heißt die erste Strophe:[6]

> Wir, der erde pilger sind
> Mit dem tod umfangen.
> Wer, ach! wer errettet uns,
> Daß wir gnad erlangen?
> Das thust du, HErr, alleine!
> Es reut uns unsre missethat,
> Die dich, HErr, erzürnet hat!
> Heiliger! Schöpfer, Gott!
> Heiliger! Mittler, Gott!
> Heiliger! barmherziger Tröster!
> Du ewiger Gott!
> Laß uns nicht versinken
> In des todes tiefer nacht!
> Erbarm dich unser!

Schon der Beginn, der mit «der Erde Pilger» eine der lateinischen wie der lutherischen Fassung fremde Bewegung auf ein Ende hin einträgt – für Erdenpilger ist die unweigerlich nächste Etappe das Lebensende –, markiert die Richtung der Klopstockschen Deutung. *Lass uns nicht versinken/ In des todes tiefer nacht:* Das Lebensende soll kein definitiver Schlußpunkt sein, sondern nur Etappenziel, Durchgangspunkt zu einem anderen Leben. Aus Luthers

Lobgesang für ein (diesseitiges) Leben aus dem Glauben und der Rechtfertigung wird ein Sterbelied im Glauben an das jenseitige Leben. Folgerichtig endet denn auch Klopstocks Version mit Bezug auf die konkrete Sterbesituation: *Stärke, stärk im tode/ Uns durch deiner liebe trost!* Anstelle der reformatorischen Freiheit (wir wiederholen: zum Leben!): *Wer wil uns aus solcher not/ frey und ledig machen?* (Strophe 2, Zeilen 3–4) erscheint deshalb die drohende Gerichtsklage nach dem Leben: *Ach! wer wird, wer wird uns dann/ Vorm gerichte decken?* Und so wird auch Luthers «Hölle» – im Lied des Wittenbergers eben kein weltjenseitiger Ort, sondern reale Bedrohung durch Sünde, Angst und Glaubenszweifel – gut aufklärerisch in *unsrer thaten schrecken* übersetzt. Das Trishagion ist trinitarisch ‹gleichgeschaltet› und verliert seine Zentrierung auf den *solus Christus,* auf den *herrn alleyne.*

Es dauert ein Jahrhundert, ehe sich die letzten Spuren der aufklärerischen Verbesserungsversuche überall wieder verloren haben. Das *EKG 1950 und das *EG 1993, die das Lutherlied weitgehend in seinem ursprünglichen Wortlaut restituieren, verunklären jedenfalls immer noch mit der Rubrizierung in die Abteilung «Sterben und ewiges Leben, Bestattung», daß es dem Reformator mit seinem Lied viel grundsätzlicher um eine Existenzweise «mitten im Leben» ging:

> Das muß miteinander verbunden werden, daß die Sicheren geschreckt und die Erschrockenen aufgerichtet und ermutigt werden … Die Stimme des Gesetzes schreckt, in dem sie den Sicheren das Lied singt: ‹Mitten wir im Leben sind mit dem Tod umfangen›; aber die Stimme des Evangeliums richtet wieder auf und singt: Mitten im Tode sind wir im Leben.

A. F.

Ich wollt, daß ich daheime wär

Edition

1. JCh wölt, daz ich do heime wer vnd aller welte trost enber,	Ich wollt, daß ich doheime wär und aller Welte Trost entbehr.
2. Jch mein: doheim in himelrich, do ich got schowet ewenclich.	Ich mein doheim im Himmelrich, do ich Gott schauet ewiglich.
3. Woluf, min sel, vnd riht dich dar, do wartet din der engel schar!	Woluf, min Seel, und richt dich dar! Do wartet din der Engel Schar.
4. Won alle welt ist dir ze clein, du kumest denn e wider hein.	Wo alle Welt ist dir zu klein, du kommest denn eh wieder heim.
5. Dohein ist leben one tot vnd ganczi fro(e)iden one not.	Doheim ist Leben ohne Tod und ganze Freud ohn' alle Not.
6. Do ist gesuntheit one we vnd wa(e)ret hu(e)t vnd jemer me.	Do ist Gesundheit ohne Weh und währet hüt und immermeh.
7. Do sind doch tusent jor als hu(e)t vnd ist ouch kein verdriessen nu(e)t.	Do sind doch tausend Jahr als hüt und ist auch kein Verdrießen nit.
8. Woluf, min hercz vnd all min mu(o)t, vnd such daz gu(o)t ob allem gu(o)t!	Woluf, min Herz und all min Mut, und such das Gut ob allem Gut.
9. Waz daz nitt ist, daz schecz gar clein vnd jomer allzit wider hein!	Was das nit ist, das schätz gar klein und jammre allzeit wieder heim.
10. Du hast doch hie kein bliben nu(e)t, es sye morn, es sye hu(e)tt.	Du hast doch hier kein Bleiben nit, es sei denn morgen oder hüt.
11. Sid es denn anders nit mag sin, so flu(e)ch der welte valschen schin	Weil es denn anders nit mag sin, so flieh der Welte falschen Schin!
12. Vnd ru(e)w din sünd vnd besser dich, als wellest morn gen himelrich!	Und reu din Sünd und besser dich, als wöllest morgen ins Himmelrich.
13. Alde, welt, got gsegen dich, ich var do hin gen himelrich.	Ade, Welt! Gott gesegen dich! Ich fahr dohin gen Himmelrich.

Druckvorlage und Druckgeschichte

Die mittelhochdeutsche Textfassung des Liedes von Heinrich von Laufenberg (um 1390–1460) ist entnommen aus: *Gedichte 1300–1500. Nach Handschriften und Frühdrucken in zeitlicher Folge,* hrsg. von Eva und Hansjürgen Kiepe, München 1972 (= *Epochen der deutschen Lyrik,* Bd. 2; dtv, Wissenschaftliche Reihe 4016), S. 227f. Sie entspricht, abgesehen von Unterschieden in der Interpunktion, der Fassung in: *Wackernagel II, Nr. 715.

Die Straßburger Liederhandschrift, die für die meisten Liedtexte Laufenbergs die einzige Überlieferung war,[1] ist im Jahre 1870 zusammen mit anderen Handschriften verbrannt. Sie hat Philipp Wackernagel noch vorgelegen. Durch dessen Sammelwerk sind die Liedtexte glücklicherweise zum größten Teil der Nachwelt erhalten geblieben.

Die modernisierte Textfassung ist entnommen aus: *Deutsche Lieder. Texte und Melodien,* ausgewählt und eingeleitet von Ernst Klusen, Bd. 2, Frankfurt am Main [2]1981, S. 761. Sie entspricht der Fassung in: Heinz Rölleke (Hrsg.), *Das Volksliederbuch,* Augsburg 1995, S. 33. Die alemannische Einfärbung der Sprache ist beibehalten.

Die Straßburger Handschrift enthielt auch Melodien. Man weiß nicht, wie viele es insgesamt waren; bis heute scheinen siebzehn bekannt zu sein. Sie sind in Abschriften Philipp Wackernagels überliefert. Die Melodieabschrift des Jahres 1861 ist von Burghart Wachinger als Fotografie veröffentlicht worden.[2] Das Notenbild läßt keine eindeutige Rhythmisierung erkennen, auch bleiben Fragen der Zuordnung von Text und Noten, von möglichen Ligaturen usw. offen. Demzufolge ist die Melodie in den verschiedenen Liederbüchern in verschiedenen Fassungen veröffentlicht.

Die hier edierte Fassung entspricht derjenigen in: *Zahn I, Nr. 1. Zahn folgt, unter Verkürzung der Notenwerte, der Übertragung und Rhythmisierung der Melodie, die F. W. Arnold vorgenommen hatte.[3] Die Melodie findet sich in Zahns Quellenwerk an allererster Stelle. Ursprünglich steht sie in d. Um des leichteren Vergleichs mit der leicht zugänglichen Fassung im *EG willen ist sie hier in e notiert. Auf die Taktbezeichnung der Edition von Zahn wurde verzichtet.

Wie Wackernagels Abschrift ausweist, stand in der Liederhandschrift unter der Melodie die Jahreszahl 1430.

Ein angesehener Mann, der aus der Welt flieht

Viel weiß man nicht über die Biographie Heinrichs von Laufenberg. Zweifellos gehört er zu den bedeutendsten Verfassern geistlicher Lyrik im 15. Jahrhundert. Ungefähr einhundert Lieder hat er geschaffen, darunter viele Übersetzungen lateinischer Hymnen und Sequenzen, zahlreiche Marienlieder, kunstvolle Abecedarien, Weihnachtsgesänge und eine Reihe einfacher geistlicher Volkslieder. Letztere sind zum Teil wohl Kontrafakturen weltlicher Lieder. Heinrich von Laufenberg scheint dieses Verfahren als erster in größerem Umfang angewendet zu haben. (Es kann durchaus sein, daß auch für *Ich wollt, daß ich daheime wär* ein weltliches Lied mit gleichlautendem Anfang als Vorlage oder zumindest als Inspiration gedient hat. Dafür mag auch die Tatsache sprechen, daß die Melodie Ähnlichkeit mit einer alten Volksliedweise aufweist.)[4]

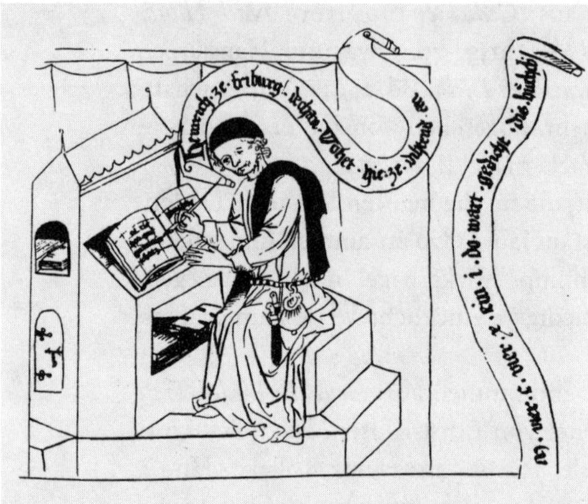

Heinrich von Laufenberg, Selbstbildnis (1441).
Der gereimte Spruchbandtext lautet: «Heinrich ze Friburg dechan / Vohet hie ze dichtend an / M vier C vier X ein I / Do wart gedicht dis bücheli.»

Philipp Wackernagel gibt in seiner Quellensammlung an, was auf der Innenseite des vorderen Deckels jener Straßburger Handschrift gestanden hat, die Heinrichs Lieder enthielt:

> Diß bu(e)chelin hat gedihtet herr heinrich loffenberg ein priester/ ertzpriester vnd dechan der dechanye zu friburg in brys/ gowe der da no noh do man zalt M.cccc.xlv. jor gieng/ von der welt in sant Johans orden ze dem gru(e)nen werde ze/ stroßburg. bittend got für in. (Dies Büchlein hat gedichtet Herr Heinrich Laufenberg, ein Priester, Erzpriester und Dechant der Dechanei zu Freiburg im Breisgau, der danach, als man das eintausendvierhundertfünfundvierzigste Jahr zählte, von der Welt ging in den Sankt Johannes-Orden zum Grünenwörth zu Straßburg. Bittet Gott für ihn.)[5]

«Von der Welt» also war der Domdechant ins Kloster gegangen. Zu jener Zeit war er bereits etwa 55 Jahre alt (um 1390 war er geboren) und hatte nicht nur ein verantwortungsvolles Amt als Kleriker, sondern hatte sich auch vielfach als Dichter und Musiker, aber auch als Naturkundler hervorgetan. Das Kloster, das er wählte, war 1367 von dem reichen Straßburger Kaufmann Rulman Merswin,[6] einem «Gottesfreund» und Anhänger Johann Taulers, als Zufluchtshaus gegründet worden; es sollte offenstehen für alle «ehrbaren, gutherzigen Mannespersonen, sie seien Pfaffen oder Laien, Ritter oder Knechte, die in göttlicher Meinung die Welt fliehen und ihr Leben bessern wollten». 1371 übergab Merswin das Haus dem Johanniterorden, behielt aber selbst noch Mitspracherecht. Über 70 Jahre später hat das Kloster und das in ihm gelebte Leben offenbar immer noch Anziehungskraft ausgeübt. Absage an die Welt, Buße und Andacht, mystische Vereinigung mit Gott –

jene Ziele, die in den vorausgehenden Jahrhunderten für viele Menschen so wichtig geworden waren, konnten auch im fünfzehnten Jahrhundert das Leben prägen.

Das vorliegende Lied ist wohl, folgt man der Datierung in der Handschrift, um 1430 entstanden. Das Lied steht also mit dem 15 Jahre später erfolgten Eintritt ins Kloster nicht in unmittelbarer Beziehung. Man wird aber sagen können, daß es zumindest nachträglich zu seiner lebensgeschichtlichen Wahrheit fand.

Ein Ich im Gespräch mit sich selbst

In der Dichtung Heinrichs von Laufenberg einmalig – und auch in heutigen Kirchenliedern oder geistlichen Liedern wohl ohne Parallele – ist die Sprechform des Liedes: Es ist durchgängig konzipiert als Gespräch eines Ich mit der eigenen Seele bzw. dem eigenen Herzen. Abgesehen von dem Abschiedsgruß an die Welt in der letzten Strophe wird niemand sonst angeredet, weder Gott noch Mensch. Hier spricht ein Ich, das sich seiner selbst bewußt ist und zu sich selbst in Beziehung tritt. Es ist zugleich aber auch ein Ich, das sich seiner selbst nicht sicher ist, das die eigene Gespaltenheit kennt und sich nicht mit ihr abfinden will.

Denkbar knapp ist die Strophenform: Zwei achtsilbige Verse, im Paarreim gebunden; meist bilden sie zusammen einen einzigen Satz. Gleichmäßig fließt das jambische Metrum im steten Wechsel von leichter und schwerer Silbe. (In die deutsche Lyrik ist diese Strophenform wohl ursprünglich durch die Übersetzung lateinischer Zweizeiler gewandert: *Puer natus in Bethlehem/ unde gaudet Ierusalem* wird zu *Ein Kind, geborn zu Bethlehem/ des freuet sich Jerusalem.*[7]) Lapidar fügt sich in den kurzen Zeilen Satzglied zu Satzglied in einfacher, klarer Sprache. Auf schmückende Beiwörter wird fast ganz verzichtet. Bild reiht sich an Bild – aber es entsteht nicht der Eindruck von Vielfalt oder von raschem Wechsel: Eine einzige Sache wird da von verschiedenen Seiten quasi thesenhaft und scheinbar emotionslos umrissen. Allerdings wird deutlich, daß dieses Eine mit allen Fasern ersehnt wird: Das *Himmelreich.*

Der Schmerz der Ferne

Am Anfang des Liedes steht das Heimweh. Heimweh entsteht nicht nur aus Verdruß über die Fremde, es entsteht vor allem aus Liebe zur Heimat. Es ist eine Erfahrung, die nur den trifft, der in der Fremde weilt, der aber weiß, was «Daheim-Sein» ist und wie das «Daheim» beschaffen ist. In diesem Lied singt ein Ich von einem Ort, den es längst kennt, an den es von Anfang an gehört und der ihm doch verloren ist. Dieser «Ort» ist nicht ein Irgendwo, er ist eine Weise der Existenz, eine Existenz in Beziehung: *Gott schauen* – seine unverstellte Nähe erfahren.

Die Sehnsucht nach dem Schauen Gottes ist nicht erst in der Mystik aufgekommen. Sie ist schon in die Geschichte des biblischen Glaubens eingewoben. In den Psalmen wird sie für das Leben auf dieser Erde erhofft: «Meine Seele dürstet nach Gott, nach dem lebendigen Gott. Wann werde ich dahin kommen, daß ich Gottes Angesicht schaue?» (Ps 42,2.3). Jesus verspricht denen, «die reinen Herzens sind», daß sie «Gott schauen» (Mt 5,8), und bereits beim Apostel Paulus mischt sich in die Rede vom «Schauen» der Ton des Heimwehs: «Wir wandeln im Glauben und nicht im Schauen. Wir sind aber getrost und haben viel mehr Lust, den Leib zu verlassen und daheim zu sein bei dem Herrn» (2 Kor 5,8).[8]

Mitten in der Welt gibt es ein Suchen, das über die Welt hinausstrebt mit kühnem Griff, eine Erfahrung von Fremdheit auch, die den Wunsch nach Heimkehr weckt. Zu unterschiedlichen Zeiten hat solcher Wunsch unterschiedliche Ausprägung erfahren. Er kann dazu führen, daß der Tod als Heimkehr aus der Fremde gedeutet wird: Eine der ältesten deutschen Kirchenliedstrophen, die schon im 13. Jahrhundert bezeugt ist, bittet um Behütung «an unserm Ende, wenn wir heimfahrn aus diesem Elende».[9] In der altkirchlichen, der mittelalterlichen und auch der neuzeitlichen Mystik wird der Wunsch nach Heimkehr zur Sehnsucht nach mystischer Vereinigung mit Gott schon jetzt und hier. Im Mönchtum bestimmt dieser Wunsch das ganze Lebenskonzept und prägt die gesamte Lebenspraxis. Eine radikale Absage an die Welt, fuga mundi, wird hier zum Ideal.[10] Dabei gehen Einflüsse von Platonismus und Neuplatonismus – die Suche nach dem höchsten Gut, das Streben nach der Teilhabe am göttlichen Sein durch Übung und Reinigung – auf das Mönchsleben über und mischen sich mit biblischer Tradition und christlicher Spiritualität. Durch poenitentia (Reue, Buße) soll das bisherige Leben radikal verändert werden, radikal frei werden von allem, was bisher wichtig schien. Man kann nicht beides haben: *Welt* und *Himmelreich*. Man muß sich entscheiden: *wilstu schowen got in ewigkeit/ so ker din mut von hynnen.* («Willst du Gott in Ewigkeit schauen / so kehre deinen Mut fort von hier»).[11] Oder, wie es ein Diktum eines Einsiedlers besagt, das der große Mystiker des 13. Jahrhunderts, Heinrich Seuse, auf der mit Sprüchen bemalten Wand seiner Kapelle vor sich hatte: *du solt fliehen und solt swigen und dich zu ru(o)w sezzen* («Du sollst fliehen und sollst schweigen und dich zur Ruhe setzen»).[12]

Wie oben schon gesagt: Als das Lied entstand, war der Autor noch «in der Welt». Aber der Ton mystisch-mönchischer Lebenshaltung ist im Text unverkennbar. Bemerkenswert ist, daß das Heimweh nach dem *Himmelreich* nicht in ein Gebet mündet, sondern zu einer Ermunterung an das eigene Selbst führt.

Wohlauf, mein Seel, wohlauf, mein Herz

Die Sehnsucht nach der Gottesschau schärft das Wissen um den Zwiespalt im eigenen Inneren. So ist die Wendung zur Rede an die eigene Seele, die ab Strophe 3 vorgenommen wird, nicht nur sprachlicher Kunstgriff, sondern sachlich geboten. Das Ich hat Heimweh, weil es weiß, wohin es gehört; und doch müssen Herz und Seele ermuntert werden, diesem Heimweh Raum zu geben. *Seel* (3/1), *Herz* und *Mut* (8/1) sind dabei nicht Teile des Menschen, sondern der ganze Mensch in seiner Intentionalität, in seiner Fähigkeit und seinem Streben, ein Ziel zu wählen und sich nach ihm auszurichten. Schon Benedikts Regel hatte die Mönche aufgefordert *vitam aeternam desiderare cum omni concupiscentia spiritali* («das ewige Leben mit ganzem geistlichem Begehren zu ersehnen»).[13] Von selbst geschieht das nicht. Das Herz gewöhnt sich leicht an das Vorfindliche, läßt sich hin- und herziehen zu verschiedenen Zielen. Deswegen durchziehen Ermunterungen das ganze Lied: *richt dich dar* (3/1); *such* (8/2); *sehn dich* (9/2). Begründet werden diese Aufforderungen zunächst damit, daß man *dort* erwartet wird. Es gibt eine Offenheit vom *Himmelreich* zum Menschen hin, eine Vorstellung, die nicht nur der Mystik vertraut ist, sondern die bereits den Kern der biblischen Botschaft ausmacht: Die Engel Gottes werden sich freuen über einen Sünder, der Buße tut (Lk 15,10).

Zum anderen aber läßt der Blick auf die Heimat erfassen, was der *Welt* fehlt: Nichts auf ihr ist ganz. Durch alles geht ein Riß (*Tod, Not,* 5/1 + 2; *Weh,* 6/1; Vergänglichkeit, *Verdrießen,* 7). Deswegen gilt es, entschlossen und mit allen Kräften nach etwas anderem zu suchen, nach dem *Gut ob allem Gut* (8/2). Eine einzige Sache braucht das *Herz.* Ihr gegenüber ist alles andere *klein* (9/1).

So gehört zur Sehnsucht nach *daheim* die Abkehr von der *Welt*: *flieh* (11/2). Ihr Glanz ist *falsch* (11/2), oder, wie es in anderen Texten Heinrichs von Laufenberg heißt: sie «trüget»;[14] sie verspricht, was sie nicht hält: «nieman sol vf si buwen» («Niemand soll auf sie bauen»).[15] Nichts auf der Welt ist heil. Nichts bleibt. Auch der Mensch bleibt nicht (10/1). Aber die Welt gaukelt dem Herzen Dauerhaftigkeit vor, so daß es das Heimweh vergißt. Hier hat der innere Zwiespalt des Ich seinen Grund.

Dieser Zwiespalt ist aber nicht nur ein von außen kommendes Verhängnis. Das Herz trägt auch selbst zu ihm bei: durch *Sünde.* Im Zusammenhang des Liedes ist das ein Leben, das so gelebt wird, als sei man für immer in der Welt zu Hause, heimatvergessen. Nicht nur die Welt ist falsch; das Herz muß anders werden: *Reu dein Sünd und besser dich* (10/1). Himmelssehnsucht strebt nicht nur fort von der Welt, sie gestaltet Lebenspraxis – und dies nicht irgendwann, sondern am besten schon *heute* (10/1), denn *morgen* (12/2) kann die irdische Zeit schon vorbei sein.

Merkwürdig nüchtern klingt das alles. Das Lied verzichtet auf jede weitere positiv ausmalende Beschreibung des Himmelreichs. Im Grunde genügt der genaue Blick auf die *Welt*, um zu sagen, wie es *daheim* ist. Die Sehnsucht nach dem Schauen Gottes führt zu keiner weiteren Spekulation, sondern zum Entschluß radikaler Umorientierung des eigenen Lebens. Leben ist dann Vorbereitung auf die Heimkehr. Sterben wäre Heimkehr. Vom Sterben wird aber nicht explizit geredet. Allerdings hat wohl zu Heinrichs von Laufenberg Zeiten jeder verstanden, was gemeint war: Wer Heimweh nach dem Himmelreich hat, wird eingedenk des eigenen Todes leben: Memento mori. Doch ohne Angst.

Ein Abschiedsgruß

Die nüchterne Bestandsaufnahme der Verfassung der *Welt* mündet weder in Bitterkeit noch in Verachtung, sondern in einen persönlichen Abschiedsgruß. Die *Welt* wird nicht verteufelt oder dem Teufel überlassen. Aber helfen kann das Ich ihr nicht. Es kann sie nur dem Segen Gottes anbefehlen: *Ade, Welt! Gott gesegen dich!* (13/1). An anderer Stelle heißt es bei Heinrich von Laufenberg: *Nun hin, du ungetru(e)we welt/ got gnad dir hu(e)t und ewenclich* («Nun hin, du ungetreue Welt/Gott gnad dir heut und ewiglich»).[16]

Der Weg des Liedes

Es ist völlig ungeklärt, wo dieses Lied ursprünglich seinen Ort hatte. Vielleicht wurde es in religiösen Gemeinschaften vorgetragen, vielleicht aber auch, da es einfach und volkstümlich gestaltet war, dort gemeinsam gesungen.[17] Es gibt keinen Druck des Liedes aus alter Zeit. Jahrhundertelang ist es nie in offiziellen Gesangbüchern aufgetaucht, weder im katholischen noch im evangelischen Bereich. Auch als im Pietismus, vor allem in der pietistischen Mystik, ähnliche Gedanken wieder aufgegriffen wurden, als z.B. Gerhard Tersteegen sein *Welt, du bist uns zu klein* (*EG 393,1) oder sein *Mein Heim ist nicht in dieser Zeit* (*EG 481,4) sang, blieb das Lied Heinrichs von Laufenberg unbekannt. Erst im 19. Jahrhundert wurde es aufgegriffen, und zwar an ganz verschiedenen Orten. Es war wohl Philipp Wackernagel, der es zuerst veröffentlichte. Er nahm es, zusammen mit drei anderen Liedern Laufenbergs (z.B. *Ich weiß ein lieblich Engelspiel*) in sein von ihm im Jahre 1860 herausgegebenes *Kleines Gesangbuch* auf.[18] Das war eine programmatische Sammlung, mit welcher er unter Rückwendung zu alten Liedern einen Beitrag zur Reform des evangelischen Kirchengesangs leisten wollte. Von hier aus wanderte das Lied in verschiedene Richtungen. Es findet sich in der 1864 in Leipzig erschienenen Sammlung *Geistliche Volkslieder* von Friedrich Hommel (in der Rubrik «Himmel und Ewigkeit»). Franz Magnus Böhme nimmt es in sein *Altdeutsches Liederbuch* auf (Leipzig 1877): Die Volksliedersammler haben es entdeckt. Aber auch erweckliche Kreise, denen «Pilgerlieder, Heimatlieder, Zionslieder» wichtig wurden, hörten in dem Lied einen Ton, den sie suchten. August Rische veröffentlicht es in *Geistliches Volkslied. Sammlung geistlicher Lieder für außergottesdienstliche Kreise* (Leipzig und Bielefeld [5]1870) unter der Überschrift «Heimweh (2. Kor 5,8)».[19] Andere erweckliche Liederbücher nehmen es auf, z.B. die **Große Missionsharfe*,[20] die es im Abschnitt «Sehnsucht nach dem Himmel» bringt. Im 20. Jahrhundert erscheint es in Liedersammlungen von Jugendbewegung und Singbewegung, jetzt mit von Fall zu Fall unterschiedlicher Strophenauswahl, z. B. in *Lobsinget. Geistliche Lieder des deutschen Volkes* (Augsburg [2]1926)[21] oder im *Liederbuch für die wandernde Jugend* (Iserlohn [3]1929)[22] oder auch noch im *Altenberger Singebuch der katholischen Jugend* ([7]1956). Das Lied findet nun aber auch einen Weg in die offiziellen Gesangbücher. Evangelische Gesangbücher ordnen es in die Rubriken wie «Vorbereitung auf den Tod» (*Elsaß-Lothringen 1913), «Tod, Gericht, Ewigkeit» (z.B. *DEG Frankfurt/Main 1927; ähnlich das *EKG), oder «Sterben und Ewiges Leben» (*EG). Es ist allerdings zweifelhaft, ob solche Überschriften diesem Lied gerecht werden. Das Ich des Liedes richtet seinen Blick nicht auf das Sterben. Es sucht das Leben – das volle, runde, erfüllte Leben, in dem es keinen Riß mehr gibt. Es sucht das Glück. Und es meint, der Weg zum Glück führe über die Umorientierung des eigenen Herzens. Insofern trifft die Rubrizierung «Geistliche Vollendung», die sich im katholischen *Gebet- und Gesangbuch für das Bistum Limburg* (1957) findet, die Richtung schon eher.

Alle Aussagen des Liedes sind an ein Wissen um Heimat gebunden, und die letzte Strophe (*ich fahr dahin gen Himmelreich*) hält inmitten gegenteiliger Welterfahrung an einer Utopie fest: daß das Ich im letzten dem Sein und nicht dem Nicht-Sein angehört. Frühere Gesangbücher haben das mit der Rubrik «Heimatlieder» angedeutet.[23]

Irritationen – Fragen an Heinrich von Laufenberg

Könnte man sich heute mit dem Dichter unterhalten, so erntete er wohl manche Kritik. Abgesehen von dem Kopfschütteln, mit dem man ihm aus der Perspektive moderner Welterfahrung und Weltdeutung begegnete, gäbe es auch ernst zu nehmende Fragen von theologischer Seite: Wo bleibt die Nächstenliebe? Ist sie nicht im Doppelgebot der Liebe in beiden Teilen der Bibel mit der Gottesliebe zusammengebunden? Wo bleiben die Weltverantwortung und die Hoffnung auf Weltveränderung, die sich aus der biblischen Hoffnung ergeben? Wo bleibt der Widerstand?[24] Die Dankbarkeit für das Geschenk des Lebens? Die Freude an der Schöpfung? Der Hinweis auf Jesus Christus und die Heilsgeschichte?

Manche Einwände – vor allem die letztgenannten – könnte er entkräften. Er könnte darauf verweisen, daß in seinem Gesamtœuvre viele Lieder von Christus singen, vor allem von der Heilsbedeutung seiner Geburt; und daß es daneben auch Lieder zur Heilsgeschichte Israels gibt. Er könnte darauf verweisen, daß *Gott schauen* in seinen anderen Liedern identisch ist mit «Christus schauen».[25] Schließlich könnte er daran erinnern, daß in einem seiner Texte ein Lehrer einen Jüngling die Zehn Gebote lehrt: Wer sie hält, dem tut Gott «den Himmel auf».[26]

Aber manche Frage bliebe offen, und manche Kritik müßte er wohl annehmen. Der Dichter würde wohl zugeben müssen, daß sein Lied, wenn er es jetzt, nach weiteren 570 Jahren christlicher Geschichte, betrachtete, von durchaus frag-würdiger Einseitigkeit ist und daß der Vorwurf, durch solch ein Lied werde das Diesseits verleumdet und das Eintreten für eine bessere Welt geschwächt, nicht von der Hand zu weisen ist.

Und doch bliebe er wohl dabei, daß er, Heinrich von Laufenberg, nichts anderes gewesen sei und nichts anderes habe sein wollen als ein Ich auf der Suche nach dem Ganzen; ein Ich, dessen einziges Streben es war, selbst «ganz und ungeteilt» zu werden, das von der *Welt* Vergessene nicht zu vergessen und nur auf Heimkehr hin zu leben.

Melodie

Es ist die kürzeste Melodie, die wir haben. Sie ist ein Wunderwerk: einfach und zugleich kunstvoll; ruhig und doch spannungsreich durch die gehäuften Quartsprünge, durch die sequenzhafte Verbindung der beiden Zeilen und durch die sehr allmähliche Hinführung zum Spitzenton. Kurz ist diese Melodie und kann doch oft wiederholt werden, ohne daß man ermüdet. Sie nutzt sich nicht ab. Dazu trägt nicht zuletzt die bis zum Schluß durchgehaltene Verzögerung einer Entspannung bei. Verhalten ist sie – und doch von hoher Intensität. In kongenialer Weise trägt sie den Text, zwei Atemzüge lang.

Liederbücher und Gesangbücher der neueren Zeit haben sich mit der kirchentonartlichen Prägung der Melodie wiederholt schwergetan. Friedrich Hommel komponierte eine terzbestimmte, im Dreierrhythmus daherkommende Weise in F-Dur, die auch in verschiedenen Sammlungen übernommen wurde.[27] Die Herausgeber des Gesangbuchs *Elsaß-Lothringen strichen die sechste Strophe, druckten die alte Melodie ab, machten aber außerdem den Vorschlag, je zwei Strophen des Liedes zusammenzufassen und die neue Strophe auf eine bekannte vierzeilige Melodie zu singen.[28] Diese Idee machte Schule (z.B. im *DEG Frankfurt 1927), schien so praktisch und mochte vielleicht ermuntern, wirklich alle Strophen des Liedes zu singen. Aber nicht alles, was praktisch ist, ist auch sachgemäß. Das Lied verlor dadurch nicht nur seinen eigenen Ton, sondern auch seine eigene Gestalt:

Jede Strophe geht einen Schritt, und jeder Schritt braucht seine Zeit und hat sein eigenes Recht. *EKG und *EG ließen zwar auch die sechste Strophe aus, kehrten aber zur alten Melodie zurück, die sie – wie früher in ähnlicher Weise schon Liederbücher der Singbewegung – am Schluß vereinfachten. Sie sieht jetzt so aus:[29]

Im Hinblick auf gemeindliches Singen ist die Änderung einleuchtend. Die Form ist jetzt klar symmetrisch, der Melodieverlauf im zweiten Teil rhythmisch etwas glatter. Auch hier wird die Entspannung durch die Aufwärtsbewegung des vorletzten Tons gegen Ende nochmals verzögert. So hat auch in dieser Fassung die Melodie Prägnanz und Reiz. Sie hat Hugo Distler zur Komposition einer bemerkenswerten Motette inspiriert.

Wenn eine Gemeinde das Lied heute sänge, so hörte es sich an wie eine Rede, in welcher die Singenden vereinzelt und zugleich wie von außen angeredet werden. Da jedes Verszeilenpaar einen eigenen Schritt geht, könnte man es Strophe für Strophe im Wechsel zwischen zwei Gruppen singen.

Aber das Lied wird heute fast nirgends gesungen. Fremd steht es da.

C. R.

O Lamm Gottes unschuldig

Edition

Das Agnus Dei

1. O Lamm Gottes unschuldig,
am Stamm des Kreuzes geschlachtet,
allzeit erfunden duldig,
wiewohl du warest verachtet,
all Sünd hast du getragen,
sonst müßten wir verzagen.
Erbarm dich unser, o Jesu.

2. O Lamm Gottes unschuldig,
am Stamm des Kreuzes geschlachtet,
allzeit erfunden duldig,
wiewohl du warest verachtet,
all Sünd hast du getragen,
sonst müßten wir verzagen.
Erbarm dich unser, o Jesu.

3. O Lamm Gottes unschuldig,
am Stamm des Kreuzes geschlachtet,
allzeit erfunden duldig,
wiewohl du warest verachtet,
all Sünd hast du getragen,
sonst müßten wir verzagen.
Gib uns deinen Frieden, o Jesu.

Druckvorlage

Text: Nach dem frühesten bekannten hochdeutschen Druck. *Geistliche lieder / auffs new gebessert vnd gemehrt/ zu Wittenberg. D. Marti. Luther [...] Gedruckt zu Leyptzick durch Valten Schumann, 1539*[1] (dort 1,3 *gefunden düldig*; 1,4 *wie wohl du wurdest*; 3,7 nur mit *Gib* abgekürzt und hier ergänzt nach *Gyff vns dynen frede, o Jesu* in der niederdeutschen Erstfassung; Orthographie und Zeichensetzung unter Zugrundelegung der ö-Fassung modernisiert). Das Lied findet sich vorher in niederdeutscher Sprache im Gesangbuch des Joachim Slüter: *Geystlyke leder vppt nye gebetert tho Wittenberch, dorch D. Martin. Luther. [...] Ghedrucket jn der lauelyken Stadt Rostock, by Ludowich Dietz [...]*, Rostock 1531,[2] Blatt LIII (ohne Noten), gleichlautend in den Magdeburger Gesangbüchern von 1534, 1541 und 1543.[3] Es lautet dort: *Dat Agnus dei. (1) O Lam Gades unschuldich/ am stam des cruetzes geslachtet./ All tydt gefunden düldich,/ wo wol du wordest vorachtet./ All sünd heffstu gedragen,/ süs moste wy vortzagen,/ Erbarm dy unser, o Jesu! (2) O Lam Gades etc./ Erbarm dy unser, o Jesu! (3) O Lam Gades etc./ Gyff uns dynen frede, o Jesu!* Im *EG (Nr. 190.1) werden zwei Formulierungen des *EKG modernisiert: statt *allzeit funden geduldig* heißt es nun, wie schon früher in der katholischen Überlieferung, *allzeit erfunden geduldig*; statt *Gib uns dein' Frieden* steht *Gib deinen Frieden*. Diese Änderungen gehen auf die ökumenische Fassung zurück (**Gemeinsame Kirchenlieder*, 1973). Eine kleine orthographische (vielleicht auch semantische) Differenz wurde bei diesem Konsensbemühen nicht egalisiert: Evangelisch steht das Komma hinter *Lamm Gottes,* katholisch hinter *unschuldig.*[4]

Melodie: *DKL III/1/2 D 21 A (*Kirchengesenge Deudtsch durch Johan Spangenberg,* Magdeburg 1545, Bl. 25). Eine abweichende Melodie erschien einige Jahre früher in Straßburg (*DKL III/1 2 D 21), weshalb man zwischen einer norddeutschen und einer süddeutschen Melodie unterscheidet. Der niederdeutsche Ursprung des Liedes läßt jedoch vermuten, daß die norddeutsche (Magdeburger) Quelle dem Original näherkommt als die süddeutsche. Das *EKG bringt beide Weisen. In *EG und **Gotteslob* steht eine ökumenische Fassung, die auf frühe Bearbeitungen von **Spangenberg* 1545 zurückgeht.

Ein rechtschaffener Bekenner

Das Lied ist in den älteren Gesangbüchern anonym überliefert; noch das **Kirchenlied* von 1938 begnügt sich mit der Angabe «Seit dem Anfang des 16. Jahrhunderts bekannt». Aber schon *Wackernagel und *Fischer schreiben es Nikolaus Decius zu.[5] Als Beleg dafür gibt es nur das in der *Braunschweigischen Kirchen-Historie* von Philipp Julius Rehtmeyer[6] mitgeteilte Zeugnis, daß einem lateinischen Bericht um 1600 zufolge Bekannte des Decius, ...

> insonderheit Autor Steinmann standthafft bezeuget, daß er die schönen teutschen Gesänge: Allein GOTT in der Höh sey Ehr etc. ... und O Lamm Gottes unschuldig etc. gemacht habe: und weil er ein vortrefflicher Musicus gewesen / der auf der Harffen sehr wohl spielen können / so habe er zugleich auch diese Gesänge in die noch gewöhnliche anmuhtige Melodeyen gebracht. Ebener massen soll er auch das Lied: Heilig ist GOtt der Vater / heilig ist GOtt der Sohn etc. so nicht viel mehr im Gebrauch ist / verfertiget/ und selbigem eine nicht weniger anmuhtige Melodey gegeben haben / womit er bezeuget/ daß er ein rechtschaffener Bekenner der Evangelischen Lehre gewesen.

Decius wird hier als Autor und Komponist dreier deutscher Ordinariumsgesänge in Anspruch genommen, von denen neben dem Agnus-Dei-Lied auch das Gloria-Lied *Allein Gott in der Höh' sei Ehr* bis heute im Gebrauch ist. Sein poetisch-musikalischer Einsatz verschafft ihm sogar den Ehrentitel eines «rechtschaffenen Bekenners der Evangelischen Lehre».

Decius (humanistisch latinisiert aus Deech), 1485 in Hof an der Saale geboren (daher auch von Hofe oder Hövisch genannt), war seit etwa 1515 als Mönch und Schullehrer im Braunschweigischen tätig, neigte offenbar seit Beginn der zwanziger Jahre der Reformation zu, weilte 1523 an der Universität in Wittenberg und anschließend als evangelischer Prediger in Pommern und Ostpreußen. Die biographischen Rekonstruktionen mutmaßen als Entstehungszeit der genannten Lieder 1522/23; dies vorausgesetzt, sind die drei Lieder von Decius «höchstwahrscheinlich die ältesten deutschen evangelischen Kirchengesänge [...] Martin Luther schrieb sein erstes Lied erst ein Jahr später.»[7]

Die mit diesem evangelischen Erstgeburtsrecht ausgezeichneten niederdeutschen Kirchenlieder sind freilich von Luther weder ins **Klugsche* noch ins **Babstsche Gesangbuch* aufgenommen worden, was ein wenig hymnologisches Kopfzerbrechen bereitet («eine Erscheinung, die noch der Aufklärung harrt»[8]). Als liturgisches Agnus-Dei-Lied bevorzugt der Wittenberger Reformator sein eigenes, streng der lateinischen Textvorlage nachformuliertes *Christe, du Lamm Gottes* (*EG 190,2). Luthers Zurückhaltung hat dem kirchlichen Erfolg des Deciusschen Liedes aber keinen Abbruch getan.

Agnus Dei deutsch

Das *Agnus Dei* war aus älterem ostkirchlichem Gebrauch unter dem syrischen Papst Sergius I. (687–701) als Gesang zur Brechung der Brote vor der Kommunion in die römische Meßliturgie aufgenommen worden.[9] Sein Text greift das Wort des Täufers auf, mit dem er auf den am Jordan erscheinenden Jesus hinweist: «Siehe, das Lamm Gottes, das die Sünde der Welt hinwegnimmt» (Joh 1,29.36) und macht daraus ein Gebet in Form einer Litanei mit den Anrufungen «*miserere nobis*» und «*dona nobis pacem*».

Die reformatorische Abendmahlsliturgie hält an dem überlieferten Kommuniongesang fest. Decius überträgt ihn ins Deutsche, indem er nach dem Vorbild mittelalterlicher Tropierungen in den gegebenen Grundtext Erweiterungen einfügt, die die einfache Litanei theologisch auffüllen:

Agnus Dei,	O Lamm Gottes unschuldig, am Stamm des Kreuzes geschlachtet, allzeit erfunden duldig, wiewohl du warest verachtet,
qui tollis peccata mundi,	all Sünd hast du getragen, sonst müßten wir verzagen.
miserere nobis.	Erbarm dich unser, o Jesu.
dona nobis pacem.	Gib uns deinen Frieden, o Jesu.

Worauf das (nach Rudolf Bultmann) «orakelhafte Wort»[10] des Täufers vom Lamm Gottes sich bezieht, ist im Johannesevangelium selbst nicht so eindeutig. Die christliche Auslegungstradition hat vor allem einen Bezug zum Gottesknechtslied Jes 53 und zum Passalamm-Ritus hergestellt. Dem schließt sich Decius an. Bei Jesaja ist von der Geduld des verachteten Gottesknechts die Rede. Das Schicksal des schuldlos für die Vergehen der sündigen Stadt leidenden Gerechten wird verglichen mit der Abführung eines wehrlosen Lammes zur Schlachtung: «Er ward mißhandelt und beugte sich und tat seinen Mund nicht auf wie ein Lamm, das zur Schlachtbank geführt wird» (Jes 53,7).

Decius' Bearbeitung verschärft den Vergleich zur blutigen Realität: *am Stamm des Kreuzes geschlachtet.* Das Kreuzesholz ist die Schlachtbank, da wird ein Mensch geschlachtet wie ein Tier. Das «wie ein Tier» ist hier, beim Lamm Gottes, auch ein «an Tieres statt». Die Schlachtung eines fehlerlosen Lammes war nach Ex 12 das Passaopfer zum Gedächtnis der Verschonung Israels und der Befreiung aus Ägypten. Die Hinrichtung Jesu zum Passafest wird chronologisch (nach dem Johannesevangelium stirbt Jesus am Kreuz zur Stunde der Lämmerschlachtung im Tempel) und rituell (das letzte Abendmahl der synoptischen Überlieferung ist ein Passamahl) in dieser Fluchtlinie gesehen. Von Abel und Noah, Abraham und Moses an wurden Lämmer geopfert zum Zeichen der Hingabe der Menschen an Gott. Diese menschheitliche Tier-Opfergeschichte stürzt am Ende in das wirkliche Menschenopfer, dessen symbolischer Ersatz sie ja immer war. Ein Opfer als Ende aller Opfer ist das, weil dieses von Gott ausgewählte Lamm unschuldig war, die Passion keine Strafe für seine eigene Sünde sein konnte, sondern nur das Ausleiden der Sünden der Welt, und weil es geduldig war, das menschlich Unerträgliche, die Menschenverachtung dieser Abschlachtung ertrug und Gott allein darbrachte. Dies *unschuldig – geduldig* ist der Reim, auf den Decius' Lied die Schlachtung des Lammes Gottes zu bringen sucht.

Dieses Bedenken der Passion gewinnt in dem Lied auch den Ton einer persönlichen Emphase, die über die rituelle Verhaltenheit der lateinischen Litanei hinausgeht. Es zeigt sich in den Interjektionen am Anfang und Ende (*O Lamm Gottes; o Jesu*) und dann an dem Vers, der die emotionale Summe der Betrachtung ex negativo zieht: *Sonst müßten wir verzagen.* Das Verzagen meint die Stimmung des unrettbar Verlorenseins durch die Schuldbeteiligung am ausweglosen Sündenschicksal der Welt. Rettung ist die Zuversicht, die der Blick auf das unschuldig geduldige Lamm Gottes gewährt.

Ort und Wirkung

Im evangelischen Bereich ist das Lied durch die Jahrhunderte hindurch kontinuierlich präsent. Die Tropierung, mit der der katholische Mönch und protestantische Prediger Nikolaus Decius das alte *Agnus Dei* in seine Gegenwart stellt, hält sich in der passionstheologischen Überlieferung und gibt ihr doch einen besonderen subjektiven Ton. Das ist als «spezifisch reformatorische Erneuerung» empfunden worden: «Reformatorisch werden seine Lieder – inhaltlich gesehen – durch die Zusätze zur liturgischen Substanz.»[11] Daß das hier herausgestellte Reformatorische auf katholischer Seite nicht geradewegs als häretisch empfunden wurde, zeigt die Aufnahme der guten Gabe in das katholische Gesangbuch seit dem Anfang des siebzehnten Jahrhunderts. Eine erste Bezeugung gibt es im **Paderborner Gesangbuch* von 1616, eine zweite in der bedeutendsten katholischen Liedersammlung des siebzehnten Jahrhunderts, dem *Groß Catholisch Gesangbuch* von David Gregor *Corner.[12] In der Ausgabe von 1625 steht es unter der Überschrift «das vralte Agnus Dei, Gesangsweiß». Eine größere Verbreitung findet es jedoch erst im zwanzigsten Jahrhundert, als es,

Philipp Otto Runge, *Die vier Zeiten. Der Abend.* Radierung 1803/07 (Hamburger Kunsthalle)

noch ohne den Namen Decius', als einziges *Agnus-Dei*-Lied in das einflußreiche **Kirchenlied* (1938) aufgenommen wird und daraufhin 1947 in den Kreis der für alle deutschen Diözesen verbindlichen **Einheitslieder* gelangt. Als Nr. 470 findet es sich auch, nun unter dem Namen Decius', im **Gotteslob.*

Im neuen *EG steht es einträchtig mit Luthers *Christe, du Lamm Gottes* unter den liturgischen Gesängen zum Abendmahl (Nr. 190.1). Im vorangegangenen *EKG hatte dort Luthers Lied allein die Stellung behauptet, während das des Decius, einer älteren Tradition folgend, unter den Passionsliedern eingereiht war (Nr. 55). Die Verwendung des Liedes außerhalb des angestammten liturgischen *Agnus-Dei*-Kontextes lockerte den Abendmahlsbezug zugunsten der reinen Passionsthematik. «In manchen Gegenden Deutschlands wurde es bis weit ins 19. Jahrhundert hinein regelmäßig am Karfreitag zum Schluß der Predigt von der ganzen Gemeinde unter dem Läuten aller Glocken angestimmt.»[13]

Mit der Aufnahme des Liedes in das Exordium der Bachschen Matthäuspassion wurde diese Passionskontextuierung im allgemeinen Bewußtsein verankert: «Einzig in dieser Passion hat Bach zwei Chöre verwendet. Den ersten bilden die ‹Töchter Zion›, die frommen Seelen, welche die Ereignisse unmittelbar miterleben, den zweiten die mitfühlende und mitfeiernde Gemeinde der Gläubigen. Und gleich im ersten Stück, das mit seinen erschütternden Klagerufen die gewaltige Eingangspforte der Passion bildet, gesellt sich noch ein Knabenchor als Träger der sinngebenden Choralmelodie ‹O Lamm Gottes unschuldig› hinzu.»[14]

1. Chor	2. Chor	3. Choral
Kommt, ihr Töchter, helft mir klagen		
sehet	Wen?	
den Bräutigam,	Wie?	
Seht ihn als wie ein Lamm. –		
Sehet,	Was?	O Lamm Gottes unschuldig
seht die Geduld		Am Stamm des Kreuzes geschlachtet,
Seht	Wohin?	Allzeit erfund'n geduldig,
auf unsre Schuld.		Wiewohl du warest verachtet.
Sehet ihn als Lieb' und Huld		All' Sünd' hast du getragen,
Holz zum Kreuze selber		Sonst müßten wir verzagen.
tragen.		Erbarm dich unser, o Jesu.
Kommt, ihr Töchter …		

Stimmung

In einem Brief Philipp Otto Runges, den er am 20. März 1802 an seinen Bruder Daniel nach Hamburg schickt, findet sich eine Notiz, die von der Resonanz des Liedes im Raum romantischer Frömmigkeit Zeugnis gibt:[15]

«In der Kirche war ich vormittag gewesen, wo ich Wilhelm Schlegel traf, der mit mir zu Hause ging, um mein Bild zu sehen; das Gespräch darüber und über mehreres setzte mich noch mehr in Bewegung. Nachmittags ging ich denn zu Bassenges; sie saßen noch bei Tische, da sie Gesellschaft hatten, P. bat mich, den Abend wiederzukommen, wo sie allein sein würden. Meine Stimmung hatte eine andre Richtung genommen, ich ging zu ..n.., wir kamen auf die Ausstellung hier zu sprechen. Es wurde schön Wetter, ich ging über die Brücke und wieder in die Kirche; die Musik machte mich vollends zu Brei, der Gottesdienst schloß damit, daß die Gemeinde sang: ‹O Lamm Gottes unschuldig.› … Ich war im Geist wieder in der Kirche und hörte den schönen Gesang:

O Lamm Gottes unschuldig,
Am Stamm des Kreuzes geschlachtet!
Allzeit erfunden geduldig,
Wiewohl du wurdest verachtet.

All Sünd' hast du getragen,
Sonst müßten wir verzagen.
Erbarm dich unser, o Jesu!

Ich glaubte in meinem Leben zum erstenmal den Gesang zu hören, so schön verständlich schien er mir. Seitdem bin ich ganz ruhig geworden.»

A. S.

Nun freut euch, lieben Christen g'mein

Edition – Melodie A

Ein Danklied/ für die höchsten Wohltaten/
so uns Gott in Christo erzeigt hat. D. Mart. Luther.

1. Nun freut euch, lieben Christen g'mein
und laßt uns fröhlich springen,
Daß wir getrost und all in ein
mit Lust und Liebe singen,
Was Gott an uns gewendet hat
und seine süße Wundertat,
gar teu'r hat er's erworben.

2. Dem Teufel ich gefangen lag,
im Tod war ich verloren,
Mein Sünd mich quälet Nacht und Tag,
darin ich war geboren.
Ich fiel auch immer tiefer drein,
es war kein Guts am Leben mein,
die Sünd hatt' mich besessen.

3. Mein gute Werk, die galten nicht,
es war mit ihn' verdorben,
Der frei Will haßte Gotts Gericht,
er war zum Gutn erstorben,
Die Angst mich zu verzweifeln trieb,
daß nichts denn Sterben bei mir blieb,
zur Höllen mußt ich sinken.

4. Da jammert Gott in Ewigkeit
mein Elend übermaßen,
Er dacht an sein Barmherzigkeit,
er wollt mir helfen lassen.
Er wandt zu mir das Vaterherz,
es war bei ihm fürwahr kein Scherz,
er ließ's sein Bestes kosten.

5. Er sprach zu seinem lieben Sohn:
«Die Zeit ist hier zu erbarmen,
Fahr hin, meins Herzens werte Kron,
und sei das Heil dem Armen
Und hilf ihm aus der Sünden Not,
erwürg für ihn den bittern Tod
und laß ihn mit dir leben.»

6. Der Sohn dem Vater g'horsam ward,
er kam zu mir auf Erden
Von einer Jungfrau rein und zart,
er sollt mein Bruder werden.
Gar heimlich führt er sein Gewalt,
er ging in meiner armen G'stalt,
den Teufel wollt er fangen.

7. Er sprach zu mir: «Halt dich an mich,
es soll dir jetzt gelingen,
Ich geb mich selber ganz für dich,
da will ich für dich ringen,
Denn ich bin dein, und du bist mein,
und wo ich bleib, da sollst du sein,
uns soll der Feind nicht scheiden.

8. Vergießen wird er mir mein Blut,
dazu mein Leben rauben,
Das leid ich alles dir zugut,
das halt mit festem Glauben.
Den Tod verschlingt das Leben mein,
mein Unschuld trägt die Sünde dein,
da bist du selig worden.

9. Gen Himmel zu dem Vater mein
fahr ich von diesem Leben,
Da will ich sein der Meister dein,
den Geist will ich dir geben,
Der dich in Trübnis trösten soll
und lehren mich erkennen wohl
und in der Wahrheit leiten.

10. Was ich getan hab und gelehrt,
das sollst du tun und lehren,
Damit das Reich Gotts werd gemehrt
zu Lob und seinen Ehren.
Und hüt dich vor der Menschen G'satz,
davon verdirbt der edle Schatz,
das laß ich dir zur Letze.»

Melodie B

Druckvorlage und Druckgeschichte

Unsere Edition richtet sich nach der Fassung des Liedes im **Babstschen Gesangbuch* von 1545. Der Text wurde orthographisch modernisiert, in einigen wenigen Fällen auch heutiger Sprechweise angeglichen. Das Gesangbuch bietet für das Lied zwei Melodien, ihre Reihenfolge wurde in unserer Edition beibehalten.

Allerdings ist die zweite Melodie die ältere. Sie findet sich bereits im **Achtliederbuch* des Nürnberger Druckers Jobst Gutknecht, das um die Jahreswende 1523/24 erschien. Dort steht das Lied unter der Überschrift *Ein Christenlichs lied Doctoris Martini Luthers/ die vnaussprechliche gnaden Gottes vnd des rechten Glaubens begreyffendt.* Wie die Jahreszahl unter dem Lied ausweist, waren Text und Melodie bereits 1523 als Einzelblatt erschienen. 1524 steht die Melodie auch in figurierter Fassung im **Chorgesangbuch Johann Walters* in einem dreistimmigen Satz. Wie schon das **Straßburger Gesangbuch* von 1541 ändert auch das **Babstsche Gesangbuch* die Melodie gegenüber der Erstfassung an einer Stelle: Zu Beginn der 6. Zeile steht jetzt ein d anstelle von f. In dieser Fassung ist die Melodie bis heute überliefert. Sie findet sich im *EG 341. Dort ist, entsprechend der Regeln der musica ficta[1] (der zufolge Halbtonschritte in Kadenzen ausgeführtwerden konnten, auch wenn sie nicht notiert waren), in der 5. Zeile auf *gewendet* das b durch Auflösungszeichen in h verwandelt.

Aus dem *Babstschen Gesangbuch, 1545

Die Melodie geht in ihrer jetzigen Gestalt auf Martin Luther zurück, hat aber deutliche Anklänge an ein weltliches Liebeslied (*Ich gleich sie einem Rosenstock,* bzw. auch *So weiß ich eins, das mich erfreut*).[2]

Die im **Babstschen Gesangbuch* an erster Stelle abgedruckte Melodie steht im ersten Wittenberger Gemeindegesangbuch, dem **Klugschen Gesangbuch,* das in zweiter Auflage 1533 erschien (die erste Auflage von 1529 ist verloren). Über dem Lied steht: *Ein fein geistlich lied / wie der sunder zur gnade kompt.*

Martinus Luther. Diese Melodie stammt ebenfalls von Luther. Sie zeigt deutliche Anklänge an das mittelalterliche Liebeslied *Wach auf, meins Herzens ein Schöne.*[3]

Der Text des Liedes ist auch in beiden *Erfurter Enchiridien von 1524 überliefert und wird dort der Melodie eines bekannten Oster-Prozessionsliedes zugewiesen: *Frewt euch yhr frawen vnd yhr man/ das Christ ist aufferstanden.* Sie ist auch von Paul Speratus für sein Lied *Es ist das heyl vns kommen her* verwendet worden und dabei bis heute geblieben (*EG 342).

Eine vierte Melodie, die im **Chorgesangbuch von Johann Walter* als Tenor in einem vierstimmigen Satz erscheint, ist nie in ein Gemeindegesangbuch aufgenommen worden.

«Mit Lust und Liebe singen»

> Mir zweifelt nicht, durch das eine Liedlein Lutheri: ‹Nun freut Euch, lieben Christen g'mein›, werden viel hundert Christen zum Glauben bracht seyn worden, die sonst den Namen Lutheri vorher nicht hören mochten, aber die edlen theuren Worte Lutheri haben ihnen das Herz abgewonnen …

heißt es in einer Gesangbuchvorrede von 1565, und noch im Jahre 1603 schreibt ein katholischer Beobachter:

> Es ist äußerst zu verwundern, wie sehr diejenigen Lieder das Luthertum fortgepflanzt haben, die in deutscher Sprache haufenweis aus Luthers Werkstatt geflogen sind und in Häusern und Werkstätten, auf Märkten, Gassen und Feldern gesungen werden.[4]

Was ist es gewesen, das einem Lied wie diesem die Herzen der Menschen zufliegen ließ? Wie kamen rauhe Burschen, wandernde Handwerksgesellen – Tuchmacher vor allem, die besonders weit herumkamen, weil sie in hohem Maße auf beruflichen Erfahrungsaustausch angewiesen waren – oder wie kamen herumziehende Bettler dazu, dieses Lied bald nach seiner Entstehung in den Städten auf den Marktplätzen zu singen und es bald in ganz Deutschland zu verbreiten? Oder wieso wurde es in Schusterwerkstätten bei der Arbeit gesungen?[5]

Zahlreiche Zeitzeugen belegen, daß viele der Anhänger Luthers sich in das, was er wollte, nicht hineingedacht, sondern hineingesungen haben. Und dieses Singen erfaßte alle sozialen Schichten. Nun ist Singen noch mehr als sich «edlen, theuren Worten» aussetzen. Wer singt, bringt Worte mit Hilfe einer Melodie zum Klingen. Sprachklang, Melodieklang und Botschaft sind in diesem Vorgang untrennbar ineinander verwoben. Der Sprachklang entscheidet wesentlich über den sinnenhaften Reiz und die Einprägsamkeit des Textes. Noch mehr aber als der Sprachklang entscheidet beim Singen in hohem Maße die Melodie darüber, ob und wie die Botschaft bei Singenden oder Zuhörenden ankommt: «Die Noten machen den Text lebendig.»[6]

Eine Melodie ist eine Welt. Das gilt nicht nur für ihre musikalische Faktur, es gilt auch für ihren Gebrauch. Sie transportiert Assoziationen, Erinnerungen an Situationen und an damit verbundene Emotionen. Die anfänglich für kurze Zeit mit dem vorliegenden Lied verbundene Melodie eines österlichen Wallfahrtsliedes wird damals beim Singen die Assoziation «Ostern, Leben, Freude», vielleicht auch die Erinnerung an Singen im Freien und an Unterwegssein mit sich gebracht haben. Prägend für *Nun freut euch, lieben Christen g'mein* wurden aber die beiden Melodien, die Luther selbst zu seinem Text geschaffen hat.

Die ältere (Edition B) ist rhythmisch und melodisch bewegt, fast dramatisch nach außen drängend. Hervorgerufen wird diese Wirkung durch auftaktige Achtel zu Beginn jeder Zeile; durch die kühne, originelle Wendung der Melodie gleich zu Anfang (drei Quartsprünge nacheinander – wobei vor allem die Abfolge der beiden übereinander gesetzten Sprünge außergewöhnlich ist); schließlich zu Beginn des Abgesangs durch die Höherversetzung und Erweiterung des Tonraums und durch Modulation zur Oberquinte. Diese Melodie ist inspiriert vom Text der ersten Strophe. Sie will anreden, zurufen, ermuntern. Zugleich ist sie Interpretationsrahmen für das gesamte Lied. Sie setzt das Vorzeichen des Evangeliums vor alle Strophen, auch vor die zweite und dritte. Sie wird zusammen mit dem Text entstanden sein und verleiht dem Lied jenen Öffentlichkeitscharakter, der in der Anfangszeit, als man es auf Straßen und Plätzen sang, charakteristisch war.

Die jüngere Melodie (Edition A) ist ruhiger, auch neutraler und kann, wie die Geschichte ihrer Verwendung zeigt, sich mit Texten unterschiedlichen Inhalts verbinden; so ist sie 1586 zu einem Lied vom Jüngsten Gericht gewandert und bis heute mit ihm verbunden (*Es ist gewißlich an der Zeit,* *EG 149). Paul Gerhardts *Ich steh an deiner Krippen hier* wurde ebenfalls mit dieser Melodie gesungen.[7]

Sie bewegt sich in gleichmäßigen Vierteln, kommt in jeder Zeile am Ende zur Ruhe, führt am Beginn des Abgesangs entspannend unter den Grundton zur Unterquarte und ist im melodischen Verlauf fast nur von kleinen Schritten (Sekunden, Terzen) bestimmt. Die häufig erklingende Terz verleiht ihr einen warmen Ton. So schafft die Melodie Raum zur Meditation des Textes. Sicher ist sie im Hinblick auf den Gesang der Gemeinde im Gottesdienst geschrieben – ohne daß sie, wie das **Babstsche Gesangbuch* zeigt, die ältere Weise aus dem Gottesdienst verdrängen sollte. Aber jene rückt an die zweite Stelle.

Beide Melodien müssen aber auf die Zeitgenossen auch noch in anderer Hinsicht gewirkt haben: In beiden klingen unüberhörbar charakteristische melodische Wendungen aus zwei mittelalterlichen Liebesliedern an. Es ist nicht geklärt, ob Luther diese Melodien als «Vorlage» benutzt hat. Das ist auch nicht entscheidend. Sicher ist, daß er wußte, was er tat, wenn er unter enger Anlehnung an die Kopfzeile und den weiteren Melodieverlauf der beiden weltlichen Lieder seine eigenen Melodien als eine Art Echo gestaltete. Wer sie sang, assoziierte die Welt des Liebeslieds. Luthers Gegner sollen denn auch sein Lied als «Huren-Buben- und gottloß Teuffelslied» bezeichnet haben.[8] Die wandernden Handwerksburschen aber, die singenden Bettler, die Schuster in der Werkstatt und die gottesdienstliche Gemeinde haben *Nun freut euch, lieben Christen g'mein* als Liebeslied gesungen. Sie sangen es *mit Lust,* denn sie fanden sich darin wieder. Das allerdings lag nicht nur an der Melodie. Es lag zugleich an der Botschaft.

Ein Lied als «Zeitung»

Nun freut euch ... gehört zu den freien, vorlagelosen Liedern Martin Luthers. Man hat gesagt, es sei sein originellstes, oder auch, es sei exemplarisch und nehme im gesamten Liedœuvre eine zentrale theologische Stellung ein.[9] Dabei ist es nicht reife Frucht jahrzehntelanger Arbeit auf diesem Gebiet. Es ist ein erster großer Wurf. Der Reformator schrieb es in unmittelbarer zeitlicher Nähe zu seinem ersten Lied *Ein neues Lied wir heben an.* Jenes entstand 1523 aus aktuellem Anlaß und aus persönlicher Erschütterung: Zwei Antwerpener Augustinermönche waren im Juli des Jahres wegen ihres evangelischen Glaubens in Brüssel auf dem Marktplatz hingerichtet worden. Luthers Lied berichtet von diesem Ereignis, nennt Zeit und Ort und handelnde Personen, nimmt Partei, deutet theologisch und wird so zum publizistischen Mittel, mit dem der Autor in die öffentliche Diskussion eingreift. Lieder dieses Typs, sogenannte «Zeitlieder», waren im späten Mittelalter weit verbreitet. Auch *Nun freut euch, lieben Christen g'mein* lehnt sich zumindest formal an diese literarische Gattung an: Die erste Strophe wendet sich an ein Publikum und kündet das zu besingende Ereignis an; dann folgt die Erzählung einer Geschichte mit verschiedenen handelnden und redenden Personen, balladenhaft gestaltet, und die letzte Strophe bringt eine Art theologisch-ethischer Nutzanwendung, welche die Bedeutung des Geschehens für die Jetztzeit skizziert.[10]

Der gewählte Liedtypus macht deutlich, daß es im Sinne Luthers war, wenn sich das Lied rasch durch mündliche Weitergabe verbreitete. Das Evangelium war für ihn eine Botschaft, die in der Muttersprache «unters volck» geraten und in das alltägliche Leben greifen sollte.

Aber natürlich wurde das Lied auch sehr bald im Gottesdienst gesungen. In einem der beiden *Erfurter Enchiridien* (*Erfurt 1524) steht es unter der Überschrift: *«Folget eyn hubsch Euangelisch lied, welchs man singt vor der Predigt».* Die Tatsache, daß es auch in dem wenig später erschienenen **Chorgesangbuch von Johann Walter* steht, zeigt, daß es, wie andere Lieder auch, in die planmäßige Vorbereitung eines muttersprachlichen Gottesdienstes mit einbezogen worden ist. 1526 machte Martin Luther in seiner Deutschen Messe das

Gemeindelied zu einem unverzichtbaren, das liturgische Geschehen wesentlich mittragenden Element im evangelischen Gottesdienst. Nun trat an die Stelle der bisherigen Lieder- (oder Chorlieder-) Sammlungen das Gemeindegesangbuch, ein «theologisch planvolles Buch, ein Kompendium der Heilsgeschichte und des christlichen Lebens».[11] In den *Wittenberger Gesangbüchern* von 1529 und 1545 erhielten die Lieder durch die Rubrik, in die sie eingeordnet, und durch den Platz, der ihnen in der Rubrik zugewiesen wurde, eine bestimmte Auslegung. In dem früheren Gesangbuch steht *Nun freut euch* ... als Deutelied nach dem Credolied unter dem Titel *Ein fein geistlich lied/ wie der sunder zur gnade kompt*; hier steht es also unter dem Vorzeichen von Bekenntnis des Glaubens zum dreieinigen Gott sowie von Verkündigung und Lehre. 1545 findet es sich innerhalb einer Gruppe von Liedern über die Kirche als *dancklied/ fuer die hoechsten wolthaten/ so vns Gott in Christo erzeigt hat.*

Beide Überschriften widersprechen einander nicht. Sie zeigen die beiden Seiten der einen Botschaft, die Martin Luther «Evangelium» genannt hat und die er in diesem Lied aufklingen läßt: Verkündigung und Gotteslob. Beides greift hier ineinander.

Und deswegen mußte solcher Gesang, auch wenn er überall außerhalb der Kirche einen Ort gefunden hatte, seine Heimat im Gottesdienst haben. Hier konnte er immer wieder neues Leben gewinnen. Hier konnte im Singen «Priestertum aller Gläubigen» hörbar und erfahrbar werden. Im Singen gewinnt Kirche Gestalt. Dieses theologische Urteil steht hinter allen Liedern Martin Luthers, und es hat in der Folgezeit eine unglaublich vielfältige literarisch-poetische Entwicklung in Gang gesetzt, die mit einer rasanten Entwicklung auf musikalischem Gebiet Hand in Hand ging.

Nun freut euch, lieben Christen g'mein steht zeitlich am Anfang dieser Entwicklung, aber zugleich prototypisch in ihrem Zentrum.

Evangelium: «Was Gott an ‹uns› gewendet hat»

Die erste Strophe des Liedes ist viel mehr als nur Themenangabe. Sie ist theologisches Programm, das sowohl ein sprachlich-poetisches als auch ein musikalisches Programm aus sich heraussetzt.

Für Martin Luther ist Evangelium «eyn rede und vorkundigung des zugesagten heyls und seligkeit».[12] Dabei wird, wer von der «gnade» und den «höchsten wolthaten» Gottes redet, immer zugleich von sich selbst reden. Auf diesem Felde gibt es keine objektive Darstellung. Das pro nobis *ist* das Evangelium: «Das wort ‹uns› foddert nun festen glauben. Denn ob er tausent und abertausent mal geboren wurde und were doch nicht uns geboren und unser eigen worden, so were uns damit nichts beholffen,» heißt es in einer Weihnachtspredigt.[13] Ein kostbares (*thewr erworben*, 1/7) Wunder hat das eigene Leben berührt; also muß in der ersten Person geredet werden.

Von den «wolthaten» Gottes reden, heißt zugleich aber auch: *singen* (1/4). Singen ist einerseits sachgemäße Gestalt des Evangeliums: «Das Christus unser lob und gesang sey und nichts wissen sollen zu singen noch zu sagen denn Jhesum unsern Heiland», heißt es in Luthers erster Gesangbuchvorrede in Walters **Chorgesangbüchlein*.[14] Singen ist aber auch unverzichtbares Zeichen des Glaubens und Medium, das Glauben wecken kann:

> Wer solches mit ernst gleubet/ der kanns nicht lassen/ er mus frölich vnd mit lust dauon singen und sagen/ das es andere auch hören und herzu komen. Wer aber nicht dauon singen vnd sagen wil/ das ist ein zeichen/ das ers nicht gleubet.[15]

Auch beim Singen ist «Person» im Spiel: Erfahrung wird laut, Emotion schwingt mit («Affekt» nannte man das zu Luthers Zeiten). Nicht nur intellektuell erfaßbare Lehre, sondern befreite Existenz klingt auf im Singen von Gottes *wunderthat*: Freude, Lust, Liebe, Erfahrung von «Süßigkeit», die sich auf Leib und Leben auswirkt (*springen*), und – nicht zuletzt – auch Erfahrung von Gemeinsamkeit (*all in ein*). Singen ist gemeinsam Sprache finden für das Unaussprechliche – und die Überschrift aus der ersten Veröffentlichung des Liedes, dem **Achtliederbuch*, spricht von der *vnaussprechlichen gnaden Gottes.*

So kündigt schon die erste Strophe an, daß dieses Zeitlied zwei Geschichten besingt: die Geschichte von der Wundertat Gottes und die Geschichte von befreiten Menschen. Keine kann ohne die andere erzählt werden, denn Theologie ist hier nicht abstrakt fixierte «Rede von Gott», sondern konkrete «Botschaft vom Gott für uns». Deswegen muß sie ihre Sprache in der Dimension von Mündlichkeit gewinnen: als erzählte Geschichte, deren narratives Gewand so gestaltet ist, daß ein Raum entsteht, in dem persönliche Anrede, Zusage – und auch Anspruch – unmittelbar vernommen werden. Auf kühne, originelle Weise entfaltet das Lied diese Perspektive.

Menschengeschichte und Gottesgeschichte

In Strophe 2 beginnt eine Ich-Erzählung, die bis zum Schluß des Liedes reicht. Hier redet nicht das Ich Martin Luthers, wie man immer wieder einmal gemeint hat.[16] Das vorliegende Lied ist ebensowenig ein biographisches Lied, wie das siebte Kapitel des Römerbriefs, zu dem es in deutlicher Beziehung steht, biographischer Exkurs des Apostels Paulus ist: «Ich elender Mensch! Wer wird mich erlösen von dem Leibe dieses Todes? Ich danke Gott durch Jesus Christus, unseren Herrn» (Röm 7,24f.).

Zwar schwingt in beiden Texten auch persönliche Erfahrung mit. Aber das erzählende Ich ist ein exemplarisches. Es begegnet in Bibel, Liturgie und Kirchenlied häufig. Im vorliegenden Lied macht der Zusammenhang deutlich, daß dieses Ich prinzipiell jeden Menschen repräsentieren kann, der von der *süßen wunderthat* zu singen weiß. Von hier aus geht der Blick zurück und deutet die eigene Person und eigene Geschichte. Elementare Erfahrungen werden benannt. Jeder Mensch kann sie machen, aber sie verbinden Menschen nicht, sie machen einsam. Es sind Erfahrungen, in denen *Teuffel, tod* und *sund* – in Luthers Sprache die Verderbensmächte schlechthin – auf das Zentrum der Person treffen und es gefangen nehmen. Solche Erfahrung entsteht nicht im Raum der Selbstanalyse, sondern dort, wo ein Mensch sich von jenem Gegenüber herausgefordert und gefordert weiß, das die Bibel und dieses Lied *Gott* nennen; dort, wo er vor diesem Gegenüber erfaßt, daß er nicht Herr seiner selbst ist und nichts Bleibendes (*gute werck*) wirken kann, weil er selbst nur vorläufig ist, nicht integriert in Zeit und Raum, Welt und Geschichte – sondern ganz und gar desintegriert (*im tod verloren*).

Solches Erkennen führt zu *angst, verzweifeln, sterben, hölle.* Nicht um physischen Tod geht es hier – das zeigt der Fortgang des Liedes. Und die «Hölle» ist kein Ort. Die Hölle, das ist die Verzweiflung:

> Zwischen der Hölle, dem Fegefeuer und dem Himmel besteht offenbar derselbe Unterschied wie zwischen Verzweifeln, fast Verzweifeln und seines Heiles sicher sein.[17]

Die Hölle ist auf der Erde

Die Sprache dieser beiden Strophen (2 und 3) bringt klassische loci reformatorischer Theologie. Zugleich ist sie aber auch existentiell aufgeladen und dramatisch bewegt. Die affektbetonten Verben (*gefangen, verloren, quälte, haßte*...) die emotional gefärbten Substantive (*kein guts, angst, hölle*...) oder ein substantiviertes Verb (*nichts denn sterben*) machen deutlich, daß Theologie hier nicht doziert; vielmehr malt sie ein drastisches Bild menschlicher Existenz ohne Gnade. Solcher Existenz bleibt keine Sprache, nicht einmal ein Schrei. Sie ist stumm, versunken in totaler Beziehungslosigkeit.

Beziehung wird von woandersher gestiftet: Strophe 4 springt in eine neue Situation. Jedoch bleibt es die Ich-Stimme, die im Tempus der Vergangenheit weitererzählt: Sie schildert den «Ratschluß der Erlösung»:[18] Gott Vater beauftragt und sendet den Sohn zur Erde, und dieser stimmt bereitwillig zu. Mitgestaltend bei dieser Erzähltradition, die u. a. zu Beginn des 14. Jahrhunderts in einer umfangreichen heilsgeschichtlichen Verserzählung *Die Erlösung* ihren literarischen Niederschlag gefunden hat, ist wohl eine mittelalterliche Überlieferung gewesen, derzufolge es vor der Geburt des Erlösers im Himmel einen Disput zwischen Gerechtigkeit und Barmherzigkeit gegeben hat, die beide ihr Recht einfordern. Die narrative Sprechform dieser Überlieferung steht auch im Lied nicht im Dienst der Spekulation. Sie dient der Heilsversicherung. Sie macht anschaulich, was der christliche Glaube meint, wenn er den Menschen Jesus von Nazareth «Gottes Sohn» nennt: Person und Geschichte dieses Menschen gehören in eine größere, ihr vorausgehende, sie begleitende und durch sie in der Menschheit wirkende Geschichte. Das ist die Geschichte der Barmherzigkeit des *Vaters*, der *Gott in Ewigkeit* ist und sich von elender Menschengeschichte so anrühren ließ, daß er sich dem Gebot der Zeit unterwarf (*die Zeit ist hie*): Er sandte «den Sohn». In der Sprache der Liebe redete er ihn an: *meins hertzen werde kron* ist eine geläufige Wendung der weltlichen Liebeslyrik.[19]

Der *Son* hörte und wurde *gehorsam* – wortlos (6/1). Durch diesen Gehorsam kamen Gottesgeschichte und Menschengeschichte zusammen. Hölle und Ewigkeit, Verzweiflung und Barmherzigkeit traten zueinander in Beziehung, und das geschah auf der Erde: *er kam zu mir auff erden*. Dieser Satz steht genau in der Mitte des Liedes (6/2). Er ist der Schlüsselsatz. Er sagt die Zeitenwende an.

Zeitenwende: Die Zeit des Sohnes als meine Zeit

Was die Dogmatik «Inkarnation» nennt und was die Geschichtswissenschaft als die «Geburt Jesu von Nazareth» bezeichnen mag – was also in beiden Fällen Ereignis zu sein scheint, das nur die Person Jesu betrifft –, das wird im Schlüsselsatz des Liedes als ein Geschehen gedeutet, das prinzipiell immer schon Begegnung, Stiftung persönlicher Beziehung war und ist. Dabei wird der Name des «Sohnes» in diesem Lied, anders als in fast allen anderen Liedern Martin Luthers, nicht genannt. Offenbar hängt die von ihm gestiftete Beziehung im vorliegenden Zusammenhang nicht an seiner Individualität, für die der Name steht, sondern ganz und gar daran, daß er *der Son* ist, der *dem Vater gehorsam* ward. An ihm ist erkennbar geworden, wie der «Vater» ist und was er will.

Dieses Begegnungsgeschehen hat nicht nur Bedeutung im Sinn der historischen Zeitenwende, die es mit sich brachte, daß fortan die Zeitrechnung des christlichen Abendlandes von daher zählt. Dieses Geschehen überspringt vielmehr grundsätzlich die Zeit: *Er kam zu mir.* Wer das zu Martin Luthers Zeiten sang, übersprang damit ca. 1500 Jahre der Historie. Nun hat die christliche Liturgie seit alters die Geschichte «des Sohnes» als allen Zeiten gleichzeitig gedeutet: *«Hodie Christus natus est – Heute ist Christus geboren»*, sang man und singt man an jedem Weihnachtsfest. Aber im Lied geht es nicht nur um diese Gleichzeitigkeit. Es geht um persönliche Zueignung. Das Medium, in dem diese Zueignung sich ereignet, ist die klingende Sprache. Sie sagt Zeitenwende als Lebenswende an. In diesem Vorgang verflechten sich Zeiten, Orte und Stimmen auf erregende Weise.

Ab Strophe 7 beginnt eine wörtliche Rede «des Sohnes» an das Ich. Diese Sprechform wird bis zum Ende des Liedes durchgehalten. Grammatisch gesehen, geschieht ein Tausch der redenden Personen: Jetzt ist *der Son* das redende Ich, und das vorher erzählende Ich wird zum angeredeten Du.

Logisch gesehen, bleibt aber die bisherige Erzählstimme das redende Subjekt. Sie klingt weiter. Sie sagt, was sie gehört hat, sie zitiert Worte, die nicht ihre eigenen sind: eine Botschaft von gelingendem Leben, eine Liebeserklärung (*für dich, dir zugut; ich geb mich ganz*). Geheimes Zentrum ist die alte Verlobungsformel: «Ich bin dein, und du bist mein». Für Martin Luther war sie das verbindliche Ehegelöbnis.

Was «weltlich» scheint, gewinnt so geistliche Verweiskraft. In der zweifachen Zusage dieser beiden kurzen Sätze liegt Martin Luthers ganze Christologie beschlossen.

Zeitverschränkung im Singen

Für die Interpretation des Zusammenhangs ab Strophe 7 ist es von entscheidender Bedeutung, daß es hier nicht um einen Text geht, der lediglich stumm zu lesen und anschließend zu bedenken ist. Der Autor des Textes hat diese Worte für das Singen bestimmt. Das ist zwar bei Liedtexten immer so, aber bei dem vorliegenden Lied ist der Vorgang des Singens für das Erfassen des Textes unerläßlich. Dieser Text ist zwar schriftlich fixiert, aber er lebt von der Mündlichkeit. Nur im Singen wird erreicht, was Martin Luther wollte und was das Besondere seiner Theologie und zugleich das Einzigartige dieses Liedes ausmacht: Im Singen reißt die Sprache den Singenden in die Geschichte «des Sohnes» hinein. Zitierend bringt er die Stimme «des Sohnes» zum Klingen. In diesem Zitationsvorgang verweben sich Vergangenheit, Gegenwart und Zukunft. Längst hat *der Son* gesprochen und hat in der Vergangenheit seine eigene Geschichte als eine künftig für das singende Ich noch zu geschehende Geschichte angesagt und zugesagt. Insofern läßt, wer das Lied singt, sich im Zitat die Geschichte «des Sohnes» und seine eigene Lebensgeschichte als ineinander verwoben ansagen. Er wird dabei Zeit-Genosse «des Sohnes», dessen Stimme während des Singens hörbar wird. Sie bestimmt die Gegenwart des Singenden, verheißt ihm Zukunft – aus der Vergangenheit – und sagt ihm das Perfekt der Erlösung zu: *da bistu selig worden.* Und weil der *Son* von Ewigkeit her beim *Vater* gewesen ist, gilt:

> wer Christus mund und wort horet, der horet des wort und mund, der himel und erden mit einem odem geschaffen und mit einem finger tregt und hellt. Und ein solch wort, darinn er dir alle sein hertz und willen zeigt und offenbaret, dazu alle seine gnade und güte anbeut und gibt.[20]

Immer klang zu Luthers Zeit beim Singen die Assoziation an die Liebesliedmelodien mit.

Die Erde kann Hölle sein. Sie kann aber auch Ort der Seligkeit werden. Allerdings ist das keine Privatseligkeit. Sie ist zwar persönlich zugeeignet, aber das angeredete Ich bleibt im Horizont derer, die *getrost und all in ein* als ein «Wir» singen.

«Hüt dich!»

Das Perfekt der Erlösung setzt keinen Abschluß, sondern einen Anfang, und die Seligkeit ist keine immerwährende Stimmung, sondern Ausgangspunkt eines Weges, auf dem es viel zu lernen gibt und der von *trübnis* nicht unberührt bleibt (Strophe 9). Der *geist* wird verheißen, jene Kraft, die nach dem Weggang «des Sohnes» dessen Worte aus einem Zitat in gelebtes Leben verwandelt (Strophe 10).

> Also lieben freündt, das reich gottes, das wir sein, steet nit in der rede oder worten, sondern in der thättigkeit, das ist in der that, in den wercken und ubungen. Got wil nit zuhörer oder nachreder haben, sondern nachfölger und uber. Und das in dem glauben durch die liebe. Dann der glaub on die liebe ist nit gnugsam, ja ist nit ein glaub, sonder ein schein des glaubens, wie ein angesicht im spiegel gesehen ist nicht ein warhafftigs angesichts sondern nür ein scheyn des angesichts.[21]

Das *reich Gotts* ist auf der Erde, dort, wo der Mensch des Menschen Bruder wird. Wo das geschieht, wird die Glaubwürdigkeit dessen, der die ganze Geschichte in Gang gesetzt hat, gestärkt, wird sein *reich gemehrt.* Reibungslos geht das nicht. Den *Son* hat es das Leben gekostet. Denn außer dem *reich Gotts* gibt es noch ein anderes Reich auf der Erde: *der menschen gsatz,* die geschlossene Welt der Systeme, Begriffe, Festlegungen, Rechnungen und Gesetze, die ohne Barmherzigkeit auskommt und der die Gnade fremd ist. An dieser Stelle wird aus dem theologischen Zeitlied Luthers wieder ein publizistisches Zeitlied, das in die aktuelle kirchenpolitische und gesellschaftliche Diskussion eingreift: *der edle schatz,* das Leben aus der Barmherzigkeit, kann verdorben werden. Andere Stimmen können die Stimme «des Sohnes» übertönen. Noch ist nicht ausgemacht, wie die Liebesgeschichte ausgeht: *hüt dich!* Vielleicht ist das *reich Gotts* nicht mehrheitsfähig?

Wie auf die Rede «des Sohnes» geantwortet wird, bleibt den Singenden überlassen. Es steht nicht mehr im Lied.

Eine fremde Stimme

Zu Luthers Zeit hat das Lied rasch eine Art von Siegeszug angetreten. Bald war es in vieler Munde – in der Kirche und außerhalb. Es muß für die Zeitgenossen eine überwältigende neue Erfahrung vermittelt haben: die Erfahrung von Befreiung durch klingende, gesungene Worte, Befreiung durch das Evangelium. Diese Erfahrung war nicht an den Gottesdienst gebunden, und man brauchte dazu keinen Priester. Sie berührte jeden einzelnen persönlich und stellte doch zugleich eine Gemeinsamkeit mit anderen her.

Von Anfang an ist das Lied auch für den Gottesdienst von zentraler Bedeutung gewesen und auf lange Zeit auch geblieben. Das zeigen die

Gesangbücher der folgenden Jahrhunderte. Ebenso wurde es zum Trostlied im persönlichen Leben: In den *Musikalischen Exequien* von Heinrich Schütz, die angesichts des Todes vom Leben singen, stehen die Strophen 5 und 7 an herausgehobener Stelle.

In den katholischen Bereich ist es nie hinübergewandert; es war wohl zu pointiert reformatorisch geprägt. Aber bei den Evangelischen blieb es erhalten, selbst in der Zeit des Rationalismus stand es in voller Länge in etlichen Gesangbüchern.[22] In der zweiten Hälfte des 19. Jahrhunderts erschien es wieder vermehrt, und es steht in allen bedeutenden Gesangbüchern des 20. Jahrhunderts. Das *EG hat ihm einen herausragenden Ort als Leitlied der Rubrik «Rechtfertigung und Zuversicht» zugewiesen. Es ist Wochenlied sowohl zum Sonntag Kantate, der den Zusammenhang von Glauben und Singen thematisiert, wie auch zum Reformationsfest.

Und doch – im Grunde steht das Lied fremd in heutiger Zeit. Zwar ist auch in neuerer Zeit über den Text des Liedes nachgedacht und geschrieben worden,[23] und seine Originalität und seine theologische Bedeutung werden immer wieder hervorgehoben. Aber trotz seines Ehrenplatzes im *EG steht das Lied nicht mehr im Zentrum evangelischen Singens. Seine Diktion ist fremd geworden, und seine literarische Form mit ihrer in der Lutherzeit aktuellen inhaltlichen Zuspitzung wohl auch. Im ökumenischen Gespräch stehen «Rechtfertigung» und «Gnade» zwar seit langem im Zentrum gemeinsamer Bemühung. Schritte zur Annäherung – oder gar zu einer Einigung – werden auf diesem Feld aber nur in gemeinsamer Denkbewegung gesucht. Sie scheint höhere theologische Bedeutung zu haben als das gemeinsame Singen von dem, *was Gott an uns gewendet hat* (1/5).

Martin Luther hatte sein Lied so gestaltet, daß die Worte «des Vaters» und die Zusage «des Sohnes» als Zitat erklingen. Diese Worte waren für ihn nicht Ausdruck religiöser Befindlichkeit der Singenden. Sie waren – im Sinn der gewählten Gattung des «Zeitliedes» – Botschaft von bisher unbekannten Ereignissen, Botschaft, die Glauben und Freude erst wecken sollte. Wie kaum ein anderes Kirchenlied lädt dieses Lied zunächst nur ein zum Zitieren. «Zitieren» bedeutet ebenso «über einen anderen verfügen» wie auch «auf eigenes Verfügen verzichten»: Man wird selbst Stimme und läßt jemand reden.[24] Wer das Lied *Nun freut euch, lieben Christen g'mein* singt, hält heute wie damals mit der eigenen Stimme eine fremde Stimme wach. Sie ist auch zu Martin Luthers Zeiten fremd gewesen. Sie sagt denen, die singen, und denen, die hören, daß der Wert ihres Lebens und ihrer Person nicht durch das bestimmt ist, was sie leisten oder nicht leisten («Werke»), sondern dadurch, daß sie von Anfang an geliebt sind.

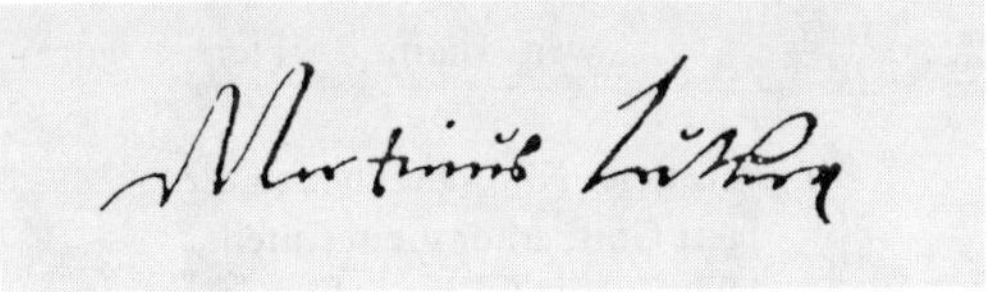

C. R.

Aus tiefer Not schrei ich zu dir

Edition

1. Aus tiefer Not schrei ich zu dir
Herr Gott, erhör mein Rufen.
Dein gnädig Ohren kehr zu mir
und meiner Bitt sie öffne.
Denn so du willst das sehen an,
was Sünd und Unrecht ist getan,
wer kann, Herr, vor dir bleiben?

2. Bei dir gilt nichts denn Gnad und Gunst,
die Sünden zu vergeben.
Es ist doch unser Tun umsonst,
auch in dem besten Leben.
Vor dir niemand sich rühmen kann;
des muß dich fürchten jedermann
und deiner Gnaden leben.

3. Darum auf Gott will hoffen ich,
auf mein Verdienst nicht bauen.
Auf ihn mein Herz soll lassen sich
und seiner Güte trauen,
die mir zusagt sein wertes Wort;
das ist mein Trost und treuer Hort.
Des will ich allzeit harren.

4. Und ob es währt bis in die Nacht
und wieder an den Morgen,
Doch soll mein Herz an Gottes Macht
verzweifeln nicht noch sorgen.
So tu Israel rechter Art,
der aus dem Geist erzeuget ward,
und seines Gotts erharre.

5. Ob bei uns ist der Sünden viel
bei Gott ist viel mehr Gnaden.
Sein Hand zu helfen hat kein Ziel,
wie groß auch sei der Schaden.
Er ist allein der gute Hirt,
der Israel erlösen wird
Aus seinen Sünden allen.

Druckvorlage

Text und Melodie 1: *Walter 1524, *WA35, Ergänzungsband (*Luthers Geistliche Lieder und Kirchengesänge*, Köln/Wien 1985), S. 191f. (orthographisch modernisiert wie *EG; einzige Textdifferenz 2,2: Luther: *Sünden*; EG *Sünde*). Melodie 2: *EG, dort nach Wolfgang Dachstein, Zürich um 1533/34.

Entstehung

Ich bin willens, nach dem Beispiel der Propheten und alten Väter der Kirche, deutsche Psalmen für das Volk zu machen, das ist geistliche Lieder, daß das Wort Gottes auch durch den Gesang unter den Leuten bleibe. Wir suchen also überall Poeten. Da Ihr nun der deutschen Sprache so mächtig und so beredt darinnen seid, so bitte ich Euch, daß Ihr hier eine Hand mit uns anlegt und einen von den Psalmen zu einem Gesang zu machen sucht, wie Ihr hier ein Muster von mir habt. Ich wollte aber, daß die neuen Wörterlein vom Hofe wegbleiben, damit die Worte alle nach dem Begriffe des gemeinen Volkes ganz schlicht und gemeinverständlich, doch aber rein und geschickt herauskämen, hernach auch der Verstand fein deutlich und nach des Psalms Meinung gegeben würde.

So schreibt Martin Luther 1523 in einem Brief an Georg Spalatin.[1]

Die ältesten Textzeugnisse für unser Lied stammen aus dem Jahr 1524: das Nürnberger **Achtliederbuch* und die beiden **Erfurter Enchiridien.* Sie bieten eine vierstrophige Fassung. Im gleichen Jahr finden wir im Wittenberger **Chorgesangbuch von Johann Walter* die oben wiedergegebene fünfstrophige Fassung, die heute in allen evangelischen Gesangbüchern steht. Daß das Lied Ende 1523 schon vorlag, geht aus Luthers Bemerkung in dem Brief an Spalatin hervor, er habe das *De profundis* in Verse gebracht. Wenn Luther eine gereimte Version dieses Psalms seinem Brief als Muster beilegte, dann kann es nur die vierstrophige gewesen sein, da nur sie dem *Psalmis quam proxima* entspricht.[2]

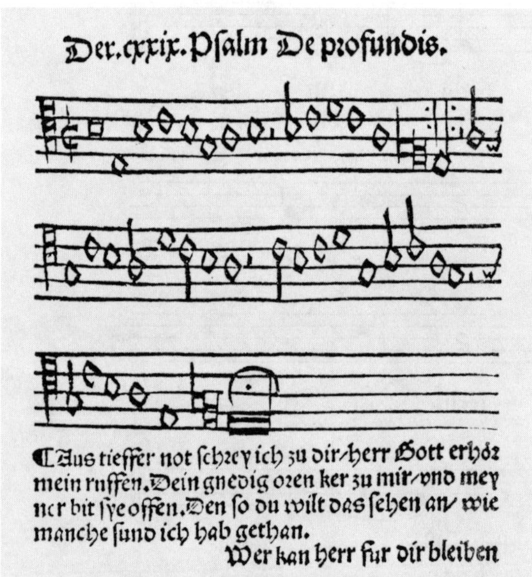

*Erfurter Enchiridion 1524

Bemerkenswert ist, daß seit dem 10. Januar 1524 in Luthers Predigten, wiederholt und mit auffallendem Gewicht Anspielungen auf den 130. Psalm auftauchen.[3] Der Psalm ließ ihn offenbar nicht mehr los. Die Verse 4 und 5, in denen er sein «sola gratia», «sola fide» und «sola scriptura» bezeugt fand, veranlaßten ihn zu einer Überarbeitung. So wurde durch die Erweiterung aus dem exemplarischen Psalmlied ein reformatorisches Glaubenslied, das folgerichtig – von den anderen Psalmliedern getrennt – neben *Mitten wir im Leben sind* in der Eingangsgruppe des *Walterschen Gesangbuchs als Bekenntnislied erscheint.[4]

So wie wir es heute kennen, dürfte das Lied in drei Stufen entstanden sein. Zuerst schrieb Luther den vierstrophigen Text, zu singen auf eine alte Osterweise. Dann schuf er hierzu eine neue Melodie. Zuletzt dichtete er zu dieser die fünfstrophige Fassung, die, als von ihm autorisierte Endfassung, unserer Interpretation zugrunde liegt.

Vom Psalm zum Lied

«De profundis». *Aus tiefer Not schrei ich zu dir* ist eine Bearbeitung des 130. Psalms. Martin Luther hat als erster und wahrscheinlich in diesem Lied zum erstenmal die Möglichkeit wahrgenommen, in Anknüpfung an die vertraute Tradition volkssprachlichen Singens biblische Psalmen in Strophenlieder umzuformen. Mit diesem Wechsel des Gebrauchsraums der Psalmen von der lateinischen Klerikerliturgie zum deutschen Gemeindegesang geht ein Wandel der theologischen Voraussetzungen und der liturgischen Ziele einher: Neben den Festliedern des Gottesdienstes und den Dekalogliedern der Glaubensunterweisung bieten die Psalmlieder eine weitere Möglichkeit, die Situation des Menschen vor Gott zur Sprache zu bringen, und zwar in jener Offenheit und Dringlichkeit des Betens, die Luther als ein Wesensmerkmal des Psalters betrachtet.

Psalmenübersetzung 1517

O Gott, tzu dyr hab ich geschryen von den tyffen,
o got, erhore mein geschrey.

(2) Ach das deine oren achtnehmen wollten
auff das geschrey meines bittens.

(3) Szo du wilt achthaben auff die sunde,
O mein got, O gott, wer kann dan besteen?

(4) Dan ist doch nur bey dir allein vorgebung,
darumb bistu auch allein tzufurchten.

(5) Ich hab gottis gewartet, und mein seel
hat gewartet,
und auff seyn wort hab ich gebeytet.

(6) Von der morgen wache biß widder
zu der morgen wache. Mein seel die ist tzu gott
wartend.

(7) Israel der wartet zu gott, dann die
barmhertzickeit ist bey gott, und manichfeltig
ist bey yhm die erloßung.

(8) Und er wird erloßen Israel auß allen
seinen sunden.

Psalmenlied 1524 (vierstrophig)

1. Auß tiefer not schrey ich zu dir:
herr got, erhör mein rüffen.

Dein gnedig oren ker zu mir
und meiner pit sie öffen.

Denn so du das wilt sehen an,
wie manche sündt ich hab gethan:
wer kann, Herr, für dir bleyben?

2. Es steet bey deiner macht allain,
die sünden zu vergeben,
Das dich fürcht beyde, groß und klain,
auch in dem besten leben.

Darum auff got will hoffen ich;
mein hertz auf jn sol lassen sich.
Ich will seins worts erharren.

3. Und ob es wert biß in die nacht
und wider an den morgen,
Doch sol mein hertz an Gottes macht
verzweyfeln nit noch sorgen.

So thu Israel rechter art,
der auß dem geyst erzeuget wardt,
und seines gots erharre.

4. Ob bey uns ist der sünden vil,
bey Got ist vil mer gnaden.
Sein handt zu helffen hat kain zill,
wie groß auch sey der schaden.
Er ist allein der gute hyrt,
der Israel erlösen wirt
auß seinen sünden allen.

Vergleicht man den Text des Psalms 130 in Luthers Übersetzung aus dem Jahr 1517 mit der vierstrophigen Erstfassung seines Liedes *Aus tiefer Not schrei ich zu dir,* so zeigt sich eine weitgehende inhaltliche Übereinstimmung.[5]

Während die kürzere Fassung den Psalmtext in einigermaßen gleichmäßiger Dichte verarbeitet, schreitet die längere in den Strophen 2 und 3 nur halb so schnell fort; auf diese Weise wird Raum für Grundaussagen reformatorischer Theologie gewonnen.

Vierstrophige Fassung	Fünfstrophige Fassung
2. Es steet bey deiner macht allain,	2. Bey dyr gillt nichts den gnad vnd gonst
die sünden zu vergeben,	die sunden zu vergeben.
	Es ist doch vnser thun vmb sonst
auch in dem besten leben.	auch ynn dem besten leben
	Fur dyr niemant sich rhumen kan
Das dich fürcht beyde, groß und klain,	des mus dich furchten yderman
	Vnd deyner gnaden leben.
Darum auff got will hoffen ich;	3. Darumb auff Gott will hoffen ich
	auff meyn verdienst nicht bawen
mein hertz auf jn sol lassen sich.	auff yhn meyn hertz sol lassen sich
	vnd seyner guete trawen
	Die myr zu sagt seyn werdes wort
	das ist meyn trost vnd trewer hort
Ich will seins worts erharren.	Des will ich allzeyt harren.

In der fünfstrophigen Liedfassung hat Luther die acht Psalmverse so auf die einzelnen Strophen verteilt, daß einerseits die literarische Struktur des Psalms deutlich erkennbar wird und andererseits dessen theologisches Profil schärfer hervortritt: Der Text des Psalms besteht aus zwei Teilen: der erste vertikal, an Gott gerichtet, ein Bußgebet (1–4); der zweite horizontal, für Menschen bestimmt, eine Vertrauensäußerung (5–8). Das Subjekt beider Teile ist ein Ich. Dieses Ich bringt im zweiten Teil eine weitere Gestalt, Israel, ins Spiel. Die Parallelität von Ich und Israel wird durch Stichwortwiederholungen deutlich (6/7a; 7b/8). Luthers Übersetzung von 1517 enthält darüber hinaus ein Nebeneinander von Vergangenheit (1–5) und Gegenwart (6–8): Eingeleitet durch *O Gott, tzu dyr hab ich geschryen von den tyffen* (1a), zitiert das Ich sein damals gesprochenes Gebet (1b–4).

Vergleicht man die Lutherübersetzung mit dem Lutherlied, so ergeben sich bemerkenswerte Unterschiede: Zum einen ist die zeitliche Differenzierung aufgegeben: Das Gebet wird nicht mehr zitiert, sondern *jetzt* gebetet (1,1). Entsprechend wird die Haltung des Betenden als aktueller Entschluß formuliert (3). Das Lied ist ganz Gegenwart. Zum anderen wird eine personale Differenzierung eingeführt: Israel wird nicht mehr nur erwähnt, sondern tritt in Gestalt der Gemeinde als eigene Größe auf und ergreift neben dem Ich (1–4) das Wort. Indem es sowohl die eigene Sündhaftigkeit als auch die unbegrenzte Barmherzigkeit Gottes bekennt (5), macht es sich die Erfahrungen des Ich zu eigen. Das Lied gehört ganz der Gemeinde.

Im Gegensatz zur schlichten, reihenden Versabfolge des Psalms hat Luther für das Lied die große, bauende Form der siebenzeiligen Kanzonenstrophe mit zwei doppelzeiligen Stollen und einem dreizeiligen Abgesang gewählt. Das damit gegebene Mehr an Raum hat er genutzt, um die ‹paulinische› Kontur zu verstärken und kontrovers-theologische Akzente zu setzen: *nichts denn Gnad und Gunst – unser Tun umsonst – niemand sich rühmen kann – deiner Gnaden leben – auf mein Verdienst nicht bauen* (2–3). Dabei versteht er die Erweiterungen gegenüber dem Psalm nicht als Zusätze, sondern als Mittel der Erschließung des eigentlichen und ursprünglichen Sinnes, der, auch im Alten Testament, nur von Christus her erfaßt werden kann.

Die lehrhafte Richtung der Bearbeitung wird auf stilistischer Ebene intensiviert durch verstärkende Doppelformeln (*Sünd und Unrecht – Gnad und Gunst*), durch Einfügen von Konjunktionen (*Darum auf Gott will hoffen ich*) und Adverbien (*So tu Israel*) sowie durch exkludierende oder maximierende stilistische Wendungen (*Ob bei uns ist der Sünden viel, bei Gott ist viel mehr Gnaden*).

Mit alledem wendet sich die liedhafte Bearbeitung des Psalms als ein sinnbewußtes Nachbeten nach innen und zugleich, für Luther charakteristisch, verkündigend und belehrend nach außen, so daß im Psalmlied Verfahrensweisen von Übersetzung, Exegese, Predigt, Lied und Gebet wirkungsvoll zusammentreten.[6]

Vom Psalmlied zum Glaubenslied

Für Luther gehört der vorletzte der sieben Bußpsalmen zu den *psalmi paulini.* «Es ist der Psalm über die Rechtfertigung, über den Artikel, mit dem die Kirche steht und fällt.»[7]

Schrei aus der *Tiefe, Sünde* und *Vergebung, Gottesfurcht, Warten* auf *Gott* und sein *Wort,* Bekenntnis zu seiner *Barmherzigkeit, Erlösung.* Schon ein flüchtiger Blick auf die wichtigsten Stichworte des 130. Psalms macht verständlich, warum das *De profundis* als Vorlage für ein deutsches Kirchenlied Luther besonders geeignet erschien, Grundaussagen reformatorischer Glaubenslehre zur Sprache zu bringen: Hilferuf des Sünders (1); Vergebung allein aus Gottes Gnade (2), im Glauben an sein Wort entgegengenommen (3); ein Akt, der lebenslanger Anfechtung ausgesetzt ist (4) und wiederholter Heilsvergewisserung bedarf (5). Dabei geht das Lied, im Unterschied zu späteren Glaubens- und Vertrauensliedern, nicht «rezepthaft» mit der Not um, sondern weist eine «Wegstruktur»[8] auf: Im Singen des Liedes werden der Schrei aus der Tiefe, das Warten auf die Hilfe und das erlösende, Sünden vergebende Gnadenwort Gottes Gegenwart.

Die kürzere Liedfassung hatte die Psalmverse 4 und 5 auf Aufgesang und Abgesang der 2. Strophe verteilt. Die längere setzt zwischen beide die Strophengrenze und erweitert jeden Vers zu einer vollen Strophe, in die Luther zwischen den Psalmtext die Thematik sowohl der Werkgerechtigkeit als auch der Glaubensgerechtigkeit (Röm 9,32) einfügt.

	Psalmenübersetzung 1517	Psalmenlied 1524 (fünfstrophig)
(4)	Dan ist doch nur bey dir allein vorgebung,	Bey dyr gillt nichts den gnad vnd gonst die sunden zu vergeben. Es ist doch vnser thun vmb sonst auch ynn dem besten leben Fur dyr niemant sich rhumen kann
	darumb bistu auch allein tzufurchten,	des mus dich furchten yderman Vnd deyner gnaden leben.
(5)	Ich hab gottis gewartet;	Darumb auff Gott will hoffen ich auff meyn verdienst nicht bawen
	und mein seel hat gewartet,	auff yhn meyn hertz sol lassen sich vnd seyner guete trawen
	und auff seyn wort	Die myr zu sagt seyn werdes wort das ist meyn trost vnd trewer hort
	hab ich gebeytet	Des will ich allzeyt harren.

Das Wort wird als Evangelium gedeutet. Die in ihm enthaltene Verheißung muß nur geglaubt, d. h. erwartet, ergriffen und festgehalten werden, denn gerade dann, wenn *Gottes Macht* (4,3) nicht unmittelbar erfahrbar ist, hat sich Glaube als Hoffnung gegen alle Hoffnung zu bewähren (Röm 4,18; Hebr 11,1). Diese äußerste Anfechtung kommt im Lied durch das Wort *verzweifeln* (4,4) zum Ausdruck und wird durch die Voranstellung der Zeitangabe (4,1–2) verstärkt.

Aus tiefer Not schrei ich zu dir. Hier spricht kein privates Ich. Das Ich weitet sich zum Wir. Es geht um einen auf alle übertragbaren geistlichen Prozeß. Dieser kommt in der letzten Strophe zu seinem Abschluß und wird in dem gemeinsamen Bekenntnis mit Hilfe vielfältiger rhetorischer Mittel eindringlich zur Sprache gebracht.

Ob bei uns ist der Sünden viel
bei Gott ist viel mehr Gnaden.

Sein Hand zu helfen hat kein Ziel,
wie groß auch sei der Schaden.

Die beiden Zeilen des ersten Stollens sind syntaktisch streng parallel gebaut (*bei – ist – viel*). Inhaltlich stehen sie in scharfer Opposition (*uns/Gott – Sünden/Gnaden*). Über die Stollengrenze hinweg setzt sich diese in der chiastischen

Anordnung der beiden Doppelzeilen fort, wird jedoch durch konträre Kadenzen durchkreuzt: Die Gegensätze sind durch den Reim verbunden. Sünde und Gnade als Widerspruch und Anknüpfung zugleich: «Wo die Sünde mächtig wurde, da ist die Gnade übergroß geworden» (Röm 5,20). Die Schlußstrophe veranschaulicht dichterisch diese Paradoxie der *felix culpa.*[9] Sie ist sprachgewordene Theologie.

Wirkungsgeschichte

Aus tiefer Not schrei ich zu dir hat schon früh über die Konfessionsgrenzen hinweg Verbreitung gefunden. Bereits in dem von Michael *Vehe Leipzig 1537 herausgegebenen ersten katholischen Gemeindegesangbuch steht ein von Caspar Querhamer verfaßtes Lied *Aus hertzens grundt schrey ich zu dir,* das sich deutlich als Bearbeitung des Luthertextes zu erkennen gibt. Johann *Leisentrits Gesangbuch (Bautzen 1567) bringt Querhamers Text mit Luthers Melodie. In dieser Form finden wir das Lied im zweiten Teil der Sammlung **Kirchenlied,* Freiburg 1965.

Nachdem den Bedenken der römisch-katholischen Seite gegen das dezidiert reformatorische und mißverständliche *Es ist doch unser Tun umsonst* (2,3) durch eine Fußnote Rechnung getragen worden war, stand der Annahme des fünfstrophigen Lutherliedes durch die *Arbeitsgemeinschaft für ökumenisches Liedgut* und der Aufnahme in die Vorauspublikationen zum Einheitsgesangbuch nichts mehr im Wege. Das **Gotteslob* bietet jedoch, die erreichte Einigung ein Stück weit zurücknehmend, eine dreistrophige Fassung. Auch in dieser knapperen Form ist das Lied wesentlich das Werk Martin Luthers. Nur die nachdrückliche Betonung der reformatorischen Interpretation unterbleibt: Das Glaubenslied ist zum Psalmlied zurückverwandelt worden.[10] Das 1998 erschienene **Katholische Gesangbuch der Schweiz* bietet, in Abweichung vom **Gotteslob,* das fünfstrophige Lutherlied. Das ist ein erfreuliches Zeichen: Die ökumenische Arbeit hat die Bedeutung und Berechtigung der reformatorischen Rechtfertigungslehre herausgestellt; Grund genug für alle Christen, *Aus tiefer Not* heute in seiner ursprünglichen Form zu singen.[11]

Melodie

In den Quellen, in denen 1524 *Aus tiefer Not* zum ersten Mal gedruckt erscheint, begegnen uns nicht weniger als vier Melodien. Zum einen wird das Lied im Ton eines Oster- oder Psalmliedes gesungen. Daneben finden sich zwei Vertonungen, die den Text auf höchst unterschiedliche Art zum Klingen bringen. Beide stehen noch heute nebeneinander im **Evangelischen Gesangbuch.*

Die Anfangszeile der ersten Melodie wirkt wie eine Überschrift: Unvermittelt und in großer Höhe setzt sie mit dem von der phrygischen Tonart her unerwarteten Tenor der Quinte ein. Viermal wird das h repetiert, dreimal unterbrochen, einmal von dem Fall in die Sünde (*aus tiefer:* h e h), sodann von dem Schrei um Hilfe (*Not:* c) und endlich von dem Sich-Ausstrecken im Gebet (*ich zu dir:* g a h). In der zweiten Zeile erreicht die Melodie den Höhepunkt (*Gott erhör:* c d c) und fällt in einer großen Abwärtsbewegung über eine Ligatur (*mein Rufen:* a g f e) auf den tiefsten Ton des Liedes (e) ab. Im Unterschied zum ruhigen Fluß des Aufgesangs wird die bedrängende Frage des Abgesangs rhythmisch durch Verschiebungen (*das sehen*) und melodisch durch die Wiederholung des Spitzentones (*sehen / Unrecht:* d), sowie fünf scharfe Quarten (e a; g c; a d; g c; a e) ausgedrückt. Die letzte Zeile ist, die zweite variierend, eine Zusammenfassung der Gesamtstrophe. Dabei kann der in der Schwebe bleibende phrygische Schlußton (e) als musikalischer Ausdruck dafür verstanden werden, daß die Frage: *wer kann, Herr, vor dir bleiben?* noch auf eine Antwort wartet. Trotz der vielen wortbildlichen Einzelheiten formt diese erste Melodie eine vollkommen in sich geschlossene Strophe. Aber das stimmige Verhältnis von Musik und Sprache ist nicht auf die erste Strophe beschränkt.

Das intensive Hineinhorchen in den Text und dessen äußerst sensible musikalische Deklamation sind für das ganze Lied charakteristisch. Vieles spricht dafür, daß der Melodieschöpfer kein anderer ist als der Textdichter, Martin Luther selbst.[12]

Straßburg hatte von Anfang an seine eigene Weise. Diese zweite Melodie, nach ihrem Stil eindeutig ein Werk Wolfgang Dachsteins,[13] hat eine von der ersten sehr verschiedene Prägung. Die Tonart ist hypoionisch, was unserem Dur entspricht. Nicht Viertel und Achtel, sondern Halbe und Viertel bestimmen das rhythmische Bild. Das Lied beginnt mit dem Grundton (c). Während im ersten Teil die Melodie ausschließlich in Sekundschritten verläuft, wird sie im zweiten durch Terzen und einen Quintsprung belebt. Die Schlußzeile besteht, unter Einbeziehung der Ligatur auf *bleiben*, nur aus halben Noten. Durch diese wird das Gewicht der theologischen Aussage musikalisch unterstrichen.

Martin Luthers Melodie interpretiert den Text von seiner ersten Strophe her. Menschliche Schuld in ihrer Subjektivität findet hier ihren dramatischen Ausdruck. Wolfgang Dachstein geht von der letzten Strophe aus. Seine Melodie bringt mit Hilfe musikalischer Formeln die Objektivität göttlicher Gnade zum Klingen.[14] Wer bei oberflächlicher Betrachtung Dachsteins Melodie für «allzu fröhlich hält, übersieht die Besonderheit gerade dieses Liedes, das von der Buße in die getroste, ja fröhliche Vergebungsgewißheit hinüberführt».[15]

De profundis heute

Mit seinem Lied über Psalm 130 hat Luther durch die Jahrhunderte hindurch dazu beigetragen, daß «das Wort Gottes auch durch den Gesang unter den Leuten bleibe», wie er in dem eingangs zitierten Brief an Spalatin schreibt. Und man braucht nur an herausragende Vertonungen, z. B. die Kantaten Johann Sebastian Bachs,[16] zu denken, um zu erkennen, daß der Choral *Aus tiefer Not* bis in die Gegenwart über den Gottesdienst hinaus weiterwirkt. Auch ein Blick in die gegenwärtige Exegese zeigt, daß Luther mit seinen paulinischen Tropierungen die theologische Grundaussage dieses Psalms erfaßt hat.[17]

Dennoch bleibt die Frage, ob heute noch – ein halbes Jahrtausend nach dem Brief an Spalatin – «die Worte alle nach dem Begriffe des gemeinen Volkes ganz schlicht und gemeinverständlich, doch aber rein und geschickt» herauskommen.

Das Lied ist jedoch nicht nur sprachlich, sondern vor allem sachlich ein schwieriges Lied. «Radikaler als seine Ordensbrüder und Fakultätskollegen stößt Luther durch alle menschlichen Sicherungen, durch den kultischen Gnadenapparat der Kirche ebenso wie durch das intellektuelle Gedankenspiel der Schultheologie wieder hindurch bis auf den Grund der Religion und erfährt dabei mit ursprünglicher Gewalt beide Seiten des ‹Numinosen›, des Heiligen; zuerst das Erschrecken vor dem Feuer des göttlichen Zorns und sodann, mächtiger noch, das Ergriffensein von der Glut der Liebe Gottes.»[18] Diese Liebe ist Gnade, sie kann nicht verdient, sondern nur geglaubt werden: ‹Glaubst du, so hast du – glaubst du nicht, so hast du nicht.› Hier ist das Evangelium neu entdeckt, das «Christliche» im Christentum wiedergefunden.

‹Wie kriege ich einen gnädigen Gott?› Aus dieser Frage erwuchs die Reformation. Aber wer fragt heute so?

«Wir sind Zeugen des größten und umfassendsten Säkularisierungsprozesses, der jemals in der Geschichte des Christentums, vielleicht sogar in der gesamten Religionsgeschichte stattgefunden hat. Durch die Verflüchtigung der göttlichen Überwelt hat sich eine Bewußtseinsverschiebung vom Jenseits zum Diesseits vollzogen. Zum ersten Mal in der Geschichte steht der Mensch überall nur noch sich selbst gegenüber und lebt in seiner Welt so, als ob es Gott nicht gäbe. Er leidet nicht unter seiner Sünde und Schuld, sondern unter der Leere und Sinnlosigkeit des Daseins. Ihn schreckt nicht der Zorn, sondern die Abwesenheit Gottes; er verlangt nicht nach Vergebung, sondern nach Vergewisserung.»[19]

Der Mensch der westlichen Welt fragt nicht nach dem gnädigen, sondern nach dem abwesenden Gott: ‹Wo bist du, Gott – wohin bist du?› Gibt es einen gemeinsamen Nenner für so konträre Erfahrungen?

Es ist doch unser Tun umsonst, auch in dem besten Leben. – Diese Erfahrung Luthers ist eine Gewißheit, die Reformation und Moderne verbindet. Doch was heißt *umsonst*?

> Wenn nicht der Herr das Haus baut, müht sich jeder umsonst, der daran baut.
> Wenn nicht der Herr die Stadt bewacht, wacht der Wächter umsonst.
> Es ist umsonst, daß ihr früh aufsteht und euch spät erst niedersetzt, um das Brot der Mühsal zu essen; denn der Herr gibt es den Seinen im Schlaf.
> (Ps 127,1–2)

Umsonst bedeutet: vergeblich, das heißt grundlos – sinnlos. Im letzten Vers klingt jedoch eine zweite Bedeutung des Wortes an: nicht vergebens, sondern vergeben, das heißt: gegeben – geschenkt. Wenn man sich für diese zweite Bedeutung von *umsonst* im Sinne von im Schlaf, gratis, aus Gnade (Offb 22,17, Röm 4,16) offenhält, wird es möglich, sich den frag-würdigen Text zuzumuten, dem alten Lied auch heute noch seine Stimme zu leihen und – vielleicht – gerade in der Begegnung mit dem uns Fremden das Eigene um so deutlicher zu erkennen. Luther im Lichte von Paulus: «Wir sind gerettet, doch in der Hoffnung. Hoffnung aber, die man schon erfüllt sieht, ist keine Hoffnung. Hoffen wir aber auf das, was wir nicht sehen, dann harren wir aus in Geduld» (Röm 8,24–25).

H. B.

Es ist ein Ros entsprungen

Edition

1. Es ist ein Ros entsprungen
aus einer Wurzel zart,
wie uns die Alten sungen,
aus Jesse kam die Art,
und hat ein Blümlein bracht,
mitten in kaltem Winter,
wohl zu der halben Nacht.

2. Das Röslein, das ich meine,
davon Jesaja sagt,
ist Maria die reine,
die uns das Blümlein bracht.
Aus Gottes ewgem Rat
hat sie ein Kind geboren
und blieb ein reine Magd.

Druckvorlage

Text und Melodie nach dem frühesten bekannten Druck: *Alte Catholische | Geistliche Kirchen- | geseng/ auff die fürnemste | Feste/ Auch in Processionen/ | Creutzgängen vnd Kirchenfär- | ten: Bey der H. Meß/ Predig/ in | Heusern/ vnd auff dem Feld zu- | gebrauchen/ sehr nützlich/ | sampt einem Ca- | techismo. | Auß Beuelch | Deß Hochwürdigen Für- | sten vnd Herrn/ Herrn Eber- | harten Bischouen zu Speir/ |*

vnnd Probsten zu Weis-|senburg/ &c. in diese| ordnung ge-|stellt.| Gedruckt zu Cölln/| Durch Arnoldt Quentell.| M.D.XCIX.

Der Text wurde orthographisch modernisiert. Die Strophen 3–23 erzählen, eingeleitet mit *Die gschicht hat vns beschrieben/ Lucas mit trewer hant,* in holprigen Versen die Ereignisse von der Verkündigung (3–12) und Heimsuchung (13–15) über die Geburt Jesu (16–18) und seine Beschneidung (19) bis zum Eintreffen der Drei Könige aus dem Morgenland (20); sie enden mit Lobpreis und Gebet (21–23). Dieser literarisch sekundäre Teil wurde nicht in die Edition aufgenommen.[1]

*Speyer 1599

Die Melodie des Liedes und der Text der beiden ersten Strophen sind in den ältesten Quellen *Konstanz 1600 und *Mainz 1605 identisch, was für eine direkte Abhängigkeit vom Erstdruck Köln-*Speyer 1599 spricht. Die weitere Überlieferung ist zum einen durch die schwankende Zahl der Erzählstrophen gekennzeichnet: *Bamberg 1628 folgt dem Erstdruck, *Mainz 1628 bietet 26 Strophen mit vielen kleinen Abweichungen, *Andernach 1609 hingegen neben der lateinischen Übersetzung nur sechs Strophen, wobei ausgerechnet die entscheidende zweite fehlt. Folgenreich ist zum andern, daß *Konstanz 1600 das Lied in zwei Teilen unter den Rubriken Advent und Weihnachten bringt und daß auch in der Folgezeit gelegentlich nur die adventlichen (*Erfurt 1630, *Würzburg 1630) oder nur die weihnachtlichen Strophen (*Paderborn 1609, *Erfurt 1622) erscheinen.

Frühe Überlieferung

Aus dem Ende des 16. und dem Anfang des 17. Jahrhunderts stammen die ältesten bekannten Fassungen unseres Liedes: eine 1588 abgeschlossene Handschrift der Trierer Stadtbibliothek (2363/2304) und eine Reihe von

Gesangbuchdrucken seit 1599. Seinen Autor kennen wir nicht, und auch vom ursprünglichen Text haben wir keine sichere Kunde.

Wichtige Hinweise zu Entstehungszeit und -ort sowie zur Verwendung des Liedes finden sich in den Rubriken der ältesten Gesangbücher. *Köln 1628 überschreibt das Lied mit «*Ein schön andechtig Uhraltes Gesang im Aduent/ Weihnachten/ vnd an vnser lieben Frawen Tage zu singen gewönlich.*» Im *Mainzer Cantual von 1605 liefert die Überschrift «*Das alt Catholisch Trierisch Christliedlein*» einen Hinweis auf die Herkunft des Liedes aus dem Trierer Raum sowie auf eine längere mündliche Tradition.

Die älteste oben angeführte Quelle stammt aus Trier. Der Schreiber, Frater Conradus,[2] Mönch in der Kartause seiner Geburtsstadt Trier, war einige Zeit Prokurator in der Mainzer Kartause, bevor er in seine Heimatstadt zurückkehrte, wo er 1592 starb. Seit 1582 schrieb er an einem Büchlein, in dem sich zwischen Gebeten, Hymnen und Sequenzen auch der Text des Liedes *Es ist ein Ros entsprungen* findet. Der Eintrag gegen Ende des Gebet- und Erbauungsbuches spricht für eine Niederschrift um Weihnachten 1587. Unregelmäßigkeiten in der Reihenfolge der Strophen, Unebenheiten in der Metrik sowie gelegentliche Verschreibungen zeigen, daß das Lied aus der Erinnerung aufgezeichnet wurde und längst existierte, ehe Frater Conradus es unter seine Lieblingstexte einreihte.

Wohl im Trierer Raum entstanden und von der Kartause überliefert, nimmt das Lied seinen Weg über die Verbindungen der zahlreichen Klöster dieses strengen Ordens, dem im 15. und 16. Jahrhundert gerade in der Rheinprovinz eine für das religiöse und kulturelle Leben kaum zu überschätzende Bedeutung zukommt. Der damalige Prior der Kölner Kartause, Johannes Reckschenkel, stammte aus Trier und war mit dem den Kartäusern verbundenen Speyerer Weihbischof Heinrich Fabricius persönlich bekannt. Die weitere Verbreitung ist nicht verwunderlich, da die Mainzer und Kölner Gesangbücher eine große Ausstrahlung über das ganze katholische Deutschland hatten. Aus der Zeit vor 1599 besitzen wir keinen Druck des Liedes. Dies hängt mit der Tatsache zusammen, daß es katholische Gesangbücher damals noch kaum gab. Erst mit Beginn des 17. Jahrhunderts setzt eine lebhafte Produktion ein.

Vom Rätsellied zum Erzähllied

Von einer Ausnahme abgesehen, hat *Es ist ein Ros entsprungen* in der frühen Überlieferung stets zahlreiche Strophen. Zwar galt es namhaften Hymnologen lange als ausgemachte Sache, daß der Erzählteil des Liedes nur eine nachträgliche, volkstümliche Ausschmückung einer zweistrophigen Urfassung sei. Gegen diese These betont Andreas Heinz mit Recht, daß die Quellen in eine andere Richtung weisen: «Die ältesten Textzeugen belegen das

Lied als vielstrophiges Erzähllied.»[3] Dennoch: Auch wenn *Es ist ein Ros entsprungen* in der Gesangbuchüberlieferung als ein durch zwei Rätselstrophen eröffnetes Erzähllied erscheint, ist die Annahme einer auf diese beiden Rätselstrophen beschränkten Urfassung naheliegend. Sie bilden eine poetisch dichte Einheit: Über die Strophengrenze hinaus erklingt achtmal der Vokal a (*zart – Art; bracht – Nacht; sagt – bracht; Rat – Magd*) und verbindet so klanglich durch Reim bzw. Assonanz das Rätsel mit seiner Lösung. Von solchen Raffinessen sind die Erzählstrophen weit entfernt. Daß ein und derselbe Autor beide Teile gedichtet hat, ist aus literarischen Gründen ausgeschlossen.

Stammheimer Missale, ca. 1160 vom Presbyter Heinrich im Michaelskloster zu Hildesheim geschrieben. Die Seite enthält den Text der alten Oration vom Fest Mariae Himmelfahrt (15. August): *Famulorum tuorum quaesumus domine delictis* (Initiale und vertikale Schriftzeile am rechten Rand), *ignosce ut* … (horizontale Schriftzeilen unten. Die Initiale F ist reich ausgestaltet: links die Wurzel (Jesse / Maria / Christus mit Geistaube), rechts von Christus zwei Gestalten, die eine, auf Maria zeigend, Fulbert von Chartres, mit dem Text seines Responsoriums *Virgo Dei genitrix* …, die andere Jesaja, mit einem vertikalen Spruchband seiner Prophetie *Egredietur virga* … (Jes 11,1).

Auch die liturgische Quelle, von der noch zu reden sein wird, deckt nur die ersten beiden Strophen ab. Diese dürften irgendwann eine Erweiterung im Sinne der biblischen Kindheitserzählungen (Lk 1–2; Mt 2) erfahren haben, wodurch aus einem Responsorium zu Mariae Geburt ein Weihnachtslied wurde.

Die erwähnte Ausnahme, der Druck des Liedes in den *Musae Sioniae VI* von Michael Praetorius (1609),[4] zeigt, daß die Zweistrophigkeit auch damals als plausibel galt. Woher der evangelische Autor, der in Wolfenbüttel wirkte, das Lied kannte, ob er – was unwahrscheinlich ist – noch eine zweistrophige Vorlage hatte oder selbst die Kürzung vornahm, weiß man nicht.

Biblische und liturgische Wurzeln

Es ist ein Ros entsprungen ist ein Rätsellied, mehr noch, es ist ein rätselhaftes Lied. Die biblische Grundlage bietet Jesaja (11,1–2): «Doch aus dem Baumstumpf Isais wächst ein Reis hervor, ein junger Trieb aus seinen Wurzeln bringt Frucht. Der Geist des Herrn läßt sich nieder auf ihm: Der Geist der Weisheit und der Einsicht, der Geist des Rates und der Stärke, der Geist der Erkenntnis und der Gottesfurcht.» Jesaja spricht vom kommenden Exil: «Der Herr wird die Menschen weit weg treiben; dann ist das Land leer und verlassen. Bleibt darin noch ein Zehntel übrig – auch sie werden schließlich vernichtet, wie bei einer Eiche oder Terebinthe, von der nur der Stumpf bleibt, wenn man sie fällt» (Jes 6,12–13). Die nachexilische Fortsetzung: «Ihr Stumpf ist heiliger Same» (Jes 6,13) zeigt freilich, daß dies nicht Gottes letztes Wort ist. Zwar schlägt Gott mit schrecklicher Gewalt die Zweige ab und fällt die mächtigen Bäume (Jes 10,33), doch aus einem Stumpf wächst schließlich ein frisches Reis hervor. Obwohl die davidische Dynastie politisch so gut wie tot war, verspricht Gott ausgerechnet Isai – das ist Jesse, der Vater Davids – einen neuen Anfang. Seine Wurzel wird Frucht bringen. Und diese Frucht ist der Messias, der Sohn Davids (Lk 1,31–33), aus der Wurzel Jesse (Röm 15,12; vgl. Offb 22,16).

In der christlichen Tradition wird aus der zweigliedrigen Aussage (Wurzel – Reis) eine dreigliedrige (Wurzel – Reis – Blume). *«Egredietur virga de radice Iesse/ et flos de radice eius ascendet»*, so übersetzt die Vulgata Jes 11,1. «Es wird hervorgehen ein Reis aus der Wurzel Jesse/ und eine Blume wird aus ihrer Wurzel aufgehen.» Aber wer ist das Reis und wer die Blume? Schon seit Tertullian[5] haben die Kirchenväter, inspiriert durch die klangliche Nähe von *«virga»* (Reis) und *«virgo»* (Jungfrau), das Reis auf Maria bezogen. Zwischen den Ausdrücken *«virga»* (Reis) und *«flos»* (Blume), die im ursprünglichen Text beide nur poetische Variationen in einem Parallelismus membrorum waren und der einen *«radix»* (Wurzel) zugeordnet sind, wurde nun ein Unterschied gemacht: Aus der Wurzel wuchs jetzt das Reis, aus dem Reis die Blume. Maria ist das Reis, Jesus die Blume.

Diese Deutung war im Mittelalter weit verbreitet, nicht nur durch den Text der lateinischen Bibel sowie durch Predigten und Kommentare, sondern vor allem durch liturgische Gesänge. Unter diesen nimmt das von Fulbert von Chartres († 1028) gedichtete und überall gesungene Responsorium zum Fest Mariae Geburt (8. September) einen herausragenden Platz ein.[6]

R Stirps Jesse virgam produxit virgaque florem*
Et super hunc florem requiescit spiritus almus.
V Virgo Dei Genitrix virga est, flos Filius eius*

Georg Witzel hat diesen Text in seinen *Psaltes Ecclesiasticus. Chorbuch der Heiligen Catholischen Kirchen / Deudsch / jtzundt new ausgangen,* Köln 1550, zu «Vnserer lieben Frawen Geburtstag» aufgenommen:[7]

R Der stam Jesse schlug aus/ vnd bracht einen Zweig/
derselbig Zweig bracht eine Blume/ Vnd auff derselbigen
Blumen ruget der heilige Geist.
V Die Jungfraw Gottes Gebererin ist dieser zweig/
aber jr Son ist die Blume.

Theologisch weiter ausgefaltet, erscheint das Thema unter der Überschrift «Von Vereinigung Gottlicher vnd Menschlicher Natur» 1622 in einem Lied, das vermutlich von dem Jesuiten Friedrich Spee stammt.[8]

Von Jesse kompt ein Wurtzel zart/
Darauß ein Zweig von wunder Art/
Der Zweig ein schönes Rößle bringt/
Das wunderlich vom Zweig entspringt.

Die Wurtzel der Stamm Dauids ist/
Maria du das Zweigle bist.
Dein Sohn die Blum/ die schöne Roß
Ist GOtt vnnd Mensch in deinem Schoß.

Der Heylig Geist von dir allein
Erschaffen hat das Kindle fein/
Gleich wie die Sonn durch ihre Krafft/
Allein vom Zweigle Rosen schafft.

O Wunderwerck! auff einem Stiel
Stehn Rößlein vnd der Bletter viel.
O Wunderwerck! in Gottes Sohn
Sein zwo Naturen/ ein Person.

Roth ist die Roß/ grün ist das Blat/
Ein Zweigle gleichwol beyde hat:
Also man zwo Naturen findt
Vnd ein Person in diesem Kindt.

O Zweig! dich ziert die schöne Blum;
Die Roß dir bringt Lob/ Ehr/ vnnd Rhum:
Die Roß das Zweigle nit verstelt/
Dein Jungfrawschafft dein Kind erhelt.

Der Name der Rose

In Gestalt einer Blumenallegorie stellt *Es ist ein Ros entsprungen* in der ersten Strophe ein Rätsel, das in der zweiten gelöst wird. Was ist das: Aus einer *Wurzel* (1,2) entspringt ein Zweig, und auf diesem Zweig blüht eine Blume? Die hier verwendeten Ausdrücke *Ros* (1,1) und *Blümlein* (1,5) für Maria und Jesus sind zwar der Bibel fremd, nicht aber dem Mittelalter. Das zeigt z. B. die in der Trierer Kartause Anfang des 15. Jahrhunderts entstandene Schrift *Unser Frauwen Marien Rosengertlin,* in der das Reis von Jes 11,1, mit Maria gleichgesetzt, als Rosenzweig und Jesus als Rose erscheint.[9] Die Lösung des Rätsels wird bereits in der ersten Strophe angedeutet. Es handelt sich um eine Geschichte, von der schon *die Alten sungen* (1,3), und diese Geschichte hat

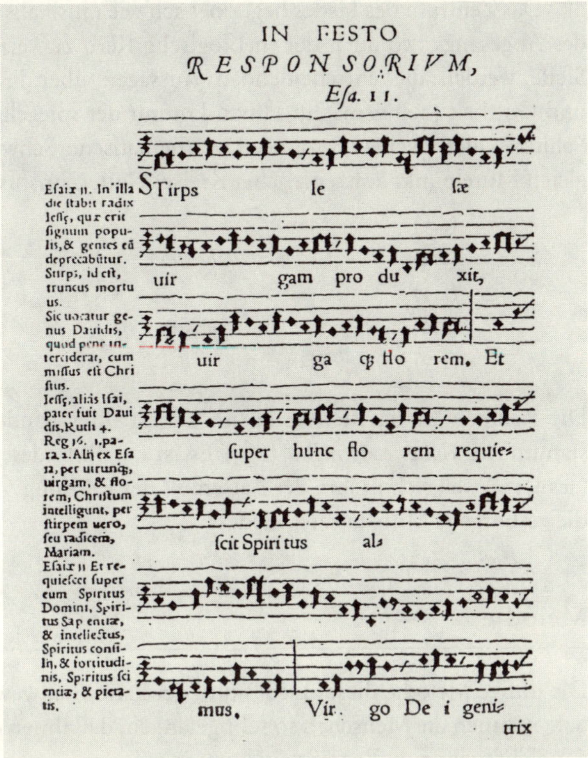

Lucas Lossius: Psalmodia hoc est cantica sacra veteris ecclesiae selecta …, Wittenberg 1567

eine biblische Grundlage: *aus Jesse kam die Art* (1,4). Darüber hinaus geben die letzten beiden Zeilen der Strophe zwei liturgische Hinweise: Das Blühen des Rosenstockes geschieht *mitten in kaltem Winter* (1,6) – also zur Zeit der Wintersonnenwende, an der das Weihnachtsfest gefeiert wird – und *wohl zu der halben Nacht* (1,7), – also zur Zeit der Christmette –, als tiefes Schweigen das All umfing, die Nacht in der Mitte ihres Laufes angelangt war und Gottes allmächtiges Wort vom Himmel herabkam (vgl. Weish 18,14–15).[10]

Die zweite Strophe löst das Rätsel mit einem Hinweis auf *Jesaja* (2,1): Der Rosenzweig ist *Maria* (2,3), sie hat *ein Kind geboren* (2,6), das verheißene *Blümlein* (2,4) aus der Wurzel Jesse. Um das Wunder dieser Geburt zu betonen, fügt der Verfasser hinzu: *Und blieb doch reine Magd* (2,7).

Der Name der Rose ist Maria. Zu ihrem Geburtstag erklingt dieses Lied. Nach ihr fragt das Rätsel (1,1; 2,1.3). Von der ersten bis zur letzten Zeile wird sie immer wieder genannt (1,1.5; 2,1.3.4.6.7). Ihre Reinheit kommt gleich zweimal zur Sprache (2,3.7); von der Blume hingegen (1,5; 2,4), ihrem Kind (2,6), ist scheinbar nur am Rande die Rede. Wir erfahren nicht einmal seinen Namen. Maria steht im Zentrum des Liedes. Wirklich?

Das Zentrum des Liedes liegt poetisch wie musikalisch in der ersten Zeile des Abgesangs, wo auch der theologische Kern zu vermuten ist. An dieser Stelle werden die entscheidenden Aussagen über Jesu Menschheit (1,5) und Gottheit (2,5) gemacht. Hinzu kommt der spiegelbildliche Aufbau des Schlusses der zweiten Strophe. Der thematische Schwerpunkt ist hier zugleich Mittelpunkt konzentrischer Kreise: Gott, Christus, Maria.

(2,3)	Maria		
(2,4)		*Christus*	
(2,5)			GOTT
(2,6)		*Christus*	
(2,7)	Maria		

Die Reinheit Marias steht ganz im Dienst ihres Kindes, und dieses Kind stammt *aus Gottes ewgem Rat* (2,5). Es ist der Bote des großen Ratschlusses (Jes 9,5),[11] weil sich in ihm der Ratschluß der Erlösung[12] vollendet. Hier liegt die verborgene Mitte unseres Liedes.

Melodie

Die innige Melodie dieses Liedes und der kanonisch gewordene zauberhafte Satz nehmen die Menschen so sehr gefangen, daß ihnen das Rätsel des Textes gar nicht mehr zum Bewußtsein kommt.

Während zahlreiche Hymnologen die Entstehung des Liedes ins 15. Jahrhundert verlegen, kommt Vossebrecher «aufgrund formgeschichtlicher Untersuchungen ... zu dem Ergebnis, daß die Melodie in der vorliegenden *stilisierten* Form dem 16. Jahrhundert angehört, während der Text und die einzelnen Melodiefloskeln älter zu sein scheinen».[13]

Die Melodie folgt der seit dem Mittelalter gebräuchlichen kanzonenförmigen Strophe: Aufgesang mit zwei gleichgebauten Stollen (Verse 1–2, 3–4) und Abgesang (Verse 5–7). Ihre Form ist von äußerster Einfachheit und Klarheit und besteht aus nur zwei Melodieelementen, dem zweiteiligen A (1/2; 3/4; 6/7) und dem auf eine kurze Zeile beschränkten B (5), wobei A dreimal wiederholt wird (A – A – B – A). Die Weise beginnt (1.3.6), quasi rezitierend und in großer Höhe, mit dem fünfmal wiederholten c auf der Quinte. Es ist die uralte Singzeile, die in Lektionstönen und Psalmodie sowie in zahlreichen Kinderliedern vorkommt. Daß die beiden absteigenden Tonleitern nicht zu musikalischen Gemeinplätzen werden, wird durch rhythmische Stauung (2.4.7) bzw. melodische Variation (5) verhindert. «Der Mittelteil, der auch die Mitte der Textaussage ist, besteht nur aus einer Zeile ... und steigt geheimnisvoll in die Tiefe bis zur Unterquarte.»[14] Die dieser Zeile vorbehaltene, aus der Repetition herausfallende Melodie kann uns mit ihrer Tiefenlage ebenso die Erniedrigung Gottes (Phil 2,6–8) wie die Unergründlichkeit seines Ratschlusses (Röm 11,33–36; vgl. Eph 1,9–11) sinnfällig machen. Die beiden Schlußzeilen greifen die Bewegung des ersten Teils wieder auf und geben dem Lied so eine besondere Eindringlichkeit und Geschlossenheit.

Die «feinen Unterschiede in der melodischen und rhythmischen Gestaltung der Zeilen in Verbindung mit dem ausgewogenen Formaufbau verleihen der Weise ihre besondere Schönheit; sie ist gerade so, wie sie uns in den ältesten Quellen überliefert wird, von höchster Vollkommenheit».[15]

Ökumenische Konflikte

Der Protestant Michael Praetorius wollte Christus in die Mitte des Liedes stellen und sah sich deshalb veranlaßt, die marianische Ausrichtung abzuschwächen. Er ließ die Rätselfrage unangetastet, aber die Lösung sollte anders aussehen. Er schrieb deshalb als zweite Strophe:

> Das Röeßlein das ich meine/
> darvon Esaias sagt/
> hat vns gebracht alleine/
> Mary die reine Magd/
> aus Gottes ewgen raht/
> hat sie ein Kind gebohren/ [...]

Maria *ist* nicht mehr das *Röslein*, sondern sie *bringt* es uns. Die Verszeile 2,7 fehlt sonderbarerweise; vielleicht kam Praetorius mit der Umdichtung nicht zu Rande. In jedem Fall ist seine Lösung nicht stimmig, denn das *Röslein* (2,1) wird nicht mit dem *Ros* (1,1), sondern mit dem *Blümlein* (1,5) gleichgesetzt, und die Frage des Rätsels wird eigentlich nicht beantwortet.

Die Wirkung dieser Fassung im evangelischen Gebiet blieb vorerst gering. Die katholische Überlieferung läßt sich von ihr erst recht nicht irritieren. Das Lied ist dort im 17. und 18. Jahrhundert weit verbreitet. Erst die aufklärerischen Reformen sondern es weitgehend aus oder ersetzen es durch ‹Neuschöpfungen›.[16] Von vereinzelten Drucken abgesehen, ist es erst seit dem **Kirchenlied* 1938 wieder in allen Diözesangesangbüchern zu finden.

Die Initiative zur Wiederentdeckung ging von der evangelischen Seite aus. Das Lied war durch Carl von Winterfeld[17] wieder bekannt geworden, und Pastor Friedrich Layriz ergänzte 1844 die zwei Eingangsstrophen um drei weitere, damit dem Sänger «ein verlängerter Genuß der wunderzarten lieblichen Weise dieses Liedes»[18] bereitet werde. Eine dieser Strophen ist seit

**Kirchenlied* und **Einheitslieder* sowie *EKG so populär, daß sie in die ökumenische Textfassung **Gemeinsame Kirchenlieder* 1973 einging und von *GL übernommen wurde:

Das Blümelein so kleine,
das duftet uns so süß,
mit seinem hellen Scheine
vertreibt's die Finsternis,
wahr' Mensch und wahrer Gott,
hilft uns aus allem Leide,
rettet von Sünd und Tod.

«Aber das Lied hat im Grunde nur zwei Strophen: Eine, die das Rätsel stellt, und eine, die es löst. Alles Weitere stört.»[19]

Das Lied wird jedoch nicht nur erweitert, sondern auch verändert. Mit Berufung auf die Bibel glaubte Philipp Wackernagel[20] *Ros* durch *Reis* ersetzen zu müssen, so daß wir in zahlreichen Gesangbüchern vor und nach der Wende zum 20. Jahrhundert die «gelehrte aber verkehrte Lesart ‹*Es ist ein Reis entsprungen*›»[21] finden. Doch dank der Bemühungen Friedrich Spittas setzte sich die Lesart *Ros* wieder durch.[22]

Seit dem Ende des 19. Jahrhunderts begegnet das Lied in allen wichtigen evangelischen Gesangbüchern. Dabei wird in der Regel der Text von Praetorius zugrunde gelegt. Was die dort fehlende Schlußzeile (2,7) angeht, so behilft man sich zunächst meist mit einer Wiederholung der letzten Zeile der ersten Strophe; mit der ökumenischen Fassung von 1973 hat sich *welches uns selig macht* durchgesetzt.[23] Auf diese hat sich zwar die Arbeitsgemeinschaft für Ökumenisches Liedgut (AÖL) geeinigt; aber eines sind Kommissionen, ein anderes ist die Praxis. Im *Gotteslob steht das Lied unter Nr. 132 zuerst in katholischer Fassung, dreistrophig, bestehend aus den zwei Strophen nach *Köln 1599 und der Layriz-Strophe *Das Blümelein so kleine.* Dann folgt als Nr. 133 die ökumenische Fassung mit einer zweiten Strophe, die anstelle des mariologischen *und blieb ein reine Magd* das christologische *welches uns selig macht* bringt. Das *EG übernimmt jedoch diese Fassung nicht, sondern schafft, ausgehend von Praetorius, ein neues Gebilde (vierstrophig, mit zwei Layriz-Strophen), dessen zweite Strophe zwar die mariologische und die christologische Komponente gut ins Gleichgewicht setzt, allerdings, da in 2,1 *Röslein* durch *Blümlein* ersetzt ist, die Rätselfrage nach der Rose immer noch unbeantwortet läßt:

Das Blümlein, das ich meine,
davon Jesaja sagt,
hat uns gebracht alleine
Marie, die reine Magd;
aus Gottes ewgem Rat
hat sie ein Kind geboren,
welches uns selig macht.

«Mit *Es ist ein Ros entsprungen* (*EG30) tut sich evangelisches Singen immer noch und überflüssigerweise schwer. Für die zweite Strophe bringt das *EG im Vergleich zum *EKG, zur AÖL-Fassung und zum *GL (132) eine nochmals veränderte Form, die zwar die Unlogik der ‹angestammt evangelischen Variante› (Wer ist das Röslein, Maria oder Jesus?; vgl. *EKG 23) beseitigt, aber in ihrer Ablehnung der ö-Fassung doch recht engstirnig wirkt. Mußte das sein? In einem Gesangbuch, das sich sonst so wohltuend interkonfessionell und international öffnet, wirkt diese Beckmesserei peinlich.»[24]

Vielleicht hat Spitta recht, wenn er schreibt: «Man kann eben das Katholische nicht beseitigen, wenn man nicht das ganze Lied streichen will.»[25]

Und blieb doch reine Magd

Sowohl das Neue Testament als auch das Glaubensbekenntnis reden im Zusammenhang der Geburt Jesu von der Jungfrauschaft Mariens. Durch sie soll die Unableitbarkeit der Person ihres Kindes Ausdruck finden. Die Kirchenväter, die Liturgie[26] wie auch die Theologen der Reformationszeit[27] haben diese Jungfrauschaft im Sinne einer immerwährenden Jungfräulichkeit vor, während und nach der Geburt entfaltet. In unserem Lied steht das Wort ‹rein› als Äquivalent für ‹jungfräulich›. Michael Praetorius hatte sich seinerzeit mit der einmaligen Nennung des Wortes ‹rein› begnügt. Auf die Aussage, daß Maria Jungfrau ist und bleibt, glaubte er verzichten zu können.[28] Das Bewußtsein davon, daß die Reinheit der Mutter in poetischer Weise den theologischen Sachverhalt der Heiligkeit und Göttlichkeit des Kindes zur Sprache bringen soll, verblaßt: ‹Rein› wird zum Stein des Anstoßes. Statt als Verweis auf ein Mysterium verstanden zu werden, wird das Wort Anlaß zu Diskussionen über Möglichkeit oder Unmöglichkeit des Wunders der Jungfrauengeburt oder gar über Wert und Unwert der Sexualität. Aber darum geht hier es nicht. Jesu ‹reine› Geburt ist keine Unreinerklärung anderer Geburten. Denn alle Reinheitsaussagen über Maria sind nicht mehr und nicht weniger als ein großer Heiligenschein, der ihr Kind umgibt: «Der Heilige Geist wird über dich kommen, und die Kraft des Höchsten wird dich überschatten. Deshalb wird auch das Kind heilig und Sohn Gottes genannt werden.» (Lk 1,35)

Es ist ein Ros entsprungen ist ein Rätsellied. Es fragt mit der Tradition nach *Maria.* Wer mit dem Lied diesen Weg geht, findet mit der Mutter das Kind und begegnet in diesem *Kind* (Jes 9,5) – oder ist es der Gottesknecht (Jes 52,13; 53,2.10f.)? – leibhaftig *Gottes ewgem Rat.* Dies ist des Rätsels Lösung.

H. B.

Wie schön leuchtet der Morgenstern

Edition

Ein Geistlich Braut-Lied der gläubigen Seelen/ von Jesu Christo jrem himlischen Bräutgam: Gestellt vber den 45. Psalm deß Propheten Dauids.

1. Wie schön leuchtet der Morgenstern/
Voll Gnad und Wahrheit von dem HERRN/
Die süße Wurzel Jesse/
Du Sohn Davids/ aus Jakobs Stamm/
Mein König und mein Bräutigam/
Hast mir mein Herz besessen/
Lieblich/
Freundlich/
Schön und herrlich/
Groß und ehrlich/
Reich von Gaben/
Hoch und sehr prächtig erhaben.

2. Ei mein Perle/ du werte Kron/
Wahr Gottes und Marien Sohn/
Ein hochgeborner König/
Mein Herz heißt dich ein lilium,
Dein süßes Evangelium,
Ist lauter Milch und Honig.
Ei mein
Blümlein/
Hosianna/
Himmlisch Manna/
Das wir essen/
Deiner kann ich nicht vergessen.

3. Geuß sehr tief in mein Herz hinein/
Du heller Jaspis und Rubin/
Die Flamme deiner Liebe.
Und erfreu mich/ daß ich doch bleib
An deinem auserwählten Leib
Ein lebendige Rippe.
Nach dir
Ist mir/
Gratiosa coeli rosa,
Krank und glümmet
Mein Herz/ durch Liebe verwundet.

4. Von Gott kommt mir ein Freudenschein/
Wenn du mit deinen Äugelein/
Mich freundlich tust anblicken/
O HERR Jesu mein trautes Gut/
Dein Wort/ dein Geist/ dein Leib und Blut/
Mich innerlich erquicken.
Nimm mich/
Freundlich/
In dein Arme/
Daß ich warme
Werd von Gnaden/
Auf dein Wort komm ich geladen.

5. HERR Gott Vater/ mein starker Held/
Du hast mich ewig/ für der Welt/
In deinem Sohn geliebet/
Dein Sohn hat mich ihm selbst vertraut/
Er ist mein Schatz/ ich bin sein Braut/
Sehr hoch in ihm erfreuet.
Eia/
Eia/
Himmlisch Leben
Wird er geben
Mir dort oben/
Ewig soll mein Herz ihn loben.

Frewden Spiegel deß ewigen Lebens.
Das ist:
Gründtliche
Beschreibung deß herrlichen Wesens im
ewigen Leben / sampt allen desselbigen Eygenschafften vnd Zuständen / auß Gottes Wort richtig vnd verständtlich eyngeführt.
Auch fernere / wolgegründte Anzeig vnd
Erklärung / was es allbereit für dem jüngsten
Tage für schöne vnd herrliche Gelegenheit
habe mit den außerwehlten Seelen im
himmlischen Paradeiß.
Allen betrübten Christen / so in diesem Jammerthal /
das Elende auff mancherley Wege bauwen müssen /
zu seligem vnd lebendigem Trost zusammen gefasset /
Durch
PHILIPPVM NICOLAI,
der H. Schrifft D. vnd Dienern am Wort
Gottes zu Vnna in Westphalen.
Gedruckt zu Franckfurt am Mayn /
durch Johann Spies.
M. D. XCIX

FrewdenSpiegel deß ewigen Lebens (Titelblatt)

6. Zwingt die Saiten in Cithara,
Und laßt die süße Musica,
Ganz freudenreich erschallen:
Daß ich möge mit Jesulein/
Dem wunder schönen Bräutgam mein/
In steter Liebe wallen.
Singet/
Springet/
Jubilieret/
Triumphieret/
Dankt dem HERREN/
Groß ist der König der Ehren.

7. Wie bin ich doch so herzlich froh/
Daß mein Schatz ist das A und O/
Der Anfang und das Ende:
Er wird mich doch zu seinem Preis/
Aufnehmen in das Paradeis/
Des klopf ich in die Hände.
Amen/
Amen/
Komm du schöne
Freuden-Krone
Bleib nicht lange/
Deiner wart ich mit Verlangen.

Druckvorlage

Philipp Nicolai: *FrewdenSpiegel deß ewigen Lebens [...]*, Frankfurt 1599, Reprint Soest 1963 (Text und Melodie). Die Notenwerte auf *Wahrheit* bzw. *und mein* begegnen seit langer Zeit (wohl zuerst 1627 im Cantional bei Johann Hermann *Schein) in verdoppelter Länge. Dieser Eingriff wird hier, dem Erstdruck folgend, zurückgenommen, weil das Lied an rhythmischer Dynamik gewinnt, wenn die zweite und die vierte Zeile schneller gesungen werden. Orthographie und Zeichensetzung sind, unter Beibehaltung der Virgel (/), geringfügig modernisiert, kleine Fehler wurden verbessert. In der vorletzten Zeile (im Erstdruck *Bleib du nicht lange*) wurde das *du* getilgt. Die Zeilenbrechung Zeile 7/8, die im Erstdruck fehlt, wurde generell ergänzt. Der Erstdruck verzichtet auf die hier vorgenommene Zentrierung der Zeilen, so daß die Kelchform der Strophen, auf die spätere Interpreten immer wieder hingewiesen haben, dort nicht sichtbar wird. Sie wird als Sinnbild der Abendmahlsmotivik verstanden, die in der vierten Strophe vorkommt (*dein Leib und Blut / mich innerlich erquicken*).

Die Pest und das herrliche Wesen im ewigen Leben

Sympathisch wirkt er nicht, der leidenschaftliche Starrkopf, der mit eifernder Strenge die Sache der Lutheraner gegen Katholiken und Calvinisten verteidigte: Philipp Nicolai (1556–1608), seit 1596 Pfarrer in Unna, später Hauptpastor an Sankt Katharinen in Hamburg.[1] Von dem vielen, was er drucken ließ, haben nur zwei Lieder die Zeiten überdauert, *Wie schön leuchtet der Morgenstern* und *Wachet auf, ruft uns die Stimme.* In ihnen erkennt man den hartstirnigen Streiter nicht, der er sonst war. Es müssen Sternstunden gewesen sein, in denen er sie schrieb – vielleicht vor, vielleicht während der Pest, die 1597 in Unna herrschte. Zeitweise gab es täglich zwanzig bis dreißig Beerdigungen. Pfarrer Nicolai ließ sich nicht vom Grauen überwältigen, sondern schrieb ein Trostbuch, den bereits genannten *FrewdenSpiegel*

Philipp Nicolai, aus: *FrewdenSpiegel deß ewigen Lebens*

deß ewigen Lebens (erschienen 1599 in Frankfurt bei Johann Spies, der auch die *Historia von D. Johann Fausten* verlegt hat). Der Untertitel verspricht eine *Gründtliche Beschreibung deß herrlichen Wesens im ewigen Leben / sampt allen desselbigen Eygenschafften und Zuständen.* Im Anhang stehen vier Gedichte mit Melodien, an erster Stelle *Wie schön leuchtet der Morgenstern.*

Feierlich und prächtig

Nicolai hat die Melodie nicht übernommen, sondern dem Text auf den Leib geschrieben. Ihre Betonungen stimmen, jedenfalls in der ersten Strophe, meistens genau mit denen des Texts überein. In den späteren Strophen kommt es manchmal zu Spannungen. Das betonte c in *Wie schőn leuchtet* fällt zum Beispiel in der siebten Strophe auf ein unbetontes Wort: *Zwingt díe Saiten.*

In ihrer ersten, sich wiederholenden Hälfte, dem Aufgesang, schwingt sich die Melodie vom Grundton aus mit einfachen Mitteln (Dreiklang und Tonleiter) über die Quinte bis zur Oktave und über die Quinte wieder zurück zum Grundton. Dieser erste Teil ist bestimmt durch weiten Raum, rhythmische Abwechslung und Symmetrie. Im Abgesang dann folgen kleiner Raum, fast rufartige Gestalt (fallende kleine Terz), fast Sprechgesang (kleine Schritte), Wiederholung und Tempoverdoppelung. In der Schlußzeile steigt die Melodie plötzlich wieder zur Oberoktav an und klingt aus in einer Wiederaufnahme von Noten des ersten Teils, vor allem der Schlußwendung der dritten und sechsten Zeile, so daß sich der Kreis schließt. Der Gesamteindruck ist groß und weit, festlich und prächtig, feierlich und doch bewegt. Spätere Jahrhunderte haben häufig die rhythmische Lebendigkeit zugunsten eines pompösen Gleichmaßes eingeebnet. Erst im 20. Jahrhundert zieht die lebendige Rhythmik wieder in die Gesangbücher ein.

Wer ist der Morgenstern?

Der erste Eindruck trügt: Es handelt sich nicht um ein Morgenlied. Der *Morgenstern* ist vielmehr Jesus Christus. «Ich bin die Wurzel des Geschlechts David, ein heller Morgenstern», heißt es in der Offenbarung des Johannes (22,16). Jesus wird durch eine Genealogie beglaubigt, die von Jakob (Israel) über Jesse und seinen Sohn David zu Joseph, dem Zimmermann aus Nazaret, und zu ihm führt. In der Umgebung dieser Bibelstelle findet man zahlreiche Bilder des Nicolaischen Textes wieder, nicht nur Einzelheiten wie den *Jaspis* aus der dritten Strophe (Offb 21,11) und das *A und O* als Bild für Anfang und Ende aus der letzten (Offb 22,13 – das griechische Alphabet beginnt mit Alpha und endet mit Omega), sondern vor allem und zentral das Bild der Hochzeit: «Und ich, Johannes, sah die heilige Stadt, das neue Jerusalem, von

Gott aus dem Himmel herabfahren, bereitet als eine geschmückte Braut ihrem Mann» (Offb 21,2; ferner 19,7; 21,9–11). Auch der im Titel zitierte 45. Psalm ist ein Brautlied. Eine Königstochter wird dort, herrlich geschmückt, ihrem königlichen Bräutigam zugeführt. Nicolai hat das christologisch, ekklesiologisch und eschatologisch weitergeschrieben. Christologisch: Der königliche Bräutigam aus dem alttestamentlichen Psalm ist Christus. Ekklesiologisch: Die Braut Christi ist die Kirche (Eph 5,25). Eschatologisch: Die gläubige Seele, die dem Morgenstern ihr «geistlich Brautlied» singt, ist das neue Jerusalem, ist die erlöste Menschheit am Ende aller Tage, wenn Jesus als Bräutigam wiederkommen wird, alles neu macht und alle Tränen von unseren Augen wischt (Offb 22,4). Die Seele wiederum ist, als pars pro toto, die Kirche, denn auch die Kirche ist «Gottes Braut» (*Freudenspiegel*, S. 239). Sie ist zugleich «der Leib Christi» (1 Kor 12,27). Die singende Seele will *an deinem auserwählten Leib ein lebendige Rippe sein* (3. Strophe). Wie einst Eva als Rippe aus Adams Leib genommen wurde (Gen 2,22), so ist nun, in endzeitlicher Wiederholung der Schöpfungssituation, die Seele eine lebendige Rippe am Leib Christi.

Damit ist ein reicher Beziehungsraum eröffnet, aber doch erst nur die biblische, gewissermaßen offizielle Sicht dargestellt, die die «gläubige Seele» konsequent allegorisiert. Ganz will das Lied darin nicht aufgehen. Zu innig ist der Ton, in dem hier gesprochen wird, als daß dem singenden Menschen der frühen Neuzeit verboten werden könnte, sich höchstpersönlich als Braut und Jesus als Bräutigam zu empfinden. Die Hohelied-Auslegung der augustinisch-bernhardinischen Mystik, die Ende des 16. Jahrhunderts ihren Einfluß auch im Protestantismus wieder geltend machte, liefert das Rezept dafür. Die Imagination einer bräutlichen Beziehung zu Jesus nimmt in mystischer Zeitaufhebung die Wonne der Endzeit vorweg. Dem verdankt das Lied seine verzückten Metaphern.

Wenigstens am Vorschein der Endzeit können wir also schon heute teilhaben. Die mystische Vorwegnahme wird ja auch unterstützt durch kirchliche Gnadenmittel, die uns schon in dieser Zeit erfrischen. Das ist «wörtlich» gemeint (doppelsinnig, wie Metaphern nun einmal sind). Wir dürfen Christus hören und schmecken: *Dein süßes Evangelium/ ist lauter Milch und Honig* (2. Strophe). Wir dürfen ihn im Abendmahl empfangen: *Dein Wort/ dein Geist/ dein Leib und Blut/ mich innerlich erquicken* (4. Strophe).

Das mystische Ich ist freilich nicht das gefühlige Privat-Ich des bürgerlichen Individuums. Nicht eine psychologische Erfahrung bringt Nicolai zum Ausdruck, sondern eine spirituelle, die im Prinzip jedem zugänglich ist. Er erzeugt sie mit einer Art von geistlichem Sachverstand. Die Raffinesse, mit der er eine Vielfalt biblischer Anspielungen montiert, kommt nicht aus gefühlvoller Intuition, sondern aus höchst bewußter Artistik. Es geht um Kunstarbeit, nicht um Erlebnislyrik.

Kunstarbeit bezeugt auch der artistische Strophenbau: eine zwölfzeilige Kanzonenstrophe, in deren Aufgesang zwei je dreizeilige Stollen durch einen Schweifreim verbunden sind und deren Abgesang, als Zeichen der Freude jubelnd überreich an Reimen, aus sechs Zeilen besteht, die von zwei auf vier und schließlich acht Silben anwachsen. Die Anfangsbuchstaben der Strophen bilden darüber hinaus ein Akrostichon; sie ergeben, hintereinandergelesen, die Anfangsbuchstaben von *Wilhelm Ernst Graf vnd Herr zu Waldeck*, dem Sohn des Fürsten der Waldeckischen Lande, dessen Erzieher Nicolai eine Weile war und der 1598, mit nur fünfzehn Jahren, an der Ruhr gestorben war.

Angesichts dieses Todesfalls und während «Schwestern/ Bluts-Freunden vnd Schwägern durch die Peste erwürget und hingerissen» werden,[2] singt Philipp Nicolai vom Freudenfest des ewigen Lebens. Es ist ein Liebes- und Hochzeitsfest, mit Blumen geschmückt ist der Saal, es gibt süße Speisen, Kostbarkeiten und Musik. Das Brautpaar ist schön und zärtlich zueinander vor aller Augen: *Nimm mich/ freundlich/ in dein Arme/ daß ich warme/ werd von Gnaden.* Wenn ihr wüßtet, wie schön das sein wird, lockt Nicolai die jungen Leute, würdet ihr euch «aller weltlichen Lust Seuche entschlahen [...] vnnd singen eytel Geistliche Brautlieder von Christo dem schönesten vnter den Menschen Kindern/ vnnd seiner ewigen Hochzeit in dem Paradeis deß ewigen Lebens».[3]

Geächtet und gezüchtigt

Die biblische Grundlage des Liedes in den Schlußkapiteln der Offenbarung des Johannes und damit sein auf das Ende der Zeiten bezogener Charakter sind in der Verwendungs- und Wirkungsgeschichte[4] fast ganz untergegangen. Das Lied steht im evangelischen Gesangbuch bis heute meistens in der Rubrik «Epiphanias» (Erscheinung des Herrn, Dreikönigstag). Der Morgenstern wurde im engeren Sinne als Stern von Betlehem identifiziert, der die drei Weisen aus dem Morgenland zum Kind in der Krippe führt, im weiteren Sinne als Aufscheinen der Herrlichkeit Christi in dieser Welt verstanden.

Aber auch andere liturgische Zuordnungen sind belegt. Nicht selten begegnet das Lied bei Beerdigungen. Wenn beim *Nimm mich freundlich in dein Arme* der Sarg hinabgelassen wird, vermischen sich ergreifend Abschiedsschmerz und Vorschein der Ewigkeit. Auch bei Hochzeiten wurde der *Morgenstern* früher oft gesungen. Sofern die irdische Hochzeit Bild des ewigen Lebens ist, ist das völlig sachgemäß. Kritik daran erhob sich dennoch. Sie läßt sich am Schicksal des Textes ablesen. Daß man die Liebesmetaphorik allzu wörtlich verstehen könnte, befürchtete die Geistlichkeit seit langem und vielerorts, die «Keuschheit der Tropen» nicht einräumend, von der der alte Goethe sprach.[5] Daß es ein kühnes und esoterisches Lied sei, dessen Mystik nur für wenige tauge, das man jedoch der Masse der Gläubigen nicht zumuten könne, diese Ansicht beherrscht die Diskussion bis heute. Das Ergebnis ist, daß das Lied fast nirgends unverändert in seinem Urtext erscheint, auch nicht im *neuen *Evangelischen Gesangbuch* (1993), erst recht nicht in den katholischen Gebieten, wo es vor 1945 selten, nach 1945 verbreitet auftaucht, aber stets in mehr oder weniger verstümmelten Fassungen.

Was in aller Regel bis heute herauszensiert wird, sind die lateinischen Vokabeln (zum Beispiel *gratiosa coeli rosa*, gnadenreiche Himmelsrose), das Bild von der lebendigen Rippe, die zärtlichen Diminutive und gewisse erotische Bilder. Obgleich es schon vorher gelegentlich zu Texteingriffen kommt, finden sich solche gehäuft und auf breiter Front erst seit der Aufklärung, die gesangbuchgeschichtlich in den siebziger Jahren des 18. Jahrhunderts wirksam wird. Auf Verständlichkeit bedacht, strichen die Aufklärer die pretiösen lateinischen Wendungen, auf Vernünftigkeit bedacht, ersetzten sie die kühnen Bilder durch blasse Begriffe, auf Sittenstrenge bedacht, tilgten sie die Erotica. Im **Berliner Gesangbuch* von 1780, dem dann viele andere Bücher folgen, lauten die ersten drei Strophen (verfaßt von Johann Adolph Schlegel):[6]

1. Wie herrlich stralt der Morgenstern! o welch ein Glanz geht auf vom Herrn!
Wer sollte sein nicht achten? Glanz Gottes der die Nacht durchbricht!
du bringst in finstre Seelen Licht, die nach der Wahrheit schmachten.
Dein Wort, Jesu, ist voll Klarheit, führt zur Wahrheit und zum Leben.
Wer kann dich genug erheben!

2. Du, hier mein Trost und dort mein Lohn! Sohn Gottes und des Menschen Sohn! des Himmels großer König! von ganzem Herzen preis ich dich! hab ich dein Heil, so rühret mich das Glück der Erde wenig: Zu dir komm ich; wahrlich keiner, tröstet deiner sich vergebens, wenn er dich sucht, Herr des Lebens!

3. Durch dich nur kann ich selig seyn. O drücke tief ins Herz mir ein Empfindung deiner Liebe; damit ich ganz dein eigen sey, aus Weltsinn deinen Dienst nicht scheu und dein Gebot gern übe. Nach dir, nach dir, den ich fasse, und nicht lasse, ewig wähle, dürstet meine ganze Seele!

Der Versuchung, den Morgenstern auf den Tagesanbruch zu beziehen, entgeht auch Schlegel nicht. Tragend wird, typisch für die Aufklärung, die Lichtmetaphorik, auf Kosten der Bilder von Brautschaft und Hochzeit. Die Liebe wird nicht mehr erotisch, sondern moralisch aufgefaßt: *und dein Gebot gern übe* ist ihre Pointe. «Wie anders», schrieb Goethe an seinen Freund Carl Friedrich Zelter, wieviel passender und gehöriger «klingt das proscribirte [geächtete] Lied: *Wie schön leuchtet der Morgenstern!* als das castigirte [gezüchtigte], das man jetzt auf dieselbe Melodie singt [...]. Dies ist aber nicht der einzige Punkt worüber man muß verzweifeln lernen.»

Bis zum Ersten Weltkrieg herrscht in den Gesangbüchern ein unglaublicher Wirrwarr von Fassungen dieser Art, von Nachdichtungen und Mischgebilden aus Elementen des Urtexts und solchen aus den verschiedensten Bearbeitungen. Die geschilderten Änderungstendenzen lassen sich immer deutlich erkennen. Im **Elberfelder Gesangbuch* von 1858 fehlen zum Beispiel die *süße Wurzel Jesse*, die *lebendige Rippe*, das liebeskranke Herz und die *Äugelein*. Aus *Daß ich warme werd von Gnaden* wird *Hilf mir Armen aus Erbarmen*, aus der *Braut* wird der *Freund*, *Eia, eia* wird zu *Heil mir, Heil mir*, und aus dem *wunderschönen Bräutigam* wird ein *Seelenbräutigam*. Die Kühnheiten verschwinden, die Erotik wird entschärft, das Lied wird «fromm».

Im Laufe des 19. und verstärkt im 20. Jahrhundert kommt es zu einem mühsamen und immer wieder umstrittenen Wiederherstellungsprozeß. Wie wenig die Ängstlichkeit gegenüber diesem Lied überwunden ist, zeigt am deutlichsten die Stelle im Abgesang der vierten Strophe, wo Nicolai dichtete: *Nimm mich freundlich in dein Arme, daß ich warme werd von Gnaden*. Im *EKG, im **Gotteslob* und im *EG ist *Daß ich warme werd von Gnaden* ersetzt durch *Herr, erbarme dich in Gnaden*. Aus dem Liebeslied wird so ein Sünden-, Not- und Elendslied – ein krasser Eingriff in die Sinnstruktur, unverständig insbesondere, weil es doch bei der Wiederkehr Christi gar keinen Erbarmensbedarf mehr gibt: «Der Tod wird nicht mehr sein, noch Leid, noch Geschrei, noch Schmerzen wird mehr sein» (Offb 21,4).

H. K.

Wachet auf, ruft uns die Stimme

Edition

1. Wachet auf/ ruft uns die Stimme/
Der Wächter sehr hoch auf der Zinnen/
Wach auf du Stadt Jerusalem.
Mitternacht heißt diese Stunde/
Sie rufen uns mit hellem Munde/
Wo seid ihr klugen Jungfrauen?
Wohlauf/ der Bräutgam kommt/
Steht auf/ die Lampen nehmt/
Halleluja.
Macht euch bereit/ zu der Hochzeit/
Ihr müsset ihm entgegen gehn.

2. Zion hört die Wächter singen/
Das Herz tut ihr von Freuden springen/
Sie wachet und steht eilend auf:
Ihr Freund kommt vom Himmel prächtig/
Von Gnaden stark/ von Wahrheit mächtig:
Ihr Licht wird hell/ ihr Stern geht auf.
Nun komm du werte Kron/
Herr Jesu Gottes Sohn/
Hosianna.
Wir folgen all zum Freuden-Saal/
Und halten mit das Abendmahl.

3. Gloria sei dir gesungen/
Mit Menschen- und Englischen Zungen/
Mit Harfen und mit Cymbaln schön:
Von zwölf Perlen sind die Pforten
An deiner Stadt/ wir sind Consorten
Der Engel hoch um deinen Thron/
Kein Aug hat je gespürt/
Kein Ohr hat mehr gehört/
Solche Freude.
Des sind wir froh/ jo/ jo
Ewig in dulci iubilo.

Druckvorlage

Die Edition folgt in Text und Melodie dem Erstdruck des Liedes: Philipp Nicolai, *FrewdenSpiegel deß ewigen Lebens,* Frankfurt/Main 1599 (Reprint Soest 1963), S. 412f. Das Lied ist dort überschrieben: *Ein anders von der Stimm zu Mitternacht / vnd von den klugen Jungfrauwen / die jhrem himmlischen Bräutigam begegnen / Matth. 25.* | *D. Philippus Nicolai.* Der Text wurde orthographisch modernisiert.

Pest und Himmel

> Es uberfiel die Pest/ mit ihrem Sturm und Wüten die Statt/ wie ein unversehnlicher Platzregen und Ungewitter/ ließ bald kein Hauß unbeschädiget/ brach endlich auch zu meiner Wohnung hieneyn/ unnd giengen die Leut/ meistes theils mit verzagtem Gemüth/ und erschrockenen Hertzen/ als erstarret und halb todt daher [...]. In solchem Jammer und Elend (als es hie zu Unna in allen Gassen rumorte/ und offtmals etliche Tage an einander/ uber die zwantzig/ nun vier/ sieben/ acht oder neun und zwantzig/ und biß in die dryssig Todten/ nicht weit von meiner Wohnung/ auf dem Kirchhoffe/ unter die Erden verscharret worden) hab ich mit Todtes Gedancken mich immer schlagen müssen [...][1]

Es gehört wohl zu den unauslotbaren Möglichkeiten menschlicher Existenz, angesichts der Katastrophe nicht nur in die aufbegehrenden Klagen eines Hiob oder in die zermürbten Jammerreden eines Jeremia zu verfallen, sondern auch freudig geistliche Brautlieder anstimmen zu können und wie Verliebte der Vernichtung zu spotten: *Deß sind wir froh / jo / jo / Ewig in dulci iubilo.*

Als Philipp Nicolai am 10. August 1598 die eben zitierte Beschreibung der Pest notiert, begeht er seinen 42. Geburtstag und kann auf ein bewegtes Leben zurückblicken. Der Sohn eines zur lutherischen Lehre übergetretenen

Pfarrers, in Mengeringhausen bei Arolsen geboren, soll, wie seine älteren Brüder, Prediger werden. Nach einer Ausbildung an verschiedenen Orten beendet er 1580 sein Theologiestudium in Wittenberg und sieht sich als linientreuer Lutheraner bald in einen aufreibenden Zweifrontenkrieg gegen Katholiken auf der einen und Calvinisten auf der anderen Seite verstrickt. Hier entdeckt Nicolai sein rhetorisches Talent. Streitschrift auf Streitschrift wirft er hinaus, alle sind sie gelehrt und gehässig. Natürlich ist – wie zu allen Zeiten – auch das Kirchenlied ein Knüppel in diesem Kampf: *Ein Klagelied der christlichen Kirchen zu Gott über die Calviner und Rottengeister,*[2] so der Titel eines Stückes, das er seiner voluminösen Abrechnung *Notwendiger und ganz vollkommener Bericht von der ganzen Calvinischen Religion* (1596) beigibt.[3] Doch sind seine Streitlieder ohne literarischen oder theologischen Wert. Nicht die Polemik, die Pest läßt ihn zum Poeten werden.

Die Gegner sind in der Wahl ihrer Mittel ebenfalls nicht zimperlich. Von katholischer Seite wird er mit physischer Gewalt aus seiner Pfarrstelle in Herdecke/Ruhr vertrieben, calvinistische Kreise verhindern mit subtiler Intrige die Erlangung des Doktordiploms an der Universität Marburg. 1596 nimmt Nicolai schließlich ein Pfarramt im westfälischen Unna an. Auch hier soll er das Luthertum gegen katholische und calvinistische Angriffe verteidigen. Nicolai ist gerüstet, doch kommt die eigentliche Bedrohung aus einer ganz anderen Richtung. 1597 bricht in Unna die Pest aus; bis Jahresfrist fordert sie in der Stadt 1400 Opfer. Und nicht allein hier, auch in der Heimat Nicolais wütet der Schwarze Tod:

> Deßgleichen in NiederHessen/ unnd in der Graffschaft Waldeck/ meinem lieben Vatterland/ zu Corbach/ Wildungen und Mengerinchhausen/ fählet es auch nicht: Und was einer an solchen Orten/ hin und wider/ von bekannten Freunden hatte/ davon höret er fast nichts/ denn von iren Kranckheiten/ und tödtlichem Abschiedt von diesem Leben. In massen denn auch mir eytel trawrige Zeitungen/ und trawrige Bottschaft zun Ohren kamen/ von etlichen meinen Schwestern/ BlutsFreunden und Schwägern durch die Peste erwürget und hingerissen.[4]

In diesen Monaten der grassierenden Seuche fehlt Nicolai der Sinn für Konfessionsgezänk und Parteienpropaganda. Sein Sinnen richtet sich vom Diesseits auf das Jenseits, auf das «wunderschöne Paradeys» und das «himmlische Land Canaan». Er errichtet eine Gegenwelt: Inmitten von Tod und Elend meditiert er das «freuwdenreiche Leben» im «himmlischen Vatterland», wo «unser lieber Gott/ sein Volck/ nach der müheseligen Pilgrimschaft dieses weltflüchtigen Lebens/ droben im Himmel erquicket.»[5] Angesichts der lebensbedrohlichen Katastrophe gibt die Kraft zum Weiterleben die Vision des ganz Anderen:

> Da war mir nichts süssers/ nichts liebers/ und nichts angenemmers als die Betrachtung deß edlen hohen Artickels vom ewigen Leben/ durch Christi Blut erworben. Ließ denselben Tags und Nachts in meinem Hertzen wallen/

> und durchforschte die Schrifft/ was sie hievon zeugete/ Lase auch deß alten Lehrers Sanct Augustini liebliche Tractätlein/ darinn er diß hohe Geheimnuß/ als ein Nüßlein auffbeisset/ und den wundersüssen Kern herauß langet. Brachte darnach meine meditationes von Tage zu Tage in die Feder/ befand mich/ Gott Lob/ darbey sehr wol/ von Hertzen getrost/ frölich im Geist/ und wol zu frieden.[6]

Es entsteht so in trostloser Zeit das Trostbuch *FrewdenSpiegel deß ewigen Lebens. Das ist: Gründtliche Beschreibung deß herrlichen Wesens im ewigen Leben/ sampt allen desselbigen Eygenschafften und Zuständen/ auß Gottes Wort richtig und verständlich eyngeführet. Auch fernere/ wolgegründte Anzeig vnd Erklärung/ was es allbereit für dem jüngsten Tage für schöne und herrliche Gelegenheit habe mit den außerwehlten Seelen im himmlischen Paradeiß. Allen betrübten Christen/ so in diesem Jammerthal/ das Elende auff mancherley Wege bauwen müssen/ zu seligem und lebendigem Trost zusammen gefasset.* Gedruckt wird das Buch 1599 in Frankfurt am Main.[7]

Trotz seines sich in scholastischen Distinktionen ergehenden Indexes ist das Werk keine dürre und abstrakte schulweisheitliche Lehre über die ‹Letzten Dinge›. Was uns hier entgegentritt, sind vielmehr hymnisch-preisende Meditationen über die Pracht, Freude und Herrlichkeit des zukünftigen Lebens im himmlischen Jerusalem, wo «uns freundlich anblicken und anlachen die heyligen Engel/ und das gantze himmlische Heer [...] uns selig preisen»[8] wird. In immer neuen Anläufen geht der Autor die biblischen Bilder von der Himmlischen Stadt durch, vom Hochzeitsmahl, von den frohlockenden Engelschören, vom lieblichen Bräutigam des Hohenliedes; er entfaltet in der Schrift nur Angedeutetes zu überbordenden Visionen, verknüpft Bekanntes zu einem neuen Ganzen. Gewidmet ist das Werk der Obrigkeit und

> der gantzen löblichen Gemeine/ [...] daß sie/ und alle Gottselige Bürger und Bürgerin/ verlassene Wittwen und Waysen/ trawrige und bekümmerte Hertzen (so ihrer nahen Freundtschaft in währenden Pestilentzläufften/ durch den zeitlichen Todt/ auff dieser Welt beraubt worden sind) sich hierinn ergetzen/ den seligen freudenreichen Zustandt aller Außerwehlten/ bey unserem lieben Gott/ in seinem Reich des Schawens/ darauß vernemmen/ sich dessen trösten/ und daher auch all ire Gedancken/ von der Welt ab zu Gott gen Himmel/ und nach dem ewigen Vatterlandt hinwenden mögen.[9]

Dem Buch sind vier Lieder beigegeben, drei stammen von Philipp Nicolai selbst, eines wurde von seinem Bruder Jeremias verfaßt. Zwei der drei Stücke Philipps gehören zum besten und bekanntesten, was das deutsche Kirchenlied hervorgebracht hat: *Wie schön leuchtet der Morgenstern* und «ein anders [geistliches Brautlied] von der Stimm zu Mitternacht/ und von den klugen Jungfrauwen/ die ihrem himmlischen Bräutigam begegnen/ Mtth 25»:[10] *Wachet auf, ruft uns die Stimme.*

Aus: *Christian Zeisens, Himmels-schöne, Königliche Braut-Kammer, Welche Der überirdische Salomo und hochverliebte Menschen-Freund Christus JEsus Seiner lieben Sulamithin, Einer jeden gläubigen Seelen und Himmels-ächzenden JEsus-Braut tröstlich zubereitet, und sie auf das holdseligste dahin einladet; Bestehend aus einem nach Anleitung Göttlichen Worts verfertigten Gebet- und Gesang-Buch [...]*, Leipzig 1731.
In zwei Kupferstichen wird das Wort des Hohenliedes «Der König führet mich in seine Kammer» (Hld 1,4) dargestellt. Der Tod (linkes Bild) ist Eingang in die himmlische Herrlichkeit (rechtes Bild), wo die Hochzeit gefeiert wird, von der das Gleichnis der Klugen Jungfrauen spricht (Mt 25,1–13).

Die klugen Jungfrauen

Das Lied ist aufs engste mit dem *Freudenspiegel* verknüpft. Alle seine Motive lassen sich, meist wörtlich, im Trostbuch wiederfinden. *Wachet auf* kann als die poetisch-musikalische Antwort auf die Frage zu Beginn des *Freudenspiegels* verstanden werden, «was das ewige Leben für ein Leben sey»,[11] nämlich, wie es dort heißt,

> ein Leben der einbrünstigen reinen Liebe/ ein recht hochzeitlich Leben/ ein Leben der süssen und himmlischen Wollust. [...] So ists ein Paradeiß/ so ein Freuwdensaal/ so ein Statt Gottes/ so ein Land der Lebendigen/ und eine [...] Hochzeit ...[12]

Gemeinsam ist Lied und Trostbuch auch das Verfahren, biblische Bilder neu zu kombinieren und kreativ auszumalen. Deutlich wird dies schon in der 1. Strophe: Ihr Zentrum bildet das auch in der Liedüberschrift genannte ‹Gleichnis von den klugen und törichten Jungfrauen› (Mt 25,1–13), jene Geschichte also, die von zehn Brautjungfern erzählt, die lange auf den sich verspätenden Bräutigam warten müssen und darüber einschlafen. «Mitten in der Nacht aber hörte man schließlich laute Rufe: Der Bräutigam kommt! Geht ihm entgegen!» (Mt 25,6) Jetzt zeigt sich aber, daß nur fünf der Mädchen, die *klugen*, Öl für ihre Lampen bereithalten, ihre Lichter deshalb entzünden und den Bräutigam zur Hochzeit geleiten können. Die anderen fünf, die *törichten*, müssen sich das Öl erst beim Krämer besorgen, kommen zu spät und finden die Tür zum Hochzeitssaal verschlossen. – Den Weckruf der Parabel legt Nicolai nun aber jenen Wächtern aus dem Buch Jesaja in den Mund, die das Kommen Gottes und seine Vermählung mit der Stadt Jerusalem ankündigen sollen: «Wie der junge Mann sich mit der Jungfrau vermählt, so vermählt sich mit dir dein Erbauer. Wie der Bräutigam sich freut über die Braut, so freut sich dein Gott über dich. Auf deine Mauern, Jerusalem, stelle ich Wächter» (Jes 62,5). «Wach auf, Zion, wach auf. [...] Horch, deine Wächter erheben die Stimme, sie beginnen alle zu jubeln. Denn sie sehen mit eigenen Augen, wie der Herr nach Zion zurückkehrt» (Jes 52,1.8). – Gleichzeitig knüpft das Motiv der rufenden «Wächter auf den Zinnen» auch an die Tradition des weltlichen und geistlichen Tageliedes an, dessen Wurzeln weit zurück im Mittelalter liegen. In seiner weltlichen Version stellt es den Wächter als Warner zweier heimlich Liebender dar, die nun bei Tagesanbruch Abschied voneinander nehmen müssen. In der geistlich gewendeten Kontrafaktur wird der morgendliche Weckrufer zum Warner der Sünder, der zur Buße ruft und mahnt, sich vom ‹Schlaf der Sünde› zu erheben. So dichtete bereits einige Jahrzehnte vor Nicolai auf der Grundlage eines weltlichen Liedes der mecklenburgische Pfarrer Daniel Rump:

> Für freudn singn vns d' wechter an der zinne:
> Wacht auff ir Herrn mit ewrem gesinde!
> Wacht auff zu dieser freuden Zeit,
> Vnd frist ewr Seel, und fristet ewren leib.[13]

Nicolai verarbeitet die Motive der biblischen und literarischen Traditionen souverän zu einem neuen Sinngefüge. Ihm geht es nicht wie dem geistlichen Tagelied oder dem matthäischen Gleichnis um Buße bzw. Vorbereitetsein in

Erwartung des Bräutigams – die Pointe der biblischen Parabel ist ja das Bereithalten des Öls, das über klug und töricht, Teilnahme oder Ausschluß von der Hochzeit entscheidet –, er konzentriert die Aufmerksamkeit einzig auf den Augenblick des Kommens des Bräutigams und auf die Reaktionen, die dieses freudige Ereignis auf die sehnsüchtig Wartenden haben soll (nicht weniger als sechs Imperative prägen die Strophe). Von Buße, Ausschluß, Gericht oder Scheitern ist mit keiner Silbe die Rede; es gibt hier nur *kluge Jungfrauen.*

Nach der Logik des *Freudenspiegels* und des Liedes selbst sind die klugen Jungfrauen die Verstorbenen, die in Christus Entschlafenen, die von der Wächterstimme zur Auferstehung erweckt werden. Das zukünftige Leben, so Nicolai im Trostbuch, wird

> ein Hochzeit genennet/ auff welcher Christus mit seinen Außerwehlten Kindern des Liechts (die selig in dem Herrn entschlafen sind) sich erfreuwet/ und dahin er auch von diesem Jammerthal absondert alle/ die seiner Zukunft mit gläubigem Hertzen/ gleich als mit brennenden Lampen erwarten. Denn er vergleichet sich einem Breutigam/ der zu Mitternacht anklopffet/ und dem seine gottselige Christen/ als kluge Jungfrauwen/ mit brennenden Lampen entgegen kommen/ und gehen mit ihm hineyn zur Hochzeit.[14]

Die singende Gemeinde, der Nicolai die Verse in den Mund legt, nimmt in der Identifikation mit den Verstorbenen (*rufft uns die Stimme*) ihre eigene Bestimmung voraus und hält so die «frölich Hoffnung» nach dem himmlischen Jerusalem wach; und diese Hoffnung ist schon jetzt, so Nicolai weiter, für «betrübte Wittwen und Waysen», für alle, die «den tödtlichen Abgang ihrer Freunde beweinen», ein «edler, reicher Trost».[15]

Braut und Bräutigam

In Strophe 2 ist das Verfahren des Verwebens biblischer Verweise noch engmaschiger ausgeführt als in der ersten Strophe. *Zion* und *Wächter* nehmen Jes 52,1.8 wieder auf, verbunden mit Motiven aus dem Hohen Lied Salomons: «Ich schlief, aber mein *Herz war wach* [...]. *Ich stand auf,* daß ich meinem Freunde auftäte» (Hld 5,2.5). Die Charakterisierung des *Freundes* mit *von Gnaden starck/ von Warheit mächtig* verknüpft die Substantive aus dem Prolog des Johannesevangeliums (Joh 1,17: «Die *Gnade* und *Wahrheit* ist durch Jesus Christus geworden») mit den Adjektiven aus Ps 24,8 («Wer ist der König der Ehre? Der Herr, *stark* und *mächtig*»). Eine ähnlich kunstvolle Verschiebung von Substantiven und Adjektiven ist bei der Beschreibung des Freundes als *helles Licht* und *aufgehender Stern* zu beobachten. Im Hintergrund stehen hier Jes 60,1: «Mach dich auf, (Zion), werde licht; denn dein Licht kommt, die Herrlichkeit des Herrn geht über dir auf» und Offb 22,16: «Ich, Jesus [...] bin der *helle Morgenstern.*» Die Anrede *du werthe Kron* geht zurück auf Jes 28,5 («Zu der Zeit [der Erlösung Israels] wird der Herr Zebaoth eine liebliche

Krone sein und ein herrlicher Kranz für die Übriggebliebenen»), während der Bittruf: *Nun komm ... Herr Jesu* den urchristlich-aramäischen Ruf «Maranata» («Unser Herr, komm!», vgl. 1 Kor 16,22; Offb 22,20) aufnimmt, der in ältester Zeit in Verbindung mit dem Abendmahl stand. *Hosianna* zitiert den Einzug Jesu in Jerusalem (Mt 21,5), der schon den frühen Kirchenvätern als Vorbild für das endzeitliche Kommen des Gottessohnes galt. Das *Abendmal* als Höhepunkt der Begegnung zwischen Zion und dem Freund liegt im Schnittpunkt des vom Jungfrauen-Gleichnis (Mt 25) und Offb 19,9 her zu erwartenden Hochzeitsmahles und der Ankündigung Jesu beim letzten Abendmahl:

> Ich habe mich sehr danach gesehnt, vor meinem Leiden dieses Paschamahl mit euch zu essen. Denn ich sage euch: Ich werde es nicht mehr essen, bis das Mahl seine Erfüllung findet im Reich Gottes. [...] Darum vermache ich euch das Reich, wie es mein Vater mir vermacht hat: Ihr sollt in meinem Reich mit mir an meinem Tisch essen und trinken. (Lk 22,15.29)

Inhaltlich führt Strophe 2 die Aufeinander-zu-Bewegung aus Strophe 1 (*Der Bräutgam kompt – Ihr müsset ihm entgegen gehn*) fort: *Zion ... steht eilend auff: Ihr Freund kompt.* Unter der Hand verwandeln sich jedoch die Brautjungfern aus Strophe 1 in die Braut selbst: Zion, ursprünglich der Berg des Jerusalemer Tempels, ist schon bei Jesaja die Vermählte Gottes, die Jungfrau, die Braut (Jes 62,4f.). Nicolai gelingt es durch diese geniale Transposition, tatsächlich eine hochzeitliche Zweierbeziehung zu schildern, in deren Intimität sich auch die Einzelseele, herausgehoben aus der Vielzahl der den Bräutigam Erwartenden, wiederfinden kann:

> Die außerwehlte Seele ist die Königliche Braut/ unnd Jesus Christus ist ihr Königlicher Bräutigam [...] Hie gehet die seelige Freuwde und die himmlische Wollust recht an/ und in vollem Schwang/ deren in den Hohenlieder Salomonis mit verblümten Worten gedacht wirdt. Da kommpt die Seele auß dem Reich deß Glaubens/ in das Reich des Schauwens [...]: O sehe ich dich nur einmal (mag sie sagen) du grosser EhrenKönig/ und mein hertzallerliebster Freundt unter viel tausendt außerkohrn: O Jesu/ du Krone meines Hauptes/ und mein einiger Trost/ mein hertzliche Freude und Wonne: O nun müssestu hochgepreiset/ hochgelobt/ und hochgeehret seyn/ du Wurtzel Jesse/ du heller Morgensterne/ und König deß ewigen Lebens: Hosianna [...].[16]

Im Freudensaal

Mit dem Ende der zweiten Strophe ist die Dynamik des Aufeinanderzugehens an ihr Ziel gekommen: Die Jungfrauen sind dem Bräutigam in den Freudensaal gefolgt. Die dritte Strophe verzichtet daher ebenso auf Verben der Bewegung, wie die Licht- und Hochzeitsmetaphorik in den Hintergrund tritt. Was alle drei Strophen verbindet, ist die Topographie der himmlischen Stadt: Von den *Zinnen* Jerusalems (Str. 1) führt das Lied über den *Freuwdensaal* (Str. 2) durch die *Pforten* zum *Thron* (Str. 3). Die ganze Atmosphäre der Schlußstrophe ist durch die Vision der Offenbarung des Johannes über den immerwährenden Lobpreis bestimmt, den die Engel allezeit vor Gottes Thron erklingen lassen: «Und ich sah und hörte eine Stimme vieler Engel um den Thron [...]: Dem, der auf dem Thron sitzt, und dem Lamm sei Lob und Ehre und Preis [*gloria*] und Gewalt von Ewigkeit zu Ewigkeit» (Offb 5,11). Auch das architektonische Detail der Pforten folgt der Schrift des Sehers auf Patmos (Offb 21,21: «Und die zwölf Toren waren zwölf Perlen»), während die Begleitinstrumente der Singenden dem letzten Stück des Psalmenbuches, dem großen Halleluja von Ps 150, entliehen sind (Ps 150,3: «Lobt ihn mit Harfe und Zither»). In diesen himmlischen Lobpreis stimmen auch die Menschen mit ein, da sie nunmehr als *Consorten*, als Glücksgenossen der Engel, Anteil an deren Bestimmung haben – gemäß dem Wort Jesu, wonach die Auferstandenen «sein werden wie Engel» (Mk 12,25). Die unsagbare Unbeschreiblichkeit dieser himmlischen Liturgie – das *innarrabilis* und *ineffabilis* der Mystiker – ist mit den Worten aus 1 Kor 2,9 angedeutet: «Wir verkündigen, wie es in der Schrift heißt [Jes 64,3], was kein Auge gesehen und kein Ohr gehört hat, was keinem Menschen in den Sinn gekommen ist: das Große, das Gott denen bereitet hat, die ihn lieben.» Das Trostbuch markiert mit dem Bibelwort ausdrücklich die Differenz zwischen (irdischem) Bild und (himmlischer) Wirklichkeit:

> [...] der Himmel ist nicht ein irdisch Paradeiß/ noch ein *campus Elysius*, oder weltlich FrewdenFeld/ unnd FreuwdenLand/ davon die Poeten fabulieren/ sondern ein FreuwdenOrt/ dergleichen kein Auge gesehen/ kein Ohr gehöret/ unnd kein menschlich Hertz erfahren hat.[17]

Auch das Bild der Hochzeit unterliegt diesem erkenntnistheoretischen Vorbehalt: «die unaussprechliche Magnificenz und Pracht der himmlischen Hochzeit/ [wirdt uns] durch irdische Bilder in den hohen Liedern Salomonis/ als auch sonst hin und wider in der Schrift angedeutet/ und gleich als von ferne her erkläret/ damit wir gleich den jungen Kindern/ etwas von diesem edlen/ freuwdenreichen Geheimnuß in dieser Welt anheben zu lallen und zu buchstabieren».[18] Die Freuden des Himmels übersteigen alle Bilder – diese sind nur eine ‹Erklärung von ferne›, ein ‹Lallen›. Das Lied deutet den im *Freudenspiegel* direkt ausgesprochenen Vorbehalt indirekt an: Die Schlußstrophe spricht nicht mehr von Brautjungfern, Bräutigam und Hochzeit – was zu sagen ist, läßt sich höchstens noch in der Sphäre der Musik ausdrücken: *Gloria sey dir gesungen / Mit Menschen und Englischen Zungen / Mit Harpffen und mit Cymbaln schön.* Doch selbst hier versagen schließlich die Worte, der Gesang geht in ein Jauchzen über und in das Lied, das der Legende nach ein Engel selbst aus den himmlischen Sphären mitbrachte:[19] *Deß sind wir froh / jo / jo / Ewig in dulci iubilo.*

Zur Melodie

Kongenial zum Text des Liedes ist die Melodie. Die wenigen Versuche, Nicolai – von dessen musikalischer Ausbildung wenig bekannt ist – die Vertonung seines Textes abzusprechen, konnten nicht überzeugen, auch wenn die neuere Forschung nicht nur einen Einfluß von Hans Sachs' Silberweise *Salve ich grus dich schone,* sondern auch von den ‹eigentümlichen› Straßburger Kirchenliedweisen aufgedeckt hat,[20] ein Umstand, der sich aus der Biographie Nicolais kaum erklären läßt.

Die Strophen sind für ein Gemeindelied ungewöhnlich lang; sie singbar zu machen bedarf es eines balancierten, aber doch spannungsreichen musikalischen Duktus. Nicolai bedient sich der sogenannten Barform: Sie besteht aus zwei Teilen, Stollen und Abgesang, wobei der Stollen wiederholt wird. Die kunstvolle Form wird gefüllt mit einfachen und klaren Mitteln der Dreiklangs- und ‹Tonleiter›-Melodik, elementaren Motiven, die ein rasches Erlernen der Weise begünstigen. Spannung wird durch den Tonumfang aufgebaut: Schon in den ersten anderthalb Zeilen erreicht er die Dezime (von f' bis a'), um in den nächsten anderthalb Zeilen auf den Grundton zurückgeführt zu werden (von a' bis f'). Geschlossenheit erhält das Gefüge durch die Parallelität der letzten Stollenzeilen (*Wach auff du Statt Jerusalem* bzw. *Wo seydt ihr klugen Jungfrauwen*) mit der letzten Zeile des Abgesangs (*Ihr müsset ihm entgegen gehn*).

Charakteristisch ist die Wort-Ton-Verbindung, in der Sprechmelodie und musikalische Betonung Hand in Hand gehen. Der Beginn ist wie mit einem Bläsersignal durch die Folge f' a' c'' markiert (*Wachet auf*). Die Spitzentöne treffen auf die Silben *Hoch auf der Zinne* (a'' g'' a'' g'') – wobei neben der Höhe auch das Zickzack der Zinnen dargestellt scheint – und *zu der Hochzeit* (f'' a'' g'' f''); in der 2. Strophe ist an diesen Stellen von dem freudig springenden Herzen und dem Freudensaal die Rede. Das stufenweise Abwärtsschreiten der Phrase *der Bräutgam kommt* (b' a' g' f') findet seine Umkehrung in dem Aufwärtsgang bei *macht euch bereit* (c'' d'' e'' f''), ein musikalisches Signal für das Aufeinanderzukommen von Braut und Bräutigam. Anders als die heute bekannte Fassung (*EG 147/*GL 110) kennt das Original keine punktierten Halben und hat bei *nehmt* nur eine Viertelnote. Das macht den Gesamteindruck drängender.

Ohne «jo, jo»

Das Lied erlebt zusammen mit dem *Freudenspiegel* mehrere Neuauflagen (1602; 1607; 1617; 1626), wird aber ebenso bald auch getrennt von der Trostschrift verbreitet; bereits 1602 ist es zusammen mit den drei anderen *Freudenspiegel*-Liedern als Vierliedblatt nachweisbar. Schon zwei Jahre später erscheint es im *Melodeyen Gesangbuch* (*Hamburg 1604) und läßt sich für den evangelischen Bereich in ungebrochener Tradition vom 17. Jahrhundert bis in die Gegenwart hinein verfolgen, auch wenn es längst nicht die Breitenwirkung erzielen konnte, die seinem Zwillingsbruder *Wie schön leuchtet der Morgenstern* beschieden war. Der Nicolaische Originaltext bleibt bis ins 18. Jahrhundert hinein erhalten, von kleineren Veränderungen abgesehen (z. B. in Str. 3: *Kein Aug hat je gespürt, / kein Ohr hat je* [statt: mehr] *gehört*; so die Gesangbücher *Straßburg 1763, *Weimar 1783, *Magdeburg 1786). Das 19. Jahrhundert dagegen glaubt, sich der dritten Strophe, und hier besonders der Schlußverse, annehmen zu müssen. Was hat man nicht alles erdacht, um den Freudenjauchzer *«jo, jo»* zu unterdrücken! Waren es zuvor nur die Herrnhuter (*London 1749), die das Jauchzen temperierten zu dem eher inniglichen *Oh Seligkeit! für diese Zeit und für die ganze Ewigkeit,* so mehren sich im folgenden Jahrhundert die Varianten. Das *Freibergische Gesangbuch* (*Grimma 1843) versucht es mit *Deß sind wir froh, / und singen so / auch ewig Jubellieder froh,* das Hauschoralbuch *Gütersloh 1844 hat *Deß sind wir froh, / Halleluja! / Ewig im süßen Jubel da.* Ein *Evangelisches Kirchengesangbuch* (*Halle 1846) reimt munter: *Drum schallt dir Dank / Und Lobgesang / Ewig im süßen Jubelklang,* während *Magdeburg 1851 der Reim nicht recht glücken will: *deß sind wir froh, / o herzlich froh, / ewig in Lust und Jubelton.* Die Auslandsdeutschen in den Vereinigten Evangelisch-Lutherischen Gemeinden in Pennsylvanien (*Philadelphia 1814) singen (vielleicht in Anlehnung an *So wünsch ich nun ein gute Nacht der Welt und laß sie fahren,* das dritte Nicolaische Lied im *Freudenspiegel*): *Welt gute Nacht, / Wir sind gebracht / Zur stadt, wo ew'ge wonne lacht.*

Die heute im *EG und *GL gebräuchliche Fassung der Schlußstrophe

Gloria sei dir gesungen
mit Menschen- und mit *Engelzungen,*
mit Harfen und mit Zimbeln schön.
Von zwölf Perlen sind die *Tore*
an deiner Stadt; wir *stehn im Chore*
der Engel hoch um deinen Thron.
Kein Aug hat je gespürt,
kein Ohr hat mehr gehört
solche Freude.
Des jauchzen wir und singen dir
das Halleluja für und für.

läßt sich, soweit ich sehe, erstmals *Basel 1831 nachweisen. Sie verbreitet sich rasch (*Lübeck 1832, *Hamburg 1833; *Halle 1835; u. ö.) und wird dann flächendeckend zur Norm durch das wirkungsgeschichtlich bedeutsame *Deutsche Evangelische Kirchengesangbuch* (*Stuttgart/Augsburg 1854). Im Anschluß an die Eisenacher Konferenz von 1853 wurden hier 150 *Kernlieder*, wie es im Untertitel heißt, zusammengestellt, die den überregionalen Grundbestand aller späteren landeskirchlichen Gesangbücher bilden sollten. Danach bringt nur noch das jahrhundertelang alle Neuerungen untertunnelnde **Porstsche Gesangbuch* (noch in der Ausgabe Berlin 1892; zuerst 1708) das Lied in seiner ursprünglichen Fassung. Die katholische Rezeption, die erst im 20. Jahrhundert mit dem **Kirchenlied* (1938) beginnt, knüpft an die Version der «Kernlieder» an, also an den redigierten Text. Die Gründe für die Änderungen des Originaltextes dürften keinem theologischen Unbehagen entspringen, sondern – neben einer sprachlichen Modernisierung – auf der Ebene der älteren Korrekturen zu suchen sein: Sicherlich wollte man den Ausdruck *Consorten* sowie die lateinische Schlußphrase vermeiden und glaubte wohl, einer singenden Gemeinde stünde es besser an, nur zu sagen, daß sie jauchze (*des jauchzen wir*) als es tatsächlich auch zu tun (*deß sind wir froh, jo, jo*).

Ende oder Anfang?

Ergiebiger als die Textgeschichte scheint für die Deutung des Liedes die Rubrikengeschichte zu sein. Gegenwärtig steht es im *EG und im *Gesangbuch der Evangelisch-reformierten Kirchen der deutschsprachigen Schweiz* (*Zürich 1998) – dem Hauptstrom der Überlieferung folgend – in der Abteilung *Ende des Kirchenjahres* bzw. *Hoffnung auf das Reich Gottes,* während das katholische *GL es unter der Rubrik *Advent* führt. Diese Zweiteilung läßt sich bereits zu Beginn des Rezeptionsprozesses ausmachen: Die **Praxis Pietatis Melica* von Johann Crüger stellt es in der Ausgabe von 1674 an das Ende des voluminösen Bandes unter die Abteilung *Von der Auferstehung der Todten,* während es in der Ausgabe von 1703 plötzlich viel weiter vorne unter der Überschrift *Adventslieder* erscheint. Nun mag es liturgiegeschichtlich enge und engste Zusammenhänge geben zwischen dem an den Themen Auferstehung, Wiederkunft und Gericht ausgerichteten Ende des Kirchenjahres und dem (auch) von endzeitlicher Hoffnung geprägten Advent, dennoch scheint die unterschiedliche Einordnung des Liedes auch einer unterschiedlichen Deutung zu entsprechen. Ergeht der Wächterruf *Wachet auf!* im Nicolaischen Sinn (und in der Rubrizierung *Von der Auferstehung der Todten*) an die Entschlafenen, die Verstorbenen also, so scheint er sich in der adventlichen Deutung eher an die Lebenden, aber im «Schlaf der Sünde» Verharrenden zu wenden. Im Sinne von 1 Thess 5,6: «Wir wollen nicht schlafen wie die anderen, sondern wach und nüchtern sein» mahnt es zu einer Lebensführung, die «nicht töricht, sondern klug» (Eph 5,15) sei. Der *FreuwdenSaal* der zweiten Strophe wird dann zur Gemeindekirche, in der die Gerufenen ihren Herrn «schon dort finden, wo sie mit ihm das Abendmahl halten dürfen. Dieses Mahl ist ja ‹Unterpfand der künftigen Herrlichkeit› (Thomas von Aquin)», wie es in einem katholischen Kommentar zu unserem Lied heißt.[21] In dieser Deutung öffnen sich dann erst mit der letzten Strophe «Raum und Zeit über der versammelten Gemeinde. Ihre Feier ist jetzt schon Anteilhabe an der Liturgie des

Himmels.»[22] Das Lied und sein Weckruf werden so zur Mahnung, auf das Kommen des Herrn vorbereitet zu sein – letztlich steht also doch wieder die Frage des «Öls» im Mittelpunkt, dessen Bereithalten die klugen von den törichten Jungfrauen trennt und das über Ausschluß oder Teilnahme an der Hochzeit entscheidet. Nicolai kannte in ungebrochener Gewißheit nur kluge Jungfrauen und glückliche Bräute. Er wollte inmitten von Pest und Tod ein Liebeslied singen – und welcher Liebende fragt schon nach dem «Öl»? Spätere Gesangbuchredaktoren haben das wohl nicht mehr begriffen.

A. F.

O du hochheilig Kreuze

Edition

1. O hoch heiliges Creutze daran mein Herr gehangen gantz kläglich außgespannen.	O du hochheilig Kreuze, daran mein Herr gehangen in Schmerz und Todesbangen.
2. Alda mit Neglen vnd mit spiessen seine glidmassen zerbrochen Händ Füß vnnd Seiten durchstochen.	Allda mit Speer und Nägeln die Glieder sind durchbrochen, Händ, Füß und Seit durchstochen.
3. Wer kan dich doch genug loben weil als inn dir beschlossen was guts von Himmel gflossen.	Wer kann genug dich loben, da du all Gut umschlossen, das je uns zugeflossen.
4. Du bist die grade leiter daran man steigt fein eben zum vnsterblichen Leben.	Du bist die sichre Leiter, darauf man steigt zum Leben, das Gott will ewig geben.
5. Du bist die starcke Brucken darauff alte vnd jungen v̈ber den Strudl kommen.	Du bist die starke Brücke, darüber alle Frommen wohl durch die Fluten kommen.
	Du bist das Siegeszeichen, davor der Feind erschricket, wenn er es nur anblicket.
6. Du bist der bilger stabe der den müden vnnd alten vor dem fahl thust erhalten.	Du bist der Stab der Pilger, daran wir sicher wallen, nicht wanken und nicht fallen.

7. Du helffenbeines Böttlein
daran mein sponß sein Leben
vor lauter lieb auffgeben.

[Du elfenbeinerns Bettlein
daran mein Spons sein Leben
vor lauter Lieb aufgeben.]

Du bist des Himmels Schlüssel,
du schließest auf das Leben,
das uns durch dich gegeben.

Zeig deine Kraft und Stärke,
beschütz uns all zusammen
durch deinen heilgen Namen.

Damit wir, Gottes Kinder,
in Frieden mögen sterben
als seines Reiches Erben.

Druckvorlage

Text (linke Spalte): *Konstanz 1600. Melodie und Text (rechte Spalte) präsentieren die erweiterte Version in den *Einheitsliedern* 1947. (Nr. 32). Strophe 7, die dort fehlt, ist ergänzt.

Entstehung

Die Entstehungsgeschichte unseres Liedes[1] reicht in das ausgehende 16. Jahrhundert zurück. Die älteste bekannte Quelle ist *Konstanz 1600. Der Text ist hier nur mit der Baßstimme eines vierstimmigen Satzes überliefert. Das zeigt, daß der Erstdruck älter sein muß als dieses Gesangbuch.[2]

Das Lied hat sieben Strophen mit je drei siebensilbigen Textzeilen, von denen die letzten beiden gereimt sind. Der Text ist zweiteilig. Im ersten Teil (Strophe 1–3) wird das Kreuz angeredet: *O hoch heiliges Creutze.* Die Passion Christi wird vergegenwärtigt: *daran mein Herr gehangen gantz kläglich außgespannen. Alda mit Neglen und mit spiessen / seine glidmassen zerbrochen / Händ / Füß vnnd Seiten durchstochen.* Mit einer rhetorischen Frage wird zum Lob des Kreuzes aufgerufen: *Wer kan dich doch genug loben,* und dieses Lob wird begründet: *weil als in dir beschlossen / was guts von Himmel gflossen.*

Das Lob des Kreuzes, zu dem der erste Teil auffordert, wird im zweiten in einer Art ‹Litanei vom hochheiligen Kreuz› (Strophe 4–7) vollzogen. Alle Strophen sind gleich gebaut und beginnen mit dem anredenden *Du bist.* Die jeweils erste Zeile veranschaulicht das Mysterium des Kreuzes mit den Bildern: *Leiter, Brücke, Pilgerstab* und *Bett,* deren Heilsbedeutung in den beiden folgenden Zeilen erläutert wird. Diese Theologie in Symbolen hat ihren Ursprung in der frühchristlichen Typologie, wobei in unserem Text die aus dem Alten Testament stammenden Vergleiche durch das außerbiblische Motiv der Brücke ergänzt werden.[3]

Nachlässigkeiten in der Silbenzählung sowie die Zahl der Strophen legen die Vermutung nahe, daß *Konstanz 1600 eine frühe Überlieferungsstufe des Liedes darstellt, das, sprachlich verbessert und durch Hinzufügungen von Strophen erweitert, in *München 1604 vorliegt: *Newe auserleßne Geistliche Lieder / Welche nit allein lieblich zu singen: Sonder auch allen guthertzigen Christen gantz tröstlich vnd nützlich zulesen vnd zubetrachten. Von einer Geistlichen Person also in Reimen verfast und gestellt: An jetzo aber auffs new in Truck geben.* Dem Titel ist zu entnehmen, daß es sich um eine Neuauflage handelt. In den 15 Strophen sind alle Strophen von *Konstanz 1600 enthalten. Die Fassung ist jedoch dreiteilig: Neben die Aufforderung zum Lob (Strophe 1–3) und die erweitertete Litanei (Strophe 4–10) tritt nun ein eigenes Bittgebet (Strophe 11–15), das, zumindest was die vorletzte Strophe und die abschließende Doxologie angeht, auf die Bedrohung der Gläubigen durch die Türkenkriege zurückgeht. Von daher erklärt sich auch das Hinzukommen neuer Symbole, in denen die Metaphorik des Krieges eine besondere Rolle spielt: Siegeszeichen, Himmelsschlüssel, Helm/Schild. Diese drei neuen Bilder werden den vier ursprünglichen nicht an-, sondern eingefügt (Strophen 6–8), wodurch sie eine zentrale Stellung innerhalb des Liedes erhalten.

Lieder als Medium der Gegenreformation

*München 1604 blieb in der bisherigen Forschung fast unbeachtet. Das ist um so erstaunlicher, als gerade diese Fassung für die gesamte Überlieferung des Liedes maßgebend ist. Die Bedeutung der kleinen Sammlung mit dem programmatischen Titel *Newe auserleßne Geistliche Lieder* erschließt sich erst im Kontext der katholischen Erneuerung. Hier spielt der Orden des heiligen Ignatius eine herausragende Rolle, und dies nicht nur in der theologischen Wissenschaft, sondern, wie das Beispiel des Jesuitentheaters deutlich macht, auch in den unterschiedlichsten Bereichen der religiösen Kultur.[4] Dazu gehört auch das Kirchenlied.[5] Wie sehr dieses eingebunden ist in ein größeres Ganzes, zeigt die Gestalt des Jesuiten Friedrich Spee. Als Kämpfer gegen den Hexenwahn (*Cautio criminalis*) und als hochstehender Barockpoet zugleich (*Trutz-Nachtigal*), leistet dieser wohl bedeutendste katholische Kirchenlieddichter einen Beitrag zur Verkündigung des Glaubens (*Geistlicher Psalter*) und zur Erneuerung der Frömmigkeit (*Güldenes Tugendbuch*).[6] Wenn auch Spee, im Unterschied zu Luther,[7] bei seinen Dichtungen nicht an eine Verwendung in der Liturgie denkt, so stimmen doch beide in der katechetisch-pastoralen Zielsetzung ihrer Lieder überein: Hier wie dort geht es um die recht verstandene Glaubenstradition und Frömmigkeitspraxis, für deren Vermittlung sie sich der zeitgenössischen Ausdrucksformen bedienen.

Das Gesagte gilt auch für *O du hochheilig Kreuze*: Poetisch und musikalisch auf der Höhe seiner Zeit, bietet das Lied im Rückgriff auf die vorreformato-

Das Sechste Liedt/vom H. Creutze.

1.
O Hochheiliges Creutze/
Daran mein Herr gehangen/
Gantz kläglich außgespannen/
Gantz kläglich außgespannen.

e.
Allda mit Nägl vnd Spiessen/
Dein Glidmassen zerbrochen/
Händt/Füß vnd Seittn durchstochen/
Händt/Füß vnd Seittn durchstochen.

3.
Wer kan dich doch gnug loben/
Weil alles in dir bschlossen/
Was guts vom Himmel gflossen/
Was guts vom Himmel gflossen.

4.
Du bist die grade Laitter/
Daran man steigt fein eben/
Zum vnsterblichen Leben/
Zum vnsterblichen Leben.

5.
Du bist die starcke Brucken/
Darüber alle frommen/
Wol durch den Strudel kommen/
Wol durch den Strudel kommen.

6.
Du bist das siegreich zaichen/
Daran die Feindt erschricken/
Wann sie es nur anblicken/
Wann sie es nur anblicken.

7.
Du bist deß Himmels Schlüssel/
Das Leben thustu auffschliessen/
Dem Todt den Rigl fürschiessen/
Dem Todt den Rigl fürschiessen.

8.
Du bist der Helm vnd Schilte/
Daran die Pfeil der Schlangen/
All wurden auffgefangen/
All wurden auffgefangen.

9.
Du bist der Bilger stabe/
Daran sich Jung vnd Alte/
Von dem Fall thun erhalten/
Von dem Fall thun erhalten.

10.
Du bist das süsse Bettlein/
Darauff mein Gsponß sein Leben/
Auß lautter lieb auffgeben/
Auß lautter lieb auffgeben.

11.
Durch dein heiliges Creutze/
Laß dich O Herr erbarmen/
Die grosse Noth der Armen/
Die grosse Noth der Armen.

12.
Sich an das Blut der Christen/
Darinn der Türck thut wütten/
Thu vns vor jhm behütten/
Thu vns vor jhm behütten.

13.
Erzaig dein krafft vnd stercke/
Beschütz vns allesamen/
Durch dein heiligen Namen/
Durch dein heiligen Namen.

14.
Darmit wir deine Kindlein/
Im friden mögen streben/
Vnd ewig mit dir leben/
Vnd ewig mit dir leben.

15.
Ehr sey dem Vatter vnd Sohne/
Darzu dem heiligen Geiste/
In alle Ewigkeite/
In alle Ewigkeite/ } Amen.

*München 1604

rische Tradition die katholische Lehre vom heiligen Kreuz Christi und zugleich eine Hilfe zur Wiederbelebung des von den Reformatoren in Frage gestellten Wallfahrtswesens.

Der mit dem Emblem des Jesuitenordens versehene anonyme Siebenliederdruck *München 1604 zählt zu den besten Leistungen des Jahrhunderts und fand sofort weite Verbreitung. Er scheint aus einem Münchner Kreis von Jesuitendichtern hervorgegangen zu sein. Zu diesem gehörte neben Konrad Vetter (1542–1622) und Sigismund Bachhamer (1575–1636) auch Peter Frank (1574–1602). Im südtirolischen Gries geboren, trat Frank 1595 aus der Rhetorik des Gymnasiums in München in das Noviziat der Jesuiten über und studierte von 1598 bis 1601 in Ingolstadt. Er starb am 21. 12. 1602 in München.[8]

Sakristei der Basilika von Loyola: Im Zentrum das Signet der Gesellschaft Jesu IHS. Im Umfeld Dornenkrone, Nägel, Kreuz, umrahmt durch die Arma Christi.

Die Universität Ingolstadt,[9] von Petrus Canisius[10] gegründet, hatte, vor allem durch die Präsenz der Jesuiten, eine kaum zu überschätzende Bedeutung in den religiösen und kulturellen Auseinandersetzungen im Gefolge der Reformation. Hier lehrte 1560–1578 der berühmte Kontroverstheologe, Prediger, Begründer der Universitätsbibliothek und Vizekanzler Martin Eisengrein (1535–1578), dessen Werk *Von den zaichen des hailigen Creutzes* 1572 in Ingolstadt erschien. Auf dieser Grundlage schrieb der Jesuit Jacob Gretser (1562–1625), von 1586–1625 als Professor der Heiligen Theologie in Ingolstadt tätig, sein dreibändiges Hauptwerk *De Crvce Christi*, das 1598–1604 ebenda veröffentlicht wurde.[11] Ein Kollege von Gretser und ebenfalls Jesuit war Matthäus Rader (1561–1634). Aus dessen Korrespondenz[12] geht hervor, daß er Peter Frank zum Dichten ermuntert und Frank ihm einige seiner Texte zugesandt hatte. Auch bat Sigismund Bachhamer 1606 Rader, ihm die in Druck gegangenen Lieder des seligen Petrus Frank zuzuschicken, da er die handschriftliche Vorlage eines Liedes über die Demut (Nr. 4) verschenkt habe. Das alles spricht für die These von Beatrix Türmer, daß mit der geistlichen Person im Titel von

*München 1604 Frank gemeint ist und damit nicht nur das berühmte *Der grimmig Tod mit seinem Pfeil* (Nr. 5) und unser Lied vom heiligen Kreuz (Nr. 6), sondern auch die übrigen Lieder des Siebenliederdrucks in der vorliegenden Fassung auf diesen zurückgehen.

Jacob Gretser, De Sancta Cruce, in: *Opera omnia*, Bd. I, Regensburg 1734, S. I

Innovationen eines Textes

Das Anfang des 17. Jahrhunderts auftauchende Lied *O du hochheilig Kreuze* ist, der Vorrede von *München 1604 zufolge, ein Neues Geistliches Lied, das schnell seinen Platz in den Gesangbüchern fand. Es prägte in Form (mit Bittgebet) und Inhalt (sieben Symbole) alle späteren Fassungen bis zum Ende des 18. Jahrhunderts. Seine literarische und theologische Qualität setzte Maßstäbe für die einsetzende Überarbeitung des Liedes, die bis heute gelten.

Einschneidende Veränderungen in der Überlieferung des Textes finden sich erstmals im ausgehenden 18. Jahrhundert. So hat das Lied in *Mainz 1778, im Unterschied zu *Mainz 1755, elf Strophen ohne Parallelen zum traditionellen Text.[13] Nur das Incipit und der Vermerk «bekannte Melodie» erinnern noch an den Ursprung. Die Sprache ist durch und durch von der Empfindsamkeit des späten achtzehnten Jahrhunderts geprägt:

O hochheiliges Kreuze!
Sieh uns zu deinen Füßen!
Laß dich mit Inbrunst küssen!

Hier hieng Er angenagelt
In bittern Todesquaalen,
Der für uns wollt' bezahlen.

Hier ward es aufgeopfert
Das Lamm für unsre Schulden;
Erwählt den Tod zu dulden.

Hier floß aus tausend Wunden
Der Quell, der uns das Leben,
Und Seligkeit gegeben!

O Kreuz! laß dich umfassen!
Laß dich ans Herze drücken,
Mit Wehmuth und Entzücken!

Wenn wir in schweren Sünden
Für Angst und Furcht verschmachten,
So laß uns dich betrachten!

Statt von der Heilswirkung *des* Kreuzes wird von der Erlösung durch Jesus Christus *am* Kreuz gesprochen. Die Theologie des Kreuzes in Symbolen und Bildern ist vollständig verschwunden.

Im beginnenden 19. Jahrhundert ist *Würzburg 1828 ein aufschlußreiches Dokument der Frömmigkeit der Aufklärung:

Am Kreuz hat er gebethet,
Der's gut mit Allen meinte,
Zu Gott für seine Feinde.

Ach! schämt euch nie des Kreuzes!
Nach des Apostels Lehre
Sucht in ihm Ruhm und Ehre!

Das Kreuz sey hochgeehret!
Verehrt den Herrn am Kreuze!
Und flieht der Sünde Reitze.

Laßt uns auf's Kreuz hinblicken,
Wenn wir im Guten wanken,
Wenn wir der Welt anhangen.

Folgt euerem Erlöser!
Mit eurem Kreuze tretet
Dem nach, der uns errettet!

Ohne diese Extrembeispiele ist die Kritik der Restauration unverständlich. 1847 werden die Leitlinien dieser neuen Strömung durch Heinrich Bone formuliert. Die meisten Lieder bedürften, so meint er, «zwar mannichfacher Aenderung im Einzelnen», müßten aber

> im Ganzen durchaus ihren alten Bau und ihr altes Gepräge beibehalten. Solche Lieder wollen durch und durch studirt sein, ehe man Hand anlegt; denn man übersieht nur zu leicht die einzelnen lyrisch bedeutsamen Fäden, welche das Ganze durchschlingen; man versteht sie nicht eher, als bis man ein Verlangen in sich fühlt, Alles unverändert zu lassen ... Ein Jammer aber ist es, wie mit dergleichen Liedern in neuer Zeit verfahren wird; hat man doch, wegen der zufällig nicht schulmäßigen Form Kreuze, aus dem edlen Anfange:
>
> O du hochheilges Kreuze,
> Daran mein Herr gehangen,
>
> den vollkommenen Unsinn gemacht und allgemein aufgenommen:
>
> O du hochheilges Zeichen,
> Daran mein Herr gehangen,
>
> und im Folgenden hat man dann mit gleicher Blindheit die Fülle der Symbole fallen lassen, worin doch das Wesen dieses ganzen Liedes besteht. Ein gutes Wahrzeichen übrigens bei Bearbeitung solcher Lieder ist, wenn man sich zu den getroffenen Veränderungen recht andachtsvoll die Melodie singt; das Herz merkt da so etwas.[14]

Auf der Basis der Restauration steht die Fassung, die im Anschluß an **Kirchenlied* 1938 in den **Einheitsliedern* 1947 im gesamten deutschen Sprachraum Verbreitung fand. Die aufklärerischen wie romantischen Neuschöpfungen sind eliminiert. Einen eigenen Beitrag des 20. Jahrhunderts jedoch vermißt man. Es werden keine neuen Symbole eingefügt. Das Bittgebet wird nicht den Anliegen unserer Zeit gemäß neu formuliert, sondern im Gefolge von **Kirchenlied* sogar nochmals gekürzt, wobei 1938 (!) die Strophe: *Durch dein hochheilges Kreuze laß dich, O Herr, erbarmen, die große Not der Armen* ersatzlos gestrichen wird.

Das **Gotteslob* 1975 bleibt, was den Text angeht, im wesentlichen bei der Fassung der *Einheitslieder stehen; die seit dem *Geistlichen Psalter* *Köln 1638 allgemein verbreitete Melodie jedoch wird durch die Weise *Straubing 1607 ersetzt.

Transformationen einer Melodie

Die ursprüngliche Melodie des Liedes bietet *Konstanz 1600.[15] Die Weise ist hypomixolydisch, gehört also in den Bereich der acht Kirchentonarten.[16] Die schon im 16. Jahrhundert bezeugte Erweiterung der gregorianischen Modi um das mit Dur und Moll identische (hypo)ionisch und (hypo)aeolisch bringt es mit sich, daß man die alte Weise im Sinne der neuen Durtonalität interpretiert. Das zeigt sich zunächst in den Stimmen, die im mehrstimmigen Satz zur alten Melodie hinzukommen (leittöniges fis statt kirchentonales f), und wirkt sich in der Folge auf die Liedmelodie selbst aus (Veränderung der hypomixolydischen Oberquart c zur Terz h [*Straubing 1607] bzw. zum Grundton g [*Erfurt 1630/*Köln 1638] des Durdreiklangs; Umspielung des Grundtons g statt mit der Untersekund f mit der Obersekund a). Diese modal bedingte melodische Veränderung führt in *Erfurt 1630 zu einer Parallelisierung zwischen erster und dritter Zeile; der einzige Unterschied besteht darin, daß in die syllabische Melodie der ersten Zeile zwei melismatische Ligaturen eingetragen werden. Dadurch wird, über die Eröffnung der jeweiligen Strophe hinaus, diese als betrachtende, staunende, preisende Anrufung des heiligen Kreuzes musikalisch hervorgehoben. Außerdem hat die Angleichung zwischen der ersten und dritten Zeile zur Folge, daß die zum Lied gehörende Repetition nicht mehr in einer bloßen Wiederholung der letzten Zeile bestehen kann, sondern eine eigene, steigernde und auf diese Weise abschließende melodische Schlußformel erfordert.

Vergleicht man *München 1604 und *Erfurt 1630, so muß man zunächst sagen, daß hier wie dort die gleiche Melodie zugrunde liegt: *Erfurt 1630 ist aus *München 1604 erwachsen. Dennoch sind die bei diesem Transformationsprozeß erfolgten modalen, melodischen, rhythmischen und strukturellen Veränderungen so tiefgreifend, daß man von zwei Melodien sprechen kann: Der archaischen und herben Musiksprache von *Konstanz 1600 steht die eindringliche und kunstvolle Fassung *Erfurt 1630 gegenüber. Beide bringen auf ihre Weise das Mysterium tremendum et fascinosum des Kreuzes zum Klingen. Während die ältere Fassung auf das 17. Jahrhundert beschränkt ist, gehört der neueren die ganze Wirkungsgeschichte unseres Liedes.

*Straubinger Rufbüchlein 1607

Unter dem schützenden Dach dieser durch den *Geistlichen Psalter* (*Köln 1638) verbreiteten Melodie hat das Lied mehr als dreihundert Jahre lang gelebt und dabei immer neue Anpassungen an die theologischen und spirituellen Anliegen der jeweiligen Zeit erfahren, ohne daß dabei die Grundsubstanz des Textes verlorengegangen wäre. Die Gotteslob-Kommission hat dieses Dach abgedeckt und die eingesungene Melodie *Erfurt 1630 durch *Straubing 1607 ersetzt. Der **Redaktionsbericht* begründet diese weittragende Entscheidung wie folgt: «Anstatt der tänzerisch bewegten und – da die Strophe dreiteilig bleibt – zwecklos um eine Zeile erweiterten Fassung von *Kirchenlied 1938 und Einheitslieder der deutschen Bistümer 1947 steht nun die schlichte ältere Weise aus dem Straubinger ‹Rueff-Büchlein› 1607, das die seltene Dreizeiligkeit der Strophe respektiert. Diese Fassung wurde erstmals vom Katholischen Kirchengesangbuch der Schweiz 1966 übernommen.»[17] Die Konsequenz der Reform: Das früher beliebte Lied wird seit der Einführung des **Gotteslob* kaum mehr gesungen. Aber solche Probleme gab es mit anderen Liedern schon zur Zeit von Matthias Claudius.[18]

«... in Processionen, Creutzgängen vnd Kirchfärten sehr nutzlich zugebrauchen»

Wenn der **Redaktionsbericht* «die seltene Dreizeiligkeit», später «zwecklos um eine Zeile erweitert», ins Feld führt, so übersieht er, daß das Lied in der gesamten Überlieferung textlich zwar nur dreizeilig ist, melodisch jedoch stets mit der Repetition, sei es der ganzen Strophe, sei es der letzten Zeile, gesungen wird: Der Text wird vorgesprochen bzw. vorgesungen und kann dann von allen wiederholt werden. Diese sehr altertümliche Weise prozessionalen Singens ist noch heute z. B. in Franken in Übung. *Straubing 1607 kann auf das Wiederholungszeichen verzichten, da es sich hier um ein ausschließlich für die Wallfahrt bestimmtes Buch handelt: *Ein new Rueff-Büchlein / Von Etlichen sonderbarn Catholischen / Wahlfahrten-Gesängen*. Wie man bei Prozessionen und Wallfahrten Lieder responsorial singt, weiß man auch ohne Wiederholungszeichen!

Unter den Wallfahrten nehmen die Kreuzfahrten einen herausragenden Platz ein. In diesem Zusammenhang ist es zunächst bemerkenswert, daß Gretser nicht nur ein Werk über das Kreuz, sondern zwei weitere über die Wallfahrten und über die Prozessionen geschrieben hat. Ferner ist von Bedeutung, daß zum Jesuitenkolleg in Ingolstadt ein «templum s. crucis»[19] gehörte, in dessen Hochaltar sich Reliquien des heiligen Kreuzes befanden.[20] Nachdem der bayrische Herzog anläßlich der Kirchweihe 1589 ein vergoldetes Kreuz gestiftet hatte, wurde am Fest Kreuzerhöhung 1595 der Hochaltar zum heiligen Kreuz eingeweiht. Dieser bedeutende Flügelaltar aus der Zeit der Gegenreformation hatte die Passion zum Thema: «historia Christi inter latrones crucifixi».[21] Über Ingolstadt hinaus ist der süddeutsche Raum reich an Kirchen, die dem heiligen Kreuz geweiht sind oder sogar eine eigene kostbare Kreuzreliquie besitzen, wie dies beispielsweise in Scheyern der Fall ist. Es liegt nahe, daß Lieder, die das Volk bei Wallfahrten oder Prozessionen singt, sich an dem orientieren, was in der Liturgie gefeiert wird.

So verdichtet *O du hochheilig Kreuze* in Liedform den am Karfreitag vollzogenen Ritus der Kreuzverehrung, den Egeria schon im 4. Jahrhundert für Jerusalem bezeugt und in ihrem Reisebericht anschaulich schildert.[22] Die ersten drei Strophen laden zur Verehrung des heiligen Kreuzes ein und entsprechen dem Invitatorium *Ecce lignum crucis*, das während der Enthüllung des Kreuzes dreimal, in steigendem Ton, gesungen wird: «*Seht das Holz des Kreuzes, an dem das Heil der Welt gehangen! Kommt, laßt uns anbeten!*» Unter den Gesängen, die die Adoratio crucis begleiten, spielt neben dem berühmten Kreuzhymnus *Pange lingua* des Venantius Fortunatus[23] das aus der griechischen Osterliturgie stammende Troparion *Crucem tuam* eine zentrale Rolle: «*Dein heilig Kreuz, o Herr, verehren wir, und deine heilige Auferstehung rühmen und preisen wir. Denn siehe durch das Holz des Kreuzes kam Freude in alle Welt*».[24]

Die Situation von Wallfahrt und Prozession bringt es mit sich, daß, ebenso wie bei der Kreuzverehrung am Karfreitag, der Vorgang, den das Lied begleitet, in seiner Länge nicht feststeht. Die stereotype, offene Form der Litanei bietet sich hier an: Den Kern bilden die vier Anrufungen: Leiter, Brücke, Stab, Bett (*Konstanz 1600). Im folgenden werden zwischen Brücke und Stab drei weitere Bilder eingefügt: Siegeszeichen, Schlüssel, Helm / Schild (*München 1604). Spätere Quellen enthalten unterschiedliche Anhänge: Holz (*Straubing 1607), Schiff, Regenbogen, Hammer (*Paderborn 1628), Baum, Anker, Führer (*Stuttgart 1837).

Von Ketzern und Türken

Die zweite Hälfte des 16. Jahrhunderts, in der unser Lied entstand, ist geprägt durch die Auseinandersetzung mit dem Protestantismus zum einen und die Feindschaft gegen die Türken zum andern. Ist *O du hochheilig Kreuze* etwa historisch belastet?

Die für unser Lied zentrale Thematik des Kreuzes spielt im Zeitalter der Reformation und Gegenreformation eine nicht unbedeutende Rolle. So heißt es, mit Bezug auf das Konzil von Trient und an die Adresse der Reformatoren gerichtet, in dem Catechismus des Petrus Canisius, der in *Konstanz 1600 am Ende des Gesangbuchs abgedruckt ist:

> Bey was Zeichen erkennt man einen Catholischen Christen? Bey dem daß er sich bezeichnet mit dem Zaichen des H. Creutzes/ vnd das er meydet alle Ketzerey vnd Irrthumb/ so die Prelaten vnnd Lehrer der Catholischen Kirch eintraechtiglich verwerffen vnd verdammen.

Noch deutlicher wird der kontroverstheologische Akzent im Titel des Werkes von Eisengrein:

> Wider etliche/ sogemeltes Creutzzaichen in jr Kirchenangend nit setzen/ noch in reichung der H. Sacramenten gebrauchen/ Sonder verlachen für ein Abgoetterey/ Zauberey unnd Altweibertandt außschreyen. Auch fuergeben duerffen/ Es diene nit mehr zuo wahrer Gottseligkeit/ als wann einer mit den fingern ein Circul in lufft mache.

Nicht minder wichtig ist die Bedeutung, die dem Kreuz im Kontext der Auseinandersetzung mit den Türken zugesprochen wird. «Die Türcken seyen dem Creutzzaichen feindt», meint Martin Eisengrein am Anfang seines bereits zitierten Werkes.[25] So findet sich in einem um 1598 in München erschienenen Gesangbuch, nach dem Register eingefügt, das folgende *Christlich Gebett/ wider den Tuercken:*

> Sihe an das Ellend vnnd Jammer/ so uil betruebter Wittiben vnd Waisen/ so uil vnmuendiger unschuldiger noch saugender vnnd in deinem allerheiligsten Namen getaufften Kinder/ die durch die Bluthund die Tuercken enwuerget/ ermordet/ gesaeblet/ zu stucken zerhawen/ oder in vnmenschliche viehische ewige Dienstbarkeit gefuert werden durch den Tuerckischen Tyrannen …, der anderst nichts begeret/ als dein H. Christenheit mit Schwert vnnd Fewr gar zuuertilgen/ vnnd an stat deines gebenedeyden Namens/ sein verfluchten hoellischen Mahomed/ einzustellen/ vnd auß der Christenheit ein lautere Tuerckey zumachen.

Daß unser Lied aus der Welt der Gegenreformation kommt, ist ebenso unbestreitbar wie die Tatsache, daß der Text selbst von jeder antireformatorischen Polemik frei ist. Auch die Feindschaft gegen die Türken und den Islam kommt in der ursprünglichen Fassung des Liedes nicht vor. Sie taucht, bedingt durch die konkreten politischen Ereignisse der Türkenkriege, nur punktuell auf, erstmals in *München 1604,[26] wo es in dem gegenüber *Konstanz 1600 neu hinzugekommenen Bitt-Teil heißt:

Sich an das Blut der Christen/
Darinn der Tuerck thut wuetten/
Thu vns vor jhm behuetten.

Die letzten Zeugnisse für diesen Text sind *Bamberg 1628 und *Nürnberg 1631, wobei jedoch *der Tuerck* schon zu *viel Feind* abgeschwächt ist.

Die zu bestimmten Zeiten tagesaktuelle Strophe gegen die Türken ist ein Fremdkörper in der Struktur des Liedes und kann nicht Anlaß zu seiner Entstehung gewesen sein. Wie aber steht es mit den kriegerischen Metaphern in den *München 1604 hinzukommenden Strophen der Kreuzlitanei?

Du bist das siegreich zaichen /
Daran die Feindt erschricken /
Wann sie es nur anblicken.

«In diesem Zeichen wirst du siegen.» Wie in der Vision Konstantins geht es auch hier um einen konkreten militärischen Kontext. Dieses Verständnis ist jedoch sekundär, denn ursprünglich – und schon lange vor Konstantin – ist das Kreuz Siegeszeichen im Kampf gegen den Satan. Als solches hat es seinen Platz in der Taufliturgie: «Und dieses Zeichen des heiligen Kreuzes, mit dem wir die Stirn besiegeln, sollst du, verfluchter Satan, nie zu verletzen wagen.»[27] Die Selbstbezeichnung mit dem Kreuz ist Tauferneuerung und Schutz vor den Angriffen des Bösen, denn wenn der Teufel dieses Zeichen sieht, muß er fliehen.[28] Die im Neuen Testament breit bezeugte und in der Alten Kirche, besonders im Mönchtum, vertretene Deutung des christlichen Lebens als Kampf gegen die Mächte des Bösen, als Militia Christi (Eph 6,10–20), zeigt, in welchem Sinn das Kreuz als Unheil abwehrendes Zeichen verstanden werden muß und wie fragwürdig eine politisch-militärische Instrumentalisierung ist. Die in der späteren Wirkungsgeschichte begegnende Veränderung der Strophe, von *den* Feinden hin zu *dem* Feind, ist somit nicht eine blasse Vergeistigung, sondern eine mutige Rückbesinnung auf den Ursprung.

Heute braucht es ein Siegeszeichen gegen die wütenden Türken nicht mehr, und aus den protestantischen Gegnern sind Schwestern und Brüder geworden. Was kann da ein Lied, das man im 16. und 17. Jahrhundert im Kontext von konkreten Feindbildern sang, bedeuten?

Das Kreuz mit den Bildern

«Über die Erfahrung des lebendigen Gottes kann man nicht reden, und doch darf man darüber nicht schweigen; man kann sie nur in Bildern veranschaulichen, in Dichtung zu Wort bringen und im Gesang anklingen lassen.»[29]

Die Theologen der Alten Kirche und des Mittelalters wußten darum. Sie «sind berauscht von der Fülle der Bilder, Zeichen und Symbole, die die heiligen Schriften ihnen ... offenbaren ... Sie sind trunken vom Forschen ... nach den ... verborgenen Geheimnissen des göttlichen Wortes, aber es ist eine nüchterne Trunkenheit, von der sie ergriffen sind, ein geisterfüllter Taumel, der sie in einer Bilder- und Symboltheologie an die Grenzen des Erkennbaren und Erschaubaren führt.»[30] Doch wer kennt die alttestamentlichen Geschichten, aus denen die Kreuzestypen genommen sind? Und wer erkennt in ihnen Präfigurationen des Gekreuzigten?

Das Kreuz als *Leiter*.[31] Irenäus von Lyon († 202) entfaltet das Bild: «Als Jakob nach Mesopotamien zog, schaute er Gott im Traumgesicht, wie er oben auf der Leiter stand, das heißt, auf dem Holz des Kreuzes, das von der Erde bis zum Himmel reichend aufgerichtet war. Denn auf der Leiter steigen die, die an ihn glauben, zum Himmel hinauf. Seine Leiden sind die Kräfte, die uns dort hinauf führen» (Gen 28,10–19; vgl. Joh 1,51).

Das Kreuz als *Stab*.[32] Schon Justin († 165) bietet in seiner Testimoniensammlung eine Fülle von Bildern. Am Anfang steht der Stab, mit dem Jakob den Jordan überschreitet. So heißt es bei dem syrischen Bischof Jakob von Sarug († 521): «Zur Brautwerbung bei Laban reisend, trug Jakob einen Stab bei sich. Der bildete des Sohnes Kreuz in Wahrheit vor ..., denn zur Braut erwarb sich Christus die Kirche aus allen Völkern durch des Kreuzes Stab» (Gen 28–32). Zur Rolle, die der Stab des Mose bei der Befreiung aus Ägypten und dem Wüstenzug spielt, bemerkt Johannes von Damaskus († ca. 749): «Mit dem Stabe, des Kreuzes senkrechte Linie zeichnend, zerteilte Mose dem wandernden Israel das Rote Meer. Mit dem Zeichnen des Querholzes dieser unbesiegbaren Waffe aber ließ er das Meer wieder zusammenfließen und den Wagen des Pharao entgegenbranden.» In diesem Bilde vom Roten Meer und dem Stab verbindet die Typologie zwei Mysterien, auf die das ganze christliche Heil gegründet ist. Das Rote Meer ist Vorbild der Taufe, der Stab Vorbild des Kreuzes. Beide Typen sind wie bei Paulus (Röm 6,3–10) miteinander verbunden. Besonders eindrucksvoll ist die Deutung des Hirtenpsalms 23,[33] der sowohl in der Tauf- als auch in der Begräbnisliturgie einen zentralen Platz einnimmt: «Wenn ich auch mitten im Schatten des Todes wandle, fürchte ich kein Unheil, weil du bei mir bist. Dein Stab und dein Stock, sie haben mir Trost gespendet. Der Stab meint Herrschermacht, der Stock meint Leiden.»

Der ganze Reichtum der biblischen Bilder, der in den Kreuzhymnen des Venantius Fortunatus anklingt, findet seinen Höhepunkt in der Kreuzsequenz *Laudes crucis attollamus* des Hugo Primas († 1160):

Nicht erst neulich ist erfunden,
Alte Zeiten schon bekunden
Dieses Zeichens hohe Macht.

Was in Bildern Seher schildern,
Das erfüllt sich, es enthüllt sich
Wundervoll des Kreuzes Frucht.[34]

Um die Typen zu verstehen, muß man nicht nur die biblischen Geschichten kennen, sondern auch den Zusammenhang zwischen den Bildern der beiden Testamente anerkennen. Dies ist gerade heute alles andere als leicht. Aber – Typen sind auch Symbole, ja nur als Symbole sind sie Typen:

Das Kreuz als *Brücke*.[35] Die Brücke ist Überwindung der Gegensätze. Sie überbrückt den Abgrund, indem sie die gegenüberliegenden Ufer verbindet. Als Symbol der Vermittlung ist sie ein Bild des Kreuzes dessen, der, als Pontifex = Brückenbauer, Mittler ist zwischen Gott und Menschen (Hebr 9,15). «... er ist unser Friede. Er vereinigte die beiden Teile ... durch das Kreuz mit Gott ... Er hat in seiner Person die Feindschaft getötet ... Durch ihn haben wir ... Zugang zum Vater» (Eph 2,14–18).

Das Kreuz als *Bett*.[36] «Dieses Kreuz ist die auserwählte Ruhestatt, die ungezählte Lilien schmücken aus dem Tal», so dichtet Philipp der Kanzler († ca. 1236) in seiner Kreuzsequenz.[37] Unter Zuhilfenahme verschiedener Bilder aus dem Hohenlied (Hld 1,16; 3,1.7–11) erscheint das Kreuz als Ort der Ruhe, denn: «zum Ausruhen gibt Gott allein das Kreuz».[38] Hier vollzieht sich im Schweigen der dunklen Nacht des Glaubens die liebende Vereinigung mit Gott.[39]

Aber vielleicht ist das Hauptproblem nicht fehlende Bibelfestigkeit, sondern das Kreuz selbst: Als Skandal (Gal 5,11; 1 Kor 1,23) und Fluch (Gal 3,13) ist es das verborgene Zeichen des Heiles. Um die Heilswirklichkeit dieses Mysteriums zu erfahren, ist es notwendig, über ein irgendwie geartetes platonisches Bilddenken hinaus meditativ bei den Bildern zu verweilen, denn Bilder wollen nicht erklärt, sondern angeschaut werden: *Fulget Crucis Mysterium*.[40]

H. B.

O Heiland, reiß die Himmel auf

Edition

1. O Heiland, reiß die Himmel auf,
Herab, herab vom Himmel lauf,
Reiß ab vom Himmel Tor und Tür,
Reiß ab, was Schloß und Riegel für.

2. O Gott! ein Tau vom Himmel gieß,
Im Tau herab, O Heiland, fließ.
Ihr Wolken brecht und regnet aus
Den König über Jakobs Haus.

3. O Erd schlag aus! schlag aus, O Erd!
Daß Berg und Tal grün alles werd.
O Erd herfür dies Blümle bring,
O Heiland aus der Erden spring.

4. Wo bleibst du, Trost der ganzen Welt,
Darauf die Welt all Hoffnung stellt,
O komm! ach komm! vom höchsten Saal,
Komm, tröst uns hie im Jammertal.

5. O klare Sonn, du schöner Stern,
Dich wollten wir anschauen gern.
O Sonn, geh auf: ohn deinen Schein
In Finsternis wir alle sein.

6. Hie leiden wir die größte Not,
Vor Augen steht der ewig Tod.
Ach komm, führ uns mit starker Hand
vom Elend zu dem Vaterland.

Druckvorlage

Der Text ist – lediglich in Orthographie und Zeichensetzung behutsam modernisiert – dem Erstdruck des Liedes in *Das Allerschönste Kind in der Welt* (*Würzburg 1622) entnommen (die Originalfassung ist im Anhang zum Kommentar abgedruckt). Die Weise folgt der Ausgabe des Liedes im *Rheinfelsischen Gesangbuch*, *Augsburg 1666; die Notenwerte wurden bei der Übertragung im Verhältnis 1:4 verkürzt.

Ein gesungener Katechismus

1622 erscheint bei Johan Volmari in Würzburg eine Schrift mit dem kunstvollen, heute reichlich enigmatisch anmutenden Titel:

> Psalm XLIV. | יפיפיתה | Il più bello del mondo. | *Das Allerschoenste Kind | in der Welt.* | MARGARITA | in | Concha, &c. | B*erl in Goldt/* | *Die* | *Gottheit* | *in der* | *Menschheit* &c. | ὤ | Μυστήριον | *Wunder vber Wunder.* | ad Coloss.i.[1]

Die Schrift, anonym publiziert, enthält neben einer einleitenden Notiz und einem ausführlichen Inhaltsverzeichnis 27 Lieder, die heute dem Jesuiten Friedrich Spee von Langenfeld zugeschrieben werden.[2] Das erste dieser Lieder ist *O Heiland, reiß die Himmel auf.*

Eine kurze Notiz zu Beginn des Büchleins dokumentiert die Absichten, die der Autor verfolgt:

> Haec est vita aeterna | vt | cognoscant te verum DEUM, & | quem misisti IESUM Christum, &c. | Ioan. 17. | *Wer Christus sey/ lern junger Christ | Zur Seligkeit es noethig ist/* | *Wer Christus sey/ hie fleissig such/* | *Kurtz alles steht in diesem Buch.* | Omnes | etiam rustici tenentur scire, *spricht* | Toletus, DEUM vnum | & trinum, &c. | Et Christi incarnationem | & Natiuitatem, &c. | Et est mortale peccatum, ista ignora- | re secundum comunem senten- | tiam. Nec ignorantia excusan- | tur, &c. lib. 4 instruct. | Sacerd. c.2.

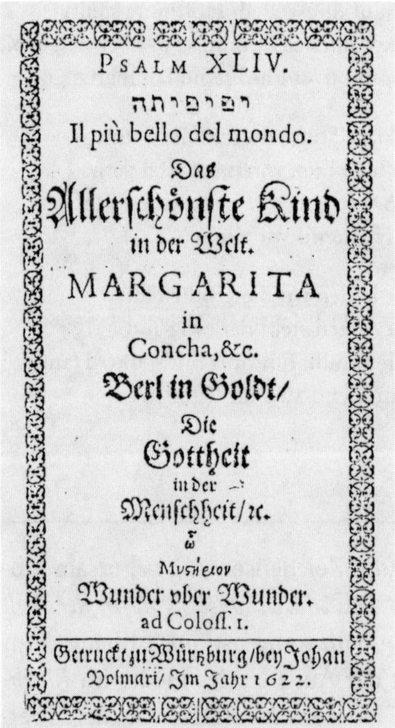
Psalm XLIV.
יפיפיתה
Il più bello del mondo.
Das
Allerschönste Kind
in der Welt.
MARGARITA
in
Concha, &c.
Berl in Goldt/
Die
Gottheit
in der
Menschheit/ rc.
ὤ
Μυστήριον
Wunder vber Wunder.
ad Coloss. 1.
Getruckt zu Würtzburg/ bey Johan
Volmari/ Im Jahr 1622.

Titelblatt des Erstdrucks

Die Adressaten der Schrift sind junge Christen, die lernen sollen, was es mit der Menschwerdung Gottes in der Geburt Jesu Christi auf sich habe und wie es sich mit dem dreieinen Gott verhalte. Das Büchlein dürfte mithin seine Verwendung in Katechismusschulen gefunden haben, die zur damaligen Zeit häufig von Jesuiten geleitet werden. Ein Vorwort gliedert den Lehrstoff in fünf «Traktaetlein»: Im ersten, an dessen Anfang unser Lied steht, «hastu/ wie hefftig die Heylige | Patriarchen vnnd Propheten nach Christo | verlangt: was Isaias dauon propheceyet: was im Alten Testament durch Figuren da= | uon vorgebildt: vñ was den Heyden vil 100 | Jahr zuuor dauon offenbaret worden.» Das zweite Traktätlein umfaßt Lieder von der Verkündigung Mariens und der Vereini-

gung der menschlichen und göttlichen Natur in Christus; das dritte «die Umbstaend der Geburt/ tempus, &c. locum, &c. wann: wo: wie: item | etliche Wunder/ die vor/ in/ vnd gleich nach | der Geburt geschehen/ &c.» Das vierte Traktätlein besingt die Ankunft der Hirten und der Heiligen Drei Könige an der Krippe, während das fünfte und letzte schließlich «allerley/ Hertz was begerstu/ | newe vnd alte Jubel = vñ Frewdengesaeng/ &c.» enthält. Ein wohlstrukturiertes Curriculum also, das das Geheimnis der Menschwerdung Gottes ausloten will und dabei den Weg von den alttestamentlichen Prophezeiungen über Verkündigung und Geburt bis hin zur Anbetung der Hirten und Könige abschreitet – dargeboten in der angenehmen und einprägsamen Form von Liedern.
Wie treffsicher dieser ‹gesungene› Katechismus ist und mit welchem Erfolg der Orden arbeitet, zeigt ein Bericht des Jesuiten Claudius Marchel aus dem Jahr 1586:

> Was man vor einem Jahr für wenig möglich hielt, ist nun ganz anders ausgefallen. Schon in elf Dörfern geben die Unsrigen jeden Sonntag Katechismusunterricht und wunderbar sind die Dienste, welche das Absingen des Katechismus dabei leistet. Ich hatte mich mit nur wenigen Knaben vom Lande fast ein ganzes Jahr abgemüht, kaum das Vater unser hatten sie gelernt. Jetzt prägen sie sich durch Singen das Glaubensbekenntnis und die zehn Gebote in wenigen Stunden exakt ein. (...) Ganz entzückt über die Anregung und das Leben, welches der Gesang in die Zuhörer bringt, kehren unsere Katechisten jeden Sonntag ins Kolleg zurück.[3]

Schon ein Jahr nach seiner Erstveröffentlichung wird *O Heiland, reiß die Himmel auf* in das *Brachelsche Gesangbuch* (*Köln 1623, ²1625, ³1634) übernommen. Weitere Verbreitung bekommt das Lied durch den von der Societas Jesu herausgegebenen *Geistlichen Psalter* (*Köln 1638), der in den Jahren bis 1653 nicht weniger als 10 Neuauflagen erlebt und bis 1813 in Gebrauch ist. Von Köln ausgehend, findet das Lied rasch auch in anderen Gebieten der Rheinischen Provinz des Jesuitenordens Verbreitung (Mainz und Paderborn). Ein Glücksfall für die weitere Wirkungsgeschichte ist seine Aufnahme in das *Rheinfelsische Gesangbuch* (*Augsburg 1666). Herausgegeben von einem zum Katholizismus konvertierten Landgrafen, enthält es 76 Lieder der evangelischen und 82 Lieder der katholischen Tradition, dazu 20 Psalmlieder auf Genfer Psalmweisen. Hier erscheint *O Heiland, reiß die Himmel auf* zum ersten Mal mit der bis heute bekannten, ‹kongenialen› Melodie.

Die Melodie von 1666

Die ursprüngliche Weise, mit der Spee sein Lied 1622 herausbringt, ist die des lateinischen Advents-Hymnus *Conditor alme siderum,* dessen eingängige Melodie sich für den Einsatz in der Katechese gut eignet. Im Kölner *Geistlichen*

Psalter (*Köln 1638) erhält es eine neue, aber eher ungelenke Vertonung und findet erst 1666 durch einen unbekannten Meister seine ‹klassische› Melodie, die das sehnsuchtsvolle Warten, die Bedrängnis, aber auch die Hoffnungspunkte des Textes wirksam hervorhebt. In dorischer Tonart angelegt, ist die Melodieführung syllabisch, d. h., jeder Silbe ist ein Ton zugeordnet. Der Wechsel von halben und Viertelnoten entspricht Wortakzent und Versmaß, ein Prinzip, das bewußt am Ende der ersten, zweiten und vierten Zeile synkopisch gebrochen wird: *O Heíland, reíß die Himmél auf / Herab, heráb vom Himmél lauf / Reiß ab, wo Schlóß und Riegél für.* Die erste Liedzeile verbleibt in dem Tonumfang d – a, wobei der Grundton d gleich dreimal angesteuert wird. Der Beginn des zweiten Verses übersteigt mit c' diesen Tonumfang und akzentuiert mit der Aufeinanderfolge von drei Viertelnoten und einer halben den Imperativ des Textes: *Herab heráb.* Zeile drei nimmt dieses Bauschema auf, verbindet es mit dem Spitzenton der zweiten Zeile, dem c', um dann nach a mit d'-d'-c' die höchsten Töne des Liedes zu erreichen. Die ganze Melodie ist also in einem stetigen Ansteigen auf den musikalischen Höhepunkt in Zeile drei hin angelegt. Der vierte Vers bewegt sich wieder im Intervall der Melodieführung der Eingangszeile (d-a) und endet auf dem Grundton d. Blickt man auf den Textbestand der musikalisch so akzentuierten dritten Zeile, so sind mit der Folge dreier Viertelnoten und einer halben Note auf c' in allen Strophen drängende Imperative belegt: *Reiß ab vom Himmel / Ihr Wolken brecht / O Erd herfür / O komm! Ach komm ! / O Sonn geh auf / Ach komm, führ uns.* Der musikalische Höhepunkt mit der Folge d' d' c' dagegen charakterisiert die semantischen ‹Hoffnungsträger› des Textes: *Tor und Tür / regnet aus / Blümle bring / höchsten Saal / deinen Schein / starker Hand.*

Aus dem Katechismus ins Gemeindegesangbuch

Herausgelöst aus dem katechetischen Kontext der «fuenff Tractaetlein» und hineinversetzt in ein Gemeindegesangbuch, ist *O Heiland, reiß die Himmel auf* ein ausgesprochen merkwürdiges Adventslied. Denn hier singt ein Christ, mehr noch: Hier läßt ein Christ andere Christen singen, als ob es Christus selbst noch gar nicht gegeben hätte. Daß im Advent des Jahres, in dem das Lied zum ersten Mal in einem Gesangbuch auftritt, der Adventus Christi, sein Erscheinen in Menschengestalt, sich schon vor 1623 Jahren zugetragen haben soll, wird mit keiner Silbe erwähnt. Der Text des Liedes ist vielmehr das engmaschige Gewebe aus verschiedenen, vorzüglich dem Jesaja-Buch entnommenen Strängen, die kunstvoll und mit viel Sprachgeschick zu einem neuen, starken Band geknüpft sind. Die am Ende dieses Beitrags gebotene Liste der Referenzstellen kann sich keineswegs sicher sein, sämtliche biblische Fäden, aus denen das Lied gewoben ist, aufgespürt zu haben.[4] Die Charakterisierung der bedrückenden Gottferne in den Motiven des verbarrikadierten Himmels, der Dürre und Unfruchtbarkeit der Erde, der Trostlosigkeit, Finsternis und Heimatlosigkeit (*Elend* ist das «Ausland», das Exil) ist bis in die kleinste Nuance durch die Sprachschule der alttestamentlichen Propheten geformt, ebenso die drängenden Bitten um Aufreißen der Himmel, Herabkunft des Erlösers in Tau und Regen, Erblühen der Erde, Aufgang des Lichts und Heimführung ins Vaterland. Selbst da, wo sich neutestamentliche Referenzstellen identifizieren lassen, stehen diese entweder in deutlichem Bezug zu alttestamentlichen Propheten (Röm 15,12f.; Hebr 11,13f.) oder sind noch *ante Christum natum* situiert (so die Verkündigung Mariens oder der Lobgesang des Zacharias, Lk 1,33; 1,77). Ein Hinweis auf eine schon irgendwann erfolgte Geburt des Erlösers oder etwaige ‹Erfüllungen› der Verheißungen kommen auch bei der Durchsicht der das Lied speisenden Quellen nicht in den Blick.

Das Vorbild der Liturgie

Die der Referenzliste beigefügten Angaben zu den gottesdienstlichen Fundstellen der Bibelzitate machen deutlich, daß der Verfasser des Liedes kein abstrakt kombinierender, die Bibel enzyklopädisch verarbeitender Gelehrter ist, sondern jemand, dem die Adventsliturgie seiner Kirche bis ins kleinste Detail *par cœur* vertraut ist. Seine kreative Imagination wird weniger von der Bibel direkt, sondern aus der – biblische Kontexte bewußt abstrahierenden – liturgischen Verwendung der Heiligen Schrift gespeist. Besonders deutlich wird dies da, wo genuin liturgische Transformationen biblischer Bilder und Titel aufgegriffen werden: Von den bemerkenswert vielen, nämlich insgesamt zehn ‹O›-Rufen des Liedes richten sich sieben an Christus (die übrigen drei an die ‹Erde›) – eine deutliche Anlehnung an die sieben sogenannten ‹O-Antiphonen›, die vom 17.–23. Dezember dem Magnificat der Laudes, des morgentlichen Stundengebets, beigegeben sind und Christus in explizit alttestamentlichen Hoheitstiteln und Bildern anrufen.[5]

Das Lied wiederholt in gewisser Weise das Verfahren der Liturgie, aus Texten unterschiedlicher Herkunft und Gattung eine poetische Einheit zu schaffen. Und dies geschieht in *O Heiland, reiß die Himmel auf* mit besonderem Geschick. Denn die literarische Konsistenz des Liedes ist – gerade angesichts seiner zahlreichen Quellen – beeindruckend. Einer Vielzahl rhetorischer Mittel gelingt es, die vielen Einzelstimmen zu einem Gesamtklang zusammenzuführen: Jede der sechs Strophen umfaßt vier paargereimte Verse in jeweils vierhebigen Jamben; konsequent fallen Wortakzent und Tonsilbe des Metrums zusammen, Enjambements werden weitgehend vermieden. Besonders die ersten drei Strophen sind geprägt durch Alliterationen (z. B. Str. 1: *Heyland – Himmel – herab – herab – Himmel – Himmel / Thor – Thuer*), Parallelismen (z.B. Str 1: *Reiß ab – Reiß ab*) und Chiasmen (z.B. Str. 2: *O Gott! ein Thaw vom Himmel gieß/ Im Thaw herab O Heyland fließ*, Str. 3: *O Erdt schlag auß! schlag auß o Erdt!*), während die letzten drei Strophen jeweils durch eine Antithese charakterisiert sind: *hoechsten Sal – Jammerthal* (Str. 4), *Sonn – Finsternuß* (Str. 5) und *Elend – Vatterlandt* (Str. 6). Nicht weniger als achtzehn Imperative charakterisieren die Sprechsituation, in der «wir» den *Heyland* (und in Str. 3 auch die *Erdt*) anrufen.

Die Synthese von Himmel und Erde

Im Zentrum der ersten drei Strophen steht das archaische Bild der Zeugung: Der (männliche) Regen vereinigt sich mit der (weiblichen) Erde und bringt neues Leben hervor. Greift der Prophet Jesaja die Bildhaftigkeit dieses wohl kanaanäischen Mythos auf, um ein Himmel und Erde umfassendes Heil anzusagen, so sieht Spee zusammen mit der christlichen Tradition in beiden Elementen konkrete Hinweise auf die zwei Naturen des erwarteten Erlösers. Eine in der Erstausgabe dem Lied beigegebene «nota» erklärt den Katechismusschülern ausdrücklich, daß himmlischer Tau und Regen die Gottheit, irdischer Same die Menschheit Christi bedeuten sollen: «Ros & pluuia, qua de cœlo veniunt, Diuinitatem Christi, germen terræ ostendit Humanitatem: ita Concil. Hispan. can. 3». Möglich ist dieses Verständnis erst auf der Grundlage der Vulgata, die die hebräischen Begriffe צדק (Recht) und ישע (Heil) personalisiert zu *iustus* (der Gerechte) und *salvator* (der Heiland).

Die Rede vom regenspendenden Himmel und der sprossenden Erde wird von Spee auf der Bildebene nach vorne und hinten verlängert durch die Assoziation weiterer Jesajaworte: Strophe 1 nennt als Bedingung für das Herabsteigen des Heilands in Regen und Tau das Aufreißen der Himmel (vgl. Jes 64,1) und das Abreißen von *Thor und Thuer, Schloß vnd Riegel* (vgl. Jes 45,2). In Strophe 3 wird das Sprießen aus der Erde durch das *Bluemle* aus dem Wurzelstock Isai (vgl. Jes 11,1) konkretisiert, während das ‹Ergrünen› Jes 35,1.7 aufnimmt. Der erste Teil des Liedes beschreibt somit eine deutliche Ab- und Aufwärtsbewegung: vom Himmel auf die Erde, vom Erdinnern an die Erdoberfläche.

Vom Jammertal zum Vaterland

Die drei folgenden Liedstrophen knüpfen an diese Ab- und Aufwärtsbewegung in jeweils unterschiedlichen Bildern wieder an. Die Synthese der Extreme (der Heiland kommt von ‹oben› *und* von ‹unten›) wird dabei auf eine Antithese (‹oben› *gegen* ‹unten›) zurückgestuft. Die Betenden kontrastieren ihre unheilvolle Gegenwart mit dem erwarteten Heil.

Diesen ‹Perspektivenwechsel› markiert Strophe 4 mit der Frage: *Wo bleibstu Trost der gantzen Welt/ Darauff die Welt all Hoffnung stelt?* (4,1 f.). Die ‹Erde› wird zur trostbedürftigen ‹Welt› der Singenden, die in diesem zweiten Teil des Liedes nun deutlich von sich selbst reden (*troest vns/ Dich wolten wir anschawen gern/ In Finsternuß wir alle sein/ hie leyden wir/ fuehr vns*). Gleichzeitig wird durch die Frage die Antithese zwischen ‹oben› und ‹unten›, Himmel und Erde vorbereitet, die bis zum Ende des Liedes beherrschend bleibt. In Vers 4,3 f. findet sie ihren ersten, durch den Reim besonders prägnanten Ausdruck: *O Kom! ach kom! vom hoechsten Sal/ Kom troest vns hie im Jammerthal.* Die Begriffe *Trost* und *Hoffnung* sind dabei wieder die Knotenpunkte einer Vielzahl biblisch-liturgischer Stränge, die in dem Lied zusammengebunden werden; besonders das aus Ps 79 (80),1 stammende, dreimal wiederholte «komm» (*O kom! ach kom ... kom*) durchzieht die Adventsliturgie der Messe und des Breviers wie ein roter Faden.

Strophe fünf verlagert die Antithese ‹oben – unten› in das Motivfeld ‹Licht – Dunkel›: *klare Sonn / schoener Stern – Finsternuß.* Die Welt der Singenden erscheint im chaotischen Urzustand: «Die Erde war wüst und wirr, Finsternis lag über der Urflut» (Gen 1,2). Das Verlangen nach einer Epiphanie Gottes, nach seinem sichtbaren Erscheinen: *Dich wolten wir anschawen gern* (5,2) wird in Strophe 6 hart kontrastiert: *Vor Augen steht der ewig todt* (6,2). Die Schilderung des Unheils wird in dieser letzten Strophe bis zum Äußersten zugespitzt in den drei Begriffen *groeste Noth, ewig todt* und *Elend.* Das Motiv des Exodus aufgreifend, des Auszugs Israels aus der Fremde, aus der Sklaverei Ägyptens, formuliert das Lied daher in letzter Konsequenz: *Ach kom/ fuehr vns mit starcker Handt/ Vom Elend* [«Ausland»] *zu dem Vatterlandt.*

Wer singt da eigentlich?

Der kurze Überblick über «Sprachschule» und Struktur von *O Heiland, reiß die Himmel auf* wirft noch einmal pointiert die Frage auf: Wer singt da eigentlich? Im Rahmen der Erstausgabe des Liedes im *Allerschönsten Kind* sind es Katechismusschüler, die ein wohldefiniertes Curriculum durchlaufen. Das Lied markiert dabei nur die erste Etappe, das «erste Tractaetlein» eines Lehrplans, der sich von den alttestamentlichen Prophetien über Verkündigung und Geburt bis zur Anbetung der Hirten und Könige erstreckt. Die Schüler ‹lernen› Jesaja in der eingängigen Form gesungener Poesie, so wie sie auch das Glaubensbekenntnis und die zehn Gebote lernen. Ganz anders ist der Kontext des Liedes und der Sänger ein Jahr später, als 1623 *O Heiland, reiß die Himmel auf* in ein Kirchengesangbuch aufgenommen wird. Es ändern sich damit grundlegend die Redesituation und die Perspektive der Sprecher. Hier wird Jesaja nicht ‹gelernt›, sondern ‹vergegenwärtigt›, in die Gegenwart der gottesdienstlichen Feier überführt. Die Singenden stellen sich in eine durchgehende und ungebrochene Linie mit den Patriarchen und Propheten des Alten Bundes. Fachsprachlich wird dieser Vorgang als «zitierende Rollenidentifikation» bezeichnet, mittels derer sich die Betenden quasi zu Zeitgenossen der biblischen, hier: der alttestamentlichen Personen machen – ein Grundvollzug liturgischen Sprechens. Im Fall von *O Heiland, reiß die Himmel auf* passiert aber etwas durchaus Ungewöhnliches: Für die das Lied 1623 oder auch heute Singenden bedeutet das, daß die alttestamentlichen Verheißungen durch die Geburt Christi an der Zeitenwende nicht samt und sonders einfachhin ‹erfüllt› worden sind – und somit höchstens noch historisches Interesse wecken, insofern sie apologetisch den Anspruch des Nazareners legitimieren helfen –, sondern als Verheißungen weiterhin volle Gültigkeit behalten. Die Bitten des Liedes um Trost (4,1), um das Erscheinen Gottes (5,2), um Herausführung aus *Finsternis* (5,4), *Not* (6,1) und *Elend* (6,4), um Überwindung des ewigen Todes (6,2) sind dann – *post Christum natum* – Bitten um das eschatologische Heil am Ende der Zeiten. Diese bemerkenswerte, aber dennoch klare Redesituation läßt sich allerdings nicht problemlos auf den ersten Teil des Liedes übertragen. Denn auf dem Hintergrund einer mehrhundertjährigen Auslegungsgeschichte verweisen die Bildmotive der ersten drei Strophen nicht auf die eschatologische Wiederkunft Christi – hier hat sich schon neutestamentlich das Bild aus Daniel 7,13 vom ‹Menschensohn auf den Wolken des Himmels› durchgesetzt –, sondern auf die Geburt Jesu in Betlehem. Dies gilt besonders im Kontext weiterer Adventslieder von den Motiven des Öffnens der Himmelstore, der Herabkunft des Heilands in Tau und Regen und der Blume (‹Rose›) aus der Wurzel Jesse. Die beiden Teile des Liedes stehen damit in einer Spannung zueinander, die sich nicht ohne weiteres lösen läßt. Wie auch immer man mit ihr umzugehen versucht, deutlich ist, daß *O Heiland, reiß die Himmel auf* einen Advent meint, der in einem simplen «Alle Jahre wieder» kaum zu seiner Erfüllung kommt.

Versuche, die Spannung aufzulösen

Die Wirkungsgeschichte von *O Heiland, reiß die Himmel auf* zeigt, daß man sehr früh diese Spannung verspürt und versucht, sie auf die eine oder andere Weise zu lösen. Das *Brachelsche Gesangbuch* (*Köln ²1625) gibt dem Lied die recht ratlos wirkende und reichlich unpassende Überschrift «Weynacht Jubel vom Kindlein Jesu»; in der *Geistlichen Nachtigal* (*Erfurt 1666) erscheint es dagegen mit der erklärenden Vorbemerkung: «Seufftzen der Alt Vätter in der Vorhöll». Hier wird rubrikal die katechetische Ursprungssituation des Liedes wiederherzustellen versucht: Wer da singt, sind nicht die erlösten Christen, sondern die in der Vorhölle seufzenden alttestamentlichen Patriarchen. Trostlosigkeit, Finsternis, Not, Tod und Elend bekommen so ihre plausible und unverfängliche Erklärung. Dem Lied ist damit alle Spannung genommen – es bildet nur noch die dunkle Folie, auf der sich die (längst geschehene) Geburt des Erlösers um so leuchtender hervorhebt. Darüber hinaus wird dem offensichtlichen Mangel des Liedes an Lob und Dank durch eine siebte Strophe Abhilfe geschaffen; der Schrei nach der Befreiung aus dem Elend ist nicht mehr das letzte Wort, sondern: *Da wollen wir all dancken dir/ unserm Erlöser für und für/ da wollen wir all loben dich/ ie allzeit immer und ewig.*

Der Aufklärung schließlich ist das Lied mit seiner unklaren Redesituation vollends unerträglich. Gut 200 Jahre nach dem Erstdruck erscheint ebenfalls in *Würzburg (1828) ein *Katholisches Kirchengesangbuch (...) oder Sammlung aelterer und neuerer Kirchengesaenge zur Verherrlichung des Katholischen Gottesdienstes und zur Befoerderung der Andacht bei demselben.* Hier steht ein Lied, das mit dem Original von Spee kaum mehr etwas gemein hat. Schon die 1. Strophe macht unüberhörbar klar, daß der Bittruf um Öffnung des Himmels (*des* Himmels, denn es gibt ja vernünftigerweise nur einen) einer längst vergangenen Epoche angehört: *O Heiland! thu' den Himmel auf!/ Rief einst die Welt: Nimm deinen Lauf/ zu uns, hör' unser Klaggeschrei!/ Mach uns vom Suenden-Joche frei.* Das Spee'sche ‹Aufreißen› ist in das emotional seichtere ‹Auftun› geglättet, die in dem verschlossenen Himmel manifest werdende existentielle Gottferne in die moralische Kategorie der Sündhaftigkeit überführt. Und schon in Strophe 3 – das Aufklärungslied zählt im ganzen zwölf – ist das Original mit Riesenschritten weit überholt: *Und du erfuelltest, Herr, dein Wort:/ Du sel'ges Bethlem warst der Ort:/ In dir stieg endlich d e r herab,/ Der Gottes Gnad' uns wiedergab.*

Gegenwärtig, und das sei hier nur noch am Rande erwähnt, in einer Zeit, in der im *GL von 1975 die Textfassung des Erstdrucks wiederhergestellt worden ist – das *EG von 1993 glaubt dagegen auf die siebte, die Lob- und Dankstrophe nicht verzichten zu können –, gegenwärtig versucht man, der anstößigen Spannung des Liedes interpretatorisch beizukommen, ebenfalls mit dem Versuch einer Historisierung. Viele Kommentare beziehen den inständigen Ruf nach Trost, nach Herausführung aus Finsternis, Not und Elend auf die persönlichen Lebensumstände Spees. «Alle Flehrufe und Bilder sind Ausdruck einer historischen oder einzelmenschlichen Notsituation», versucht das **Werkbuch zum Gotteslob* zu beschwichtigen. Dem Seelsorger der als Hexen zum Tode verurteilten Frauen (eine Erfahrung, die ihn zum Autor der *Cautio criminalis* von 1631 werden läßt) und dem Krankenpfleger der im 30jährigen Krieg verwundeten Soldaten (ein Dienst, der seinen vorzeitigen Tod herbeiführen wird) sind Leid und Not allgegenwärtig – das Lied scheint eine Art Lebensbilanz des Jesuiten und Dichters Friedrich Spee zu sein. Doch abgesehen von der grundsätzlichen Problematik biographischer Deutungen will hier auch die Chronologie nicht recht passen. Spee verfaßt *O Heiland, reiß die Himmel auf* spätestens 1622, zu einer Zeit also, in der er persönlich und unmittelbar weder mit dem Greuel des Krieges konfrontiert noch mit der seelsorglichen Begleitung jener unglücklichen, der Hexerei bezichtigten Frauen betraut ist.

So bleibt für den, der aufmerksam hinhört, *O Heiland, reiß die Himmel auf* ein spannungsreiches und damit auch spannendes Adventslied.

Die biblischen und liturgischen Quellen[6]

1.	O Heyland reiß die Himmel auff/ Herab/ herab vom Himmel lauff/ Reiß ab vom Himmel Thor und Thuer/ Reiß ab was Schloß vnd Riegel fuer.	Jes 64,1: O daß du die Himmel zerrissest und herabstiegest! Jes 45,2: Eherne Pforten werde ich sprengen und eiserne Riegel brechen. (*Lesung am Samstag der Adventsquatember*) Brevier: O Schlüssel Davids, (...) du öffnest, und keiner schließt mehr zu. (*O-Antiphon vom 20.12.*; nach der Zählung des römischen Breviers von 1568)
2.	O Gott! ein Thaw vom Himmel gieß / Im Thaw herab O Heyland fließ. Ihr Wolken brecht vnd regnet auß/	Jes 45,8: Tauet hernieder, ihr Himmel, und die Wolken mögen den Gerechten regnen; es öffne sich die Erde und sprosse den Heiland hervor, und Gerechtigkeit erstehe zumal! (*Introitus am Mittwoch und Lesung am Samstag der Adventsquatember; Introitus des 4. Adventssonntags; Responsorium und Versikel der Vesper im Advent*)
	Den Koenig vber Jacobs Hauß.	Lk 1,33: ... und er wird herrschen über das Haus Jakob in Ewigkeit. (*Evangelium am Mittwoch der Adventsquatember*) Brevier: O König der Völker, du von allen Ersehnter. (*O-Antiphon vom 22.12.*)
3.	O Erdt schlag auß! schlag auß o Erdt! Daß Berg vnd Thal gruen alles werdt.	Jes 45,8 (s.o.) Jes 35,1–2.7: Es wird sich die Erde und die Wüste freuen und aufjubeln die Einöde und blühen wie eine Lilie. Üppig wird sie sprossen ...Und das dürre Land wird zum See und der lechzende Boden zu Wasserquellen; in den Höhlen, in denen zuvor Drachen lagerten, sprossen grünes Rohr und Schilf. (*Lesung am Samstag der Adventsquatember*)
	O Erdt herfuer diß Bluemle bring/ O Heyland auß der Erden spring.	Jes 11,1: Und es wird ein Reis hervorgehen aus der Wurzel Jesses, und eine Blume wird aufsteigen aus seinem Wurzelstock. (*Lesung am Freitag der Adventsquatember*)
4.	Wo bleibstu Trost der gantzen Welt /	Jes 40,1: Tröstet euch, tröstet euch, mein Volk, spricht euer Gott. (*Matutinlesung an Weihnachten*) Jes 35,4: Saget den Kleinmütigen: Seid getrost und fürchtet euch nicht; sehet, euer Gott wird Rache und Vergeltung üben, Gott selbst wird kommen und euch retten. (*Lesung am Samstag der Adventsquatember*)

	Darauff die Welt all Hoffnung stelt /	Röm 15,12: Und wiederum spricht Jesaja (vgl. Jes 11,10): Es wird geschehen, die Wurzel Jesse, und der, welcher sich erhebt, die Völker zu beherrschen, auf ihn werden die Völker hoffen. (*Lesung am 2. Adventssonntag*)
	O Kom! ach kom! vom hoechsten Sal /	Ps (79) 80,2f.: O Herrscher Israels! merke auf, der du Joseph führst wie ein Schäflein, der du über den Cherubim thronst, offenbare dich vor Ephraim, Benjamin und Manasse, und komm, uns zu retten. (*Gebet am 1., Introitus am 2., Graduale und Halleluja am 3. und Gebet am 4. Adventssonntag; Gebet am Freitag, Graduale und Tractus am Samstag der Adventsquatember*)
	Kom troest vns hie im Jammerthal.	Jes 66,13: Wie wenn eine Mutter liebkost, so will ich euch trösten, und in Jerusalem werdet ihr getröstet werden. Jes 35,4 (s. o.) Jes 40,1 (s. o.)
5.	O klare Sonn/ du schoener Stern /	Ps 18 (19),6: Er schlug sein Zelt in der Sonne auf und sie gleicht dem Bräutigam, der aus dem Brautgemach hervorgeht … (*Graduale und Kommunionvers am Samstag der Adventsquatember*) Num 24,17: Es wird ein Stern aufgehen aus Jakob.
	Dich wolten wir anschawen gern.	Jes 40,5: Und die Herrlichkeit des Herrn wird geoffenbart werden und alles Fleisch wird sie zumal schauen (*Kommunionvers in der Messe des 24. 12.*) Ps 49 (50),2f.: Von Sion strahlt sein Glanz aus, Gott wird sichtbar erscheinen (*Graduale am 2. Adventssonntag*) Ps 79 (80),4.8.20: Zeige dein Angesicht, so wird uns Heil zuteil (*Introitus am Samstag der Adventsquatember*)
	O Sonn geh auff: ohn deinen Schein	Jes 60,1f.: Auf, werde licht, Jerusalem, denn es kommt dein Licht, und die Herrlichkeit des Herrn geht über dir auf.
	In Finsternuß wir alle sein.	Denn siehe, Finsternis bedeckt die Erde und Dunkel die Völker, über dir aber geht der Herr auf und seine Herrlichkeit erscheint in dir. (*Lesung an Epiphanie*) Jes 9,2: Das Volk, das im Finstern lebt, sieht ein helles Licht; über denen, die im Land der Finsternis wohnen, strahlt ein Licht auf. Lk 1,77f.: … durch die innige Barmherzigkeit unseres Gottes, in welcher uns heimgesucht hat das aufstrahlende Licht aus der Höhe, um allen zu leuchten, die in Finsternis und Todesschatten sitzen. (*Canticum der Laudes*) 1 Kor 4,7: Er wird ans Licht bringen, was in der Finsternis verborgen ist. (*Lesung am 4. Adventssonntag*) Brevier: O Morgensonne (…), komm und geh denen auf, die in Finsternis sitzen und in Todesschatten. (*O-Antiphon vom 21. 12.*)

6. Hie leyden wir die groeste Noth / Vor Augen steht der ewig todt. Ach kom/ fuehr vns mit starcker Handt /	Jes 11,11: An jenem Tag wird der Herr seine Rechte von neuem erheben, um den übriggebliebenen Rest seines Volkes zurückzugewinnen. Ex 15,12f.: Du strecktest deine Hand aus und (...) führtest in Erbarmen das Volk (...) zu deiner heiligen Wohnung. Brevier: O Herr und Führer des Hauses Israel (...): komm und erlöse uns mit starkem Arm (*O-Antiphon vom 18.12.*).
Vom Elend/ zu dem Vatterlandt.	Hebr 11,13f.: Im Glauben starben (die Patriarchen) alle, ohne das Verheißene empfangen zu haben, sondern sie erblickten und begrüßten es von fern und bekannten, daß sie Pilger und Fremdlinge seien auf Erden. Denn die so sprechen, geben dadurch zu erkennen, daß sie ein Vaterland suchen.

A. F.

O Traurigkeit, o Herzeleid

Edition

1. O Traurigkeit/ o Herzeleid/
Ist das dann nicht zu klagen/
Gottes Vaters einigs Kind/
Wird zum Grab getragen.

2. O höchstes Gut/ unschuldigs Blut/
Wer hätt dies mögen denken?
Daß der Mensch sein Schöpfer sollt
An das Kreuz aufhenken.

3. O heiße Zähr'/ fließt immer mehr/
Wen sollt dies nicht bewegen?
Weil sich über Christi Tod
Auch die Felsen regen.

4. Es muß da sein aus Marmelstein
Der Juden Herz gewesen/
Weil sie nur zu solcher Pein
Lachten wie wir lesen.

5. Wie große Pein Maria rein
Leidet über die Maßen/
Dann du bist von jedermann
Ganz und gar verlassen.

6. Wie schwer ist doch/ der Sünden Joch/
Weil es tut unterdrücken
Gottes Sohn als er das Kreuz
Trug auf seinem Rücken.

7. O großer Schmerz! O steinern Herz!
Steh ab von deinen Sünden/
Wann du willst nach deinem Tod
Gottes Gnad empfinden.

Druckvorlage

Himmlische Harmony/ Von vielerley lieblich zusammen-/stimmenden Frewd-, Leid-, Trost- und Klagvöglein/ Das ist/ New Mayntzisch Gesangbuch [...], Mainz 1628. Der Text wurde orthographisch modernisiert. Darüber hinaus wurden folgende Änderungen vorgenommen. *Hertzenleidt* wurde zu *Herzeleid*, *vber* wurde zu *über, vnterdrucken* wurde zu *unterdrücken* (im Sinne von «hinunterdrücken»), *wilt* wurde zu *willst.* Das Wort *Marmelstein* blieb wegen seiner zentralen Stellung unangetastet; es bedeutet «Marmorstein». Die Melodie wurde dem gleichen Buch entnommen. Sie weicht geringfügig von der im *EG stehenden ab. Die erste Silbe wird durch eine halbe Note hervorgehoben, wodurch das *O*, das *Es* und das *Wie* einen starken Akzent erhalten. Die den Klageton mildernden Achtelnoten (dritte Note vor Melodieende) werden hier, dem Erstdruck folgend, wieder durch die herbere Viertelnote ersetzt.

Entstehung und Überlieferung

O Traurigkeit, o Herzeleid gehört zu den ökumenischen Spezialitäten der deutschen Gesangbuchtradition. Es findet sich gleicherweise im Stammteil des katholischen Einheitsgesangbuchs **Gotteslob* und des **Evangelischen Gesangbuchs.*[1] Die Gemeinsamkeit endet jedoch bereits nach der ersten Strophe, von der zweiten an gehen die Wege auseinander. Das *EG vermerkt: «Text: Str. 1 Friedrich Spee 1628; Str. 2–5 Johann Rist 1641»; das **Gotteslob* notiert «Friedrich Spee 1628». Die hymnologische Bifurkation führt demnach bis ins 17. Jahrhundert zurück.

Friedrich Spee von Langenfeld. Kupferstich. Köln, 18. Jahrhundert

In *Joh. Rist's Himlischen Liedern,* 1641 in Lübeck erschienen, ist eine Auskunft des Autors überliefert, die die Verzweigung der poetischen Genese erkennen läßt:

> Es ist mir der erste Vers dieses Grabliedes, benebenst seiner andächtigen Melodie, ohngefähr zu handen kommen. Wenn mir denn selbige insonderheit wohlgefallen, als habe ich, dieweil ich der andern Verse gar nicht theilhaftig werden können, die übrigen sieben, wie sie allhier stehen, hinzugesetzt.[2]

Das Ristsche Lied ist angeregt durch ein anderes, das inspirierend wirkte, weil es unvollständig, nur im poetisch-musikalischen Ansatz bekannt war.

Der erste Beleg jenes anderen Liedes im vollen Umfang seiner sieben Strophen findet sich zuerst in dem katholischen **Mainzer Gesangbuch* von 1628, freilich ohne Angabe seines Autors. Als anonymes Lied erscheint es noch im 17. Jahrhundert in einer Vielzahl von Gesangbüchern. In den Diözesangesangbüchern des 19. und 20. Jahrhunderts erfährt es eine ähnlich große Verbreitung wie das Lied *Bei stiller Nacht,* im Unterschied zu jenem aber gelangt es in den Stammteil des **Gotteslob*.[3]

Noch in dem für die neuere Gesangbuchgeschichte so wichtigen **Kirchenlied* von 1938 wird das Lied als anonym bezeichnet. Erst in der Zeit nach dem Zweiten Weltkrieg führen die Erkenntnisse der hymnologischen Forschung dazu, es (bzw. seine erste Strophe) dem Jesuiten Friedrich Spee zuzuschreiben. In diesem Sinne kann man also nun von einer Speeschen und einer Ristschen Fassung sprechen, wobei dem über Jahrhunderte anonym gebliebenen Jesuiten das poetische Erstgeburtsrecht einzuräumen wäre.

Wenn man Christum zu Grabe trägt

Bei Johann Rist (1607–1667) wird der gottesdienstliche Ort des Liedes explizit notiert: *«Kläglich Grablied / Vber die trawrige Begräbnisse vnseres Heylandes JEsu Christi / am stillen Freytage zu singen».*[4] Diese liturgische Ortung bleibt bis ins *EKG (*«Zum Gedächtnis der Grablegung»*) bestehen; das *EG ordnet es allgemein den Passionsliedern zu.

Auch das **Würzburger Gesangbuch* von 1628 verweist auf diese liturgische Stelle, spezifiziert sie jedoch genauer im Hinblick auf einen Ritus der katholischen Karfreitagsliturgie: *«Wann man am Charfreytag Christum im H. Sacrament zu grabe tregt».*[5] Bis zur Neuordnung der Osternachtfeier im Jahre 1951/55 war diese Prozession am Ende der Karfreitagsliturgie der primäre Ort des Liedes. In jener älteren, als dramatisches Ritual aufgefaßten Begehung des Leidens und der Auferstehung Christi spielte das in einer Seitenkapelle errichtete Heilige Grab eine zentrale Rolle. In der Gestalt des verhüllten Kreuzes oder des Ziboriums bzw. der Monstranz wurde Christus erst dorthin zu Grabe getragen und von dort dann am Beginn der Osterfeier zum Zeichen der Auferstehung erhoben und processionaliter rückgeführt. Wie dieser Osterprozession *Christ ist erstanden,* so war jener Karfreitagsprozession *O Traurigkeit, O Herzeleid* zugeordnet.[6] Es hat die Gangart einer als Prozession vollzogenen Beerdigung. Die im *Mainzer Gesangbuch von 1628 eingetragene Überschrift *Hertzlich klagende Turteltaub* läßt an den brautmystischen Gebrauch der Taubenfigur im Hohenlied denken (Hld 2,14; 5,2; 6,4). Unter diesem Verweis erscheint das Lied als Klage um den toten Geliebten.

O steinern Herz

Die Textfassung, wie sie in den Diözesangesangbüchern der neueren Zeit und im **Gotteslob* vorliegt, weicht von der Urfassung des Jahres 1628 nur geringfügig ab, mit der einen, wichtigen Ausnahme, daß in der neueren katholischen Gesangbuchtradition das anfänglich siebenstrophige Lied nur sechs Strophen zählt; eine, die vierte, wird generell ausgespart:

Es muß da seyn aus Marmelstein
Der Juden Hertz gewesen,
weil sie nur zu solcher Pein
lachten wie wir lesen.

Es ist zu vermuten, daß die Strophe ausgelassen wurde, weil man aus ihr antijüdische Konnotationen heraushörte, die man in den offiziellen Kirchengesang nicht einlassen wollte. Ob die Strophe an ihrem Entstehungsort eine solche Intention hatte oder nur am gegenwärtigen Rezeptionsort unwillkürlich so verstanden wird, ist für ihre historische und pastorale Beurteilung außerordentlich wichtig. Eine andere Frage aber ist, was die Strophe in der poetischen Logik des Liedes selbst bedeutet.

Je höher der poetische Rang eines Textes ist, um so unverzichtbarer ist jeder seiner Teile. Die vierte Strophe hebt sich aus dem Textgefüge durch ihren singulären Eingang heraus: *Es muß da seyn.* In betonter Alliteration folgen ihr zwei «Wie»-Strophen und gehen ihr zwei «O»-Strophen voran. Die erste und letzte Strophe des Liedes beginnt gleicherweise mit «O», wobei die phonetisch-semantische Parallelführung *O Traurigkeit / O Hertzenleid – O grosser Schmertz! O steinern Hertz!* sie als Rahmenstrophen ausweist. Die zweite und dritte Strophe thematisieren das Denken und die Emotion, d.h. das Unausdenkbare und Herzbewegende des Todes Christi. Die fünfte und sechste Strophe erinnern, wo er zum Grab getragen wird, die Pein der Mater dolorosa und die Schwere der Kreuztragung. Szenen der Passion Jesu werden in lyrischer Abbreviation aufgerufen, dem Leser vor Augen gestellt als Anschauungsgründe der Klage, zu der er bewegt werden soll.

In diesem phonetisch-grammatisch und semantisch wohlgeordneten Textgefüge bildet die vierte Strophe das formal herausgehobene Mittelstück. Welche Bedeutung kommt ihr in der Konstitution des Sinns zu? Die Strophe spricht im Präteritum: *Weil sie nur zu solcher Pein / lachten wie wir lesen.* Sie beruft sich auf das, was geschrieben steht, daß die Hohenpriester mitsamt den Schriftgelehrten und Ältesten den Gekreuzigten verspotteten (Mt 27,41 par.), daß «die Führer des Volkes ihn verhöhnten» (Lk 23,35). Solches Lachen angesichts des Leidens kann sich das barocke Lied nur als Versteinerung des Herzens vorstellen. Daß diese Lektüre der Schrift im Gang des Liedes selbst keine antijüdische Zielrichtung hat, zeigt sich in der letzten Strophe, wo das Motiv des steinernen Herzens noch einmal begegnet:

O grosser Schmertz! O steinern Hertz! / Steh ab von deinen Sünden /

Da werden keine Juden, da wird ein in seinem Herzen versteinerter Christ angegangen. Er ist in der Gegenwart, was man in der Schrift von «den Juden» lesen kann: der fühllose Mensch mit dem Herzen aus Marmelstein.

Das steinerne Herz ist ein Grundthema von Spees Dichtung und Spiritualität. Dies Herz zu erreichen, zu bewegen, zu rühren, ist eine rhetorische Grundintention seiner Poesie. In diesem Sinne wird in der dritten Strophe auch die Passionsepisode von den berstenden Felsen (Mt 27,51) aufgegriffen, aus ihrem biblisch-eschatologischen Kontext gelöst und als Exempel genommen, in dem die Natur dem Menschen vorspielt, was der Tod Christi im Menschenherzen bewegen soll:

O heiße Zähr/ fliest immer mehr/
Wen solt diß nicht bewegen?
Weil sich vber Christi Todt
Auch die Felsen regen.

Die Poesie bietet ihre Mittel auf, den hartherzigen Menschen zu erweichen:

Ist das dann nicht zu klagen/
Gottes Vatters einigs Kind/
wird zu Grab getragen.

Aber auch nicht die oder jene, Juden etwa, werden als Täter festgemacht, sondern «der Mensch»:

Wer hett diß mögen dencken?
Daß der Mensch sein Schöpffer solt
An das Creutz aufhencken.

Da versteigt sich die Poesie fast bis zur Häresie, um mit dem Unausdenkbaren den Menschen aufzusprengen, ihn mit dem Paradox zu erschüttern. Um den Menschen geht es, und das ist eben konkret der über die Pein der Unschuldigen lachende, kalte und versteinerte Sünder. Und der ist nicht da oder dort zu fixieren, das Lied selbst sucht ihn, bis es ihn findet, sucht ihn auf: *O großer Schmerz! O steinern Hertz! Steh ab...*

Damit ist es Spees Lied, wie auch dem anderen *Tu auf, Tu auf, du schönes Blut* todernst, daß der Hartherzige nicht am Ende empfindungslos bleibt für die Gnade Gottes, unberührt als kalter Steinbrocken in die Erde fällt:

Wann du wilt nach deinem Todt
Gottes Gnad empfinden.

Die poetische Rhetorik des Liedes zielt darauf, den Menschen durch die Beteiligung an der Klage über den Tod Christi der definitiven Versteinerung zu entreißen. Antijüdische Polemik wäre da nicht nur ein Nebengleis, sondern geradezu der Versuch, der eigenen Bekehrung auszuweichen. Wer die vierte Strophe gegen «die Juden» gerichtet sieht, muß sich am Ende als deren Gefährte (*aus Marmelstein*) getroffen sehen, wie David vom Gleichnis des Propheten Nathan (vgl. 2 Sam 12,1–15). Im Sinnaufbau des Textes hat diese Strophe, die das Lied in der selbstapplikativen Lektüre der Schrift verankert, durchaus die zentrale Bedeutung, die die formale Struktur ihr zuweist.

So gesehen, würde sich im Rücken jener verständlichen Rücksicht, die die Eliminierung dieser Strophe geraten sein läßt, zeigen, daß man das Lied doch nicht konsequent bis zu Ende gesungen und gedacht hat.

Gott selbst liegt tot

Vom Thema der ersten Strophe angeregt, hat Rist stärker als Spee das Grab-Thema ausgeführt:[7] *O große Noth!/ Gott selbst ligt todt* (Str. 2); *wie der HErr der Herrligkeit/ Wird ins Grab versencket* (Str. 7); *Hilff, daß ich mich biß ins Grab/ Nach dir möge sehnen.* (Str. 8) Andererseits wird der bei Spee dominierende Modus liturgischer Totenklage alsbald überführt in den konfessorischen Ton reformatorischer Predigt, die die im Kreuzestod Jesu erwirkte Erlösung verkündet, wie es gleich in der zweiten Strophe heißt: *Am Creutz' ist Er gestorben,/ Hat dadurch das Himmelreich/ Uns aus Lieb erworben.*

Klägliches Grab-Lied über die trawrige Begräbnisse unseres Heylandes JEsu Christi, am stillen Freytage zu singen.

O Trawrigkeit:
O Hertzeleid!
Ist das nicht zu beklagen?
Gott des Vaters einigs Kind
Wird ins Grab getragen.

O grosse Noth!
Gott selbst ligt todt,
Am Creutz' ist Er gestorben,
Hat dadurch das Himmelreich
Uns aus Lieb' erworben.

O Menschen Kind!
Nur deine Sünd'
hat dieses angerichtet,
Da du durch die Missethat
Warest gantz vernichtet.

Dein Bräutigam,
Das GottesLamm,
Ligt hie mit Blut beschlossen,
Welches es ganz mildiglich
Hat für dich vergossen.

O süsser Mund,
O Glaubens-Grund,
Wie bist du doch zu schlagen!
Alles, was auff Erden lebt,
Muß dich ja beklagen.

O lieblichs Bild,
Schön, zart und mild,
Du Söhnlein der Jungfrawen!
Niemand kan dein heisses Blut
Sonder Rew anschawen.

O selig ist
Zu aller frist,
Der dieses recht bedencket,
Wie der HErr der Herrligkeit
Wird ins Grab versencket.

O Jesu, du
Mein' Hülff' und Ruh',
Ich bitte dich mit Thränen:
Hilff, daß ich mich biß ins Grab
Nach dir möge sehnen.

Das ursprünglich achtstrophige Lied hat im Laufe der Geschichte umfangreichere Kürzungen hinnehmen müssen als Spees Version. Zuerst ist die sechste Strophe (*O lieblichs Bild*) fallen gelassen worden, dann im *EKG die vierte Strophe (*Dein Bräutigam*). Im neuen **Evangelischen Gesangbuch* umfaßt das Lied – bei Streichung der fünften Strophe (*O süsser Mund*) – nur noch fünf

Strophen. Aus dem kirchlichen Dienst entlassen wurden sukzessive jene Strophen, in denen der Affekt barocker Jesusminne mit seiner Braut- und Blutmystik der Zeitgenossenschaft zu penetrant erschien. Die Tendenz zum todestheologischen Bedenklied hat sich damit durchgesetzt, wie es die vorletzte Strophe prägnant formuliert: *O selig ist / Zu aller frist, / der dieses recht bedencket, / Wie der HErr der Herrligkeit / Wird ins Grab versenket.* Das in der letzten Strophe (*O Jesu, du*) noch nachgetragene barocke Tränen-Sehnen mutet tendenziell wie ein emotionaler Rest an, der bei ruhiger Glaubensvernunft auch noch zu entbehren wäre. Die vernünftige Ausscheidung exaltierter Devotion im Dienste pastoraler Akzeptanz hat dem Lied freilich auch jene sinnliche Anschauung entzogen, die Spees Lied Blut und Leben verleiht. Es erregt sowenig Anstoß, wie es bewegt.

Ein kleines Detail des Ristschen Liedes hat nicht nur hymnodisch, sondern auch dogmatisch Geschichte gemacht. In der ursprünglichen Fassung des Liedes heißt es in der zweiten Strophe:

O grosse Noth! / GOtt selbst ligt todt.

So wird es in zahlreichen Gesangbüchern des 17. und 18. Jahrhunderts übernommen. Erst im 19. führen theologische Bedenken zu Korrekturen.[8] Statt *Gott selbst liegt tot* heißt es nun: *der Herr liegt tot, das Leben tot!, des Todes Tod* oder, wie es sich dann im *EKG und im *EG durchgesetzt hat: *Gotts Sohn liegt tot.* Die dogmengeschichtliche Empfindlichkeit witterte in dem Ristschen Originalvers die altkirchliche Häresie des Patripassianismus, der, von der strikten Einheit der Gottheit ausgehend, erklärte, Gott der Vater selbst habe am Kreuz gelitten. Obwohl es dem lutherischen Pfarrer Rist sicher fernlag, mit dichterischer Heimlichkeit eine alte Häresie neu zu beleben, und mit den logischen Regeln der «Idiomenkommunikation» der Häresieverdacht durchaus hätte ausgeräumt werden können (vgl. z. B. Martin Luthers Argumentation: «Gott in seiner natur kann nicht sterben. Aber nu Gott und Mensch vereinigt ist in einer Person, so heißts recht Gottestod, wenn der Mensch stirbt, der mit Gott ein ding oder eine Person ist»[9]), haben die Gesangbuchmacher das Lied hier doch vorsichtshalber in ein dogmatisch unverfänglicheres, poetisch aber auch etwas seichteres Gewässer gelenkt. Hegels Religionsphilosophie freilich war gerade der Ristsche Originalvers als denkwürdig aufgestoßen: «Gott selbst ist tot, heißt es in jenem lutherischen Liede, damit ist das Bewußtsein ausgedrückt, daß das Menschliche, Endliche, Gebrechliche, die Schwäche, das Negative, göttliches Moment selbst sind, daß es in Gott selbst ist.»[10]

In Spees Liedfassung steht Vergleichbares in der zweiten Strophe:

Wer hett diß moegen dencken?
Daß der Mensch sein Schöpffer solt
An das Creutz aufhencken.

Aber diese Verse haben keinen vergleichbaren Anstoß erregt. So blieb der Poesie die Möglichkeit, das Unbegreifliche der Passion aufs kürzeste zu fassen.

A. S.

Ist das der Leib, Herr Jesu Christ

Edition

1. Ist das der Leib, Herr Jesu Christ,
der tot im Grab gelegen ist?
Komm, komm, o komm, komm Jung und Alt,
komm schau die schöne Leibsgestalt.
Alleluja, Alleluja.

2. Der Leib ist klar, klar wie Christall,
die Adern rot, rot wie Corall,
die Seel hierdurch glanzt hübsch und fein
wie tausendmal der Sonnenschein.
Alleluja, Alleluja.

3. Der Leib hat die Unleidenheit,
bleibt unverletzt in Ewigkeit,
gleich wie die Sonn bleibt eben klar
so viel und so viel tausend Jahr.
Alleluja, Alleluja.

4. O wie subtil! O Leib wie zart!
du gehst durch Stahl und Eisen hart,
gleich wie die Sonn das Glas durchgeht,
da nichts den Strahlen widersteht.
Alleluja, Alleluja.

5. Schnell ist der Leib und ist geschwind,
gleich wie ein Pfeil und gleich dem Wind,
gleich wie die Sonn viel tausend Meil
die Welt umlauft in schneller Eil.
Alleluja, Alleluja.

6. Nun deck, nun deck die Augen zu,
daß dir der Glanz nicht schaden tu.
Im Leib die Gottheit schauen an
kein Mensch, kein Aug auf Erden kann.
Alleluja, Alleluja.

Druckvorlage

Text und Melodie nach: *Himmlische Harmony Von vielerley lieblich zusammenstimmenden Frewd- Leid- Trost- und Klagvöglein/ Das ist/ New Mayntzisch Gesangbuch/ Darinn die außerlesenste/ theils alte theils newe Catholische Kirchengesäng/ mit sonderem fleiß in ein Ordnung gezogen [...]*, Mainz 1628. Textgleich ist (von Zeichensetzung und Orthographie abgesehen) *Alte vnd Newe Geistliche Catholische außerlesene Gesäng/ auff Sonn- vnd fürnehme Festäg des gantzen Jars/ Processionen/ Creutzgängen vnd Wallfarten/ bey der H. Meß/ Predig/ Kinderlehr/ in Häusern vnd auff dem Feld sehr nützlich vnd andächtig zugebrauchen [...]*, Würzburg 1630 (erste Ausgabe 1628). Andere frühe Drucke sind *Bamberg 1628 (unbedeutende Textverderbnisse), *Erfurt 1630 und *Köln 1638 (geringfügig überarbeitet).

Das Lied ist anonym überliefert und wird erst spät ausdrücklich Friedrich Spee zugeschrieben.[1] Es weist im 17. Jahrhundert leicht unterschiedliche Fassungen auf, deren Varianten aber den Sinn nicht wesentlich alterieren; nur im *Clausener Gesangbuch weicht die letzte Strophe stärker von der übrigen Tradition ab. Die Besonderheit dieser Version liegt auch darin, daß sie unter der Überschrift «*Von dem clarificierten Leib Christi Jesu Nazareni*» einen lateinischen Hymnus bietet, der strophenweise mit unserem Lied abwechselt. Das deutsche Lied gibt sich hier als freie Übersetzung oder volkssprachliche Parallelhandlung eines lateinischen, dessen Text lautet:[2]

En membra Christi vivida
Ex morte nuper livida
Homo novam Victoriam
Christique cerne gloriam
Alleluja/ Alleluja

Ceu vitra transit flammeum
Illaesa Solis Spiculum
Haec sic penetrant omnia
Subtilitate maximâ

Haec membra fulgent splendida
Crystallus ut pellucida:
Quod Corpori Corallia
Hoc vena membris indita

Haec motibus cellerimis
Et gressibus citissimis
Velocitatem fluminis
Celerisque vincunt fulminis

Haec membra nulli Vulneri
Subjecta sunt, vel funeri,
Gelu nec illa congelant
Caloribus nec aestuant.

Haec ergo Christi gloriâ
Laeteris & Victoriâ,
laetando, amando talia
Potes potiri praemia

Vorbei?

Osterlieder des Jesuiten und barocken Dichters Friedrich Spee gehören seit Anfang des 17. Jahrhunderts zum katholischen Osterliederschatz. In der neuesten Gesangbuchentwicklung konnte nur eines dieser Lieder einen festen Platz im Stammteil des **Gotteslob* erobern, ein Frühlingslied mit österlichem

Akzent, das im *EKG unter den Jahreszeitenliedern, im *EG wieder als Osterlied Aufnahme gefunden hat: *Die ganze Welt, Herr Jesu Christ, in deiner Urständ fröhlich ist.*[3] Die einfache Naturlyrik dieses Liedes ist ohne großen theologischen Anspruch und Anstoß und so wohl eines breiten Konsenses sicher.

Das für den **Gotteslob*-Stammteil nicht vorgesehene, in der regionalen Gesangstradition (vgl. die Frequenz in den Diözesananhängen)[4] aber stark verankerte Lied *Ist das der Leib, Herr Jesu Christ* schlägt jedoch theologische Töne an, die weniger leicht mit der heutigen Bewußtseinslage harmonieren als die Frühlingsheiterkeit von *Die ganze Welt, Herr Jesu Christ.* Wenn man die Ostertheologie der Gegenwart in Betracht zieht, wird ein Text, der sich mit der Beschaffenheit des österlichen Leibes Christi beschäftigt, eher Verlegenheit als kognitive Begeisterung auslösen. Jüngst noch hieß es in einem Kommentar zur heutigen Auferstehungstheologie: «Die Zeiten, in denen etwa detaillierte Spekulationen über den Auferstehungsleib plausibel waren, sind vorbei.»[5]

Leibesvisitation

Der im **Clausener Gesangbuch* überlieferte lateinische Hymnus beginnt *En membra Christi* – «Sieh an die Glieder Christi». Das könnte in die Tradition der Gebete/Lieder «Ad membra Christi» deuten und damit auf eine Frömmigkeitsübung, in der die einzelnen Glieder Christi meditiert werden. In der Speeschen Fassung ist der Blick aber auf die ganze *Leibsgestalt* gerichtet.[6]

Die erste Strophe inszeniert die Schau. Die Eingangszeile setzt ein Bild, eine Anschauung voraus und befragt diese: *Ist das der Leib, Herr Jesu Christ,/ der tot im Grab gelegen ist?* Und, gewissermaßen eine bejahende Antwort unterstellend, wendet sich der Actor der Szene dann an die Zuhörerschaft: *Komm, komm, o komm, komm Jung und Alt,/ komm schau die schöne Leibsgestalt.*

Das Lied führt sich als eine Art frommer Leibesvisitation ein, als Betrachtung eines schönen Leibes, der zu dieser Schönheit aus dem Grab erstanden ist. Solche Betrachtung hat eine erotische Konnotation, die an die «Beschreibungslieder» des Hohenliedes erinnert. Diese Gattung hat «zum Inhalt eine in bestimmter Reihenfolge verlaufende, mehr oder weniger detaillierte Schilderung aller körperlichen Vorzüge der Geliebten, der Braut bzw. der Neuvermählten oder, seltener, auch des Geliebten (Bräutigams)»;[7] z.B. Hld 5,10–16:

> Mein Geliebter ist weiß und rot
> ausgezeichnet vor Tausenden.
> Sein Haupt ist köstliches Feingold,
> seine Locken sind Dattelrispen und rabenschwarz,
> seine Augen wie Tauben an Wasserbächen
> […]

Sein Leib ein Elfenbeingebilde,
bedeckt mit Saphiren,
[...]
So ist mein Geliebter, so ist mein Freund,
ihr Töchter Jerusalems.

Ist das der Leib ist kein Erzähllied, wie Spees Osterlied *Am Sonntag, eh die Sonn aufging,* sondern ein Beschreibungslied, das die «qualitates» einer schönen Gestalt ins Auge faßt. Der Abgesang der letzten Strophe entläßt die Betrachter wieder aus dieser Schau: *Nun deck, nun deck die Augen zu.* Zwischen Eröffnung und Entlassung tritt der eigentliche Betrachtungsgegenstand in vier Strophen vor Augen. Ein *Amsterdamer Gesangbuch* von 1671 (*Nord-Stern) gibt dem Lied die Überschrift *Eigenschafften des glorwürdigen Leibes* und trägt in das Schriftbild gleich eine Spezifikation dieser Eigenschaften ein, indem es in jeder der vier Mittelstrophen ein Wort in Versalien setzt:

Str. 2	KLAR
Str. 3	UNLEIDENHEIT
Str. 4	SUBTIL
Str. 5	SCHNELL

Die solcherweise herausgestellten Kennworte führen in Verbindung mit dem lateinischen Hymnus auf eine theologische Thematik, die in der scholastischen Tradition eben unter diesen vier Stichworten verhandelt wird. Die *Summa theologica* des Thomas von Aquin handelt im eschatologischen Teil des *Supplementum* vom Zustand derer, die auferstanden sind: *De conditionibus beatorum resurgentium.*[8] Die Quaestiones 82–85 besprechen nacheinander *impassibilitas, subtilitas, agilitas* und *claritas,* also: die Leidensunfähigkeit, die Subtilität, die Beweglichkeit und die glänzende Klarheit des Leibes der Auferstandenen. Der biblische Bezugstext ist die Frage im 15. Kapitels des 1. Korintherbriefes: «Wie werden die Toten auferweckt? Und mit was für einem Leibe kommen sie?» (1 Kor 15,35). Insofern das christliche Bekenntnis die Vollendung nicht als Preisgabe, sondern als Verwandlung des Leibes erwartet, provoziert es die Frage nach den körperlichen Konditionen jenes künftigen Zustands. Die Behandlung, die Paulus dieser Frage widmet, wird in der scholastischen Theologie transponiert in die kategorialen Raster einer Anthropologie, die die «perfectio hominis» in der gelungenen Einheit von Leib und Seele denkt und von daher die biblischen Vorgaben auf das genannte Viererschema hin systematisiert.

Diese «conditiones beatorum resurgentium» gelten natürlich auch, ja zuallererst für den Leib des auferstandenen Christus, was vor allem an der Schriftstelle Phil 3,21 («Er wird den Leib unserer Niedrigkeit verwandeln, gleichgestaltet dem Leib seiner Herrlichkeit» – «configuratum corpori claritatis suae») festgemacht wird.[9] Die körperliche Konfiguration erlaubt es somit, die Körperphänomene, von denen die Osterevangelien erzählen, mit der Erörterung von 1 Kor 15 zusammenzuziehen.

Was die scholastische Theologie als «claritas» verhandelt, wird bei Spee (Str. 2) gemmentheologisch ins Bild gesetzt.[10] Der schwere Erdenleib, der im Grab gelegen ist, erscheint in kristallklarer Helligkeit, ein Lichtleib, den die Seele durchstrahlt. Die blutroten Adern, die die Identität des Auferstandenen mit dem Gekreuzigten verbürgen, sind noch da, aber strahlend *rot wie Corall.* Die Edelsteinkombination von weißem Kristall und rotem Corall läßt den oben bereits zitierten Text Hld 5,10 anklingen: «Mein Geliebter ist weiß und rot...»

Die dritte Strophe bezieht das scholastische «impassibilis» zurück auf die ausgestandene Passion Christi: *Der Leib hat die Unleidenheit.* Der Leib des Auferstandenen ist der zu Tode verletzte, der nun alle Verletzbarkeit hinter sich gebracht hat. Die *Unleidenheit* ist nicht die Apathie eines Lichtwesens, das nie in die materiellen Niederungen eines verwundbaren Körpers hinabgestiegen ist, sondern die Eigenschaft eines Menschenleibes, der der Passion unterworfen war. Sie ist aber auch nicht die Apathie eines seelenlosen Leichnams, der als Stück lebloser Materie natürlich aller Leidempfindung enthoben ist. Es ist ein Leib wie die Sonne, die lebendig strahlt, ohne daß man ihr etwas anhaben könnte.

Die vierte Strophe hat in einigen Fassungen aus der lateinischen Vorlage, die von der «subtilitas maxima» spricht, das *subtil* auch wörtlich in den deutschen Text übernommen und durch ein paralleles *zart* interpretiert: *O wie subtil / O Leib, wie zart.* Die scholastische Theologie hat die Rede vom Geistleib («corpus spirituale») in 1 Kor 15,44 im Sinne der «subtilitas» interpretiert und diese als «virtus penetrandi» verstanden, als die Fähigkeit eines Körpers, einen anderen schadlos und widerstandslos zu durchdringen. Das Licht, das das Glas durchdringt, wurde schon dort als anschauliches Exempel der «subtilitas» gebraucht. Es wird auch hier im Lied verwandt: *Gleich wie die Sonn das Glas durchgeht, / da nichts den Strahlen widersteht.*

Aber es ist nicht nur an ein generelles Gleichnis gedacht, wenn es in den ersten Versen dieser Strophe heißt: *O wie subtil! O Leib, wie zart!/ Du gehst durch Stahl und Eisen hart.* Gedacht ist dabei, wie die Bezugnahme der scholastischen Theologen auf Joh 20,26 («Venit Iesus ianuis clausis») zeigt, an die verschlossenen Türen der johanneischen Ostergeschichte, die der Auferstandene mühelos überwindet, um leibhaftig in der Mitte der Jünger zu stehen. Dieser biblische Bezug wird dann auch in der heute gebräuchlichen Fassung des Liedes explizit gemacht:[11] *O Leib wie zart, o Leib wie fein, / dringst durch verschloss'ne Türen ein.* Das «corpus spirituale» von 1 Kor 15,44 und die «virtus penetrandi» von Joh 20,26 werden hier als Subtilität kompatibel gemacht. Zugleich wird aber auch der Akzent darauf gelegt, daß die bewunderte Zartheit sich vor allem in der Fähigkeit zeigt, leibhaftig, doch ohne Gewalt in einen aus Angst verriegelten Raum zu gelangen.

«Agilitas» war die vierte der von den scholastischen Theologen traktierten Eigenschaften des verklärten Leibes. Das «Gesät wird in Schwachheit, auferweckt in Kraft» (1Kor15,43) wird bei Thomas von Aquin im Sinne der Auferweckung zur Agilität interpretiert: «Surget in virtute» – «id est mobile et vivum», «beweglich und lebendig».[12] Die überraschenden Ortswechsel der Ostergeschichten und vor allem die Himmelfahrt können als narrative Belege dieser Mobilität angeführt werden. Im Rahmen der scholastischen Anthropologie ist die Seele dem Leib nicht nur als «forma corporis», sondern auch als «motor corporis» verbunden;[13] und der verklärte Leib setzt diesem «motor» eben keinen Widerstand mehr entgegen («non erit aliquis labor in motu»).[14]

Das Speesche Lied nimmt den Begriff der «agilitas» auf in den der Schnelligkeit: *Schnell ist der Leib und ist geschwind.* Die Gleichnisse solcher Geschwindigkeit sind der Flug des Pfeils und der Wind und, psalmistisch-geozentrisch, der Lauf der Sonne um die Erde.[15] Die poetische Kunst des Liedes ist gerade in dieser Strophe hörbar. Das Thema der «agilitas» wird nicht nur semantisch entfaltet, sondern auch in der phonetisch-rhythmischen Struktur selbst dargestellt: *schnell*... *geschwind*... *gleich*... *gleich*... *gleich*...

In der letzten Strophe wird die nach den vier Grundeigenschaften gegliederte Schau des verklärten Leibes Christi auf eine nahezu ikonoklastische Weise beendet: *Nun deck, nun deck die Augen zu,/ daß dir der Glanz nicht schaden tu./ Im Leib die Gottheit schauen an/ kein Mensch, kein Aug auf Erden kann.* Die Menschen, die doch, jung und alt, in der 1. Strophe herbeigerufen wurden, die «verklärte Leibsgestalt» anzuschauen, werden, nachdem sie es, durch poetische Verführung angeleitet, vier Strophen lang versucht haben, am Ende dringend aufgefordert, die Hände vors Gesicht zu schlagen und die Augen zu schützen. Das erinnert an die Verklärungsgeschichte (Mt17,1–9 par), genauer noch an die kritische Stelle Ex33,20: «Du kannst mein Angesicht nicht schauen, denn kein Mensch bleibt am Leben, der mich schaut.» Die Schau der Leibsgestalt Christi wird mit dieser Konnotation zur Theophanie am Sinai in Beziehung gesetzt. Blitzartig schlägt damit der osterfröhliche Abgesang der lateinischen Hymnenvorlage in eine Krise der Schau um.

Solartheologie

Das ermöglicht die Anlage des Speeschen Liedes zunächst dadurch, daß sie das Thema der Sonne als Cantus firmus durch alle Strophen durchhält. Die vier Eigenschaften sind – und das geht über die scholastische Logik hinaus – allesamt in ein Verhältnis zur Sonne gesetzt. Bei der «claritas» (Str. 2) ist das noch am naheliegendsten; aber auch die Unverletzbarkeit, Subtilität und Schnelligkeit finden ihr Gleichnis in der Sonne. In solcher – an patristische Sonnenchristologie erinnernden – Solarisierung der überlieferten Lehre von den vier Eigenschaften des verklärten Christus wird die Auferstehung im Kern als Aufgang einer neuen Sonne gesehen, die aber, weil in einem Menschenleibe aufgehend, jene körperlichen *qualitates* mit sich bringt.

Das Lied führt diese Eigenschaften Strophe für Strophe vor Augen. In der letzten Strophe aber springt die Rede von der Sonne aus dem metaphorischen Hintergrund («gleichwie») in den Focus des Blicks, und sogleich droht die tödliche Blendung. Der irdische Mensch kann den im Leibe des Auferstandenen aufgegangenen Glanz der Gottheit nicht sehen, ohne daß sein Blick dabei bricht. Das «nicht sehen, ohne zu sterben» von Ex 33,20 wird in eschatologischer Interpretation dahin gewendet, daß der Raum für solches Schauen eben jenseits des Todes zu suchen ist.

Der Appell der letzten Strophe wehrt keine reale Gefahr ab, sondern trägt der Anschauung der vorangegangenen Strophen nur ihren gnoseologischen Status nach. Es bleibt indirekte Bilderrede, in der biblische Fragmente mit anthropologischen Wunschbildern von der «perfectio corporis humani» zusammenlaufen. Es sind die Bilder von Körperqualitäten, die sich einstellen, wenn man zu denken und sich vorzustellen sucht, was mit einem getöteten und begrabenen Menschenleib geschieht, wenn der Schöpfer ihn nicht in die Dunkelheit der Materie fallen und zerfallen läßt, sondern aufhebt und ganz mit Licht durchdringt.

A. S.

Bei stiller Nacht

Edition

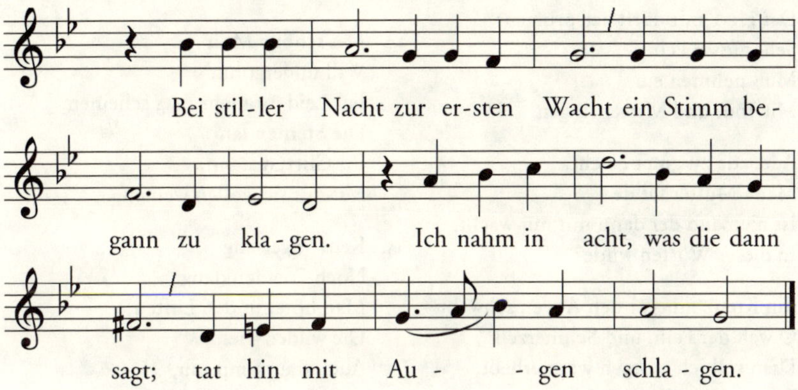

Trauergesang von der Not Christi am Ölberg in dem Garten

1. Bei stiller Nacht
Zur ersten Wacht
Ein Stimm begann zu klagen.
Ich nahm in acht,
Was die dann sagt;
Tat hin mit Augen schlagen.

2. Ein junges Blut
Von Sitten gut
Alleinig ohn Gefährten
In großer Not
Fast halber tot
Im Garten lag auf Erden.

3. Es war der liebe Gottes Sohn
Sein Haupt er hatt' in Armen,
Viel weiß, und bleicher als der Mon,
Ein Stein es möcht erbarmen.

4. Ach Vater, liebster Vater mein,
Und muß den Kelch ich trinken?
Und mags dann ja nit anders sein?
Mein Seel nit laß versinken.

5. Ach liebes Kind,
Trink aus geschwind;
Dirs laß in Treuen sagen:
Sei wohl gesinnt,
Bald überwind,
Den Handel mußt du wagen.

6. Ach Vater mein,
Und kanns nit sein?
Und muß ich's je dann wagen?
Will trinken rein
Den Kelch allein
Kann Dirs ja nit versagen.

7. Doch Sinn, und Mut
Erschrecken tut,
Soll ich mein Leben lassen?
O bitter Tod!
Mein Angst, und Not
Ist über alle Maßen.

8. Maria zart,
Jungfräulich Art,
Sollltst Du mein Schmerzen wissen;
Mein Leiden hart,
Zu dieser Fahrt,
Dein Herz wär schon gerissen.

9. Ach Mutter mein,
Bin ja kein Stein;
Das Herz mir dürft zerspringen:
Sehr grosse Pein,
Muß nehmen ein,
Mit Tod, und Marter ringen.

10. Ade, ade zu guter Nacht,
Maria Mutter milde.
Ist niemand der dann mit mir wacht,
In dieser Wüsten wilde?

11. Ein Kreuz mir vor den Augen schwebt
O weh der Pein, und Schmerzen!
Dran soll ich morgen wern erhebt,
Das greifet mir zum Herzen.

12. Viel Ruten, Geißel, Scorpion
In meinen Ohren sausen:
Auch kommt mir vor ein dörnen Kron,
O Gott wen wollt nit grausen!

13. Zu Gott ich hab gerufen zwar,
Aus tiefen Todes Banden:
Dennoch ich bleib verlassen gar.
Ist Hilf, noch Trost vorhanden.

14. Der schöne Mon
Will undergohn,
Für Leid nit mehr mag scheinen:
Die Sternen lan
Ihr Glitzen stahn,
Mit mir sie wollen weinen.

15. Kein Vogelsang
Noch Freudenklang
Man höret in den Lüften;
Die wilden Tier,
Auch traurn mit mir,
In Steinen, und in Klüften.

Druckvorlage

Friedrich Spee: *Trvtz-Nachtigal. Oder Geistliches Poëtisch Lvstwäldlein,* Bern 1985, S. 182–185 (Text) und S. 573 (Melodie, nach dem Erstdruck der *Trutz-Nachtigall,* Köln 1649, der 24 Melodien enthielt). Im *Geistlichen Psalter,* *Köln 1638, hat das Lied eine andere Melodie, die sich nicht durchgesetzt hat. Der Text wurde orthographisch behutsam modernisiert. In 1,3 wurde *sich gund* durch *begann* ersetzt. Aus *mustu* und *soltu* wurde stets *mußt du* und *sollst du.* In 8,3 wurde *solt* in *solltst* (solltest) übertragen. In 13,4 wurde *verhanden* zu *vorhanden.* Aus poetischen Gründen mußten in Str. 14 *undergohn* (für «untergehen»), *lan* (für «lassen») und *stahn* (für stehen, hier im Sinne von «ruhen»; die Sterne hören zu glitzern auf) unangetastet bleiben.

Entstehung, Ort und Rang

In Friedrich Spees hochberühmter *Trutz-Nachtigall,* 1649 zu Köln erstmals im Druck erschienen – die früheste Handschrift datiert auf das Jahr 1634; Spee starb 1635 –, steht als Gedicht Nr. 38 ein *Trawrgesang von der Noth Christi am Oelberg in dem Garten,*[1] dessen Eingangszeilen lauten: *Bey stiller Nacht/ Zur ersten Wacht.* Das Lied findet sich mit leichten Varianten in dem gleichfalls im

Jahre 1649 posthum erschienenen, wahrscheinlich 1627/28 abgefaßten geistlichen Hauptwerk Spees, dem *Güldenen Tugend-Buch,* dort freilich mit dem anderen Einsatz *Bei finster nacht.*[2] Bis ins 20. Jahrhundert läuft die Geschichte des Liedes unter dem Doppeltitel *Bei stiller Nacht/ Bei finster nacht.* Das Vorkommen in zwei Hauptwerken Spees weist das Gedicht als zu seinem poetischen Urgut gehörig aus; im Unterschied zu einer Reihe von anonymen Liedern, die man Spee nur mit mehr oder weniger guten Gründen zuschreiben kann, ist es von früh an unzweifelhaft mit seinem Namen verbunden.

Trutz-Nachtigal./ oder/ Geistliches poëtisch Lustwäldlein [...] Durch einen priester der societet jesu. 1634.

Das zwiefache Vorkommen deutet auf eine poetische Selbständigkeit des Liedes hin, die es ihm erlaubt, in unterschiedliche Kontexte einzutreten. Im *Güldenen Tugend-Buch,* das insgesamt ein nach den drei göttlichen Tugenden gegliedertes praktisches Übungsbuch zum geistlichen Leben ist, steht es mit zwei anderen Liedern am Schluß des 8. Kapitels des II. Teils, der der Tugend der Hoffnung gewidmet ist. Dieses Kapitel entwickelt ein seelsorgliches Übungsprogramm für den Fall, daß sich ein Mensch «in grosser betrübnuß und bedrangnuß des hertzens» befindet, «meinet es müsse für leid zerspringen; weiß keinen trost, noch rath zu finden, ist vber alle massen vnrühig, kan für leyd nicht bleiben; gerewet es auch seines stands, weist nicht wo hinauß oder hinein».[3]

Unter den Ratschlägen findet sich auch eine Übung der Imagination: «bilde dir vor JESUM an dem Creutz»; der Gekreuzigte spricht dann:

> «Was wiltu machen? Gehe in dein kämmerlein, setze dich da nider zu meinen füssen, ò mein hertziges, außerwehltes kind: Weine, vnd weine; Laß fliessen dein hertz, vnd augen: laß winden vnd wehen deine seufftzer, laß gehen in lufften deine begierden: zu mir, zu mir solt schreien vnd klagen, ich werd erhören dein gebett, dein gebett werd ich erhören.»[4]

Die Übung der Einbildungskraft geht in eine Übung des Körpers über. «Weine und seufze», das wird geradezu penetrant suggeriert. Der Schmerz des Herzens ist wie ein Stau, eine Beklemmung, die man körperlich ausweinen und auswehen soll. Daß das unmittelbar atemtherapeutisch gemeint ist, steht in einer späteren Anweisung: «Die seufftzer aber sollen nit anders gehen, als: Ach Jesu! Ach Jesu, gar langsam vnd tieff, so blaset sich vill betrangnuß allgemach vom hertzen, wie offt durch die erfahrnuß beweret worden ist.»[5]

Dieser Übung schließen sich weitere Vorschläge an und am Schluß vier Lieder: «Ja damit du dich etwan auch mit einem trawrigen liedlein ergetzen könnest, habe ich dir deren auch allhie eins, oder mehr machen wöllen: magst si zunzeiten lesen, oder kläglich singen, oder singen laßen, wie dirs gefallen wird.»[6] Zur Behandlung der Traurigkeit gehört auch das Lesen oder leise Singen oder Singen-lassen von «traurigen liedlein»; sie fungieren als eine Fortsetzung des Weinens und Seufzens mit poetisch temperierten Mitteln. Der Rhythmus der Verse und der Duktus der Bilder sollen die unruhige Seele beruhigen und erheben. So hat das Für-sich-Sprechen und Vor-sich-Hinsingen des Liedes *Bei finster nacht* seinen Ort im Sich-Herausarbeiten aus dem finsteren Tal der Traurigkeit, in das ein einzelner Mensch geraten ist.

Aber ist dies der erste und einzige Ort? Das Lied erweckt den Eindruck, als ob es nicht eigens für diesen Zweck angefertigt, sondern als schon fertiges beigefügt wurde. So findet es sich dann auch als selbständiges Kirchenlied im *Geistlichen Psalter,* *Köln 1638. Theo G. M. van Oorschot hat im Nachwort seiner Ausgabe des *Güldenen Tugend-Buchs* darauf hingewiesen, daß als primärer Verwendungsbereich wenigstens mancher Speescher Lieder die katechetische Arbeit der Kölner Jesuiten angenommen werden könnte; daß man sich manche Lieder, vor allem wenn sie dialogisch gearbeitet sind, zu szenischen Darbietungen der Kinder im Rahmen des Katechismusunterrichts denken könne.[7]

Das Lied *Bei finster nacht* hat in der Verteilung der Sprechrollen eine solche szenische Faktur: Ein Actor führt in die Szene ein (Str. 1–3), der Vater (Str. 5) und der Sohn (die übrigen Strophen) führen ein Zwiegespräch; auch die Figuren der Phantasie, die Mutter Maria, die Leidenswerkzeuge (wie im ikonographischen Szenarium der «Arma Christi») könnten in einem Szenarium erscheinen. Das Lied würde solcherweise der Geschichte des Passionsspiels zugeschrieben, dessen bewegende Macht in der szenischen Rede liegt. Diese Spannweite von lyrisch-spirituellem und gottesdienstlich-katechetischem Gebrauch zeigt eine Potentialität der Dichtung, die sich diesem oder jenem Kontext anbietet, aber sich nicht darin erschöpft, zeigt ihre Kraft, Orte und Zeiten ebenso zu betreffen wie zu überdauern.

Wenn Spee das Lied nicht nur ins *Tugend-Buch,* sondern auch in die *Trvtz-Nachtigal* einfügt, so will er damit über allen seelsorglichen Nutzen hinaus seine poetische Qualität herausstellen; eben das ist ja die Absicht dieses Werkes, geistliche Dichtung von Rang in deutscher Sprache vorzuweisen.

«TrutzNachtigal wird das Büchlein genand, weil es trutz den Nachtigalen süß, vnd lieblich singet, vnd zwar auff recht Poëtisch» (*Ettliche Merckpünctlein für den Leser*).

Klaglied im Garten

Wenn die Textfassung der *Trvtz-Nachtigal* hier als Grundlage gewählt wurde, so nicht, weil sie die erste wäre oder weil sie allein oder vorrangig die Wirkungsgeschichte bestimmt hätte oder durchgängig die poetisch gelungenere wäre, sondern allein wegen des Eingangs. *Bey stiller Nacht* scheint mit der Imagination des ganzen Liedes besser zusammen zu stimmen. Es grundiert den akustischen Einsatz, das Anheben der Klagestimme, und eigentlich finster wird es ja im Lied doch erst am Ende, im Untergang des Mondes und der Sterne.

Mit einer Zeitansage setzt das Lied ein: *Bey stiller Nacht/ Zur ersten Wacht.* Die chronologische Markierung der ersten Nachtwache enthält für den Bibelleser schon die Anspielung auf das für die Gethsemanegeschichte zentrale Thema des Wachens: «Bleibet hier und wachet mit mir … Konntet ihr nicht eine Stunde mit mir wachen … Wachet und betet …, und er fand sie wieder schlafend» (Mt 26,38.41.43). Der das Lied singt, tut, was nach dem Evangelium die Jünger tun sollten und nicht tun: er wacht und nimmt *in acht, was die dan sagt,* wendet den Blick jener klagenden Stimme zu und sieht:

Ein junges Blut
von Sitten gut
Alleinig ohn geferdten
Jn grosser noth
Fast halber tod
Jm Garten lag auff Erden.

Ein blutjunger Mensch, halbtot am Boden; *von Sitten gut,* unschuldig und vollkommen verlassen: *alleinig, ohn geferdten.* Die Klage ist die Klage des Einsamen, von Menschen verlassen, aber noch nicht von Gott (Str. 3–7). *Es war der liebe Gottes Sohn,* Gottes lieber Sohn, der so auch seine Klage zu artikulieren beginnt: *Ach Vatter, liebster Vatter mein.* Ihn befragt er:

Und muß den Kelch ich trincken?
Und mags dan ja nitt anders sein?

Und kans nitt sein?
und muß ichs ie dan wagen?

Die Klage ist bei diesem «lieben Sohn» kein Aufbegehren gegenüber dem fremden Geschick, sondern die eindringliche Frage an den Schöpfer und Lenker der Dinge, ob das Schrecklichste nicht zu vermeiden sei, ob es sein muß, ob es denn gar nicht anders sein kann. *Ach liebes Kind,* sagt der Vater:

Nein! Es muß sein. *Trinck aus geschwind* den bittren Leidenskelch, auch wenn dir kein Gewinn zu winken scheint, *den handel mustu wagen* – das sacrum commercium von Tod und Leben. Es ist alles im Vertrauen gesagt. Und der Sohn willigt ein: *Kan Dirs ia nitt versagen.*

Die Einwilligung, das Eines-Willens-Sein bringt aber nicht jenes *wolgesinnt*-Sein hervor, das der Vater verlangt, sondern hinterläßt Schrecken, Angst und Not, maßlos. Die Einwilligung in den Willen des Vaters, die dem Jesuiten Spee, dem Schüler der ignatianischen Exerzitien, hier und immer wieder am Herzen liegt, ist keine Einfühlung. Das Einverständnis mit dem unabänderlich von Gott Vorgesehenen hebt den Schrecken nicht in gleichmütige Geduld auf, sondern steigert ihn geradezu ins Grenzenlose.

Nachdem der «liebe Vater» sich ganz in diesen unabänderlichen Willen zum schrecklichen Tod zurückgezogen hat, erscheint dem jungen Blut das Bild seiner Mutter (Str. 8–10). Er ruft sie an in seiner herzzerreißenden Not. Sie empfände mit, aber sie ist nicht da, und wäre sie es, sie vermöchte das Beschlossene nicht abzuändern. So muß er auch ihr Bild aus der Seele verabschieden:

> Adè, adè zu guter Nacht
> Maria Mutter mildte.

Das klingt wie ein Kinderabendlied, aber doch mit der bitteren Wendung, die den Trost der guten Nacht gleich wegzieht:

> Ist niemand der dan mitt mir wacht,
> in diser Wüsten wilde.

In der Wüstenei des Bewußtseins, zuerst von den Gefährten und dann von himmlischem Vater und irdischer Mutter, von Gott und Mensch also, verlassen, ersteht unabweisbar die Halluzination der Folterwerkzeuge und Qualen (Str. 11–12). Der Ruf aus der Todestiefe ist nicht durchgedrungen zu Gott, der in der 13. Strophe nicht mehr als *liebster Vatter mein* angerufen wird, sondern in der distanzierten Form der dritten Person steht. Wie eine Antizipation des «lema sabaktani» («Warum hast du mich verlassen?» Mt 27,45), dem niemand antwortet, klingt es:

> Zu Gott, ich hab geruffen zwar,
> Auß tieffen todtes banden
> Dennoch ich bleib verlassen gar
> Jst hilff, noch trost vorhanden.

Was bleibt in dieser trostlosen Gottverlassenheit? Die Natur. Von ihr war schon in der 3. Strophe die Rede gewesen, von Mond und Stein. Aber was dort noch als Gleichnisrede verstanden werden konnte, wandelt sich hier zur realen compassio des Kosmos. Die Natur trauert mit der einsamen Kreatur, die dort am Boden des Gartens liegt.

Der Mond und die Sterne hören zu scheinen auf (Str. 14). Aber das ist ohne jene apokalyptische Dramatik, der zufolge, nach Mt 24,29, zum Gericht des Menschensohnes der Mond seinen Schein verliert und die Sterne vom Himmel fallen. Hier ist es die Mitempfindung der Gestirne mit dem von Gott und allen Menschen Verlassenen. Erst jetzt stellt sich ein, womit die Fassung des *Güldenen Tugend-Buches* schon beginnen wollte: die Finsternis. Das Naturereignis des Monduntergangs ist in dieser Nacht ein Ereignis der kosmischen Sympathie, des kosmischen Mit-leidens. Wie jemand, der nicht mehr mit ansehen mag, was da auf Erden geschieht, verbirgt der Mond sein Gesicht, verschleiert es wie eine klagende Frau: *Für Leyd nitt mehr mag scheinen.* Die Gethsemane-Nacht antizipiert die Tages-Nacht von Golgatha (Mt 27,45 par), nur daß die kosmische Symbolik des Bibeltextes hier ganz ins Subjektive gewendet ist.

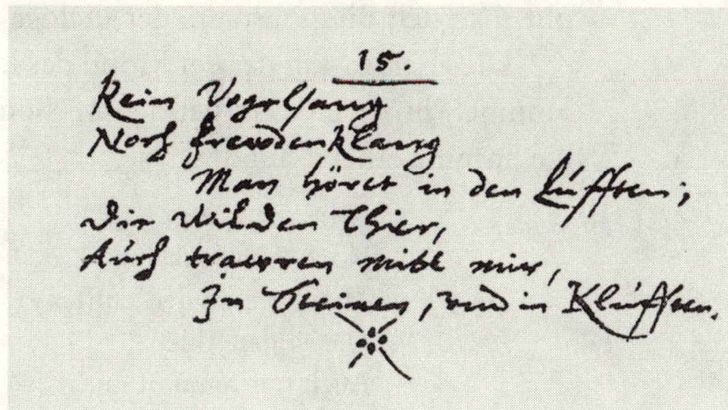
15.
Kein Vogelsang
Noch freudenklang
Man höret in den Lüfften;
Die wilden Thier,
Auch trawren mitt mir,
In Steinen, und in Klüfften.

Autograph der Schlußstrophe

In der *Trvtz-Nachtigal* folgt auf *Bey stiller Nacht* eine «Ecloga», «darin der Mon als ein SternenHirt Poëtisch eingeführet wird», der den am Ölberg leidenden Christus, vorgestellt unter der Figur des Hirten Daphnis, beklagt.[8] Auch dort sind die beiden Schlußstrophen dem Vorgang der Himmelsklage gewidmet:

Drauff Adè der Mon wolt spielen,
Da zersprang das matte Rohr:
Augentropffen ihm entfielen,
Wurde wie der schwartze Mohr,
Vnd weil eben dazumahlen
Er tratt an in VollenSchein,
Gleich vertauschet er die straaalen,
VollenSchein gen *VollePein.*

Auch die Sternen weinen kamen,
Flötzten ab all ihren Schein.
Schein, vnd Thränen flossen samen,
Recht zum Blawen Feld hinein;
Machten eine Weisse Gassen,
So noch heut man spüren mag:
Dan der Milchweg hinderlassen
Jst wol halb von solcher Bach.

Der poeta doctus Spee hat hier sein bibelkundliches Wissen ebenso eingewoben wie sein mythologisches. Er erinnert nicht nur daran, daß die Ölbergnacht als Passanacht ja die des Frühlingsvollmondes ist («weil eben dazu mahlen/ Er tratt an in VollenSchein»), sondern auch an die antik-mythologische Ätiologie der Milchstraße als Tränenbach. Aber es ist nicht diese artifiziell-gebildete Schäferdichtung, die die stärkste Wirkungsgeschichte gehabt hat, sondern das einfachere Lied *Bey stiller Nacht,* bei dessen vorletzter Strophe man den Bildungsraum der «Ecloga» aber mitdenken kann.

Die «Ecloga», in der der Mond das irdische Geschehen beklagt, endet am Himmel, unser Lied, in der der am Boden des Ölbergs liegende Jesus selbst die Stimme erhebt, auf der Erde.

Kein Vogelsang
Noch Frewdenklang
Man höret in den Lufften;
Die wilden Thier,
Auch trawren mitt mir,
Jn Steinen, vnd in Klufften.

Die Nacht ist wieder stille wie am Beginn des Liedes. Aber diese Stille ist nun die reglose Resonanz jener Stimme, die da begann zu klagen. In *diser Wüsten wilde* (Str. 10) bleiben als letzte Gefährten *die wilden Thier.* Bei Spee, dessen brautmystische Lyrik ganz in der Sprache des Hohenliedes zu Hause ist, läßt das *Jn Steinen, und in Klufften* unwillkürlich an Hld 2,14 denken, wo der Bräutigam von der Braut sagt: «Du, meine Taube in Felsenklüften, im Versteck an der Bergwand.» Dort ist das «Gurren der Turteltaube» (Hld 2,12) schon das Anheben des Frühlings, hier wäre es – wenn man bei den *wilden Thier* in den Felsenklüften auch an die Tauben des Hohenlieds denken darf – im wortlos seufzenden Naturlaut versteckt das Mit-Leiden der liebenden Seele, die in der ersten Strophe von sich sagt: *Jch nahm in acht/ Was die dan sagt.* In acht nehmend, trauert der, der das Lied dichtet und nachsingt, mit dem, dessen Verlassenheit er zur Sprache bringt.

Zur Wirkungsgeschichte

Das in den beiden Hauptwerken Spees spirituell-poetisch unterschiedlich kontextuierte Lied ist schon vor deren Drucklegung Bestandteil eines Gesangbuchs. Im katholischen Bereich bleibt es während des 18. Jahrhunderts im Gebrauch und gehört im 19. und 20. Jahrhundert mit steigender Frequenz zum festen Bestand der deutschen Diözesangesangbücher. In den Jahren 1948–1960 fehlt es in keinem.[9] Auf evangelischer Seite hat es keinen Eingang in den gottesdienstlichen Gesang gefunden. Einen tiefen Einschnitt in die kontinuierliche katholische Singtradition vollzog das Einheitsgesangbuch **Gotteslob* (seit 1975). Ebensowenig wie das ähnlich überlieferte *Tu auf, tu auf, du schönes Blut* wurde es in den Stammteil aufgenommen. Wie wenig diese zentralistische Entscheidung den regionalen Singtraditionen entsprach, zeigt, daß acht (neun) von 13 Diözesangesangbüchern es in ihren Eigenteil aufnahmen.[10]

Die Gesangbuchgeschichte betrifft aber nicht nur das Vorkommen, sondern auch die Textfassung des Liedes. Die in die Ursprünge bei Spee selbst zurückreichende Variantenbildung setzt sich bis in die neueste Zeit fort. Gravierender für den Sinnaufbau ist freilich die Kürzung des Liedes. Von den fünfzehn ursprünglichen Strophen begegnen in den Nachkriegsgesangbüchern noch fünf bis sieben Strophen; die Vorliebe liegt bei den Strophen 1, 3, 6, 14, 15. Die Naturklage-Strophen sind immer berücksichtigt, während die Momente des Von-Gott-und-Menschen-Verlassenseins (Str. 2, 7–13) gemieden werden. Der Text wird dadurch affektiv gemildert, die – oben dargestellte – sukzessive Steigerung der Einsamkeit mit ihren dialektischen Momenten weicht einer relativ homogenen Stimmung einwilligender Trauer mit versöhnlichem Naturnachklang.

Eine ähnliche, das Moment des Passionsschreckens und der Gottverlassenheit mildernde Tendenz zeigt sich auch in Friedrich Schlegels literarischer Bearbeitung von 1806, die die Strophen 12 und 13 ausläßt. Noch weiter geht die Textfassung des Brahms-Liedes *In stiller Nacht,* die nur den Einsatz der ersten Strophe und die beiden Natur-Schlußstrophen aus der Spee-Vorlage übernimmt und so die theologische Klage-Dialektik des barocken Passionsliedes in ein weltliches Stück romantischer Liebeswehmut umstimmt.

Wenn die gottesdienstlichen Singbedingungen die Kürzung des Liedes auf ein Drittel seines ursprünglichen Umfangs unvermeidlich machen, dann bleibt höchstens noch abzuwägen, welche Strophenauswahl am meisten von der ursprünglichen Textintention zu retten vermag. Dies gilt freilich nur so lange, wie ein «Gesang- und Gebetbuch» nur dem gemeindlichen Gottesdienst zu dienen hat. Wenn man – wie Spee im *Güldenen Tugend-Buch* – auch an den Gebrauch in der privaten Meditation denkt, daß man also ein Lied vor sich hin spricht oder singt und bedenkt, dann könnte dies dem Gedicht auch in seinem vollen Umfang eine Chance geben.

Aber dazu bedürfte es des Einverständnisses darüber, daß dieses Lied aus dem Barock auch am Beginn des 21. Jahrhunderts noch als ein wertvolles Stück geistlicher Poesie hochzuhalten sei. Daß es, wie Friedrich Spee mit der Aufnahme in die *Trvtz-Nachtigal* ja in Anspruch nahm, ein Stück gelungener deutscher Lyrik ist, hat ihm Karl Otto Conrady bestätigt, indem er es, mit einem zweiten Spee-Gedicht, in seine 1977 erstmals erschienene repräsentative Anthologie *Das große deutsche Gedichtbuch* aufnahm.[11] Zu ebenderselben Zeit konnten sich die Hauptverantwortlichen für den katholischen Kirchengesang in deutscher Sprache nicht dazu verstehen, es zu jenen Liedern zu zählen, die auf jeden Fall weiter gesungen werden sollten.

A. S.

Herzliebster Jesu

Edition

Ursache des bittern Leidens JEsu Christi und Trost
aus seiner Lieb und Gnade: Aus Augustino
Im Ton: Geliebten Freund, was tut ihr so verzagen? etc.

1. Herzliebster Jesu, was hast du verbrochen,
Daß man ein solch scharf Urteil hat gesprochen?
Was ist die Schuld? In was für Missetaten
Bist du geraten?

2. Du wirst gegeißelt und mit Dorn gekrönet,
Ins Angesicht geschlagen und verhöhnet;
Du wirst mit Essig und mit Gall getränket,
Ans Kreuz gehenket.

3. Was ist doch wohl die Ursach solcher Plagen?
Ach meine Sünden haben dich geschlagen.
Ach HERR JESU, ich hab dies wohl verschuldet,
Was du erduldet.

4. Wie wunderbarlich ist doch diese Strafe!
Der gute Hirte leidet für die Schafe.
Die Schuld bezahlt der HERRE, der Gerechte,
Für seine Knechte.

5. Der Fromme stirbt, der recht und richtig wandelt,
Der Böse lebt, der wider Gott mißhandelt.
Der Mensch verwirkt den Tod und ist entgangen,
Gott wird gefangen.

6. Ich war von Fuß auf voller Schand und Sünden,
Bis zu der Scheitel war nichts Guts zu finden.
Dafür hätt ich dort in der Hölle müssen
Ewiglich büßen.

7. O große Lieb, O Lieb ohn alle Maße,
Die dich gebracht auf diese Marterstraße!
Ich lebte mit der Welt in Lust und Freuden,
Und du mußt leiden!

8. Ach großer König, groß zu allen Zeiten,
Wie kann ich gnugsam solche Treu ausbreiten?
Keins Menschen Herz vermag es auszudenken,
Was dir zu schenken.

9. Ich kanns mit meinen Sinnen nicht erreichen,
Womit doch dein Erbarmung zu vergleichen.
Wie kann ich dir denn deine Liebestaten
Im Werk erstatten?

10. Doch ist noch etwas, das dir angenehme:
Wann ich des Fleisches Lüsten dämpf und zähme,
Daß sie aufs neu mein Herze nicht entzünden
Mit alten Sünden.

11. Weils aber nicht besteht in eignen Kräften,
Fest die Begierden an das Kreuz zu heften,
So gib mir deinen Geist, der mich regiere,
Zum Guten führe.

12. Alsdann so werd ich deine Huld betrachten,
Aus Lieb an dich die Welt für nichtes achten;
Bemühen werd ich mich, HERR, deinen Willen
Stets zu erfüllen.

13. Ich werde dir zu Ehren alles wagen,
Kein Kreuz nicht achten, keine Schmach und Plagen,
Nichts von Verfolgung, nichts von Todes-Schmerzen
Nehmen zu Herzen.

14. Dies alles, obs zwar für schlecht ist zu schätzen,
Wirst du es doch nicht gar beiseite setzen.
Zu Gnaden wirst du dies von mir annehmen,
Mich nicht beschämen.

15. Wann, HERRE JESU, dort für deinem Throne
Wird stehn auf meinem Häupt die Ehrenkrone,
Da will ich dir, wann alles wird wohl klingen,
Lob und Dank singen.

Druckvorlage

Text: Nach der kritischen Edition bei *Fischer/Tümpel I, 284–286, dort mit einer geringfügigen Korrektur (3,3) nach dem heute verlorenen Erstdruck in: Johann Heermann, *DEVOTI MUSICA CORDIS: Haus- und Hertz-Musica. Das ist: Allerley geistliche Lieder [...]*, Breslau 1630. Weitere Auflagen erschienen 1636 und, bei zwei verschiedenen Verlegern, posthum 1654 (mit einer Reihe von sprachlich oder metrisch motivierten, inhaltlich nicht sehr bedeutenden Varianten, die bei *Fischer/Tümpel im einzelnen nachgewiesen werden).

Melodie: Unveränderte Wiedergabe der Weise, die Johann Crüger zu Heermanns Text schuf, Erstdruck *Berlin 1640, *Zahn, Nr. 983 (dort vierstimmig). Tonhöhe hier wie in *EKG. Die von Heermann vorgesehene Melodie (*Zahn I, Nr. 981) und einige andere (*Zahn I, Nr. 966, 967, 982, 984–990) konkurrieren zum Teil noch bis ins 19. Jahrhundert, bis sich Crüger endgültig durchsetzt.

Versmaß und Melodie

Sappho, schreibt Martin Opitz im *Buch von der deutschen Poeterey* (1624), habe ihre Verse «ganz verzucket / mit vneingeflochtenen fliegenden haaren vnnd lieblichem anblicke der verbuhleten augen» gesungen.[1] Als Schulbeispiel der sapphischen Ode in ihrer in der Barockzeit üblichen Abwandlung wurde damals das Hochzeitslied von Johannes Plavius zitiert: *Lustige Sappho / laß die Saiten klingen*. Man sieht, es handelte sich nicht von vornherein um einen elegischen Vers. Der Klageton in *Herzliebster Jesu* entsteht erst durch Johann Crügers Melodie mit ihren am Ende jeder Phrase um eine Terz oder Sekunde fallenden halben Noten, die etwas nach Aufschwüngen Niedersinkendes haben.

Das Lied verdankt seine eindringliche Wirkung dem dichten Zusammenhang von Vers und Melodie in den ersten, den Klagestrophen. Das gilt besonders für die allererste. Sie betont die metrisch akzentuierten und zugleich sinntragenden Silben, entweder durch besonders lange oder besonders hohe oder besonders tiefe Töne. Sie erfüllt exakt das Versmaß der sapphischen Ode:[2]

x́xx x́x / x́x x́x x́x
x́xx x́x / x́x x́x x́x
x́xx x́x / x́x x́x x́x
x́xx x́x

Heermann geht mit diesem Maß in den späteren Strophen allerdings recht großzügig um. Die Zäsur wird häufig nicht eingehalten, und die Mehrheit der Strophen, wenn nicht das ganze Gedicht ließen sich zwangloser auf ein rein jambisches Metrum beziehen (xx́ xx́ xx́ xx́ xx́ x). Auch eine solche Strophe wäre zeitüblich.[3] Es ist sehr gut möglich, daß erst Johann Crügers großartige Melodieerfindung das metrische Verständnis im Sinne der Ode festlegte. Daß Heermann selbst vielleicht sogar eher an eine jambische Strophe gedacht hat, geht daraus hervor, daß die von ihm im Erstdruck dem Lied beigegebene Weise eindeutig einem jambischen Text zugeordnet ist (*Geliebten Freund, was tut ihr so verzagen, / mit vielem Seufzen, Heulen und Wehklagen, / darum daß dieser Leib soll in die Erden / geleget werden.*[4]). Während die jambische Auffassung nirgends zu unzumutbaren Härten führt, ist das Odenmaß in etlichen Strophen nur schwer vollziehbar (4, 5, 12, 14) oder doch der jambischen Auffassung klar unterlegen (2, 7, 9, 10). Infolgedessen geht in ziemlich vielen Strophen die großartige Wort-Ton-Einheit des Anfangs verloren. Im späteren Verlauf gibt es nur noch einzelne metrisch und musikalisch herausragend gelungene Zeilen, wie 7,1–2, 8,1–2, 11,2, 13,1–3 und 15,1+4. Man hat dabei freilich zu berücksichtigen, daß es im 17. Jahrhundert durchaus üblich war, die Komposition einer Liedmelodie nur an der ersten Strophe auszurichten.[5]

Der Autor

Sein Ehrenname ist «der schlesische Hiob», weil er ständig krank war und viel leiden mußte. Geboren 1585 als Sohn eines Kürschners, verbrachte er die meiste Zeit seines Lebens in Schlesien, wo er als evangelischer Pfarrer in Köben wirkte. Er starb 1647 in Lissa in Polen.[6] Sein reiches geistliches Werk machte ihn seinerzeit zu einem angesehenen Dichter, während ihn die Literaturgeschichten von heute vergessen haben. Berühmte Zeitgenossen wie Andreas Gryphius oder Martin Opitz haben Gedichte auf ihn geschrieben. Daß er ausschließlich auf dem geistlichen Felde hervortrat, verbannt ihn heute aus dem Kanon, während es ihn damals auszeichnete.

Was seinerzeit von geistlichen Liedern erwartet wurde, schreibt Heermann in der Vorrede zu seinen *Sontags- und Fest-Evangelia* (Leipzig 1636):[7]

> Dann so offte wir vns mit solchen Lobgesängen und geistlichen Liedern selbst ermahnen / und dem HERRN singen in vnseren Hertzen / wird die Andacht trefflich auffgemuntert / die Krafft des Göttlichen Wortes ins Hertze geflösset / die Lust vnd Liebe zu dem Himlischen erwecket / der Melancholische Trawergeist vertrieben / der schnellen Furcht vnd Schrecknis bey Nacht vnd Einsamkeit gestewret / dem Gedächtnis zu desto besserer Erlernung heiliger Schrifft gedienet / das Gemüthe bey steter Mühe vnd Arbeit erlustiget / vnd die Seele in Angst vnd Anfechtung getröstet.

Man sieht, daß solche Lieder unter anderem auch psychotherapeutische Aufgaben hatten. Daß sie den «melancholischen Trauergeist» vertreiben, macht sie heute so brauchbar wie in jenen uralten Zeiten, als König Saul den Psalmensänger David als Heiler seiner Depressionen engagierte (1 Sam 16,23).

Vierfacher Sinn

Dem Aufbau des Liedes liegt das alte Auslegungsschema nach dem vierfachen Schriftsinn zugrunde, wonach jeder Bibelstelle ein buchstäblicher Sinn (sensus litteralis) zukommt, der das konkrete Geschehen erzählt, dann ein Glaubenssinn (sensus allegoricus), der die aus dem Geschehen zu folgernde Lehre bringt, ein moralischer Sinn (sensus moralis), der das aus der Lehre hervorgehende Handeln benennt, und ein endzeitlicher Sinn (sensus eschatologicus), der das Leben nach dem Tode betrifft. Folgt man diesem Modell, dann erinnern die Strophen 1–2 an das biblische Geschehen, nämlich wie Jesus verurteilt, gegeißelt, mit Dornen gekrönt, mit Essig getränkt und ans Kreuz gehängt wurde. Die Strophen 3–7 fragen nach dem Glaubenssinn. Sie lehren als Antwort: Ich hab dies verschuldet, der gute Hirte leidet für die Schafe, Gott wird gefangen. Sie enden mit einem staunenden Lobpreis: *O große Lieb!* Ich lebe in Lust und Freuden und du mußt leiden. Die Strophen 8–14 betreffen den moralischen Sinn. Sie beginnen mit dem Ausruf *Ach, großer König,* der die bisherige Anrede an den Leidenden (*Herzliebster Jesu*) ablöst, und den Fragen in der achten und neunten Strophe: Was kann ich tun? Sie antworten, indem sie die Abkehr von den alten Sünden empfehlen (10), indem sie versprechen, des Herrn Willen stets zu erfüllen (12) und zum Ertragen von Verfolgung bereit zu sein (13). Das alles ist nicht aus eigenen Kräften möglich, sondern nur mit Hilfe des Geistes (11), es ist nicht etwa eine Bußleistung, die Lohn verdiente, sondern wenig wert und wird nur aus Gnade angenommen (14). Strophe 15 schließlich nennt den eschatologischen Sinn: Am Throne dieses großen Königs werde ich einst stehen, er wird mich krönen, und dann erst wird alles wohl klingen.

Der Dichter gab dem Lied die Quellenangabe mit: «Aus Augustino». Die Sammlung *Devoti musica cordis* («Musik des gottergebenen Herzens») hat vielen Liedern einen solchen Hinweis mitgegeben. Am häufigsten werden Augustinus, Bernhard von Clairvaux und Johannes Tauler als Anreger genannt. Die Barockzeit legte wenig Wert auf Originalität. Es war keine Schande, Vorlagen zu bearbeiten. Die Leistung bestand nicht in der Erfindung neuer Stoffe, sondern in der kunstfertigen Gestaltung der alten. Nicht Erlebnisse motivierten das Dichten, sondern Lehre und Lektüre.

Es wäre deshalb falsch, in diesem Lied nach autobiographischen Spuren zu fahnden, also die Leidensgeschichte seines Dichters darin ausgedrückt zu sehen. Nicht sein Privates hat Heermann eitel ans Licht bringen wollen, sondern den Glauben, den er aus den Quellen empfangen hat, den keiner selber machen kann, den jeder nur empfangen kann. Dieser Glaube ist kein subjektives Meinen, sondern Getragenwerden in einem Überlieferungsstrom.

Die Angabe «Aus Augustino» erweist sich allerdings als Irrtum.[8] Die Vorlage ist ein Gebet des scholastischen Theologen Anselm von Canterbury (1033–1109),[9] das Heermann aus Martin Mollers Erbauungsbuch *Meditationes sanctorum patrum*[10] bekannt war. Bereits dort wird Anselms Gebet dem Augustinus zugeschrieben. Es ist bereits Teil des Stromes geworden und inspiriert, mit dem Gütesiegel «Augustinus» versehen, weitere deutsche Bearbeiter, so daß Heermann die Vorlage in verschiedenen Versionen zur Verfügung stand. So konnte Heermann das Gebet des Anselmus nicht nur in Mollers Meditationen finden, sondern auch in einem Gebetbuch von Philipp Kegel.[11] Es trägt dort den Titel *Wie sich der Mensch erkennen sol/ das er des Leydens Christi ein Vrsach sei.* Es enthält in dieser Fassung zahlreiche Aussagen und Wendungen, die Heermann in seinem Gedicht ganz unmittelbar verarbeitet hat:

> Was hastu verwircket/ du allerholdseligster Knab/ HERR JEsu Christe/ dz du also verurtheilet warest? Was hastu begangen/ du allerfreundlichster Jüngling/ daß man so vbel und kläglich mit dir handelt? Was ist doch dein Laster und Mißhandelung? Was ist deine Schuld? Was ist die Vrsache des Todes? Was ist die verwirckung deiner Verdamnis? O ich bin die Vrsache vnd Plage deines Leydens/ Ich bin die verschüldigung deines hinrichtens: Ich bin das Verdienst deines Todes: Ich bin das Todtwirdige Laster/ so an dir gerochen worden: Ich bin die eröffnung der Wunden deines Leydens/ die Angst deiner Peinigung.
>
> O wie ein Wunderbarliche weise deiner züchtigung/ aber dem Geheimnis nach/ eine vnaußsprechliche Verordnung. Der Vngerechte sündiget/ vnd der Gerechte wird gestrafft: Der Selbschüldige vbertritt/ und der Vnschüldige wird geschlagen: Der Gottlose mißhandelt/ der Fromme wird verdampt: Was der böse verdienet/ das leidet der Fromme: Was der Knecht verschuldet/ das bezahlet der Herr: Was der Mensch verwircket, das vbersiehet Gott. [...]

Der Einzelvergleich mit den Quellen zeigt, daß lediglich die Strophen 2 und 15 ohne Rückhalt in den Vorlagen sind. Da es diejenigen sind, die den sensus litteralis und den sensus eschatologicus markant ansprechen, kann man erkennen, daß der vierteilige Aufbau des Liedes, der sich wohltuend von den ziemlich formlosen Vorlagen unterscheidet, dezidierten Absichten folgt. Auch im einzelnen hat Heermann schlagkräftige Pointierungen gefunden, wo die Vorlagen viele Worte verlieren. Gleich die so wirkungsvolle Anrede *Herzliebster Jesu* faßt Kegels und Mollers umständliche Wendungen «allerholdseligster Knab», «allerfreundlichster Jüngling» und «allerliebester Knecht Gottes» zu einer intimen Formel zusammen. Wir dürfen uns den Angeredeten als liebenswürdigen Jüngling vorstellen, dem Lateinischen folgend («dulcissime puer» und «amantissime iuvenis»).

Eigenschöpfung ist auch der bündige Satz *Der gute Hirte leidet für die Schafe.* (4,2) Erst Heermann spitzt allgemeinere Wendungen seiner Vorlagen zu dem starken *Gott ist gefangen* zu. In Strophe 6 faßt er umfangreiche Sündenkataloge zu zwei Zeilen zusammen, fügt dann aber auch den in den Vorlagen völlig fehlenden Hinweis auf die Hölle hinzu.

Wie kann ich dir denn deine Liebestaten/ im Werk erstatten? (Strophe 9) – so fragt Heermann, seinen Quellen folgend, nach dem sensus moralis. Das hat evangelischen Kommentatoren gelegentlich mißfallen, wirkt es doch «katholisch», scheint es doch vorauszusetzen, der Mensch könne durch Bußwerke etwas zu seiner Erlösung beitragen. Heermann bleibe dem asketisch-klösterlichen Geist seiner Vorlage verhaftet, die weniger die Aufgaben am Bruder und an der Welt sehe als die Pflicht zur Kreuzigung der eigenen Begierden, moniert mißmutig Siegfried Fornaçon.[12] Der Text hat an dieser Stelle etwas fast verlegen Einräumendes, so wenn der Kampf gegen des Fleisches Lüste eingeführt wird als *noch etwas, das dir angenehme,* wenn ferner die eigenen Taten zwar rhetorisch für gering erachtet, andererseits aber doch in die Heilskalkulation eingebracht werden. *Dies alles, obs zwar für schlecht ist zu schätzen,/ wirst du es doch nicht gar beiseite setzen.* (14) Aber das Lied weiß: Erlösend ist nicht das eigene Handeln, sondern allein das Handeln Gottes. *Die Schuld bezahlt der HERRE, der Gerechte,/ für seine Knechte.* (4) Wer aber dieses Vorbild lebendig faßt, der kann gar nicht anders, er muß sein Leben ändern.

In die dreieinhalb Jahrhunderte seit der Entstehung von *Herzliebster Jesu* fällt der Aufstieg des bürgerlichen Subjekts mit seiner empfindsamen Ich-Psychologie, die eine völlig andere Rezeptionshaltung erzeugt hat. Wenn heute jemand von diesem Lied spontan bewegt wird, dann in der Regel nicht von seiner Theologie, sondern von der Empfindung eines unmittelbaren Mitleids mit Jesus. Was hat er verbrochen, dieser liebe junge Mann, *daß man ein solch scharf Urteil hat gesprochen?* Eine neue Nähe entsteht. Wem Jesus fremd ist, weil er doch Gott sei, der kann hier heraushören, daß Jesus ein Mensch ist, der ungerecht verurteilt, gequält, verhöhnt und schimpflich hingerichtet wurde. Dem heutigen Sänger des Liedes teilt sich eine erschütterte und empörte Klage über solches Elend mit. Sein Bewußtsein ist damit allerdings ein völlig anderes, ein viel subjektiveres als das der reformatorischen Passionsfrömmigkeit, die vom Mitleid nichts wissen wollte und sich auf das Jesuswort stützen konnte: «Weinet nicht über mich, sondern weinet über euch selbst und eure Kinder» (Lk 23,28). Der lutherischen Theologie ist Jesus nicht der unschuldig verfolgte junge Mann, sondern wahrer Mensch und wahrer Gott, der aus Liebe zu uns trägt, was wir zu tragen hätten, aber nicht tragen können.[13]

Ebenso weit weg ist der säkularisierte Mensch von heute von der Vorstellung, er sei mitschuldig an Jesu Tod (3,3). Man kann, um zum heutigen Bewußtsein eine Notbrücke zu schlagen, erklären, daß nicht in erster Linie an die Einzelsünde gedacht werden muß, nicht an ein Handeln, das man bei gutem Willen auch anders hätte machen können, sondern an die schwächliche conditio humana überhaupt, daran, daß noch das beste Handeln an irgendeiner Stelle auch böse Folgen hat und unendlich weit hinter dem zurückbleibt, was weltrettend wäre. «Es gibt tiefere, verborgenere Schuld, als die wir wissentlich empirisch auf uns laden», sagt Goethe in Thomas Manns Roman *Lotte in Weimar*.[14] Zu schlechtem Gewissen gibt es immer Grund. In der Langzeit- und Fernwirkung jedes Tuns werden immer auch Menschen gekreuzigt. Die Aussage: *Ich hab dies wohl verschuldet,/ was du erduldet* kann, so gesehen, von keinem denkenden Menschen ganz zurückgewiesen werden. «Aspice qui transis quia tu mihi causa doloris.»[15]

Zur Wirkungsgeschichte

Die evangelische Tradition bleibt im 17. Jahrhundert relativ stabil. Erst die Spätaufklärung bringt die üblichen Eingriffe. Das Berliner Gesangbuch von 1780[16] stellt pedantisch klar, daß Jesus doch niemals an Missetaten beteiligt gewesen sein kann: *Du, Heiligster, bist ja in Missethaten/ niemals gerathen* (1,3–4). Es streicht die Strophen 5 (wohl wegen des krassen *Gott wird gefangen*), 6 (wohl wegen der Hölle und wegen der Nichtswürdigkeit des Menschen, die dem Aufklärungsoptimismus widerstand) und 9 (wohl wegen *im Werk erstatten*). Es verwendet Jesu Leiden als moralischen Zeigefinger; 7,3–4 lautet zum Beispiel: *Damit ich lerne Sünden ernstlich meiden,/ willst du, Herr, leiden.*

Das Wort *Herzliebster* erregte Anstoß in einer Zeit, die Jesus vor allem als Lehrer sah. Eine Umdichtung, die viele Abdrucke inspirierte, hieß *Unschuldigster, du hattest nichts verbrochen.* Daneben entwickelten sich die Varianten *Unschuldger Jesu* oder *O liebster Jesu.* Nicht durchgesetzt hat sich eine Version von Klopstock mit dem Initium *Versöhner Gottes! was hast du verbrochen?* Solche Änderungen mischen sich in der Folgezeit mit mehr oder weniger zersungenen Versionen des Originals, so daß man zwischen 1780 und 1850 kaum Gesangbücher findet, die einen völlig gleichen Text bringen.

Die Wiederherstellung des Liedes erfolgt mit großen regionalen Unterschieden von der zweiten Hälfte des 19. Jahrhunderts an. Im *DEG (zuerst 1915) hat es vierzehn Strophen (ohne Str. 6). Im *EKG (seit 1950) stehen dreizehn Strophen (ohne 6 und 12). Im *EG (seit 1993) sind es nur noch elf (ohne 6, 10!, 12 und 14; 11 wird als vorletzte Strophe eingeordnet). Die Kürzung und Umstellung läßt als Antwort auf die Frage in 9,3–4 (und damit als sensus moralis) nicht mehr des Fleisches Lüste erscheinen, die zu dämpfen und zu zähmen seien, sondern die Bereitschaft, Verfolgung zu erleiden: *Ich werde dir zu Ehren alles wagen.* Das ist an und für sich keine schlechte Pointe, obgleich sie derzeit, mangels Verfolgung, zeitklimatisch ohne Nachdruck bleibt. Des Fleisches Lüste dämpfen wäre vielleicht der zwar nicht populärere, aber aktuellere Programmpunkt gewesen.

In katholischen Gesangbüchern begegnet das Lied verbreitet erst seit der Sammlung **Kirchenlied* von 1938, die mit allzu energischem Strich die Strophen 5–15 komplett wegstreicht. Vierstrophig bleibt es demzufolge auch in denjenigen Diözesangesangbüchern, die es nach dem Zweiten Weltkrieg aufnehmen, ebenso wie im katholischen Einheitsgesangbuch **Gotteslob* (seit 1975). Nur ganz vereinzelt gibt es ausführlichere Abdrucke. Wirklich heimisch wurde das Lied in den katholischen Gemeinden nicht.

H. K.

Es ist ein Schnitter heißt der Tod

Edition

1. Es ist ein Schnitter heißt der Tod
Hat Gwalt vom großen Gott
  Heut wetzt er das Messer
  Es geht schon viel besser
    Bald wird er drein schneiden
    Wir müssens nur leiden
      Hüt dich schöns Blümelein.

2. Was jetzt noch grün und frisch da steht
Wird morgens weg gemäht
  Rot Rosen weiß Lilgen
  Beid pflegt er austilgen
    Und ihr Kaiserkronen
    Man wird eur nit schonen
      Hüt dich schöns Blümelein.

3. Viel tausend ist das ungezählt
Da unter die Sichel hinfällt
  Die edle Narzissel
  Die englische Schlüssel
    Die schöne Hyazinth
    Die türkische Bind
      Hüt dich schöns Blümelein.

4. Aus Seiden ist der Fingerhut
Aus Sammet das Wohlgemut
  Noch ist er so blind
  Nimmt was er nur findt
    Kein Sammet kein Seiden
    Mag ihne vermeiden
      Hüt dich schöns Blümelein.

5. Das himmelsfarbe Ehrenpreis
Die Tulipan gelb und weiß
Die silberne Glocken
Die guldene Flocken
Sinkt alles zur Erden
Was wird nur draus werden
Hüt dich schöns Blümelein.

6. So viel Maßlieb und Rosmarin
Welkt unter der Sichel dahin
Vergiß mein nit
Du mußt auch mit
Und du Tausendschön
Man läßt dich nit stehn
Hüt dich schöns Blümelein.

7. Ihr gspregglte Morgen-Röselein
Ihr Papplen groß und klein
Ihr stolze Schwert-Lilgen
Ihr krause Basilgen
Ihr zarte Violen
Man wird euch bald holen
Hüt dich schöns Blümelein.

8. Der blutrot Türkisch Wasserdost
Der schneeweiß Augentrost
Der Herzen-Betrüber
Je länger je lieber
Nur auch mit hinunter
Man machts da keinm bsunder.
Hüt dich schöns Blümelein.

9. Der auserlesne Majoran
Das zornige Rühr mich nit an
Laßt euch nit verführen
Ja wohl nit anrühren
Es gilt da kein Pochen
Heut werdt ihr abbrochen
Hüt dich schöns Blümelein.

10. Du Nägelein mein edler Schatz
Findst auch beim Schnitter kein Platz
Ich gnieß dein nit mehr
Jetzt kommt er daher
Bald wirst du verbleichen
All Schöne muß weichen
Hüt dich schöns Blümelein.

11. Du himmelblaues Bittersüß
Und ihr toll Hahnenfüß
Ihr hübsche Lavendel
Ihr aufgreckte Händel
Es hilft da kein Bitten
Heut werdt ihr abgschnitten.
Hüt dich schöns Blümelein.

12. Und du o schnödes Tag und Nacht
Der Namen ist nit wohl erdacht
Man laßt dich nit stehen
Bis d' Sternen aufgehen
Eh der Tag verschlissen
Wirst du ausgerissen
Hüt dich schöns Blümelein.

13. Man schätzt dich nit o Sonnen-Tau
Man fürcht dich nit Bären-Klau
Ihr fremde Gicht-Rosen
Ihr gfüllte Zeitlosen
Ihr Stern-Akeleien
Muß alles in Reihen
Hüt dich schöns Blümelein.

14. Er macht so gar kein Unterschied
Geht alles in einem Schnitt
Der stolz Ritter-Sporen
Und Blumen von Koren
Da liegens beisammen
Man weiß kaum den Namen
Hüt dich schöns Blümelein.

15. Und wann sie nun seind gschnitten ab
So heißen sie alle Schab ab
Ach wie sie da liegen
Als wärens in Zügen
Sie müssen verschmachten
Man tut ihr nicht achten
Hüt dich schöns Blümelein.

16. Trutz Tod komm her ich fürcht dich nit
Trutz komm und tu ein Schnitt
Wann er mich wegfretzet
So werd ich versetzet
Ich will es erwarten
In himmlischen Garten
Freu dich schöns Blümelein.

Druckvorlage

Text und Melodie: *Zwey Geistliche Lieder. Das Erste Ein schönes Mayenlied/ Wie der Menschenschnitter der Todt die Blumen ohne underschid gehling abmehet […]*, 1638,[1] die Melodie dort mit Generalbaß. Das einzige erhaltene Exemplar dieses Drucks trägt einen handschriftlichen Vermerk: «Schnitterlied gesungen zue Regenspurg da ein hoch adeliche junge Bluemen ohnversehen abgebrochen worden im Jenner 1637 gedichtet im iahr 1637». Das Blatt ist entweder der Erstdruck oder steht diesem sehr nahe. Es hat keine Zeichensetzung. Das wurde hier beibehalten, da die Pausenlosigkeit die maschinenmäßige Unerbittlichkeit des Mähens abbildet. Druckfehler, Unklarheiten und kleine metrische Unstimmigkeiten wurden durch Vergleich mit weiteren Flugblattdrucken verbessert: *Schnitter Lied: Das ist: Kurtze reymen / wie alle Blumen/ deßgleichen alle Menschen/ dem zeitlichen Tode underworffen […]*, Freiburg/Schweiz 1639; *Zwey schöne Geistliche Lieder. Das Erste: Es ist ein Schnitter heißt der Todt […]*, Solothurn 1667; *Vier schöne Neue Geistliche Lieder/ Das Erste: Es ist ein Schnitter heißt der Todt […]*, ohne Ort und Jahr, ferner: *Zwey Schöne Geistliche Lieder / welche zum erstenmal im Druck außgangen. Das erste Lied. Es ist ein Schnitter heist der Todt. / Gedruckt zu Augspurg durch Johann Schultes*, o. J.[2] Der Verfasser des Liedes ist unbekannt.

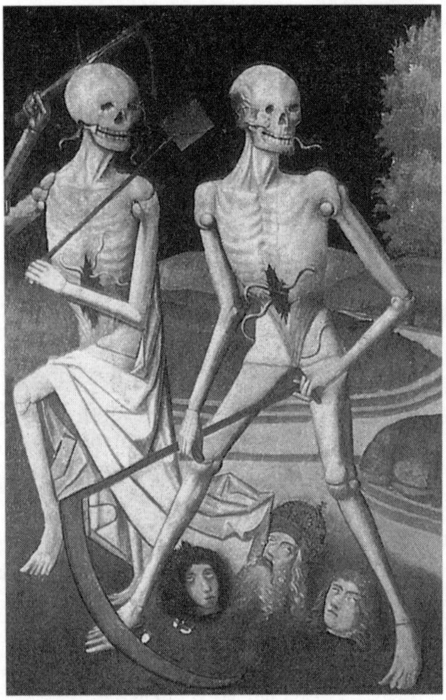

Meister der Aachener Schranktüren, um 1470

Metrum und Melodie

Das Gebilde ist metrisch anspruchsvoll. Die Strophe hat sieben Zeilen, bestehend aus drei Reimpaaren und einer reimlosen Refrainzeile. Die erste Reimpaarzeile hat jeweils vier Jamben, die zweite drei, wobei in manchen Strophen Doppelsenkungen vorkommen (zum Beispiel *Da únter die Síchel hinfällt* oder *Das zórnige Rühr mich nit án*). Sie leiten zu den daktylischen Mittelzeilen 3 bis 6 über, die das Tempo steigern und den Eindruck einer Dreh-

oder Tanzbewegung erzeugen. Sie wird gestoppt durch die wieder jambische Schlußzeile.

Auch der Dreiertakt der Melodie nimmt das Tanzmotiv auf. In den jambischen Zeilen wird eine Verlangsamung des Textes erzielt, im daktylischen Mittelteil hingegen eine Beschleunigung. Die schwerfällige, von Runde zu Runde absinkende Drehung wird durch den Taktwechsel in der Schlußzeile abrupt gestoppt.

Der Schnitter

Es ist ein Schnitter, der heißt Tod. Mit lapidarer Majestät setzt das Lied ein. *Hat Gwalt vom großen Gott.* Es gibt daran nichts zu rütteln, nichts zu diskutieren. Wuchtig fallen die Sätze, wie Beilhiebe, wie Guillotinenmesser, unentrinnbar. *Man wird euch bald holen. Bald wird er drein schneiden. Euch wird er austilgen. Sinkt alles zur Erden. Man läßt dich nit stehn.*

Wie ohnmächtig ist dagegen Lessings gutgemeinter Versuch (in *Wie die Alten den Tod gebildet*), den Menschenschnitter als schönen Jüngling zu imaginieren, der eine Fackel senkt. Der Humanist wollte Freund Hein lieblich und tadelte das schaurige christliche Gerippe mit seinen martialischen Requisiten. Das Lied weiß nichts von solchen Harmlosigkeiten. Es mäht. Es gehört zu seinen Eigentümlichkeiten, daß es trotz allem nicht grausam wirkt. Es spricht von einer Selbstverständlichkeit, nicht von einer speziellen Brutalität. Der Tod ist kein Mörder. Er ist ein Beauftragter, der seine Pflicht tut, und das nicht ohne eine gewisse Kultur. Er vollzieht sein Geschäft tanzend im Dreivierteltakt. Melodie und Versmaß setzen langsam und elegisch ein, nehmen dann Tempo auf, bis die schwerfällige Drehung im abrupten Sichelfall endet: *Hüt dich schöns Blümelein.* Der Tod ist dabei guter Laune, so wie bei Alfred Döblin in *Berlin Alexanderplatz,* wo er den Mantel rollt und lacht und strahlt und singt: «O ja, o ja!»[3]

Die Gewohnheit, das Allegorische nicht wörtlich zu nehmen, wird von der Drastik des Lieds blockiert. *Heut wetzt er das Messer, es geht schon viel besser.* Der Tod ist bewaffnet, mit einem Schneidgerät oder auch mit Pfeil und Bogen. *Der grimmig Tod mit seinem Pfeil* heißt ein Sterbelied des 17. Jahrhunderts. Später bedient er auch eine Guillotine. *Viel Hunderttausend ungezählt,/ Was nur unter die Sichel fällt,* singt Lucile am Ende von Georg Büchners Drama *Dantons Tod,* bevor sie sich dem Henker ausliefert. Auf das große Warum des Sterbens hat sie keine andere Antwort als das *Wir müssen's wohl leiden* des Schnitterlieds. Sie zitiert die letzte Strophe nicht und kennt sie doch. Die Guillotine ist ihr ein stiller Todesengel, eine liebe Wiege, eine Totenglocke. Sie stirbt freiwillig. *Trutz Tod komm her ich fürcht dich nit,/ Trutz komm und tu ein Schnitt!* Sie stirbt ihrem Geliebten nach, der schon guillotiniert wurde. Sie will ihn wiedersehen im himmlischen Garten.

Das Motiv ist nicht neu. Vor allem im späten Mittelalter begegnet der Tod sehr häufig als Sichel- oder Sensenmann.[4] «Wir sind Gottes Hand», antwortet der Tod im *Ackermann aus Böhmen* (um 1400) auf des Ackermanns Frage, wer er sei, und fährt fort: «ein rechter, schaffender Mäher:

> Unsere Sense mäht vor sich hin: Weiße, schwarze, rote, violette, grüne, blaue, gelbe und allerlei Gänse-Blumen nebst Gras, das säbelt sich so vor sich hin, seines Leuchtens, seiner Kraft, seines Zaubers ungeachtet.[5]

Die Vorstellung vom Schnitter Tod stammt aus den Visionen vom Endgericht. Der Schnitter *hat Gwalt vom großen Gott.* Er gleicht dem Todesengel der Apokalypse, der «eine scharfe Sichel» führt (Offb 14,14). Er hat nicht nur das Ende des einzelnen Menschen im Sinn, sondern auch das Ende aller Zeit. «Die Ernte ist das Ende der Welt.» (Mt 13,39) Er tut dem ein Gutes, den er wegmäht, denn er verpflanzt ihn ins Paradies. *Wann er mich wegfretzet/ So werd ich versetzet/[...] In himmlischen Garten.* Dort ist es schöner, als es je auf Erden sein kann.

Die Wiese

Die Leichen, sagt der Prophet Jeremias, sollen liegen «wie der Mist auf dem Felde und wie Garben hinter dem Schnitter, die niemand sammelt» (Jer 9,21). «Alles Fleisch ist Gras, und alle seine Güte ist wie eine Blume auf dem Felde» (Jes 40,6). Die Menschen sind Gras, «das da frühe blüht und bald welk wird und des Abends abgehauen wird und verdorrt» (Psalm 90,6). «Ein Mensch ist in seinem Leben wie Gras, er blühet wie eine Blume auf dem Felde; wann der Wind darübergeht, so ist sie nimmer da, und ihre Stätte kennet sie nicht mehr» (Psalm 103,15–16).

Die Gesellschaft ist eine Wiese. Die einzelnen Blumen sind die Stände und Gruppen. Besonders die Mächtigen will das Lied treffen. *Pabst/ König und Käyser/ Fürst/ Palast und Häuser/ da ligens beysammen/ man weiß kaum ein Nahmen.*[6]

Ein Liedflugblatt von 1667,[7] das die einzelnen Strophen betitelt, ordnet der ersten Strophe die blühende Jugend zu, der zweiten die Kaiser und Potentaten, der fünften die Geistlichen, weiteren die Ledigen (6), die Jungfrauen (7), die Eheleute (8), die Jungen und Schönen (10) oder die, die in einer Schlacht sterben (14). Die Zuordnungen zu bestimmten Blumen sind ziemlich willkürlich. Eine ausdifferenzierte Blumenallegorese liegt nicht vor, eher ein enzyklopädisches Durchspielen in rhetorischer Absicht – ein weiterer Flugblattdruck bringt es auf achtzig Strophen.[8] Der Dichter will mit der Vielzahl der Blumen und Kräuter den Erwartungsdruck erhöhen, den er endlich ins erlösende *Freu dich* münden läßt. Er nennt nacheinander[9] Rose, Lilie und Kaiserkrone, Narzisse, Himmelsschlüssel, Hyazinthe und Türkenbund, Fingerhut und Wohlmut (Wermut, Artemisia), Ehrenpreis, Tulpe, Glockenblume und Flockenblume, Maßliebchen, Rosmarin, Vergißmeinnicht und Tausendschön, Morgenröslein (Lichtnelke), Pappelrose, Schwertlilie, Basilikum und Veilchen, Wasserdost (Wasserhanf), Augentrost, das die Herzen betrübende Jelängerjelieber, Majoran und Rührmichnichtan (Springskraut, Impatiens noli-tangere), Nelke (Nägelein), Bittersüß (Judenkirsche), Hahnenfuß, Lavendel und Händelwurz, Stiefmütterchen (im Volksmund Tagundnachterle), Sonnentau, Bärenklau, Gichtrose (Päonie), Zeitlose und Akelei, schließlich Rittersporn und Kornblume. Strophe 15 faßt zusammen: alle *Schab ab,* Kehricht, Schlacke, Spreu.[10] *Leb wohl dies Kraut bedeut.*[11] Erst Strophe 16 ändert den Ton. Nicht mehr ein anonymer Erzähler spricht, sondern ein Blümlein. Es fordert den großen Tod heraus. Das Machtgefälle kehrt sich plötzlich um. Der bisher so übermächtige Schnitter entpuppt sich als ein Diener. Er verpflanzt die Blume in einen viel schöneren Garten. *Freu dich, schöns Blümelein.*

Geschrieben in der Zeit des dreißigjährigen Krieges, weiß das Lied, wovon es spricht. Es setzt eine Todeserfahrung voraus, die von der des 20. und 21. Jahrhunderts nicht weit entfernt ist. Es lebt vom grausam gleichgültigen Sicheln der Todesmaschine und von der Angstlust, im Zerschnittenwerden sei Hoffnung.

Wirkung

Fliegende Blätter verbreiten das Lied im 17. Jahrhundert im katholischen Raum sehr schnell. In die Gesangbücher kann es vorerst nicht eindringen, mit zwei wichtigen Ausnahmen: Es findet sich, gekürzt und verändert, spätestens seit 1718[12] im **Geistlichen Psälterlein,* dem weitverbreiteten Kölner Jesuitengesangbuch, ferner bereits seit 1683 im oft aufgelegten *Allgemeinen Gesangbuch* des Martin von Cochem (*Mainz 1683).[13] Daß es von da nicht in weitere Gesangbücher ausstrahlte, ist ein Anzeichen dafür, daß es sich als Kirchenlied im engeren Sinne auf die Dauer nicht durchsetzen konnte. In der Tat ist es als Gemeindegesang nicht recht vorstellbar und widerstand offenbar, obgleich es zeitweise bei Kinderbegräbnissen gesungen wurde,[14] auch einer dauerhaften Einbindung in die Beerdigungsliturgie.

Es macht denn auch seine Karriere nicht in der Kirche, sondern außerhalb, als geistliches Volkslied. Clemens Brentano entdeckte es im **Allgemeinen Gesangbuch* und nahm es gekürzt und leicht bearbeitet in *Des Knaben Wunderhorn* auf.[15] Von dort aus entfaltet es eine reiche Wirkung. Es taucht in vielen Volksliedsammlungen auf, erfährt zahlreiche Vertonungen und Chorbearbeitungen und hinterläßt, wie in *Dantons Tod,* viele Spuren in der Literatur. Goethe lobte es:[16] «Katholisches Kirchen-Todeslied. Verdiente protestantisch zu sein.»

Als wollte sie Goethe nachträglich ins Recht setzen, ist die Wirkungsgeschichte im 20. Jahrhundert dominant protestantisch. Zusammen mit anderen Wiederentdeckungen wurde das Lied seit Ende der zwanziger Jahre in eine ganze Reihe von Gesangbüchern aufgenommen, allerdings nur in evangelische. Auch die Deutschen Christen verwendeten es,[17] sie wollten modern sein und sich dem geistlichen Volkslied öffnen. Bei der Bestandspurifizierung nach 1945, die das reformatorische Erbe akzentuierte, ging es allerdings wieder verloren. Heute ist es vom Vergessen bedroht.

H. K.

Wer nur den lieben Gott läßt walten

Edition

Trostlied.
Daß GOTT einen jeglichen
zu seiner Zeit versorgen und erhalten will.
Nach dem Spruch:
Wirf dein Anliegen auf den Herrn,
der wird dich wohl versorgen, etc.

1. Wer nur den lieben GOtt läßt walten
Und hoffet auf ihn allezeit,
Der wird ihn wunderlich erhalten
In aller Not und Traurigkeit.
Wer GOtt dem Allerhöchsten traut,
Der hat auf keinen Sand gebaut.

2. Was helfen uns die schweren Sorgen?
Was hilft uns unser Weh und Ach?
Was hilft es, daß wir alle Morgen
Beseufzen unser Ungemach?
Wir machen unser Kreuz und Leid
Nur größer durch die Traurigkeit.

3. Man halte nur ein wenig stille
Und sei doch in sich selbst vergnügt,
Wie unsres GOttes Gnadenwille,
Wie sein Allwissenheit es fügt.
GOtt, der uns ihm hat auserwählt,
Der weiß auch sehr wohl, was uns fehlt.

4. Er kennt die rechten Freudenstunden,
Er weiß wohl, wenn es nützlich sei,
Wenn ER uns nur hat treu erfunden
Und merket keine Heuchelei.
So kömmt GOtt, eh wir uns versehn,
Und lässet uns viel Guts geschehn.

5. Denk nicht in deiner Drangsalshitze,
Daß du von GOtt verlassen seist
Und daß GOtt der im Schoße sitze,
Der sich mit stetem Glücke speist.
Die Folgezeit verändert viel
Und setzet jeglichem sein Ziel.

6. Es sind ja GOtt sehr schlechte Sachen
Und ist dem Höchsten alles gleich,
Den Reichen klein und arm zu machen,
Den Armen aber groß und reich.
GOtt ist der rechte Wundermann,
Der bald erhöhn, bald stürzen kann.

7. Sing, bet und geh auf GOttes Wegen,
Verricht das Deine nur getreu,
Und trau des Himmels reichem Segen,
So wird er bei dir werden neu.
Denn welcher seine Zuversicht
Auf GOtt setzt, den verläßt er nicht.

Druckvorlage

Das Lied steht in: *G. Neumarks von Mühlhausen aus Thüringen Fortgepflantzter Musikalisch-Poetischer Lustwald [...]*, Jena 1657. Geboten wird dort ein Text- und Notendruck: Der Überschrift *Trostlied* [...] folgt ein Vorspiel für zwei Violinen und Basso continuo, dann die zu den Noten der Singstimme gesetzte 1. Strophe sowie die dazugehörige «Grundstimme» und schließlich der siebenstrophige Gesamttext. Beim Druck des Gesamttextes sind in jeder Strophe die Verse 5 und 6, also der Abgesang nach den beiden Stollen des Aufgesangs, durch größere Type hervorgehoben. So tritt den Lesenden Strophe für Strophe die bündig formulierte Schlußsentenz entgegen. Nur Str. 6 ist insgesamt durch größeren Druck ausgezeichnet. Doch das ist vielleicht ein Versehen des Setzers. Von den gelegentlichen orthographischen Hervorhebungen übernimmt unser Nachdruck nur die beiden Großbuchstaben bei «GOtt».

Titelkupfer zu Georg Neumark: *Fortgepflantzter Musikalisch-Poetischer Lustwald* (1657)

Die heutige ö-Fassung (*EG 369) bietet um besserer Verständlichkeit willen einen an wenigen Stellen revidierten Text: «*den wird er wunderbar* erhalten» (1,3; so schon Neumark selbst, allerdings auch hier mit dem heute irreführenden *wunderlich*, als er 1681 das eigene Lied zitiert, s. u.); «Gott, der uns *sich* hat auserwählt» (3,5); «und daß *ihm* der im Schoße sitze» (5,3) sowie «Es sind ja Gott sehr *leichte* Sachen» (6,1).

Der obige Notendruck entspricht dem des **Evangelischen Gesangbuchs* von 1993. Er wurde mit dem Original (vgl. die Ablichtung bei Erich Trunz[1]) verglichen. Mit dem EG und der quellenkritischen Untersuchung von Andreas Marti[2] lesen wir im dritten Takt «es'» statt «e'».

Thema, Absicht, Form

Als Georg Neumark 1657 das viele Jahre zuvor entstandene Lied in den ersten Teil seiner Sammlung *Fortgepflantzter Musikalisch-Poetischer Lustwald* aufnahm, deutete er es selbst als «Trostlied». Dieser Bestimmung fügte er eine inhaltliche Intention hinzu: Das Lied stehe dafür, «daß Gott einen jeglichen zu seiner Zeit versorgen und erhalten will». Das Fundament dieses Glaubenssatzes ist dem Dichter ein «Spruch». Er zitiert ihn nicht vollständig, nennt auch nicht die Belegstelle – beides erübrigt sich im Blick auf die kundige Leserschaft. Gemeint ist Psalm 55,23: «Wirff dein anligen auff den HERRN/ der wird dich versorgen/ Vnd wird den gerechten nicht ewiglich jnn vnruge lassen.» Vergleicht man den Bibelspruch mit Neumarks Aussage zur Liedintention, so fällt auf, wie stark der Autor generalisiert: «Einen jeglichen» will Gott versorgen und erhalten. Und darüber hinaus zeigt sich auch an der Dichtung selbst, daß Neumark, als er das Lied schrieb, sich durch das Bemühen leiten ließ, die Glaubenserfahrung von Gottes verläßlicher Fürsorge für den einzelnen im Blick auf einen möglichst weit gefaßten Adressatenkreis zu entschränken und zur verbürgten Regel zu machen. Greifbar wird diese Absicht vor allem im Liedanfang und Liedschluß mit den öffnenden Wer-der-Relationen in der 3. Person: *Wer* immer Gott walten läßt (1,1), *wer* immer ihm traut (1,5) *welcher* auch immer seine Zuversicht auf ihn setzt (7,5), *der* wird es nicht vergeblich tun, *den* wird Gott nicht verlassen. Noch stärker spricht sich die allgemeine, jeder kasuellen Besonderheit überlegene Geltung der Liedbotschaft in der meisterhaften Gestaltung der sieben Schlußsentenzen aus. In jeder Strophe

Georg Neumark, aus: *Fortgepflantzter Musikalisch-Poetischer Lustwald* (1657).

folgen den vier durch Kreuzreim gebundenen Versen des Aufgesangs zwei Verse mit Paarreim. Das Strophenmuster ist ganz geläufig. Aber der Dichter hat es seinem Anliegen mit rhetorischem Nachdruck dienstbar gemacht. Daß es ihm gerade auf die Strophenschlüsse ankam, zeigt auch ihre Hervorhebung im Druck. Hier findet sich faßlich, einprägsam, merkbar, was «einen jeglichen» aufrechterhalten und trösten kann. Die spruchhafte Prägung will den Bedenklichkeiten des vielstimmigen Zweifels das Wort entziehen. Sie gibt einer resoluten Hoffnung Sprache. Oder doch nur einem als unumstößlich geltenden Grundsatz? *Wer Gott dem Allerhöchsten traut,/ der hat auf keinen Sand gebaut.* Grundsatz – oder Hoffnung – oder «Prinzip Hoffnung»: Bei der Wiederbegegnung mit dem Liede werden sich an dieser Frage die Geister scheiden.

Ein Lied des Zwanzigjährigen

Neumark war Mitte dreißig, als er *Wer nur den lieben Gott läßt walten* in sein gedrucktes literarisches Werk einfügte. Als er über die Entstehung des Liedes Bericht gab, war er bereits sechzig. Aus diesem Bericht aber weiß man, daß er, als das Lied entstand, erst 20 oder knapp 21 Jahre alt war und daß er es damals im Dank für eine glückliche Wende seines Lebensweges niedergeschrieben hatte.

Georg Neumark, 1621 in Langensalza geboren, Bibliothekar und Dichter, in Weimar Mitglied und Sekretär der *Fruchtbringenden Gesellschaft* (einer zu jener Zeit führenden Vereinigung zur Pflege deutscher Dichtkunst), war im Alter blind geworden. In seinem Todesjahr 1681 erschien die Dichtung *Thränendes Haus-Kreutz*, eine Klage, Selbstermunterung und Vertrauenskundgabe des geplagten Mannes. Neumark hatte sie seinen Kindern Strophe für Strophe in die Feder diktiert. An einer Stelle erinnert er sich zu seinem eigenen Trost an das, was ihm in jungen Jahren «in Cymbrien» widerfahren war, im holsteinischen Kiel. Die Erinnerung ist ihm Anlaß, der Dichtung eine lange Anmerkung hinzuzufügen. Darin erzählt er: 1640, noch zur Zeit des großen Krieges, habe er das Fürstliche Gymnasium zu Gotha verlassen, um auf die Universität zu ziehen.[3] Mit Handelsleuten kam er zur Michaelis-Messe nach Leipzig und schloß sich nach der Messe einer anderen Kaufmannsfuhre an, die nordwärts reiste. In der Gardelegener Heide wurde die Gesellschaft überfallen und ausgeraubt. Neumark verlor Bücher, Kleider und fast alles Geld. Aber sein Stammbuch mit Empfehlungsschreiben war ihm geblieben, und so wanderte er weiter.

Die Erzählung über diese strapaziösen Herbst- und Winterwochen verzeichnet sehr genau alle Orte, an denen er um Hilfe und vorübergehende Anstellung vorsprach, und alle Persönlichkeiten, die das Ihre zu tun versuchten, um ihn unterzubringen. Nach den an Enttäuschung reichen Stationen Magdeburg, Lüneburg und Winsen an der Elbe erreicht er Hamburg. Er verdient etwas Geld mit einer Schäferdichtung, kann aber in der musikliebenden Stadt trotz seiner instrumentalen Fertigkeiten keine Anstellung finden. Die nächste Station ist Kiel. Dort trifft er vermutlich zum Jahresanfang 1642 ein. Wieder wird ihm Hoffnung gemacht, aber die Zeit geht hin. Sein Vaterland stand «in vollen Kriegs-Flammen», er hatte nur, was er «am Leibe trug». «So wurde ich so melancholisch, daß oftmals ich des Nachts in meiner Kammer den lieben Gott mit heißen Tränen kniend um Hülfe anflehete, welches der liebe und barmherzige Gott, des Güte alle Morgen neu und mich über mein Vermögen nicht versuchte, endlich ganz unvermeint angesehen»: Die Stelle eines Lehrers wird frei, weil deren ohnehin problematischer Inhaber sich plötzlich einer Verfehlung wegen aus dem Staube gemacht hat, und als der im Dienst verreiste zuständige Amtmann schließlich heimkehrt, wird der junge Neumark auf Empfehlung seiner Kieler Fürsprecher angenommen. «Welches schnelle und gleichsam vom Himmel gefallene Glück mich herzlich erfreuete, und [hatte gnug Ursache[4]] noch des ersten Tages meinem lieben Gott zu Ehren das hin und wieder wohl bekannte Lied: *Wer nur den lieben Gott läßt walten und hoffet auf ihn allezeit, den wird er wunderlich erhalten in aller Not und Traurigkeit etc.* aufzusetzen und [...] der göttlichen Barmherzigkeit [...] herzinniglich Dank zu sagen.» Neumark bleibt zwei Jahre in Kiel. Er unterrichtet und musiziert. 1644 schifft er sich in Lübeck nach Danzig ein.

Soweit sein Bericht. Der Abrundung wegen sei hinzugefügt, daß Neumark von Danzig aus Königsberg erreicht, das Ziel der so lange unterbrochenen Reise, um an der vom Krieg verschonten Universität Jura zu studieren. Unter dem Einfluß von Heinrich Albert und Simon Dach tritt er mit weiteren Gedichten und Liedern hervor.[5] 1652 ist er wieder in Thüringen, wo sich ihm eine Laufbahn am Hofe des Herzogs von Weimar eröffnet.

Ein Bekenntnis zum Gottvertrauen

Die ausführliche Erzählung des blinden Dichters informiert uns über die privaten Umstände, aus denen sein berühmtes Lied erwachsen ist. Eine solche Auskunft gilt für die Zeit des literarischen Barock als Ausnahme (Erich Trunz). Hinter den streng konventionierten Formen, Gegenständen und Veranlassungen von Dichtung trat das Autor-Ich mit seiner persönlichen Befindlichkeit allermeist ganz zurück. Sie konnte aus dem Geschriebenen kaum erschlossen werden und war überhaupt noch kein allgemein anerkanntes Thema. Auch in dieser Dichtung zeigt sich das Persönliche nicht unmittelbar. Wenn man es aber aus anderer Quelle kennt – eben aus dem *Thränenden Haus-Kreutz* –, läßt es die Eigenart des Liedes doch deutlicher hervortreten.

Der Zwanzigjährige hat als Antwort auf die ihm widerfahrene Rettung ein Bekenntnis zum Vertrauen auf Gott niedergeschrieben. Dabei spricht er Gott selbst im ganzen Liede an keiner einzigen Stelle an. Er richtet sich mit

Strophe 1 an alle, die sich zu gleicher Erfahrung einladen lassen. Er bedenkt in Strophe 2, was *wir* im Umgang mit den Sorgen zu bewirken pflegen; in Strophe 6 dagegen, was *Gott* bei Reich und Arm bewirken kann. Gottes fürsorgliches Verhältnis zu *uns* (fünf mal erscheint diese Dativ- bzw. Akkusativform) füllt die Strophen 3 und 4. Das Bekenntnis wird schließlich in den Strophen 5 und 7 zur aufmunternden Anrede an das eigene oder ein hörbereites anderes Du. – Sosehr das bekennende Lied in der evangelischen Lehre der Zeit gründet: es ist in sich selbst kein Lehrbekenntnis, vielmehr wirbt es für das Gottvertrauen, zu dem sein Autor sich bekennt.

Strophe 1: Vom *lieben Gott* (1,1) sprach der Dichter mehrfach auch im autobiographischen Bericht. Diese Wendung ist noch nicht im Sinne des entschwundenen oder nur regressiv festgehaltenen Kinderglaubens zu verstehen, wie heutiger Sprachgebrauch es nahelegt. Gemeint ist der liebende Gott, der auch der *Allerhöchste* ist (1,5). Gerade darum darf man ihn *walten* lassen, das heißt: sich seiner regierenden Gewalt anvertrauen. Das persönliche Morgengebet aus Luthers Kleinem Katechismus war damals in unabsehbar weitem Gebrauch. Es beginnt mit der Selbstübergabe an Gottes freundliches Regieren: «Das walte Gott Vater, Sohn und Heiliger Geist.» Ebendarauf spielt schon die erste Zeile des Liedes an. Gott trauen (1,5) – in der Schlußstrophe heißt die gleiche Haltung: dem Segen des Himmels trauen (7,3). An beiden Stellen ist das Wort *trauen* anderen Wörtern benachbart, die jeweils durch sprachlichen Anklang bewußt machen, wo und wie Vertrauen aktuell wird: *Traurigkeit* (1,4) und *getreu* (7,2). Im übrigen ist, *wer Gott dem Allerhöchsten traut,* auch klug! Denn nach dem Schlußgleichnis der Bergpredigt hat nur der törichte Mann das eigene Haus *auf Sand gebaut* (1,6) statt auf einen Felsen (Mt 7, 24–27).

Strophe 2: Überführende Fragen stehen am Anfang: Was hilft's, was hilft's? Die *schweren Sorgen,* das *Weh und Ach* – alle wissen ja, daß damit nichts geholfen ist. *Unser Ungemach* anhaltend zu *beseufzen* ist im Gegenteil die sicherste Art, im eigenen Elend hängenzubleiben. *Durch die Traurigkeit,* die sich mit sich selbst befaßt, wird die Waagschale des Unglücks nur um so mehr beschwert. So bedient sich das Vertrauensbekenntnis der Zustimmung zu einer allgemeinen Negativerfahrung.

Strophe 3 rät zur Geduld. *In sich selbst vergnügt sein* heißt: sich innerlich an etwas genügen lassen, Genüge finden, zufrieden werden. Mit Gottes Schickung ist sein *Gnadenwille* (3,3) nicht außer Kraft gesetzt. Seine *Allwissenheit* (3,4) bleibt trotz allem im Spiel, und zwar so, daß das gleichsam Geringere im Größeren, im eindeutig Letzten und Tiefsten inbegriffen ist: Gottes Wissen um unsere Notlage (3,6) und um sein aktuelles Retten ist inbegriffen im Akt unserer Erwählung zum Heil (3,5). Was die Dogmatik der Zeit in der komplizierten Verhältnisbestimmung von Gottes *benevolentia, praescientia* und *praedestinatio* ausdrückt, ist bei Neumark in die Form faßlicher, auf Seelsorge zugespitzter Verse gegossen.

Strophe 4 bezieht das Vorwissen Gottes auf die Zeit. Die *rechten Freudenstunden* (4,1) schlagen nicht zu beliebiger Zeit, und nicht immer ist gleich *nützlich* (4,2), was man sich dringend wünscht. Unsere Sache ist ungeheuchelte Treue, Gottes Sache ist überraschendes Kommen und Schenken.

Strophe 5: Nun weiß der Dichter aber, wie schwer die Anfechtung durch Zustände und Ereignisse ist, die dem Gottvertrauen entgegenstehen. *Drangsalshitze* (5,1) nennt er sie. Mit gutem Grund greift er jetzt zum anredenden Du. Was in den biblischen Psalmen immer wieder durchdekliniert worden ist – die Gerechten müssen sich von Gott verlassen fühlen, während sie die anderen, die Frevler, das Glück genießen sehen, das doch als Zeichen besonderer Verbundenheit mit Gott gilt –, zieht auch in die Gesangbuchstrophe ein, aber als Warnung vor dem naheliegenden Trugschluß. Was jetzt zu sehen ist, erlaubt keineswegs schon ein sicheres Urteil. Die *Folgezeit verändert viel/ und setzet jeglichem sein Ziel.* Auch das ist Weisheit aus den Psalmen (vgl. etwa Ps 37,10.12 f.).

Strophe 6 könnte als Huldigung an eine Willkürherrschaft Gottes gelesen werden – aber doch wohl nur, wenn bei *Wundermann* (6,5) an so etwas wie einen himmlischen Zauberer gedacht würde. Wunder ist aber ursprünglich und noch zur Zeit Neumarks soviel wie Verwunderung, so daß Gott hier als derjenige prädiziert wird, dessen Handeln ein großes Verwundern erregt (vgl. *wunderlich* in 1,3). Zwei berühmte biblische Cantica sind Hintergrund der Strophe: der Lobgesang der Hanna («Der HERR tödtet vnd macht lebendig/ Füret jnn die Helle vnd wider eraus. / Der HERR macht arm vnd macht reich/ Er nidriget vnd erhöhet», 1. Sam 2,6 f.) und der Lobgesang der Maria («Er stösset die gewaltigen vom stuel/ vnd erhebt die nidrigen/ Die hungerigen füllet er mit gütern/ vnd lesst die reichen leer», Lk 2,52 f.).

Strophe 7 wendet sich mit resümierender Anrede noch einmal an das Du. Was ist wichtig? Dem reichen Segen des Himmels *trauen* (7,3)! Aber als rechtes Trauen braucht das Festhalten an der *Zuversicht* (7,5) eine Einbettung in den Lebensvollzug insgesamt, und der ist in vier knappen Imperativen auf den Punkt gebracht, auf den es ankommt: *Sing, bet und geh auf Gottes Wegen,/ verricht das Deine nur getreu* (7,1 f.). Am Anfang das Singen (Neumark war auch Gambist und Cembalist, und er selbst gab seinen Liedern die Melodie), am Ende die Treue im Eigenen. Du das Deine – Gott das Seine! Gottvertrauen heißt nicht, die Dinge laufen lassen, sondern verantwortlich handeln, die Zuversicht dabei aber ganz auf Gott setzen.

Wirkung in Wort und Weise

Wie ist zu erklären, daß *Wer nur den lieben Gott läßt walten* zu einem der verbreitetsten deutschen Kirchenlieder geworden ist – nicht nur im eigenen Sprachraum, sondern auch in der Weltchristenheit? Schlägt man im Autorenregister irgendeines der wichtigen europäischen oder überseeischen Gesangbücher nach – fast ausnahmslos trifft man auch auf den Namen Georg Neumark, und immer wird dabei auf die Nummer seines in Kiel gedichteten Vertrauensliedes verwiesen.

Was den Text betrifft, so bestätigt die Statistik eine verbreitete Vormeinung heutiger Leser über die Art und Weise, in der Menschen der vergangenen Jahrhunderte noch religiös zu sein vermochten – und wie sie für Menschen des 21. Jahrhunderts längst nicht mehr erschwinglich ist: Früher konnte man es sich mit Gottes Walten in der Geschichte noch einfach machen. Der durch persönliche Erfahrung gedeckte Appell zum Gottvertrauen fand noch allgemeinen Widerhall. Glaube konnte sich noch als Selbsttäuschung gegen den Augenschein und als Harmonisierungsrezept gegen den Aufruhr behaupten. Aber das ist vorbei.

Es fragt sich allerdings, ob denn, was einmal wirklich echt gewesen ist, ohne Verlust als heute verbraucht, ja als verlogen wirkend abgetan werden kann. Auf der Ebene der Alltagserfahrung mit ihren Depressionen wie mit ihren überraschenden Auswegen, mit ihren Finsternissen wie mit ihrem Licht am Ende des Tunnels, bewahrheitet sich aus diesem Liede viel mehr, als ihm bei religionskritischer Prüfung zugestanden würde. Wer sich der lesenden, singenden Einkehr in frühere Möglichkeiten des Glaubens gänzlich versagen wollte, fände sich wohl zu schnell mit der eigenen Sprachlosigkeit (und dem wortreichen Räsonnement der jeweils maßgeblichen Stimmführer) ab.

Hilfreich beim Umgang mit diesem Lied ist in jedem Falle seine Weise, ohne die es gar nicht erst auf uns gekommen wäre. Sie hat den Text überallhin mitgenommen, wo sie selbst willkommen war. Ja, sie wurde in Deutschland so beliebt, daß sich auch zahlreiche andere Texte mit ihr verbanden (noch im *Berliner Reformgesangbuch von 1829 etwa waren es 24). Dabei ist sie doch ihrem Originaltext auf den Leib geschrieben. Besser gesagt: Man merkt ihr an, daß sie mit dem Text zugleich entstand – der Dichter ist auch der Komponist, der Komponist auch der Dichter. Nur zwei Hinweise auf das treffliche Wort-Ton-Verhältnis in Strophe 1: Der Spitzenton im Aufgesang – zugleich die erste Halbe der ganzen Melodie – ist das b', und dieser Ton hebt hervor, worauf es im Text ankommen soll: *Wer nur den líe-ben Gótt läßt walten [...] den wird er wún-der-bár erhalten.* Der Spitzenton im Abgesang – zugleich der höchste Ton der ganzen Melodie – ist das d''. Wieder wird der Text selbst abgebildet: *Wer Gott, dem Ál-ler-hő́ch-sten, traut.*

Man hat darauf hingewiesen, daß die in g-Moll gehaltene Melodie mit ihrer gedeckten, für Schwermut offenen Stimmung durchaus in Spannung zur Zuversicht der Textaussage steht. Bewahren die Töne Neumarks deutlichere Kunde von der Not, der er in Kiel entrinnen konnte, als seine Worte? So könnte die Weise, auch ohne daß der Dichter das gewollt hat, einem nur vollmundigen, wirklichkeitsvergessenen Umgang mit seinem Bekenntnis zum Gottvertrauen entgegenwirken.

J. H.

O heilge Seelenspeise

Edition

1. O heilge Seelenspeise
auf dieser Pilgerreise,
o Manna, Himmelsbrot!
Wollst unsern Hunger stillen,
mit Gnaden uns erfüllen,
uns retten vor dem ewgen Tod.

2. Du hast für uns dein Leben,
o Jesu, hingegeben
und gibst dein Fleisch und Blut
zur Speise und zum Tranke;
wer preist mit würdgem Danke
dies unschätzbare, ewge Gut?

3. «Kommt alle, die auf Erden
von Not bedränget werden,»
so spricht dein eigner Mund,
«ich will euch wiedergeben
mit meinem Blut das Leben!
Dies ist der neue, ewge Bund.»

4. O süßer Bronn des Lebens,
fließ nicht für uns vergebens,
du unsers Heilands Blut!
O lösch den Durst der Seelen,
so wird uns nichts mehr fehlen,
du unser allerhöchstes Gut!

5. Mit Glauben und Vertrauen
wir dich verdeckt hier schauen
in deiner Niedrigkeit.
Ach, laß es, Herr, geschehen,
daß wir im Himmel sehen
dich einst in deiner Herrlichkeit!

Druckvorlage

Text und Melodie: **Einheitslieder der deutschen Bistümer.* Authentische Gesamtausgabe, Freiburg/Mainz 1947, Nr. 14. Der deutsche Text des Liedes steht in einer rein katholischen Tradition. In den einzelnen Gesangbüchern finden sich verschiedene Fassungen. Dabei lassen sich, was den Text angeht, vier Haupttraditionen erkennen: *Würzburg 1649, *Köln 1837, **Einheitslied* 1947 und **Gotteslob* 1975.

Das alte Sakramentslied

«Gottesdienst ist Fest, und die Barockkultur ist in erster Linie Festkultur, Aufgebot aller Möglichkeiten sinnenfroher Gestaltung im Dienste hoher Ideale.» Dabei hat es der Barock verstanden, «auch das Volk in seiner Weise in den

Keusche Meerfrewlein oder Geistliche Gesäng
Gedruckt zu Wirtzburg Im Jahr 1649.

Gottesdienst tätig einzubeziehen. Das geschah im Wettstreit mit der Reformation zunächst einmal durch die gesteigerte Pflege des kirchlichen Volksgesanges.» Wenn auch «der Gottesdienst in den gesicherten Bahnen der alten liturgischen Bücher verlief, so gab es doch eine Gelegenheit, bei der die liturgieschöpferische Kraft des Barocks, seine Kraft der Festgestaltung, zum Ausdruck kam: Fronleichnam. Gegenstand war von Anfang an das Sakrament der Eucharistie, aber die Eucharistie nun nicht in ihrem Vollzug als danksagendes Opfer, sondern einfach als sakramentale Gegenwart des Leibes Christi ... Was an Fronleichnam Mittelpunkt des höchsten Glanzes war, das heiligste

Sakrament, nimmt ... auch das Jahr hindurch in einer besonderen und eigenartigen Weise eine zentrale Stellung ein ... Dazu gehört die Aussetzung des Allerheiligsten während des Gottesdienstes und in eigenen Sakramentsandachten ... auch die Kommunion des Volkes ... löst sich von ihrem liturgischen Mutterboden als in sich geschlossene Andacht ab. Was an der Messe gewürdigt wird, ist schließlich die Wandlung, ist die reale Gegenwart des Herrn im Sakrament. Diese wird ... zum beherrschenden und formenschaffenden Mittelpunkt katholischen Gottesdienstes im Barock.»[1]

O heilge Seelenspeise ist ein barockes Sakramentslied. Sein Ursprung ist nicht bekannt. *Keusche Meerfrewlein/ Oder Geistliche Gesäng/ CHRISTO JESV Unserem Seligmacher MARIAE Seiner Gebenedeyten Mutter zu Ehren/ auß Latein in Teutsch ubersetzt. Allen Häuptern/ vnnd Mitgliedern/ welche in die Sodalität der Seligsten Jungfrawen/ vnd Gebährerin Gottes verliebt/ vnd einverleibt zu einem glückseligen/ frewdenreichen Newen Jahr verehret. Gedruckt zu Wirtzburg/ durch Eliam Michaelem Zinck, Jm Jahr 1649,* so lautet der Titel des Gesangbuchs, in dem unter der Überschrift «*Himmelbrodt*» die deutsche Fassung des Liedes erstmals überliefert ist.[2]

In einem Gebetbuch derselben Sodalität, den *Sirenes Marianae,* *Würzburg 1647, findet sich *O Esca Viatorum!,* die lateinische Vorlage des Liedes.[3] Angaben über Verfasser oder frühere Textfassungen[4] enthält keines der beiden Gesangbücher.

O Esca Viatorum, O Panis Angelorum, O Manna Coelitum; Esurientes ciba, Dulcedine non priva Cor te quaerentium.	O Allerhöchste Speise/ Auff dieser Pilgerreise/ Wahrhafftes Himmelbrodt; Thu vns den Hunger stillen/ Mit deiner Gnad erfüllen/ Vns retten von dem Todt.
O Lympha, Fons Amoris, Qui puro Salvatoris E Corde profluis; Te sitientes pota: Haec sola nostra vota; His vna sufficis.	O süsser Tranck deß Lebens/ Den du nicht hast vergebens Vns armen zubereit: Lesch uns den Durst der Sünden; Geb/ daß wir recht empfinden Dein Krafft/ vnd Süssigkeit.
O Jesu, tuum vultum, Quem colimus occultum Sub Panis specie; Remoto tandem velo, Serena fac in Coelo Cernamus acie.	Mit Glauben/ vnd Vertrawen/ Wir dich verdeckt anschawen In dieser Sterblichkeit. Drumb laß einmahl geschehen/ Daß wir wir im Himmel sehen Dein klare Herrlichkeit.

Neben *Würzburg 1647/1649 begegnet der lateinische Text mit seiner deutschen Übersetzung auch in *Mainz 1661. Das mag damit zusammenhängen, daß Johann Philipp von Schönborn, seit 1642 Bischof von Würzburg und seit 1647 auch Erzbischof von Mainz, bestrebt war, in seinen Bistümern die gleichen Lieder singen zu lassen. Mit wenigen Veränderungen finden sich der lateinische und der deutsche Text wieder in *Mainz 1728 und *Mainz 1772. In das *Neue christkatholische Gesang- und Gebetbuch*, *Mainz 1787, wird das Lied nicht aufgenommen, auch im *Katholischen Lehr- Gebet- und Gesang-Buch*, *Mainz 1797, sucht man es vergebens. *O Allerhöchste Speise* taucht erst in *Mainz 1847 wieder auf, allerdings in stark veränderter Form: Zwischen zweiter und dritter Strophe werden zwei neue eingefügt, die aber bereits in *Mainz 1865 wieder aufgegeben sind. Die Textfassung lehnt sich an *Mainz 1728 an; in dieser Version bleibt das Lied in der Diözese Mainz bis 1947 erhalten.[5]

Das Wandlungsbild aus einer Prachthandschrift des Klosters Metten zeigt die Erscheinung des Auferstandenen. Aus seinen Fußwunden fließt Blut in den Kelch auf dem Altar, vor diesem der Priester, der die konsekrierte Hostie emporhebt. Engel halten Spruchbänder mit Versen aus dem Fronleichnamsoffizium. Gläubige sind in Anbetung niedergesunken. Ein aufgeschlagenes Buch am rechten unteren Bildrand enthält den Anfang der Sequenz *Lauda Sion*.

Seelenspeise und Sinnlichkeit

Am Anfang der zweiten Traditionslinie des Liedes steht der Priester und Lehrer Hermann Ludwig Nadermann. Er gab in Münster 1810 *Geistliche Lieder: nebst einigen Gebeten und Litaneyen, zum gottesdienstlichen Gebrauch des Münsterischen Gymnasium* heraus.[6] Der Text lautet hier:

O heil'ge Seelenspeise	Wir nah'n mit heil'gem Beben,
Auf dieser Pilgerreise,	Und kosten hier das Leben
O Manna, Himmelbrod!	Der sel'gen Ewigkeit!
Du labest sanft die Müden	Einst wirst du uns erwecken,
Mit Gottes stillem Frieden,	Und ganz uns lassen schmecken
Und stärkest uns zum Tod!	Die Ruh' der Seligkeit!
Du hast für uns dein Leben	O süßes Mahl der Liebe,
O Jesu, hingegeben,	Erstick' in uns die Triebe
Und gibst dein Fleisch , dein Blut	Verbot'ner Sinnlichkeit!
Zur Speise uns, zum Tranke:	Und laß in deinem Frieden,
Wer preis't mit würd'gem Danke	O Gott, uns schon hinieden
Dies unschätzbare Gut?	Uns freu'n der Ewigkeit!

Statt *O Allerhöchste Speise* heißt das Lied jetzt *O heil'ge Seelenspeise,* und kaum eine Zeile des Textes bleibt unverändert. Zu den bisher drei Strophen kommt eine vierte hinzu. *Köln 1837 ergänzt die Nadermann-Fassung um zwei weitere Strophen. Diese gehen in der Überarbeitung von Melchior Ludolf Herold *Der heilige Gesang oder vollständiges katholisches Gesangbuch für den öffentlichen Gottesdienst und die häusliche Andacht,* 2. Auflage *Köln 1807[7] auf das alte Sakramentslied *O Mensch erkenn die Triebe,* *Paderborn 1770 zurück.[8]

*Herold 1807	*Paderborn 1770
Kommt Alle, die auf Erden	Kommt alle, die auf Erden,
Mit Noth bedränget werden;	mit Noth bedränget werden:
So spricht Sein eigner Mund:	ruft der Samaritan,
Ich will euch wieder geben	ich werd euch wieder geben
Mit meinem Blut das Leben:	mit meinem Blut das Leben.
Dieß ist der neue Bund.	gleich einem Pelican.
Mit dankendem Gemüthe	So laß dich dann umpfangen,
Erhebet Gottes Güte,	du aller Welt Verlangen,
Weicht nimmer von ihm ab;	und weich von mir nicht ab.
Nichts soll uns forthin können	mich wird forthin nichts können
Von seiner Liebe trennen;	von deiner Liebe trennen,
Nicht Welt – nicht Tod – nicht Grab.	so lang ich Athem hab.

Auch für die übrigen Neufassungen des 19. Jahrhunderts, wie etwa *Mainz 1847, *Freiburg 1893 und *Brixen 1903, sind Textveränderungen und Texterweiterungen typisch.

Einheitslied

1947 wird *O heilge Seelenspeise* in den Kanon der Einheitslieder der deutschen Bistümer aufgenommen. Diese fünfstrophige Fassung besteht aus den drei ursprünglichen Strophen von *O Esca Viatorum* in der auf *Mainz 1847 und *Mainz 1887 zurückgehenden Textform (Strophe 1, 4,5). Hinzu kommen zwei Ergänzungsstrophen, die eine von Nadermann (Strophe 2), die andere von Herold (Strophe 3). Bemerkenswert ist nicht nur, daß in der ersten Strophe sich die Fassungen von *Münster 1810 und *Mainz 1847 mischen, sondern daß die letzte Zeile mit der Wendung *retten von dem ewgen Tod* über *Mainz 1865 auf den ‹Urtext› *Würzburg 1649 zurückgeht.

In der ersten Strophe wendet sich der Beter dem Sakrament des Altares zu. Durch die Bilder *Seelenspeise, Manna* und *Himmelsbrot* wird der Zusammenhang mit Exodus 16 sowie der Eucharistierede in Johannes 6 hergestellt. Das Brot in der Wüste (Ps 78,18–20.24–25) wird zur Speise auf der *Pilgerreise* des Lebens. Die zweite Strophe ist von Joh 6,51–56 her geprägt. Die Eucharistie *gibt* Anteil an *Fleisch und Blut* dessen, der sich *hingegeben* hat für das Leben der Welt. Die dritte Strophe knüpft an die Einladung Jesu in Mt 11,28 an und deutet sie, wie schon der einleitende Text im vierten Buch der Nachfolge Christi des Thomas von Kempen,[9] eucharistisch. In der Eucharistie wird der *Neue und Ewige Bund* begangen, der im Blut Christi geschlossen ist und von dem die Abendmahlsworte sprechen (vgl. 1 Kor 11,25; Hebr 8,8–10; 9,20; 10,16; 13,20). In Analogie zur Eingangsstrophe spricht die vierte Strophe vom *Lebensbrunnen*, der in der geöffneten Seitenwunde des Gekreuzigten *fließt* (vgl. Joh 4,14; 7,37–38; 19,34; Offb 21,6; 22,17).[10] Die fünfte Strophe schlägt den Bogen vom *Glauben* zum *Schauen* (vgl. 2 Kor 5,5–6), von der Unscheinbarkeit des Sakramentes zur Anschauung Gottes im *Himmel* (vgl. 1 Kor 13,12).

Ohne Seele – ohne Durst

Im **Gotteslob* 1975 findet sich unser Lied unter dem Initium *O wunderbare Speise* in einer auf vier Strophen gekürzten Fassung.

O süßer Bronn des Lebens

Der ‹Urtext› des Liedes weist eine klare Gliederung der einzelnen Strophen auf: Die beiden ersten handeln von der Eucharistie unter den Aspekten *Speise* (1,1) und *Hunger* (1,4) sowie *Trank* (2,1) und *Durst* (2,4). Mit den Worten *verdeckt* (3,2) und *klar* (3,6) schlägt die dritte Strophe den Bogen von der Eucharistie zur Visio beata. Von *Münster 1810 bis zu den **Einheitsliedern* 1947 fehlt, abgesehen von der Mainzer Tradition, eine eigene, der Eucharistie als Trank gewidmete Strophe. Dennoch klingt das Thema des Blutes an unterschiedlichen Stellen an (z.B. *Münster 1810 [2,3], *Köln 1837 [3,5]). Obwohl die Einheitsliedfassung die Strophe *O süßer Bronn des Lebens* wieder aufgenommen hat, glaubte die Kommission von **Gotteslob* 1975 auf diese «wegen ihrer unzulänglichen Aussagen über das Blut Christi»[11] verzichten zu sollen. Die Streichung ist sowohl von der theologischen Balance des ‹Urtextes› unseres Liedes als auch von der durch das Zweite Vatikanische Konzil initiierten Wiedereinführung der Kelchkommunion[12] her unangemessen.

O wunderbare Speise

In den unterschiedlichen Initien, mit denen unser Lied überliefert wird, spiegelt sich der Wandel der Frömmigkeit vom Barock bis zur Gegenwart: *O allerhöchste Speise* ist bestimmt von der Ehrfurcht vor dem Allerheiligsten, dem Höchsten Gut. *O heilge Seelenspeise* thematisiert die Bedeutung der Eucharistie für den geistlichen Weg des Christen auf der Pilgerreise des irdischen Lebens. Das korrigierte Initium *O wunderbare Speise* will zum Ausdruck bringen, «daß die heilige Eucharistie für den ganzen Menschen, nicht allein für seine Seele, das ‹phármakon athanasías› ist, die Arznei zur Unsterblichkeit».[13] Wie wichtig der Gotteslob-Kommission dieses theologische Anliegen war, geht aus einer Protokollnotiz des Jahres 1973 hervor, derzufolge «gleich zu Anfang der Arbeit der Auftrag gegeben wurde, ‹Seelenspeise› zu ändern».[14] Aber die *wunderbare* Lösung bleibt fragwürdig. Alex Stock kommentiert den Vorgang wie folgt: «In der eucharistietheologischen Tradition überlagern sich die therapeutische und die gastronomische Metaphorik auf bedenkenswerte Weise. In dem hier angesprochenen Lied dominiert die letztere. Aber natürlich, nur wer vom Hunger der Seele eine Ahnung hat, wird nach Seelenspeise verlangen und in der Kommunion möglicherweise ein Labsal seiner Seele empfangen. Und nur, wer mit Simone Weil weiß: ‹Es ist der große Schmerz des Menschen, der mit der Kindheit beginnt und bis zum Tode währt, daß Schauen und Essen zwei verschiedene Tätigkeiten sind. Die ewige Seligkeit ist ein Zustand, in dem Schauen Essen ist›, kann die eigentümliche Auferstehungstheologie dieses Kommunionliedes so verstehen, daß ein Bedarf nach theologischer Nachbesserung erst gar nicht aufkommt. In Summa: die Ersetzung des Ausdrucks Seelenspeise durch wunderbare Speise ist zu kurz gedacht und vernebelt ins Mysteriöse, was spirituell zu klären wäre. Daß dies in Zeitläufen geschieht, in denen die Psychologie nahezu herrschende Weltanschauung ist, gehört zu den eigentümlichen Anachronismen kirchlicher Selbstmodernisierungsversuche und paßt mit der nachfolgenden psychoanalytischen Überschwemmung der Pastoral durchaus zusammen.»[15]

Ein Chanson von Tracy Chapman[16] vermag vielleicht deutlich zu machen, daß *O heilge Seelenspeise* mit seiner Thematik und Metaphorik mehr mit den Erfahrungen des alltäglichen Lebens heute verbunden ist, als man es dem alten Lied auf den ersten Blick ansieht.

All That you have is your soul

My mama told me
Cause she say she learned the hard way
Say she want to spare the children
She say don't give or sell your soul away
Cause all that you have is your soul

Don't be tempted by the shiny apple
Don't you eat of a bitter fruit
Hunger only for a taste of justice
Hunger only for a world of truth
Cause all that you have ist your soul

I was a pretty young girl once
I had dreams I had high hopes
I married a man he stole my heart away
He gave his love but what a high price I paid
And all that you have ist your soul

Why was I such a young fool
Thought I'd make history
Making babies was the best I could do
Thought I'd made something that could be
mine forever
Found out the hard way one can't possess
another
And all that you have ist your soul

I thought thought that I could find a way
To beat the system
To make a deal and have no debts to pay
I'd take it all take all I'd run away
Me for myself first class and first rate
But all that you have is your soul

Here I am waiting for a better day
A second chance
A little luck to come my way
A hope to dream a hope that I can sleep again
And wake in the world with a clear conscience
and clean hands
Cause all that you have ist your soul

All that you have
All that you have
All that you have
Is your soul.

Alles, was du hast, ist deine Seele

Meine Mutter sagte mir
Denn, sagte sie, sie habe es auf die harte Art gelernt
Sagte, das will sie ihren Kindern ersparen
Sie sagte, gib sie nicht fort, deine Seele, und verkauf
sie nicht/ Denn alles, was du hast, ist deine Seele

Laß dich nicht in Versuchung führen von dem
glänzenden Apfel/ Iß nie von der bitteren Frucht
Hunger nur nach einem Hauch von Gerechtigkeit
Hunger nur nach einer Welt der Wahrheit
Denn alles, was du hast, ist deine Seele

Ich war einmal ein hübsches junges Mädchen
Ich hatte Träume, ich hatte große Hoffnungen
Ich heiratete einen Mann, der mein Herz stahl
Er schenkte mir seine Liebe, aber was für einen hohen
Preis zahlte ich/ Und alles, was du hast, ist deine Seele

Warum war ich so ein junges Dummchen
Dachte, ich würde Geschichte machen
Kinder machen, zu etwas Besserem taugte ich nicht
Dachte, ich hätte etwas gemacht,
das mein wäre für immer
Fand auf die harte Art heraus, daß man einander
nicht gehören kann
Und alles, was du hast, ist deine Seele

Ich dachte, dachte, ich könnte einen Weg finden
Das System zu überlisten/ Einen Deal zu machen und
keine Schulden bezahlen zu müssen/
Ich würde alles nehmen, alles nehmen und mich damit
aus dem Staub machen/ Ich ganz allein, Erste Klasse
und Erste Reihe/ Aber alles, was du hast, ist deine Seele

Und jetzt steh ich da, warte ich auf einen besseren Tag
Eine zweite Chance
Ein klein bißchen Glück, das mir über den Weg läuft
Eine Hoffnung zu träumen, eine Hoffnung, wieder
schlafen zu können/ Und mit einem reinen Gewissen
und sauberen Händen in der Welt aufzuwachen
Denn alles, was du hast, ist deine Seele

Alles, was du hast
Alles, was du hast
Alles, was du hast
Ist deine Seele.

Von Angesicht zu Angesicht

Man mag den Verlust von *Seelenspeise* bedauern, man mag die gestrichene Strophe über den *Trank* vermissen, die Neufassung der letzten Strophe ist in jedem Fall ein Gewinn.

*Einheitslied 1947	*Gotteslob 1975
Mit Glauben und Vertrauen wir dich verdeckt hier schauen in deiner Niedrigkeit. Ach, laß es, Herr, geschehen, daß wir im Himmel sehen dich einst in deiner Herrlichkeit!	O Herr, was wir hier schauen in Glauben und Vertrauen, das zeige uns im Licht, und laß es einst geschehen, daß ewig wir dich sehen von Angesicht zu Angesicht.

Die ältesten Textfassungen sind bestimmt durch den Gegensatz von menschlicher *Sterblichkeit* und göttlicher *Herrlichkeit.* Im 19. Jahrhundert tritt eine folgenschwere Verschiebung ein: *Mainz 1847 ändert *Sterblichkeit* in *Niedrigkeit,* und *Köln 1887 interpretiert diese nicht im Sinne unserer Niedrigkeit, sondern der Niedrigkeit Christi im Gegensatz zu seiner Herrlichkeit. Die Gotteslob-Strophe kann auf diese sinnverändernde und schwer nachvollziehbare Vorstellung, die Gegenwart Christi unter den eucharistischen Gestalten sei eine Erniedrigung, verzichten, indem sie das Beziehungsgefüge biblisch neu formuliert und mit den raumzeitlichen Begriffen ‹hier/ dort› sowie ‹jetzt/ einst› den Spannungsbogen markiert vom *Glauben* zum *Sehen* (2 Kor 5,7), nicht *wie in einem Spiegel,* sondern *von Angesicht zu Angesicht* (1 Kor 13,12).

Mehr als Worte sagt ein Lied

Lieder sind nicht nur Texte; Lieder leben, indem sie erklingen. So gesehen, zeigen die Melodien, wie die jeweilige Zeit den Text verstanden und empfunden hat.

Was die musikalische Gestalt unseres Liedes angeht, sind drei verschiedene Gesangsweisen überliefert. Die älteste, dorisch gehaltene Weise findet sich sowohl für den lateinischen als auch für den deutschen Text des *O Esca Viatorum* in *Würzburg 1649.[17] Woher diese verhaltene, vor allem im 17. Jahrhundert gesungene Melodie stammt und ob es sich um eine Kontrafaktur handelt, ist unbekannt. In deutlichem Gegensatz dazu steht eine schwungvolle, in Dur gehaltene «bekannte Melodie», die von dem Sakramentslied *O Mensch! erkenn die Triebe* (*Herold 1808) auf unser Lied übertragen wurde. Der älteste Beleg für diese besonders im 18. und 19. Jahrhundert beliebte Weise ist *Paderborn 1770.[18]

Endlich wird unser Text seit *Köln 1837 über die *Einheitslieder 1947 bis zum **Gotteslob* 1975 auf die Weise *Innsbruck, ich muß dich lassen* gesungen.

Heinrich Isaak (1450–1517) hat dieses bekannte, im 15. Jahrhundert entstandene Volkslied in zwei berühmten Sätzen vertont. Schon um 1555 entsteht mit dem Lied *O Welt, ich muß dich lassen* eine erste geistliche Kontrafaktur.[19]

Hoffnungszeichen ‹ö›

O Esca Viatorum hat von seiner Entstehung im 17. Jahrhundert bis heute vielfältige Wandlungen durchgemacht, die sowohl den Sitz im Leben als auch die textlich-musikalische Gestalt betreffen: Aus dem barocken Anbetungslied ist ein Kommunionlied geworden, an dem sichtbar wird, wie man sich über Jahrhunderte hin bemüht hat, einen lateinischen Text zu über-setzen.

Während in der evangelischen Liedtradition das theologisch und poetisch hochwertige Erbe namentlich bekannter Autoren dazu führt, daß der Originaltext eher als sakrosankt erhalten bleibt, ist die Liedtradition im katholischen Raum stärker anonym. Kein Name schützt das Lied davor, der jeweiligen Zeit entsprechend verändert zu werden. Dies hat auch positive Seiten. Der Text muß immer neu die Probe bestehen, daß in ihm der Glaube der das Lied singenden Menschen zur Sprache und zum Klingen kommt. Änderungen des Textes sind kostbare Zeugnisse für die Mentalitäts- und Frömmigkeitsgeschichte. Die Überlieferungsgeschichte unseres Liedes zeigt, daß gute Textsubstanz sich über Zeiten des Vergessens und Veränderns hindurch bewährt, zugleich aber, daß auch spätere Jahrhunderte zu einem guten Lied etwas beisteuern können, ganz im Sinne des Apostels Paulus: «Jeder trägt etwas bei» (1 Kor 14,26). Das macht die Lebendigkeit einer so gearteten Liedtradition aus. Was auf den ersten Blick als Einheitsmixtur erscheint, erweist sich bei näherer Betrachtung als eine Ganzheit.

Unser Sakramentslied fasziniert durch seine literarische Geschlossenheit und theologische Dichte: Von Anfang bis Ende Gebet, lebt es ganz aus dem Reichtum der Bibel und ihrer Bilder und nähert sich dem Mysterium der Eucharistie anbetend, gleichsam auf den Knien.

Wegen der außerordentlichen Schönheit der bei Heinrich Isaac überlieferten Melodie[20] und wegen der herausragenden literarischen und spirituellen Qualität des Textes zählt *O heilge Seelenspeise* zu den besten Eucharistieliedern und verdient Aufnahme in einen ökumenischen Liedkanon.[21]

H. B.

Ich steh an deiner Krippen hier

Edition

1. Ich steh an deiner Krippen hier,
O Jesulein, mein Leben,
Ich komme, bring und schenke dir,
Was du mir hast gegeben.
Nimm hin, es ist mein Geist und Sinn,
Herz, Seel und Mut, nimm alles hin
Und lass dir's wohl gefallen.

2. Du hast mit deiner Lieb erfüllt
Mein Adern und Geblüte;
Dein schöner Glanz, dein süßes Bild
Liegt mir ganz im Gemüte.
Und wie mag es auch anders sein:
Wie könnt ich dich, mein Herzelein,
Aus meinem Herzen lassen?

3. Da ich noch nicht geboren war,
Da bist du mir geboren
Und hast mich dir zu eigen gar,
Eh ich dich kannt, erkoren:
Eh ich durch deine Hand gemacht,
Da hast du schon bei dir bedacht,
Wie du mein wolltest werden.

4. Ich lag in tiefster Todesnacht,
Du warest meine Sonne,
Die Sonne, die mir zugebracht
Licht, Leben, Freud und Wonne.
O Sonne, die das werte Licht
Des Glaubens in mir zugericht',
Wie schön sind deine Strahlen!

5. Ich sehe dich mit Freuden an
Und kann mich nicht satt sehen,
Und weil ich nun nicht weiter kann,
So tu ich, was geschehen.
O daß mein Sinn ein Abgrund wär
Und meine Seel ein weites Meer,
Daß ich dich möchte fassen!

6. Vergönne mir, o Jesulein,
Daß ich dein Mündlein küsse,
Das Mündlein, das den süßen Wein,
Auch Milch und Honigflüsse
Weit übertrifft in seiner Kraft:
Es ist voll Labsal, Stärk und Saft,
Der Mark und Bein erquicket.

7. Wann oft mein Herz im Leibe weint
Und keinen Trost kann finden,
Da ruft mir's zu: Ich bin dein Freund,
Ein Tilger deiner Sünden;
Was traurest du, mein Brüderlein?
Du sollst ja guter Dinge sein,
Ich zahle deine Schulden.

8. Wer ist der Meister, der allhier
Nach Würdigkeit ausstreichet
Die Händlein, so das Kindlein mir
Anlachende zureichet?
Der Schnee ist hell, die Milch ist weiß,
Verlieren doch beid ihren Preis,
Wann diese Händlein blicken.

9. Wo nehm ich Weisheit und Verstand,
Mit Lobe zu erhöhen
Die Äuglein, die so unverwandt
Nach mir gerichtet stehen?
Der volle Mond ist schön und klar,
Schön ist der güldnen Sternen Schar:
Dies' Äuglein sind viel schöner.

10. O daß doch so ein lieber Stern
Soll in der Krippen liegen!
Für edle Kinder großer Herrn
Gehören güldne Wiegen.
Ach Heu und Stroh ist viel zu schlecht:
Samt, Seiden, Purpur wären recht,
Dies Kindlein drauf zu legen.

11. Nehmt weg das Stroh, nehmt weg das Heu:
Ich will mir Blumen holen,
Daß meines Heilands Lager sei
Auf lieblichen Violen.
Mit Rosen, Nelken, Rosmarin,
Aus schönen Gärten will ich ihn
Von oben her bestreuen.

12. Zur Seiten will ich hier und dar
Viel weißer Lilien stecken,
Die sollen seiner Äuglein Paar
Im Schlafe sanft bedecken;
Doch liebt viel mehr das dürre Gras
Dies Kindelein als alles das,
Was ich hier nenn und denke.

13. Du fragest nicht nach Lust der Welt
Und nach des Leibes Freuden;
Du hast dich bei uns eingestellt,
An unsrer Statt zu leiden,
Suchst meiner Seelen Herrlichkeit
Durch Elend und Armseligkeit:
Das will ich dir nicht wehren.

14. Eins aber hoff ich, wirst du mir,
Mein Heiland, nicht versagen,
Daß ich dich möge für und für
In, bei und an mir tragen.
So lass mich doch dein Kripplein sein:
Komm, komm und lege bei mir ein
Dich und all deine Freuden.

15. Zwar sollt ich denken, wie gering,
Ich dich bewirten werde:
Du bist der Schöpfer aller Ding,
Ich bin nur Staub und Erde;
Doch bist du so ein frommer Gast,
Daß du noch nie verschmähet hast
Den, der dich gerne siehet.

Druckvorlage

Die Textfassung unserer Edition entspricht, in orthographisch modernisierter Form, der Fassung in *Fischer/Tümpel (III, Nr. 406). Die Herausgeber dieser Sammlung richteten sich bei diesem Lied nach der 5. Auflage des von Paul Gerhardts Kantorenfreund Johann Crüger (1598–1662) in Berlin herausgegebenen Gesangbuchs **Praxis Pietatis Melica*, die 1653 erschienen ist. Abgesehen von einigen unbedeutenden Varianten unterscheiden sich *Fischer/Tümpel an einigen Textstellen deutlich von der von Johann Friedrich Bachmann im Jahre 1877 in Berlin herausgegebenen historisch-kritischen Ausgabe von Gerhardts Liedern, die bis heute noch keine moderne Nachfolgeausgabe gefunden hat (*Paulus Gerhardts geistliche Lieder,* S. 141 ff.). Bachmann lag als früheste Fassung des Liedes die 6. Auflage der **Praxis Pietatis Melica* von 1656 vor.

Die Entscheidung, in unserer Edition *Fischer/Tümpel den Vorzug zu geben, beruht nicht nur darauf, daß ihnen die frühere Auflage des Crügerschen Gesangbuchs vorlag, sondern auch darauf, daß, wie Bachmann angibt, die fraglichen Textstellen auch im **Dresdener Gesangbuch* von 1656 in der entsprechenden Version zu finden sind. Es handelt sich um folgende Varianten:

Bachmann	8, 1–4	Wer ist der Meister, der allhier Nach Würden aus = kann = streichen Die Händlein, so diß Kindlein mir, beginnet zuzureichen!
	11,4	Auf Kränzen und Violen
	13,6	Durch dein selbst eignes Herzeleid;

Dem Lied ist von Johann Crüger ursprünglich jene Melodie des Lutherliedes *Nun freut euch, lieben Christen g'mein* zugeordnet worden, die im *Babstschen Gesangbuch an erster Stelle steht.[1] Diese Verbindung von Text und Melodie hat sich stellenweise bis ins 20. Jahrhundert erhalten, daneben aber hat sich die Melodie aus dem **Schemellischen Gesangbuch* durchgesetzt, die wir hier, entsprechend der Fassung der Neuen Bach-Ausgabe (NBA III/2), wiedergeben (=BWV 469). Sie findet sich auch in *EG 37, dort transponiert nach a-Moll.

Schönheit

Dieser Text ist ein Liebesgedicht – man erfaßt es beim Lesen, noch vor aller Einzelbetrachtung. Es ist schön – noch vor allem Glauben. Schönheit ist nicht nur etwas Äußerliches, nicht nur Dekor. Sie entsteht hier aus einem Ensemble von beglückender Versicherung (*Du hast mit deiner lieb erfüllt/ Mein adern und geblüte*), wundersamer Befreiung aus Ängsten (*Ich lag in tiefster todesnacht,/ Du warest meine Sonne*), grenzenloser und entgrenzender Sehnsucht (*O daß mein sinn ein abgrund wär/ Vnd meine seel ein weites meer,/ Daß ich dich möchte fassen!*) und tiefenwirksamer Zusage (*Was traurest du, mein brüderlein?/ Du solt ja guter dinge seyn,/ Ich zahle deine schulden*).

Und man erfaßt auch: Von Anfang an ist dieses Gedicht Gebet. Hier genügt ein Ich nicht sich selbst, sucht seine Schönheit nicht in sich selbst oder in seinem eigenen Spiegelbild, sondern im Du. Wer liebt, aber auch wer betet, braucht sich nicht selbst zu produzieren.[2]

Dieses Gebet richtet sich an das Kind in der Krippe, schaut auf das Kind (5,1) und liefert sich dessen Blick aus (9,1–4). Die Sprache wird schön über diesem Blick – klangvoll, kunstvoll, bilderreich, phantasievoll, drängt zur Musik, singt.

Der Protestantismus hat seit längerer Zeit ein eher getrübtes Verhältnis zur Schönheit der Sprache. Ihm scheint oft wichtiger, daß religiöse Sprache Richtigkeiten sagt, als daß sie schön ist. Aber wo Liebe ist, da ist auch Schönheit. Kaum ein anderes Lied zeigt das deutlicher als dieses.

Ein Andachtslied: Ich und Du

Schon die ersten Zeilen entwerfen die Grundsituation, die bis zum Ende gegeben bleibt: *Ich ... an deiner Krippen.* Klein scheint der Raum zunächst, und die Zeit scheint stillzustehen. Nur das Kind ist zu sehen – allein das Kind. Weder Maria und Josef, noch Engel, noch Hirten spielen eine Rolle. Das Geschehen im Stall von Bethlehem wird nicht vergegenwärtigend und feiernd nachgestellt. Allenfalls erinnert der Eingang *Ich komme, bring und schencke dir* (1,3) an den Besuch und die Gabendarbringung der Weisen aus dem Morgenland. (Johann Sebastian Bach hat denn auch im VI. Teil seines Weihnachtsoratoriums diese Strophe unmittelbar auf den biblischen Bericht von jenem Ereignis folgen lassen.)[3]

Zentrale theologische Inhalte anderer Weihnachtslieder bleiben entweder unbenannt – so z. B. die prophetische Hoffnung Israels oder die Geburt aus einer Jungfrau –, oder sie werden nur andeutend gestreift: so z. B. die Gottessohnschaft des Kindes (*edle Kinder grosser Herrn,* 10,3). Es fehlt das Gloria,

Titelkupfer des *Schemellischen Gesangbuchs (1736)

es fehlen Jauchzen und Frohlocken. Eine stille, staunende Freude, ein überwältigendes Glück klingt auf (4 und 5). Es geht um das Wunder der liebenden Beziehung zwischen dem Kind und dem Ich. Der Blick geht nach unten in die Krippe: *mir geboren* (3,2). Es ist nicht die Rede davon, daß das Kind ‹uns› oder gar ‹allen Menschen› geboren sei. Das Lied singt von einem pro me (für mich). Allerdings zeigt die Tatsache, daß die Sprache in Strophe 13 einmal unvermittelt und ohne Übergang das pro nobis (für uns) streift (*Du hast dich bey uns eingestellt/ an unsrer stat zu leiden,* 13,3+4), daß das Ich des Liedes nicht privates Erleben oder individuelle Glaubenshaltung ausdrücken soll: Wer will, kann singend oder betend in dieses Ich eintreten. Die Sprache zieht ihn vor ein Du, zieht in Schau und Gespräch.

Das Lied gehört zu dem für Paul Gerhardt und für viele seiner Zeitgenossen charakteristischen Typus des Andachtsliedes. Der angestammte Ort für solche Lieder ist nicht der öffentliche Gottesdienst, es ist die häusliche Andacht oder auch die persönliche Meditation eines einzelnen. Unterschiedliche, sich wechselseitig beeinflussende Gegebenheiten haben im 17. Jahrhundert zur Entstehung und zur Prägung von Andachtsliedern beigetragen: Ein neuzeitliches Ich-Bewußtsein, das nicht nur seines Denkvermögens, sondern auch seiner Gemüts- und Seelenkräfte inne wurde, konnte sich verbinden mit neu belebten Traditionen mystischer Frömmigkeit, aber auch, vor allem im lutherischen Bereich, mit der reformatorischen Betonung der biblischen Tradition und der persönlichen Heilsgewißheit. Andachtslieder können der Unverwechselbarkeit der Person Raum geben, die in Meditation und Gebet ihren Raum und ihr Recht hat. Es gibt Lieder und Liedstrophen, die über Jahrhunderte hinweg für Menschen in ganz verschiedenen Situationen solchen Ort geboten haben. So schreibt z.B. der Häftling Dietrich Bonhoeffer im Advent 1943 aus seiner Zelle:

Paul Gerhardt, nach einem Stich von L. Buchhorn

> Außerdem habe ich zum erstenmal in diesen Tagen das Lied ‹Ich steh an Deiner Krippe hier …› für mich entdeckt. Ich hatte mir bisher nicht viel daraus gemacht. Man muß wohl lange allein sein und es meditierend lesen, um es aufnehmen zu können. Es ist in jedem Worte ganz außerordentlich gefüllt und schön. Ein klein wenig mönchisch-mystisch ist es, aber doch gerade nur so viel, wie es berechtigt ist; es gibt eben neben dem Wir doch auch ein Ich und Christus …[4]

Bonhoeffer lag damals das Lied jedenfalls in einer gekürzten Fassung vor – wahrscheinlich in jener des Jugendliederbuchs **Ein neues Lied,* die nur die Strophen 1, 3–5, 10, 13, 14 brachte und auf die Diminutivform der Anrede verzichtete.

Ein Bild im Gemüte

Seit dem Mittelalter wurden Krippenlieder tatsächlich vor einer Krippe gesungen. Man hatte dann beim Singen das konkrete Bild vor Augen. Es trug das Heute der Vergegenwärtigung schon in sich. Bereits in altkirchlichen Hymnen haben zur Vergegenwärtigung des weihnachtlichen Geschehens bestimmte Topoi gehört, die im mittelalterlichen Lied aufgenommen wurden,[5] so z. B. das Motiv des Kontrastes zwischen der Herkunft des Kindes und seiner elenden Umgebung oder auch das Motiv seiner freiwilligen Armut («Obwohl er reich ist, wurde er doch arm um euretwillen, damit ihr durch seine Armut reich würdet», 2 Kor 8,9). Durch weihnachtliches Brauchtum, das sich um die Krippe entwickelte, konnten andere Themen hinzukommen, so z. B. die liebende Fürsorge für das Kind, das Schmücken der Krippe, der Dialog mit dem Kind. So konnte man dem Kind, das nicht in diese Umgebung ‹paßte› und das sich dem in der Welt geltenden Regelsystem nicht ‹anpaßte›, dennoch ganz nah kommen.

Im vorliegenden Lied sind es nicht die leiblichen Augen, die das Kind sehen. Geschaut wird *dein süsses bild,* das *mir gantz im gemüthe* liegt (2,3+4). Angesprochen wird *mein hertzelein,* das nicht *aus meinem hertzen* gelassen werden soll (2,6+7). Das Zentrum der Person ist hier berührt, das geliebte Du ist tief innen nah. Die mystisch getönte Sprache ist hier aber nicht, wie in anderen Liedern Paul Gerhardts[6] oder seiner Zeitgenossen, geprägt von jener bernhardinischen oder pseudobernhardinischen Brautmystik, die seit dem Ende des 16. Jahrhunderts auf die lutherische Orthodoxie eingewirkt hat.[7] Im Krippenlied wird Jesus als Kind angeredet, nicht als Bräutigam. Es ist weniger Erotik als vielmehr Zärtlichkeit, die den Ton bestimmt. Sie zeigt sich gleich zu Beginn in der vertraulichen Anrede, die nicht etwa den Hoheitstitel «Christus» benutzt, sondern den geliebten Jesusnamen, und diesen in der Diminutivform: «Jesulein». Solche Verkleinerungsformen kennt schon das mittelalterliche Lied: *Ex sinu matris parvulus/ sic est egressus Iesulus,* heißt es in einem Text aus dem 15. Jahrhundert,[8] und auch Martin Luther läßt in seinem «kinder lied auff die Weinacht Christi» (*Vom Himmel hoch, da komm ich her*) singen: *Ach mein herzliebes Jesulein* (*EG 24,13). Die Anrufung des Namens läßt das Bild des Kindes im Innern entstehen,[9] und dieses Bild zeitigt Wirkungen, ruft Emotionen wach: Freude, Wonne, Überwältigung, Sehnsucht (4–6). Das Bild schafft Beziehung zwischen dem Anrufenden und dem Angerufenen, und das Leben des Anrufenden hängt von dieser Beziehung ab: *O Jesulein, mein leben* (1,2). Das Bild bleibt aber innerlich, niemand kann es malen – das wird mit großem rhetorischem Gestus deutlich gemacht: *Wer ist der meister, der allhier/ nach würdigkeit außstreichet* … (8,1+2).

Auch aus den anderen Diminutiva spricht, im Sinne damaliger Zeit, nicht etwa Verniedlichung, sondern unbefangen ausgedrückte Zärtlichkeit. Ihre Häufung (2,6: *Hertzelein*; 6,2: *mündlein*; 7,5: *brüderlein* etc.) ist bewußt eingesetztes Stilmittel gerade dieses Liedes; es kann in anderen Weihnachtsliedern Gerhardts fehlen (*Fröhlich soll mein Herze springen,* *EG 36).

Sinnlich und bildhaft ist mystische Sprache, erschließt Erkenntnis nicht nur als geistig-seelisches Erleben, sondern greift ins Leibliche, betrifft dabei das Ich ebenso (2,2: *mein adern und geblüte,* 6,7: *march und bein*) wie das Kind, dessen *mündlein, händlein, äuglein* einzeln betrachtet werden und das geküßt[10] und berührt werden soll (6–9). Man wird erinnert an mittelalterliche Meditation der Glieder des Leibes Christi. Sie spielt vor allem in der Passionsfrömmigkeit eine Rolle,[11] kann ihren Ort aber auch vor dem Kind in der Krippe finden. Johann Arndt (1555–1621), in dessen Gebets- und Andachtsbüchern sich mittelalterliche Mystik und lutherische Theologie begegnen – und der auf Paul Gerhardt einen nicht zu unterschätzenden Einfluß ausgeübt hat –,[12] greift in einer Predigt am zweiten heiligen Christtage solche Meditation auf:

> Dieweil Du nun, liebes Kindlein, an Menschen so große Lust hast, so wende nun die *Aeuglein* zu uns, und gib uns einen lieblichen Anblick, auf daß sich unser Herz freue, wenn du uns ansiehest, und wir fröhlich werden, wenn Du, liebes Kindlein, uns *anlachest* [...]
>
> O liebes Kindlein, *reiche auch deine Händlein her,* laß uns dieselben küssen. Siehe, o Mensch, dies sind die Hände, die dich gemacht haben, die nun ausgestreckt sind [...]
>
> Lasset uns auch diesem Kindlein Sein *rosinfarbnes Mündlein küssen* [...] Dies sind die holdseligen Lippen, die uns den Weg des Lebens lehren werden, die uns erfreuen und trösten werden. Dies ist der *honigfließende* Mund, dessen Worte süßer sind als Honig und Honigseim [...][13]

Wie in dieser Predigt, so drücken auch im Krippenlied Paul Gerhardts Mund, Hände und Augen des Kindes alle dasselbe aus, nämlich liebende, tröstende (7), lachende (8), unverwandte (9) Zuwendung. Das ganze Wesen dieses Kindes ist Zuwendung. Darin besteht seine Schönheit.

In dieser Szene der Strophen 6–9 drückt mystische Sprache sinnfällig aus, was biblische Sprache mit dem griechischen Wort ‹charis› und seinem hebräischen Pendant ‹chesed› bezeichnet. Meist wird dieses Wort mit ‹Gnade› übersetzt. Im Lauf der Zeit hat man es dann vielfach im Sinn von ‹Herablassung› gedeutet, so, als würde, wer ‹Gnade› erfährt, dadurch klein gemacht. Aber im griechischen ‹charis› kommen Liebenswürdigkeit und Anmut, Gnade und Schönheit zusammen. Gnade weckt bei dem, den sie anrührt, ebenfalls das Bedürfnis, Liebe und Schönheit miteinander zu verbinden: Blumen sollen geholt und das Lager soll geschmückt und reich ausgestattet werden (10–12).

Die Erfahrung der *anlachenden* (9,4) Zuwendung des Kindes kommt einer Erleuchtung gleich. Das Kind hat etwas Sonnenhaftes (4). Die Lichtmetaphorik hat das weihnachtliche Singen von Anfang an geprägt. Ihre Wurzel hat sie in biblischen Texten, welche die Bedeutung Jesu Christi in dieser

Bildlichkeit auszusagen versuchen: «Gott, der sprach: Licht soll aus der Finsternis hervorleuchten, der hat einen hellen Schein in unsre Herzen gegeben ...» (2 Kor 4,6). Im Umkreis weihnachtlichen Singens macht diese Bildlichkeit eindrücklich deutlich, daß die Geburt dieses Kindes eine Zeitenwende bedeutet, durch welche das Davor und das Danach in unüberbrückbaren Gegensatz geraten:

Praesepe iam fulget tuum, lumenque nox spirat novum, quod nulla nox interpolet, fideque luci iugeat.[14]	Dein Krippen glänzt hell und klar, die Nacht gibt ein neu Licht dar, Dunkel muß nicht kommen drein, der Glaub bleib immer im Schein.[15]

Was in diesem Hymnus des Ambrosius und in der Übersetzung Martin Luthers als Zeitenwende angesagt ist, klingt in Gerhardts Krippenlied als Lebenswende: *Ich lag in tiefster todesnacht,/ du warest meine Sonne.* Diese Lebenswende aber bleibt nicht nur im Bereich mystischer Erfahrung und mystischer Sprache. Sie hat noch eine andere Dimension: den Glauben.

Die Augen des Glaubens

Paul Gerhardts mystische Frömmigkeit ist verwurzelt in der biblischen Tradition und beheimatet in Gottesdienst und Lehre der lutherischen Kirche. Sein Krippenlied besingt nicht die Geburt des Kindes in der Seele und auch nicht die liebende Verschmelzung von Ich und Du. Das *bild im Gemüte* bleibt bezogen auf Person und Geschichte Jesu, also auf etwas, das prinzipiell außerhalb des Ich liegt: auf eine Geburt, die geschah, *da ich noch nicht geboren war* (3,1); auf eine Person, die *nicht nach lust der welt/ noch nach des leibes freuden* (13,1+2) fragt, obwohl sie beides haben könnte – und auf das bevorstehende Leiden *an unsrer stat* (13,4). Der Schatten des Kreuzes fällt auf die Krippe. Gerade in der Erfahrung des Geliebtseins stellt sich, bei aller Zärtlichkeit und Vertraulichkeit der Anrede, auch die Erkenntnis eines Abstandes zwischen Ich und Du ein: der Abstand zwischen dem Ich, das *todesnacht* (4,1), Weinen (7,1) und *sünden* (7,4) kennt, und dem Du, das *meine Sonne* (4,2) und *mein Heyland* (11,3; 14,2) ist. Dies Kind ist nicht irgendein Kind, es ist – völlig unvorbereitet wird dieser Titel in der letzten Strophe eingeführt – *der schöpffer aller ding,* und *ich bin nur staub und erde* (15,4). Diese Ferne wird nicht durch mystische Versenkung überbrückt, sondern durch die erwählende und sich selbst schenkende Liebe des Kindes (3). Diese Liebe aber erschließt sich weder dem Verstand noch dem Gefühl, es ist der Glaube, der sie erfaßt. Der Glaube ist ein *liecht,* das erst *zugericht'* werden muß (4,5+6), ein Licht, das zum Sehen führt (5,1).

Der Glaube läßt die Geschichte Jesu und die Geschichte des Ich als zusammengehörig aufleuchten, und vor diesem Horizont erfaßt das Ich, was es ohne Glauben nicht wußte: daß sein ganzes Sein (*geist, sinn, hertz, seel, muth*, 1,5+6) sich von Anfang an, ja vor allem Anfang, einer schenkenden Liebe verdankt. Die Güte ist das erste.

Auf merkwürdige Weise schieben sich im Sehen des Glaubens historische Ungleichzeitigkeiten zur Gleichzeitigkeit ineinander. Paul Gerhardts Lied ist hier ganz nah bei dem Liedschaffen Martin Luthers. Das gilt nicht nur für die enge Beziehung des Krippenliedes zu dem oben bereits genannten Kinderlied *Vom Himmel hoch,* eine Beziehung, die sich in vielen parallelen Gedankengängen und in wörtlichen Zitaten nachweisen ließe; noch mehr gilt es für die Nähe zu *Nun freut euch, lieben Christen g'mein.*[16] Auch in jenem Lied verschränken sich die Zeiten, und der *Sohn*, der *zu mir auf Erden* kam , hat *mir* in einer Liebeserklärung seine eigene Geschichte zugesagt und *mich* ermuntert: *Das halt mit festem Glauben.* Entsprechend ist in Paul Gerhardts Lied zwar das Faktum der Geburt des Kindes als Perfekt gegeben, aber welche Freiheit aus diesem Faktum erwächst – das wird in wörtlicher Rede des Kindes in der Gegenwart hörbar: Das Mündlein, das alle süße Erfahrung, die es gibt, *weit übertrifft in seiner krafft,* (6,5, nur an dieser Stelle ‹übertrifft› die Sprache die Grenze zwischen Auf- und Abgesang), spricht in der Gegenwart Trost und Freundschaft zu: *Du solt ja guter dinge seyn/ ich zahle deine schulden* (7,6+7). Darin liegt seine *krafft.* Allerdings hat die siebte Strophe beinahe unvermerkt von der Anrede in eine Aussage gewechselt: Die Zusage des Kindes erscheint als Zitat: *Da rufft mirs zu:* (7,3). Der intime Raum, der den ersten Teil des Liedes bestimmt hat, weitet sich: Der Glaube beginnt, von seinen Erfahrungen mit der Liebe des Kindes zu anderen zu reden. Ihre Anwesenheit wird durch die geänderte Sprechform angedeutet. Dieser Zusammenhang reicht bis Strophe 12. War Martin Luthers Lied wesentlich bestimmt durch die Rede des «Sohnes», so kann man Paul Gerhardts Krippenlied deuten als Antwort eines Ich auf ebendiese Rede. Von daher ist es vielleicht auch kein Zufall, daß der Dichter sein Gedicht nach *Nun freut euch, lieben Christen g'mein* singen läßt (und demzufolge seinen Text in der Form der Lutherstrophe gestaltet).[17]

«Für und für»

Alle Liebe wünscht sich Ewigkeit. ‹Ohne dich kann ich nicht leben›, sagen die Liebenden. Das sagt auch, wer mit diesem Lied an der Krippe steht. Unglaublich scheint das Wechselspiel, das sich im Lied vollzieht: Der sterbliche Mensch könnte Gastgeber des Schöpfers werden (15), und das Kind, das in der Krippe liegt und sich mit seinen eigenen Gaben beschenken läßt (1,3+4), soll doch erst noch in die Krippe des Herzens kommen und sich dort selbst schenken (14). So greifbar nah scheint das Kind – und zugleich so fern. Die Paradoxie der biblischen Gottesaussagen gilt auch vor der Krippe. Der

Mystiker Meister Eckhart hat das so ausgedrückt: «Gott ist Freund; wir sind fremd.» Daß dies nicht so bleiben müßte, davon reden die letzten Zeilen des Liedes.

Wie klingt das Lied? – Hinweise zur Melodie

Verschiedene eigene Weisen, die im 17. Jahrhundert zu dem Text entstanden,[18] setzten sich nicht in der Praxis durch. Vielmehr ist die ursprünglich dem Lied zugedachte Melodie *Nun freut euch, lieben Christen g'mein* diesem über lange Zeit verbunden geblieben. Auch im 20. Jahrhundert gibt es noch Beispiele für diese Verbindung (*DEG 1915 im Anhang, *GL). Aufs Ganze gesehen, hat sich allerdings im 20. Jahrhundert jene Melodie durchgesetzt, die erstmals 1736 im Gesangbuch des Zeitzer Schloßkantors Georg Christian Schemelli erschienen war. Diese Melodie wird zwar häufig, so auch in den Angaben des *EG, Johann Sebastian Bach zugeschrieben, jedoch ist diese Vermutung bis heute nicht belegt und in der Musikwissenschaft umstritten. In der Vorrede zu diesem Gesangbuch heißt es, daß die darin enthaltenen Melodien «von Sr. Hochedl. Herrn Johann Sebastian Bach ... theils ganz neu componiret, theils auch von Ihm im General-Baß verbessert ... worden.» Aber lediglich in drei Fällen ist Bachs Urheberschaft eindeutig nachzuweisen.[19]

Die Melodie aus dem *Schemellischen Gesangbuch tritt seit den zwanziger Jahren einen Siegeszug an (*Kassel 1920; *DEG Frankfurt 1927; **Das Weihnachtslied* 1932; **Ein neues Lied* 1932; *EKG; *EG, *RG). In kongenialer Weise vermittelt die Melodie Form und Gestimmtheit des Textes. Die Barform, die zwei zweizeilige Stollen im Aufgesang verbindet und dann, deutlich neu einsetzend, einen harmonisch (Es-Dur anstelle von c-Moll) und melodisch kontrastierenden Abgesang folgen läßt, zeichnet die Kanzonenform der Strophe nach. Die Abfolge der Melodiezeilen, a b, a b, c c d, bildet das Reimschema ab.

Die Weise ist im Soloarienstil geschrieben; sie ist mit einer Generalbaßbegleitung versehen, das heißt, daß die Harmonisierung bei der Melodieführung bereits mitgedacht ist. Melodische Ausdrucksstärke entsteht u. a. dadurch, daß fünf der sieben Zeilen (1, 3, 5, 6, 7) immer wieder deutlich nach Höhe und Helligkeit streben, daß überhaupt nie der untere Grundton berührt und der obere häufig überspielt wird. Auch die ariose Schlußwendung der letzten Zeile hat starke Wirkung. Aber es ist nichts Unruhiges in dieser Ausdrucksstärke. Ruhig fließen die Melodiebögen, und das stete Gegenüber von Moll und Dur verbindet sich gut mit der eher verhaltenen Freude des Textes und der Eigenart einer nächtlichen Feier, in der dieses Lied meistens seinen Ort hat. Da die Melodie auf solistische Verzierungen verzichtet und einen nicht zu großen Tonraum hat, kann sie auch gut von einer Gemeinde gesungen werden.

Das Lied wird frag-würdig – Aspekte der Wirkungsgeschichte

Das Lied ist bald von den Crügerschen Gesangbüchern aus in Gemeindegesangbücher gewandert (z. B. *Dresden 1656, *Schleswig 1676, *Nürnberg 1676, *Freylinghausen 1704) und kann auch in der zweiten Hälfte des 18. Jahrhunderts noch in unveränderter Form gedruckt werden (z. B. *Porst 1778). Es scheint also einer bis dahin gegebenen Frömmigkeitshaltung entsprochen zu haben. Dann aber verschwindet es aus den Gesangbüchern. Als es ungefähr in der Mitte des 19. Jahrhunderts wieder auftaucht, erscheint es zunächst in Liedsammlungen (*Layriz 1844, **Geistlicher Liederschatz* 1846), allerdings in verkürzter Form. Das *Deutsche Evangelische Kirchengesangbuch* (*Stuttgart/Augsburg 1854) enthält es nicht, aber es taucht vereinzelt in Gesangbüchern auf – verändert allerdings und immer wieder in unterschiedlicher Weise verkürzt. Man nahm z. B. an den Diminutiva Anstoß oder an den Strophen, die einzelne Glieder des Kindes betrachteten oder das Schmücken der Krippe ausmalten. Gewandeltes Sprachgefühl ließ dies alles als Verniedlichung oder Tändelei erscheinen, und gewandelte Frömmigkeit konnte weder im Gemeindegottesdienst noch in der persönlichen Andacht damit etwas anfangen. Die Entwicklung konnte aber auch umgekehrt verlaufen. Friedrich Spitta, einer der großen Hymnologen des ausgehenden 19. und beginnenden 20. Jahrhunderts (1852–1924), sah das Wesen des Liedes im «rührend anmutigen Spielen mit dem Jesulein, das von Anfang bis zum Schluß durch das Lied geht», und hielt die eher den «Ton einer feierlichen Erhabenheit anschlagenden» Strophen 3 und 4 für einen späteren Einschub des Dichters, der am besten ebenso wie die «nachschleppende» Schlußstrophe zu streichen sei. Übrig bleibt dann nach seiner Meinung ein Kinderlied, das «nicht anders als in Kinderfeiern benutzt werden kann, wo die kosenden Reden mit dem Kinde im Wechsel von Knaben und Mädchen, auch von Einzelstimmen gesungen werden können».[20]

Es kam dann doch anders, als Spitta es empfohlen hatte. Über den Anhang des *DEG (1915), über verschiedene Sammlungen der zwanziger und dreißiger Jahre (**Das Weihnachtslied* 1932, **Ein neues Lied* 1932) wanderte es ins *EKG und ins *EG, jeweils mit neun Strophen. Im **Gotteslob* stehen die Strophen 1 und 3–5 des Originals, im *RG finden sich außer diesen auch noch die Strophen 13–15. Damit ist das *RG das einzige neuere Gesangbuch, das die letzte Strophe des Originals für wichtig hält.

In allen Fällen zeigt sich eine gewisse Ambivalenz, die gerade diesem Lied im kirchlichen Singen begegnet: Man will es haben, es übt eine Faszination eigener Art aus. Aber es läßt sich kaum in seiner Gänze einer versammelten Gemeinde in den Mund legen.

Wirkungen eines Liedes sind nicht nur an seinen unterschiedlichen Stationen in der Gesangbuchgeschichte abzulesen. Ein Lied kann auch in eine Biographie wirken; auch solche Einflußnahme kann öffentlich werden.[21]

Das Beispiel Dietrich Bonhoeffers wurde oben schon erwähnt. Für Bonhoeffer, der wie kein anderer Theologe seiner Generation (er war 1906 geboren) die Religionslosigkeit des mündigen Menschen bejaht hat, war Gotteserfahrung

> Begegnung mit Jesus Christus. Erfahrung, daß hier eine Umkehrung alles menschlichen Seins gegeben ist, darin, daß Jesus nur ‹für andere da ist›. Das ‹Für-andere-dasein› Jesu ist die Transzendenzerfahrung! Aus der Freiheit von sich selbst, aus dem ‹Für-andere-dasein› bis zum Tod entspringt erst die Allmacht, Allwissenheit, Allgegenwart. Glaube ist das Teilnehmen an diesem Sein Jesu. (Menschwerdung, Kreuz, Auferstehung.) …[22]

Vor diesem Hintergrund erschloß sich ihm das alte Lied neu, verband sich für ihn in der Gefängniszelle mit dem Geschmack von Freiheit:

> … es gibt eben neben dem wir doch auch ein Ich und Christus, und was das bedeutet, kann garnicht besser gesagt werden als in diesem Lied; nur noch einige Stellen aus der Imitatio Christi, die ich jetzt in der lateinischen Ausgabe hin und wieder lese (sie ist übrigens lateinisch doch unendlich viel schöner noch als deutsch), gehören noch hierhin …»[23]

Ganz anders ist es dem Freiburger Psychoanalytiker Tilmann Moser gegangen. Wie faszinierend kirchliches Singen sein kann, welche tiefgehenden Wirkungen es haben kann, beschreibt er 1976 in seiner Abrechnung mit dem Gott, den er den Konkursverwalter der Liebe nennt und von dem ihm Jahrzehnte seines Lebens vergiftet worden sind. In einem Kapitel über «Die Macht deiner Lieder» zitiert er die Strophe *Da ich noch nicht geboren war, / da bist du mir geboren* und deutet sie als kindliche Urphantasie:

> Es ist die kindliche Urphantasie, daß sich die Eltern das Kind genau so und so lang schon gewünscht haben, wie es ist, und daß gar nichts Zufall und alles nur liebevolle Absicht und Erwählung ist. Aber daß nun *du*, in dessen Hand die mächtigen Eltern selbst zu sein schienen, mich erwählt haben wolltest, das ist für ein Kind, das mitunter tiefe Zweifel hat, ob es willkommen und akzeptabel sei, ein erschütterndes, unwiderstehliches Sonderangebot …[24]

Von dieser Urphantasie verabschiedet sich Moser. Gastgeber für diesen Gott will er auch nicht mehr sein:

> Du mußt dir jetzt andere zur Wohnung suchen, weil ich ohne den ungebetenen Gast weiterleben möchte und meinen inneren Raum vielleicht für Menschen brauche, denen ich, *neben dir und mir,* zu wenig Platz gelassen habe.[25]

Neue Freiheit hat er gefunden: «Meine Augen lernen sehen, seit du mir nicht mehr den Horizont verdunkelst.»[26]

Imitatio Christi oder Gottesvergiftung – am Ende gibt das Lied die Frage zurück.

C. R.

Geh aus, mein Herz, und suche Freud

Edition

Sommer-Gesang

1. Geh aus, mein Herz, und suche Freud
In dieser lieben Sommerzeit
An deines Gottes Gaben:
Schau an der schönen Garten-Zier
Und siehe, wie sie mir und dir
Sich ausgeschmücket haben.

2. Die Bäume stehen voller Laub,
Das Erdreich decket seinen Staub
Mit einem grünen Kleide:
Narcissus und die Tulipan,
Die ziehen sich viel schöner an
Als Salomonis Seide.

3. Die Lerche schwingt sich in die Luft,
Das Täublein fleucht aus seiner Kluft
Und macht sich in die Wälder:
Die hochbegabte Nachtigall
Ergötzt und füllt mit ihrem Schall
Berg, Hügel, Tal und Felder.

4. Die Glucke führt ihr Völklein aus,
Der Storch baut und bewohnt sein Haus,
Das Schwälblein speist ihr Jungen:
Der schnelle Hirsch, das leichte Reh
Ist froh und kommt aus seiner Höh
Ins tiefe Gras gesprungen.

5. Die Bächlein rauschen in dem Sand
Und malen sich und ihren Rand
Mit schattenreichen Myrthen:
Die Wiesen liegen hart dabei
Und klingen ganz von Lust-Geschrei
Der Schaf und ihrer Hirten.

6. Die unverdroßne Bienenschar
Zeucht hin und her, sucht hier und dar
Ihr edle Honigspeise:
Des süßen Weinstocks starker Saft
Kriegt täglich neue Stärk und Kraft
In seinem schwachen Reise.

7. Der Weizen wächset mit Gewalt,
Darüber jauchzet jung und alt
Und rühmt die große Güte
Des, der so überflüssig labt'
Und mit so manchem Gut begabt
Das menschliche Gemüte.

8. Ich selbsten kann und mag nicht ruhn:
Des großen Gottes großes Tun
Erweckt mir alle Sinnen:
Ich singe mit, wenn alles singt
Und lasse, was dem Höchsten klingt
Aus meinem Herzen rinnen.

9. Ach denk ich, bist du hier so schön
Und läßt du's uns so lieblich gehen
Auf dieser armen Erden:
Was will doch wohl nach dieser Welt
Dort in dem reichen Himmelszelt
Und güldnem Schlosse werden?

10. Welch hohe Lust, welch heller Schein
Wird wohl in Christi Garten sein?
Wie muß es da wohl klingen,
Da so viel tausend Seraphim
Mit eingestimmtem Mund und Stimm
Ihr Alleluja singen.

11. O wär ich da! o stünd ich schon
Ach süßer Gott, vor deinem Thron
Und trüge meine Palmen;
So wollt ich nach der Engel Weis
Erhöhen deines Namens Preis
Mit tausend schönen Psalmen.

12. Doch will ich gleichwohl, weil ich noch
Hier trage dieses Leibes-Joch
Auch nicht gar stille schweigen:
Mein Herze soll sich fort und fort
An diesem und an allem Ort
Zu deinem Lobe neigen.

13. Hilf nur und segne meinen Geist
Mit Segen, der vom Himmel fleußt
Daß ich dir stetig blühe:
Gib, daß der Sommer deiner Gnad
In meiner Seelen früh und spat
Viel Glaubensfrücht erziehe.

14. Mach in mir deinem Geiste Raum,
Daß ich dir werd ein guter Baum
Und laß mich wohl bekleiben:
Verleihe, daß zu deinem Ruhm
Ich deines Gartens schöne Blum
Und Pflanze möge bleiben.

15. Erwähle mich zum Paradeis
Und laß mich bis zur letzten Reis
An Leib und Seele grünen:
So will ich dir und deiner Ehr
Allein, und sonsten keinem mehr,
Hier und dort ewig dienen.

Druckvorlage

Die hier edierte Fassung des *Sommer-Gesangs* von Paul Gerhardt (1607–1676) stammt aus der Gesamtausgabe seiner Lieder, die der Kantor an der Berliner Nicolai-Kirche Johann Georg Ebeling (1637–1676) unter dem Titel *Pauli Gerhardi/ Geistliche Andachten/ Bestehend in hundert und zwantzig Liedern* in den Jahren 1666/67 herausgegeben hat. Hier erschien der Text erstmals mit einer eigenen Melodie, die Ebeling komponiert hatte. Die Melodie steht als Diskant in einem vierstimmigen Satz, zu dem zwei instrumentale Oberstimmen gehören. Das entspricht der Intention des Gesangbuchs, das sowohl dem Gottesdienst in der Kirche als auch der häuslichen Andacht dienen will. Der Text ist in Orthographie und Interpunktion leicht modernisiert. Ebelings Buch liegt in einem Reprint vor.[1]

Der Text des Liedes entspricht, abgesehen von orthographischen oder grammatikalischen Unterschieden, fast wörtlich der Version in der fünften Auflage der **Praxis Pietatis Melica* (1653), jenes Gesangbuchs, das der Vorgänger Ebelings, Johann Crüger (1598–1662), seit 1647 in Druck gehen ließ. Folgende Abweichungen erscheinen erwähnenswert:[2]

9/5	Crüger	*vestem himmelszelt*
10/5	Crüger	*mit unverdroßnem mund und stimm*
13/1	Crüger	*hilf mir* (Das *nur* bei Ebeling könnte ein Lesefehler sein)

In 14/3 haben Crüger und Ebeling: *bekleiben* = *einwurzeln.* Dieses Wort war bis ins 19. Jahrhundert offenbar geläufig und steht in allen Gesangbüchern. *EG 503 hat: *Wurzel treiben.*

Ein Lied mit einem langen Atem

Der *Sommer-Gesang* gehört zwar zu den beliebtesten Liedern Paul Gerhardts, aber er darf sich selten als ein Ganzes in 15 Strophen entfalten. Im kirchlichen Umfeld beschränkt man sich meist auf das gottesdienstlich für zumutbar gehaltene Maß (häufig sind das die Strophen 1–3 und 8), und die auch außerhalb der Kirche weithin anzutreffende Wertschätzung des Liedes gilt im allgemeinen vor allem der ersten Texthälfte. Den literaturgeschichtlich Interessierten gilt sie als ein frühes Beispiel deutscher «Naturlyrik», und wer gern singt, läßt sich durch die heute meist mit dem Text verbundene volksliedhafte Melodie zum unbefangenen Einstimmen in einige Strophen einladen.

Paul Gerhardt aber fordert lächelnd einen langen Atem. Natürlich hat er als lutherischer Pfarrer, der vor Jahren 28 Semester Theologiestudium in Wittenberg hinter sich gebracht hat und in den Glaubensartikeln seiner Kirche zu Hause ist, in diesem wie auch in seinen anderen geistlichen Liedern ein theologisch-didaktisches Ziel: Das ist die Vermittlung und die Stärkung des Glaubens und der Heilsgewißheit. Im Sinn der lutherischen Orthodoxie ist Glaube «notitia» (Kenntnisnahme), «assensus» (Zustimmung) und «fiducia» (Vertrauen).[3] Man kann diese Schritte durchaus auch im *Sommer-Gesang* aufspüren (1–7; 8–11; 12–15). Aber Paul Gerhardt hat seine eigene Methode, zum Gehen solcher Schritte einzuladen: *Geh aus mein Hertz und suche Freud, schau an, siehe.* Nicht Lehrsätze werden formuliert, Sinne werden erweckt, Bilder werden gemalt, Emotionen hervorgerufen. Anschauung, Fühlen und Denken sollen ineinandergreifen, und dabei läßt sich die Sprache, wie in vielen anderen Liedern Gerhardts oder auch seiner Zeitgenossen, viel Zeit und braucht viel Raum – und das, obwohl im Grunde nur eine einzige Sache betrachtend in die Mitte gestellt wird: *der schönen Garten-Zier.* Wie noch zu zeigen sein wird, stellt sich diese Sache allerdings in mehrfacher Hinsicht als spannungsvolle Einheit dar, als Hier und Da, als Jetzt und Dann, als Außen

Gerhard Ebeling: Pauli Gerhardi Geistliche Andachten 1666/67, Lied Nr. XL.

und Innen. Zyklisch wird das entfaltet und nicht etwa nur linear in aufeinanderfolgenden Strophen. Die beiden Ebenen durchdringen einander, verweisen ständig aufeinander. Die einzelnen Strophen und ihre Details sind in ein Geflecht von Beziehungen eingebunden. Wenn hier, wie es weithin üblich ist, Strophen nur in Auswahl aneinandergereiht werden oder wenn nur die erste Hälfte des Liedes Beachtung findet, dann verliert das Ganze seinen Sinn.

Theologie als Poesie: Das Gedicht hört seinem Leser zu[4]

Noch vor allem Sinn ist die Sprache des Liedes Klang. Leichtfüßig und elegant kommt sie daher.[5] Wie selbstverständlich bringt sie im Sinne der Opitzschen Versreform das jambische Metrum mit den Betonungsverhältnissen der deutschen Sprache in Übereinstimmung. Alliterationen (1: *Gottes Gaben; schau/schönen*) – darunter auch eine chiastische (6: *des süßen Weinstocks starker*

Saft) – und Assonanzen (gehäuft in 5: *malen/Rand/schattenreichen*) gibt es in Hülle und Fülle. Sie bringen Klangfarbe und Reiz für das Ohr. Die für Paul Gerhardts Lieder so typischen Zwillingsformen (*baut und bewohnt, hin und her, hier und dar, Stärk und Kraft*), die Aufzählungen (*Berg, Hügel, Tal und Felder*) oder auch die variierenden Wiederholungen eines Satzteiles (*Welch hohe Lust, welch heller Schein*) vermitteln den Eindruck ständiger Bewegung und ziehen emotional in diese Bewegung hinein. So vermittelt der Klang der Sprache den Eindruck von lebensvoller Fülle, Vielfalt und Schönheit. Insofern ist Sprache als solche hier figürlich eingesetzt, weist durch ihren Klang auf das, wovon sie spricht: auf die überfließende Labung (7), die im sommerlichen Garten begegnet. Gerade an dieser Stelle steht übrigens das einzige Enjambement des langen Liedes, welches die erste und die zweite Hälfte einer Strophe ineinander «überfließen» läßt und zugleich den Übergang zum zweiten Teil des Liedes vorbereitet (8), der aus der beschreibenden in die persönliche Rede übergeht.

Vielfältig sind auch die weiteren rhetorischen Mittel, z.B. die Sprechformen: Anrede (*mein Hertz,* 1,1), Beschreibung (*Die Bäume* …, 2,1; *Die Lerche*…, 3,1), Ich-Aussage (*Ich selbsten* …, 8,1), Ausruf (*O wär ich da!* 11,1), rhetorische Frage (*Wie muß es da wol klingen?* 10,3). Sie laden ein zur Beteiligung, ermuntern dazu, sich in dem sprechenden Ich selbst wiederzufinden. Die Anthropomorphisierung von Pflanze und Tier bringt diese dem Ich ganz nah: Die Blumen *ziehen sich ‹schön› an* (2/5), *Hirsch* und *Reh* sind *‹froh›* (4/5), *die Nachtigall ‹hochbegabt›* (3/4), *die Bienen ‹unverdrossen›* (6/1). Rasch wechseln die Bilder, aber Strophenform und Metrum halten Kurzatmigkeit oder Unruhe fern: Jede Strophe besteht aus zwei Versterzetten, von denen jeweils die ersten beiden (vierhebigen, auf betonte Silbe endenden) im Gleichmaß des jambischen Metrums klingen, während der dritte und sechste (dreihebige, weiblich endende) Vers im Schweifreim zur Ruhe finden. Immer wieder sind auch einzelne Verse durch Enjambement zu längerem Spannungsbogen verbunden (1,2+3; 1,5+6; 2,2+3).

Alles scheint wie mit leichter Hand entworfen, wirkt einfach und ist doch nach allen Regeln der Kunst gestaltet. August Buchner,[6] der während Gerhardts Studienzeit in Wittenberg Professor für Dichtkunst und für Beredsamkeit war, formuliert derartige Regeln z. B. so:

> Ein Poet aber/ wie wol er gleichfals dahin zu sehen/ daß seine Rede verständlich sey/ so hat er doch über dieses sich zu bemühen/ wie er sie schön/ lieblich/ und scheinbar mache/ damit er das Gemüth des Lesers bewegen/ und in demselben eine Lust und Verwunderung ob den Sachen/ davon er handelt/ erwecken möge/ zu welchem Zweck er allzeit zielen muß.

«Klarheit» (perspicuitas) verbindet sich mit «Schmuck» (ornatus), und diese Verbindung geschieht in einem Stil, welcher der literarischen Gattung, um die es sich handelt, dem geistlichen Lied, «angemessen» (aptum) ist: ein nichtelitärer, kollektiver Stil, offen für jede Stimme, die mitsingen will, in jeder Hinsicht bewußt gestaltet, damit das Ziel, das dem Dichter vorschwebt, erreicht wird. Der *Sommer-Gesang* soll «nutzen und erfreuen» (prodesse et delectare).

Ein Herz, das schaut – Strophe 1

Die Anrede an das eigene Herz ist eine Redefigur, die bei Paul Gerhardt, aber auch sonst im Kirchenlied der Barockzeit häufig vorkommt. Ihren Ursprung hat sie in der Sprache der Psalmen. Sie ist dort, wie auch im Kirchenlied, nicht Ergebnis philosophischer Selbstreflexion, sondern Ergebnis einer Erfahrung: Das Ich erfaßt, daß es nicht ohne weiteres mit sich selbst identisch ist, daß es sich selbst gegenüber treten kann.

Das Zentrum der Person kann schon in der Bibel unterschiedlich benannt werden: Herz, Seele, Gemüt, Geist ... Diese Worte bezeichnen immer den Menschen in der Ganzheit seiner Person, allerdings jeweils unter einer bestimmten Perspektive. Im *Sommer-Gesang* ist das *Herz* jene Mitte, die sich nach außen zur Anschauung (1), aber auch zum Tun (8) wenden kann. Zugleich ist das Herz auch Sitz des Willens, kann sich ausrichten auf ein Du (12).

Die Lehre, daß es einen Schöpfer gibt, ist dem singenden Ich längst bekannt. Aber nun soll das Herz die Gaben des Schöpfers *schauen* und über denselben den Geber als *seinen Gott* und sich selbst als beschenkt erfassen. In kühner, fast befremdender Weise wird in der ersten Strophe die Unterscheidung zwischen dem Ich und dem eigenen Herzen aufrecht erhalten: *Siehe, wie sie mir und dir/ sich außgeschmücket haben.* Das Ich kann manches wissen, und die Augen können manches in den Blick nehmen, ohne daß das Herz davon berührt wird.

Latent begleitet diese Situation des Aufrufs auch die folgenden Strophen. Insofern ist die erste Strophe im Sinne barocker Rhetorik nicht nur Eröffnung (exordium), sondern auch definitio, theologische Seinsbestimmung: Alles, was anschließend beschrieben wird, ist von vornherein als *Gabe* definiert; der Geber ist also schon immer latent dabei, auch wenn er bis zur siebten Strophe nicht mehr genannt wird. Die Naturlyrik des 18. Jahrhunderts wird später, z. B. bei Barthold Heinrich Brockes (1680–1747), anders vorgehen; sie wird von der Beschreibung der neu zu sehenden Natur ausgehen und dann über die Reflexion des Beobachteten zum Lob des Schöpfers gelangen.[7]

Die schönen Gärten – Strophen 2 bis 8

Die ganze Natur ist ein Garten. Überall (Erde, Luft, Wald, Berg, Hügel, Tal, Feld, Wiese, Sand ...) ist vielfältiges, bewegtes, klingendes, überschäumendes (*Lust-Geschrey,* 5,5) Leben, das von Schrecken oder Schatten unberührt scheint. Der humanistisch gebildete Theologe und Poet bedient sich hier der antik-mittelalterlichen Locus-amoenus-Tradition und ihrer Topik.[8] Vor allem aber ist er in der biblischen Tradition beheimatet.[9] Es lassen sich nicht nur viele Einzelheiten des *Sommer-Gesangs* auf biblische Texte zurückführen, grundsätzlich gemeinsam ist die Gesamtschau: Der Pflanzen, Tieren und Menschen gemeinsame fruchtbare Lebensraum ist von Anfang an Garten. Gott ist ein Gärtner.

> Und Gott der HERR pflanzte einen Garten in Eden gegen Morgen
> und setzte den Menschen hinein, den er gemacht hatte (1. Mose 2,8).
> Und Gott ließ aufwachsen aus der Erde allerlei Bäume (1. Mose 2,9).
> Und Gott machte aus Erde alle Tiere auf dem Felde und alle die Vögel
> unter dem Himmel (1. Mose 2,19).

Mitten im heutigen Lebendigen begegnet das Ursprüngliche, mitten im Natürlichen ist die Heilsdimension anwesend. Diese wird aber nicht nur durch die Beschreibung der Natur als Gottes Garten entfaltet: Die vordergründigen «Naturbilder» der Strophen 2–7 sind nämlich nicht nur «Stimmungsbilder einer erfreulichen Welt»,[10] sie alle sind beladen mit religiöser Symbolik und Emblematik, wie sie sich im Mittelalter herausgebildet hatte und dann von der Barockzeit aufgenommen worden war. Weithin sind es doppeldeutige Bilder. So können z. B. Taube, Storch, Schwalbe, Hirsch und Biene sowohl für Christus als auch für die gläubige Seele stehen. Der Weinstock weist auf Christus, das Reis bzw. die Rebe auf den Jünger: «Ich bin der Weinstock, ihr seid die Reben» (Joh 15,5). Weinstock und Weizen verweisen auf die Eucharistie, der Weizen allein auf das tägliche Brot. Vor allem aber das Bild des Sommers hat in der Frömmigkeit schon lange eschatologische Bedeutung:

> An dem Feigenbaum lernt ein Gleichnis: Wenn sein Zweig jetzt saftig wird
> und Blätter gewinnt, so wißt ihr, daß der Sommer nah ist. (Mt 24,32).

Auch das Kirchenlied hat schon vor Paul Gerhardt mit dem Bild des blühenden Sommers die zukünftige Vollendung besungen.[11] So schaut das Herz mehr, als das Auge sieht. Alles Weltliche kann geistliche Bedeutung gewinnen, und das Geistliche kann in weltlichen Bildern den Sinnen zugänglich werden.

Die achte Strophe wendet sich sprachlich und inhaltlich zurück zur ersten: Wieder spricht das Ich; *Gottes Gaben* heißen jetzt *Gottes großes Tun,* und über dem Singen finden Ich und Herz zusammen. Aus der Schau entsteht der Lobgesang. Er verbindet das singende Ich mit dem Leben ringsum (*alles singt,* 8,4). Zugleich bewirkt er aber ab Strophe 9 eine Wendung nach innen: Es ist kein gedankenloses Singen.

Hier und Dort – Strophen 9 bis 12

Aus der Anschauung wird Imagination: *Ach denck ich* ... Dabei verändert sich die Sprache, wird zur bewegten Anrede an ein Du. Dieses Du wird mit Eigenschaften belegt, die nicht aus dem Repertoire der Dogmatik stammen: *schön, süß* (9,1; 11,2).[12] Hier schimmert die Sprache des Hohenliedes durch. «Gott ist das Größte, das Schönste und Beste, Gott ist das Süßste und Allergewißste», heißt es in Gerhardts Lied von der «güldenen Sonne» (*EG 449,10). Die Erfahrung dieser Süßigkeit befriedigt nicht, sie weckt Sehnsucht: Unvermittelt gerät das *Hier* in eine Antithese zu einem *Dort,* das Jetzt zu einem *nach dieser Welt* (9,4+5). Der irdische Garten ist nicht mehr nur *schön,* er ist auch eine *arme Erde* (9,3), und der andere Garten, der im irdischen zuvor mitgesetzt war, erscheint plötzlich als radikal jenseitig. Mitten im Nahen, Alltäglichen meldet sich eine Ferne. Mitten in den Topoi des irdischen Gartens meldet sich etwas, das hier keinen Ort hat, u-topisch ist: nicht nur lebendig grün, sondern *gülden* (9,6), nicht arm, sondern *reich* (9,5), nicht erfüllt von Stimmen der Tiere und Menschen, sondern von ganz anderen Stimmen (10,4–6). Allmählich schleichen sich Worte aus der liturgischen Sprache in den Text: *Seraphim, Alleluja, Psalmen* (10,4+6; 11,6). Der ‹andere Garten› ist kein Traum und keine Illusion, er ist *Christi Garten* (10/2), insofern also geerdet, durch die Geschichte Jesu Christi vermittelt. Auch der Auferstandene kann als Gärtner begegnen (Joh 20,15).

Nicht nur als Ort wird ‹der andere Garten› beschrieben, sondern auch als Existenzweise voll Lust und Helligkeit, voll von Singen, das vielstimmig und einstimmig zugleich ist (10,4+5). Und gerade das Singen ist nun nicht nur Gegenstand der Sehnsucht, es ist schon hier Realität. Schon die achte Strophe hatte das gewußt; nun allerdings, in der zwölften, die den Durchgang durch die Antithese hinter sich hat, erscheint das Singen nicht mehr als quasi selbstverständliches Mitsingen mit allen anderen; es steht jetzt unter dem Vorzeichen eines Widerspruchs (*gleichwohl,* 12,1). Es singt an gegen die Realität des Hier: *dieses Leibes-Joch* (12,2). Es soll *an diesem und an allem Ort* klingen: Im Singen gewinnt das Utopische einen Ort.

Der innere Garten und das Paradeis – Strophen 12 bis 15

Die letzten Strophen sind bestimmt von Bitten (*hilf, segne, gib, mach* ...). Unaufdringlich erscheinen Stichworte, welche die Mitte reformatorischer Frömmigkeit treffen: *Geist, Gnade, Glauben, bleiben.* Sie verbinden sich mühelos mit Bildern aus der Gartenwelt des ersten Teils. An dieser Stelle ist der Einfluß des Erbauungsschriftstellers Johann Arndt (1555–1621), ohne den Paul Gerhardts Gedankenwelt und Frömmigkeit nicht zu verstehen sind,[13] besonders deutlich. Arndt hatte nicht nur seine Gebetssammlung *Paradiesgärtlein* genannt, sondern er hatte sowohl in seinen Predigten[14] als auch in Gebeten[15] immer wieder auf einen Psalmtext zurückgegriffen, dessen Bilder auch die letzten Strophen des *Sommer-Gesangs* aufnehmen:

> Der Gerechte wird grünen wie ein Palmbaum;
> er wird wachsen wie eine Zeder auf dem Libanon.
> Die gepflanzt sind im Hause des HERRN,
> werden in den Vorhöfen unseres Gottes grünen.
> Und wenn sie gleich alt werden,
> werden sie dennoch blühen, fruchtbar und frisch sein.
> (Psalm 92,13–15)

Irdische Existenz, die von dem ‹anderen Sommer› berührt wird, wird von innen her (*Geist, Seele,* 14,1, 13,5) zum schönen Garten. Sie ist dabei ganz und gar Existenz in Beziehung: *dir blühen, dir ein guter Baum werden* (13,3, 14,2). Das *Paradeis* ist ihr nicht ewig verloren. Die jetzt noch bestehende schmerzliche Distanz zwischen irdischem Garten und Paradeis wird aufgehoben werden: Vier betonte aufeinanderfolgende Silben im letzten Vers, die das jambische Versmaß sprengen (*hiér únd dórt éwig*), machen das eindringlich hörbar.

Sommer-«Gesang»

Der Titel des Gedichts weist darauf hin, daß dieser Text für das Singen bestimmt ist. Wie sich am Ende zeigt, ist diese Überschrift mehr als eine Praxisanleitung. Sie ist poetologisches und theologisches Programm für das ganze Lied. Die gesangliche, musikalisierte Sprache macht die Bilder, von denen sie spricht, zu klingenden Bildern: Das Leben ‹singt› – noch vor jeder Sprache. Gesang ist das Kennzeichen der *lieben Sommerzeit,* und der Schall der Nachtigall füllt die Totalität der Welt: *Berg, Hügel, Tal und Felder* (3). Im Mitsingen (8) erfaßt das Ich die Einheit alles kreatürlichen und alles menschlichen (*jung und alt*) Lebens, eine Einheit, die bezogen ist auf die *große Güte des, der so überflüssig labt* (7).

Das Mitsingen mit den anderen ist im Lied aber nicht Abschluß eines Erkenntnisprozesses, sondern führt weiter. Im Singen eröffnet sich eine Erfahrung, die das Singen selbst als Verbindung zwischen den *schönen Gärten,* dem Garten hier und *Christi Garten,* erfassen läßt. Für Paul Gerhardt verweist Singen nicht nur auf die göttliche Wirklichkeit, es vergegenwärtigt sie auch, läßt sie vorwegnehmend aufklingen. *Alleluja* kann man auch auf der *armen Erden* singen. So gewinnt der *Sommer deiner Gnad* (13,4) Raum, der irdisches Leben unverlierbar machen kann:

> Ich will dein Halleluja hier/
> mit Freuden singen für und für,/
> und dort in deinem Ehrensaal/
> solls schallen ohne Zeit und Zahl.[16]

Wirkungen und Fernwirkungen. Der Weg des Liedes in Gesangbücher und Liedersammlungen

Das Lied erscheint seit 1653 in allen Auflagen der **Praxis Pietatis Melica*, von denen es bis 1736 mehr als 40 gibt. Es verbreitet sich bald in andere Gesangbücher (z. B.**Freylinghausen* 1704, *Homburg vor der Höhe 1734) und ist auch im 19. Jahrhundert in Gesangbüchern und Liedersammlungen zu finden,[17] bleibt allerdings auf den evangelischen Bereich beschränkt. Eine gewisse Unsicherheit zeigt sich in der Einordnung: *Geh aus, mein Herz* ist kein Kirchenlied im üblichen Sinn. Es entzieht sich der Ordnung der sonntäglichen Lesetexte, ist stark jahreszeitlich geprägt und zudem zu lang für den normalen Gottesdienst. Aber man liebt es und will es haben. So wandert es des öfteren in einen «Anhang».[18] In den evangelischen Gesangbüchern des 20. Jahrhunderts hat es einen sicheren Platz. Das *EG weist es, wie vorher schon das *EKG, in voller Länge in den Stammteil.

Interessanterweise ist der Text des Liedes in den kirchlichen Gesangbüchern nur selten geändert worden. Die Sprache blieb frisch und trotz ihrer Leichtigkeit widerständig gegen «Verbesserungen». Allenfalls hat man das Lied gekürzt – dies aber weniger aus inhaltlichen als aus praktischen Gründen.

Eine katholische Rezeption gibt es nicht. Die Aufnahme in das *Kirchenlied 1938 blieb singulär und ohne weiteren Einfluß. Aber in den profanen Bereich ist das Lied gewandert. Hier allerdings erging es ihm vielerorts wie dem Claudiusschen *Abendlied*,[19] man übernahm jene Strophen, die man als Naturlyrik empfand, und strich oder kürzte deutlich den zweiten geistlichen Teil. Achim von Arnim und Clemens von Brentano nahmen das Lied – als einziges Paul-Gerhardt-Lied – in *Des Knaben Wunderhorn* auf (mit den Strophen 1–6, 8, 9, 11). Im zwanzigsten Jahrhundert sorgten dann Sing- und Jugendbewegung für eine weitere Verbreitung:

Was singet und klinget,[20]	1922	(Strophen 1–4, 6, 8, 10, 11);
Finkensteiner Blätter,[21]	1925/26	(dieselbe Auswahl ohne Strophe 4);
Lieder unseres Volkes,[22]	1938	(nur Strophen 1, 3, 6, 8).

Spuren in der Literaturgeschichte

Abgesehen von der Rezeptionsgeschichte in Gesangbüchern und Liederbüchern, hat der *Sommer-Gesang* auch noch auf andere Weise eine Wirkung ausgeübt. Obwohl der Text weder das subjektive Naturerleben eines autonomen Ich noch die Begegnung dieses Ich mit einer als eigenwertig gedeuteten Natur kennt, hat er doch Vorbildfunktion für die im achtzehnten Jahrhundert entstehende Naturlyrik gewonnen, ja deren Entstehen wohl auch befördert. So hat ihm z. B. Barthold Heinrich Brockes in seinem *Irdischen*

Vergnügen in Gott ein Denkmal gesetzt. In dem Gedicht *Unbegreiffliche Gleichgültigkeit,*[23] das die Blindheit der Christen gegenüber den Wunderwerken der Natur beklagt, heißt es:

... Es scheint, als hielte mans zu klein,
Und keiner Achtung werth zu seyn.
Da wir, von unsers Schöpfers Gaben,
Solch ein vortreffliches Gedicht
Im Luthrischen Gesangbuch haben:
So weis es auch ein solcher nicht,
Der der vortrefflichen Gesänge
Erhabnen Inhalt, Wort und Menge
Fast sonsten auf den Finger weis.

Wie ich denn einst erfahren mußte,
Daß einer, der gewiß den Preis
Von allen Geistlichen, nicht wußte,
Daß das vortrefflich-schöne Lied,
So man in allen Büchern sieht:
  Geh aus, mein Herz, und suche Freud,
  in dieser schönen Sommerzeit.
Dergleichen ich noch keines funde,
Und welches ihm, da man es sang,
Ins Innerste der Seelen drang,
Im Luthrischen Gesangbuch stunde ...»

Anders sind die literarischen Fernwirkungen im 20. Jahrhundert. Im Zeitalter ökologischen Problembewußtseins sind gelegentlich Parodien entstanden, mit denen man einer naiven ungebrochenen Freude an der Schöpfung entgegenwirken und ökologisches Verantwortungsbewußtsein wecken wollte.[24] Literarisch anspruchsvoller sind die Gedichte des ostdeutschen Lyrikers Armin Stolper, die er unter dem Titel *Weißer Flügel schwarzgerändert* veröffentlicht hat.[25] Nach einem einleitenden «Prolog» greifen gleich zwei Texte *Geh aus, mein Herz* auf. Der erste steht unter der Überschrift *Traum getötet tausendfach.* Er beginnt mit der Anfangszeile des Paul-Gerhardt-Liedes, aber das Herz wird in eine Welt geschickt, in der Hunger, Hölle des Alters, schimmelndes Brot, Mord und Tod an der Tagesordnung sind: «Zielpunkt die Grube». Der zweite Text sei wenigstens anfangsweise zitiert:

Kehr heim mein Herz und finde Trost
wo geb ich meinen Körper ab
zum Ausbessern die Seele
der Nächste ist der Fremde
Verrat in des Geliebten Auge lauert
der alte Spiegel ist zerbrochen ...

Die Weltsicht Paul Gerhardts ist gründlich vergangen. Aber der Titel des Gedichts heißt *Blüh weiter Utopia,* und es schließt:

… Franziskas Traum
der Ort fürs Leben
das Kampffeld mit Wärme für jeden
nicht feindlich den Kindern
das Haus in der Landschaft
der Spielraum DAS ENDE DES STADTTIERS
UND DES LANDTIERS vorausgesehen
und immer noch Zukunft

Ein Lied auf der Suche nach seiner Melodie

Kein anderes Lied der Liedgeschichte hat sich von seinem ersten Entstehen an über mehr als dreihundert Jahre hinweg mit so vielen bereits existierenden oder eigens für das Lied neu geschaffenen Melodien verbunden. Viele von

ihnen sind versunken, und immer wieder hat man neue Zuweisungen versucht oder, bis ins 20. Jahrhundert hinein, neue Melodien komponiert. In vielen Gesangbüchern der Gegenwart ist, auch wenn sie sich auf eine bestimmte Melodie festgelegt haben, ein gewisses Unbehagen an der eigenen Wahl zu spüren. So werden Ausweichmelodien benannt (*EKG, *RG), oder das Lied wird gleich zweimal in verschiedenen Melodieversionen gedruckt (*Sachsen 1926, *EG Württemberg), oder man weist den Strophen 1–10 eine andere Melodie zu als den Strophen 11–15 und druckt beide Weisen ab (*Frankfurt 1927).

Mit einer einzigen Melodie ist diesem Lied offenbar nicht beizukommen, zu groß ist das Spannungsfeld, in dem es sich entfaltet: zwischen Volkslied und Spiritualität, zwischen Bewegung und Kontemplation, zwischen einer Lebensfreude, die zu eher unbefangenem Mitsingen einlädt, und einer Himmelssehnsucht, die eher den Bereich des sehr Persönlichen berührt.

Aufs Ganze gesehen, scheint die Melodie des Leipziger Komponisten Augustin Harder (1775–1813), die erst spät in die Gesangbücher kam, heute einen gewissen Siegeszug angetreten zu haben. Harder hatte zu Ludwig Höltys (1748–1776) Frühlingslied *Die Luft ist blau, das Tal ist grün* eine Melodie geschaffen, die gegen Ende der dreißiger Jahre des 19. Jahrhunderts von dem Gütersloher Organisten Friedrich Eickhoff (1807–1880) dadurch dem Gerhardtschen Text angepaßt wurde, daß sich die vierte Melodiezeile wiederholte.[26]

Melodie

Diese Melodie schlägt den beschwingten, fröhlichen Ton an, der die ersten Verse des Liedes bestimmt, und behält ihn bei. Sie hat ihren stimmungsmäßigen Reiz – und ihre musikalisch-formalen Probleme. Letztere bestehen in der Wiederholung von Melodiezeilen und Melodiemotiven (Zeilen 4+5; 6) und einer notgedrungen gleichbleibenden Harmonisierung, die im Verlauf mehrerer Strophen ermüdend wirken. Hinzu kommt, daß die Form der Melodie die Wiederholung der letzten Textzeile jeder Strophe fordert. Dadurch wird die Strophenform des Textes aus ihrer Balance geworfen; auch wird dadurch häufig eher unwichtigen Zeilen ein ungebührliches Gewicht verschafft. Dennoch: Die Melodie erfreut und ist beliebt. Ihr Siegeszug sagt zugleich etwas aus über die Art der Rezeption des Textes: Unbefangene Sommerfreude bestimmt von Anfang bis Ende den Ton.

Die oben edierte Melodie von Johann Georg Ebeling ist die erste eigene Weise, die zu dem Lied entstand. Sie ist in einem beschwingten Metrum zu singen, das jeweils drei Viertel unter einem Schlag zusammenfaßt. Sie ist noch zu Gerhardts Lebzeiten veröffentlicht worden und mag zeigen, wie der Kantoren-Freund des Dichters der Strophenform und dem Reimschema des Textes gerecht zu werden und zugleich dessen spannungsvolle inhaltliche Einheit in Musik aufzuheben suchte. Sicher war er dabei eingedenk seines Urteils, dem zufolge

> ein gutes geistreiches Lied mit einer angenehmen und wohl disponierten Melodei gleichsam eine doppelte Schnur ist, welche die Andacht und den Eifer des innerlichen Menschen mit dem äußerlichen desto mehr und fester bindet.[27]

C. R.

O Haupt voll Blut und Wunden

Edition

1. O Haupt voll Blut und Wunden,
Voll Schmerz und voller Hohn!
O Haupt, zum Spott gebunden
Mit einer Dornenkron!
O Haupt! sonst schön gezieret
Mit höchster Ehr und Zier,
Jetzt aber höchst schimpfieret,
Gegrüßet seist du mir!

2. Du edles Angesichte,
Davor sonst schrickt und scheut
Das große Weltgewichte:
Wie bist du so bespeit?
Wie bist du so erbleichet?
Wer hat dein Augenlicht,
Dem sonst kein Licht nicht gleichet,
So schändlich zugericht?

3. Die Farbe deiner Wangen,
Der roten Lippen Pracht
Ist hin und ganz vergangen:
Des blassen Todes Macht
Hat alles hingenommen,
Hat alles hingerafft,
Und daher bist du kommen
Von deines Leibes Kraft.

4. Nun, was du, Herr, erduldet,
Ist alles meine Last:
Ich hab es selbst verschuldet,
Was du getragen hast.
Schau her, hier steh ich Armer,
Der Zorn verdienet hat.
Gib mir, o mein Erbarmer,
Den Anblick deiner Gnad.

5. Erkenne mich, mein Hüter,
Mein Hirte, nimm mich an.
Von dir, Quell aller Güter,
Ist mir viel Guts getan:
Dein Mund hat mich gelabet
Mit Milch und süßer Kost,
Dein Geist hat mich begabet
Mit mancher Himmelslust.

6. Ich will hier bei dir stehen,
Verachte mich doch nicht:
Von dir will ich nicht gehen,
Wenn dir dein Herze bricht;
Wenn dein Haupt wird erblassen
Im letzten Todesstoß,
Alsdann will ich dich fassen
In meinen Arm und Schoß.

7. Es dient zu meinen Freuden,
Und tut mir herzlich wohl,
Wenn ich in deinem Leiden,
Mein Heil, mich finden soll.
Ach möcht ich, o mein Leben,
An deinem Kreuze hier
Mein Leben von mir geben!
Wie wohl geschähe mir!

8. Ich danke dir von Herzen,
O Jesu, liebster Freund,
Für deines Todes Schmerzen,
Da du's so gut gemeint:
Ach gib, daß ich mich halte
Zu dir und deiner Treu
Und, wenn ich nun erkalte,
In dir mein Ende sei.

9. Wenn ich einmal soll scheiden,
so scheide nicht von mir!
Wenn ich den Tod soll leiden,
So tritt du dann herfür:
Wenn mir am allerbängsten
Wird um das Herze sein:
So reiß mich aus den Ängsten
Kraft deiner Angst und Pein.

10. Erscheine mir zum Schilde,
Zum Trost in meinem Tod,
Und laß mich sehn dein Bilde
In deiner Kreuzesnot.
Da ich will nach dir blicken,
Da will ich glaubensvoll
Dich fest an mein Herz drücken.
Wer so stirbt, der stirbt wohl.

Druckvorlage

Der Text ist eine orthographisch modernisierte Fassung der Version des Liedes aus Paul Gerhardt, *Geistliche Andachten (1667). Samt den übrigen Liedern und lateinischen Gedichten,* repr. Bern/München 1975, 20f. Die Melodie folgt der ersten Druckfassung des Gerhardtschen Liedes in der 4. Auflage von Johann Crügers **Praxis Pietatis Melica* (1656). Sie stammt ursprünglich aus Hans Leo Haßlers *Lustgarten neuer teutscher Gesänge, Balletti, Galliarden und Intraden mit vier, fünf und acht Stimmen* (Nürnberg 1601) und begleitet dort das Liebeslied *Mein Gmüt ist mir verwirret, das macht ein Jungfrau zart* (allerdings ist die Haßlersche Fassung rhythmisch wesentlich lebendiger; sie findet sich in *Zahn III, Nr. 5385; vgl. EG 85). Schon gut zehn Jahre später ist sie einem geistlichen Text beigegeben. In den *Harmoniae sacrae* (Görlitz 1613) steht sie bei dem Sterbelied Christoph Knolls *Herzlich tut mich verlangen nach einem selgen End.* Wirkungsgeschichtlich erfährt Haßlers Melodie in der Einheit mit dem Text Paul Gerhardts ihre unvergleichliche Rezeption. Allein in der Bachschen *Matthäuspassion* ist sie in fünf Choralsätzen (von 12 insgesamt) aufgenommen; vier davon (Nr. 15; 17; 54; 62) begleiten Strophen des Gerhardt-Liedes.

Überkonfessionell?

O Haupt voll Blut und Wunden ist das bekannteste deutschsprachige Passionslied und hat heute über alle Konfessionsgrenzen hinweg einen festen Platz in den Gesangbüchern der Kirchen.[1] Der Grund für diese ökumenische Konvergenz wird gerne in der Entstehungsgeschichte des Liedes lokalisiert: *O Haupt voll Blut und Wunden,* das Werk des orthodoxen Lutheraners Paul Gerhardt, ist auf der Grundlage des mittelalterlichen, mithin ‹katholischen› Hymnus *Salve caput cruentatum* des Zisterzienserabtes Arnulf von Löwen entstanden. Doch besagt dieses Faktum für sich genommen noch nicht viel. Denn während einige im Lied des Lutheraners, das ganz in ‹katholischer›Tradition stehe, ein klassisches Beispiel für den «Typus des überkonfessionellen Liedes»[2] sehen, sehen andere in ihm gerade eine «genuin evangelische»[3] Korrektur der katholischen Tradition.

Vergleicht man den lateinischen Hymnus und das deutsche Kirchenlied[4] miteinander, so fallen auf den ersten Blick die großen Gemeinsamkeiten auf. Das Lied wirkt wie eine kunstvolle Übertragung des Hymnus. Auf den zweiten und dritten Blick aber werden die Differenzen deutlich, die sicherlich auch konfessionell, in hohem Maße aber kulturell bedingt sind. Begibt man sich auf den nicht ganz unbeschwerlichen, aber lohnenden Weg des Vergleichs beider Stücke, führt er in höchst differierende und höchst faszinierende Landschaften spirituellen Erlebens, in denen uns zwei charakteristische Konstellationen der Beziehung des Betenden zu Christus und zwei typische Deutungen des Kreuzes und der Passion begegnen.

Hochmittelalterliche Passionsfrömmigkeit

«Wie ist es möglich, meine Seele, daß nicht auch dich das Schwert der Schmerzen durchdrungen hat? Du warst doch auch dort auf Kalvaria und hast es ertragen, daß sich die Lanze in das Erlöserherz gebohrt?» fragt Anselm von Canterbury. «Wie kommt es nur, dass du nicht trunken wirst von deinen bitteren Tränen, da er (Jesus) die bittere Galle trinkt?»[5] Um die Wende vom 11. zum 12. Jahrhundert kommt im religiösen Leben des Mittelalters etwas Neues zum Durchbruch.[6] Standen in den zahllosen Litaneien, Hymnen und Gebeten der karolingischen Epoche das unergründliche Geheimnis der Trinität und die ebenso unergründlich scheinende Sündenverfallenheit des Beters im Vordergrund, so erwacht nun ein Sinn für das Konkrete, für die sozusagen empirischen Komponenten der Erlösung. In den Mittelpunkt des Interesses rückten die Person des Erlösers und speziell sein Leiden auf dem Kalvarienberg. Auch die Weisen des Betens ändern sich. Während man im Frühmittelalter die heiligen Eigenschaften Gottes in langen Bitt- und Bekenntnisformeln aufzählte, wird nun das Thema ‹Leiden› ins Affektive und

Emotionale gewendet; die schützende Beschwörungsformel weicht dem meditativen Nacherleben. Die einzelnen Phasen der Passion werden betrachtend abgeschritten, wobei das Mitempfinden mit dem leidenden Erlöser als methodische Anleitung zu einer Gottesbegegnung dient. Die Passion Jesu wird, Raum und Zeit überspringend, in der Kompassion des Beters vergegenwärtigt.

Das Schweißtuch der Veronika. Gemälde aus der Predella des Altars der Kirche zu Mittenwalde, vor dem Paul Gerhardt von 1651–1657 seinen Dienst verrichtet hat.

Bernhard von Clairvaux, die – wie er sich selbst etwas spöttisch nennt: – «große Chimäre dieses Zeitalters», verbindet kühn die Passionsbetrachtung mit der Brautmystik. Der geliebte Seelenbräutigam ist kein anderer als der Gekreuzigte.

Die Passionsfrömmigkeit erhält dadurch einen sinnlichen, fast erotischen Zug. «Ein Myrrhenbüschel ist mein Geliebter, der an meiner Brust ruht» – diesen Vers aus dem Hohenlied der Liebe deutet Bernhard so: «Die Myrrhe ist eine bittere Sache; sie steht für das Harte und Rauhe der Bedrängnisse», und in einem biographischen Rückblick fährt er fort: «Auch ich, Brüder, habe mich von Anfang meines Klosterlebens an bemüht, anstelle der Menge der Verdienste, die mir fehlten, wie ich wohl wußte, dieses Myrrhenbüschel aufzulesen und in der Mitte meiner Brust aufzulegen. Ich sammelte es aus den Nöten und Bitternissen meines Herrn, den Schmähungen, der Bespeiung, den Schlägen, den Verhöhnungen, den Vorwürfen, den Nägeln [...]. Dies ist meine ganz erhabene innere Philosophie: Jesus zu kennen, und zwar als Gekreuzigten. Ich frage nicht wie die Braut (des Hohen Liedes), wo er zu Mittag lagert (Hld 1,7), da ich ihn froh umarme, wenn er an meiner Brust ruht. Ich frage nicht, wo er die Herde zu Mittag weidet (Hld 1,7), da ich ihn als Erlöser am Kreuz betrachte.»[7]

Es verwundert nicht, daß einige Gebete und Andachtsbücher, die diese Form der Frömmigkeit aufnehmen und weitertragen, Bernhard selbst zugeschrieben werden. Auch die siebenteilige *Rhythmica oratio ad unum quodlibet membrorum Christi patientis et a cruce pependentis* (Rhythmisches Gebet an jedes einzelne Glied des leidenden und am Kreuze hängenden Christus), die sich, jeweils mit dem Grußwort «Salve» beginnend, an Füße, Knie, Hände, Seite, Brust, Herz und Angesicht Jesu richtet, wird für eine Dichtung des «Honigfließenden», des Doctor mellifluus, gehalten. Erst seit Beginn des 20. Jahrhunderts gilt nicht mehr Bernhard selbst, wohl aber der in bester bernhardinischer Tradition stehende Zisterzienserabt von Villers in Brabant, Arnulf von Löwen († 1250), als Verfasser. Der Zyklus verbreitet sich rasch und erfreut sich großer Beliebtheit.

Durch Passions- und Brautmystik inspiriert, wirkt er selbst wieder inspirierend; Zusatzstrophen entstehen, Konturen werden deutlicher. So ist auch sein letztes, dem Angesicht (*Ad faciem*) gewidmete Stück nicht mit seinem originalen Initium *Salve Iesu reverende*[8] bedeutsam geworden, sondern mit einem neuen, starken, pointierten: *Salve caput cruentatum.*

Das lutherische Selbstbewußtsein und Bernhard von Clairvaux

Das Luthertum des 16. und 17. Jahrhunderts ist fest davon überzeugt, in der Tradition der antiken und mittelalterlichen Kirche zu stehen. In diesem Bewußtsein bekommt auch Bernhard von Clairvaux einen festen Platz in den kirchlichen Kalendarien, den gymnasialen Lehrbüchern und den Traktaten über das Theologiestudium.[9] Im *Methodus Studii Theologici* (1617) des einflußreichen Jenaer Professors Johann Gerhard rangiert Bernhard nach Augustinus und den Aposteln auf Platz 3 der Autoritätenliste. Auch in den Predigten taucht sein Name häufig auf. Der Zisterzienser gilt als Zeuge der Rechtfertigung ‹sola fide› und der stellvertretenden Genugtuung durch den Kreuzestod Christi.

Die größte Breitenwirkung haben die unter den Namen Bernhards kursierenden geistlichen Texte, die in die seit 1550 rasch anwachsende reformatorische Gebetsliteratur Eingang finden. Das 1609 in Halle erscheinende *Oratorium B. Bernhardi Abbatis Clarevallensis* vereinigt Gebetsanweisungen und Passionsbetrachtungen des großen Abtes mit pseudobernhardinischen Dialogen und Hymnen, unter ihnen auch die *Rhythmica Oratio.* Paul Gerhardt, der das Stück vielleicht schon während seiner Schulzeit in Grimma kennengelernt hat, verfaßt seine Nachgestaltung des siebenteiligen Zyklus, als er seine erste Pfarrstelle in Mittenwalde innehat. Vier seiner Salve-Lieder sind bereits im Anhang der 3. Auflage von Johann Crügers **Praxis pietatis melica* (1653) veröffentlicht, die drei letzten – darunter auch *O Haupt voll Blut und Wunden* – erscheinen in der 4. Auflage von 1656.

Hymnus und Lied im Vergleich

Sei gegrüßt, blutüberströmtes Haupt ganz mit Dornen gekrönt, entstellt, verwundet, mit dem Rohr geschlagen, im Gesicht mit Speichel beschmiert.	1,1 Salve caput cruentatum, Totum spinis coronatum, Conquassatum, vulneratum, Arundine verberatum, Facie sputis illita.	1. O Haupt voll Blut und Wunden / Vol Schmertz und voller Hohn! O Haupt zum Spott gebunden Mit einer Dornen Krohn! O Haupt! sonst schön geziehret Mit höchster Ehr und Ziehr / Itzt aber höchst schimpfiret / Gegrüsset seyst du mir.
Sei gegrüßt, dessen liebliches Antlitz, entstellt und ungepflegt, seine Blüte verändert hat, ganz gewandelt in Blässe, vor dem des Himmels Hofstaat zittert.	1,2 Salve, cujus dulcis vultus, Immutatus et incultus, Immutavit suum florem, Totus versus in pallorem, Quem coeli tremit curia.	2. Du edles Angesichte / Dafür sonst schrickt und scheut Das grosse Welt = Gewichte / Wie bist du so bespeyt? Wie bist du so erbleichet? Wer hat dein Augenlicht / Dem sonst kein Licht nicht gleichet / So schändlich zugericht?
Alle Kraft und Stärke. ist von hier gewichen, nicht der Bewunderung wert, Tod erscheint im Angesicht, das ganz hängt in Erschöpfung, matt durch kranke Magerkeit.	2,1 Omnis vigor atque viror Hinc recessit, non admiror, Mors apparet in aspectu, Totus pendens in defectu, Attritus aegra macie.	3. Die Farbe deiner Wangen/ Der rothen Lippen Pracht Ist hin / und gantz vergangen: Des blassen Todes Macht Hat alles hingenommen / Hat alles hingerafft / Und daher bist du kommen Von deines Leibes Krafft.
So zerrüttet, so verachtet, wegen mir so vernichtet, (mir,) dem so unwürdigen Sünder, mit dem Unterpfand der Liebe erscheine mit glorreichem Antlitz.	2,2 Sic affectus, sic despectus, Propter me sic interfectus, Peccatori tam indigno Cum amoris intersigno Appare clara facie.	4. Nun, was du / HErr erduldet / Ist alles meine Last: Ich hab es selbst verschuldet Was du getragen hast. Schau her/ hier steh ich Armer/ Der Zorn verdienet hat/ Gib mir/ o mein Erbarmer/ Den Anblick deiner Gnad.
In diesem deinem Leide erkenne mich, guter Hirt, aus dessen Mund ich Honig empfangen habe getrunken mit der Süße der Milch, vor allen (anderen) Freuden.	3,1 In hac tua passione Me agnosce, Pastor bone, Cujus sumpsi mel ex ore, Haustum lactis cum dulcore, Prae omnibus deliciis.	5. Erkenne mich / mein Hüter/ Mein Hirte nim mich an: Von dir / Quell aller Güter / Ist mir viel guts gethan: Dein Mund hat mich gelabet Mit Milch und süsser Kost / Dein Geist hat mich begabet Mit mancher Himmels = Lust.

	3,2	6.
Verschmähe mich Schuldigen nicht, noch weise den Unwürdigen zurück, da der Tod dir schon nahe ist, neige dein Haupt nach hier, ruhe in meinen Armen.	Non me reum asperneris, Nec indignum dedigneris, Morte tibi jam vicina Tuum caput hic inclina, In meis pausa brachiis.	Ich wil hier bey dir stehen/ Verachte mich doch nicht: Von dir wil ich nicht gehen/ Wann dir dein Hertze bricht/ Wann dein Haupt wird erblassen Im letzten Todesstoß/ Alsdann wil ich dich fassen In meinem Arm und Schooß.
	4,1	7.
An deinen heiligen Leiden wäre mir Freude teilzunehmen: An diesem Kreuz mit dir zu sterben gewähre dem Liebhaber des Kreuzes, unter deinem Kreuz will ich sterben.	Tuae sanctae passioni Me gauderem interponi: In hac cruce tecum mori Praesta crucis amatori, Sub cruce tua moriar.	Es dient zu meinen Freuden/ Und kömmt mir hertzlich wol/ Wann ich in deinem Leyden/ Mein Heyl/ mich finden sol! Ach möcht ich/ O mein Leben/ An deinem Creutze hier/ Mein Leben von mir geben! Wie wol geschehe mir!
	4,2	8.
Für deinen so bitteren Tod danke ich dir, lieber Jesus, der du gnädig bist, gütiger Gott, gewähre, um was dein Schuldner bittet, daß ich von dir nicht getrennt werde.	Morti tuae tam amarae, Grates ago, Jesu care, Qui es clemens, pie Deus, Fac quod petit tuus reus, Ut absque te non finiar.	Ich dancke dir von Hertzen/ O Jesu/ liebster Freund Für deines Todes Schmertzen/ Da dus so gut gemeint: Ach gib/ daß ich mich halte Zu dir und deiner Treu/ Und wann ich nun erkalte/ In dir mein Ende sey.
	5,1	9.
Wenn ich sterben muß dann laß mich nicht im Stich: In der schrecklichen Todesstunde komm, Jesus, ohne Verzug, schütze und befreie mich.	Dum me mori est necesse, Noli mihi tunc deesse: In tremenda mortis hora Veni, Jesu, absque mora Tuere me et libera.	Wann ich einmal sol scheiden/ So scheide nicht von mir! Wann ich den Tod sol leyden/ So tritt du dann herfür: Wann mir am allerbängsten Wird umb das Hertze seyn: So reiß mich aus den Aengsten/ Krafft deiner Angst und Pein.
	5,2	10.
Wenn du mir befiehlst zu scheiden, lieber Jesus, dann erscheine: O Liebender, der umarmt sein muß, dich selbst zeige dann am heilbringenden Kreuz.	Cum me jubes emigrare, Jesu care, tunc appare: O amator amplectende, Temet ipsum tunc ostende In cruce salutifera.	Erscheine mir zum Schilde/ Zum Trost im meinem Tod/ Und laß mich sehn dein Bilde In deiner Creutzes=Noth/ Da wil ich nach dir blicken/ Da wil ich Glaubens vol Dich fest an mein Hertz drücken. Wer so stirbt/ der stirbt wol.

Der lateinische Hymnus besteht aus 5 je zehnzeiligen Strophen, von denen die Verse 1 bis 4 und 6 bis 9 jeweils paargereimt sind, während Vers 10 auf Vers 5 zurückreimt (aa bb c dd ee c); 10 und 5 sind im jambischen, die übrigen im trochäischen Versmaß. Das deutsche Kirchenlied hat 10 Strophen zu acht kreuzgereimten Versen (ab ab cd cd); durch die Umwandlung jeweils einer lateinischen Strophe in zwei deutsche Strophen gewinnt Paul Gerhardt größeren kompositorischen Spielraum.

Die entstellte Schönheit des Seelenbräutigams oder die Erniedrigung des Gottessohnes: Das Angesicht des Gekreuzigten

Der lateinische Hymnus nähert sich dem Marterleib des Gekreuzigten, fokussiert auf Haupt und Antlitz, im Gestus des Grußes: *Salve caput.* Im Gesicht Jesu sind die erlittenen Folterqualen abzulesen. Die hart aufeinanderfolgenden, vorwiegend aus dunklen Vokalen gebildeten Partizipien klingen wie Backenschläge: *cruentatum, coronatum, conquassatum, vulneratum, verberatum.* Das Grußwort *Salve*, mittelalterlich gängiger Gestus in Gebetsliedern, scheint wie der vergebliche Versuch einer zu späten Wiedergutmachung des verspottenden *Ave* der römischen Soldaten (Mk 15,16–19; Mt 27,27–30). Doch das liebreiche Antlitz (*dulcis vultus*), das den Liebreiz des Bräutigams aus dem Hohenlied erinnernd beschwört, ist entstellt und erblaßt; der, von dem Ps 104 sagt, daß er mit Hoheit und Pracht bekleidet sei und daß vor seinem Blick die ganze Erde erzittere – wobei der Hymnus das biblische *terra* zur *curia coeli*, zum himmlischen Hofstaat (vgl. Offb 4/5), ausweitet –, ist reduziert auf ein Minimum, ist eine Karikatur des blühenden Lebens (*flos*): erschöpft, abgemagert, vom nahen Tod gezeichnet.

Bei Paul Gerhardt spannt sich von der ersten Anrede bis zum Gebetsgruß ein weiter Bogen: *O Haupt ... O Haupt ... O Haupt ... Gegrüsset seyst du mir.* Im Unterschied zum lateinischen Hymnus sind nicht nur die äußerlich sichtbaren Spuren der Mißhandlung aufgezählt, das, was der Betrachter erblickt, (*Blut, Wunden, Dornen Krohn*), sondern es wird auch der Seelenzustand des Gequälten ausgedrückt, das, was der Beter erfühlt: *Schmerz, Hohn, Spott.* Das Übermaß an körperlichen und seelischen Leiden wird in der Entgegensetzung von *sonst* und *itzt* auf das Paradox der Inkarnation zurückgeführt. *Ehr und Ziehr,* in der Sprache der Psalmen Attribute göttlicher Herrlichkeit (*gloria et decor;* vgl. Ps 104,1; 111,3), die dem Haupt Christi sonst zukommen, sind in ihr Gegenteil verkehrt; *itzt* ist das Haupt *schimpfieret*, mit Schimpf und Schande bedeckt. Die Erniedrigung des Gottgleichen bis zum Tod, bis zum Tod am Kreuz (Phil 2,8), hat ihren Höhepunkt erreicht.

Die zweite Strophe führt diese Antithese fort und konkretisiert sie: Das Angesicht, das sonst als Epiphanie des Göttlichen unerträglich für den Menschen ist (*schrickt und scheut*), das die Mächtigen erzittern läßt – *Welt=Gewichte*, eine Neubildung Gerhardts, ist wohl als personalisierende Wiederaufnahme von *terra* aus Ps 104,32 zu verstehen: das, was Gewicht hat in der Welt (vgl. 1 Kor 1,27f.), – dieses Angesicht ist nun *bespeyt* und *erbleicht*. Auf das Unfaßbare dieser Entäußerung ist nur noch mit verstörten Fragen zu reagieren: *Wie bist du ... Wie bist du ... Wer hat ...?* Konsequent gestaltet Gerhardt auch im Detail die Christusvision seiner Vorlage um: Aus dem Seelenbräutigam, dessen Schönheit brutal vernichtet ist, wird der Gottgleiche, der tiefstes Elend erfährt. Aus dem *dulcis vultus* des Geliebten, das der mittelalterliche Beter im *caput cruentatum* noch erkennt, ist bei Gerhardt das *edle Angesicht* des Gottessohnes geworden. – Neu gegenüber der lateinischen Vorlage ist auch die Hinwendung zu den einzelnen Gesichtspartien: Das *Angesicht – dem sonst kein Licht nicht gleichet*: auch hier, in Aufnahme des Johannesprologs, ein Hinweis auf den göttlichen Ursprung des Erniedrigten – die *Wangen*, die *Lippen*. Die Antithese von *sonst* und *itzt* wird mit großer Meisterschaft weiter konkretisiert: Lebensfarbe und Pracht, Attribute des Messiaskönigs (vgl. Ps 45,3), sind durch die Macht des blassen Todes *hingenommen, hingerafft*. Das doppelte, pointiert gesetzte *alles* markiert die Totalität der Erniedrigung.

Der eschatologische Kuß oder das verkündete Wort: Die Rettung des Sünders durch den Gottesknecht

Strophe II des lateinischen Hymnus malt das Bild des Gekreuzigten auf der Folie der alttestamentlichen Gottesknechtslieder des Jesaja. Die mit ihren ‹k›-Lauten und dem dreimal vorangestellten *sic* wie scharfe Spitzen wirkenden Adjektive *sic affectus, sic despectus, sic interfectus* treffen den geschlagenen und durchbohrten Gerechten: «Er wurde verachtet und von den Menschen gemieden, ein Mann voller Schmerzen, mit Krankheit vertraut. Wie einer, vor dem man das Gesicht verhüllt, war er verachtet: wir schätzten ihn nicht. [...] Wir meinten, er sei von Gott geschlagen, von ihm getroffen und gebeugt. Doch er wurde durchbohrt wegen unserer Verbrechen, wegen *unserer* Sünden zermalmt» (Jes 53,3 ff.) – *propter me*, wegen meiner. Paul Gerhardt wird diese beiden Worte zur zentralen Aussage einer ganzen Strophe machen. Der lateinische Hymnus begnügt sich, wie es scheint, zunächst mit der Selbsterkenntnis des Beters als *peccator* und *indignus*. Doch dann erfolgt plötzlich ein Szenenwechsel, der das *«propter me»* in seiner Tragweite verdeutlicht. Der Beter wendet sich nun zum ersten Mal direkt an Christus: *appare clara facie*. Nicht das speichelbeschmierte Gesicht des Erniedrigten, sondern das verklärte Antlitz des Erhöhten möge erscheinen. So wie *apparere* biblischer terminus technicus der Berichte über das Erscheinen des Auferstandenen ist, so ist die *claritas* das eschatologische Attribut des Verherrlichten: «Vater, ich will, daß alle, die du mir gegeben hast, dort [im Reich Gottes] bei mir sind. Sie sollen meine Herrlichkeit [*claritas*] sehen», heißt es in der Abschiedsrede Jesu

(Joh 17,24). Daß dieses Erscheinen für den Sünder nicht zum Gericht werde, sondern zur Rettung, verbürgt das Kreuz als Unterpfand der Liebe (*amoris intersignum*).

Die Bilder *Hirt, Milch und Honig* in Strophe III schillern vor lauter Bedeutungsvielfalt. Pastor *bonus* ist Wiederaufnahme des Gottesknechtsliedes (Jes 53,6: «Wir hatten uns alle verirrt wie Schafe ...»), Kurzformel der Selbstbezeugung Jesu im Hirtengleichnis (Joh 10,11.14: «Ich bin der gute Hirt...») und Anspielung auf die Gerichtsszene, in der die Böcke von den Schafen geschieden werden (Mt 25,32 ff.). *Me agnosce, erkenne mich,* muß die Bitte nun lauten, damit das vernichtende Diktum: «Ich kenne euch nicht! Weg von mir» (Mt 7,23) nicht treffen möge – denn der Hirt selbst hat ja die Schuld getragen (Jes 53,6) *in hac passione.*

Die Rettung im Gericht, so der Hymnus, ist durch das stellvertretende Leiden auch dem *peccator tam indignus* eröffnet. Das Allumfassende dieser Rettung ist in dem Bild von *Milch und Honig,* den Heilsgaben des Gelobten Landes (Ex 3,8 u.ö.), gefaßt. Im Hohenlied ist es der Bräutigam, der den Kuß der Geliebten preist mit den Worten: «Von deinen Lippen, Braut, tropft Honig; Milch und Honig ist unter deiner Zunge» (Hld 4,11). Im Hymnus bekennt der errettete Sünder, diese Gaben seinerseits erst vom Bräutigam Christus empfangen zu haben. Das zunächst unscheinbare *propter me* erhält von hier aus sein entscheidendes Gewicht.

Reformatorische Theologie

Das Lied Paul Gerhardts entfaltet das *propter me* bereits in Strophe 4. Sie setzt ein mit der Anrede *HErr*; zugleich muß nun auch der Beter von sich sprechen. Der Antwort auf die in Strophe 2 aufgeworfenen Fragen *Wie bist du ... Wer hat ...?* ist nun nicht mehr auszuweichen. Das Gottesknechtslied klingt hier noch deutlicher an als in der Vorlage. Die doppelte, chiastisch verschränkte Aussage *was du erduldet, ist meine Last/ ich hab es selbst verschuldet, was du getragen hast* hebt ebenso wie der *verdiente Zorn* den Aspekt des Sündigseins heraus. Das Motiv des Blickens, bisher auf die betrachtende Schau des Beters bezogen, wird erweitert; der Beter sucht gleichsam Blickkontakt mit dem (einer Bewegung unfähigen, da ans Kreuz gehefteten) Gegenüber: *Schau her ... gib mir ... den Anblick deiner Gnad.* Die letztgenannte Fügung meint wohl weniger, Jesus möge dem Sünder die Gnade, die vom Kreuzesleiden ausgeht, ‹anblicken›, erkennen lassen, sondern ist, analog zu *schau her*, als ‹blicke gnädig, voll Gnade› zu verstehen und meint die im Blick Christi geschenkte Gnade der Vergebung. Paul Gerhardt greift hier den in den Psalmen häufig gebrauchten Gebetsruf «respice» auf: «Sieh meine Not und Plage an und vergib mir all meine Sünden» (Ps 25,18) – *Schau her/ hier steh ich Armer/ Der Zorn verdienet hat/ Gib mir/ o mein Erbarmer/ Den Anblick deiner Gnad.*

Von der im lateinischen Hymnus dominierenden eschatologischen Dimension ist kaum etwas zu spüren. Das *appare clara facie* ist verlorengegangen. Das Hirtenmotiv der Strophe fünf verweist deshalb auch weniger auf die Gerichtsszene als vielmehr auf die Gottesknechtsthematik, die durch Joh 10,14 akzentuiert wird: «Ich bin der gute Hirt; ich kenne die Meinen, und die Meinen kennen mich, und ich gebe mein Leben hin für die Schafe.» Die Rede von *Milch und süsser Kost* meint dann auch nicht mehr das Gelobte Land, nicht mehr den Kuß zwischen dem verklärten Bräutigam und der Seele des erretteten Sünders, sondern im Sinne reformatorischer Theologie das Wort, das aus dem Munde Jesu kommt. Die Lebenshingabe am Kreuz, die ‹Tat›, ist nicht zu trennen von Jesu Verkündigung und Predigt, dem ‹Wort›. Die ausdrückliche Betonung des Geistes und seiner Gaben (*begabet*) verhindert ein Verständnis im Sinn einer liebenden Zweierbeziehung.

Der Beter unter dem Kreuz: Geliebte oder Mutter

Strophe III, 2 des lateinischen Hymnus bringt erneut einen Szenenwechsel. Der Beter steht nun wieder unter dem Kreuz. Nach dem erlösenden Kuß ist er, obwohl *schuldig* und *unwürdig*, gleichwohl fähig, den sterbenden Geliebten liebend zu umarmen: *Da der Tod schon nahe ist, neige dein Haupt hierhin* – eine reizvolle Überblendung von intimen Gestus und Erinnerung an Jesu Sterben in Joh 19,30 –, *ruhe in meinen Armen.* Doch der Trost, das Mitleid der Geliebten muß sich, wie bei allen Liebenden, zum Verlangen nach wirklichem Mit-Leiden und Mit-Sterben steigern. In einer sprachlich überaus kunstvollen Wendung (die Verse 3 und 5 von Strophe VI, 1 stehen im Parallelismus und umfangen den *amator* in Vers 4) wird dreimal der konkrete Ort der Vereinigung der Liebenden genannt, nämlich das Kreuz, das *amoris intersignum* der Strophe II: *An diesem Kreuz mit dir zu sterben, gewähre dem Liebhaber des Kreuzes, unter deinem Kreuz will ich sterben.*

Chistus umarmt vom Kreuz herab den Heiligen Bernhard (14. Jh., Graduale aus dem Zisterzienserinnenkloster Wonnetal/Breisgau)

Der zweite Teil von Strophe IV, der in einem Chiasmus, sozusagen ‹über Kreuz›, das Sterben des Beters mit dem Tod Christi verknüpft (*sub cruce tua moriar – morti tuae passiones*), scheint – als sei der Beter selbst erschrocken über die zuvor geäußerte Intimität – wieder eine gewisse Distanz zwischen dem schuldigen Beter (*reus*) und dem Erlöser legen zu wollen: Der vertrauten

Marienklage, Badischer Raum, 17. Jh., Essen-Werden, Priesterseminar.

Anrede *Jesu care* ist die ehrfurchtsvolle pie Deus zur Seite gestellt. Die Abfolge ‹Dank› (*grates ago*) und ‹Bitte› (*fac*) nimmt die klassische Grundstruktur jüdisch-christlichen Betens auf; die grammatikalische Konstruktion *pie Deus, qui es ... fac* ... erinnert zudem an den Duktus römischer Meßorationen. Die Atmosphäre der Intimität wirkt gedämpft.

Auch im Lied Paul Gerhardts ist Strophe 6 durch einen deutlichen Szenenwechsel charakterisiert. Zuerst hatte der Beter in kontemplativer Hingabe das Bild des Schmerzenmannes betrachtet und dann umgekehrt dessen gnadenvollen Blick erfleht. Jetzt tritt er selbst als Handelnder in die Szene: dreimal heißt es pointiert *ich wil.* Anders als die Jünger, die vor dem Schrecken des Kreuzes geflohen waren, sucht er die Nähe des Sterbenden bis zum bitteren Ende, birgt zuletzt (nach der Kreuzesabnahme! Im lateinischen Hymnus geschieht die Umarmung am Kreuz) den Leichnam in *Arm und Schooß.* Der im Vergleich zur Vorlage viel dramatischer geschilderte Todeskampf Jesu, das Übergehen der Aufforderung *neige dein Haupt nach hier* und die Erwähnung des *Schooß* zeichnen eine wesentlich andere Haltung des Beters: Aus der Geliebten der Hohenliedes, die den Bräutigam in Todessehnsucht umarmt, ist die Mutter der Passionsbilder geworden, die Pietà, die ihr Kind in namenlosem Schmerz auf den Knien wiegt.

Die *Freuden,* mit denen Strophe 7 überraschend einsetzt – hätte man nicht ‹Schmerz› erwartet? –, sind die Freuden der Erlösung, der Gewißheit, in der Kreuzesnachfolge das Heil – durch die Anrede *Mein Heyl* personifiziert in Christus selbst – zu finden. Wenn der Beter bekennt, in Christi Leiden sich selbst zu finden, deutet er das Jesuswort in Mt 16,24f. auf die Passion hin: «Wer mein Jünger sein will, der verleugne sich selbst, nehme sein Kreuz auf sich und folge mir nach. Denn wer sein Leben retten will, der wird es verlieren; wer aber sein Leben um meinetwillen verliert, wird es gewinnen.» Die zweite Hälfte der Strophe paraphrasiert diese Verse in einem meisterhaften Spiel mit der doppelten Deutung von *mein Leben,* das einmal Anrede, einmal Objekt ist: Würde der Beter sein *Leben von sich geben,* verlieren, gerade dann würde er sein eigentliches *Leben,* Christus selbst, gewinnen. Der Ort dieser imaginierten Lebenshingabe (man beachte den Irrealis: *Wie wol geschehe mir*) ist zwar, wie im Hymnus, noch das Kreuz auf Golgota, doch wird ein völlig anderer spiritueller Raum beschritten: Statt vom Todesverlangen der Geliebten, die im Tod mit dem Bräutigam vereint sein will, spricht das Kirchenlied von der Kreuzesnachfolge des Jüngers, der sein Leben gerade dann gewinnt, wenn er es zu verlieren scheint. Nur hier, nicht im lateinischen Hymnus, wird von «Heil» gesprochen. Besingt der Zisterzienserabt das Kreuz als Metapher der *Liebe,* so der evangelische Pfarrer als Zeichen der *Erlösung.*

Die 8. Strophe zielt zwar ebenfalls noch auf dem Tod unter dem Kreuz (*wann ich nun erkalte*), doch ist mit ihr die Perspektive der beiden Schlußstrophen schon angedeutet, die vom realen, zukünftigen Sterben des Beters jenseits der Imagination des Passionsgeschehen sprechen (*wann ich einmal sol scheiden*). Die Anrede *O Jesu/ liebster Freund* ist mehr als die Umsetzung des lateinischen *Jesu care*; es ist – wieder einmal – bewußte biblische Anspielung auf den sühnenden Tod Christi: «Es gibt keine größere Liebe, als wenn einer sein Leben für seine Freunde hingibt. Ihr seid meine Freunde» (Joh 15,13f.). Der erste Teil der anschließenden Bitte scheint – im Vergleich zum Hymnus – in reformatorischer Präzision formuliert: Auch das Bleiben in Christus ist kein Liebes- oder Willensakt des Menschen, sondern Wirken Christi selbst, das erbeten werden kann.

Erfüllung der Liebessehnsucht oder Trost aus dem Glauben: Das Sterben des Beters

Im Schlußteil des Hymnus wie des Liedes vollzieht sich ein grundlegender Wechsel der Perspektive und der Zeitebene. Bisher hatte der Beter sich in liebender Betrachtung vor und unter das Kreuz Christi gestellt, war aus seiner ‹Jetzt›-Zeit meditierend hinübergewechselt in Raum und Zeit der Passion Jesu, war Mithandelnder geworden und hatte hier unter dem Kreuz sein Verlangen artikuliert, mit dem Sterbenden zu sterben. Nun kehrt der Beter in seine Gegenwart zurück, von der aus gesehen der eigene Tod noch in der Zukunft liegt.

Den lateinischen Hymnus charakterisiert eine Folge von sechs Imperativen (*noli deesse – veni – tuere – libera – appare – ostende*) und drei affektiv gesteigerten Christusanrufungen: *Jesu – Jesu care – amator*. Die ganze Sequenz ist weitgehend auf dem Hintergrund von Ps 91 formuliert, dem großen Vertrauenspsalm, der die im Hymnus erst erflehte Hilfe in einer Gottesrede als schon zugesichert erklärt.[10] Dennoch: Die Todesstunde ist *schrecklich (tremenda)*. Ihren Schrecken erhält sie mittelalterlichem Verständnis zufolge nicht, weil sie dem Leben ein (natürliches) Ende setzt – sterben ist ‹notwendig› (*necesse*) –, sondern weil mit ihr das Gericht Gottes beginnt und damit der Kampf der Dämonen und teuflischen Mächte um die Seele.[11] In diesem Kampf möge Christus *Schützer* und *Befreier* sein. Weil er dies ist, kann in den letzten Versen das Schreckliche des Todes in den Hintergrund treten (bezeichnenderweise ist dann auch nicht mehr von *mori*, sondern von *emigrare* die Rede). In deutlicher Parallele zu Strophe IV, 1, wo sich der Beter als *amator* bezeichnete, wird nun Christus mit *O amator amplectende* angerufen, eine im Deutschen kaum adäquat wiederzugebende Fügung. Die Todesstunde wird zur ersehnten Vereinigung von Braut und Bräutigam. Der Ort des liebenden Einswerdens ist das *heilbringende Kreuz*.

Todesbedrängnis

Die 9. Strophe des Liedes von Paul Gerhardt artikuliert die Todesbedrängnis des Beters in einer grandiosen Klimax mit drei parallel gebauten *Wann-so*-Sätzen; bei jedem Schritt wird die Angst bedrückender, der Hilferuf bedrängender. Das *reiß mich heraus* ist – ebenso wie der *Schild* in Strophe 10 – Aufnahme von Ps 91. Auch hier zeigt sich wieder, daß Paul Gerhardt den biblischen Quellen seiner Vorlage sehr genau nachspürt und eigenständig aus ihnen schöpft. Wie schon bei der Schilderung des Leidens und Sterbens Christi beobachtet, steht im Vergleich zum Hymnus bei Paul Gerhardt stärker die seelische Verfassung im Vordergrund. Die Befreiung des Beters aus den *Aengsten* geschieht *krafft* Jesu *Angst und Pein*. Nicht das Kreuz (als heilbringendes

Siegeszeichen) möge erscheinen, sondern Jesu *Creutzes=Noth*. Die Dimension des inneren Erlebens sowohl des Retters als auch des zu Rettenden wird bewußt akzentuiert. Dadurch erscheint auch der Tod – anders als im Hymnus, wo er seinen Schrecken durch das anstehende Gericht erhält – schon an sich, als Lebensende, angsteinflößend. Charakteristisch für den Unterschied beider Stücke ist dann auch die Schlußwendung. Zwar findet sich bei Gerhardt ebenfalls der Wunsch, Christus in die Arme zu schließen (*dich fest an mein Hertz drücken*), doch ist diese Geste durch den Zusatz *glaubens vol* entscheidend modifiziert. Das Medium, das Band zwischen Beter und Christus ist der Glaube. Der Beistand Christi ist nicht Erfüllung einer Sehnsucht, sondern durch den Glauben geschenkter Trost im angstmachenden Sterben. Es geht nicht um liebende Hingabe, sondern um einen Akt des Vertrauens.

Evangelisch – katholisch?

Ausgehend von der Wendung *glaubens vol* hat man für das Lied Paul Gerhardts die beiden Weisen des Sterbens konfrontierend gegenübergestellt: Geschehe die erste (Strophe 7: der Beter möchte mit Christus unter dem Kreuz sterben) im Medium der Imagination, so die zweite (Strophe 10: Christus erscheint dem Beter in dessen realer Todesstunde) in der Gegenwart des Glaubens. Paul Gerhardt habe zwar, seiner Vorlage folgend, beide Weisen nebeneinanderstellen können, aber, wie der Vergleich zeige, die geglaubte Nähe als Überbietung der nur imaginierten gestaltet: Der etwas schwärmerische Wunsch unter dem Kreuz: *wie wol geschehe mir* (Str. 7) gewinne erst im Glauben den Ernst, der ihm zu sagen erlaube: *Wer so stirbt, der stirbt wol* (Str. 10).[12] «Der Irrealis im einen und der präsentische Indikativ im andern Fall verweisen auf die entscheidende Differenz in der existentiellen Haltung: liebevoll selbstvergessenes Wünschen, das seiner Unerfüllbarkeit gewahr ist, steht der aufmerksamen Wahrnehmung der Bedingung guten Sterbens (im Glauben) gegenüber.»[13] Die Weise der *geglaubten* Gegenwart sei die genuin evangelische, die der *imaginierten*, so muß man folgern – auch wenn dies im Zeitalter ökumenischer Konsenspapiere nicht ausdrücklich formuliert wird –, die katholische. So richtig diese Beobachtungen bezüglich der Valenz der beiden Vergegenwärtigungsmodi für das Lied Paul Gerhardts sind, so fraglich scheint ihre konfessionelle Zuordnung. Die Hauptströme der katholischen Rezeption seit dem **Kirchenlied* (1938) über die **Einheitslieder* (1947) bis hin zum **Gotteslob* (1975) jedenfalls verzichten auf die Strophen 5–7, ein destruierender Eingriff, der eben genau die Teile eliminiert, die eine angeblich ‹katholische› Weise der Vergegenwärtigung im imaginierten Sterben des Beters unter dem Kreuz explizit machen. Der Unterschied zwischen Arnulf von Löwen und Paul Gerhardt ist vielleicht weniger durch konfessionelle als durch kulturelle und frömmigkeitsgeschichtliche Paradigmen zu beschreiben:

Holzschnittartig vergröbernd könnte man sagen, daß es im mittelalterlichen Hymnus um die *Liebe* geht, im barocken Kirchenlied dagegen um den *Glauben*. Beide spirituellen Sphären generieren zwei sehr verschiedene Strukturen, in die das (weitgehend identische) biblische Material eingeordnet wird. Das Lied hält so von Anfang bis Ende die Differenz, die Spannung zwischen dem Beter und dem göttlichen Gegenüber aufrecht; der Hymnus dagegen tendiert zur Vereinigung beider. Die *Liebe* bringt zusammen, was zusammengehört, Braut und Bräutigam, der *Glaube* bringt zusammen, was eigentlich unendlich weit voneinander getrennt ist, Mensch und Gott (oder, in der Terminologie Gerhardts, den *Armen* und den *Erbarmer*). In diese beiden kulturell bedingten Ausdrucksgestalten christlicher Frömmigkeit ist auch die Frage nach dem ‹imaginierten› und dem ‹realen› Sterben einzuordnen: Der Beter des Hymnus ist ein sehnsuchtsvoll Liebender, der des Kirchenliedes ein in der Kreuzesnachfolge stehender Jünger. Für den Jünger ist das imaginierte Sterben unter den Kreuz nur ein ‹als ob›, seine Kreuzesnachfolge hat sich in der Welt, in seinem realen Sterben zu bewähren. Auch der Liebende kennt beide Weisen des Sterbens, die reale wie die imaginierte. Aber für ihn sind beide Ausdruck totaler Hingabe: Für die Liebe gibt es kein ‹als ob›.

A. F.

Ich will dich lieben, meine Stärke

Edition

Sie verspricht sich, Ihn bis in Tod zu lieben

1. Ich will dich lieben, meine Stärke,
Ich will dich lieben, meine Zier,
Ich will dich lieben mit dem Werke
Und immerwährender Begier:
Ich will dich lieben, schönstes Licht,
Bis mir das Herze bricht.

2. Ich will dich lieben, o mein Leben,
Als meinen allerbesten Freund;
Ich will dich lieben und erheben,
So lange mich dein Glanz bescheint.
Ich will dich lieben, Gottes Lamm,
Als meinen Bräutigam.

3. Ach, daß ich dich so spät erkennet,
Du hochgelobte Schönheit du!
Und dich nicht eher mein genennet,
Du höchstes Gut und wahre Ruh!
Es ist mir leid und bin betrübt,
Daß ich so spät geliebt.

4. Ich lief verirrt und war verblendet,
Ich suchte dich und fand dich nicht;
Ich hatte mich von dir gewendet
Und liebte das geschaffne Licht;
Nun aber ists durch dich geschehn,
Daß ich dich hab ersehn.

5. Ich danke dir, du wahre Sonne,
Daß mir dein Glanz hat Licht gebracht:
Ich danke dir, du Himmels-Wonne,
Daß du mich froh und frei gemacht:
Ich danke dir, du güldner Mund,
Daß du mich machst gesund.

6. Erhalte mich auf deinen Stegen,
Und laß mich nicht mehr irre gehen;
Laß meinen Fuß in deinen Wegen
Nicht straucheln oder stille stehn:
Erleucht mir Leib und Seele ganz,
Du starker Himmels-Glanz.

7. Gib meinen Augen süße Tränen,
Gib meinem Herzen keusche Brunst;
Laß meine Seele sich gewöhnen,
Zu üben in der Liebe-Kunst:
Laß meinen Sinn, Geist und Verstand,
Stets sein zu dir gewandt.

8. Ich will dich lieben, meine Krone,
Ich will dich lieben, meinen Gott;
Ich will dich lieben ohne Lohne
Auch in der allergrößten Not;
Ich will dich lieben, schönstes Licht,
Bis mir das Herze bricht.

Druckvorlage

Text und Melodie nach: *Heilige Seelen-Lust Oder geistliche Hirten-Lieder/ Der in jhren JESUM verliebten Psyche, Gesungen von Johann Angelo Silesio Und von Herren Georgio Josepho mit außbundig schönen Melodeyen geziert/ Allen liebhabenden Seelen zur Ergetzligkeit und Vermehrung jhrer heiligen Liebe / zu Lob und Ehren Gottes an Tag gegeben,* Breslau 1657 (orthographisch modernisiert, Zeichensetzung geringfügig ergänzt).

Die Melodie findet sich nur in den *Seelenlust*-Ausgaben des 17. Jahrhunderts, während die späteren des 19. und 20. Jahrhunderts sich auf die Wiedergabe des Texts beschränken.

Melodienkonkurrenz

Im *EG und im *EKG steht eine andere, auf Johann Balthasar Königs *Harmonischen Liederschatz* von 1738[1] zurückgehende Melodie, die seit der Mitte des 19. Jahrhunderts das evangelische Feld beherrscht.[2] Die ursprüngliche Weise wird fast nur in katholischen Gesangbüchern überliefert. Als das Lied gegen Ende des 17. und in der ersten Hälfte des 18. Jahrhunderts in den evangelischen Kirchengesang Eingang finden sollte, war das Haupthindernis der Streit um seine Gemeindeeignung.[3] Die Josephsche Komposition war zur Privaterbauung bestimmt. Ihr Ort war die häusliche Andacht, nicht die Kirche. Die sehnsüchtige, fast schmachtende Weise schien nicht liturgiefähig. Wie alle Lieder der *Heiligen Seelen-Lust* ist auch *Ich will dich lieben* als Sologesang mit Generalbaß konzipiert.

Der katholische Gottesdienst, der die Lieder des Angelus Silesius in breitem Strom allerdings erst im 19. Jahrhundert aufgreift, war einer großen lateinischen Tradition verpflichtet, die das deutschsprachige Kirchenlied in die Randzonen der Liturgie verbannte. Die liturgische Unterbewertung bedeutete zugleich eine größere Freiheit. Die Lieder boten der privaten Frömmigkeit den Raum, den ihr der lateinische Ritus verwehrte.

In der evangelischen Kirche hingegen nahm das Kirchenlied einen hohen Rang ein. Der Mangel an Gemeindeeignung bildete deshalb dort ein ausschlaggebendes Argument gegen die Josephsche Melodie. Da allerdings auch der Text mehr intimer als öffentlich-gottesdienstlicher Natur ist, können die konkurrierenden, um mehr Kirchlichkeit bemühten Weisen den innigen Zusammenklang von Wort und Weise in der originalen Komposition nicht überbieten.

Bis mir das Herz im Tode bricht

Die Zeilen 1 bis 5 jeder Strophe haben acht oder neun Silben, die Zeile 6 aber ist kurz und pointiert: Sie hat nur sechs Silben. Georg Joseph hat darauf keine Rücksicht genommen. In seiner Melodie fallen auf jede Textzeile, auch auf die letzte, zwölf Viertel. Da sie auf nur sechs Silben verteilt werden müssen, fallen in der sechsten Zeile auf die Silbe *«Her-ze»* fünf Viertel. Um das Lied metrisch zu glätten und das für eine gewöhnliche Gemeinde schwierig zu singende, für eine solistische Aufführung erdachte Melisma auf *«Her-ze»* besser aushalten zu können, wurden häufig zwei Silben eingefügt.[4] Die jeweils sechsten Zeilen lauteten in der Fassung der *Einheitslieder: *bis mir das Herz im Tode bricht* (1,6), *als meiner Seele Bräutigam* (2,6), *daß ich dich, ach, so spät geliebt* (3,6), *daß ich dich habe ausersehn* (4,6), *daß du mein Herze machst gesund* (5,6), *mit deines Himmelslichtes Glanz* (6,6). (Strophe 7 fehlt, Strophe 8 wie 1). Sie lassen sich leichter singen. Sie betonen – mit *Tode, Seele, ach, Herze* und *Himmels* – das Jenseitssehnsüchtige. Ihre Akzente sind wirkungsvoll und einprägsam, im Gegensatz zu den durch das Melisma leicht überstrapazierten Silben der Originalversion.

Hirt und Schäferin

Hirtenlieder waren, die antike Bukolik aufgreifend, eine Modegattung der Barockzeit. Sie hingen recht weltlichen Träumen nach von unschuldiger Sinnlichkeit in einem gesellschaftsfreien Raum voll künstlicher Natürlichkeit. Angelus Silesius will ihnen das Wasser abgraben. «O ihr Poëten», ruft er mit gespielter Empörung aus, «wie seyd jhr solche Thoren, daß jhr eure Hertzen und Sinne euren Dorinden, Flavien, Purpurillen, und wie sie weiter heissen, ergebet.» Weil Jesus der gute Hirte ist, der sein Leben gibt für seine Schafe (Joh 10,11), eignet er sich zur geistlichen Überbietung der Schäfer-Erotik. In seinem Angesicht ist alles Sinnenglück der Welt zu finden,

> die alleranmuttigste Liebligkeit, die allerlieblichste Huldseligkeit, und allerhuldseligste Schönheit. Hier blühen die unverwelkliche Rosen und Lilien, seine Wangen; hier wachsen die unverbleichliche Corallen, seine Lippen; hier scheinet die unverfinsterliche Sonn und Monde, seine Augen: hier ist der anbetens-würdige Thron des Glantzes der Herrligkeit, seine Stirne: hier wehet der ewige West-Wind, sein huldseliger Athem, der die gefrorne Erde eures Hertzens kann aufthauen und erquikken […][5]

Jesus ist die Quintessenz aller Hirten und Schäfer, «der huldselige Daphnis, der sorgfältige Corydon, der treue Damon», und nicht nur das, er ist auch die Quintessenz aller Schäferinnen, «die mildreiche Galathee, die ewige Güttigkeit [...], die edle Sophie, die ewige Weißheit; die schöne Callisto, die ewige Schönheit; und alles was jhr nur wollet» – eine androgyne Utopie.

Während die *Heilige Seelen-Lust* heute beinahe vergessen ist, blieb Angelus Silesius unter Eingeweihten berühmt als Autor der mystischen Paradoxe im *Cherubinischen Wandersmann*, einer 1657 zuerst erschienenen Sammlung von scharfsinnigen Epigrammen. *GOtt lebt nicht ohne mich* ist ein besonders kühn formuliertes überschrieben:[6]

> Ich weiß daß ohne mich GOtt nicht ein Nu kann leben,
> Wird ich zu nicht Er muß von Noth den Geist auffgeben.

Mit solchen und ähnlichen Sätzen sei nicht gemeint, erklärt Angelus in der Vorrede,[7]

> daß die Menschliche Seele jhre Geschaffenheit solle oder könne Verliehren, und durch die Vergöttung in GOtt oder sein ungeschaffenes Wesen verwandelt werden: welches in Ewigkeit nicht seyn kann. [...] Sondern dieses ist sein Sinn, daß die Gewürdigte vnd Heilige Seele zu solcher naher Vereinigung mit GOtt und seinem Göttlichen Wesen gelange, daß sie mit demselben gantz und gar durchdrungen, überformet, Vereinigt und eines Sey; dermassen, daß wenn man sie sehen sollte, man an jhr nichts anderes sehen und erkennen würde als GOtt; wie dann im ewigen Leben geschehen wird: Weil sie von dem Glantze seiner Herrlichkeit gleichsamb gantz Verschlungen sein wird.

Um diese innige Vereinigung geht es. Wenn sie vollzogen ist, gibt es keine Trennung mehr zwischen weltlich und geistlich, Damon und Jesus, Jetzt und Ewigkeit. Zwischen der frommen *Seelen-Lust* und dem scharfsinnigen *Wandersmann* hat man Widersprüche sehen wollen. Es handelt sich aber nur um zwei Sprecherrollen, die mit verschiedenen Mitteln das gleiche Ziel anstreben. Der *Wandersmann* ist cherubinisch, die *Seelen-Lust* seraphisch. Der Cherub ist kämpferisch und wendet sich an den Verstand, der Seraph aber will mit seiner himmlischen Musik das liebeglühende Herz zum Schmelzen bringen.

Seelen-Lust und -Liebe

«Sie verspricht sich, ihn bis in Tod zu lieben.» Es handelt sich hier nicht um ein Selbstgespräch, sondern um eine Art Gelöbnis, genauer: eine Verlobung. Das altertümliche «sich versprechen» heißt soviel wie «sich verpflichten», «geloben». Die Gelöbnisformel, die die ersten beiden Strophen mit der letzten, die Anfangszeile mit der Schlußzeile verklammert, lautet: Ich will dich lieben bis zum Tod. In den Rahmen dieses Versprechens fügen sich die Strophen 3 bis 7, bestehend aus einem klagenden Rückblick auf die vergangene, jesusferne Zeit (Strophen 3 und 4), dem Dank für gegenwärtige Liebeserhörung (Strophe 5) sowie der Bitte, daß die Erleuchtung sich künftig vervollkommne und die Seele sich dauerhaft in der Liebeskunst übe (Strophen 6 und 7).

Es handelt sich fraglos um ein Liebeslied, gesungen von einer hingegebenen Braut voll *immerwährender Begier, süße Tränen* im Auge, im Herzen *keusche Brunst.* Der Geliebte wird als Bräutigam und Freund bewundert, er verlockt durch *Stärke, Zier,* Schönheit und einen goldenen Mund, er ist Leben, höchstes Gut, wahre Ruhe und Himmelswonne, er ist Krone, Licht, Glanz und Gott. *Ich will dich lieben, meinen Gott* (8,2) – sogar das Wort «Gott» scheint hier eher im verliebten Sinne eines Vergötterten und Angebeteten gebraucht zu werden als in einem theologischen Sinne. Zumindest schillert das Vokabular, sofern der theologische Firnis über den vielen starken Metaphern aus dem Bereich weltlicher Liebeslieder nur dünn zu sein scheint. Die Vorstellungsfülle, die hier der Liebe zu Jesus zugeschrieben wird, speist sich jedenfalls aus der irdischen Liebe. Die auf sie verzichten müssen, aus Wahl, Geschick oder eigner Schuld, singen das Lied deshalb mit besonderer Hingabe. Flehentlich und inbrünstig äußern sie die Worte, die ihnen «in der Wüsten dieser Welt»[8] häufig verwehrt sind: *Ich will dich lieben.*

Die Braut ist kein unbeschriebenes Blatt. Einst hatte sie sich an den Falschen verschwendet, weshalb sie seufzt: *Ach, daß ich dich so spät erkannte.* Es gab Zeiten, da hatte sie *das geschaffne Licht* geliebt. Was heißt das? «Gott ist Licht», sagt Johannes. (1Joh 1,5) Jesus Christus, «aus dem Vater geboren vor aller Zeit», ist deshalb, dem Nicaenischen Glaubensbekenntnis zufolge, «Gott von Gott, Licht vom Licht, wahrer Gott vom wahren Gott, gezeugt» sowie – und jetzt folgt das Stichwort des Liedes – «nicht geschaffen». Das ungeschaffne Licht ist Jesus. Den Sohn Gottes zu lieben, nicht einen irdischen Geliebten, darum also geht es. An dieser Stelle erst wird die bisher so zweideutig wirkende Metaphorik eindeutig. Das Lied leiht sich zwar seine Bildkraft von der irdischen Liebe, aber verwechselt werden will es nicht mit ihr. Das irdisch Höchste und Begehrenswerteste, die erfüllte Liebe, wird gebraucht, um einen Vorgeschmack der Ewigkeit zu geben. Trotzdem ist die irdische Liebe nicht nur der allegorische Schattenriß der Transzendenz, sondern umgekehrt auch ihre Bekräftigung, der sinnenhafte Beweis dafür, daß es den Himmel wirklich gibt. Wer vom Himmel reden will, muß von der Liebe reden, anders geht es nicht.

Auf den zweiten Blick enthüllt sich, daß die gesamte, so weltlich wirkende Erotik auch von ihren Quellen her gesehen geistlicher Herkunft ist. Das Lied ist eine Montage aus biblischen und anderen religiösen Versatzstücken. Gleich die erste, ohne Erklärung merkwürdige und mißverständliche Zeile (denn warum sollte man seine Stärke lieben?) ist nichts als eine wörtliche Übersetzung von Psalm 18,2: «Diligam te, Domine, fortitudo mea». Die Jesusanrede *Gottes Lamm* (2,5) zitiert das liturgische *Agnus Dei,* das auf Johannes den Täufer zurückgeht: «Seht das Lamm Gottes, das die Sünde der

Welt hinwegnimmt» (Joh 1,29). *Ich suchte dich und fand dich nicht* ist aus dem Hohenlied Salomons genommen (Hld 5,6); der *Wandersmann* kommentiert:[9]

> GOtt ist mein Salomon, ich seine Sulamith,
> Wenn ich jhn hertzlich Lieb', und er sich mir entbiet.

Erhalte mich auf deinen Stegen zitiert Psalm 17,5. Die *Krone* des Lebens (8,1) verspricht dem Getreuen die Offenbarung des Johannes (2,10). Die Bekehrung des Augustinus steht als Muster hinter der dritten Strophe. «Sero te amavi, pulchritudo antiqua et tam nova, sero te amavi»: Spät habe ich dich geliebt, du alte und doch so neue Schönheit.[10] Auch Augustinus liebte *das geschaffne Licht*, ehe er zu Jesus fand. Daß Jesus die *wahre Sonne* ist (5,1), «verusque sol», steht mit anderen Lichtmetaphern in einem ambrosianischen Hymnus, der regelmäßig im lateinischen Brevier zu singen war:[11]

Splendor Paternae gloriae	Glanz der väterlichen Herrlichkeit
De luce lucem proferens,	der du Licht aus dem Lichte hervorbringst,
Lux lucis, et fons luminis,	Licht des Lichtes, Quelle des Leuchtens
Diem dies illuminans:	Tag, der den Tag erleuchtet:
Verusque sol illabere,	Und du, wahre Sonne, die unerschütterlich
Micans nitore perpeti:	strahlt mit ewigem Glanz:
Jubarque Sancti Spiritus	den Schimmer des Heiligen Geistes
Infunde nostris sensibus.	gieße über unseren Sinnen aus.

Dem Konvertiten Angelus Silesius kann dieser Hymnus ebenso lebhaft vor Augen gestanden haben wie Johann Arndts *Vier Bücher vom wahren Christentum* (1609), die sonst als Quelle der Lichtmetaphorik angesehen werden: «So leuchtet auch aus der Sonne Licht eitel reine, innige, heiße und brünstige Liebe Gottes.»[12] *Du allein, Jesu mein, bist, was tausend Sonnen sein,* dichtet Angelus Silesius in seinem Lied *Morgenstern der finstern Nacht.*[13]

In der spirituellen Erotik des Liedes verwirklicht sich die Liebeserfüllung als Durchdrungenwerden von Licht, eine Art Lichttaufe. Der Bräutigam ist Lichtstrahl, Glanz und Sonne. Er zeigt sich nicht als Leidender, sondern als der verklärte Christus aus Mt 17,2: «Und er wurde vor ihren Augen verwandelt; sein Gesicht leuchtete wie die Sonne, und seine Kleider wurden blendend weiß wie das Licht.» Immer tiefer vom Licht durchschienen zu werden ist der Wunsch der Geliebten: *Erleucht mir Leib und Seele ganz, du starker Himmels-Glanz.* Die Wirkung der Liebe ist einer Verklärung zu vergleichen.

Die Hochzeit des Lammes

«Dieser Autor hat Christum lebendig gekant und gehabt», notiert staunend Gottfried Arnold, der geistbeseelte Verfasser der *Unpartheyischen Kirchen- und Ketzerhistorie* (1699–1703), im Register seiner *Historie und Beschreibung der*

Mystischen Theologie.[14] Wer Christus lebendig hat, hat der nicht alles, was er braucht? Angelus Silesius war trotz aller Mystik ein kernfester Mann der Kirche, gehärtet im konfessionellen Tagesstreit. Für manche seiner Verehrer aber eröffnet *Ich will dich lieben* einen gefährlichen Weg. Gott und die Seele, träumt das Lied, sonst nichts. Die exklusive Beziehung zu Jesus läßt Kirche und Welt, läßt überhaupt alles andere versinken. Daß man für sie keine Kirche braucht, begründete die Angst der Orthodoxie vor diesem Lied. Daß man für sie keine Welt braucht, war der Grund für die Schwierigkeiten, die die Aufklärung mit ihm hatte. Während die Orthodoxie, vom Pietismus bedrängt, das allmähliche, von großen Privatgesangbüchern wie dem **Freylinghausenschen* und dem **Porstschen* beförderte Vordringen des Liedes in die Kirchengesangbücher[15] nicht verhindern konnte, hat die rationalistische Gesangbuchreform Ende des 18. Jahrhunderts *Ich will dich lieben* konsequent aussortiert. Ein pädagogisch motiviertes, ethisches, soziales und politisches Christentum war mit dem mystischen des Angelus Silesius unvereinbar. Solche Mystik stand unter dem Verdacht, ekstatische Innerlichkeit auf Kosten sozialer Gleichgültigkeit zu erstreben. Ihre Sprache galt als schwülstig, ihre Liebesmetaphorik als anstößig. Erst die Romantik hat wieder das Ohr geöffnet für die Klänge des schlesischen Engels. Friedrich Schlegel weist zuerst auf ihn hin.[16] 1826 erscheint eine Neuausgabe der *Heiligen Seelen-Lust*. 1829 kehrt das Lied ins evangelische **Berliner Gesangbuch* zurück. Die Katholiken, die das Lied bis dahin nur ganz vereinzelt kannten, ziehen seit der Jahrhundertmitte nach.[17]

In beiden Konfessionen findet man es allerdings geboten, die erotische Bildlichkeit abzuschwächen und die Zweideutigkeiten ins theologisch Gängige zu transformieren. Stets wird die siebte Strophe entfernt (selten stark verändert), vor allem wohl, um Ausdrücken wie *keusche Brunst* und *Liebe-Kunst* aus dem Weg zu gehen. Was die *Brunst* angeht, so ist diese Vokabel durch ein Mißverständnis unverwendbar geworden, weil man sie nämlich mit der «Brunft» (der Hirsche zum Beispiel) verwechselt – während sie doch lediglich «Brand» bedeutet und von «Brennen» kommt, wie «Kunst» von «können» und «Gunst» von «gönnen» (während «Brunft» auf «brummen» zurückgeht). Auch in die übrigen Strophen wird immer wieder eingegriffen. Stellvertretend für eine reiche Palette von solchen Bearbeitungen sei die zweite Strophe im Schleiermacherschen Gesangbuch (*Berlin 1829) zitiert (rechte Spalte Originaltext):

Ich will dich lieben, o mein Leben,	
dich, meiner Seele besten Freund;	meinen allerbesten Freund
ich will dich lieben und erheben,	
so lang' dein Gnadenglanz mir scheint;	mich dein Glanz bescheint
ich will dich lieben, Gottes Lamm,	
das litt am Kreuzesstamm.	als meinen Bräutigam

In der Version *das starb am Kreuzesstamm* hat die letzte Zeile dieser Strophe noch im katholischen Einheitsgesangbuch *Gotteslob (seit 1975) eine späte

Karriere gemacht. Die neue Wendung wirkt in dem sonst (bis auf die Streichung der siebten Strophe) unveränderten Lied poetisch als Stilbruch. Das Bild der Hochzeit steht im Neuen Testament für die Freuden des Himmels. Die Zeit, in der es Leiden gibt, ist vorüber. «Lasset uns freuen und fröhlich sein und ihm die Ehre geben, denn die Hochzeit des Lammes ist gekommen, und die Braut hat sich bereitet» (Offb 19,7). Nur sofern es um die Hochzeit «des Lammes» geht, also eines Opfertiers, ist die Passion auch bei Angelus Silesius gegenwärtig. Die von der Bräutigamsmetapher heraufbeschworene Sehnsucht richtet sich aber nicht auf den *Kreuzesstamm*, sondern auf die Erlösung vom Leiden, auf das große Fest der Liebe.

Dem scheinen die Überschrift und das brechende Herz in 1,6 und 8,6 zu widersprechen. Verstünde man *bis in Tod* zeitlich, dann wäre der Schauplatz das Hier und Jetzt unseres Lebens. Aber Zeit und Ewigkeit: In der Mystik sind sie ungetrennt. Bei Gott gibt es «kein Vor und Nach, wie hier».[18] *Bis mir das Herze bricht* ist keine zeitliche, sondern eine qualitative Aussage: «Stark wie der Tod ist die Liebe» (Hld 8,6). Jesus ist Lamm und Hirte zugleich. «Denn das Lamm wird sie weiden», heißt es paradox in Offb 7,17, «und zu den Quellen führen, aus denen das Wasser des Lebens strömt, und Gott wird alle Tränen von ihren Augen abwischen.» Die Liebe endet nicht mit dem leiblichen Tod. Im Himmel wird das Herz nicht brechen. Nach dem Tod wird die Liebe vollkommen sein. Jetzt sehen wir wie in einem Spiegel, dann aber von Angesicht zu Angesicht (1 Kor 13,12). Das Lied ist irdisch und jenseitig zugleich. Es ist, als Verlobungslied, ein Sehnsuchts- und Erwartungslied, aber es nimmt in der Schilderung des Ersehnten auch die Erfüllung vorweg. «Die Hochzeit des Lammes ist gekommen.» Schon jetzt ist jederzeit Ewigkeit. Mit den Worten des *Cherubinischen Wandersmanns:*[19]

Wann ich zu GOtt eingeh, und küss' jhn mit begier,
Dann ist es daß das Lamb die Hochzeit hält in mir.

H. K.

Gib dich zufrieden und sei stille

Edition

1. Gib dich zufrieden und sei stille
In dem Gotte deines Lebens.
In ihm ruht aller Freuden Fülle,
Ohn ihn mühst du dich vergebens.
Er ist dein Quell und deine Sonne,
Scheint täglich hell zu deiner Wonne.
Gib dich zu frieden.

2. Er ist voll Lichtes, Trosts und Gnaden,
Ungefärbtes treuen Herzens.
Wo er steht, tut dir keinen Schaden
Auch die Pein des größten Schmerzens,
Kreuz, Angst und Not kann Er bald wenden:
Ja auch den Tod hat Er in Händen.
Gib dich zu frieden.

3. Wie dirs und andern oft ergehe,
Ist ihm wahrlich nicht verborgen:
Er sieht und kennet aus der Höhe
Der betrübten Herzen Sorgen.
Er zählt den Lauf der heißen Tränen
Und faßt zuhauf all unser Sehnen.
Gib dich zu frieden.

4. Wann gar kein einger mehr auf Erden,
Dessen Treue du darfst trauen,
Alsdann will Er dein Treuster werden
Und zu deinem Besten schauen.
Er weiß dein Leid und heimlich Grämen,
Auch weiß Er Zeit, dich zu benehmen.
Gib dich zu frieden.

5. Er hört die Seufzer deiner Seelen
Und des Herzens stilles Klagen:
Und was du keinem darfst erzählen,
Magst du GOTT gar kühnlich sagen.
Er ist nicht fern: steht in der Mitten,
Hört bald und gern der Armen Bitten.
Gib dich zu frieden.

6. Laß dich dein Elend nicht bezwingen,
Halt an GOTT, so wirst du siegen:
Ob alle Fluten einher gingen,
Dennoch mußt du oben liegen.
Denn wann du wirst zu hoch beschweret,
Hat GOTT dein Fürst dich schon erhöret.
Gib dich zu frieden.

7. Was sorgst du für dein armes Leben,
Wie dus halten wollst und nähren?
Der dir das Leben hat gegeben,
Wird auch Unterhalt bescheren:
Er hat ein Hand voll aller Gaben,
Da See und Land sich muß von laben.
Gib dich zu frieden.

8. Der allen Vöglein in den Wäldern
Ihr bescheidnes Körnlein weiset,
Der Schaf und Rinder in den Feldern
Alle Tage tränkt und speiset:
Der wird ja auch dich ein'gen füllen
Und deinen Bauch zur Notdurft stillen.
Gib dich zu frieden.

9. Sprich nicht: Ich sehe keine Mittel,
Wo ich such, ist nichts zum besten!
Dann das ist Gottes Ehren-Titel:
Helfen, wann die Not am größten.
Wann ich und du ihn nicht mehr spüren,
Da schickt er zu, uns wohl zu führen.
Gib dich zu frieden.

10. Bleibt gleich die Hülf in etwas lange,
Wird sie dannoch endlich kommen:
Macht dir das Harren angst und bange,
Gläube mir, es ist dein Frommen.
Was langsam schleicht, faßt man gewisser,
Und was verzeucht, ist desto süsser.
Gib dich zu frieden.

11. Nimm nicht zu Herzen, was die Rotten
Deiner Feinde von dir dichten:
Laß sie nur immer weidlich spotten,
Gott wirds hören und recht richten.
Ist GOtt dein Freund und deiner Sachen,
Was kann dein Feind, der Mensch, groß machen?
Gib dich zu frieden.

12. Hat er doch selbst auch wohl das Seine,
Wann ers sehen könnt und wollte:
Wo ist ein Glück so klar und reine,
Dem nicht etwas fehlen sollte?
Wo ist ein Haus, das könnte sagen:
Ich weiß durchaus von keinen Plagen?
Gib dich zu frieden.

13. Es kann und mag nicht anders werden,
Alle Menschen müssen leiden.
Was webt und lebet auf der Erden,
Kann das Unglück nicht vermeiden.
Des Kreuzes Stab schlägt unsre Lenden
Bis in das Grab: Da wird sichs enden.
Gib dich zu frieden.

14. Es ist ein Ruhe-Tag verhanden,
Da uns unser GOTT wird lösen:
Er wird uns reißen aus den Banden
Dieses Leibs, und allem Bösen.
Es wird einmal der Tod herspringen
Und aus der Qual uns sämtlich bringen.
Gib dich zu frieden.

15. Er wird uns bringen zu den Scharen
Der Erwählten und Getreuen,
Die hier mit Frieden abgefahren,
Sich auch nun im Frieden freuen:
Da sie den Grund, der nicht kann brechen,
Den ewgen Mund selbst hören sprechen:
Gib dich zu frieden.

Druckvorlage

Paul Gerhardt (1607–1676) hat seine Texte anders als die meisten Liedautoren der Zeit nicht selbst veröffentlicht. Teils sind sie durch den Berliner Nicolai-Kantor Johann Crüger (1598–1662) in dessen Gesangbuch *Praxis pietatis melica*, das seit 1647 in stets erweiterten Auflagen herauskam, aufgenommen worden. Teils sind sie, zusammen mit den bis dahin schon gedruckten, in der Gesamtausgabe erschienen, die Crügers Nachfolger im Kantorat Johann Georg Ebeling (1637–1676) in den Jahren 1666/67 unter dem Titel *Pauli Gerhardi | Geistliche Andachten | Bestehend in hundert und zwantzig Liedern*[1] veranstaltete. Der Text von *Gib dich zufrieden und sei stille* ist erstmals in diesen *Geistlichen Andachten* erschienen. Der dortigen Fassung folgt unsere Edition. Rechtschreibung und Zeichensetzung wurden behutsam modernisiert.

Die Weise, die Johann Georg Ebeling für Paul Gerhardts Dichtung komponiert und zusammen mit ihr veröffentlicht hatte, blieb erfolglos. An ihrer Stelle setzte sich eine Melodie von Jakob Hintze (1622–1702) durch, erstmals veröffentlicht 1670 in *Neuvermehrete | Geistliche | Wasserquelle […] Zu Berlin/ | Gedruckt uñ verlegt von Christoff Runge.*[2] In den Gesangbüchern beginnt die abschließende Kurzzeile seit langer Zeit in Abweichung vom Original auf der Quint über dem Grundton. Unser Druck entspricht abgesehen von der Modernisierung der Notenschrift der ersten Quelle.

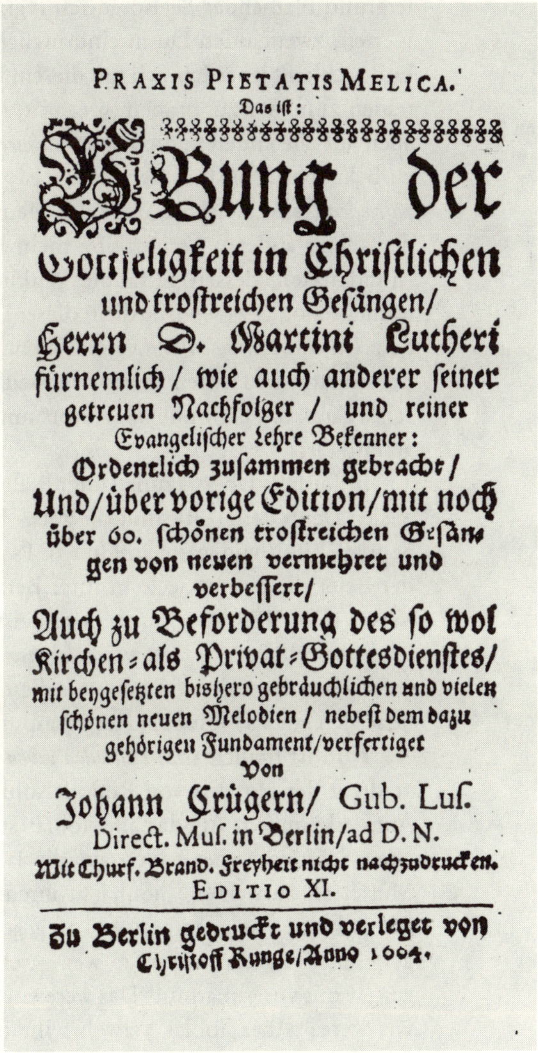

PRAXIS PIETATIS MELICA.
Das ist:
Ubung der Gottseligkeit in Christlichen und trostreichen Gesängen/
Herrn D. Martini Lutheri fürnemlich/ wie auch anderer seiner getreuen Nachfolger/ und reiner Evangelischer Lehre Bekenner:
Ordentlich zusammen gebracht/
Und/ über vorige Edition/ mit noch über 60. schönen trostreichen Gesängen von neuen vermehret und verbessert/
Auch zu Beforderung des so wol Kirchen- als Privat-Gottesdienstes/ mit beygesetzten bishero gebräuchlichen und vielen schönen neuen Melodien/ nebest dem dazu gehörigen Fundament/ verfertiget
Von
Johann Crügern/ Gub. Lus. Direct. Mus. in Berlin/ ad D. N.
Mit Churf. Brand. Freyheit nicht nachzudrucken.
EDITIO XI.
Zu Berlin gedruckt und verleget von Christoff Runge/ Anno 1664.

Eine der zahlreichen Ausgaben von Johann Crügers *Praxis Pietatis Melica.

Seelsorge im Lied: biblisch angeregt…

Mit dem Doppelsatz *Gib dich zufrieden und sei stille in dem Gotte deines Lebens* beginnt das Lied, mit seinem Anfang *Gib dich zufrieden* endet jede Einzelstrophe und so auch das ganze Gedicht. In Ebelings Druck wird der Strophenschluß fünfzehnmal typographisch hervorgehoben. Er ist das Thema und zugleich die bündige Zusammenfassung all dessen, was ein fast ganz im Hintergrund bleibendes Seelsorge-Ich (vgl. 9,5; 10,4) einem besorgten, bekümmerten, zweifelnden Du in eindringlicher Rede vorhält und anträgt. Gegen Ende schließt jenes Ich sich mit diesem Du in einem beide verbindenden Vertrauen zum Wir zusammen (9,6; 13,5; 14;2f.6; 15,1), um schließlich im Blick auch auf alle anderen, die zu den *Scharen der Erwählten und Getreuen* gehören, zu bekennen: Einst werden sie *den ewgen Mund selbst hören sprechen: Gib dich zufrieden* (15,6f.). An die Stelle des Menschenwortes der Seelsorge wird dann das keiner anderen Vermittlung mehr bedürftige Wort aus Gottes eigenem Mund treten, dessen geglaubte Wirklichkeit die Hoffnung aller Seelsorge immer schon gewesen ist. Allein dieser Duktus läßt es schon geraten sein, den Satz *Gib dich zufrieden und sei stille* nicht nur als allgemeine Sentenz einer auf Beruhigung bedachten Lebensweisheit aufzufassen, sondern als ein biblisches Zitat, das im Sinne des Autors mit besonderer geistlicher Autorität ausgestattet ist.

In Luthers Übersetzung lautet Psalm 116,7: «*Sey nu wider zu frieden* meine Seele/ Denn der HERR thut dir guts.» Und in Psalm 37,7 heißt es: «*Sey stille* dem HERRN/ vnd warte auff jn.» In Psalm 42 schließlich, in dessen Kehrvers der Beter die eigene Seele in ihrer Betrübnis und Unruhe anspricht, lautet Vers 9: «Der HERR hat des tages verheissen seine Güte/ Vnd des nachts singe ich jm/ und bette zu *Gott meines lebens.*» Eine Kombination aus den im Liedanfang anklingenden Fragmenten dieser drei Verse (im Zitat kursiv gesetzt) ließe sich gut als biblischer Ausgangspunkt unserer Dichtung vorstellen.

Nun ist freilich *«sich zufrieden geben»* stärker als *«zufrieden sein»*. Insofern verdient der Hinweis von Rudolf Köhler auf Tobias 5,29b[3] doch besondere Aufmerksamkeit. Als der alte Tobias seinen Sohn um der Einlösung eines alten Schuldscheines willen auf die lange Reise geschickt hat, fängt seine Mutter an zu weinen. Sie macht ihrem Mann Vorwürfe. «Den trost vnsers Alters hastu vns genomen vnd weg geschickt/ Jch wolt/ das das Geld nie gewesen were/ darumb du jn weg geschickt hast. Wir weren wol zu frieden gewest mit vnserm armut/ Das were ein gros Reichthumb/ das vnser Son bey vns were.» Aber Tobias verwehrt ihr die Tränen. Er ist voller Zuversicht. «Denn ich gleube/ das der gute Engel Gottes jn geleite/ vnd alles wol schicken wird/ das er furhat/ Also/ das er mit freuden wird wider zu vns komen.» Darauf der Schluß der Szene (V. 29b): *«Also schweige seine mutter stille/ vnd gab sich zu frieden»*. Von dieser Stelle her fällt jedenfalls Licht auf die Zweigliedrigkeit der Sentenz, mit der das Lied in 1,1 beginnt: *Gib dich zufrieden und sei stille.*

Die Bestimmung *in dem Gotte deines Lebens* (1,2; vgl. Ps 42,9) wäre dann ein Überschuß, in dem sich die theologische Deutung konzentriert. Im übrigen leuchtet von der zitierten Tobiasszene her auch der seelsorgerlich-dialogische Gestus der Dichtung ein.

… metrisch gestützt

Unter den Liedern Paul Gerhardts gibt es einige, deren strophisches Metrum er nicht schon in anderen Beispielen vorgefunden, sondern selbst erfunden hat. Zu ihnen gehört auch *Gib dich zufrieden.* Nun kommt man freilich gerade der ersten Strophe mit einem gesetzlich angewandten Schema der Folge von Hebungen und Senkungen nicht bei. Zu stark ist der Nachdruck, der gleich auf dem eröffnenden *Gib* liegt. Aber beim Durchgang durch das ganze Lied zeigt sich hinreichend deutlich, welche Regel sich der Dichter auferlegt hat und daß er ihr durchweg treu geblieben ist. Machen wir sie uns am Beispiel von Strophe 13 klar.

Vier Verse bilden den zweistolligen Aufgesang, drei Verse den Abgesang. Die Verse sind vierhebig – bis auf den letzten, der mit nur zwei Hebungen das ganze Gewicht der summierenden Schlußaussage übernimmt. Alle Verse enden weiblich, mit einer unbetonten Silbe. Sie sind zweimal durch Kreuzreim und einmal durch Paarreim gebunden. Nur der letzte Vers ist eine ‹Waise›, er endet reimlos. Aber das alles macht noch nicht die Besonderheit dieses Strophenmusters aus. Die liegt vielmehr erstens im Wechsel von auftaktigem und volltaktigem Beginn bei den Versen 1–4:

xx́ xx́ xx́ xx́ x	Es kann und mag nicht anders werden:	auftaktig
x́x x́x x́x x́x	alle Menschen müssen leiden;	volltaktig
xx́ xx́ xx́ xx́	was webt und lebet auf der Erden,	auftaktig
x́x x́x x́x x́x	kann das Unglück nicht vermeiden.	volltaktig

Nach antikisierender Terminologie wechseln also im Aufgesang je zweimal jambisches und trochäisches Versmaß. Das ist für das geistliche Lied ein ganz ungewöhnliches Verfahren. Die Besonderheit liegt sodann zweitens in einem zusätzlichen Reim innerhalb der Verse 5 und 6, durch den sie in vier Kurzverse geteilt werden:

Des Kreuzes Stab / schlägt unsre Lenden
bis in das Grab, / da wird sich's enden.[4]

Der Kreuzreim setzt sich also genau besehen auch in den (Doppel-)Versen 5 und 6 durch. Somit ist die Strophe zwar der metrischen Gesamtstruktur nach siebenzeilig, aber den Reimen nach neunzeilig. Allerdings: Die metrische Struktur ließe sich im Bereich des Aufgesangs auch noch anders auffassen: Wenn man nämlich die Verse 1 (jambisch) und 2 (trochäisch) wie entsprechend die Verse 3 (jambisch) und 4 (trochäisch) jeweils zusammenfügt, gewinnt man daraus zwei jambische Langverse mit acht Hebungen (die unbetonten Endsilben von 1 und 3 ändern ihre metrische Funktion im Sinne eines durchgängig verwendeten Jambus). Das Ergebnis neun Reimzeilen, sieben Druckzeilen, aber nur fünf Verszeilen. Daß eine solche Neuformierung der Strophe nicht ganz sinnlos ist, mag das folgende Schema belegen:

xx́ xx́ xx́ xx́ x | x́x x́x x́x x́x	acht Hebungen
xx́ xx́ xx́ xx́ x | x́x x́x x́x x́x	acht Hebungen
xx́ xx́ | xx́ xx́ x	vier Hebungen
xx́ xx́ | xx́ xx́ x	vier Hebungen
xx́ xx́ x	zwei Hebungen

Der lange Atem am Beginn, dazu in der Folge die regelhafte Verminderung der Hebungen um je die Hälfte von acht auf vier auf zwei bei Erhalt sämtlicher weiblicher Endungen, geben der Strophe beides: eine strömende Ruhe und einen sich steigernden Nachdruck zum Schluß hin.

... rhetorisch entfaltet

Nach welchen Gesichtspunkten führt Paul Gerhardt das Thema durch, das er in Anspielung auf eine Bibelstelle gewählt hat? Wie kommt der Dichter zu seinem Fünfzehn-Strophen-Text? Bei einer Barockdichtung, zumal bei einem barocken geistlichen Lied, verbietet sich die Annahme, der entscheidende Faktor sei hier die freie Inspiration gewesen. Die inhaltliche Entfaltung folgt jeweiligen Vorgaben. Das mindert nicht die poetische Kunst, vielmehr bewährt sie sich gerade im freien Umgang mit Vorgegebenem. Bei *Gib dich zufrieden* bleiben einige Möglichkeiten, die man bei anderen Liedern Paul Gerhardts und seiner Zeitgenossen häufig antrifft, außer Betracht. Weder handelt es sich um die strophische Paraphrase eines biblischen Psalms (wie bei *Du meine Seele, singe*) noch um die deutsche Fassung eines spätlateinischen Gesangs (wie bei *O Haupt voll Blut und Wunden*), noch um ein Akrostichon (wie bei *Befiehl du deine Wege*). Fülle und Ordnung erhält das Lied auf andere Weise.

Zunächst mag man sich damit begnügen, daß die Strophen jedenfalls einem deutlichen Gedankengang dienen. Sie scheinen paarweise zusammenzugehören. Str. 1 und 2: *Er ist (Quell, Sonne, voll Lichtes...).* Str. 3 und 4: *Er sieht (kennt, zählt, weiß).* Str. 5 und 6: *Er hört (erhört).* Str. 7 und 8: *Er hilft* bei Nahrungssorgen. Str. 9 und 10: Seine Hilfe stellt sich auch in aussichtloser Lage und nach anfechtender Verzögerung ein. Str. 11 und 12: Den Feinden geht es nur dem Augenschein nach besser. Str. 13 und 14: Überhaupt müssen alle Menschen leiden, aber der Tod bringt Ruhe von Bosheit und Qual. Str. 15 führt den Gedanken mit der Verheißung des Friedens in Gottes ewiger Gegenwart zu Ende und verknüpft den Schluß des Liedes mit seinem Anfang in Str. 1.

Aber nun geht es ja nicht um einen schlüssigen Gedankengang überhaupt, sondern um eine gewinnende, überführende, hilfreiche Argumentation. Sie soll Zustimmung finden und so ins Leben eingreifen können. Angesichts dieser Aufgabe sucht die geistliche Lieddichtung der Zeit Anhalt bei Rhetorik und Dogmatik. Betrachten wir Aufbau und Gedankenfolge zunächst unter der Frage nach dem Anteil von damals geläufigen rhetorischen Mustern. Dogmatische Orientierungen kommen auch schon hier in den Blick. Sie sind aber anschließend noch besonders zu bedenken.

Dem durch Sorge und Unglück angefochtenen Leser wird mit dem ersten Satz (*exordium*) vorgehalten und mit dem letzten (*conclusio*) steigernd bekräftigt: Du hast es mit dem Gott deines Lebens zu tun, und also darfst du dich in ihm zufriedengeben. Dazwischen hat die lange *argumentatio* ihren Ort.[5] Für die jeweils zu wählenden Argumente gibt es Suchplätze (*loci*). Deren Benennung und Anordnung differiert. An solchen Suchplätzen ist der Hauptgedanke gleichsam fragend vorbeizuführen. Ein Autor darf erwarten, daß er hier auch im Blick auf sein höchst spezielles Vorhaben fündig wird (*inventio*). Ein weit verbreitetes Suchraster unterschied, was zur Person und was zur Sache gehört, wobei die Sachargumente einem noch weiter zu entfaltenden Fächer möglicher Umstände entstammen. So kommt es zu den sieben Suchplätzen (*septem loci*), zu erreichen auf dem Fragepfad: *Wer, was, warum, wo, wann, auf welche Weise, durch welche Hilfsmittel?*[6] Für die Poetik des 17. Jahrhunderts kann auch auf Georg Philipp Harsdörffers *Poetischen Trichter* verwiesen werden. Er lehrte, sich für die Erfindung im Dienste der inhaltlichen Ausarbeitung des Gedichtes an vier Orte zu halten: Man könne dabei vom *Wort* ausgehen (Etymologie) oder von dem *Dinge selbst* (Definition) oder von seinen *Umständen* (Zeit, Ort) oder von *Ähnlichkeit und Vergleich*.[7]

In Paul Gerhardts Lied sieht man, daß ihm zunächst alles an der Wer-Frage liegt. In den Strophen 1 und 2 singt er davon, wer Gott *ist*. Die Was-Frage führt zu bündigen, mit dem Personalpronomen eröffneten Aussagen über das, was Gott gegenwärtig *tut*. Sie sind über die Strophen 3 bis 5 verstreut: *Er sieht, Er zählt, Er weiß, Er hört*. Damit verknüpft sind schon hier Antworten auf das Wann (4,3.6; 5,6) und Wo (5,5). Aber was im rhetorischen Schema formalisierte Fragevorgänge, generalisierte Fragehinsichten sind, wird im Seelsorgelied als Existenzfrage vernommen und auf innere Befriedung hin beantwortet. Wann endlich? *Er weiß dein Leid und heimlich Grämen, / auch weiß er Zeit, dir's abzunehmen*. Wo denn nur? *Er ist nicht fern, steht in der Mitten, / hört bald und gern der Armen Bitten*. Überdeutlich ist das Verfahren in den folgenden Strophen. Das Wie (*quemadmodum*) wird dem Du eigens in den Mund gelegt: *Was sorgst du für dein armes Leben, / wie du's halten wollst und nähren?* Die Antwort füllt die Strophen 7 und 8, und das nicht, ohne durch einen Vergleich (*comparatio*) mit der nichtmenschlichen Schöpfung anschaulich und kräftig zu werden. So auch in Strophe 9. Das rhetorische Such-Schema gibt die Fragehinsicht ‹Hilfsmittel› (*quibus adminiculis*) vor. Der Dichter: *Sprich nicht: ‹Ich sehe keine Mittel,/ wo ich such, ist nichts zum besten.›* Denn er hat die Suche selbst übernommen und gibt nun weiter, von welcher Einsicht und Erfahrung beide gemeinsam leben können. Die Strophe 10 thematisiert noch einmal das quälende Wann. Jetzt müssen Erfahrungsweisheiten und Sprichwörter her, um der Verzögerung der Hilfe einen Sinn zuzuschreiben: *Was langsam schleicht, faßt man gewisser,/ und was verzeucht, ist desto süßer.* In den Strophen 11 bis 13 werden Ähnlichkeiten (*similia*) vorgeführt, die der angefochtene, ganz durch das eigene Schicksal gefangene Mensch zu seinem Schaden leicht übersehen könnte: Selbst die Feinde, die ihre Augen vor dem gerechten Gericht Gottes verschließen, ja alle Menschen sind weit davon entfernt, reines Glück zu genießen. Den Ruhetag für alle – so Strophe 14 – bringt in Gottes Dienst erst der Tod. Wieder ist damit die Wann-Frage aufgenommen. Allerdings fordern Bekenntnis und Glaubenstradition eine Antwort, die über die Grabesruhe für alle hinausgeht. Abschließend ist also von Gottes Ziel für die Erwählten und Getreuen zu reden. Die Auszeichnung von Strophe 15 durch die Gottesstimme selbst ist schon erwähnt worden. Unter rhetorischem Gesichtspunkt bleibt noch anzumerken, daß der Dichter erst jetzt, nun aber nachdrücklich, das *etymologische* Argument einsetzt. Sich zufrieden geben heißt: auf sich selbst einwirken, um Frieden gelten zu lassen; sich dem Frieden nicht vorenthalten, sondern sich ihm willentlich öffnen. Friede im theologisch qualifizierten Sinn lebt in der Freude am Heil und überbrückt den Abgrund zwischen Hier und Dort. So darf man es von den *Getreuen* glauben, *die hier im Frieden abgefahren,/ sich auch nun im Frieden freuen* – dort, wo sie Gottes eigenen Mund sprechen hören.

… dogmatisch begründet

Loci (Topoi) waren in der Rhetorik Suchorte, nützlich für die Auffindung von Gedanken. In der Dogmatik hießen loci die klassischen Lehrkomplexe, ausgearbeitet zur Klärung von Glaube und Bekenntnis. In seinem Liederwerk unterhält Paul Gerhardt einen ganz selbstverständlichen Kontakt zur Redewissenschaft seiner Zeit und zur Glaubenswissenschaft seines (lutherischen) Bekenntnisses. Mit jener geht er um, in dieser gründet er. Rhetorik ist nicht schon Poesie und Dogmatik nicht schon Frömmigkeit. Aber in seinen Liedern verschmelzen Poesie und Frömmigkeit, und sie verleugnen nicht die gelehrten Instanzen, die sie auf dem Weg zueinander passiert haben.

Das Lied *Gib dich zufrieden und sei stille* haftet vorrangig an der Lehre von der Vorsehung (De providentia). Man vergleiche dazu die Stellung der Strophen 3 und 4. Im dogmatischen System der sog. altprotestantischen Orthodoxie folgt die Lehre von der Vorsehung der Lehre von Gott und der Lehre von der Schöpfung. In diesem Lehrstück wurde unter Aufbietung scharfsinniger

Distinktionen dreierlei zusammengehalten und miteinander zur Geltung gebracht: (1) die Allwirksamkeit des (zugleich freien und guten) Willens Gottes, (2) die geschöpfliche Freiheit des (nur im Blick auf seine Heilsbedürftigkeit unfreien) Menschen, (3) der Lauf der (in der Schöpfung mit eigenen Gesetzen ausgestatteten) natürlichen Welt. Wie läßt sich verstehen, daß Gott alles nach seinem Heilswillen wirkt, daß der Mensch gleichwohl Subjekt seines eigenen geschichtlichen Weges ist und daß die Naturgesetze weder das eine noch das andere in Frage stellen können? Oder seelsorgerlich gefragt: Wie läßt sich der Satz des Paulus verstehen: «Wir wissen aber, daß denen, die Gott lieben, alle Dinge zum Besten dienen, denen, die nach dem Vorsatz berufen sind»?[8]

Die Entsprechungen zwischen Lied und Lehre im einzelnen aufzuweisen gehört nicht zu dieser Darstellung. Aber wenigstens auf einen Zusammenhang sei hingewiesen. Seit langer Zeit steht in den evangelischen Gesangbüchern am Schluß von Str. 9: *Wenn ich und du ihn nicht mehr spüren,/ tritt er herzu, uns wohl zu führen.* Im Original heißt es dagegen: *Da schickt er zu uns wol zu führen.* In «zuschicken» steckt hier die ältere Wortbedeutung von «schicken», nämlich: ordnen, einrichten, fügen, bewirken.[9] So hieß es ja auch in Luthers Übersetzung der Tobiasstelle: «Denn ich gleube/ das der gute Engel Gottes jn geleite/ vnd alles *wol schicken* wird/ das er furhat» (Tob 5,29). Die Textänderung ist der Sprache nach verständlicher, der Sache nach erbaulicher: Gott selbst tritt herzu, um uns zu führen. Aber damit ist eine Lehraussage retuschiert, die Gottes Führung nicht durch sein übernatürliches Eingreifen sicherzustellen brauchte, sondern in seinem Zusammenwirken (concursus) mit allen natürlichen Ursachen und menschlichen Veranlassungen verstanden sehen wollte. Schicksal wäre dann Fügung Gottes in jener älteren Bedeutung von «schicken». In diesem Sinne hat man das *fatum Christianum* vom *fatum Stoicum* und vom *fatum astrologicum* scharf unterschieden.[10] So verstanden ist es also auch kein Gegensatz, wenn der Dichter das *Gib dich zufrieden und sei stille* am Anfang von Strophe 6 mit dem energischen Aufruf weiterführt: *Laß dich dein Elend nicht bezwingen,/ halt an Gott, so wirst du siegen.*

Weise

Jakob Hintze hatte bei seiner Komposition gewiß noch nicht den damaligen offiziellen Gottesdienst im Blick. Am besten denkt man an die häusliche Andacht und an eine Solostimme, begleitet durch ein Tasteninstrument, das das harmonische Fundament übernimmt. In der ersten Quelle ist die Melodie mit beziffertem Baß veröffentlicht. In dieser Melodie erhält jede Textsilbe einen Ton. Die einzige Ausnahme ist die angebundene Durchgangsachtel in der zweiten bzw. vierten Zeile.

Wie bildet die Weise den Grundzug des Gedichtes ab?[11] Auf der Oktave über dem Grundton einsetzend, steigt sie in der ersten (und bei der Wiederholung in der dritten) Zeile schrittweise eine Septime hinab, wodurch bewirkt wird, daß sie den Grundton soeben nicht erreicht: Von der vorletzten Stufe aus kehrt sie mit der zweiten bzw. vierten Zeile wieder um und moduliert zur Dominanttonart, wo sie vorläufig zur Ruhe kommt. Von dort aus gipfelt sie sich im Abgesang bis zur Dezime über dem Grundton auf, und nun beginnt der diesmal noch längere Abstieg. Es gibt dabei Aufenthalte und Neuansätze, bis mit dem abschließenden *Gib dich zufrieden* endlich der Grundton erreicht wird. Um es etwas zu programmatisch auszudrücken: Erst mit den letzten Schritten realisiert die Weise den Frieden, für den sie von Anfang an bestimmt war. Damit ahmt sie aber hervorragend den Grundzug der Strophe nach, der sie dient. Sie hat einen weiten Weg hinter sich. Am Grundton angelangt, vermittelt sie nur noch Gelöstheit und Ruhe.

Zum Ende hin ist die Melodie aber auch in harmonischer Hinsicht entsprechend ausgezeichnet. Denn ihre vorletzte Zeile ist die einzige, die aus dem Moll ins Dur wechselt. Das paßt ausgezeichnet zum Text *Scheint täglich hell zu deiner Wonne* und wird auch den Worten der folgenden Strophen voll gerecht.

Wirkung

Paul Gerhardt, Johann Crüger und Jakob Hintze waren nicht durch Geburt, aber durch ihr berufliches und künstlerisches Werk in langen Lebensabschnitten eng mit Berlin verbunden. Auch Johann Georg Ebeling verbrachte einige wichtige Jahre dort. Der Verleger Christoph Runge, der Paul Gerhardts Lieder 1666/67 als *Geistliche Andachten* verlegte und 1670 – rubriziert nach Art eines selbständigen Gesangbuchs – als letzten Teil in die *Neuvermehrete Geistliche Wasserquelle* aufnahm, gehört ohnehin nach Berlin. So ist *Gib dich zufrieden und sei stille* ein Berlinisches Lied – nicht das berühmteste, aber gewiß eines der schönsten, die dort je entstanden und zum Druck gebracht worden sind.

In der Zeit der Spätaufklärung, zum Beispiel im **Berliner Gesangbuch* von 1780, fehlt das Lied häufig und erscheint auch in der Folgezeit, wenn überhaupt, meistens gekürzt oder bearbeitet. Diese Eingriffe wurden inzwischen fast alle wieder zurückgenommen. Im *EKG und im *EG ist die einzige nennenswerte Abweichung vom Erstdruck in Vers 8,7 zu finden, wo das etwas drastische *und deinen Bauch zur Notdurft stillen* zu *und dein Begehr und Notdurft stillen* abgemildert ist. Alle evangelischen Einheitsgesangbücher seit 1915 bieten das Lied mit sämtlichen Strophen. Die katholischen Gesangbücher kennen es dagegen überhaupt nicht.

Wie hoch Gerhardts Text geschätzt wurde, läßt sich abgesehen von der kontinuierlichen Überlieferung in den evangelischen Gesangbüchern gut daran ablesen, daß auch nach der Melodie von Hintze immer wieder neue Vertonungen auftauchten.[12] Zur berühmtesten unter ihnen wurde die aus Johann Sebastian Bachs *Klavierbüchlein für Anna Magdalena* (1725). Dennoch ist das Lied heute selbst unter solchen Menschen, die noch mit dem Gesangbuch umgehen, kaum mehr bekannt. Und wo es neu präsentiert wird, hat es mit befremdetem Widerspruch zu rechnen. Allzu nahe liegt das Mißverständnis, hier werde zur widerstandslosen Ergebung in jedes Verhängnis aufgefordert. Um so schwerer wiegt ein Zeugnis aus Leben und Werk Dietrich Bonhoeffers. 1936 noch hatte er in einem polemischen Vortrag die Distanz der Gerhardtlieder zu den Lutherliedern hervorgehoben: «Luther sang von Anfechtung und Kampf – Paul Gerhardt singt ‹Gib dich zufrieden und sei stille›».[13] Aber in seinen Briefen aus der Haft (1943–1945) spielen Luthers Lieder keine Rolle, dagegen in hervorgehobenster Weise die Lieder von Paul Gerhardt.[14] Es kommt eben darauf an, wie die persönliche Lage am Verständnis eines Liedes mitwirkt, wann das Lied seine Zeit, wo es seinen Ort hat. Einem Brief nach dem gescheiterten Attentat auf Hitler legte Bonhoeffer das Vermächtnisgedicht *Stationen auf dem Wege zur Freiheit* bei. «Zucht», «Tat», «Leiden», «Tod» sind die vier Strophen überschrieben. Die Strophe zwischen «Tat» und «Tod» lautet:

> Wunderbare Verwandlung. Die starken, tätigen Hände
> sind dir gebunden. Ohnmächtig, einsam siehst du das Ende
> deiner Tat. Doch atmest du auf und legst das Rechte
> *still* und getrost in stärkere Hand und *gibst dich zufrieden.*
> Nur einen Augenblick berührtest du selig die Freiheit,
> dann übergabst du sie Gott, damit er sie herrlich vollende.[15]

J. H.

Lobe den Herren, den mächtigen König der Ehren

Edition

Der Lobende

Ps. 103,1.
Lobe den Herren,
meine Seele, und
was in mir ist seinen
heiligen Namen.

1. Lobe den Herren, den mächtigen König der Ehren,
meine geliebete Seele, das ist mein Begehren.
Kommet zuhauf,
Psalter und Harfe, wacht auf,
lasset die Musicam hören!

2. Lobe den Herren, der alles so herrlich regieret,
der dich auf Adelers Fittichen sicher geführet,
der dich erhält,
wie es dir immer gefällt;
hast du nicht dieses verspüret?

3. Lobe den Herren, der künstlich und fein dich bereitet,
der dir Gesundheit verliehen, dich freundlich geleitet.
In wieviel Not
hat nicht der gnädige Gott
über dir Flügel gebreitet!

4. Lobe den Herren, der deinen Stand sichtbar gesegnet,
der aus dem Himmel mit Strömen der Liebe geregnet.
Denke daran,
was der Allmächtige kann,
der dir mit Liebe begegnet.

5. Lobe den Herren, was in mir ist, lobe den Namen.
Alles, was Othem hat, lobe mit Abrahams Samen.
Er ist dein Licht,
Seele, vergiß es ja nicht.
Lobende, schließe mit Amen.

Spätere Melodie

Druckvorlage

Erste Quelle des Liedes ist *[...] Joachimi Neandri Glaub = und Liebesübung: Auffgemuntert durch Einfältige Bundes = Lieder und Danck = Psalmen [...]*, gedruckt in Bremen 1680. Wir folgen der von Oskar Gottlieb Blarr veranstalteten ‹historisch-praktischen› Neuausgabe dieses Buches.[1] Blarr hat das in der Stadtbibliothek der Freien Hansestadt Bremen erhaltene Exemplar mit Melodien und beziffertem Generalbaß zugrunde gelegt.

Im Unterschied zu *EG 317 lautet Neanders Text in 1,5 *lasset die Musicam hören* (nicht: den Lobgesang) und in 2,4 *wie es dir immer gefällt* (nicht: dir selber). Das Original ist fast unverletzt geblieben. Dagegen weicht die in *EG 316 und *GL 258 gebotene ö-Version des Liedes viel stärker vom Urtext ab.

Für die Melodie verweist Neander auf das 20 Jahre zuvor erschienene Lied *Hastu denn, Jesu, dein Angesicht gäntzlich verborgen* von Ahasverus Fritsch (s. *Fischer/Tümpel V, Nr. 569). Das dort verwendete Strophenmuster mit den auf der ersten Silbe zu betonenden dreigliedrigen Versfüßen (Daktylen) und mit den unterschiedlichen Verslängen (14, 14, 4, 7, 8 Silben) hat Neander korrekt übernommen. Die ursprünglich wohl weltliche Melodie für diese metrische Gestaltung lief im 17. Jahrhundert in mehreren Versionen um.[2] Neanders Fassung von 1680, eigentümlich u. a. wegen der echoartigen Wiederholung der letzten beiden Takte, ist heute in Nachdrucken bei *Zahn (Nr. 1912 c) und Blarr zugänglich, außerdem als Faksimile bei Ackermann.[3] Dieser Fassung schließen wir uns an, einschließlich einer von Zahn und Blarr stillschweigend vorgenommenen Korrektur (das f als drittletzter Ton vor dem Wiederholungszeichen im Originaldruck ist offenkundig falsch, die Generalbaßbezifferung spricht für a) und eines von Blarr hinzugefügten weiteren Fermatezeichens über der Schlußnote. – Die heute verbreitete Fassung der Melodie haben wir ebenfalls aufgenommen und dabei *EG 316 zugrunde gelegt.

Stimme der Felsentaube

Joachim Neanders Name steht in unglaublich vielen Gesangbuchausgaben. Fast ist es gleich, welches Gesangbuch aus welcher Kirche und Sprache der Weltchristenheit man aufschlägt – er ist darin verzeichnet. Und wenn es nicht mehrere Lieder sind, die diesen Namen tragen, so ist es doch eines: *Lobe den Herren, den mächtigen König der Ehren.* Eine neue Liste führt den Liedanfang in 31 Sprachen auf[4] – und ist doch noch unvollständig. Der gedruckten Verbreitung über die Welt hin entspricht in unserem eigenen Lande die Präsenz des Liedes im öffentlichen und privaten Christentum. Kein anderes geistliches Lied, das bei Jubiläen, Geburtstagen und Familienfeiern, bei Taufen, Konfirmationen und Trauungen noch mit so vielen Mitsingenden rechnen kann wie dieses! Erinnerungsreste von Text und Melodie überdauern auch im längst entkirchlichten Bewußtsein. Warum das so ist, müßte begründet werden können. Mit der Aufgabe, die bisherige Wirkung zu erklären, verbindet sich die andere, neues Begegnen zu vermitteln. Biographische Notizen sind in beiden Hinsichten nützlich.

Joachim Neander wurde 1650 in Bremen geboren und ist ebendort 1680 gestorben. Im Todesjahr erschien das erste und einzige Buch des Dreißigjährigen, die Bundeslieder und Dankpsalmen. Durch eine Predigt des reformierten (calvinistischen) Frühpietisten Theodor Undereyk, der auch in enger Beziehung zu Theologen und Erbauungsschriftstellern in den Niederlanden stand, war der Theologiestudent gegen Ende seiner Bremer Ausbildung bekehrt worden. Er ging als Erzieher nach Heidelberg, traf in Frankfurt den Inspirator des lutherischen Pietismus Philipp Jakob Spener und wurde in der reformierten Gemeinde zu Düsseldorf Rektor der dortigen Lateinschule. Nach mehrjährigem Wirken in der Stadt am Niederrhein und einem heftigen Konflikt, in dessen Ergebnis er seine Neigung zum separatistischen Konventikelwesen zu widerrufen hatte, kehrte er 1679 in seine Vaterstadt zurück, um an St. Martini eine ärmliche Hilfspredigerstelle zu übernehmen und kurz darauf zu sterben.

[...] ein gebohrner und wiedergebohrner Musicus, so nennt ihn sein Freund und Biograph Johann Heinrich Reitz.[5] Wie Georg Neumark[6] war der junge Neander nicht nur Dichter, er war auch Sänger, der eigene Melodien erfand, fremde bearbeitete und alle mit Generalbaß notierte, dazu war er Lehrer, Seelsorger und Prediger. Neanders Stimme hat über seine Zeit und seinen reformierten Umkreis hinaus dazu beigetragen, Erlösungsgewißheit und Schöpfungslob, Gemeinschaft der Seelen und Liebe zur Natur, Frömmigkeit und Kunst beieinanderzuhalten.

Das Neandertal vor der Zerstörung, nach einem Ölgemälde des Niederländers Barend Cornelis Koekoek

Natur – hier ist vor allem von einem Tal zu sprechen. Neanders Name gehört nicht mehr zum Bildungsgut. Aber das Tal, das nach ihm heißt, ist zur wissenschaftsgeschichtlichen Lokalität geworden. Östlich von Düsseldorf gab es zu seinen Lebzeiten noch «das Gesteins», ein wild zerklüftetes, ein echoreiches Kalkfelsenareal, zwischen dessen steil abfallenden Wänden die Düssel floß.[7]

Postkarte mit Neander-Bildnis aus der Zeit des Kalksteinabbaus im Neandertal

Hier hat sich Neander oft aufgehalten, im Vorspruch zu einem Reiselied erwähnt er ausdrücklich das «Gesteins nicht weit von Düsseldorf». Hier hat er aber wohl auch bei verborgenen Zusammenkünften der Erweckten mitgewirkt. Denn erst lange nach seinem Tod und nach dem Abflauen der dogmatischen wie politischen Intoleranz gegen die sich absondernden Frommen tauchten aus der geheimen mündlichen Überlieferung neue Bezeichnungen für hervorgehobene Örtlichkeiten im Gesteins auf: «Neanders Stuhl» und «Neanders Höhle». Von der Mitte des 19. Jahrhunderts an zerstörte die Kalkindustrie die Felsen. Aus der schmalen Düsselklamm wurde ein Tal, aus dem Gesteins das «Neanderthal», und als es 1856 beim Kalkabbau zu jenem berühmten prähistorischen Höhlenfund gekommen war, gaben die Wissenschaftler dem aus seinem Schädelfragment zu erschließenden Menschentyp den neuen Ortsnamen mit: Man hatte den «Neanderthaler» entdeckt.

Auf dem Titelblatt der Bundeslieder und Dankpsalmen steht: *Zu lesen und zu singen auff Reisen / zu Hauß oder bei Christen = Ergetzungen im Grünen / durch ein geheiligtes Hertzens = Halleluja!* Der offizielle Gottesdienstraum hat andere Lieder, die kanonischen Psalmbereimungen aus Genf in der deutschen Fassung von Ambrosius Lobwasser.[8] Die neuen Lieder sind dort nicht angebracht, wären auch nicht zugelassen worden. Sie sollen dennoch erklingen, in den Häusern oder «im Grünen». Unter dieser Ortsanweisung ein Motto aus dem Hohenlied Salomos (2,14): «Meine Taube/ in den Felslöchern/ in dem Verborgenen der Steinritzen/ laß mich hören deine Stimme». Nach mystischer Auslegungstradition spricht der himmlische Bräutigam so zu seiner Braut, nämlich der Seele oder der erwählten Gemeinde.[9] Neander hat den Bibelvers gegenüber der Lutherübersetzung leicht verändert: «Zeige mir deine Gestalt» ist ausgelassen, es kommt nur auf die Stimme an. Hinzugefügt hat er dagegen mit der holländischen Bibelversion, vielleicht auch aufgrund eigener Übersetzung aus dem Hebräischen, daß die Taube sich aus ihrem Versteck hören läßt, aus «dem Verborgenen» der Steinritzen.[10] Dadurch (und durch das Komma nach «Taube») tritt als Ort des geistlichen Gesanges gerade die Schutz gewährende Felsenwildnis hervor. Von ihrem Bräutigam gelockt, beginnt die in Klüften verborgene Seele zu singen.

Lobe den Herren, den mächtigen König der Ehren ist einer der *Danck=Psalmen.* So gehört er nicht eigentlich zu Neanders Naturliedern, zu den *Christen= Ergetzungen* im *«Grünen»*, auch nicht zu seinen Gesängen von der persönlichen Erlösung durch Jesus, zu den *Bundes-Liedern* im engeren Sinne. Aber wie diese beiden lebt das Lied aus einem Geist, der über die damaligen kirchenamtlichen Eingrenzungen hinausdrängte. Wohin? Die Geschichte seiner Wirkung sollte es zeigen.

Psalmentradition – geöffnet und neu belebt

Das ganze Lied ist Aufforderung an die eigene Seele, ihren Gott zu loben. Darin bildet es Ps 103,1 ab, den Bibelvers, der den Strophen vorangestellt ist. Aber die Selbstanrede des Psalmsängers erfährt eine Steigerung. Sie wird im Liede andringend, drängend, unabweisbar dringlich: *das ist mein Begehren.* Zugleich bekommt die Seele zu hören, wie es um sie steht: Sie wird geliebt! So soll sie den Gott loben, dessen Liebe sie ist (vgl. 4,2.5):

> Lobe den Herren, den mächtigen König der Ehren,
> meine geliebete Seele, das ist mein Begehren.

Neander nimmt in Kauf, daß die zweite Zeile der Eingangsstrophe wie ein etwas unbeholfener Nachtrag wirkt. Man hat sie oft bessern wollen, damit der Liedeingang verständlicher wird, auch eleganter. Wenn die heutige ö-Fassung lautet: *Lobe den Herren, den mächtigen König der Ehren,/ lob ihn, o Seele, vereint mit den himmlischen Chören,* so nimmt sie nur auf, was schon im *Mylius, dem Berliner Reform-Gesangbuch von 1780, in Modifizierung einer rationalistischen Lesart zu lesen war: *Lobe den Herren, den mächtigen König der Ehre!/ Stimme frohlockend mit ein in die himmlischen Chöre!* Aber sollte das Schwierigere hier nicht das Gewollte gewesen sein? Begehrend, Gehör heischend und mit unüberbietbarer Begründung tritt das Ich sich selbst gegenüber. Das Lob des liebenden Gottes ist nicht in sein Belieben gestellt.

Die Verständigung des Ich mit sich selbst, der innere Dialog des Menschen, der sich in seiner Grundsituation aufgedeckt findet und darüber nicht einfach hinweggehen kann, ist ein unverlierbarer Beitrag des biblischen

Psalters zur Persönlichkeitserfahrung. In Neanders Lied reißt diese Du-Anrede bis zum Ende nicht ab – *Lobende, schließe mit Amen* (5,5). Nur zweimal unterbricht er sie kurz, um auch die Kunst und die übrige Kreatur einzubeziehen: *Kommet zuhauf,/ Psalter und Harfe, wacht auf,/ lasset die Musicam hören* (1,3–5); *Alles, was Othem hat, lobe mit Abrahams Samen* (5,2). Neben dem vorangestellten V. 1 von Ps 103 entfaltet der Sänger auch noch V. 2, der die Selbstanrede ja ebenfalls enthält: *Denke daran,/ was der Allmächtige kann* (4,3f.); *Seele, vergiß es ja nicht* (5,4), um im übrigen, weniger thematisch als motivisch, weitere Stellen aus dem Psalter (das gilt z.B. gleich für den *König der Ehren*, s. Ps 24,7–10) und dem übrigen Alten Testament aufzugreifen.

Neander kommt aus einer Tradition, nach der im Gottesdienst nur Psalmbereimungen, d. h. metrisch-strophische Paraphrasen jeweils vollständiger Psalmen, gesungen werden durften. Rückblickend weiß keineswegs nur eine reformierte Hymnologie die Geschlossenheit und zugleich Vielfalt des Genfer Strophenpsalters und seiner 125 Melodien hoch zu schätzen. Aber irgendwann war auch in der reformierten Kirche die Öffnung für geistliche Lieder fällig, die etwas anderes sein wollten als in gereimte Strophen umgeformte biblische Psalmen. Joachim Neanders *Lobe den Herren* stellt einen Übergangstyp dar. Nicht mehr ein ganzer Psalm liegt ihm zugrunde, sondern ein Psalm-Motto. Das aber erlaubt dem Dichter offene Formulierungen, ebenfalls dem Zeitgefühl entsprechende Akzentuierungen. So nahm er insbesondere in den drei Binnenstrophen[11] die Möglichkeit wahr, Gottes Weltregierung (Str. 2), Gottes Schöpfungsfürsorge (Str. 3) und Gottes Segensfülle (Str. 4) mit den persönlichen Erinnerungen der Singenden zu verknüpfen und ihnen als Medium der Lebensdeutung eben das Gotteslob nahezulegen.

Die Offenheit des Liedes wird aber seltsamerweise auch dadurch ermöglicht, daß Neander in anderer Hinsicht gerade bei der reformierten Tradition bleibt. Denn anders als die Psalmlieder im lutherischen Lager gingen die der Calvinisten grundsätzlich nicht über den alttestamentlichen Deutungshorizont hinaus. Weder wurden sie mit einer trinitarischen Doxologie abgeschlossen, noch tauchten Name und Werk Jesu Christi darin auf. Beim Psalmmottolied *Lobe den Herren* enthält sich auch Neander jeder Berufung auf den Erlöser. Das ist für ihn keineswegs typisch, heißt es doch ausdrücklich auf dem Titelblatt, die Bundeslieder und Dankpsalmen seien *Neugesetzet Nach bekant und unbekante Sang = Weisen Auff dem/ zwischen GOTT und dem Sünder im Bluht Jesu befestigtem Friedens = Schluß.* Der Psalmvers schweigt von Sünde und Gnade, und der Dichter respektiert es. Um so schwerer wiegen die vier von ihm hinzugefügten Silben *geliebete.* Was die Liebe Gottes für meine *geliebete Seele* alles einschließt, bleibt meiner Anamnese außerhalb des Liedes überlassen. Andererseits ist auch niemand genötigt, an das Heilswerk Christi zu denken. Das wurde ein Grund für den ‹bürgerlichen› Erfolg von *Lobe den Herren.*

Dank im Dreiermaß

Joachim Neander hat seinem Dankpsalm die Strophenform und Melodie eines Liedes im beschwingten Dreiermaß daktylischer Verse gegeben. Dreigliedrige Versfüße im geistlichen Lied waren damals erst selten, sie verletzten die für diese Gattung geltenden Regeln der Poetik und galten als unangemessen.

Noch in der Blütezeit des Halleschen Pietismus, als J. A. Freylinghausen eine Fülle solcher Lieder in sein Gesangbuch aufgenommen hatte, wurden sie von theologischen und kirchlichen Autoritäten bekämpft. Nun kann man bei Neander noch nicht von einer neuen Mode sprechen. Von den 57 Liedern seines Buches stehen nur sechs in dem umstrittenen Versmaß. Aber der lied- und musikgeschichtliche Erfolg von *Lobe den Herren* ist ohne die damalige Regelverletzung kaum denkbar. Läßt sich vermuten, warum sich Neander gerade bei diesem Lied für den Daktylus entschied?

Luthers biblische Prosa ist keine Poesie, aber sie kann nicht ohne Beiziehung poetischer Maßstäbe gewürdigt werden – weder theologisch noch literarisch. Das tritt bei seiner Übersetzung des Psalters für jeden Sprachliebhaber zutage. Eine der Komponenten, die hier zu bedenken sind, ist die sprechrhythmische. Und um gleich auf den deutschen Psalm 103 zu kommen: Die Bewegung des Sprechens, der Nachklang des Gesprochenen läßt bei allem Freiraum für eine lebendige, nicht regelhaft gemischte Folge von Hebungen und Senkungen doch immer neu die antike metrische Einheit – ⏑ ⏑, den Daktylus, assoziieren. In schematisierter Darstellung einige Beispiele:

Lobe den Herren	x́xx | x́x	(Ps 103, V. 1a; Neander schrieb im Zitat Herren immer zweisilbig)
in mir ist	x́xx	
heiligen Namen	x́xx | x́x	(V. 1b)
deine Gebrechen	x́xx | x́x	(V. 3b)
Adeler	x́xx	(V. 5; Adeler ist in Luthers Bibel dreisilbig, so auch in Dt 32,11f – auf diese Stelle bezieht sich Neander)
Alles, was Othem hat, lobe den Herren	x́xx | x́xx | x́xx | x́x	(Ps 150,6)

Die Vermutung also: Der Antrieb, mit dem erstarrten Hergebrachten zu brechen,[12] das Angebot eines schon vorhandenen und mit Melodie versehen Strophenmusters, aber nicht zuletzt auch die rhythmische Prosa des Psalmanfangs – all das wird zusammengewirkt haben, als Neander seine Strophen schuf, die später die christliche Welt erobern sollten.

Der Lobende in der Krise

Neanders Loblied zieht heute auch Kritik auf sich. Der Kommentator im *Handbuch zum EKG* (*HbEKG) bespricht den «etwas säkularen Charakter» des Liedes: Der Dichter lasse sich ganz durch die Pole «Gottes Weltherrschaft und gnädige Führung des einzelnen» bestimmen, die Dimension von Sünde und Gnade übergehe er.[13] Auf der anderen Seite stellt Britta Martini heraus, daß die vielen Aufforderungen des Liedes zum dankbaren Gotteslob «in Drohungen umschlagen» können, wenn die Rezipienten die inzwischen fragwürdig gewordene Voraussetzung, daß Gott der Allmächtige und in allen Lebenslagen gütig Leitende ist, nicht mehr zu teilen bereit sind.[14] Schließlich ein dritter Streitpunkt: Daß alles, was Atem holt, den Herrn zusammen *mit Abrahams Samen* loben soll – Neander denkt hier an Ps 105,6 (Luthers Übersetzung vor der letzten Revision) –, gilt den einen als unverständlich, wie es den anderen (unter deutsch-christlichem Vorzeichen) als anstößig und wie es schon den rationalistischen Gesangbuchherausgebern als jedenfalls verbesserbar gegolten hatte.

Über dem Lied steht «Der Lobende». Auch fast alle anderen Lieder der Sammlung haben eine solche Überschrift (Partizipialsubstantive im Maskulinum), z. B. «Der nach dem Wasser des Lebens Dürstende». Neander thematisierte also in der Regel den Menschen, den singenden Menschen, und zwar jeweils in derjenigen Beziehung zu Gott, die im fraglichen Liede ihren Ausdruck suchte. Mit diesem frühpietistischen Einsatz beim Menschen entfernte sich der Dichter natürlich von einer theologischen Norm, die das gleichsam objektive Moment des Heilsglaubens zu sichern trachtete. Es taucht dadurch aber auch eine Brücke des Menschlichen über die Zeiten hin auf. In jedem Liedtitel steckt die Frage: ‹Bist du das auch? Erkennst Du Dich darin wieder? Manchmal wenigstens?›

Vielleicht darf man es einmal so ausdrücken: Der Lobende lädt zum Dialog ein. Es macht wenig Sinn, das Lied als solches, also ohne ihn, den Lobenden, ins Auge zu fassen und dann aufzurechnen, was darin nicht mehr mitvollziehbar ist. Sondern der Lobende will gefragt werden: ‹Du lobst also? Und wie bist du darauf gekommen, es gerade so zu tun?› Er wird darauf zu antworten wissen, aber vielleicht auch zurückfragen: ‹Und du lobst nicht mehr? Oder doch? Und wo findet denn *deine* Stimme Halt zwischen dem Beifallsgetöse und den schreienden Anklagen der Zeit?› Die Krise des Gotteslobes ist zuerst die Krise der Lobenden. Überwunden wird sie schwerlich durch theologische Problembearbeitung allein. Lob läßt sich ebensowenig vertagen wie *Othem*. Dann meint *Lasset die Musicam hören*: ‹Tut mit und hört dabei in sie hinein, auch in ihr Echo, um Quellen für eigenes Loben wiederzufinden.›

Man hat Neanders Vorliebe für Echo einleuchtenderweise auch mit der Echoerfahrung im Gesteins zusammengebracht.[15] Die Wiederholung von

Musicam hören in der originalen Melodie mit der Maßgabe p (piano) läßt sich dennoch nicht einfach als musikalische Spielerei abtun. Helmut Ackermann macht auf eine Dichtung Neanders mit der Angabe «nur zu lesen» aufmerksam.[16] Sie ist überschrieben: *Empfindliches Sehnen eines Freundes Gottes/ von wegen der vermeinten Abwesenheit des Höchstgeliebten.*[17] Dort ist der Widerhall geistlich gewendet. Zwei Bibelstellen stehen voran, beide aus dem Hohenlied. In der ersten (3, 1) klagt die Geliebte über ihre vergebliche Suche nach dem Freunde, und bei der zweiten (2,9f.: «Siehe/ er stehet hinter unser Maur/ und siehet durchs Fenster und schauet durchs Gitter: Mein Freund antwortete und sprach zu mir: Stehe auff und kom») steht der erklärende Zusatz: «Echo von Jesus». Zwölf Klagen und Fragen reiht das Gedicht aneinander, aber so, daß jede durch «Jes. Echo» beantwortet wird: Das letzte Wort oder die letzte Wortgruppe, manchmal verkürzt, manchmal durch die davor liegenden Buchstaben oder Silben noch erweitert, ergibt im Munde Jesu einen neuen, tröstenden Sinn:

> Wo bistu/ Seelen=Freund? Wiltu dan mich verlassen?
> Jes. Ech: Ich verlassen?
> Es tritt die Noht/ O Herr/ auf allen Seiten ein!
> Jes. Echo: Nein.
> Wo bleibt dein theures Wort? dein Wort: Ich kan nicht hassen!
> Jes. Echo: kan nicht hassen.
> Du gehest von mir weg Bin ich hier nicht allein?
> Jes. Echo: Nicht allein.
> [...]

Ohne Klang kein Nachklang. Schweigen ist darum keine Lösung. Aber den Nachklang zu hören braucht es Bereitschaft, Stille, Zeit. Neanders Echogedicht läßt im Nachklang Menschliches und Göttliches ganz nahe zueinandertreten. Das Echo ist der Ort der Sinntiefe, der Sinnverwandlung in der Tiefe.

Der Sänger von *Lobe den Herren* weiß auch von anderen Erfahrungen als denen, die seinen Dankpsalm bestimmen. Aber sie sind nicht des *Lobenden* Thema. Sollen die Mitsingenden sie also unterdrücken? Am Ende jeder Strophe geben die beiden Echotakte Gelegenheit, aus dem ersten Verstehen in ein zweites zu gelangen.

J. H.

Morgenglanz der Ewigkeit

Edition

Morgen-Andacht

1. Morgenglanz der Ewigkeit,
Licht vom unerschöpften Lichte,
Schick uns diese Morgenzeit
Deine Strahlen zu Gesichte
Und vertreib durch deine Macht
Unsre Nacht.

2. Die bewölkte Finsternis
Müsse deinem Glanz entfliegen,
Die durch Adams Apfelbiß
Uns, die kleine Welt, bestiegen.
Daß wir, Herr, durch deinen Schein
Selig sein.

3. Deiner Güte Morgentau
Fall auf unser matt Gewissen:
Laß die dürre Lebensau
Lauter süßen Trost genießen
Und erquick uns, deine Schar,
Immerdar.

4. Gib, daß deiner Liebe Glut
Unsre kalten Werke töte
Und erweck uns Herz und Mut
Bei entstandner Morgenröte,
Daß wir, eh wir gar vergehn,
Recht aufstehn.

5. Laß uns ja das Sündenkleid
Durch des Bundes Blut vermeiden,
Daß uns die Gerechtigkeit
Mög als wie ein Rock bekleiden
Und wir so vor aller Pein
Sicher sein.

6. Ach! du Aufgang aus der Höh,
Gib, daß auch am jüngsten Tage
Unser Leichnam aufersteh
Und, entfernt von aller Plage,
Sich auf jener Freudenbahn
Freuen kann.

7. Leucht uns selbst in jener Welt,
Du verklärte Gnadensonne;
Führ uns durch das Tränenfeld
In das Land der süßen Wonne,
Da die Lust, die uns erhöht,
Nie vergeht.

Druckvorlage

Christian Anton Philipp Knorr von Rosenroth, *Neuer Helicon mit seinen Neun Musen. Das ist: Geistliche Sitten-Lieder [...] Von einem Liebhaber christlicher Übungen [...] Theils neu gemacht, theils übersetzet [...] Nunmehro aber zusammen geordnet und von einem guten Freunde zum Druck befördert [...]* Nürnberg, Verlegts Joh. Jonathan Felßecker, 1684 (Lied Nr. LXI). Abdruck in: *Fischer/Tümpel, Bd. 5, Nr. 562. Der Text ist orthographisch modernisiert nach der Fassung in Karl Otto Conrady (Hrsg.), *Das große deutsche Gedichtbuch,* Kronberg Ts. 1977, S. 145f.

Dem Erstdruck im *Neuen Helicon* war eine eigene Melodie beigefügt, die sich nicht durchgesetzt hat. Die Melodiegeschichte ist dokumentiert bei *Zahn, Nr. 3427–3430. Die abgedruckte Melodie geht auf eine geistliche Aria Johann Rudolph Ahles (1625–1673) zurück, die dieser 1662 im 4. *Zehn seiner Geistlichen Arien* veröffentlicht hat.[1] Die Melodiefassungen heutiger Gesangbücher (*EG 450, *GL 668) erschienen zuerst im **Freylinghausenschen Gesangbuch*, Halle 1704.

Hausandacht und Kabbala

Knorr von Rosenroth hatte sein Morgenlied nicht für den Druck, sondern für die häusliche Morgenandacht im Kreis seiner Familie gedichtet. Seine Frau sammelte die Zettel mit seinen Liedern, ein Freund beförderte sie schließlich zum Druck. Der primäre Kontext des Liedes ist die private Frömmigkeit, nicht der öffentliche Gemeindegottesdienst.

Der 1636 in Alt-Raudten als schlesischer Pfarrerssohn geborene Christian Knorr war nach vielseitigen Studien der Theologie, Jurisprudenz, Geschichte, Philosophie, klassischer und moderner Sprachen seit 1668 Hof- und Kanzleirat am Hof des humanistisch interessierten katholischen Pfalzgrafen Christian August zu Sulzbach. Hier widmete er sich neben den Aufgaben der Verwaltung auch naturphilosophisch-theosophischen Studien. Unter dem Titel *Kabbala denudata* machte er, zum Erweis ihres christlichen Kerns, Texte der jüdischen Mystik, u. a. das *Buch Sohar,* in lateinischer Sprache zugänglich.[2] Das zugleich physikotheologische wie hebraistische Denkmilieu Knorrs ist auch bei der häuslichen Morgenandacht nicht zu unterschlagen.

Morgenglanz der Ewigkeit ist zusammen mit anderen Liedern Knorrs in die kirchlichen Gesangbücher eingegangen. Als einziges hat es sich darin bis in die Gegenwart gehalten. In vierzig Sprachen soll es übersetzt worden sein. Dem festen Platz im Gesangbuch korrespondiert die Hochschätzung des Liedes als eines schönen Stücks der Barocklyrik. Karl Otto Conrady hat es in seine große Anthologie deutscher Gedichte aufgenommen,[3] und Walter Höllerer, in Sulzbach geboren, bekennt: «Dieses Gedicht hat mich angeregt,

Gedichte zu machen, es war das erste Gedicht, das ich als großes Kunstwerk empfand. Es ist für mich ein großes Gedicht geblieben, auch nachdem der Mythos, dem es dient, für mich verflogen ist.»[4]

Schwer zu verstehen

An einem großen Kunstwerk ist nichts überflüssig, darum schätzen Philologen ein Gedicht in seiner schönen Gänze. Das ist bei praktischen Theologen, die hohe Lyrik auf den vermeinten Gemeindeverstand aus- und einzurichten

Titelkupfer zu Christian Knorr von Rosenroth: Kabbala denudata seu Doctrina Hebraeorum transcendentalis et metaphysica atque theologica

sich bemühen, nicht gleicherweise sicher. Auch Knorrs Morgenandacht kann davon ein Lied singen.

Zwei Strophen, die im Haus des Dichters möglich schienen, haben den kirchlichen Gesangbuchmachern schon im 19. Jahrhundert Beschwerden bereitet, die zweite, die *bewölkte Finsternis* mit *Adams Apfelbiß* reimt und die fünfte (*Laß uns ja das Sündenkleid/ Durch des Bundes Blut vermeiden*). Diese beiden Strophen werden entweder (wie zuerst im **Bunsenschen Hamburger Gesangbuch* von 1833) gestrichen oder (wie zuerst im **Stierschen Gesangbuch* von 1835) durch Überarbeitungen zu retten versucht. Da die Neufassungen – auch die von Will Vesper in Wilhelm Thomas' und Konrad Amelns *Morgenlied* (1928) – nicht zu überzeugen vermochten, obsiegte der Streichungswille. Das *EG bietet, wie schon das *EKG, das Lied unter Auslassung der beiden genannten Strophen in fünfstrophiger Fassung.[5]

Der Einlaß in den katholischen Liederschatz mußte mit einschneidenderen Opfern erkauft werden. Im 1938 von Josef Diewald, Adolf Lohmann und Georg Thurmair herausgegebenen **Kirchenlied* bleiben von Knorrs *Morgenglanz* nur drei Strophen (1, 3, 4) erhalten. In das im Jahre 1975 erschienene Einheitsgesangbuch **Gotteslob* ging das Lied mit vier Strophen ein, aber nur die erste gehörte noch Knorr von Rosenroth; die Strophen 2–4 hat Maria Luise Thurmair neu hinzugedichtet. «Vom Text dieses bekannten und beliebten evangelischen Morgenliedes ist nur die 1. Strophe geblieben, die weiteren sind ohne Kommentar schwer zu verstehen [...] In der Arbeit am Einheitsgesangbuch setzte sich [...] die Einsicht durch, daß man dem Anliegen des Liedes mit einem neuen Text besser gerecht werden könnte»,[6] lautet der lakonische Kommentar des evangelischen Kommissionsmitglieds Markus Jenny. Das Gütekriterium kommentarloser Verständlichkeit ist im Zusammenhang eines Kommentarwerks ein riskantes Argument und dürfte bei konsequenter (Scheinverständlichkeiten nicht schonender) Anwendung einer beträchtlichen Zahl von Liedern den Garaus machen, neuere nicht ausgeschlossen.

Was es besagen soll, dem «Anliegen» des alten Liedes «besser gerecht» zu werden, ist einem Eigenkommentar der Verfasserin des neuen zu entnehmen:

> [...] ein neuer Text wurde in Auftrag gegeben, der an das dem Benedictus entnommene Bild vom ‹Aufgang aus der Höhe› anknüpfen sollte; dabei wurde dringend gefordert, in den Morgenliedern nicht nur vom fröhlichen Erwachen zu sprechen, sondern auch die Situation des modernen Menschen zu berücksichtigen, der vielfach bedrängt und bedrückt den Belastungen des neuen Tages entgegengeht. So entstanden die vorliegenden Zusatz-Strophen.[7]

Die Strophen der Auftragsarbeit lauten:[8]

> Such uns heim mit deiner Kraft,/ o du Aufgang aus der Höhe,/ daß der Sünde bittre Haft/ und des Zweifels Not vergehe./ Gib uns Trost und Zuversicht/ durch dein Licht.
>
> Birg in deiner treuen Hut/ alle, die den Tag erleben;/ schenke den Verzagten Mut,/ daß sie sich gestärkt erheben,/ deinem Licht entgegenschauen/ und vertraun.
>
> Licht, das keinen Abend kennt,/ leucht uns, bis der Tag sich neiget./ Christus, wenn der Himmel brennt/ und dein Zeichen groß aufsteiget,/ führ uns heim aus dem Gericht/ in dein Licht.

Was daran kommentarlos verständlicher, moderner, morgenrealistischer sein soll als der Knorrsche Urtext, wird das Geheimnis der Kommission und der von ihr beauftragten Autorin bleiben. Der folgende Kommentar hält sich an das, was Christian Knorr von Rosenroth im 17. Jahrhundert gedichtet hat.

Morgenglanz

Acht der 75 Lieder des *Neuen Helicon* sind, wie der Dichter selbst in der Überschrift angibt, Übersetzungen klassischer lateinischer Hymnen. Bei der *Morgenandacht* findet sich ein solcher Vermerk nicht. Der erste Vers entspricht wohl unüberhörbar dem Einsatz der Morgenhymne des Ambrosius *Splendor paternae gloriae*, aber im weiteren Verlauf geht das barocke Morgenlied doch andere Wege als der altkirchliche Hymnus.[9] Das aus Hebr 1,3 stammende *Splendor gloriae*, «Abglanz der Herrlichkeit» (Gottes, des Vaters), ist ein zentraler Titel, wo immer in der christlichen Überlieferung das Wesen Jesu Christi vom alttestamentlichen Begriff der in der Welt erscheinenden Herrlichkeit (kabod/doxa) Gottes her verstanden wird.

Knorr von Rosenroth war der biblische Gedanke des «kabod» besonders vertraut durch die Beschäftigung mit der jüdischen Mystik. *Liber splendoris* – «Buch des Glanzes» – ist übersetzt der Titel des aus dem 13. Jahrhundert stammenden kabbalistischen *Sefer ha-Sohar*, das Knorr ins Lateinische übersetzte.[10] Viele der tiefsinnigen Spekulationen des *Sohar* kreisen um das von Gott ausgegangene Licht und sein Verhältnis zur Finsternis: «Es ist dies das Leuchten, das der Allheilige im Uranfang schuf: genannt das Licht des Urquells. Dieses Licht zeigte der Allheilige dem Urmenschen und dieser schaute darin vom Anfang bis ans Ende der Welt.»[11] Dies Ur- und Endlicht ist dem Sohar, gemäß Gen 1,3, das Ersterschaffene. Knorr von Rosenroth, der die jüdische Kabbala christlich heimholen wollte, sieht jenem geschaffenen Urlicht ein noch anfänglicheres in Gott selbst voraus: *Licht vom unerschöpften Lichte*, wie er im Rückgriff auf das «lumen de lumine» des nizänischen Glaubensbekenntnisses dichtet; dort aber ist der ewige Sohn des Vaters gemeint: «Gott von Gott, Licht vom Licht, wahrer Gott vom wahren Gott, gezeugt, nicht geschaffen.» Das evangelische Gesangbuch hat Knorrs «unerschöpft» sachlich richtig mit «unerschaffen» wiedergegeben.[12] Das heute nicht mehr übliche «unerschöpft» konnotiert freilich für unser Gehör ein «unerschöpflich»; nicht nur das «increatus» klingt darin an, sondern auch das «aeternus»: Immerzu, ohne seine Energie je zu erschöpfen, ist Gott Quelle des Lichts: *Morgenglanz der Ewigkeit*.

Ebendies allem geschaffenen Licht noch zugrundeliegende Gotteslicht wird am Beginn des gerade anhebenden Erdentages angerufen: *Schick uns diese Morgenzeit/ deine Strahlen zu Gesichte.* Und wie dem Urmenschen im *Sohar*, soll es jetzt der kleinen Schar, die sich zur christlichen Morgenandacht versammelt hat, zu Gesichte kommen. Die aus dem irdischen Schlaf aufgewachten «Kinder des Lichtes» bitten um die Vertreibung noch einer anderen Nacht.

Knorrs Morgenlied geht in seinem ganzen Gang von der natürlichen Morgenerfahrung aus, transponiert sie jedoch in den Mikrokosmos der Innenwelt. Ebendies bringt die im kirchlichen Gebrauch übergangene zweite Strophe klar zum Ausdruck: *uns, die kleine Welt.* Der Mensch, nicht nur, wie in der Kosmosophie, sein Leib, sondern auch seine Seele, ist ein Mikrokosmos, dessen innere Vorgänge nach dem Modell der äußeren Natur zu lesen sind. So ist es nicht nur im *Sohar*, sondern auch in der christlichen Mystik. «Ach laß das, was ich in der Natur sehe, in mir geistlich geschehen»,[13] heißt es in Johann Arndts viertem *Buch vom wahren Christentum*, das zu den Quellen von Knorrs Denken und Dichten zählt. Die sinnliche Wahrnehmung des äußeren Menschen in seiner natürlichen Lebenswelt spendet die Bilder, um das, was in der Seele vorgeht, als Mikrokosmos zu entdecken. Die über künstliches Allegorisieren hinausgehende Bildevidenz einer solchen Poesie bezeugt die Kohärenz von Natur und Seele, Schöpfung und Erlösung.

Daß der innere Mensch nicht unverwandt unter dem klaren Himmel des göttlichen Urlichts steht, diese mikrokosmische Bewölkung und Finsternis, ist ein kollektives Verhängnis des Menschengeschlechts, das mit *Adams Apfelbiß*, jenem unbegreiflichen Vorfall, über alle Adamskinder gekommen ist. Die *bewölkte Finsternis* hat die kleine Welt *bestiegen*, aber doch nicht aussichtslos mit Beschlag belegt. Ein *Morgenglanz* ist aufgegangen, der auch *diese Morgenzeit* gegen die offenbar immer noch und immer wieder aufziehende Seelenfinsternis angerufen werden kann und muß: *daß wir, Herr, durch deinen Schein / selig sein.*

Die kleine Welt am Morgen

Mit den Stichworten Tau, Glut und Kleid rufen die drei Mittelstrophen des Liedes vertraute Phänomene der Morgenszene auf, den Frühtau, der die Erde benetzt, die Glut des Morgenrots und das Ankleiden für den neuen Tag. Dies einer Hausgemeinde samt Kindern sinnlich vertraute Morgengeschehen wird im Lied auf den inneren Menschen hin bedacht.

Trost- und Mutlosigkeit, innere Ermüdung und Trockenheit der Seele sind bekannte Topoi der spirituellen Unterweisung aller Jahrhunderte, an der Knorr durch Lektüre und eigene Erfahrung teilhat. Sein Lied bedenkt, daß gerade das Morgengrauen die Stunde solcher Lebensmüdigkeit sein kann, und liest dem Tau auf der Wiese die Bitte um Erfrischung der ermatteten Seele ab.

Dies Moment klingt auch in der Folgestrophe noch an: *und erweck uns Herz und Mut,* aber es ist statt mit Dürre und Tau nun mit Kälte und Glut verbunden; die Erweckung ist gedacht als Erwärmung des in der Nachtkälte Erstarrten. In «erwecken» und «aufstehn» klingt das gesteigerte «auferwecken» und «auferstehen» an und damit der Gedanke, wie sehr es in der Morgenstunde des inneren Menschen um Tod und Leben geht: *daß wir, eh wir gar vergehn,/ recht aufstehn.* Das von der *Morgenröte* angezogene Reimwort *Werke töte* läßt bildlich an Röm 8,13 denken: «Wenn ihr aber durch den Geist die Taten des Fleisches tötet, werdet ihr leben». Weiter ausgeführt findet sich das Motiv im *Morgenlied* [14] des Martin Opitz:

Laß deines Geistes Morgenröte
In unsern tunkeln Herzen sein,
Daß sie mit ihren Strahlen töte
Der eitlen Werke kalten Schein.

Die in der hymnologischen Forschung immer wieder vermerkte Anlehnung von Knorrs Morgenlied an das Opitzsche scheint mir nur an dieser Stelle wirklich testierbar.[15] Mit dem älteren Lied zusammengehalten, stellt sich die pneumatologische Dimension des Morgens in der kleinen Welt deutlicher ein. Ist der Heilige Geist im christlichen Sprachgedächtnis doch nicht nur der Tau («riga quod est aridum»), sondern auch die göttliche Liebesglut («ignis, caritas»).[16] Die Erweckung des Herzens (zur Liebe) geschieht nur durch den Tod der kalten, durch falschen Schein Leben vortäuschenden, toten Werke; «gerettet wie durch Feuer hindurch» (1 Kor 3,15).

Das Widerspiel zu den Werken ist im paulinisch-evangelischen Denkhorizont die «Gerechtigkeit aus Gnade». Dies schafft den Übergang zur fünften Strophe, der dritten des Mittelteils: *Daß uns die Gerechtigkeit/ Mög als wie ein Rock bekleiden.* Die Gerechtigkeit ist nicht zu erwirken, sie wird dem Menschen übergeworfen, angelegt als Kleid der Gnade. Solche textile Theologie, die den Stand des Menschen von seiner Einkleidung her denkt, findet sich schon Jes 61,10: «Laut will ich mich freuen des Herren, meine Seele frohlocke ob meinem Gott; denn er kleidet mich mit Gewändern des Heils und umhüllt mich mit dem Mantel der Gerechtigkeit», was im Kirchenliedton des 17. Jahrhunderts dann heißt: *Ich bin ganz neu geschmücket/ mit einem schönen Kleid,/ gezieret und gesticket/ mit Heil und G'rechtigkeit* (EG Nr. 349, Str. 3). Knorr denkt weniger an die schöne Zier als an den Schutz (*daß wir so vor aller Pein/ sicher sein*); beim Rock eher an das, was Eph 6,14 im Sinn hat, wenn bei der «Waffenrüstung Gottes», mit der man «am bösen Tage Widerstand leisten» kann, auch vom «Panzer der Gerechtigkeit» die Rede ist.

Dem Rock der Gerechtigkeit steht bei Knorr das *Sündenkleid* gegenüber. Daß man dieses *durch des Bundes Blut vermeiden* möchte, ist für die Gesangbuchmacher wohl der schwierige Gedanke gewesen, der sie veranlaßt hat, lieber gleich die ganze Kleiderstrophe zu vermeiden. In den Visionen der Johannesapokalypse, die der Bekleidung der Heiligen große Beachtung schenken, begegnet auch der direkte Zusammenhang von Blut und Kleid.

Auf die Frage, wer die mit den weißen Kleidern seien, heißt es: «Das sind die, welche aus der großen Trübsal kommen und ihre Kleider gewaschen und sie weiß gemacht haben im Blut des Lammes» (Offb 7,14). Daß dieses Blut die Kleider, statt sie zu besudeln, weiß wäscht, steigert das Theologumenon der Reinigung vom Makel der Sünde durch den blutigen Opfertod Christi zu einem textilen Paradoxon. Vielleicht meinte Knorr aber nur die Bitte, daß dieses Bundesblut, das kostbare Blut Christi (1 Petr 1,18), ausreichen möge, bei der Wahl der Kleidung für den neuen Tag nicht wieder auf das alte, längst abgelegte *Sündenkleid* zurückzugreifen. Der geistliche Hausvater Knorr von Rosenroth konnte bei der Morgenverrichtung des inneren Menschen die für den äußeren so unerläßliche Kleiderfrage nicht übergehen. Wenn die kirchlichen Rezipienten die Kleiderstrophe fallenließen, überwogen die Denkbedenken den Sinn für die sinnliche Konsistenz des Morgenszenariums.

Jene Welt

Mit einem *Ach!* setzt die sechste Strophe ein und eröffnet so den eschatologischen Schlußteil der Morgenandacht. Darin meldet sich das Seufzen der Kreatur nach der «Erlösung unseres Leibes» (Röm 8,19–26). Das aus dem Lobgesang des Zacharias (Lk 1,78) übernommene «Aufgang aus der Höh» («oriens ex alto») fügt dem *Morgenglanz der Ewigkeit* noch einen messianischen Ton hinzu («zu leuchten denen, die in Finsternis und Todesschatten sitzen», Lk 1,79). Das äußere und innere Aufstehen *diese Morgenzeit* läßt an den Morgen des «Jüngsten Tages» denken, der mit der Auferstehung des Leichnams das Ende aller Plage bringt und der Freude freie Bahn schafft. «Und die Stadt bedarf nicht der Sonne noch des Mondes, daß sie ihr scheinen, denn der Lichtglanz Gottes erleuchtet sie, und ihre Leuchte ist das Lamm» (Offb 21,23). Diese Lichtstadt der Apokalypse erscheint am Horizont der Zeit, wenn es heißt: *Leucht uns selbst in jener Welt, / Du verklärte Gnadensonne.*

Von der Fernsicht zu jener Welt hinüber geht der Blick nochmals zurück auf das, was vor Augen liegt, auf den Weg, der noch zurückzulegen und diese Morgenzeit gerade wieder anzutreten ist: *Führ uns durch das Tränenfeld.* Das ist ein Bild aus dem Wallfahrtspsalm 84 (83), der in der Fassung der Vulgata vom «vallis lacrymarum» spricht, durch das der Weg hinauf zum Haus des Herrn geht, «bis sie den höchsten Gott auf Sion schauen». Die Lebenswallfahrt geht zum Himmlischen Jerusalem, dem Wonnegarten eines Paradieses, wo die Lust nicht mehr, wie bei *Adams Apfelbiß* die Menschheit degradiert, sondern *uns erhöht* und *nie vergeht.*

Aufklärung

Die Arbeit der aufgeklärten Vernunft, auch derjenigen der Theologen, scheint heute nicht gerade dazu zu ermuntern, ein solches Lied bis zu Ende zu singen. Und doch ist in seiner morgendlichen Lichttheologie ein Urantrieb der Aufklärung enthalten. «‹Die Klarheit›», schreibt Wolfgang Philipp, «das ‹Licht› der Auf-klärung oder des En-lightenment ist ursprünglich und primär die biblische ‹claritas claritatum› – der meist als ‹Herrlichkeit› bzw. ‹glory› bezeichnete Glanz der biblischen Transzendenz, der im Alten Testament ‹Kabod› (2 Mose 33,20–23), im Neuen Testament ‹Doxa› heißt.»[17] Und weiter:

> Die Physikotheologie ersetzte den im barocken Weltschock zerstäubten Raum durch das Strahlungsfeld der göttlichen Sonne, aus deren Mitte das Christusantlitz leuchtet. Der Philosemitismus ersetzte die im barocken Weltschock vernichtete Zeit durch die Lichtbahn, auf der man dem kommenden, nahenden Christus-Messias entgegenschreitet [...]. Ungezählte Hymnen, in denen Christus als Gnadensonne und Himmelslicht auftritt, sind in Deutschland vergessen. Gewöhnlich ist der Choral ‹Morgenglanz der Ewigkeit, Licht vom unerschöpften Lichte›, den der Philosemit und Verfasser der ‹Kabbala denudata› Knorr v. Rosenroth, schrieb, der letzte bekannte Vertreter dieser Dichtung.[18]

A. S.

Jesu, geh voran

Edition

1. Jesu, geh voran
auf der Lebensbahn,
und wir wollen nicht verweilen,
dir getreulich nachzueilen;
führ uns an der Hand
bis ins Vaterland.

2. Solls uns hart ergehn,
laß uns feste stehn
und auch in den schwersten Tagen
niemals über Lasten klagen;
denn durch Trübsal hier
geht der Weg zu dir.

3. Rühret eigner Schmerz
irgend unser Herz,
kümmert uns ein fremdes Leiden,
o so gib Geduld zu beiden;
richte unsern Sinn
auf das Ende hin.

4. Ordne unsern Gang,
Liebster, lebenslang.
Führst du uns durch rauhe Wege,
gib uns auch die nötge Pflege;
tu uns nach dem Lauf
deine Türe auf.

Druckvorlage

Christian Gregor (1723–1801) hat vier Einzelstrophen, die aus zwei Liedern des Grafen Ludwig Nikolaus von Zinzendorf (1700–1760) stammen, bearbeitet und zu einem selbständigen Lied zusammengestellt. Unser Druck folgt dem **GB der evangelischen Brüdergemeine, ausgegeben im Erinnerungsjahr 1927*

(Hamburg [3]1950), dessen Textfassung abgesehen von der Orthographie der ersten Veröffentlichung in Gregors *Gesangbuch zum Gebrauch der evangelischen Brüdergemeinen* (*Barby 1778) entspricht (s. die Ausgabe Gnadau 1824, die unserem Textvergleich zugrunde gelegt wurde).

Die Melodie, die Zinzendorf im Ohr hatte, stammt von Adam Drese (um 1620–1701), Hofkapellmeister in Weimar, Jena und Arnstadt. Sie wurde erstmals zusammen mit Dreses Lied *Seelenbräutigam / Jesu, Gottes Lamm* gedruckt in: *Geistreiches Gesang-Buch […] mit einer […] Vorrede Eberhard Philipps Züehlen* (*Darmstadt 1698). *Zahn dokumentiert die dortige 3/4-Takt-Fassung unter Nr. 3255a, die Fassung «in geradem Takt» bei **Freylinghausen* (Halle 1704) unter Nr. 3255b. Das *EG folgt (bei Versetzung nach F-Dur und leichter Pausenveränderung) der Ausgabe *Darmstadt 1698, das schweizerische *RG (bei Vermeidung der punktierten Verzierungen) der Ausgabe Halle 1704. Wir schließen uns dem *EG an.

«Der Freund, den man nicht siehet»

Adam Drese sprach Jesus als Seelenbräutigam an, und Zinzendorf sollte ihm darin folgen. Läßt sich eine solche Anrede noch nachempfinden? In der Vorrede zu den *Teutschen Gedichten* bittet Zinzendorf die Liebhaber unverdächtig großer Literatur, falls auch sie in seinem Werke blättern sollten, zuvor den Athenagoras (einen gebildeten Verteidiger des frühen Christentums) zu lesen – oder doch ihm auf sein bloßes Wort hin zu glauben, daß die Beschreibung einer guten Ehe durch die kritischen Literaten der Zeit (er nennt Bayle, Boileau und Saint-Évremond) «die wahrhafte Glückseligkeit der Unsrigen bey weitem noch nicht getroffen» hat; ja daß «keine vollkommenere Schönheit ist, als eine gemeine Dirne, von mäßiger Gestalt, die nicht glaubt noch weiß, daß was grosses, was glükliches oder liebenswürdiges ist, als der Freund, den man nicht siehet».[1] Liebender Glaube macht schön. Und Verse, die den also Liebenden zu Hilfe kommen, haben an deren Schönheit teil. Mit einer solchen Ästhetik wagt der Graf sich vor ein anspruchsvolles Publikum. «Genug davon. Ich wünsche meinem Leser, daß ihn meine Gedichte so lange nützlich amusieren, bis sie ihm ernsthaft werden.»[2]

Mag die Vorstellung einer selig-sehnsüchtigen Glaubensverliebtheit kaum noch gelingen – der poetische Reiz einer Kopfzeile wie «Seelenbräutigam» müßte niemandem, der mit Barockliteratur umgeht, verschlossen bleiben. Zinzendorf war 21 Jahre alt, als er diesen Liedanfang aufgriff, um mit eigenen Versen und Strophen fortzufahren. Strophenmuster und Melodie waren neu und gaben eine eingängige Vorlage her für den Gesang auch in schlichtesten pietistischen Zirkeln: die ersten beiden Verse nur fünfsilbig (das auftaktlose männlich schließende *Seelenbräutigam* gibt das Metrum vor), die beiden nächsten Verse achtsilbig (mit weicher, weiblicher Kadenz), die beiden

Schlußverse wieder wie die ersten. Man hat in dieser Strophenform ein Kreuz sehen wollen:

xxxxx́
xxxxx́
x́xx́xx́xx́x
x́xx́xx́xx́x
x́xx́xx́
xxx́xx́

Ob hier wirklich Absicht im Spiel war, ist schwer zu entscheiden. Immerhin bildet die Melodie mit ihren musikalisch gereimten Doppelzeilen die Kreuzform der Strophe genau ab: AA BB AA. Dazu hatte Adam Drese seinem sonst anspruchslosen Gedicht noch eine Finesse mitgegeben: Die rahmenden Kurzverse 1 und 2 einerseits, 5 und 6 andererseits sind chiastisch gestaltet, sie bilden ein Chi = X. Vers 6 nämlich wiederholt oder verändert Vers 1, Vers 5 wiederholt oder verändert Vers 2. Strophenanfang und Strophenende verhalten sich spiegelbildlich zueinander, die Linien kreuzen sich: Das sieht etwa in der abschließenden Strophe bei Adam Drese so aus:

(A1) Du mein Preis und Ruhm, werte Sarons-Blum: (A2)
In mir soll nun nichts erschallen, als was dir nur kann gefallen,
(A2) werte Sarons-Blum, du mein Preis und Ruhm. (A1)

Dieses poetische Spiel hat Zinzendorf nicht fortgesetzt. Seine Jesusliebe bedurfte keines weiteren Schmuckes, als er sein eigenes *Seelenbräutigam*-Lied schrieb. Die 3., 10. und 11. (letzte) Strophe lauten so:

3. Rührt mein eigen hertz
Creutz und schwerer schmertz;
kümmert mich ein frembdes leiden;
gib gedult zu allen beyden,
richte meinen sinn
auf das ende hin.

10. JEsu, geh voran
nach der lebens=bahn,
und ich will mich nicht verweilen
ohne rast dir nachzueilen:
nimm mich bey der hand
weg zum vaterland.

11. Ordne meinen gang,
Liebster, lebenslang:
führst du mich durch trockne wüsten;
schencke mir aus deinen brüsten,
thu mir, nach dem lauff,
eine thüre auf.

Der *Seelen = bräutigam* des Liedanfangs heißt am Ende des Liedes einfach *Liebster*. Daß er aber aus seinen *brüsten* schenkt, was auf dem Weg durch die

Wüste gebraucht wird, darf nicht als unlogisch gescholten werden. Zinzendorf dichtet hier in mystischer Tradition (*lactatio mystica*). Die Liebe der bräutlichen Gemeinde und der einzelnen in ihr zum himmlischen Bräutigam legt den Heiland nicht auf ein Geschlecht fest. Sie bildet sich in der Geschlechterbeziehung ab, aber sie teilt nicht deren Lust und Leiden an der Zweiheit.

In der Strophe *JEsu, geh voran* ist das «nacheilen» Anspielung auf Mk 1,36, die einzige Stelle des Neuen Testaments, an der die Lutherübersetzung das Wort verwendet: Jesus hat sich früh am Morgen zum Gebet an einen einsamen Ort zurückgezogen. «Vnd Petrus mit denen die bey jm waren/ eileten jm nach.» Sie wollen Jesus zur Stadt und zu den Menschen zurückbringen, die ihn suchen, weil er bis zum Anbruch der Nacht unter ihnen gewirkt und geheilt hatte. Aber Jesus weist das Ansinnen ab: «Lasst vns jnn die neheste stedte gehen/ das ich daselbs auch predige/ denn dazu bin ich komen.» Jetzt ist nicht die Zeit zu *verweilen* und *rast* zu halten. Er selbst ist ja der *weg zum vaterland* (vgl. Joh 14,6). Darum die Bitte des Jüngers: *nimm mich bey der hand.*

Per aspera ad astra

Zum späteren Lied gehört noch eine Strophe aus einem anderen Zusammenhang. Ebenfalls ins Jahr 1721 fällt ein Morgengedicht Zinzendorfs. Es ist bei einem Aufenthalt in Berlin entstanden. Der Anfang läßt deutlich das Morgenlied des Christian Knorr von Rosenroth *Morgenglanz der Ewigkeit* anklingen.[3] Das mit *Morgen=Gedanken* überschriebene Gedicht *Glanz der Ewigkeit* wird von Zinzendorf seinen *Teutschen Gedichten* zugeordnet.[4] Dort heißt die 11. Strophe:

Solls uns harte gehn,
Laß uns veste stehn,
Und so gar in schweren Tagen
Niemals über Lasten klagen;
Denn das ist der Weg,
Zu der Sternen Steg.

Die *Teutschen Gedichte* sind nicht etwa weltliche, wie der Buchtitel nahezulegen scheint. Der Graf hat dort fast durchweg geistliche Poesie gesammelt, und häufig ist sie schon auf das Gesungenwerden angelegt. Aber die unmittelbare Beziehung auf die Erfahrungen und Bedürfnisse der zur Entstehungszeit noch nicht gegründeten Brüdergemeine fehlt natürlich. Dafür ist die Brücke zur akademischen Poeterei und zur eleganten Gesellschaftsdichtung noch nicht völlig abgebrochen. So darf es nicht verwundern, daß in unserer Strophe ein weltlicher lateinischer Wahlspruch durchscheint: «Per aspera ad astra». Durch das Rauhe, durch das Harte hindurch zu den Sternen!

Das Weg-Motiv und die Ewigkeitsperspektive verbinden die Strophe mit den oben zitierten, die ohnehin dem gleichen Lebensalter zugehören. Im

Jahre 1721 war der junge Reichsgraf volljährig geworden. Er hatte seine Kavaliersreise hinter sich – und den Staatsdienst vor sich, eine Laufbahn, vor der er sich fürchtete, die er vermeiden wollte, weil die Verflechtungen ins öffentliche Leben seiner leidenschaftlichen Art, Jünger und Sendbote Jesu zu sein, entgegenstehen würden. Ins gleiche Jahr fällt der Entschluß zur Ehe und die Werbung um die gleichaltrige Erdmuthe Dorothea Gräfin Reuß. Welche Wege werden sich öffnen? Welcher wird inmitten der anderen der gebotene, der einzig verheißungsvolle sein? Der biographische Hintergrund[5] trägt durchaus dazu bei, Zinzendorfs *Jesu, geh voran* von der Allgemeingültigkeit einer erbaulichen Devise wieder abzulösen und für konkretes Leben gelten zu lassen.

Sammlung
Geistlicher und lieblicher
Lieder,
Eine grosse Anzahl
der Kern-vollesten alten,
und
erwecklichsten
Neuen Gesänge
enthaltend,
Nebst einer Vorrede des Editoris,
welcher man
Herr D. Marpergers,
Kön. und Chur-S. Ober-Hof-Predigers
Gedancken von alten und neuen Liedern
beygefüget.
LEIPZIG,
bey August Martini.

Das sogenannte *Berthelsdorfer Gesangbuch, Leipzig 1725

Zinzendorfs Arbeit an Gesangbüchern und seinen persönlichen Anteil an geistlicher Lieddichtung kann man sich gar nicht ausgedehnt genug vorstellen.[6] Das erste von ihm auf den Weg gebrachte Buch für den Gemeindegesang ist das sog. **Berthelsdorfer Gesangbuch* von 1725.[7] Darin erscheinen erstmals im Druck auch die Lieder *SElen = bräutigam* und *Glanz der ewigkeit* mit den oben besprochenen Strophen. Unter welchem Generalvorzeichen er sie verstanden wissen will, zeigt das in emblematischer Manier reich ausgestaltete Frontispiz, für das Zinzendorf noch zusätzlich eine liedförmige Erklärung geschrieben hat. Hier nur einige Hinweise zum Zentrum des Bildes.

Die Betrachter schauen in eine aufgebrochene Kugel. Vom Frontispiz des **Freylinghausenschen Gesangbuchs* (1704) mit dem von oben beleuchteten Globus herkommend, wissen sie, daß ihnen jetzt eine Innenansicht der Welt vorgestellt wird. Am auffälligsten ist eine befestigte Stadt, deren Turmspitzen brechen und niederfallen. Die Stadt liegt an einem Fluß, über den eine Brücke führt. Am Fluß stehen einige Bäume. Den vorderen erkennt man leicht als Kopfweide. An ihm hängt ein Gegenstand, der sich erst beim genauen Hinschauen bestimmen läßt: Es ist eine Harfe. Zwei Gestalten sind an sie herangetreten. Andere wandeln oder eilen schon von den Bäumen fort in Richtung Stadt. Sie tragen, was sie geholt haben: lauter Harfen. Sobald die Weiden als Weiden und die Harfen als Harfen erkannt sind, tritt der Name der Stadt ins Bewußtsein. Es ist Babel, von unsichtbarer Hand geschleift. Denn wenn es in Ps 137 heißt: «AN den wassern zu Babel sassen wir / vnd weineten / wenn wir an Zion gedachten. Vnsere harffen hiengen wir an die weiden / die drinnen sind [...]», so kann das Bild nur die Umkehrung meinen: Babel fällt, die Freiheit ist da, Gottes Volk hat wieder Grund zu singen. Woher die Wende? Welche Befreiung wird besungen? Oben links schwebt ein Engel und hält ein geöffnetes Buch. Auf den Seiten eine Bibelstelle: Apk 15,3 – und ein Kurzzitat: «Das Lied Mosis und des Lammes». Die endzeitliche Vision aus dem Buch der Offenbarung gibt den Überwindern am «gläsernen Meer» Harfen in die Hände und einen Gesang in den Mund, der der Befreiung durch Christus gilt wie einst der Gesang der Mirjam und des Mose am Roten Meer der Befreiung aus Ägypten.

Ausschnitt aus dem Titelkupfer, das im *Berthelsdorfer Gesangbuch verwendet wird, hier der besseren Qualität halber nach dem *Marcheschen Gesangbuch, Herrnhut und Görlitz 1731

Die Ausdeutung des Titelkupfers durch das vielstrophige Gedicht Zinzendorfs zielt auf den Sturz des inneren Babel und auf das Singen der Erlösten in einem wahrhaft erneuerten Leben. Zuvor aber wird in Form von gereimter Lehre der Grund des Heils offengelegt. In diesem Zusammenhang gibt es eine Strophe, die auch Zinzendorfs *Seelenbräutigam*-Lied mit *Jesu, geh voran* beleuchtet: «Weil Christus aus der Gottheit Licht/ Ins Finsterniß gerissen,/ Und sein Geschöpff vom Bösewicht/ Mit Kampff erbeuten müssen,/ So ist das Gottes=Lamm/ Der Seelen Bräutigam,/ Und keine Seele kommt zur Ruh,/ Sie eile denn auf Jesum zu.»

...Liebster, lebenslang

Christian Gregor, der auch mit wichtigen Leitungsaufgaben betraute Organist in Herrnhut und anderen Niederlassungen der Brüdergemeine, hat sich um Zinzendorfs gedruckten Liedernachlaß, der ihm in den verschiedensten Ausgaben herrnhutischer Gesangbücher vorlag, hochverdient gemacht. Er hat geordnet, verknüpft, getilgt, überarbeitet, gemäßigt, was in seiner ursprünglichen Form kaum überlieferungsfähig und für die Generation nach Zinzendorf auch unverträglich gewesen wäre. Dabei ging es natürlich nicht ohne Verluste ab, selbst in solchen Texten nicht, die für die Kritiker des frommen Überschwangs bei den frühen Herrnhutern unanstößig gewesen wären. So auch im Falle unserer Strophen. Andererseits darf man annehmen: Ohne Gregors ordnende Hand wäre das nachmals so beliebte *Jesu, geh voran* überhaupt nicht zustande gekommen.

Was hat Gregor getan? 1. Er hat den drei Strophen aus dem *Seelenbräutigam*-Lied die andere aus dem Morgenlied hinzugefügt. 2. Er hat der Morgenliedstrophe neue Schlußverse gegeben (*denn durch Trübsal hier/ geht der Weg zu dir*). 3. Er hat nach Maßgabe der ersten Person des Plurals in dieser Strophe aus der ganzen Einheit ein «Wir»-Lied gemacht. 4. Er hat an die Spitze dieser Einheit *Jesu, geh voran [...]* gestellt. 5. Er hat für einige Einzelformulierungen auf die Fassung zurückgegriffen, die im **Herrnhuter Gesangbuch* von 1735 (^{3}1740) schon durch Zinzendorf selbst hergestellt worden war.[8]

In jeder Einzelstrophe faßt die Bitte der Singenden das ganze Leben und sein Ziel ins Auge. Also keine Entwicklung des Gedankens durch alle verschiedenen Liedabschnitte hin, bis erst der Liedschluß summiert, worauf alles hinausläuft. Sondern das Lebensziel leuchtet mit jeder Strophe neu auf: *führ uns an der Hand/ bis ins Vaterland (1,5f); denn durch Trübsal hier/ geht der Weg zu dir (2,5); richte unsern Sinn/ auf das Ende hin (3,5f.); tu uns nach dem Lauf/ deine Türe auf (4,5f.).* Jeder dieser knappen Doppelverse ist ein in sich klarer, ganz einfach angelegter Hauptsatz, durch den Reim behältlich und als Gebetslosung eindringlich gemacht. Wenn daran etwas original ist, dann nur die Schlichtheit. Sie setzt sich über alle jeweiligen Umstände hinweg, weil sie weiß und will, daß alle verstehen.

In jeder Strophe ist das Dasein der einzelnen ein vom *Ende* (2,6) her aufgefaßter *Weg* (2,6), ein *Gang* (4,1), ein *Lauf* (4,5), eine *Bahn* (1,2). Für diesen

Weg erbitten die Singenden den Beistand Jesu: Jesus möge ihnen vorangehen (1,1), aber auch sich umwenden, ihnen die Hand reichen und sie führen (1,5; vgl. 4,3). Er möge ihnen auf schweren Wegstrecken Festigkeit (2,2) und Geduld (3,4) verleihen. Er möge immer ordnend zur Stelle sein (4,1) und die letzte Tür öffnen (4,5f.). Das Kopfmotiv ‹vorangehen› und sein Antwortmotiv ‹nacheilen› (s. o.) läßt zwar ein Lied von der Nachfolge Jesu erwarten. Aber dominant ist dann doch die viel allgemeinere Vorstellung von Weg und Weggeleit, wie sie eben skizziert wurde. Dazu trägt bei, daß Christian Gregor die Anspielung Zinzendorfs auf das Christuswort «Ich bin der Weg» (Joh 14,6) getilgt hat. Zinzendorf bat ja, es möge ihn der bei der Hand nehmen, der selber der «Weg zum Vaterland» ist.[9] Gregors Fassung *führ uns an der Hand/ bis ins Vaterland* läßt die ursprünglich christologisch geleitete Meinung nicht mehr erkennen. Gerechtfertigt wird Gregors Eingriff allerdings dadurch, daß die Nachfolge-Figur auch bei Zinzendorf den Gedanken an das curriculum vitae keineswegs überdeckt hat. Treffendster und auch schönster Ausdruck dafür ist die Bitte: *Ordne unsern*[10] *Gang,/ Liebster, lebenslang.*

Lebensbahn und Lebenslauf

In den landeskirchlichen evangelischen Gesangbüchern ist die Anrede «Liebster» schon vor sehr langer Zeit durch «Jesu» ersetzt worden. Das Verspaar zu Beginn der letzten Strophe hat damit seine sprachliche Schönheit eingebüßt, und dem Liede als Ganzem fehlt seitdem die Erinnerung an die Brautmystik, aus der es herkommt. War das eine Voraussetzung dafür, daß *Jesu, geh voran* im Laufe des 19. und 20. Jahrhunderts so populär werden konnte? In den Gesangbüchern hatte das Lied zunächst ganz unterschiedliche Plätze inne. Es erschien unter «Nachfolge Christi», unter «Heiligung», aber auch unter «Beruf und Haus».[11] Die letztere Rubrizierung ist sehr bezeichnend. Denn tatsächlich hat sich das Lied besonders bei den Lebenslaufkasualien Geburtstag, Konfirmation, Trauung, Ehejubiläum eingebürgert. ‹Eingebürgert› sei hier im eigentlichen Wortsinne verstanden. Der junge Zinzendorf sang so, als er mit der Vorstellung rang, die künftigen Berufsanforderungen könnten sein Leben mit und für Jesus beeinträchtigen. Doch als sein Lied volkstümlich wurde, war es gerade im Blick auf den bürgerlichen Lebenslauf willkommen. Nicht mehr nur die heißherzige Frömmigkeit griff danach, auch die treuherzige. Die *Lebensbahn*, die von Jesus selbst erschlossene Bahn des Lebens,[12] wurde zum Lebenslauf. Denn auch der Lebenslauf, gerade der unauffällige, normale, brauchte seinen frommen Gesang. Kaum jemand wußte allerdings, daß der Vorsänger, dessen Name unter dem Gesangbuchlied stand, diese und ähnliche Strophen zu Papier gebracht hatte, als er über die Schwelle einer Laufbahn trat, welche die Normen von Adel und Bürgertum gleicherweise sprengen sollte.

J. H.

Gott ist gegenwärtig

Edition

Erinnerung der herrlichen und lieblichen Gegenwart Gottes

1. Gott ist gegenwärtig. Lasset uns anbeten
und in Ehrfurcht vor ihn treten.
Gott ist in der Mitten. Alles in uns schweige
und sich innigst vor ihm beuge.
Wer ihn kennt,
wer ihn nennt,
schlagt die Augen nieder;
kommt, ergebt euch wieder.

2. Gott ist gegenwärtig, dem die Cherubinen
Tag und Nacht gebücket dienen.
Heilig, heilig! singen alle Engelchören,
wann sie dieses Wesen ehren.
Herr, vernimm
unsre Stimm,
da auch wir Geringen
unsre Opfer bringen.

3. Wir entsagen willig allen Eitelkeiten,
aller Erden Lust und Freuden.
Da liegt unser Wille, Seele, Leib und Leben
dir zum Eigentum ergeben.
Du allein
sollst es sein,
unser Gott und Herre,
dir gebührt die Ehre.

4. Majestätisch Wesen, möcht ich recht dich preisen
und im Geist dir Dienst erweisen.
Möcht ich wie die Engel immer vor dir stehen
und dich gegenwärtig sehen.
Laß mich dir
für und für
trachten zu gefallen,
liebster Gott, in allen.

5. Luft, die alles füllet, drin wir immer schweben,
aller Dinge Grund und Leben,
Meer ohn Grund und Ende, Wunder aller Wunder,
ich senk mich in dich hinunter.
Ich in dir,
du in mir,
laß mich ganz verschwinden,
dich nur sehn und finden.

6. Du durchdringest alles; laß dein schönstes Lichte,
Herr, berühren mein Gesichte.
Wie die zarten Blumen willig sich entfalten
und der Sonne stille halten,
laß mich so
still und froh
deine Strahlen fassen
und dich wirken lassen.

7. Mache mich einfältig, innig, abgeschieden,
sanfte und im stillen Frieden.
Mach mich reines Herzens, daß ich deine Klarheit
schauen mag im Geist und Wahrheit.
Laß mein Herz
überwärts
wie ein Adler schweben
und in dir nur leben.

8. Herr, komm in mir wohnen, laß mein'n Geist auf Erden
dir ein Heiligtum noch werden.
Komm, du nahes Wesen, dich in mir verkläre,
daß ich dich stets lieb und ehre.
Wo ich geh,
sitz und steh,
laß mich dich erblicken
und vor dir mich bücken.

Druckvorlage

Der Text wurde erstmals veröffentlicht in: [Gerhard Tersteegen:] *Geistliches Blumen-Gärtlein Inniger Seelen [...]*, Frankfurt/Leipzig 1729. Eine kritische Edition im Rahmen der Werkausgabe Gerhard Tersteegen ist angekündigt, liegt aber noch nicht vor. Die hier wiedergegebene Textfassung stammt aus dem sog. *Großen Neander*, einem von Tersteegen betreuten und bevorworteten pietistischen Gesangbuch: *Gott-geheiligtes Harfen-Spiel Der Kinder Zion; Bestehend in Joachimi Neandri sämtlichen Bundes-Liedern und Danck-Psalmen, nebst einer Sammlung vieler andern auserlesenen alten und neuen Geist- und lieblichen Liedern [...]*. Fünfte und vermehrte Edition, Cleve 1768 (Reprint Köln 1997). Verglichen wurde das von Zinzendorf herausgegebene **Marchesche Gesangbuch* (Widmung: Herrnhut 1731), das unser Lied schon zwei Jahre nach Erscheinen des *Geistlichen Blumengärtleins* aufgenommen hat. – Die Orthographie ist modernisiert, die Interpunktion richtet sich nach dem *EG 1993. – Der im *EG gebotene Text ist der seit drei bis vier Gesangbuchgenerationen gebräuchliche. Vom Originalwortlaut weicht er nur an zwei Stellen ab: *Heilig, heilig, heilig! singen ihm zur Ehre/ aller Engel hohe Chöre* (2,3f); *sanft und still in deinem Frieden* (7,2).

Das strophische Metrum seines Liedes hat Tersteegen aus Joachim Neanders *Bundesliedern und Dankpsalmen* von 1680 übernommen. Dort liegt es dem Lied *Wunderbarer König* (*EG Nr. 327) zugrunde. Bei der dazugehörigen Melodie (*Zahn, Nr. 7854), die überwiegend in Achteln notiert ist, war gewiß zunächst an eine begleitete Einzelstimme gedacht. Die Melodie steht in C-Dur und endet mit einer oktavierten Echofigur (V. 7 und 8: g" g" f" e" d" c"/ g' g' f' e' d' c'), hat also einen außerordentlichen Tonumfang. Sie ist auch auf *Gott ist gegenwärtig* übergegangen, war aber schon vorher gelegentlich verändert worden, und bei ihrem weiteren Gebrauch bildeten sich noch bis ins 19. Jahrhundert hinein Varianten aus. Schließlich kam es zu der gemeindemäßigen und mehr getragenen Fassung, die seit langem in den evangelischen Gesangbüchern üblich ist.[1] Unser Druck folgt dem *EG.

Zur Strophenform

Sie ist in der deutschen Literatur selten. Bei *Frank fehlt sie unter den 300 verbreitetsten Mustern. Tersteegen hat sie nicht erfunden (s. o.), aber er hat sich ihrer mit eigener Meisterschaft bedient. Vor dem Blick auf das ganze Lied lohnt es sich, diese metrische Vorgabe genauer anzusehen.

Richtet man sich nach der Melodie, so kommt man auf eine Zehn-Zeilen-Strophe. Maßgeblich ist aber nicht die Melodie, sondern der Endreim, und danach sind es nur acht Zeilen bzw. Verse: Vier bilden den zweistolligen Aufgesang und vier weitere den Abgesang. Zwar sind die Verse 1 und 3 mit ihren sechs Hebungen sprachlich so gestaltet, daß sie durch eine Zäsur in der Mitte in zwei Dreiheber geteilt werden: In Tersteegens Text ist es immer wieder ein selbständiger Hauptsatz, zumal einer mit lapidar wirkender Aussage, der die erste Vershälfte füllt (*Gott ist gegenwärtig* oder: *Gott ist in der Mitten* oder: *Da liegt unser Wille* oder: *Du durchdringest alles* oder: *Herr, komm in mir wohnen*), aber es folgt keine auf einen Reim gebrachte Ergänzung. Die zweite Vershälfte bleibt offen und fordert erst ihrerseits den reimenden Abschluß, der dann in den Versen 2 bzw. 4 folgt. Dennoch bestimmt die metrische Grundfigur – ⌣ – ⌣ – ⌣, aus der sich die Verse 1 und 3 zusammensetzen, die gesamte Strophe. Denn in den abschließenden Versen 7 und 8 taucht sie wieder auf, jetzt aber – und eben erst jetzt – als ein Verspaar, das auch durch Endreim gebunden ist: *schlagt die Augen nieder,/ kommt, ergebt euch wieder.* Wirkungsvoll vorbereitet wird diese Lösung durch die bündige Kürze der beiden Zweiheber (5 und 6), mit denen der Abgesang beginnt: *Wer ihn nennt,/ wer ihn kennt.* Die Form der so gebauten Strophe läßt sich typographisch als Pokal darstellen:

Gott ist gegenwärtig. Lasset uns anbeten
und in Ehrfurcht vor ihn treten.
Gott ist in der Mitten. Alles in uns schweige
und sich innigst vor ihm beuge.
Wer ihn kennt,
wer ihn nennt,
schlagt die Augen nieder;
kommt, ergebt euch wieder.

Solche Pokalstrophen gehören zur Kunstfertigkeit barocker Lieddichtung. Allerdings lag es dem frommen Tersteegen, der so auf Innerlichkeit bedacht war, durchaus fern, seine sprachliche Meisterschaft eigens herauszustellen. Wenn wir es statt seiner tun, dann mit der Absicht, auf die Musikalität seiner Sprachgestaltung auch abgesehen vom Gebrauch einer Vertonung hinzuweisen. Tersteegens Umgang mit dem vorgegebenen Strophenmuster ist durch beides gekennzeichnet: durch feierlichen Nachdruck und zugleich durch ein lichtes Fließen. Der feierliche Nachdruck zeigt sich an den eröffnenden Ausrufen und ihrem Parallelismus in V. 1 und 3: *Gott ist gegenwärtig* und *Gott ist in der Mitten* (im Original mit Ausrufezeichen hervorgehoben), das Fließen vor allem an der weiterführenden Kopula *und* beim Übergang in die reimenden Verse 2 und 4: *und in Ehrfurcht vor ihn treten* bzw. *und sich innigst vor ihm beuge.* Entsprechendes geschieht auch im Abgesang: nachdrücklich die Wiederholung in den dreisilbigen Versen 5 und 6 – es wird nur ein einziger Buchstabe ausgetauscht – und neues Fließen in der doppelten Einladung der nun wieder weich endenden Schlußverse. Vielleicht ist es kein Zufall, daß es in der Ausgabe des Schweizers Johannes Schmidlin mit 100 neu komponierten Tersteegen-Liedern (Zürich 1764) heißt: *Kommt, erhebt (!) euch wieder.*[2] Die ganze Strophe faßt gewichtigste Botschaft in sich – und wirkt doch nicht niederdrückend, viel eher erleichternd und erhebend. Die Sprache, so darf man es vielleicht ausdrücken, läßt es unter den geschlossenen Augenlidern licht werden.

Lesen, Singen, Schweigen

Gerhard Tersteegen, der Mystiker des calvinistisch geprägten («reformierten») und zur Separierung geneigten Pietismus am Niederrhein, hat in seiner Vorrede zum *Großen Neander*[3] bezeichnenderweise das Lesen vor dem Singen besprochen. Auf die Pflichten des «äußern Gottesdienstes» komme es nur insoweit an, als es sich dabei um «Hilfsmittel» für den «wahren innerlichen Dienst des Geistes» handelt. Unter diesen Hilfsmitteln «ist gewiß das Lesen und Singen andächtiger Lieder nicht das geringste». Was nun das Lesen betrifft, so findet ein Gott suchendes Gemüt im Gesangbuch seine jeweiligen Zustände auf eine Weise abgebildet, daß es daraus Stärkung, Erweckung und Trost ziehen kann. Aber Tersteegen beläßt es nicht bei dieser Erinnerung, sondern er fährt fort:

> Anbei so hat der anmutige Vortrag eine lieblich-reitzende Kraft bei sich, wodurch die christlichen Wahrheiten dem Gemüte ganz annehmlich vorgebildet und mit Lust eingeflößet werden; wozu noch kommt, daß eine in Reimen gebundene Rede viel leichter als sonst etwas im Gedächtnis haftet und daher desto bequemer in allen vorkommenden Gelegenheiten zur Nachricht und Aufrichtung, durch göttliche Mitwirkung, einer Seele dienen kann.

Der «anmutige Vortrag» meint hier kaum eine Weise mündlicher Darbietung, sondern das Poetische des geschriebenen Textes. Wer liest, erfährt eines solchen Textes lockende, «lieblich-reizende Kraft». Sie macht das Gelesene «annehmlich», weil «Lust» im Spiel ist. Daß Gereimtes obendrein leichter zu behalten ist, erwähnt der Autor erst an zweiter Stelle.

Was Tersteegen hier zum Lesen sagt, läßt noch einmal Licht auf seine Handhabung der Form fallen. Ihr galt der vorige Abschnitt. Aber auch für den Inhalt unseres Liedes gibt es im genannten Zusammenhang eine überraschende Darlegung. Nach dem Lesen thematisiert Tersteegen das Singen. Er tut es sehr ausführlich und kommt schließlich zu konkreten Anweisungen für andächtiges Singen. Auch andächtiger Gesang ist noch äußerliche Übung, die im Dienste des wahren, des inneren Gottesdienstes steht. Geschieht es nun aber, daß jemand während des Singens «von Gott und dessen Gegenwart [...] auf eine lebendige und kräftige Weise gerühret, einwärts gezogen und im Geist beschäftigt gehalten» wird, so ist es dieser Person nicht nur erlaubt, nein es ist ihr geboten, «Mund und alle Sinne stille zu halten und [...] alles Äußere, insoweit es das Innere hindern möchte, dranzugeben, um dem innern Zug und den Wirkungen des Geistes Gottes Raum zu lassen und Gott selber ihre Andacht zu leihen, als welcher dergestalt im Grunde der Seele, auch in der größesten Stille, aufs herrlichste und beste gelobet wird. [...] Und ein Viertelstündchen in solcher Veneration und Stilleschweigen vor Gottes Gegenwart sich eingekehret halten, ist Gott wohlgefälliger und uns heilsamer als tausend andere gut gemeinte Werke und Übungen.»

Das Mitsingen unterbrechen, weil es ans Ziel gekommen ist – in Verehrung (Veneration) wortlos verweilen, und sei es auch nur kurze Zeit, weil Gottes Gegenwart über alles geht. Auf dem Hintergrund dieser Vorstellung ließe sich formulieren: In *Gott ist gegenwärtig* thematisiert Gerhard Tersteegen *als* Lied, was er im Lied als Ende vom Lied erfährt: *Gott ist in der Mitten./Alles in uns schweige/ und sich innigst vor ihm beuge.*

Ein Lied der inneren Anbetung

Mit allen seinen Strophen und Versen, mit allen seinen Ausrufen, Anreden, Wünschen und Bitten kreist dieses Lied um die zur Anbetung einladende Gottesnähe. Gliedernde Einschnitte, Zäsuren, die einen Fortgang des Gedankens anzeigen, werden beim bloßen Lesen kaum wahrgenommen, wohl aber eine ganze Reihe von Wiederholungen, Rückgriffen und Variationen:

Gott ist gegenwärtig – dich gegenwärtig sehen	(1,1; 2,1; 4,4)
schweigen – stille halten – still	(1,3; 6,6; 7,2)
sich vor ihm beuge – gebücket dienen – vor dir mich bücken	(1,4; 2,2; 8,8)
innigst – innig	(1,4; 7,1)
ergebt euch wieder – dir zum Eigentum ergeben	(1,8; 3,4)
alle Engelchören – wie die Engel	(2,3; 4,3)
dieses Wesen – majestätisch Wesen – nahes Wesen	(2,4; 4,1; 8,3)
dich gegenwärtig sehen – dich nur sehn – berühren mein Gesichte – deine Klarheit schauen – dich erblicken	(4,4; 5,8; 6,2; 7,3f; 8,7)

Aber trotz der kreisenden Motivik gibt es zweimal eine bezeichnende Änderung im Redemodus: Ab *Herr, vernimm/ unsre Stimm* (2,7f) ist Gott der Angeredete. Dabei bleibt es bis zum Schluß. Die anfängliche Rede über Gott, also in der 3. Person, taucht nie mehr auf. Ebenso aufschlußreich der andere Wechsel: Ab *Majestätisch Wesen, möcht ich recht dich preisen* (4,1) ist aus dem redenden Wir das Ich geworden. Das eine Ich wendet sich betend dem einen Du zu. Und wo das Gebet sich zur Bitte sammelt, begehrt dieses Ich nichts anderes, als in dauernder Anbetung verharren zu dürfen – nicht erst dereinst, sondern *immer* (4,3), *auf Erden* (8,1), *wo ich geh,/ sitz und steh* (8,5f). Auch die Engel dienen Gott ja *Tag und Nacht* (2,1–4). In Gottes Gegenwärtigsein soll die Differenz zwischen gegenwärtiger Weltzeit und eschatologischer Zukunft ganz dahinfallen dürfen.

Aus welcher Tradition kommt das Lied? Zunächst drängen sich verneinende Antworten auf: Im Hintergrund steht nicht der mittelalterliche Hymnus, der in Lobpreis und Bitte das Werk des dreieinigen Gottes besingt; auch nicht das reformatorische Verkündigungslied, das als alleinigen Heilsweg das wieder entdeckte Evangelium proklamiert; auch nicht das mit Lob und Lehre auf verläßlichen Trost gerichtete Lied der evangelischen Orthodoxie; schließlich auch nicht das Buß- und Erweckungslied des Pietismus, das die verlorenen Seelen anleitet, sich im Blut des Gotteslammes zu reinigen. Sondern es kommt mit Tersteegens Dichtung die Mystik wieder zutage, ein Strom, der manchmal deutlich sichtbar, manchmal fast unterirdisch durch all jene genannten Zeitalter mäandert.

Tersteegen hat in seinem reformiert-pietistischen Umfeld mit Lebensbeschreibungen und mit Übersetzungen, vor allem aus dem Französischen, die Frömmigkeit der Mystiker in Erinnerung gerufen. Er hat in der Spruchdichtung seines *Geistlichen Blumengärtleins* die Einsichten, Erfahrungen, Weisungen für ein Leben der Weltentsagung und Gottesschau niedergelegt. Und auch alle seine Lieder sind aus diesem Geist geborene Sprachgestalten. In ihrem poetischen Rang gehört seine Dichtung zu den Vorboten der Goethe-Zeit.

Zur Mystik in *Gott ist gegenwärtig* seien wenigstens zwei Stücke aus dem *Geistlichen Blumengärtlein* zitiert. Der Vers *Gott ist in der Mitten. Alles in uns schweige* empfängt durch folgenden Spruch Fülle und Bedeutung:

> Die Welt ist nur ein Rad, ein immer drehend Rund,
> Gehst du mit Lust hinein, so kommst du mit ans Treiben.
> Gott ist der Mittelpunkt; kehr ein in'n Seelengrund!
> Wer da gesammelt ist, kann still und ruhig bleiben.[4]

Gedanken und Motive eines anderen Stücks haben ihre über das ganze Lied verstreuten Entsprechungen. Kursivdruck hebt einige Parallelen hervor:

> Ei, werd nicht bang, wenn alle Stützen dir
> Entnommen sind und du entblößt mußt *schweben*;
> Im *Ozean der Gottheit* dich verlier,
> Der tiefste Tod bringt dir das reinste Leben!
> Laß *willig* [alles] *los* und *schließ die Augen zu*;
> Verlierst du nicht, so wirst du nimmer *finden*!
> Wer sich *entsinkt*, der find't in Gott die Ruh,
> Sein Leben bleibt, das eigne muß *verschwinden*.[5]

Soll die *Unio mystica* ins Wort gebracht werden, ist Bildrede vonnöten. Aber die so erreichte Anschauung hebt sich selbst wieder auf, denn vor dem hier auszusagenden Geheimnis verzagt auch das Bild. Das kommt dichterisch darin zum Ausdruck, daß ein Bild dem nächsten Platz macht, und zwar gerade dem gegensinnigen. Ein logischer Ausgleich gelingt nicht. So in Strophe 5: Die Luft, als die Gott angesprochen wird, füllt zwar alles, wir schweben darin (vgl. Apg 17,27) – und doch ist sie etwas Festes, nämlich Grund aller Dinge. Aber schon mitten im Satz bricht das bereits zerstörte Bild noch einmal um: Gott ist unermeßliches Meer und also *ohn Grund und Ende*. Eben noch in der Luft schwebend senkt sich das Ich in die grundlose Tiefe. Für einen Augenblick hat die mystische Austauschformel das Wort, bei der jede Anschauung versagt: *Ich in dir,/ du in mir.* Sind die Subjekte also in der Unio mystica aufgegangen? Das scheint wenigstens für das Ich zu gelten: *Laß mich ganz verschwinden.* Aber *dich nur sehn und finden,* also das Schauen des Gesuchten, setzt wieder Personsein voraus, vertieftes oder gesteigertes Personsein.

Die mystische Austauschformel erscheint auch am Ende des Liedes noch einmal, dort aber durchschnitten von der Zäsur zwischen den beiden Schlußstrophen: *laß mein Herz/ überwärts/ wie ein Adler schweben/ und in dir nur leben. // Herr, komm in mir wohnen [...].* Der Weg von Strophe 5: *in dich hinunter.* Der Weg von Strophe 7: *überwärts.* Nach einer alten Vorstellung erträgt nur der Adler die Nähe der Sonne. Und adlergleich will das bittende Herz die Höhe und Nähe des göttlichen Lichtes aufsuchen – *in dir nur leben.* Kommt es also zu Gott? Doch sofort stellt sich die Kehre ein: *Herr, komm in mir wohnen.* Die Einwohnung Gottes im Herzen läßt allen anderen Gottesdienst äußerlich werden. Das wahre *Heiligtum* ist innen, wo Gott sich, wenn er denn die Bitte erhört, *in mir* verklärt.

Über die Äußerlichkeit des christlichen Gottesdienstes pflegt heute aus anderen Gründen geklagt zu werden als aus denen, welche Gerhard Tersteegen bewegten. Die Vorbehalte der Gegenwart richten sich zumeist gegen ein Ritual, das unverständlich in sich selber kreist. Es ist zahlreichen Zeitgenossen, auch christlichen, verdächtig, weil unaufgeklärt und darum auch unerbaulich. Ein vernünftigerer Gottesdienst wäre ihnen lieber. Oder auch ein schönerer, der sich ästhetisch im Spektrum heutiger Rezeptionsansprüche unterbringen ließe. Tersteegen, von dem es heißt, er habe die seinem Hause in Mülheim gegenüberliegende reformierte Kirche nie betreten, verweigerte sich dem Gottesdienst am Sonntagvormittag nicht aus Vernunftgründen. Er besuchte und leitete außerhalb der Gottesdienstzeit Versammlungen, in denen die Erweckung des inneren Leben erwartet wurde. Er vertrat, um mit dem Titel eines Buches über ihn zu sprechen, «evangelische Mystik – inmitten der Aufklärung».[6] Und doch läßt sich vermuten, daß mystische Spiritualität und aufgeklärte Rationalität mehr miteinander gemeinsam haben als die Reserve gegen einen veräußerlichten Gottesdienst. Das Wort des johanneischen Jesus «Gott ist Geist, und die ihn anbeten, die müssen ihn im Geist und in der Wahrheit anbeten» (Joh 4,24) ist nicht nur den Aufklärern wichtig. Auch Tersteegen hat es in sein Lied aufgenommen: *mach mich reines Herzens, daß ich deine Klarheit/ schauen mag in Geist und Wahrheit* (7,3 f, vgl. 8,3). Ein kleiner Schritt zur Vermittlung zwischen den beiden so unterschiedlichen Verständnissen von Klären, Aufklären und Verklären, Klarheit könnte in den christlichen Gemeinden darin bestehen, daß man Tersteegens Lied gelegentlich sorgfältig fragend miteinander liest, um es erst dann, wisssend, anzusetzen und anzustimmen.

J. H.

Wunderschön prächtige

Edition

1. Wunderschön prächtige,
große und mächtige,
liebreich holdselige himmlische Frau!
Welcher auf ewig ich
kindlich verbinde mich,
ja mich mit Leib und Seel gänzlich vertrau.
Billig mein Leben,
alles beineben,
alles, ja, alles, was immer ich bin,
geb ich mit Freuden, Maria! dir hin.

2. Du bist ja voller Zierd,
kein Makel gfunden wird,
du bist Maria, die schönste allein!
Auch deiner Majestät
nichts mangelt und abgeht,
was nur vollkommen und herrlich kann sein.
Dein ganzes Wesen
ist auserlesen;
du bist, o Jungfrau! so herrlich gemacht,
daß dich Gott seiner selbst würdig geacht.

3. Weil du ganz makellos,
hat dich, o schönste Ros!
der himmlisch Vater sein Tochter genennt.
Ja auch der göttlich Sohn
in seinem höchsten Thron
sich zu dir als seiner Mutter bekennt.
Endlich die Ehren
noch zu vermehren,
hat dir als seiner erwähltesten Braut
der heilig Geist sich ja selbsten vertraut.

4. Den ganzen Himmelsbau,
nach Gott, o große Frau!
ganz majestätisch, wie billig, regierst.
Du bist die Königin,
du bist die Herrscherin
Himmels und Erden, den Szepter du führst.
Der Engel Scharen
dein Lob nicht sparen,
singen, frohlocken mit fröhlichem Schall,
dir als der Meisterin huldigen all.

5. Die Sonn bekleidet dich,
es unterwirfet sich
zu deinen Füßen der silberne Mon.
Kein Unvollkommenheit
mindert dein Herrlichkeit;
um dein Haupt machen die Sterne ein Kron.
Alles was lebet,
alles was schwebet,
alles was Himmel und Erden schränkt ein,
muß deiner Majestät untertan sein.

6. Gott dich erwählet hat
zu einer Zufluchtsstatt,
allen Bedrängten und Sündern insgmein;
du bist die Helferin,
du bist die Retterin,
so groß nur immer der Jammer mag sein.
Von allen Gfahren
kannst du bewahren;
ein ganzes Kriegsheer vertilget gar bald
dein unumschränkte und himmlische Gwalt.

7. In diesem Jammertal
seufzen wir allzumal
zu dir, o Jungfrau! in Elend und Not.
Maria! du allein
wollst unsre Mutter sein,
wann die Seel scheidet vom Leibe der Tod.
Wann wir hinreisen,
tu uns erweisen
Gnad und Barmherzigkeit bei deinem Thron,
bitt für uns Jesum dein göttlichen Sohn.

Druckvorlage

Text: *Drey schöne / geistliche Lieder. / Das Erste: / Wunderschön prächtige, große. 2c. / Das Zweyte: / die Schönste aus allen 2c. / Das Dritte: Kommt, ihr Engel! jubiliret 2c.* Bamberg bey J. Georg C. Gertner seel. Erben [o. J.]. Es handelt sich um ein Liedflugblatt (Deutsches Volksliedarchiv Freiburg Bl. 6854), das auf die Zeit zwischen 1789 (Tod des Druckers Georg C. Gertner) und 1798 (Namenswechsel der Druckerei) datiert werden kann. Aus dem letzten Drittel des 18. Jahrhunderts sind weitere (in der Regel undatierte) Liedflugblätter erhalten, ferner einige Drucke in Sondergesangbüchern.[1] Mit ihrer Hilfe wurden einige Fehler der Druckvorlage korrigiert (1,6 *mich* aus *auch*; 2,6 *kann* aus *mag*; 2,10 *geacht* aus *gemacht*; 3,4 *Ja* aus *Da*; 3,10 *erwähltesten* aus *auserwählten*; 4,10 *Meisterin* aus *Ministerin*; 5,3 *Mon* des Reimes halber aus *Mond*; 6,2 *Zufluchtsstatt* aus *Zufluchtsstadt*; 6,8 *du* aus *uns*; 6,10 *dein unumschränkte und himmlische Gwalt* aus *dein uneingeschränkter und himmlischer Gewalt;* 7,10 *dein göttlichen* aus *deinen liebsten*). Auch Orthographie und Zeichensetzung, die in den Flugblättern sehr nachlässig und unterschiedlich gehandhabt werden, wurden verbessert.

Melodie: Hier nach der Oberstimme aus der ältesten bisher bekannten Quelle, einem Wiener Liedflugblatt von 1759: *Ein neues Danklied zu Gott welches Fuer den am 12. Augusti 1759 von der mit den Kaiserl. Koeniglichen Trouppen vereinigt Rußischen Kaiserl. Armee wider den Koenig in Preußen ohnweit Frankfurt an der Oder erfochtenen ruhmvollen Sieg die gebuehrende Danksagung abzustatten, und noch ferneren Seegen fuer die gerechte Kaiserl. Koenigl. und Alliirte Waffen zu erbitten, eine getreue Wiener Burgerschaar bey einer zu diesem Ende angestellten Wallfahrt zu Maria Lanzendorf solenniter abgesungen. Verfast von Anton Ignatz Ulbrich, Kaiserl.-Koeniglichen Hofmusico. Wien, bey Johann Thomas Trattner, Kaiserl. Koenigl. Hofbuchdrucker und Buchhaendler 1759.* Die Melodie ist dort zweistimmig mit Instrumentalbegleitung gesetzt.

Dieses Danklied auf den triumphalen Sieg Maria Theresias über Friedrich II. von Preußen in der Schlacht von Kunersdorf trägt zwar das Initium *Auf Frommes Oesterreich! Sing deinen Lerchen gleich,* aber, und darauf kommt es hier an, die Kopfzeile «Im Thon. *Wunderschön prächtige cc.*» Das Marienlied war damals bereits so bekannt, daß Kontrafakturen entstanden. In der Folgezeit sind deren zahlreiche belegt. Lieder wie *Himmlischer Ehrenschmuck Johann von Nepomuck, Maria Jungfrau rein heiligste Mutter mein, Hierher zum Kreuzaltar christliche Pilgerschar* oder *Ihr Lefzen öffnet euch und singet freudenreich* wurden auf die Melodie von *Wunderschön prächtige* gesungen. Im Laufe der Zeit kommt es dann zu zahlreichen kleinen Melodievarianten, teils Verzierungen, teils Vereinfachungen.

Überlieferung, Datierung und Entstehung

Der Ursprung des Liedes verliert sich im Dunkel. Der älteste Hinweis auf seine Existenz ist die genannte Liedflugschrift von 1759. Daß es, wie viele katholische Marienlieder, wie *Maria zu lieben* oder *Die Schönste von allen,* anonym überliefert ist, heißt nicht, daß «das Volk» es gedichtet hat. Das Volk zersingt meistens nur. Seine Genialität beschränkt sich darauf, etwas Gutes aufzugreifen.

Irgend jemand muß es gedichtet und komponiert haben. Wenn man nichts weiß, kann man sich doch etwas vorstellen. Der Autor des Liedes wird irgendein volksmissionarisch tätiger Geistlicher gewesen sein, vielleicht ein talentierter Kapuzinermönch der Doppelmonarchie, der den Österreichischen Erbfolgekrieg vor Augen hatte (1740–1748), besonders die ersten zwei Schlesischen Kriege, als Österreich gegen Preußen verlor, vielleicht auch die

Schlacht von Dettingen (1743), als es gegen Frankreich gewann. Die Quellenlage deutet auf einen politischen Kontext. Unter den frühesten Drucken sind Fassungen mit einer nach der sechsten eingeschobenen Strophe überliefert, die um Schlachtenglück für Maria Theresia bittet. Strophen auf Franz Stephan von Lothringen, Kaiser Ferdinand oder allgemein auf das Haus Österreich-Ungarn gibt es ebenfalls: Aktuell anwendbare Zusätze begegnen auch später relativ häufig. *Verlaß nicht die Bürgerschaft,* heißt es in *Köln 1774,[2] oder *Mutter mit Herz und Mund unseren Aufnahm-Bund siegeln wir [...]* (*Straßburg 1789).[3] Als Bundeslied, als Huldigungs-, als Weihe-, Verpflichtungs- und Verlobungslied macht *Wunderschön prächtige* seine frühe Karriere. *Mariae, der Himmelsköniginn, huldiget unter allgemeiner Verlobung auch die ganze Christenheit* lautet die Überschrift in *Sions heilige Gesänge,* Saargemünd 1829. Im Würzburger Gotteslob-Anhang steht bis heute eine solche Zueignung (*Du Frankens Führerin, Mutter und Herzogin, sieh unser Land dir zu eigen geweiht*).

Hatte er die Kaiserin Maria Theresia vor Augen, jene schöne und prächtige, große und mächtige, herrliche Frau, unser erdachter Kapuziner, als er seinen Hymnus auf die Gottesmutter dichtete? In die Vorstellung, die von den majestätischen Bildern des Liedes hervorgerufen wird, mochte sich die Kaiserin ununterscheidbar mit eingemischt haben. Die Gottesmutter mochte Anschauung von der Kaiserin, aber auch die Kaiserin zusätzliche Anschauung von der Gottesmutter geliehen haben. Die Struktur des Liedes läßt zwar den sicheren Schluß zu, daß die (poetisch minderwertige) Maria-Theresia-Strophe ein Zusatz ist. Das siebenstrophige ursprüngliche Lied wird schon vor solcher Konkretisierung existiert haben. Dennoch macht es entstehungsgeschichtlich einen guten Reim, wenn man Maria Theresia als heimliche Mitinspiratorin des Textes begreift. Es wäre leicht gewesen, dieses Heimliche in jener Zusatzstrophe, die ein wenig begabter Festordner aus aktuellem Anlaß verfertigt haben mag, offenbar zu machen.

Was wir sicher wissen, ist freilich nur, daß relativ viele frühe Textzeugen aus dem österreichischen Herrschaftsgebiet stammen oder zu ihm enge Beziehungen haben. Datierte Nachweise sind Wien 1759, Klagenfurt 1765[4] und Graz 1770,[5] gefolgt von «Nantzig», das ist Nancy 1772,[6] Köln 1774, Rigi 1781,[7] Köln 1782,[8] Metz (Straßburg) 1789, Mainz 1797,[9] Geldern (Kevelaer) um 1800,[10] Ödenburg 1801,[11] Ödenburg 1805,[12] Würzburg 1828,[13] Saargemünd 1829, Zabern im Elsaß 1829.[14] Nachweise mit Ort, aber ohne Jahr (vor und nach 1800) sind aus Graz, Steyr, Wiener-Neustadt, Bamberg, Triberg im Schwarzwald und Teschen bekannt. Weitere Flugblätter vermerken weder Ort noch Jahr. Wir haben also, sieht man vom Rigiberg bei Luzern einmal ab, 1. österreichische Druckorte, darunter die frühesten, 2. lothringische und elsässische Druckorte, 3. Druckorte in Köln und am Niederrhein und 4. fränkische Druckorte. Ausgehend von einer Entstehung im Umkreis der Schlachten Maria Theresias wäre die Verbreitung nach Lothringen leicht zu erklären durch die Ehe der Kaiserin mit Herzog Franz Stephan von Lothringen

(Kaiser Franz I.). Von Nancy über Metz nach Köln und Kevelaer brauchte das Lied dann nur dem Verlauf von Mosel und Rhein zu folgen, durch katholisches Gebiet (Erzbistum Trier). Bamberg und Würzburg, die zeitweise vom gleichen Fürstbischof regiert wurden, standen als Reichsbistümer dem Wiener Kaiserhaus besonders nahe. Auch Triberg im Schwarzwald war österreichisch ebenso wie das Herzogtum Teschen (Schlesien), das bis 1766 von Franz Stephan von Lothringen regiert wurde.

Mirantische Mayen-Pfeiff. Oder Marianische Lob-Verfassung [...] Durch P. Laurentium von Schnüffis, Dillingen 1692. Illustration zu *Sonnenschön prächtige.*

Laurentius von Schnüffis

Der «Kapuziner» als Verfasser ist nur eine schwankende Vermutung. Sie stützt sich lediglich darauf, daß das Lied eine Vorlage hat, die von einem Kapuziner stammt, und daß deshalb die Nachwirkung jener Vorlage mit einer gewissen Wahrscheinlichkeit ebenfalls im Umkreis des Kapuzinerordens stattgefunden haben könnte. Es handelt sich um die Elegie *Sonnen-schön prächtige*, die 1692 in der *Mirantischen Mayen-Pfeiff*, einem in Dillingen herausgegebenen Erbauungsbuch des Kapuziners Laurentius von Schnüffis (aus Schnifis in Vorarlberg),[15] erschienen ist.

Die Mayen-Pfeiff besteht aus dreißig je zwanzigstrophigen Elegien, in denen, so der Untertitel, «Clorus/ ein Hirt/ der Großmächtigsten Himmels-Königin/ und Mutter GOttes Mariae unvergleichliche Schön- Hoch- und Vermögenheit anmuthig besingt». Sonnen-schön prächtige ist die letzte Elegie. Mit viel gelehrtem Aufwand wird hier dargetan, daß alles, was in dieser Welt schön erscheint, schändlich und vergänglich ist, und daß nur Marias Angesicht der Betrachtung wert ist. Die erste Strophe lautet:

SOnnen-schön prächtige/
Uberauß mächtige
Himmlische Frau/
Welcher auff ewig ich/
Knechtlich verbindend mich/
Billich mein Leben/
Alles beyneben/
Kindtlich vertrau':
Für dise Treu-gethane Pflicht
Nur zeige mir dein Angesicht.

Daß der Verfasser von *Wunderschön prächtige* diese Strophe kannte, ist sicher. Aber wahrscheinlich nur diese; er hätte sonst wohl der Versuchung nicht widerstanden, auch das ein oder andere Bild aus den übrigen Strophen zu verwerten. Da des Laurentius erste Strophe sein ganzes Gedicht zusammenfaßt, ist es gut möglich, daß sie sich verselbständigt hat, daß sie, gedruckt oder mündlich-auswendig, auch außerhalb der *Mayen-Pfeiff* überliefert wurde und daß ihr ursprünglicher Kontext im Laufe der Jahrzehnte in Vergessenheit geriet.

Der Bearbeiter aus dem 18. Jahrhundert interessiert sich jedenfalls für die Pointe des Schnüffis im letzten Reimpaar nicht: «Nur zeige mir dein Angesicht.» Er vereinfacht auch die Strophenform, macht aus der hochartistischen Reimstellung (aabccddbee) eine eingängigere (aabccbddee) und bleibt bis zum Schluß dem Daktylus als Versmaß treu, während Schnüffis für den Schlußpaarreim jambische Verse verwendet. Ob der Unbekannte zu diesen Änderungen durch eine bereits vorliegende Melodie veranlaßt wurde, ob er die Melodie gleich dazuerfunden hat oder ob sie erst nachträglich zu seinem

Text fand, wissen wir nicht. Da Text und Melodie eine überaus dichte Beziehung zueinander haben, ist es wahrscheinlich, daß sie nicht unabhängig voneinander entstanden sind.

Maria, die große Frau

Der Aufbau des Textes ist schlüssig und konsequent. Die Reize der Kanzonenstrophe, bestehend aus einem Aufgesang mit zwei Stollen (Verse 1–3 und 4–6) und einem Abgesang (Verse 7–10), werden geschickt zur Wirkung gebracht. Das Lied beginnt mit der Anrede an Maria, die große Frau (Verse 1–6). Darauf folgt in wörtlicher Rede eine Art Huldigungsformel: Alles, mich selbst ganz und gar geb ich dir! Die Strophen 2 bis 6 preisen in immer neuen, ansteigenden Wendungen dieses Du. Maria ist die schönste, die vollkommenste, die makelloseste Jungfrau, so daß Gott selbst sie seiner würdig geachtet hat (Strophe 2). In den Beziehungen zu ihr spiegelt sich die göttliche Dreifaltigkeit (Strophe 3): der Vater nennt sie Tochter, der Sohn Mutter, der Geist Braut (nach der Verkündigung im Lukasevangelium 1,35: «Der heilige Geist wird über dich kommen, und die Kraft des Höchsten wird dich überschatten»). Sie ist deshalb, «nach Gott», wie eingeräumt wird, die Königin des Himmels (Strophe 4), ja sie steht am Himmel wie eine riesenhafte kosmische Figur (Strophe 5), geschmückt mit Sonne, Mond und Sternen, der alles untertan ist bis zu den Grenzen des Universums (*alles was Himmel und Erden schränkt ein*). Wer so gewaltig ist, kann auch gewaltig bergen: Maria ist eine Zufluchtsstätte, die kein Kriegsheer zerstören kann (Strophe 6). *Von allen Gfahren kannst du bewahren.* In der Schlußstrophe übernimmt ein Wir die Sprecherrolle. Auf den Lobpreis folgt die Bitte: Hilf uns in der Todesstunde, erwirke uns Gnade beim letzten Gericht.

Ob Maria hier nicht doch frevelhafterweise als eine Art Göttin verehrt wird? Die erste Strophe, in der das Ich sich einer himmlischen Frau ganz und gar «vertraut», das heißt hier soviel wie anverlobt oder verspricht, legt solche Gedanken nahe; die weiteren Aufgipfelungen zur Himmelskönigin und zur kosmischen Erscheinung scheinen sie zu bestätigen. Die naiv-grandiose Melodie, mit ihrem immer neuen Ansteigen und Hochtürmen und Aufgipfeln, unterstützt sie.

Der Text allerdings macht die nötigsten theologischen Unterscheidungen. Bei sorgfältiger Lektüre zeigt sich überall Gott als Handelnder und Maria ihm unterworfen. Die Makellosigkeit der Jungfrau (ihre Freiheit vom Makel der Erbsünde) in Strophe 2 macht sie würdig, von Gott erwählt zu werden. Strophe 3 stellt Maria nicht als Übergöttin vor, sondern als vom Vater, vom Sohn und vom Geist Gewürdigte, nur in Relation zu ihnen zu Verehrende. Strophe 4 sagt, bei aller Aufgipfelung, doch immerhin: Du regierst den Himmelsbau, aber *nach Gott.* Gerade diese Stelle, die wie eine bloß rhetorische

Einräumung wirkt, zeigt, daß der Autor bei aller Volkstümlichkeit theologisch versiert war und sich gegen vorhersehbare Kritik von Theologenseite zu wappnen suchte.

Und ausgerechnet Strophe 5, wo Maria als kosmische Göttin aufzutreten scheint, ist biblisch bestens fundiert: «Dann erschien ein großes Zeichen am Himmel: eine Frau mit der Sonne bekleidet, der Mond war unter ihren Füßen und ein Kranz von zwölf Sternen auf ihrem Haupt» (Offb 12,1). Auch Strophe 6 macht deutlich, daß Maria nichts aus sich selbst heraus ist: *Gott dich erwählet hat.* Im Unterschied zu Laurentius von Schnüffis, in dessen Elegie Gott überhaupt nicht vorkommt, nur Maria, gibt sich der Verfasser erkennbar Mühe um einen theologisch vertretbaren Text. Daß die Volksfrömmigkeit das wahrscheinlich nicht so genau genommen hat, steht auf einem anderen Blatt. Ihr ist Maria vielleicht doch die weibliche Göttin gewesen, die Fürstin, die Herrscherin des Himmels, der Sonne, Mond und Sterne untertan sind, die starke Helferin, die Geleiterin der Seelen über die Schwelle des Todes, ihr Anwalt beim letzten Gericht, Überfrau, reine Jungfrau, bergende Mutter und liebende Braut zugleich. Es wird ein seelisches Bedürfnis gegeben haben, das diese Maria erfüllt hat und das vielleicht nicht ausgestorben ist.

Vom geistlichen Volkslied zum Kirchenlied

Wunderschön prächtige beginnt seine Karriere als geistliches Volkslied, das in Flugblättern, Schul-, Missions- und Bruderschaftsgesangbüchern und vor allem mündlich überliefert wird. Es muß Ende des 18. Jahrhunderts sehr bekannt gewesen sein. Achim von Arnim und Clemens Brentano nehmen es gekürzt in ihre Liedersammlung *Des Knaben Wunderhorn* auf. Ihre Quelle war die Handschrift eines Zulieferers, die erhalten ist und sich mit dem hier vorgelegten Text im wesentlichen deckt. Weitere Volksliedsammlungen des 19. Jahrhunderts folgen diesem Beispiel. Noch im 20. Jahrhundert findet sich *Wunderschön prächtige* in zahlreichen profanen Liederbüchern.

In der oben gedruckten Gestalt ist das Lied jedoch in die kirchlichen Gesangbücher nie aufgenommen worden. Die im engeren Sinne kirchliche Wirkung beginnt erst im Jahre 1842 mit dem **Speyerer Gesangbuch.* Doch nicht der Text des geistlichen Volkslieds findet sich hier, sondern eine Neudichtung. Ihr Verfasser ist ein hochrangiger Kirchenmann, Johannes von Geissel, damals Bischof von Speyer, bald darauf Erzbischof von Köln und wenig später Kardinal. Den Weiheschwur in der ersten, sehr populär gewordenen Strophe hat er noch verstärkt. Im weiteren Verlauf aber trennt er sich ganz vom alten Text und gibt anspruchsvollen Bildern aus der mariologischen Tradition den Vorzug vor den einfachen der mächtigen Himmelskönigin in der Volksliedfassung. Seine Version lautet:[16]

1. Wunderschön prächtige,
Hohe und mächtige,
Liebreich holdselige, himmlische Frau,
Der ich mich ewiglich
Weihe herzinniglich,
Leib dir und Seele zu eigen vertrau'.
Gut, Blut und Leben
Will ich dir geben;
Alles, was immer ich hab', was ich bin,
Geb' ich mit Freuden, Maria, dir hin.

2. Schuldlos Geborene,
Einzigerkorene,
Du Gottes Tochter und Mutter und Braut,
Die aus der Reinen Schaar
Reinste wie keine war,
Selber der Herr sich zum Tempel gebaut.
Du makellose
Lilienrose,
Krone der Erde, der Himmlischen Zier,
Himmel und Erde sie huldigen dir!

3. Du Treubewährete
Und Hochverklärete,
Bist auf dem Meer uns ein leitender Stern;
Du Hocherhobene,
Strahlenumwobene,
Du bist die Nächste am Throne des Herrn.
Dich schuf die Milde
Zum Gnadenbilde;
Drum auch, was Himmel und Erde umschließt,
Mutter der Gnaden, Maria, dich grüßt.

4. Gottesgebärerin,
Heilandernährerin,
Mutter an Freuden und Schmerzen so reich;
Welche der Schuldigen
Wär' dir geduldigen
Mutter an Reinheit und Tugend wohl gleich?
Du Gottgeweihte,
Hochbenedeite
Mutter und Jungfrau, du schuldlos allein,
Woll' eine Mutter uns Sündern auch seyn.

5. Allzeit Sanftmüthige,
Milde, grundgütige,
Mutter des Heilands voll Gnade und Huld,
Bitt' für uns sündige
Menschen, verkündige
Du uns vom Sohne Verzeihung der Schuld.
Steh', wenn wir scheiden,
Du uns zur Seiten,
Sühne den furchtbaren Richter uns du,
Führe dem göttlichen Sohne uns zu.

In den folgenden Jahrzehnten wird die Geissel-Fassung von etlichen Bistümern übernommen, gerät aber bald in Konkurrenz zu einer weiteren Bearbeitung, die Heinrich Bone unter Verwendung mehrerer Vorlagen verfaßt und 1847 in seinem einflußreichen Gesangbuch **Cantate!* veröffentlicht hatte:

1. Wunderschön Prächtige,
Große und Mächtige,
Liebreich holdselige, himmlische Frau;
Welcher ich ewiglich
Kindlich verbinde mich,
Ja mich mit Leib und mit Seele vertrau!
Gut, Blut und Leben
Will ich ihr geben;
Alles, ja Alles, Gedanken und Sinn,
Geb' ich mit Freuden, Maria, dir hin!

2. Sonnenumglänzete,
Sternenbekränzete,
Leuchte und Trost auf der nächtlichen Fahrt;
Vor der verderblichen
Makel der Sterblichen
Hat dich die Allmacht des Vaters bewahrt.
Selige Pforte
Warst du dem Worte,
Als es vom Throne der ewigen Macht
Gnade und Rettung den Menschen gebracht.

3. Gottesgebärerin,
Christi Ernährerin,
Wundersam Mutter und Jungfrau zugleich!
Herzenerquickende,
Seelenbeglückende
Quelle, an himmlischen Tröstungen reich!
O du Getreue,
Zu dir voll Reue
Schauen wir hoffend und flehend hinan,
Mutter, ach führ' uns auf sicherer Bahn!

4. Du bist die Helferin,
Du bist die Retterin,
Fürstin des Himmels und Mutter des Herrn!
Spiegel der Reinigkeit,
Stärke der Christenheit,
Arche des Bundes, hell leuchtender Stern!
Liebreich dich wende,
Frieden uns sende,
Mutter, ach wende die Augen uns zu,
Lehr' uns in Demuth zu wandeln wie du.

5. Einst auch Betrübete,
Vielfach Geübete,
Kennest der Seelen tief innersten Schmerz:
Niemand je untergeht,
der zu dir kindlich fleht,
Keinen verachtet dein mütterlich Herz;
Tröst uns im Leiden,
Stärk uns im Scheiden,
Bitte für uns deinen göttlichen Sohn,
Wann er uns ruft vor den ewigen Thron.

Auch diese Fassung verbreitet sich durch einige Bistümer, vermischt sich bisweilen mit Geissel und manchmal auch mit einzelnen Elementen der Volksliedfassung, wird gekürzt oder erweitert, so daß schließlich kaum noch zwei Bücher denselben Text bieten.

Das bleibt erstaunlicherweise auch im Einheitsgesangbuch **Gotteslob* so. Das Lied wurde ohne Diskussion aus dem Stammteil ausgeschieden, aber in 28 der 35 Diözesananhänge aufgenommen. Hätte man es bei dieser Mehrheitslage nicht auch in den Stammteil aufnehmen können? Aber die Anhänge bringen das Lied in mehr als einem Dutzend textlich wie musikalisch differierenden Versionen. Außer den von Bone und Geissel gelieferten Textbausteinen stechen jetzt aber in einigen Diözesen Neuformulierungen hervor, deren eindeutige Tendenz die Relativierung der Majestät Mariens ist. Im Mainzer *Gotteslob* lautet die erste Strophe:

Wunderschön prächtige,
hohe und mächtige,
liebreich holdselige, himmlische Frau.
Mit dir ich ewiglich
kindlich verbinde mich
und Leib und Seele dem Herrn anvertrau.
Lenke, du Treue,
immer aufs neue
unsere Herzen zum Himmel empor,
wo du erstrahlst in der Seligen Chor.

Die Wirkungsgeschichte von *Wunderschön prächtige* zeigt den späten Sieg der Theologen über die Volksfrömmigkeit. Er wurde erkauft mit dem Siechtum des Liedes. Im Vergleich zu seiner früheren Beliebtheit führt es heute nur noch ein Schattendasein. Die Erkenntnis, daß die theologische Korrektur des Glaubens an seiner heutigen Verarmung mitschuldig ist, führt in allerjüngster Zeit zu Wiederbelebungsversuchen. Die derzeitige Generation von Anhangsanhängen bringt vereinzelt alte Lieder zurück, darunter auch *Wunderschön prächtige*.[17] Ob das die Volksfrömmigkeit noch erreichen kann? Ob der Traditionsbruch zu heilen ist? Wahrscheinlich ist es dafür zu spät.

H. K

Gott ist mein Lied

Edition

Gottes Macht und Vorsehung

1. Gott ist mein Lied!
Er ist der Gott der Stärke.
Hehr ist sein Nam, und groß sind seine Werke
und alle Himmel sein Gebiet.

2. Er will und sprichts,
so sind und leben Welten;
und er gebeut, so fallen durch sein Schelten
die Himmel wieder in ihr Nichts.

3. Licht ist sein Kleid,
und seine Wahl das Beste.
Er herrscht als Gott, und seines Thrones Feste
ist Wahrheit und Gerechtigkeit.

4. Unendlich reich,
ein Meer von Seligkeiten,
ohn Anfang Gott, und Gott in ewgen Zeiten!
Herr aller Welt, wer ist dir gleich?

5. Was ist und war
in Himmel, Erd und Meere,
das kennet Gott, und seiner Werke Heere
sind ewig vor ihm offenbar.

6. Er ist um mich,
schafft, daß ich sicher ruhe;
er schafft, was ich vor- oder nachmals tue,
und er erforschet mich und dich.

7. Er ist dir nah,
du sitzest oder gehest,
ob du ans Meer, ob du gen Himmel flöhest,
so ist er allenthalben da.

8. Er kennt mein Flehn
und allen Rat der Seele,
er weiß, wie oft ich Gutes tu und fehle,
und eilt, mir gnädig beizustehn.

9. Er wog mir dar,
was er mir geben wollte;
schrieb auf sein Buch, wie lang ich leben sollte,
da ich noch unbereitet war.

10. Nichts, nichts ist mein,
das Gott nicht angehöre.
Herr, immerdar soll deines Namens Ehre,
dein Lob in meinem Munde sein.

11. Wer kann die Pracht
von deinen Wundern fassen?
Ein jeder Staub, den du hast werden lassen,
verkündigt seines Schöpfers Macht.

12. Der kleinste Halm
ist deiner Weisheit Spiegel.
Du Luft und Meer, ihr Auen, Tal und Hügel,
ihr seid sein Loblied und sein Psalm.

13. Du tränkst das Land,
führst uns auf grüne Weiden,
und Nacht und Tag und Korn und Wein und Freuden
empfangen wir aus deiner Hand.

14. Kein Sperling fällt,
Herr, ohne deinen Willen,
sollt ich mein Herz nicht mit dem Troste stillen,
daß deine Hand mein Leben hält?

15. Ist Gott mein Schutz,
will Gott mein Retter werden,
so frag ich nichts nach Himmel und nach Erden
und biete selbst der Hölle Trutz.

Druckvorlage

Christian Fürchtegott Gellert veröffentlichte 1757 in Leipzig seine Sammlung **Geistliche Oden und Lieder.* Sie sind in Band 11 der von Bernd Witte besorgten Gellert-Ausgabe *Gesammelte Schriften* von H. John, C. Lehnen und B. Witte kritisch ediert worden (Berlin/New York 1997). Wir folgen dieser Edition, legen aber für Zeichensetzung und Rechtschreibung die Ausgabe des *EG für die Nordelbische Evangelisch-Lutherische Kirche zugrunde.

Von den zahlreichen Vertonungen des Gellert-Liedes haben wir mit dem nordelbischen und dem hessischen Regionalteil des *EG die Melodie von Carl Philipp Emanuel Bach gewählt. Sie ist zusammen mit dem vollständigen Text erstmals veröffentlicht worden in: *Neue Melodien zu einigen Liedern des neuen Hamburgischen Gesangbuchs, nebst einigen Berichtigungen von Carl Philipp Emanuel Bach, des Hamburgischen Musick=Chors Director. Im Verlag der Herold-schen Buchhandlung und gedruckt bey Gottlieb Friedrich Schniebes, 1787.*

In den genannten Regionalteilen des *EG ist der bezifferte Baß des Erstdrucks vierstimmig ausgesetzt und von D-Dur nach C-Dur transportiert worden. Diesen Tonsatz übernehmen wir. Die von Bach jeweils am Ende der vier Verse und zusätzlich bei der zweiten Hebung von Vers 3 notierten Fermaten sind entfallen.

Weimar – Leipzig – Berlin – Hamburg

Carl Philipp Emanuel Bach,[1] fünftes Kind von Johann Sebastian und Maria Barbara Bach, wurde 1714 in der Residenzstadt Weimar geboren. Er war neun Jahre alt, als die Familie in die Handels- und Universitätsstadt Leipzig zog. Dort studierte, lehrte und wirkte bis zu seinem Tode der nur um ein Jahr jüngere Christian Fürchtegott Gellert (1715–1769). Bachs Sohn hat Gellert offenbar sehr verehrt. Kaum daß 1757 dessen **Geistliche Oden und Lieder* erschienen waren, gab er, inzwischen in Berlin am Hofe Friedrichs II. tätig, das Werk in musikalischer Form neu heraus. Jedes Stück dieser Dichtungen hatte er als klavierbegleitetes Sololied vertont. *Herrn Professor Gellerts Geistliche Oden und Lieder mit Melodien* erschienen 1758 im Berliner Verlag Ludewig Winter.

Carl Philipp Emanuel Bach. Kupferstich von J. C. Krieger

In Bachs Vorrede heißt es: «Man weiß, daß Lehroden zur Musik nicht so bequem sind, als Lieder für das Herz; jedoch, wenn die erstern so schön sind, wie sie *Herr Gellert* machet, so empfindet man einen angenehmen Beruf bey sich, alles mögliche beizutragen, damit die Absicht, in der sie gemacht sind, erleichtert, und folglich der Nutzen davon allgemein werde.» Die Unterscheidung zwischen «Lehroden» und «Oden für das Herz» übernimmt Bach aus Gellerts Vorrede. Es will viel besagen, daß der Komponist gerade auch die dogmatisch- oder ethisch-lehrhaften Gesänge in der Sammlung des Leipziger Dichters «schön» nennt. Seine Musik will er auch ihnen nicht vorenthalten. Er will mithelfen, den damit gestifteten Nutzen zu verbreiten. Beide Künstler wissen sich im Geiste ihrer Zeit verpflichtet, Wissen und Tugend auch im Medium der Religion zu befördern.

1767 trat Bach die Nachfolge Georg Philipp Telemanns in Hamburg an. Sein Amt als Musikdirektor der fünf Hamburger Hauptkirchen brachte es mit sich, daß er sich noch ein zweites Mal kompositorisch mit Gellert-Texten zu befassen hatte. Im Jahr vor seinem Tode erschien sein Heft *Neue Melodien zu einigen Liedern des neuen Hamburgischen Gesangbuchs* (1787). Es enthielt auch Melodien zu zehn Liedern von Gellert, diesmal für den gottesdienstlichen Gesang der Gemeinde bestimmt. Eine kurze Vorbemerkung gilt der musikalischen Praxis im Gottesdienst: «Damit die Gemeinen die neuen Melodien leicht und bald mitsingen lernen, werden die Herren Organisten wohl tun, wenn sie im Anfange diese aus leichten Intervallen gesetzten Melodien mit der vorgeschriebenen und unterlegten Harmonie *stark und ungekünstelt* mitspielen.»

Der berühmte Klaviervirtuose in weltlichen Konzerten wußte, daß Eitelkeit auf der Orgelbank seine schlichten Vertonungen nur beeinträchtigen konnte. Über der Melodie von *Gott ist mein Lied* steht: «Erhaben und nachdrücklich». Zusammen mit «ungekünstelt» und «leicht» (leicht lernbar, leicht singbar) sind hier Stichworte zur Stelle, die ein kirchenmusikalisches Stilideal der Aufklärung andeuten.

Um von der norddeutschen Hansestadt in die thüringische Residenz zurückzukehren: 1795 gab Johann Gottfried Herder sein **Weimarisches Gesangbuch* in einer «durchgängig verbesserten» Fassung heraus. Bei dieser Gelegenheit fügte er auch Gellerts *Gott ist mein Lied* ein. Allerdings scheute er davor zurück, der Gemeinde mit dem neuen Text und seinem eigentümlichen Strophenmuster (vier auftaktige Verse mit zwei, drei, fünf und vier Hebungen) auch eine neue Melodie zuzumuten. In Hamburg war man hier weniger bedenklich gewesen! Herder stutzte also die Strophen auf ein bekanntes regelmäßiges Muster zurecht (zwei, drei, zwei, drei Hebungen), meist bei Verlust der Aussage des letzten Verses und durchweg auf Kosten des poetischen Reizes. Das galt in jener großen Zeit der Literatur gerade bei Kirchenliedern nicht als Sakrileg. «[...] geändert von Herder, 1795» stand später unter dem recht hölzern gewordenen Text, der wie folgt beginnt und schließt:

Gott ist mein Lied;
er ist der Gott der Stärke,
groß ist sein Nam,
und große sind seine Werke. [...]

Ist Gott mein Schutz,
will Gott mein Retter werden,
so frag ich Nichts
nach Himmel und nach Erden.[2]

So ist Gellerts Ode ein Beispiel dafür, daß aus dem Geist der Aufklärung und im Kontakt mit den Zentren des geistigen und künstlerischen Lebens der Zeit zwar ein bedeutendes Kirchenlied entstehen konnte, daß es aber nicht davor geschützt war, in anderer Hinsicht auch ein Opfer jenes Geistes zu werden.

Eine Ode für das Herz

«Gottes Macht und Vorsehung» zu besingen lag den Kirchenlieddichtern zur Zeit der Aufklärung besonders nahe. Man darf allerdings annehmen, daß sie in diesem Lehrstück auch besonderen Anfechtungen ausgesetzt waren. Mußte eine vernünftige Welterklärung, die gleichwohl Gott nicht aus dem Spiel lassen wollte, nicht beim Deismus Rat suchen, bei einem göttlichen Weltprinzip statt bei dem Bekenntnis zum persönlichen Gott? C. F. Gellert hat an seinem entschiedenen Ja zum überlieferten christlichen Heilsglauben festgehalten. Das läßt sich an zahlreichen Liedern ablesen. So ist das Thema «Vorsehung» bei ihm vom ganzen Glaubensbekenntnis unterfangen. Im übrigen sind es nur zwei Lieder, die eine entsprechende Überschrift tragen. Das eine, *Auf Gott und nicht auf meinen Rath,* gehört eher in die Gruppe der oben genannten «Lehroden», das andere, *Gott ist mein Lied,* eindeutig in die Gruppe der «Oden für das Herz».

Christian Fürchtegott Gellert. Kupferstich von J. F. Bause

Die Kopfzeile intoniert die Singart aller 15 Strophen. Mit *Gott ist mein Lied* beginnt gewiß ein Lied *über* Gott, aber dieser Anfang zeigt an, daß es zuerst doch ein Lied aus und mit und *bewegt* von Gott ist. Es wird darin nicht aus Gründen gefolgert, nicht raisoniert und argumentiert, nicht bewiesen und widerlegt. Denn hier singt das erfüllte Herz und kommt mit lauter Ausrufen und verwunderten Fragen, mit seinen Bekenntnissen, Erfahrungen und Überzeugungen zu Wort. Das grammatische Subjekt Gott bestimmt die Rede des Herzens durch alle Strophen hindurch, als Nomen oder Er oder Du. Aber Gott wird nicht im logischen Sinne zum Objekt einer nachforschenden Erörterung distanziert. Einladend, Zustimmung heischend, letztendlich jedoch unbekümmert um das Ja oder Nein der Umstehenden, singt das Ich sein Gotteslied, singt es Gott als sein Menschenlied. Das Ich handelt Gott nicht ab. Es sagt und zeigt nur, daß es aus Gott kommt und lebt und ohne ihn liedlos bleiben müßte: *Gott ist mein Lied.*

Anhalt findet dieses Gotteslied vornehmlich in kosmischen Wundern, die als Natur anschaulich werden, und in den Geheimnissen der Biographie.

Natur und Lebensweg transzendierend, gelangt das singende Ich in eine Gewißheit, mit der es auch der Hölle trotzen kann (15,4). Die Schlußwendung des Liedes mag traditionell sein. Aber daß das Gegenreich der Verneinung und Zerstörung überhaupt noch in den Blick kommt, wenn auch nur wie ein Wetterleuchten, kann doch als ein Zeichen dafür genommen werden, daß Harmonie auch für die Aufklärung nur ein Hoffnungsgut war.

Sprache der Welt und Sprache der Schrift

Gellerts Gotteslied wäre wohl trotz der Stimmführung des Herzens blaß geblieben, wenn es nicht mit der Bibel gedichtet worden wäre. Die Vorrede der **Geistlichen Oden und Lieder* greift auch das nie ausdiskutierte Problem der Kirchenliedsprache auf. «Es muß in geistlichen Liedern zwar die übliche gewählte Sprache der Welt herrschen, aber noch mehr, wo es möglich ist, die Sprache der Schrift, diese unnachahmliche Sprache, voll göttlicher Hoheit und entzückender Einfalt.»

Die «Sprache der Welt» ist hier die «übliche», die als jetzt ausgeübte vorherrscht, und zugleich die «gewählte», die im gesellschaftlichen Umgang eines gebildeten Kreises kultiviert wird. Geht es um geistliche Lieder, so steht diese «Sprache der Welt» keineswegs in einem grundsätzlich gespannten Verhältnis zur «Sprache der Schrift». Sie ist unentbehrlich, auch als kritische Norm, die unüblich Gewordenes und wahllos (geschmacklos) Herbeigezogenes ausscheidet. Fraglich ist nur, in welchem Mehr oder Weniger neben und mit ihr die «Sprache der Schrift» herrscht. Und hier wünscht Gellert: «[...] mehr, wo es möglich ist». Sein Gesang *Gott ist mein Lied* ist nun ein Beispiel dafür, daß die «unnachahmliche» Bibelsprache, diese Sprache «voll göttlicher Hoheit und entzückender Einfalt», sich eines ganzen langen Liedes bemächtigen konnte, ohne den Geschmack der Zeit zu beleidigen.

«Sprache der Schrift» ist hier allerdings zu präzisieren: Gellerts Lied lebt aus dem biblischen Psalter. Es schöpft aus der Fülle seiner in spruchhaften Wendungen präsenten Bekenntnisse. Man könnte das Lied sogar einen Psalmen-Cento nennen, ein kunstvoll aus zitierten Fragmenten neu zusammengefügtes Flickengewand. Das Lied besteht aus drei fast gleich langen Teilen (Str. 1–5, 6–9, 10–15). Zur Bestimmung der Zäsuren gelangt man vom Mittelteil aus. Denn in Str. 6 setzt die Ich-Rede ein. Zugleich dominieren von hier an bis zu Str. 9 Zitate und Anspielungen, die auf Psalm 139 verweisen. Die Strophen davor und danach beziehen sich auf zahlreiche andere Stellen des Psalters, ohne daß ein einzelner Psalm besonders hervortritt. Hinzu kommt, daß Gott in den Strophen 1–5 (abgesehen von 4,4) in der 3. Person erscheint (Aussage), in den Strophen 10–14 in der 2. Person (Anrede). Erst die Strophe 15 verläßt die Gebetsform wieder und kehrt als abschließendes Bekenntnis zur Aussageform zurück.

Das enge Geflecht von sprachlichen Fügungen und von in der Glaubenssprache beheimateten Wendungen, die aus Luthers Psalmenübersetzung[3] stammen, sei wenigstens an zwei Strophen verdeutlicht:

1.	Gott ist mein Lied	Ex 15,2	DER HERR ist mein stercke und Lobsang/ Vnd ist mein Heil
		Ps 118,14	Der HERR ist meine macht/ vnd mein Psalm/ Vnd ist mein Heil
		Ps 119,54	Deine rechte sind mein lied
	Er ist der Gott der Stärke	Ps 43,2	Denn du bist der Gott meiner stercke
	Hehr ist sein Nam	Ps 111,9	Heilig vnd heher ist sein name
	und groß sind seine Werke	Ps 111,2	Gros sind die werck des HERRN
	und alle Himmel sein Gebiet.	Dtn 10,14	Sihe/ himel vnd aller himel himel vnd erden/ vnd alles was drinnen ist/ das ist des HERRN deins Gottes
		Ps 115,6	Der Himel allenthalben ist des HERRN
13.	Du tränkst das Land	Ps 65,10f.	Du suchest das land heim vñ wesserst es […] Du trenckest seine furchen
	führst uns auf grüne Weiden	Ps 23,2	Er weidet mich auff einer grünen awen/ Vñ füret mich zum frisschen wasser
	und Nacht und Tag	Ps 74,16	Tag vnd nacht ist dein
	und Korn und Wein und Freuden empfangen wir aus deiner Hand	Ps 4,8f.	Du erfrewest mein hertz/ ob jene gleich viel wein vnd korn haben.

Manchmal bieten sich mehrere Bibelstellen an, auch solche außerhalb des Psalters. Das gilt gerade für den Hintergrund von 1,4: *und alle Himmel sein Gebiet.* Andererseits ist dieser Strophenschluß auch für Gellerts Verpflichtung, in der «Sprache der Welt» zu formulieren, bezeichnend. «Gebiet» als Begriff für den Umkreis von Gottes Herrschaft kommt in Luthers Bibeldeutsch nicht vor. Das Wort fehlt selbst im Stammteil des heutigen **Evangelischen Gesangbuchs!* Es hat einen recht profanen Klang. Aber Gellert griff mit guten Gründen danach, als er ein Reimwort für «Lied» brauchte. Denn er konnte noch damit rechnen, daß man es als ein von «gebieten» abgeleitetes Abstraktum versteht, und so erfüllt es an seiner Stelle nicht nur, was der Klang, sondern auch, was die Sache erfordert (vgl. schon in der nächsten Strophe: «und er gebeut»).

Philosophische Gotteslehre und Naturtheologie

Zwei «Sprachen» – sie stehen im Dienst der gleichen Aussageabsicht. Gellert will das Herz der Lesenden und Singenden zur vertrauensvollen Anbetung des allweisen und allgütigen Gottes führen. Wie er das tut, ist nun aber stark mitbestimmt durch die Weise, in der Philosophie und Theologie die geistigen Auseinandersetzungen seiner Zeit weiterführten und ihrerseits prägten. Insbesondere die Strophen 2 und 3 haben die Metaphysik von Gottfried Wilhelm Leibniz (1646–1716) und seines schulphilosophischen Fortsetzers Christian Wolff (1679–1754) zum Hintergrund.

Den Anlaß, einen eigenen Hintergrund zu erfragen, bietet 3,2: *und seine Wahl das Beste.* Denn die übrigen Verse von Str. 3 lassen sich leicht als Psalmzitat (Ps 104,2: *Liecht ist dein kleid/ das du an hast*) und Psalmanklang (Ps 89,15: *Gerechtigkeit vnd Gericht ist deines stuels festung/ Gnade vnd warheit sind fur deinem angesichte*) bestimmen. Bei der Aussage, daß Gottes Wahl das Beste sei, gelingt das nicht. Soll man an dieser Stelle des Liedes an Schickungen im Lebenslauf denken? Oder an die Erwählung der einzelnen zum Heil? Beides verbietet sich schon um des Kontextes willen. Denn vom Menschen ist noch gar nicht die Rede.

Welche Wahl also ist gemeint? Geht man mit dieser Frage zu Str. 2 zurück, so fällt der eigentümliche Umgang mit Ps 33,9 auf. Im Psalm heißt es: *Denn so er spricht/ so geschichts/ So er gebeut/ so stehets da.* Verglichen damit ist *Er will* (2,1) am Strophenanfang ein Überhang. Merkwürdig ist auch der Plural *Welten* (2,2): Man wird ihn nicht nur einem dichterischen Überschwang zuschreiben dürfen. Schließlich weicht 2,3f. vom zitierten Psalmvers ausdrücklich ab, ja zielt auf dessen Gegenteil. Denn Gottes Gebieten setzt hier nicht etwas bisher nicht Gewesenes ins Werk, sondern widerruft es wieder: Die *Himmel* (die Mehrzahl entspricht dem Plural *Welten*) fallen, wenn Gottes schaffendes Wort sie nicht will, wieder in ihr Nichts zurück. Der Freiheit des allmächtigen Gottes kommt nämlich Wollen (2,1) und darin Wählen (3,2) zu. Sie ist nicht Willkür, sie duldet keinen Zufall. Gott hätte zwar der bloßen Möglichkeit nach sehr unterschiedliche Welten hervorbringen können. Aber seine *Wahl* (3,2), sein in *Weisheit* (12,2) entscheidendes Wollen (2,1) richtete sich gerade auf diese Welt, und sie ist darum (mit Leibniz und Wolff gesprochen), «die beste aller möglichen Welten». In der theologisch-philosophischen Auseinandersetzung war das eine Entgegnung auf den Religionskritiker Pierre Bayle (1647–1706). Der hatte zweifelnd gefragt, ob Gott aus dem Zustand der Welt und dem schlimmen Lauf der Dinge wirklich gerechtfertigt werden könne. Die Gegenposition, von der leibnizischen Philosophie als komplizierter Gedankengang zur Geltung gebracht, klingt noch im bibelsprachlich gesättigten Liede deutlich nach: Gottes *Wahl* im Blick auf alle sonst noch vorstellbaren Welten ist *das Beste.* Allerdings soll hier nicht bewiesen, sondern gelobt werden!

Das Gotteslob der Strophen 1–5 erklingt im Gedankenraum des Universums. Im Schlußteil des Liedes dagegen, wo es um Gottes Wirken in der Natur geht, hebt das Lob umgekehrt mit dem Winzigen an. Die Frage *Wer kann die Pracht/ von deinen Wundern fassen?* (11,1f.) scheint die Andacht zwar auf unfaßlich Großes lenken zu wollen. Aber tatsächlich ist es *ein jeder Staub*, das Staubkorn, das hier als Beispiel für Gottes Wunderpracht und Schöpfermacht auftritt (11,3f.), und es ist der *kleinste Halm*, der als Spiegel seiner Weisheit gilt (12,1f.). Erst dann erhebt sich der Blick und erfaßt Landschaft, Feldersegen und Zeitenwechsel. Mit dem Wunder als Durchbrechung des Kausalnexus hatte die Aufklärungstheologie noch größere Schwierigkeiten als schon die orthodoxe Schultheologie. Aber im Gellert-Lied ist das Natürliche selbst das Wunder. Und als der Bewunderung wert soll gerade das Kleine wahrgenommen werden. Nicht erst überwältigende Größe spricht für die Macht des Schöpfers. Sondern schon all das bildet Gottes Weisheit ab, was in seiner Notwendigkeit und Zweckmäßigkeit einleuchtet, wie etwa der unscheinbare, aber für sein eigenes Wachstum und des Menschen Nutzen vorzüglich organisierte Gras- und Getreidehalm.

Individualität und Biographie

Beim Thema Mensch, das den Mittelteil des Liedes bestimmt, lehnt sich Gellert wie erwähnt besonders an Ps 139 an. Die Einheitsübersetzung wählt als Überschrift dieses Psalms: «Der Mensch vor dem allwissenden Gott». Daß Gott ‹mich› erforscht und kennt, wie Anfang und Ende herausstellen, und daß ‹ich› Gottes Nähe auch bei extremer Bemühung nicht entrinnen kann, macht den Psalm für nicht wenige Bibelleser unheimlich. «Gott der Allwissende und Allgegenwärtige» (so die Überschrift im revidierten Luthertext) erweckt Abwehrgefühle. Gellert muß hier ganz anders empfunden haben: Es gereicht Gott zum höchsten Lob, daß er die Wege auch seines freien, seines rätselhaftesten Geschöpfes kennt, voraussieht und begleitet.

Wenn im Zentrum des Liedes Strophen stehen, in denen das Ich sich selbst als von Gott erforscht und umgeben bekennt, und wenn sie dort das Licht eines ganzen Psalms als Symbol von Aufklärung reflektieren, so sind sie besonders geeignet, die These Gellerts zu belegen, mit der er seinen Vorreden-Abschnitt über die beiden «Sprachen» beschließt: «Ja, oft können auch selbst die Stellen und Ausdrücke der Schrift durch den Zusammenhang, in den sie der Liederdichter bringt, eine Art von Commentario erhalten, der für die Menge vielleicht sehr nötig ist.»

Bei heutiger Erinnerung an geistliche Lieder von einst kann deren didaktische Kraft, verstreute Bibelstellen zu kommentieren, kaum noch veranschlagt werden. Auch ist nicht mehr die «Menge» im Blick. Es sind die einzelnen, allein oder in ihren Gruppen. Aber gerade das mag für unser Lied wichtig werden. Denn Individualität und Biographie sind die Türschwellen, über die man eintreten kann.

Ein Aufklärungslied als «Leitlied»

In der EG-Ausgabe für die Nordelbische Evangelisch-Lutherische Kirche hat Gellerts Lied eine besondere Stellung: Es eröffnet den landeskirchlichen Liederanhang als «Leitlied» (Nr. 536). Das ist zunächst sicher eine ehrende Geste für den Komponisten Carl Philipp Emanuel Bach und sein Wirken in Hamburg. Doch diese Hommage wäre hier wenig angebracht, wenn sie nicht auch den Dichter Christian Fürchtegott Gellert einschlösse. Tatsächlich gibt es im gegenwärtigen Christentum viel Verständnis für die einst gern gescholtene Frömmigkeit der Aufklärung. Die einzelnen und ihr Weg zwischen Geburt und Tod, ihre persönliche Art, sich mit Glaube und Welt auseinanderzusetzen und zur Andacht zu finden – dafür muß Respekt nicht erst eingefordert werden, er legt sich von vornherein nahe. Gellerts Lied kann hier als ein Ausrufezeichen gelten und auch in diesem Sinne «Leitlied» sein.

Von hier aus noch einmal ein summarischer Durchgang durch das Ganze. Was in der Kopfzeile schon versteckt ist, eröffnet sich im Fortgang als hymnischer Weg: im *Lied* ganz außer sich sein (Str. 1–5) und doch gerade so zu sich selbst kommen (Str. 6–9), um mit der emphatisch begrüßten Einsicht *Nichts, nichts ist mein,/ das Gott nicht angehöre* (10,1 f.) das *Lob* Gottes mit dem Vorrecht der Anrede *du* neu aufzunehmen (10,3 f.), das eigene Herz mit *Trost* (14,3) zu stillen und dem Abgrund des Lebens *Trutz* zu bieten, allein mit Gott, ohne gängige Gaukelbilder von Jenseits und Diesseits (Str. 15).

Zur Steigerung des Liedes gehört, daß es in den beiden letzten Strophen zu einer Verschränkung von Altem und Neuem Testament kommt: In Str. 14 hält sich der Sänger den Trost vor Augen, der aus dem Sperlingsspruch Jesu spricht (Mt 10,29). Und die Schlußstrophe, die den in der Anfechtung stark gewordenen Widerstand aus Ps 73,23 ff. («Wenn ich nur dich habe/ So frage ich nichts nach Himel vnd erden») zum Hintergrund hat, hebt so an, daß man sogleich an den Gewißheitsjubel des Paulus in Röm 8,31 ff. denken muß: «Ist Got fur vns,/ wer mag wider vns sein? [...]».

Ästhetischer Zugang zur Sprache der Schrift würde die Erschließung des Liedes sicher zusätzlich erleichtern. Kann er noch vorausgesetzt werden? Vor allem aber: Die Last der inzwischen so vielstimmig ins Feld geführten Gegenerfahrungen nötigt auch zur Argumentation. Das Lob Gottes sucht noch immer Kontakt zum Zeitgespräch. Kritische Reflexion und Einstimmen ins Singen, prüfende Abstandnahme und zustimmender Gesang dürfen sich gegenseitig nicht ausschließen. Allerdings hat im Leben «ein jegliches seine Zeit» (Pred 3,1), damit – wiederum zu seiner Zeit – eines dem andern zugute komme.

J. H.

Auferstehn, ja auferstehn wirst du

Edition

Die Auferstehung

1. Auferstehn, ja auferstehn wirst du,
Mein Staub, nach kurzer Ruh!
Unsterblichs Leben
Wird, der dich schuf, dir geben!
Halleluja!

2. Wieder aufzublühn werd ich gesät!
Der Herr der Ernte geht,
Und sammelt Garben
Uns ein, uns ein, die starben!
Halleluja!

3. Tag des Danks! der Freudentränen Tag!
Du meines Gottes Tag!
Wenn ich im Grabe
Genug geschlummert habe,
Erweckst du mich!

4. Wie den Träumenden wirds dann uns sein!
Mit Jesu gehn wir ein
Zu seinen Freuden!
Der müden Pilger Leiden
Sind dann nicht mehr!

5. Ach ins Allerheiligste führt mich
Mein Mittler dann; lebt' ich
Im Heiligtume,
Zu seines Namens Ruhme!
Halleluja!

Der Glaube besiegt den Tod. Titelkupfer zu Klopstock, *Geistliche Lieder*, 1. Theil, Kopenhagen und Leipzig 1758.

Druckvorlage

Text nach Friedrich Gottlieb Klopstock: *Geistliche Lieder. Erster Theil,* Kopenhagen und Leipzig 1758 (orthographisch minimal modernisiert, ferner wurde in 3,4 «genung» durch «genug» ersetzt). Als Melodie ist dort angegeben: *Jesus Christus unser Heiland der den Tod überw.* (*EG 102), eine Melodie, die Martin Luther zugeschrieben wird. Sie konnte sich jedoch nicht überzeugend mit Klopstocks Text verbinden. Der hier edierten Komposition, die Carl Heinrich Graun 1758 vorlegte (Sammlung *Geistliche Oden in Melodien gesetzt von einigen Tonkünstlern in Berlin,* Berlin 1758), gelang das viel besser. Sie ging nur in wenige kirchliche Melodienbücher über, wurde aber häufig an den Gräbern vom Chor gesungen.[1] In der Folgezeit begegnet eine ganze Reihe von Melodiezuweisungen und Neuvertonungen,[2] aus denen sich im Gemeindegesang am meisten die im *DEG gedruckte Melodie durchsetzt:[3]

Auferstehn, ja auferstehn wirst du

Die Auferstehung der Toten

Die Melodie, mit ihren treppenartigen Auf- und Abstiegen, bis zum Hochplateau des Alleluja-Rufs, bildet ihn ab: den Jubel über die leibliche Auferstehung der Toten. Das Thema ist ganz persönlich gefaßt. Das Ich des Liedes spricht zum eigenen Körper und versichert ihm: *Auferstehn wirst du, mein Staub.* Der Herr verfluchte Adam: «Staub bist du und sollst zu Staub wieder werden» (Gen 3,19).

Die Erlösungstat Christi machte den Gottesfluch rückgängig. *Wieder aufzublühn werd ich gesät!* Das Bild wandelt sich in der zweiten Strophe. Das Ich ist nicht mehr Staub, sondern das Samenkorn, das in die Erde gelegt wurde, um zu sterben (Joh 12,24), sterbend aufzublühn, zu reifen und zur Garbe zu werden, die der Herr erntet. Auf die Frage «Wie werden die Toten auferstehen, und mit welcherlei Leibe werden sie kommen?» antwortet der Apostel Paulus temperamentvoll: «Du Narr, was du säst, wird nicht lebendig, es sterbe denn. Und was du säst, ist ja nicht der Leib, der werden soll, sondern ein bloßes Korn [...] Also auch die Auferstehung der Toten. Es wird gesät verweslich und wird auferstehen unverweslich» (1 Kor 15,35–58). Wieder ein anderes, nicht minder tröstliches Bild des Todes malt die dritte Strophe. Der Tod ist Schlaf. *Wenn ich im Grabe genug geschlummert habe, erweckst du mich!*

Die meisten Bilder des Liedes, die Freude, das Träumen, das Säen, die Garben, stammen aber aus Psalm 126:

> Wenn der Herr die Gefangenen Zions erlösen wird,
> so werden wir sein wie die Träumenden.
>
> Dann wird unser Mund voll Lachens und unsere Zunge voll Rühmens sein. Da wird man sagen unter den Heiden: Der Herr hat Großes an ihnen getan.
>
> Der Herr hat Großes an uns getan; des sind wir fröhlich. [...]
>
> Die mit Tränen säen, werden mit Freuden ernten.
>
> Sie gehen hin und weinen und tragen edlen Samen, und kommen mit Freuden und bringen ihre Garben.

Auch uns wird es im Tode *wie den Träumenden* sein (4. Strophe). Die Sehnsucht des Psalmisten wird sich erfüllen. Jesus führt uns aus der Gefangenschaft des Todes heraus *zu seinen Freuden*. Als Mittler führt er uns ins Allerheiligste.

«Daß die Nachahmung der Psalmen das höchste sey, was sich der Dichter zu erreichen vorsetzen, und was der Leser von ihm fodern könnte», betont Klopstock in der Einleitung zum Erstdruck des Liedes.[4] Er teilt die Psalmen dort ein in «Gesänge» und «Lieder». Die Gesänge haben einen erhabenen, die Lieder einen gemilderten Ton. «Der Gesang ist fast immer kurz, feurig, stark, voll himmlischer Leidenschaften; oft kühn, heftig, bilderreich in Gedanken und im Ausdrucke; und nicht selten von denjenigen Gedanken beseelt, die allein, von dem Erstaunen über Gott, entstehen können. [...] Er fliegt von Gebirge zu Gebirge, und läßt die Thäler, wie schön und blumenvoll sie auch seyn möchten, unberührt liegen.» Im Sinne dieser Unterscheidung ist unser Auferstehungslied ein Gesang.

Dem entspricht auch die poetische Form. Auf diesem Gebiet hatte Klopstock großen Ehrgeiz. Er vor allem hat die antiken Versmaße in der deutschen Poesie heimisch gemacht. «Den Gesang», so verlangt er in der genannten Einleitung, «erhebt der Dichter durch andre Sylbenmasse. Bald braucht er das Sylbenmaß der Alten. Bald setzt er dieß auf neue Art zusammen. Bald wählt er diejenigen unter den eingeführten Sylbenmassen der Lieder, in welchen der Trochäus bisweilen den Jamben; oder dieser jenen unterbricht.»

Auferstehn, ja auferstehn wirst du folgt im wesentlichen diesen Bestimmungen. Klopstock verwendet keine eingeführte Liedstrophe, sondern eine neu erfundene Form, in der jede Zeile ein anderes metrisches Schema aufweist:

Aúferstéhn, ja aúferstéhn wirst dú,	4 Trochäen (x́x)
Mein Staúb, nach kúrzer Rúh!	3 Jamben (xx́)
Unstérblichs Lében	2 Jamben mit weiblichem Versende
Wird, dér dich schúf, dir gében!	3 Jamben mit weiblichem Versende
Hallélujá!	2 Jamben

Durch den Zwang, das jeweils unterschiedliche Metrum wahrzunehmen, werden die Versgrenzen einerseits stark hervorgehoben, aber gegenläufig zugleich durch kühne Enjambements, also eine die Versgrenzen überlappende Syntax, wieder verschliffen. Wenn, wie in Gesangbuchdrucken häufig, die Zeilenbrechung nicht angegeben ist, hat ein ungeschulter Leser deshalb die allergrößten Schwierigkeiten, das Gedicht richtig zu lesen. Das Klangergebnis dieser anspruchsvollen Machart ist ein ekstatisch rhythmisierter, feierlich bewegter Sprechgesang.

Das Lied ist früher nicht selten bei Beerdigungen gesungen worden. Der trübselige Charakter, den diese heute haben, widerspricht eigentlich dem christlichen Glauben. *Tag des Danks, der Freudentränen Tag!* läßt Klopstock die Toten jubeln. Das ist nicht erst heute, das war schon damals eine Provokation für eine diesseitsgläubige, aufgeklärte Bevölkerung, der vor dem Tode graute. Da Klopstock ein großer Künstler war, ist die Frage auch nicht sicher zu beantworten, ob er wirklich so emphatisch an die Auferstehung der Toten geglaubt hat oder ob er nur als Ästhet den Ton perfekt beherrscht hat, der diesem Thema angemessen war. Er hat ja nicht versucht, der Auferstehungslehre eine säkularisierte Plausibilität zu geben. Er hat im Gegenteil etwas so Mythologisches wie das *nach kurzer Ruh* stehengelassen, so daß der Sänger des Liedes die Vorstellung zu verarbeiten hat, es gebe zwischen Tod und Auferstehung noch einen Interimszustand: *Wenn ich im Grabe / genug geschlummert habe,* erst dann *erweckst du mich!*

Die Natur sei verpflichtet, ihm eine andere Form des Daseins anzuweisen, wenn die jetzige seinen Geist nicht ferner auszuhalten vermöge, sagte Goethe zu Eckermann.[5] «Der Mensch soll an Unsterblichkeit glauben, er hat dazu ein Recht, es ist seiner Natur gemäß.» Die unabweisbare innere Empörung gegen die Vorstellung, mit dem Tod sei alles aus, läßt die Frage nach der Auferstehung nicht verstummen; ob man mit den Antworten zufrieden ist, ist eine andere Sache. *Ein Leben nach dem Tode,* so heißt ein Gedicht von Marie Luise Kaschnitz (1972):[6]

Glauben Sie fragte man mich
An ein Leben nach dem Tode
Und ich antwortete: ja
Aber dann wußte ich
Keine Auskunft zu geben
Wie das aussehen sollte
Wie ich selber
Aussehen sollte
Dort

Ich wußte nur eines
Keine Hierarchie
Von Heiligen auf goldnen Stühlen sitzend
Kein Niedersturz
Verdammter Seelen
Nur

Nur Liebe frei gewordne
Niemals aufgezehrte
Mich überflutend [...]

Mehr also fragen die Frager
Erwarten Sie nicht nach dem Tode?
Und ich antworte
Weniger nicht.

Zur Wirkungsgeschichte

Da Klopstock der berühmteste Autor seiner Zeit war, wird das Lied in die Gesangbücher der aufklärerischen Reform aufgenommen, wo es sich seit Ende der siebziger Jahre gelegentlich, seit etwa 1800 häufig findet.

Textlich ist es sehr konstant. In der Aufklärungszeit wird im Zuge der Austilgung fremdsprachiger Wörter und Hebraismen in der Regel das *Alleluja* durch *Gelobt sei Gott* ersetzt. In vielen Büchern wird aus *dann; lebt'* in der letzten Strophe *dann leb.* Damit geht eine wichtige Sinn-Nuance verloren. Die Zeit im Heiligtume steht bei Klopstock im Optativ. Es handelt sich (noch) nicht um Realität, sondern um eine Hoffnung: Lebte ich doch nur im Heiligtume! «Denn wir wissen», sagt Paulus im Römerbrief (8,22–23), «daß alle Kreatur sehnt sich mit uns und ängstet sich noch immerdar. Nicht allein aber sie, sondern auch wir selbst [...] warten auf unsers Leibes Erlösung.»

Das Lied überdauert die nachaufklärerische Restauration, die sonst viele Lieder des 18. Jahrhunderts wieder verdrängt hat, und ist, mit regionalen Unterschieden, bis 1945 in sehr vielen Gesangbüchern vertreten. Erst die Nachkriegszeit bringt den Niedergang. Im *EKG-Stammteil fehlt es bereits, findet sich allerdings noch vereinzelt in Regionalanhängen. Im *EG (seit 1993) steht es lediglich in den Regionalausgaben der Evangelischen Kirchen Württembergs und der Pfalz,[7] jeweils mit wieder anderen Melodien. Eine katholische Rezeption hat es nie gegeben.

H. K.

Ihr Christen, hoch erfreuet euch

Edition

1. Ihr Christen, hoch erfreuet euch!
   Der Herr fährt auf zu seinem Reich.
   Er triumphiert, lobsinget Ihm,
   lobsinget Ihm mit lauter Stimm!

2. Sein Werk auf Erden ist vollbracht,
   zerstört hat Er des Todes Macht.
   Er hat die Welt mit Gott versöhnt
   und Gott hat ihn mit Ehr gekrönt.

3. Die Engel mit Erstaunen sehn,
   was Wunder mit der Welt geschehn.
   Sie lag im Tod, nun ist sie frei;
   durch Christi Sieg sie wurde neu.

4. Er ward gehorsam bis zum Tod,
   erhöht hat ihn der starke Gott!
   Ihm ward zuteil ein Name hehr;
   es ruft das All: Du bist der Herr!

5. Beschirmer Deiner Christenheit
   bist Du, Herr Christ, in Ewigkeit.
   Dir, unserm Haupte, jubeln wir,
   Mittler beim Vater für und für!

6. O zieh uns immerdar zu Dir,
   hilf uns mit heiliger Begier
   nach dem zu trachten, was dort ist,
   wo Du, Gott, Herr und Heiland bist.

7. Und wann dereinst Du wiederkehrst
   in Wolken richtend niederfährst,
   laß richten uns an Deiner Seit',
   herrschen mit Dir in Ewigkeit.

Druckvorlage

In der hier wiedergegebenen Text- und Melodiefassung erscheint das Lied erstmals in dem 1941 publizierten offiziellen Anhang zu dem *Speyerer Diözesangesangbuch *Salve Regina* von 1929.[1] 1947 erscheint es in der Sammlung **Einheitslieder*.

«Schöner wohnen»

Kirchenlieder gleichen manchmal alten, vielbewohnten Häusern: Zu einem bestimmten Zeitpunkt errichtet, um bestimmten Ansprüchen zu genügen, werden sie im Laufe der Jahre und Jahrhunderte um- und ausgebaut, teilweise stillgelegt und abgerissen, teilweise erweitert und modernisiert, je nach Bedürfnis, Geschmack und Vermögen der Nachwohner und je nach deren Kunstfertigkeit oder dem, was sie dafür halten.

Das Himmelfahrtslied *Ihr Christen, hoch erfreuet euch* ist ein solches Haus: Im 18. Jahrhundert von einem evangelischen, aufgeklärten Architekten als zwölfstrophiger, lichtvoller, aber eigentlich schmuckloser Bau entworfen und errichtet, erlebt es durch den Einzug katholischer Mieter und durch verschiedene ‹antikisierende› Um- und Anbauphasen der gegenaufklärerischen Restauration eine Reihe tiefgreifender Veränderungen, die von der ursprünglichen Anlage kaum mehr als die Eingangspforte und einen Seitenflügel stehenlassen. In den katholischen Gesangbüchern der jüngsten Nachkriegszeit hat es die oben wiedergegebene siebenstrophige Gestalt, die vielleicht schönste und angemessenste seiner Baugeschichte, die dann im **Gotteslob* von 1975 wieder demoliert wird.

Die Architektur der Aufklärung

Mit *Ihr Christen, hoch erfreuet euch* läßt sich, wie bei kaum einem anderen Stück, die Gesangbuchgeschichte der letzten 200 Jahre skizzieren;[2] jede Epoche fühlt sich, wie es scheint, herausgefordert, ihre eigenen Vorstellungen, Wünsche und Ängste in das Lied einzutragen. Daß dabei der ‹Ausgangstext› erheblichen Veränderungen unterworfen wird, spricht nicht unbedingt gegen ihn. Anders als die meisten Gesänge dieser Zeit fällt das Himmelfahrtslied nicht einfach aus dem Rezeptionsprozeß heraus und entschwindet dem kollektiven Gedächtnis der christlichen Gemeinden. Vielmehr provoziert es die Nachgeborenen, meist zu produktiver Kreativität, aber auch zu gedankenloser Demontage. Zugleich wird deutlich, daß ein poetischer Text seine ‹Hochform› – oder das, was wir heute dafür halten – erst nach hundertjähriger Überarbeitung finden kann. Rezeptionsgeschichte ist nicht immer gleichbedeutend mit Verfallsgeschichte, nicht die Frage, ‹ob›, sondern ‹wie› verändert wird, ist entscheidend.

Den Grundstein des Liedes legt Johann Samuel Diterich, evangelischer Pfarrer an der Marienkirche in Berlin und rühriger Gestalter der aufklärerischen Gesangbuchreform. Sein Einsatz auf hymnologischem Terrain war so nachhaltig, daß er späteren restaurativen Kritikern geradezu als der «Geiserich der Gesangbuchvandalen»[3] gelten wird. Zusammen mit zwei Gleichgesinnten gibt Diterich 1780 bei dem Verleger August *Mylius ein *Gesangbuch* *zum gottesdienstlichen Gebrauch in den Königlich-Preußischen Landen* heraus, das allerdings zunächst auf wenig Gegenliebe stößt. In Berlin sind ganze sieben Gemeinden bereit, das Gesangbuch zu übernehmen und so auch im Bereich ihres gottesdienstlichen Singens den obrigkeitlich verordneten ‹Ausgang aus selbstverschuldeter Unmündigkeit› einzuschlagen. Dennoch wird der *Mylius, wie das Buch nach seinem Verleger genannt wird, trotz dieser Startschwierigkeiten bald als Prototyp eines aufklärerischen Gesangbuches eine enorme, Kirchenprovinz- sowie Konfessionsgrenzen überschreitende Wirkung entfalten.

Unter der Rubrik «Himmelfahrt Jesu» veröffentlicht Diterich in dem neuen Gesangbuch ein zwölfstrophiges Lied mit dem Incipit *Auf, Christen, auf und freuet euch,* eine leicht überarbeitete Version des von ihm bereits 1765 publizierten *Auf! Jesu Jünger! Freuet euch.* Aus der Mylius-Fassung sind die Strophen 1, 2, 5 und 10 in das hier abgedruckte **Einheitslied* (Str. 1, 2, 5 und 6) eingegangen. Gemäß dem Vorsatz, die singende Gemeinde zu einem vernünftigen und zeitgemäßen Glauben zu führen, sind die Bauelemente des Diterichschen Liedes denkbar klar und schlicht: Jede Strophe besteht aus vier achtsilbigen, jambischen Versen, die jeweils zwei Paarreime bilden. Ebenso klar gegliedert ist der Grundriß des Stückes: Die Strophen 1–5, gerahmt mit der Aufforderung zum Lobpreis, belehren in Form eines rückschauenden Berichtes über die Heilstat Christi: Der Herr fährt auf in sein Reich, weil sein Werk auf Erden vollbracht ist; die Macht des Todes ist gebrochen, die Welt mit Gott versöhnt. Der Held, der das vollbracht hat, wird deshalb von Gott zum König über den Kosmos eingesetzt. Der Gekrönte herrscht *mit Macht und Gnad,* er ist der *Beschirmer seiner Christenheit* gegen *der Feinde Heer.* Diese Schutzfunktion leitet über zu den Strophen 6–12, die in direkter Anrede an Christus, als Gebet, formuliert sind. Der Abschnitt ist deutlich zweigeteilt: Zunächst reagiert die Gemeinde auf den Bericht über die Heilstaten mit freudiger Zustimmung und Lobpreis, indem sie ihren König sozusagen ‹hoch leben› läßt (*Ja, Heiland, wir erheben dich;* Str. 6,1) und ihn für den Segen preist, den sein Kreuzestod ihnen erwarb (Str. 6–8). Sodann folgt eine Reihe von Bitten, die, durch den Tempuswechsel vom Präsens zum Futur markiert, auf das mit ‹Himmelfahrt› wesenhaft verbundenen Themenfeld der ‹Wiederkunft› zielen. Die Stimmungslage des Stückes ändert sich, die Sprache wird sehnsüchtig, fast flehend: *O zeuch uns immerdar zu dir!/ Hilf uns mit eifrigster Begier/ nach dem zu trachten, was da ist,/ wo du verklärter Heiland bist!* (Str. 10). Der «Herrscher» und «Beschützer» aus dem ersten Teil des Liedes ist jetzt der «Heiland» und «Menschenfreund», dessen Antlitz man dereinst schauen wird.

Die aufklärerischen Akzente sind deutlich: Gegen eine Sicht der Welt als ‹Jammertal› wird ein freudiger Heilsoptimismus gesetzt, statt einer mit Höllenstrafen drohenden Wiederkunft zum Gericht wird die selige Schau des verklärten Heilands erwartet. All dies wird zusammen mit einer ausführlichen

Schilderung der Heilstat Christi in zwölf didaktisch klug gereihten Strophen vor den Sängern ausgebreitet. Gemäß der Forderung des Aufklärers Vitus Anton Winter, wonach der «Gottesdienst die Erziehungsanstalt des großen Haufens»[4] zu sein habe, gleicht das Diterichsche Lied mit seinem Verzicht auf barocken Schmuck eher einem weitläufigen, lichten Schulhaus als einer Kirche.

Die nächste Station des Liedes ist charakterisiert durch seine Aufnahme in das katholische Gesangbuch des westfälischen Pfarrers Melchior Ludolph Herold. *Der Heilige Gesang oder vollständiges katholisches Gesangbuch für den öffentlichen Gottesdienst und die häusliche Andacht,* erschienen in der 2. Auflage *Lippstadt 1807, führt das Lied mit dem Eingangsvers *Auf, Christen, auf! erfreuet euch!* Die Umbauten, die der westfälische Katholik an dem Text des Berliner Protestanten vornimmt, sind minimal und kaum konfessionstypisch. Das Lied wird auf zehn Strophen verkürzt (Strophe 9 des Diterich-Liedes fällt aus, die Strophen 3 und 4 sind zu einer verschmolzen), jede Strophe schließt mit einem Halleluja-Ruf (wohl aus der Überlegung, die Verbindung von Himmelfahrt und Ostern deutlicher werden zu lassen); inhaltlich werden das Tun Gottes aufgewertet und die Heilsbedeutung des Kreuzes akzentuiert, der Schwerpunkt des Gebetsteils verlagert sich auf Bitten um den gegenwärtigen Beistand Christi, das eschatologische Thema ist auf die letzten fünf Verse reduziert. Bei all dem bleiben Aufbau und Grundtenor des Ausgangsliedes erkennbar erhalten. Das gemeinsame Anliegen der Aufklärung verbindet mehr, als die Konfessionsgrenze trennt.

Die Räumlichkeiten der Restauration

Ganz anders der dritte Bauabschnitt. Im *Kölnischen Gesangbuch* des katholischen Pfarrers Albert Gereon Stein, erschienen *Köln 1852, erleidet das Ur-Lied tiefe Eingriffe in seine Bausubstanz. Von den zwölf Strophen bleiben bei Stein – vermittelt durch die zehnstrophige Herold-Fassung – nur noch fünf erhalten. Gleichzeitig bekommt das Lied einen neuen Anbau. Seine sechste, nun die Schlußstrophe, lautet:

Und wenn dereinst du wiederkehrst,
In Wolken richtend niederfährst:
Dann halt' verdiente Strafen ein;
Gib Kronen uns aus Gnad' allein!
Alleluja.

Bemerkenswert ist, daß diese Schlußstrophe keine Neuschöpfung ist. Der Kölner Pfarrer entnimmt sie wortwörtlich dem Himmelfahrtslied *O ewger König, Jesu Christ,* das Heinrich Bone als Nachdichtung des lateinischen Hymnus *Aeterne rex altissime* verfaßt und 1847 in seinem Gesangbuch **Cantate!* publiziert hatte. Die Übernahme ist programmatisch: Bones breit rezipiertes

Gesangbuch legt nämlich den Grundstein für die hymnologische Restauration, indem es gezielt auf voraufklärerisches und altkirchliches Liedgut zurückgreift. Das ursprünglich der Aufklärung verpflichtete Lied erhält in der Steinschen Version einen gewollt antiaufklärerischen Akzent. Denn das ganze Diterichsche bzw. Heroldsche Lied scheint nun von dem angehängten altkirchlichen Hymnenfragment aus redigiert worden zu sein: Genau *die* Strophen werden gestrichen, die optimistisch das gegenwärtige und zukünftige Heil besingen. Der – aus der ersten Fassung im wesentlichen erhaltene – Bericht über das Heilswerk Christi bekommt durch die neue Schlußstrophe nun eine andere Wendung: Das Lied klingt nicht mehr aus in der Gewißheit der himmlischen Freuden, sondern im Bewußtsein verdienter Strafen mit der Bitte um Gnade vor Recht beim Jüngsten Gericht.

Die nächste entstehungsgeschichtlich relevante Fassung findet sich in dem katholischen Gebet- und Gesangbuch *Lasset uns beten!* (*Regensburg 1881) des Jesuiten Joseph Mohr. Im Vergleich zur Steinschen Version ist das Lied hier um eine Strophe erweitert. Bei der Bearbeitung des Stückes scheint der Jesuit dem Kölner Pfarrer auf die Spur von dessen Kompilation gekommen zu sein. Vermutlich identifiziert Mohr Steins sechste als eine aus dem Bone-Lied *O ewger König, Jesu Christ* kommende Strophe und glaubt nun, ein Gleiches tun zu können: Seine fünfte ist dem gleichen Bone-Lied entnommen:

Die Engel mit Erstaunen sehn,
Was Wunder mit der Welt geschehn:
Von Fleischesschuld hat Fleisch befreit,
Der Gottmensch herrscht in Ewigkeit.

Mohr kompiliert wie Stein, allerdings ungeschickter: Er fügt die (berichtende) Engelstrophe in den Steinschen Gebetsteil des Liedes (Str. 4–6) und provoziert somit einen Bruch in der Kommunikationsstruktur. Der Subjektwechsel an der Anschlußstelle der Strophen 4 und 5 bildet einen zusätzlichen Stolperstein (4,4–5,1: wozu *du* bist von Gott erwählt. / *Die Engel* mit Erstaunen sehn; Vers 6,1 setzt dann wieder ein mit: O zieh uns immerdar zu dir ...).

Eine weitere wesentliche Veränderung von Mohr betrifft die Klanggestalt des Liedes. Diterich ließ seinen Text im *Mylius zur Melodie von *Dies ist der Tag, den Gott gemacht* singen. Mohr verbindet seine Version mit der bis heute üblichen Melodie, die er dem Gesangbuch von Johann *Leisentrit (in der Ausgabe Bautzen 1584) entnimmt.

Das «Einheitslied»

Die Fassung des Liedes, die dieser Edition zugrunde liegt, erscheint erstmals 1941 in einem Anhang zum Speyerer Gesangbuch. Von dort aus geht sie als eines der 74 **Einheitslieder*, die 1947 im Auftrag der Deutschen Bischofskonferenz zusammengestellt wurden, in die katholischen Diözesangesangbücher der 50er und 60er Jahre ein.

Dem unbekannten Bearbeiter des Liedes gelingt es, auf der Grundlage der Mohrschen Fassung durch gezielte Umstellungen und Neudichtungen einen Text zu schaffen, der sich durch literarische Stringenz und theologische Prägnanz auszeichnet. Die bei Mohr durch die deplazierte «Engelstrophe» verunklärte Kommunikationsstruktur wird wiederhergestellt: Im *Einheitslied* sind die Engel in den berichtenden Anfangsteil des Textes integriert; das Lied weist damit wieder die Abfolge Appell (Str. 1) – Bericht (Str. 2–4) – Gebet (Str. 5–7) auf. Gleichzeitig entstehen neue Binnenstrukturen. Die Strophen 2 und 3 enthalten jetzt fast parallele Aussagen: ... zerstört hat er des *Todes* Macht. / Er hat die *Welt* mit Gott versöhnt ... (Str. 2,2f) – ... was Wunder mit der *Welt* geschehen. / Sie lag im *Tod*, nun ist sie frei ... (Str. 3,2f), die jeweils einmal aus dem Blickwinkel der Christen (Str. 2), ein andermal aus dem der Engel (Str. 3) formuliert sind. Himmelfahrt, so das Lied, ist nur der eine Aspekt eines viel umfassenderen Geschehens: der Versöhnung der Welt mit Gott und der Entmachtung des Todes. Dieses «Werk» – ein Schlüsselbegriff des Johannesevangeliums für die Erlösung – ist nicht nur für die Menschen *hoch erfreulich* (Str. 1), sondern versetzt sogar die Engel in *Erstaunen* (Str. 3): daß sich der Sohn Gottes gewaltlos in den gewaltsamen Tod gibt, um den Tod der Welt zu besiegen, geht über ihre Vorstellung – ein uraltes Motiv, das sich schon in dem ältesten lateinischen Osterhymnus aus dem 4. Jahrhunderts findet.[5]

Am deutlichsten tritt die Kunstfertigkeit des unbekannten Bearbeiters in der von ihm neugeschaffenen Strophe 4 hervor. Das ganze Lied erhält durch sie einen strukturellen und thematischen Mittelpunkt. In genialer Dichte ist der Christushymnus aus dem Brief an die Philipper (Phil 2,6–11) in vier Verse gefaßt:

Er ward gehorsam bis zum Tod,
erhöht hat ihn der starke Gott!
Ihm ward zuteil ein Name hehr;
es ruft das All: Du bist der Herr!

Das im christlichen Bewußtsein dominant gewordene, vom Evangelisten Lukas geschaffene Modell einer (sichtbaren) «Himmelfahrt» (vgl. Str. 1,2: *der Herr fährt auf*) wird ergänzt durch das ältere und theologisch reflektiertere Modell der (jenseits von Raum und Zeit sich ereignenden) «Erhöhung» Christi. Dabei ist die Strophe eine Art Scharnier zu den vorausgehenden und nachfolgenden Versen: Der «Sieg Christi über den Tod» (Str. 3,3f.) wird in 4,1 inhaltlich präzisiert: Durch seinen eigenen Tod hat Christus den Tod besiegt. Das in direkter Anrede formulierte Bekenntnis in 4,4 (*Du bist der Herr!*), das in seinen kosmischen Dimensionen (*es ruft das All*) ein Rückbezug auf die singenden Christen und die staunenden Engel ist, leitet die Gebetssequenz der Strophen 5–7 ein: *Beschirmer ... bist Du, Herr Christ.* Das in den Strophen 2–4 vergegenwärtigte, mit der Himmelfahrt/Erhöhung Christi vollendete «Werk» ist nicht ferne Vergangenheit, sondern hat Auswirkungen für die Gegenwart und Zukunft der Singenden: Jetzt ist der zum Vater erhöhte Christus *Beschirmer, Haupt* und *Mittler* (Str. 5), dereinst wird er der *Richter* sein (Str. 7). Dem naiven Zukunftsoptimismus der Aufklärung und der angstbesetzten Gerichtserwartung der Restauration entgeht das Lied, indem es die in der christlichen Tradition eher selten gebrauchte Vorstellung des «Mitrichtens» und «Mitherrschens» aus Psalm 149 aufgreift.

Der anonyme Architekt des **Einheitsliedes* gibt dem zuletzt in der Mohr-Version verwinkelten und mit Stolperstufen versehenen Bau wieder eine klare und übersichtliche Struktur. Einige Zimmer werden geschlossen (insgesamt neun Verse des Mohrschen Textes), andere dafür errichtet, das Haus bekommt ein neues Zentrum und lichtere Verbindungstüren. Der so entstandene Raum ist einladend, er besticht durch Klarheit und Weite.

Abrißunternehmen Gotteslob

Leider bleibt dieser Zustand nicht lange erhalten. Um das Lied in das 1975 erscheinende **Gotteslob* aufnehmen zu können, glaubt eine Kommission, das *Einheitslied* mit der Abrißkugel bearbeiten zu müssen: Die Strophe 6 und 7 werden komplett beseitigt, von Strophe 5 sind nur noch einzelne Motive erhalten; sie bildet nun die Schlußstrophe: *Er ist das Haupt der Christenheit,/ regiert sein Volk in Ewigkeit./ Er triumphiert, lobsinget ihm,/ lobsinget ihm mit lauter Stimm!* Zum ersten Mal in der Geschichte des Liedes geschieht eine Rezeption ausschließlich durch Kürzungen; Neues wird nicht eingetragen, Vorhandenes lediglich eliminiert. Überblickt man die Verluste, so stellt man überrascht fest, daß gezielt der gesamte Gebetsteil des Einheitsliedes (Str. 5–7) getilgt wurde. Was von Strophe 5 noch erhalten ist, wird konsequent aus der «Du-» in die «Er-Form» übertragen (aus *Dir, unserem Haupte* ... wird *Er ist das Haupt* ...) Übrig bleibt vom Gebet einzig das Bekenntnis aus der «Philipper-Strophe»: *Du bist der Herr,* das aber nun im **Gotteslob* sozusagen folgenlos im All verhallt, da es weder auf der Erde noch im Himmel ein Echo findet. Die Menschen bleiben stumm, die Engel erstaunt.

Zusammen mit der Kommunikationsebene «Gebet» entfallen auch zwei Dimensionen, ohne die «Himmelfahrt» im gottesdienstlichen Bereich bislang nicht zu denken war: die spirituelle und die eschatologische. Mit der Streichung von Vers 6,1: *O zieh uns immerdar zu dir* kappt das **Gotteslob* nicht nur ein genuines Motiv des Himmelfahrtsliedes, das bis in die Erstfassung von Diterich zurückreicht, sondern auch einen vitalen Traditionsstrang der christlichen Spiritualität, der bis in die Heiligen Schriften Israels und der Kirche zurückführt. «Zieh mich nach dir, laß uns eilen» (Hld 1,4), fleht Sulamit, die Braut des Hohenliedes, ihren Geliebten an, und der um seinen Tod und seine Erhöhung/Himmelfahrt wissende Bräutigam Christus gibt gleichsam zur Antwort: «Und ich, wenn ich über die Erde erhöht bin, werde alle zu mir ziehen» (Joh 12,32). Generationen von Betern, von Ambrosius und Augustinus über Bernhard von Clairvaux und Martin Luther zu Sören Kierkegaard und Thérèse von Lisieux, konnten ihre Christusbeziehung mit der sehnsüchtigen Bitte der Sulamit artikulieren: «Zieh mich zu dir!» Dem heutigen Beter scheint das **Gotteslob* solches nicht mehr zuzutrauen: sich von Christus angezogen zu fühlen. Damit ist umgekehrt auch die Attraktivität des Ziehenden selbst in Frage gestellt: Zieht er nicht mehr? In gewisser Weise ist es dann nur die konsequente Folge dieser Beziehungskrise, wenn der einstmals geliebte Bräutigam auch nicht mehr zurückerwartet wird. Die *Gotteslob*-Version verliert jedenfalls keine Silbe über eine etwa zu erwartende Wiederkunft. Man hat den Eindruck, die Singenden müßten auf ewig wie einst die Apostel verlassen und sprachlos in die Wolken schauen, ohne daß jemals ein die Halsstarre lösendes Engelwort sie erreichte: «Was steht ihr da und schaut zum Himmel empor? Dieser Jesus, der von euch ging und in den Himmel aufgenommen wurde, wird ebenso wiederkommen, wie ihr ihn habt zum Himmel hinaufgehen sehen» (Apg 1,11).

A. F.

Der Mond ist aufgegangen

Edition

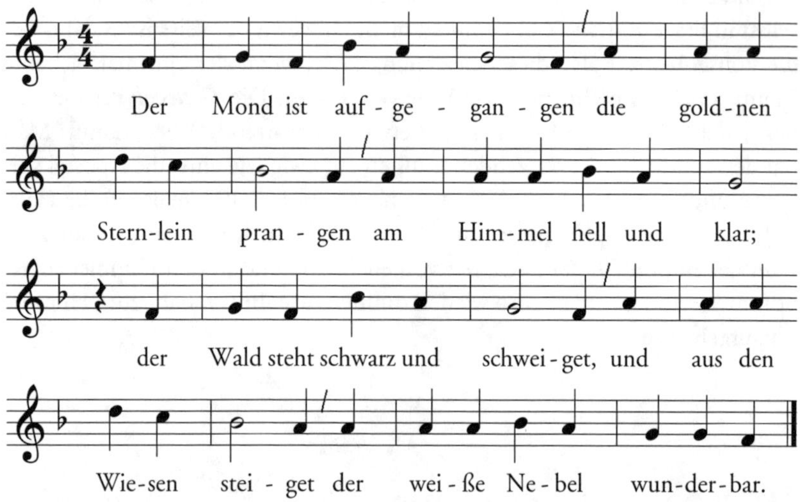

Abendlied

1. Der Mond ist aufgegangen
Die goldnen Sternlein prangen
Am Himmel hell und klar;
Der Wald steht schwarz und schweiget,
Und aus den Wiesen steiget
Der weiße Nebel wunderbar.

2. Wie ist die Welt so stille
Und in der Dämmrung Hülle
So traulich und so hold!
Als eine stille Kammer,
Wo ihr des Tages Jammer
Verschlafen und vergessen sollt.

3. Seht ihr den Mond dort stehen? –
Er ist nur halb zu sehen,
Und ist doch rund und schön!
So sind wohl manche Sachen,
Die wir getrost belachen,
Weil unsre Augen sie nicht sehn.

4. Wir stolze Menschenkinder
Sind eitel arme Sünder,
Und wissen gar nicht viel;
Wir spinnen Luftgespinste,
Und suchen viele Künste,
Und kommen weiter von dem Ziel.

5. Gott, laß uns *dein* Heil schauen,
Auf nichts Vergänglichs trauen,
Nicht Eitelkeit uns freun!
Laß uns einfältig werden,
Und vor dir hier auf Erden
Wie Kinder fromm und fröhlich sein!

* * *

6. Wollst endlich sonder Grämen
Aus dieser Welt uns nehmen
Durch einen sanften Tod!
Und, wenn du uns genommen,
Laß uns in Himmel kommen,
Du unser Herr und unser Gott!

7. So legt euch denn, ihr Brüder,
In Gottes Namen nieder;
Kalt ist der Abendhauch.
Verschon' uns, Gott! mit Strafen,
Und laß uns ruhig schlafen!
Und unsern kranken Nachbar auch!

Druckgeschichte und Druckvorlage

Das *Abendlied* von Matthias Claudius ist zuerst erschienen in: *Musen Almanach oder Poetische Blumenlese für das Jahr 1779*, hrsg. von Johann Heinrich Voß, Hamburg 1778, S. 184–186. Der Text ist mit «Asmus» unterschrieben.

Erstaunlicherweise erscheint das Lied bereits 1779 auch in der von Johann Gottfried Herder anonym herausgegebenen Sammlung *Volkslieder. Nebst untermischten anderen Stücken*, Theil 2, Leipzig. Es ist hier eins von nur zehn Liedern lebender Autoren.[1] Herder läßt allerdings kommentarlos die letzten beiden Strophen fort und weist in einer Anmerkung darauf hin, daß er dieses Lied aufgenommen habe, um «einen Wink zu geben, welches Inhalts die besten Volkslieder seyn und bleiben werden». Daß er das *Abendlied* als Volkslied und nicht als Kirchenlied verstanden hat, zeigt auch die Tatsache, daß er es nicht in das von ihm herausgegebene Kirchengesangbuch, das in *Weimar 1795 erschien, aufgenommen hat.

Unsere Edition richtet sich nach der Textfassung der Werkausgabe von Matthias Claudius: *Asmus omnia sua secum portans, oder Sämmtliche Werke des Wandsbecker Bothen, IV. Theil. Beim Verfasser und in Comißion bey Gottlieb Löwe in Breslau* (1783).[2] Claudius hat gegenüber dem Erstdruck im *Musen Almanach* an folgenden Stellen geändert: 5,1 *dein* wird gesperrt und halbfett hervorgehoben; 6,3 endet anstatt mit Komma mit Ausrufezeichen; 6,6 ersetzt *Du lieber treuer frommer Gott!* durch *Du unser Herr und unser Gott!*; 7,4 ändert *Verschon' uns Gott* in *Verschon' uns, Gott!*. Vor die beiden letzten Strophen, die Herder weggelassen hatte, hat Claudius drei Sternchen drucken lassen.

Die Melodie ist wiedergegeben nach *EG 482. Sie entspricht der Originalfassung, die zu finden ist in: Johann Abraham Peter Schulz, *Lieder im Volkston, bey dem Claviere zu singen*. Dritter Theil, Berlin 1790, S. 52.

Der Autor: «Immer eine Figur am Rande»[3]

Umstritten war er von Anfang an und ist es bis heute: der Wandsbecker Bote Matthias Claudius (1740–1815).[4] Mit Herder, Hamann und Lavater war er befreundet, aber für Wilhelm von Humboldt war er eine «völlige Null», und Goethe fand, er sei «ein Narr [...] voller Einfaltsprätensionen» (an Herder, 1787).

Sein Theologiestudium hatte der Pfarrerssohn abgebrochen und sich – nach manchen Zwischenstationen – ab 1771 in dem kleinen Wandsbeck in der Nähe von Hamburg niedergelassen. Von einem kurzen Aufenthalt in Darmstadt abgesehen, lebte er dort zurückgezogen, von Beruf schreibender Familienvater, bis kurz vor seinem Tod.

Von 1771 bis 1775 gab er den *Wandsbecker Boten* heraus. Der erschien viermal in der Woche, brachte überwiegend politische Nachrichten, auf den letzten Seiten aber auch Artikel zur Literatur, Rezensionen, Kurzgeschichten, Gedichte und ähnliches. Der *Bote* war eine Dorfzeitung, in der volkstümlich geschrieben werden mußte, für die Claudius aber Beiträge der Großen seiner Zeit gewann: Goethe, Herder, Lessing, Bürger, Hölty, Voß und andere sind hier zu nennen.

Nachdem die Zeitung eingegangen war, lebte Claudius zum großen Teil von Übersetzungen und von den Erträgen seiner Gesammelten Werke, die er von 1775 bis 1812 unter dem Titel *Asmus omnia sua secum portans, oder Sämmtliche Werke des Wandsbecker Bothen* in acht Teilen erscheinen ließ. Die Sammlung zeigt als Titelkupfer den Tod als Knochenmann mit Sense, unterschrieben mit «Freund Hain», und wird mit folgender Widmung eröffnet: *Das erste Kupfer ist Freund Hain.* Ihm dedizier ich mein Buch, und Er soll als Schutzheiliger und Hausgott vorn an der Haustüre des Buchs stehen.» (Diese Form der Bezeichnung des Todes geht auf Claudius zurück.)[5]

Der Autor versteckt sich in seinen Texten hinter Pseudonymen: «Asmus», «Der Bote»; er verwickelt sich in fiktive Dialoge mit «Vetter Andres», dem «Kaiser von Japan» etc. Die Texte folgen einander in bunter Mischung der Gattungen, scheinbar spielerisch durcheinandergewürfelt, vom Autor allerdings bewußt angeordnet: Erbauliches, Philosophisches und Scherz, Prosa und Vers, Rezension, Lied, Bild, Brief und Gespräch. Schon die Anordnung macht deutlich, daß für Claudius Literatur und Alltagsleben, Gespräch und Poesie, Wahrnehmen und Denken, Erleben und Glauben unlöslich miteinander verschränkt sind.

Weil er immer wieder den Vernunftglauben seiner Zeit bespöttelt und bekämpft und zu Kant gelegentlich deutlich auf Distanz geht, halten die einen ihn für aufklärungsfeindlich – wohl ohne dabei die Komplexität dessen, was «Aufklärung» in Deutschland gewesen ist, im Blick zu haben. Andere werfen ihm zu große Nähe zur Aufklärung vor. Im Fragmentenstreit stellt er sich gegen den orthodoxen Pfarrer Goeze auf die Seite Lessings. Immer wieder fordert er Toleranz, wendet sich aber nach den Erfahrungen mit der Französischen Revolution gegen die Aufhebung der Zensur. Er gilt auf weiten Strecken als Reaktionär.

Die Spätromantik (Eichendorff) vereinnahmt ihn, Schopenhauer gehört zu seinen Fürsprechern, und Karl Kraus druckt mitten im Ersten Weltkrieg in der *Fackel* einen Zyklus von Claudius-Gedichten ab als «eine Stimme gegen das dröhnend-hohle Pathos der untergehenden Donaumonarchie»; er rechnet ihn unter die «allergrößten deutschen Dichter».[6] Bis in die jüngste Zeit wird er als «Kalenderonkel», als «exemplarisch deutsches Gemüt mit theologisch morschem Knochengerüst» verspottet oder verachtet als einer, der die gesellschaftliche Wirklichkeit seiner Zeit verdrängt und stabilisiert habe. Er ist hochgebildet in Literatur, Philosophie und fremden Sprachen, aber unbeirrt hält er daran fest, daß Bildung und Wissen das Geheimnis der Offenbarung nie erreichen werden: «Es ist immer so, Andres, die Hauptpunkte einer Religion sind verhüllt und zugedeckt; ... Wie es nun überhaupt mit Geheimnissen ist; wer sie nicht weiß, der erklärt sie, und wer sie erklärt, der weiß sie nicht.»[7]

Matthias Claudius

«Den Theologen zu lyrisch, den Literaten zu fromm», so könnte das Fazit lauten, und für seine Interpreten ist er angesiedelt irgendwo zwischen einem «Einfaltspinsel» und einem «literarischen Schlitzohr».[8]

Klang

Schönheit und Sprachkraft des Textes werden unmittelbar erfaßt, wenn man zunächst alle sieben Strophen hörbar liest und sinnenhaft wahrnimmt: Form, Metrum, Sprachklang, Sprachstil und wechselnde Sprechrichtungen.

Die Strophenform hat Claudius nicht erfunden. Er übernimmt sie von Paul Gerhardts berühmtem Abendlied *Nun ruhen alle Wälder.* Ihr Kennzeichen: klare Zweiteiligkeit, strukturiert durch zwei Versterzette. Jeweils die ersten beiden Zeilen – siebensilbig – sind durch Paarreim mit weiblicher Endung verbunden; diese Zeilenpaare sind dreihebig. Auf das erste antwortet ein ebenfalls dreihebiger sechssilbiger Vers, der auf männliche Silbe endet und so die Bewegung bremst. Auf das zweite Zeilenpaar antwortet ein achtsilbiger vierhebiger Vers, der ebenfalls auf männliche Silbe endet und dank seiner Verlängerung die Strophe in einem «nachdrücklich verweilenden Ausklang»[9] enden läßt. Auch der Schweifreim, der die beiden Strophenhälften verbindet (Zeile 3 und 6), verstärkt diese Schlußwirkung.

xx́ xx́ xx́ x a
xx́ xx́ xx́ x a
xx́ xx́ xx́ b
xx́ xx́ xx́ x c
xx́ xx́ xx́ x c
xx́ xx́ xx́ xx́ b

Beim hörbaren Lesen nimmt man dann auch die anderen klanglichen Mittel der Sprache wahr: Alliteration (1,3: *Himmel hell,* 1,4: *schwarz und schweiget*), Assonanz (1,4: *Wald schwarz,* 2,5: *Tages Jammer*), Lautmalerei (die Häufung des einlullenden l[10] in Str. 2), die im Zusammenhang mit der Bildhaftigkeit der gewählten Worte wie von selbst unaufdringlich einen vielschichtigen sinnenhaften Reiz entstehen lassen. Dies alles klingt in einer einfachen Sprache, die sich überwiegend parataktisch von Zeile zu Zeile fortspinnt, Anleihe an Kindersprache ebenso kennt (*Sternlein*) wie dogmatische Begriffe (*Sünder*), sich auf der Ebene von Naturlyrik ebenso bewegt wie im Bereich des alltäglichen Lebens (*kranker Nachbar*). Immer wieder taucht die Sprechform der Anrede auf, wobei die Sprechrichtung wechselt: *ihr* (2,6), *wir* (3,5), *Gott* (5,1), *ihr Brüder* (7,1), Gott (7,4). Es leuchtet ein, diesen Wechsel der Sprechrichtung darauf zurückzuführen, daß im *Abendlied* der Hausvater Claudius eine häusliche Abendandacht im Kreise der Familie entwirft: Betrachtung der abendlichen Natur, daraus resultierende Reflexion im Predigtton, Gebet, Entlassung in die Nacht.[11] Aber auch abgesehen von diesem vielleicht ursprünglichen «Sitz im Leben» des *Abendliedes* gilt, daß im gesamten Werk des Dichters das Gespräch charakteristische Redeweise ist: Die Botschaft des *Boten* ist weithin persönliche Anrede. Das ist die ihrem Inhalt gemäße Form.

«Abendlied»

Die Überschrift stellt das Gedicht in die Tradition einer literarischen Gattung, die es in Antike und Mittelalter in Gestalt lateinischer Abendhymnen, aber erst seit der Reformationszeit als deutschsprachiges Lied gibt. Zu dieser Gattung gehören bestimmte Motive: Benennung der Charakteristik der Tageszeit, Dank und Rückblick auf den Tag, Bitte um Vergebung – und auch Todesgedanken, denn das Sich-Niederlegen zum Schlaf wird gedeutet als Gleichnis für das Sich-Niederlegen zum Sterben.

In dieser älteren christlichen Tradition ist die Abendstunde die Stunde der Finsternis. Sie wird als bedrohlich empfunden, und deswegen wird Christus als das Licht angerufen und um Schutz gebeten: *Christe, qui lux es et dies* (Christ, der du bist der helle Tag).[12] Noch in Paul Gerhardts Abendlied, an das Claudius nicht nur formal anspielt, sondern das er in zwei Versen fast wörtlich zitiert (1,2; 7,5), heißt es:

Wo bist du, Sonne, blieben?
Die Nacht hat dich vertrieben,
die Nacht, des Tages Feind.
Fahr hin; ein andre Sonne,
mein Jesus, meine Wonne,
gar hell in meinem Herzen scheint.[13]

Wie anders ist die Stimmung der Abendstunde bei Matthias Claudius: Zug um Zug gezeichnet – in jedem Vers steht nur ein einziges Substantiv – und sparsam koloriert (*gülden, schwarz, weiß*) entsteht in Strophe 1 ein konkretes Bild abendlicher Natur und Landschaft. Nicht die untergegangene Sonne bestimmt die Wahrnehmung, sondern der aufgegangene Mond. Auch ist nicht alles finster: Über der dunklen Erde wölbt sich ein Himmel, an dem Mond und Sterne festlich strahlen, und der Mond markiert die Grenze zwischen unten und oben. Die Strophe ist antithetisch zweigeteilt, die erste Hälfte malt den himmlischen, die zweite den irdischen Bereich. Dabei erscheint das Oben transparent, wirkt vertrauter (*hell und klar*) als die doch viel nähere abendliche Natur. Diese wird als ambivalent wahrgenommen. Der reglose, lautlose Wald in seiner Schwärze und der weiße Nebel sind faszinierend und unheimlich zugleich. Verbindet der aufsteigende Nebel Erde und Himmel, oder wird er, wenn er höher steigt, die Sicht auf den Schein von Mond und Sternen verdecken?[14] Ein leichter Schauder deutet sich an: Ungreifbar, *wunderbar* ist, was da wahrgenommen wird, – oszillierend zwischen Bedrohung und Faszination.[15] Die stille Welt wirkt *traulich* und *hold* (Str. 2), aber nur, weil die Dämmerung sie einhüllt und die klaren Konturen des Tageslichts, der Zeit des Wachbewußtseins, wohltuend zerfließen läßt. Welch eine Provokation für die lichtgläubige Aufklärung, deren höchstes Ziel und höchster Stolz waches Wissen ist! Aber das *Abendlied* weiß: Die Welt unverhüllt sehen, heißt, den Riß wahrnehmen, der durch sie geht, *des Tages Jammer.* Am Abend ist das Ziel nicht Wissen, sondern *Vergessen.*

Die unbeleuchtete Seite des Mondes

Unversehens ist schon am Ende der zweiten Strophe die Sprache in die Anredeform geglitten. Jetzt spricht der Aufklärer Claudius zu seinen vernünftigen Zeitgenossen. Dabei greift er ein aufklärerisches Muster, nämlich die Argumentation mit der Natur, auf, um über die Situation des Menschen «aufzuklären». Er tut das mit leichtem Predigtton: Der Mond hat noch eine andere Seite. Wer nur das, was er selbst sehen kann, für das Ganze hält, täuscht sich nicht nur über die Beschaffenheit der Welt, sondern auch über sich selbst und die ihm gesetzte Grenze. Er produziert nebelähnliche «Luftgespinste» und verliert über dem Vielerlei das Eine.

So kann die Stunde der Dämmerung zur Stunde der Selbsterkenntnis werden. Das erinnert an das Gespräch *Passe-Temps zwischen mir und meinem Vetter in der Schneiderstunde (Twilight).* Es geht der Frage nach, wieviel zwei Augen sehen können und schließt: «O Vetter, wenn dir ein Mensch vorkömmt der sich so viel dünkt und so groß und breit dasteht; wende dich um und habe Mitleiden mit ihm. *Wir* sind nicht groß, und unser Glück ist, daß wir an etwas Größers und Bessers glauben können.»[16]

Wer *manche Sachen* belacht, verlacht, ohne es zu wissen, am Ende sich selbst.

Einfältig werden

Wieder wandelt sich die Sprechrichtung, das Lied wird zum Gebet: Die Anrufung «*Gott*» eröffnet Strophe 5 und beschließt Strophe 6. Fast alle Silben in 5,1 haben starke Betonung, das natürliche Gleichmaß ist hier empfindlich gestört, «kunstvoll komponiertes formales Indiz dafür, daß der sachliche Kern erreicht ist»:[17] *Gótt, láß uns deín Héil schaúen.* In der Werkausgabe von 1783 ist das Wort *dein* gegenüber der Erstausgabe verdeutlichend halbfett und gesperrt gedruckt – offensichtlich in Gegensatz gestellt zu dem in Strophe 4 genannten Vielerlei an Undurchsichtigkeiten, das die *Menschenkinder* produzieren. (Die Herausgeber des *EG haben diesen Zusammenhang nicht mehr verstanden und, wie schon frühere Gesangbücher, metrisch geglättet in *Gótt, láß dein Héil uns schaúen*; dadurch erhält der dogmatische Begriff eine ursprünglich ihm nicht zugedachte Hervorhebung.)

Das Heil ist unvergänglich. Wer es *schauen* will, wird sich nicht an das Vergängliche binden dürfen: Wir bleiben «nicht ewig unter den Sternen und unser Erdenleben ist nur eine ganz kleine Bahn unsrer Existenz; und da verläßt uns die Gelehrsamkeit!»[18] Das ist uralte menschliche Einsicht. Sie führt im *Abendlied* weder zu Lebensverdruß noch zu Lebensangst, aber sie mündet in die Bitte um die Einfalt eines Lebens *wie Kinder.* Einfalt ist weder Dummheit noch Naivität; sie hat auch nichts mit Verachtung von Wissenschaft zu tun. Einfalt ist die Kraft, selbstvergessen das Leben auf ein Einziges auszurichten – ohne Berechnung: «Wolle nur einerlei, und das wolle von Herzen», schreibt Claudius 1799 an seinen Sohn Johannes.[19] Es gibt Lebenserfahrung, die nur in Einfalt gelingt: Liebe. Auch Glaube.

Einfältiges Leben kennt die Lebensfreude, ohne daß es den Tod verdrängt, und nach dem Tod bleibt solchem Leben der *Himmel,* der nun (in 6,5) nicht mehr der Abendhimmel (von 1,3) ist, sondern Ort eschatologischen Heils, das *unsre Augen nicht sehen* (3,6). «Jenseit des Monds ist alles unvergänglich.»[20]

Ein kalter Hauch

Strophe 7 lenkt zurück zur abendlichen Situation des Anfangs. Der Blick wandert vom Himmel zur Erde, aber nicht mehr zu Wald und Wiese, sondern zu den Menschen, zu einer Bruderschaft, die auch den Vereinzelten mit einschließt.

Es folgt aber kein idyllischer Schluß. Im dritten Vers stolpert das Metrum, die sonst auftaktige erste Silbe erhält den Ton: *Kält*. Das ist nicht nur eine Kälte, die man mit dem Thermometer mißt. Es ist eine Kälte, die das Herz frieren läßt,[21] eine Furcht um das eigene Selbst, eine Ahnung bleibender Gefährdung (*Strafen*) und, völlig überraschend, ein Gedanke an den *kranken Nachbar*, den des *Tages Jammer* (2,5) auch nachts besucht. Am Ende bleibt alles offen. Vielleicht ist die Welt nicht *traulich* und *hold* – auch abends nicht?

Unmittelbar vor dem *Abendlied* steht in der Werkausgabe ein Text (*Vorrede des Übersetzers*, 1782), in dem sich folgende Sätze finden:

> Wir Menschen gehen doch wie im Dunkeln, sind doch verlegen in uns und können uns nicht helfen, und die Versuche der Gelehrten, es zu tun, sind nur brotlose Künste. Auch ist das Gefühl eigener Hülflosigkeit zu allen Zeiten das Wahrzeichen würklich großer Menschen gewesen, ist überdem ein feines Gefühl, und vielleicht der Hafen, aus dem man auslaufen muß um die Nordwestpassage zu entdecken.[22]

Die Nordwestpassage ist «der seit dem 16. Jahrhundert gesuchte Seeweg zwischen Atlantik und Stillem Ozean über die Nordküste Amerikas»,[23] der erst nach 1850 gefunden wurde. Für Claudius ist sie Sinnbild bisher noch nicht erfüllter Suche.

Der Komponist und die Melodie

Johann Abraham Peter Schulz (1747–1800), Schüler des Bach-Schülers Johann Philipp Kirnberger, gehört zur Zweiten Berliner Liederschule um Reichardt und Zelter. Unter dem Einfluß von Herder wurde für diese Komponisten das einfache Volkslied zum Ideal und zum Vorbild für das künstlerische Liedschaffen. Schulz gab zwischen 1782 und 1790 seine *Lieder im Volkston, bey dem Claviere zu singen* heraus. In der Vorrede zur zweiten Auflage heißt es:

> Zu dem Ende habe ich nur solche Texte aus unsern besten Liederdichtern gewählt, die mir zu diesem Volksgesange gemacht zu seyn schienen, und mich in den Melodien selbst der höchsten Simplicität und Faßlichkeit beflissen, ja auf alle Weisen den Schein des Bekannten darinzubringen gesucht ... In diesem Schein des Bekannten liegt das ganze Geheimniß des Volkstons.[24]

Der «Schein des Bekannten» tritt in der Melodie zum *Abendlied* nicht nur im allgemeinen, sondern in einem speziellen Sinn entgegen, weil sich Schulz –

wie Claudius im Hinblick auf den Text – hier an der Vorlage des Paul-Gerhardt-Liedes orientiert. Es ist reizvoll, sich an diesem Beispiel einmal klarzumachen, welch exzeptionelle Fernwirkungen über Jahrhunderte hin von einer Melodie ausgehen können.

Exkurs zur Geschichte der Melodie

Sieben Zeilen in rhythmischer Vielfalt

Die älteste überlieferte «Keimzelle» ist die in einem vierstimmigen Satz von Heinrich Isaac als cantus firmus erscheinende Melodie des Innsbruckliedes:

Die sechs Textzeilen werden hier zu sieben Melodiezeilen, die folgendermaßen geordnet sind: a b c/a' (nur der Anfangston der Zeile ist anders an in a!) b d d. Es ist anzunehmen, daß die Wiederholung der letzten Zeile, die im Unterschied zu den anderen Zeilen nicht syllabisch, sondern großbogig melismatisch gestaltet ist, auf Isaac zurückgeht. Dafür spricht die Tatsache, daß andere Kompositionen aus dem 16. Jahrhundert die letzte Zeile nur einmal bringen.[25]

Einige Kennzeichen der Melodie: Tonart F-Dur, Tonraum eine kleine Sexte (zwischen dem Leitton e' und der Oberquinte c"); rhythmische Bewegtheit und Vielfalt, aber ein durchgehendes Schwingen in Halben; Tonfortschreitungen in kleinen Schritten (Sekunden und Terzen). Zu der natürlichen Polarität zwischen Grundton und Quinte kommt eine starke Präsenz der Terz – sie ist der häufigste Ton und klingt am längsten. Und schließlich: Da die ersten fünf Zeilen am Ende jeweils den Grundton vermeiden, baut sich von Anfang an eine Spannung auf, die erst am Ende der sechsten bzw. siebten Zeile durch die bestätigende Wirkung des Grundtons gelöst wird. So entsteht der Gesamteindruck einer von Zeile zu Zeile wachsenden Verdichtung.

Zwei Zeilenterzette in rhythmischer Vielfalt

Zum Innsbrucklied entsteht eine geistliche Kontrafaktur, das Sterbelied *O Welt, ich muß dich lassen.*[26] Bartholomäus Gesius überliefert die Melodie 1605 als Oberstimme eines vierstimmigen Satzes; sie ist sechszeilig.:

In den Zeilen 1 und 2 bzw. 4 und 5 erscheint die rhythmische Gestalt nun noch spannungsreicher durch vermehrt auftretende Antizipationen; in der dritten Zeile ist die Tonfolge geändert, vor allem aber die Schlußzeile erscheint in anderer Gestalt: Sie bleibt eine Langzeile, wird aber syllabisch und verwendet Ton für Ton das Material der geänderten dritten Zeile, aber in doppelter Länge. Diese sechste Zeile übernimmt also musikalisch jetzt quasi die Funktion des «Schweifreimes», der zum einen hörbar macht, daß die Melodie deutlich aus zwei Teilen besteht, und der zudem die Gesamtspannung bis zum Ende aufrechterhält. Die Tonart bleibt, der Tonraum wird einmal kurz zur Unterquart hin ausgeweitet (am Anfang der Zeile 6). Diese Melodie hat sich durch Jahrhunderte hoher Wertschätzung erfreut, wie die häufigen Bearbeitungen, neuen Textzuweisungen und Umformungen zeigen. Paul Gerhardt wählt sie für *Nun ruhen alle Wälder*; auch sein Passionslied *O Welt, sieh hier dein Leben*[27] verband sich mit ihr,[28] und im katholischen Bereich begegnet sie als *O heilge Seelenspeise.*[29]

Zwei Zeilenterzette in gleicher Bewegung

Johann Sebastian Bach verwendet Strophen des Gerhardtschen Passionsliedes in seinen beiden großen Passionen. In seiner Zeit ist die rhythmische Gestalt der Melodie bereits geglättet; dadurch, daß nun auch Zeile 6 die Bewegung von Zeile 3 übernommen hat, ist die Beziehung zwischen den beiden Strophenhälften noch enger geworden: a b c / a b c'. In dieser Form lag die Melodie, angereichert mit Erinnerung an Texte, die von Abschied, Übergang vom Tag zur Nacht, aber auch vom Leben zum Tod sprachen, Schulz vor. Vermutlich war aber, aufgrund der Vorlage, die Abendmotivik am stärksten assoziiert.[30]

Der «Schein des Bekannten»

Der Vergleich der beiden Fassungen zeigt, daß es Schulz darauf ankam, den Melodietyp seiner Vorlage beizubehalten: gleiche Bewegung in allen Zeilen, genaue Entsprechung der beiden Zeilenterzette; der «Schein des Bekannten», auch in der Wahl der Tonart, ist gewahrt.[31]

Und doch ist etwas charakteristisch Neues entstanden: Die Melodie unterschreitet nirgends mehr den Grundton, gewinnt aber nach oben Raum bis zur Sexte d''. Das bewirkt zum einen eine hörbare Aufhellung des Gesamteindrucks und erlaubt darüber hinaus eine neue Konstruktion des Ganzen: Zeile 2 wird vom Hörer nun wie eine leicht variierte («gebrochene») Sequenz zu Zeile 1 gehört; demzufolge sind Zeile 4 und 5 ebenso verbunden; die musikalische Struktur macht jetzt den Paarreim des Textes hörbar; zugleich aber werden durch die Tonrepetitionen (dreimal a') am Anfang die Zeilen 3 und 6 mit den vorangegangenen Reimzeilenpaaren verbunden, denn auch hier hört man eine Sequenz. Die gesamte Melodie wird also vom Material der ersten Zeile entfaltet, und innerhalb der sechs Zeilen herrscht ein dichtes Beziehungsgeflecht. Gegenüber der Vorlage tritt nun die Terz (a') noch stärker hervor; in Verbindung mit der neu hinzutretenden Sext (d") verleiht sie der Weise den Ton der Empfindsamkeit. Dadurch, daß Zeile 1 und Zeile 4 schrittweise von der Oberquart (b') her wieder zum Grundton geführt werden und daß insgesamt Repetitionen und Sekundschritte überwiegen, entsteht gegenüber der Vorlage der Eindruck noch größerer Ruhe.

Dem Ideal der damaligen Zeit entspricht die Melodie, weil sie auch einstimmig, also ohne Begleitung, «vollkommen» ist und weil sie «wie ein Kleid dem Körper, sich der Declamation und dem Metro der Worte anschmiegt».[32] Schulz hat ihr einen ganz schlichten Begleitsatz beigegeben, der darauf verzichtet, den Fortgang der Melodie durch gewichtige, häufig wechselnde Akkorde choralmäßig zu stilisieren. Seine Melodie soll zeitlos wirken.[33]

Wirkungsgeschichte

Die in seltener Weise geglückte Einheit eines Textes mit seiner Melodie, die beide auf ihre je eigene Weise höchst kunstvoll den «Schein der Einfachheit» gestalten, hat dem *Abendlied* eine beispiellose Popularität beschert. Es ist von «überwältigender Berühmtheit»[34] und gilt als «eines der bekanntesten, wenn nicht überhaupt das bekannteste deutsche Lied».[35]

Früh und schnell hat es sich weit verbreitet: Von Herders Volksliedanthologie aus wanderte es in unzählige andere Sammlungen.[36] Der Weg in die Kirchengesangbücher verlief nicht so geradlinig und ist fast ganz auf den evangelischen Bereich beschränkt. Aufklärungsgesangbücher übernahmen das Lied nur teilweise: Die empfindsame Stimmung und die «Naturfrömmigkeit» kamen ihnen entgegen, die Vernunftkritik war für sie problematisch. Etliche Gesangbücher bereinigen denn auch Claudius' Text sprachlich und theologisch. Wir sind nicht mehr *eitel arme Sünder*, sondern wir machen manchmal etwas falsch: *Wir fehlen – mehr und minder* (4,2).[37] Die Gesangbücher der Restauration aus der zweiten Hälfte des 19. Jahrhunderts brachten das Lied teilweise im Anhang als «Geistliches Volkslied», teils aber auch im Hauptteil. Man erkannte seine Bedeutung, spürte aber wohl, daß sein Ort das Haus ist, nicht die Kirche. *EKG, *EG und *RG bringen es im Stammteil bei den Abendliedern. *GL bringt das Lied nicht.

Aber wie zu Johann Gottfried Herders Zeiten behauptet es seinen Platz bis heute auch in außerkirchlichen Sammlungen: So steht es z. B. im 1993 erschienenen, vom Deutschen Sängerbund empfohlenen *Volksliederbuch*, das über 300 Lieder enthält[38] – allerdings ohne die sechste Strophe. Es gilt dort als das «immer noch bekannteste aller deutschen Lieder». Es steht dahin, ob die, die es heute singen und sich von der Wärme seiner Melodie und der «Kindereinfalt»[39] des Textes anrühren lassen, spüren, daß in diesem Lied ein schmerzlicher Riß durch die vertraute Welt geht und sie leicht erbeben läßt. Der «Schein der Einfachheit» von Sprache und Melodie hat aus dem *Abendlied* ein Volkslied gemacht, das auf den ersten Blick einfältig anmuten mag. Bei näherem Hinsehen zeigt sich allerdings, daß im Lied «Einfalt» nicht gegeben ist, sondern erst erbeten wird: für ein Leben auf schwankendem Grund.

C. R.

Wenn ich ihn nur habe

Edition

1. Wenn ich ihn nur habe,
Wenn er mein nur ist,
Wenn mein Herz bis hin zum Grabe
Seine Treue nie vergißt:
Weiß ich nichts von Leide,
Fühle nichts, als Andacht, Lieb' und Freude.

2. Wenn ich ihn nur habe,
Lass' ich alles gern,
Folg' an meinem Wanderstabe
Treugesinnt nur meinem Herrn;
Lasse still die Andern
Breite, lichte, volle Straßen wandern.

3. Wenn ich ihn nur habe,
Schlaf' ich fröhlich ein,
Ewig wird zu süßer Labe
Seines Herzens Flut mir sein,
Die mit sanftem Zwingen
Alles wird erweichen und durchdringen.

4. Wenn ich ihn nur habe,
Hab' ich auch die Welt;
Selig, wie ein Himmelsknabe,
Der der Jungfrau Schleier hält.
Hingesenkt im Schauen
Kann mir vor dem Irdischen nicht grauen.

5. Wo ich ihn nur habe,
Ist mein Vaterland;
Und es fällt mir jede Gabe
Wie ein Erbteil in die Hand;
Längst vermißte Brüder
Find' ich nun in seinen Jüngern wieder.

Druckvorlage

Text: Nach dem Erstdruck im *Musen-Almanach für das Jahr 1802,* hrsg. v. August Wilhelm Schlegel und Ludwig Tieck, Tübingen 1802, S. 199–200 (wie in der historisch-kritischen Ausgabe,[1] hier orthographisch modernisiert). Aus der Handschrift (Frühjahr 1799), die ansonsten keine nennenswerten Abweichungen zeigt, läßt sich erkennen, daß die dritte Strophe nachträglich eingefügt wurde.

Melodie: *DEG 1915. Nach *Zahn (Nr. 358–361) stammt die hier abgedruckte, in ruhigen Bögen verlaufende Melodie von Karl Breidenstein (1825). Sie setzt sich mit kleinen Variationen in der zweiten Hälfte des 19. Jahrhunderts gegen zahlreiche konkurrierende Weisen durch.[2]

Einfalt als Kunst

Die schlichte, irritationslose Innigkeit des Liedes macht seinen Reiz aus. *Wenn ich ihn nur habe,* versichert das Lied – und wir nehmen vorläufig an, mit «ihn» sei Jesus gemeint –, dann löst sich jeglicher Schmerz des Lebens auf. Dann vergesse ich alles Leid (Strophe 1), dann gehe ich vertrauensvoll steile, dunkle und einsame Pfade, auch wenn die anderen auf breiten Straßen wandeln (Strophe 2, nach Mt 7,13 f.), dann löst sich alles wie im Schlaf, dann erweicht die Liebe alles Verhärtete (Strophe 3). Wenn ich ihn habe, habe ich zugleich die Welt, verspricht die vierte Strophe. Selig, wie der Knabe auf dem Arm der Sixtinischen Madonna (der den Schleier der Jungfrau hält), schaue ich das Irdische, das sich im Schauen verzehrt und zur Idee verzaubert. Erlöst, das heißt bei Novalis gelöst, aufgelöst, verflüssigt, geschmeidigt, präsentiert es sich frei von Grauen. Dort, wo ich ihn habe, wird die Welt zum Vaterland, alles ist dort Geschenk, nichts mehr Kampf, alles gehört mir dort immer schon, der Zeiten-

Friedrich von Hardenberg (Novalis). Gemälde von Franz Gareis (Novalis-Museum, Schloß Oberwiederstedt)

abstand ist aufgehoben, anstelle der anderen, die auf den breiten Straßen wandern, finde ich die Gemeinschaft der Heiligen, Jesu Jünger von damals bis heute – ob lebend, ob verstorben –, finde zurück in meine ursprüngliche Heimat (Strophe 5).

Novalis wollte kein gewöhnliches pietistisches Jesuslied schreiben. Sein Ehrgeiz reichte weiter. Er wollte innovativ sein. Das Vaterland, von dem er spricht, ist in der Welt, nicht im Himmel oder im Jenseits. Die Welt ist eine versteinerte Zauberstadt, die erstarrte und erfrorene Gestalt eines ursprünglich Wunderbaren. Es gilt, sie wieder flüssig zu machen. Der Poet sucht nach dem Zauberstab, der das Vaterland wieder sichtbar macht. «Die Welt muß romantisirt werden. So findet man den urspr[ünglichen] Sinn wieder.»[3] Romantisieren heißt, vom Ideal so zu sprechen, als sei es schon da. Bewußt und methodisch wird das goldene Zeitalter erzeugt, indem wir uns verhalten, als bestehe es bereits. «Glauben ist die Operation des Illudirens.»[4]

Alles kann Mittler sein – die Geliebte, ein König, der Dichter, natürlich auch Christus, natürlich, obgleich Novalis Protestant war, auch Maria. Der Himmel auf Erden, den *Wenn ich ihn nur habe* imaginiert, wird auch im letzten der Geistlichen Lieder beschworen. Im Blick der Seele auf Maria öffnet sich eine Art Himmel:

Ich sehe dich in tausend Bildern,
Maria, lieblich ausgedrückt,
Doch keins von allen kann dich schildern,
Wie meine Seele dich erblickt.

Ich weiß nur, daß der Welt Getümmel
Seitdem mir wie ein Traum verweht,
Und ein unnennbar süßer Himmel
Mir ewig im Gemüthe steht.[5]

Maria ihrerseits kann jederzeit traumhaft mit der Geliebten verschwimmen. «Er stand vor der himmlischen Jungfrau, da hob er den leichten, glänzenden Schleyer, und Rosenblüthchen sank in seine Arme.»[6] *Wenn ich ihn nur habe* spricht im engeren Sinne zweifellos von Jesus, aber es spricht zugleich von Mittlerschaft überhaupt. Auch die verstorbene Geliebte ist nicht fern. Auf dem gleichen Handschriftenblatt steht das Lied:

Unter tausend frohen Stunden,
So im Leben ich gefunden
Blieb nur eine mir getreu;
Eine, wo in tausend Schmerzen
Ich erfuhr in meinem Herzen,
Wer für uns gestorben sey.

Diese eine Stunde, in der Jesus starb, fließt seltsam mit der Stunde im März 1797 zusammen, in der die geliebte Braut Sophie von Kühn verschied. In jenen Tagen war es dem Fünfundzwanzigjährigen, als löste der Grabhügel sich auf – «Das Grab blies ich wie Staub, vor mir hin».[7] Im Lied erfährt er, mit Jesus verschmelzend, eine Art Auferstehung. Das Irdische wird schwerelos. Plötzlich wird *des Grabes Stein gehoben*, sein Inneres tut sich auf und er schaut in mystischer Entrücktheit:

Wen ich sah, und wen an seiner
Hand erblickte, frage Keiner,
Ewig werd' ich dieß nur sehn;
Und von allen Lebensstunden
Wird nur die, wie meine Wunden
Ewig heiter, offen stehn.[8]

Wen sah er, auferstehend, an Christi Hand? Gewiß die Geliebte. Sophie ist Mittlerin und Miterlöserin. Die religiöse Erneuerung, die Novalis beabsichtigt, kommt ohne einen Hauch Pantheismus nicht aus. Von Jesus ist in den Geistlichen Liedern stets nur in einer merkwürdig allgemeinen, bewußt verschwimmenden, für viele Assoziationen offenen Weise die Rede. Diese Offenheit will für die verbrauchten religiösen Formeln Deutungsreichtum und vielfältige Anwendbarkeit wiedergewinnen. Es ist deshalb nicht im Sinne des Dichters, diese Vieldeutigkeit in die Eindeutigkeit kirchlicher Lehrvorstellungen zurückzubannen.

«Religion muß gemacht und hervorgebracht werden»

Vom Schlichten und Innigen dieser Lieder darf man sich nicht täuschen lassen. Daß nicht gläubige Naivität, sondern höchste methodische Bewußtheit in ihnen herrscht, zeigen auch die Fragmente und Aufzeichnungen während der Entstehungszeit. Diesen fehlt jede Schlichtheit. «Religion muß gemacht und hervorgebracht werden», lautet eine solche Notiz.[9] «Sollte die Bibel nicht noch im Wachsen begriffen seyn», eine andere.[10] Den Himmel definiert Novalis unbefangen als ein «Erzeugniß des produktiven Herzens» und die Religion als transzendentalphilosophische Selbstbegegnung; sie entsteht, indem das Herz sich selbst empfindet und zu einem idealischen Gegenstand macht.[11]

Die Aufzeichnungen der Jahre 1799 und 1800 skizzieren eine dialektische Psychologie der Religion. Weder Gott noch der Mensch dürfen vollkommen sein, wenn das Religiöse seine Funktion wahrnehmen soll. «Sollen wir Gott lieben, so muß er *hülfsbedürftig* seyn.»[12] Besonders paradox formuliert ein Fragment aus dem April 1800: «Die Xstliche Religion ist die eigentliche Religion der Wollust. Die Sünde ist der große Reitz für die Liebe der Gottheit. Je sündiger man sich fühlt, desto kristlicher ist man. Unbedingte Vereinigung mit der Gottheit ist der Zweck der *Sünde* und *Liebe*.»[13]

Der fromme Ton der Lieder ist also keine Selbstverständlichkeit, nicht die Mitgift eines herrnhutisch Erzogenen, sondern einer hochgezüchteten und in manchen Partien durchaus frivolen Intellektualität abgerungen. Er ist gewollt und gemacht, Ergebnis jenes «magischen Idealismus», der, die Philosophie Fichtes noch übersteigend, von der Kraft des setzenden und freisetzenden Geistes sehr hohe Vorstellungen hatte. Er will nicht weltflüchtig, sondern weltschaffend sein. *Wenn ich ihn nur habe, hab' ich auch die Welt.*

Wirkungsgeschichte

«Meinen Liedern», schrieb Novalis am 31. Januar 1800 an Friedrich Schlegel, «gebt die Aufschrift: Probe eines neuen, geistlichen Gesangbuchs.»[14] Selbstbewußt schaltet er sich damit in die damalige Gesangbuchdiskussion ein. Er kritisiert die Lieder der rationalistischen Reform, Klopstocks, Gellerts oder Lavaters, sie scheinen ihm zu sehr auf den Verstand und zuwenig aufs Herz berechnet.[15] Aus einer Lavater-Kritik entwickelt er eine fragmentarische Poetik des geistlichen Lieds:

> In den meisten Lavaterschen Liedern ist noch zu viel Irrdisches –
> und zu viel Moral und *Ascetik* –
> Zu wenig *Wesentliches* – zu wenig Mystik.
> Die Lieder müssen weit lebendiger, inniger, allgemeiner und mystischer seyn.[16]

Paradoxerweise bahnen ausgerechnet die aufklärerischen Gesangbücher mit ihrer Offenheit für die Gegenwartsliteratur den Geistlichen Liedern des Novalis den Weg in den Gottesdienst. Relativ bald taucht *Wenn ich ihn nur habe* in kirchlichen Gesangbüchern auf, bis zur Jahrhundertmitte vereinzelt, in der zweiten Jahrhunderthälfte dann häufig, bis das Lied mit der Aufnahme ins *DEG den Höhepunkt seiner Anerkennung erreicht. Erst das der Romantik nicht wohlgesinnte *EKG (seit 1950) bricht diesen Siegeslauf.

Den Gestaltungswillen der rationalistischen Reform überstanden die Novalis-Lieder nicht ohne Blessuren. Gerade die Innovationen werden gestrichen. Die Modernität der Aufklärer hatte ihre engen Grenzen. Die Lieder werden reduziert auf das Gebräuchliche. Wo Novalis dichtet:

> Mit ihm bin ich erst Mensch geworden;
> Das Schicksal wird verklärt durch ihn,
> Und Indien muß selbst in Norden
> Um den Geliebten fröhlich blühn.[17]

dort ersetzen die Gesangbücher *und Indien* durch *ein Paradies*.[18] Indien ist bei Novalis das warme, erlösend-schmelzende Geburtsland der Poesie, der Norden das Sinnbild der Starre und Vereisung. Die Aussage, durch Christus komme Indien in den Norden, war der kirchlichen Tradition so unvertraut, daß an dieser Stelle fast immer Eingriffe erfolgen. In *Wenn ich ihn nur habe* ist

Christus bildstark ein lösendes Alkahest, ein Allesverflüssiger. Aber auch die Rede von seines Herzens Flut, die mit sanftem Zwingen *alles wird erweichen und durchdringen*, wird fast immer abgeschwächt, zum Beispiel, indem *erweichen* durch *erreichen* ersetzt wird.[19]

Im *DEG und der davon ausgehenden breiten Tradition sind die dritte und die vierte Strophe einfach weggelassen worden. Die Gründe kann man an früheren Änderungsversuchen leicht ablesen. Da war als erstes die schon erwähnte Vorstellung von Jesu alles erweichender Herzensflut. Bereits das (katholische, aufklärerisch und ökumenisch orientierte) **Münchener Gesangbuch* von 1811[20] bricht dem die Spitze, indem es als dritte und letzte Strophe bringt:

Wenn ich Ihn nur habe,
Schlaf ich fröhlich ein.
Ewig wird zu süßer Labe
Mir der Name Jesus seyn.
Preis sey deinem Namen,
Jesu! dir sey ewig Ehre! Amen.

Das zweite Ärgernis war das *Hab ich auch die Welt.* Das *reformierte *Züricher Gesangbuch* von 1853 schreibt stattdessen, den Sinn verkehrend: *Laß ich gern die Welt,* und läßt die Strophe mit *Will ich siegen über Todesgrauen* anstelle von *Kann mir vor dem Irdischen nicht grauen* enden.

Das einflußreiche **Berliner Gesangbuch* von 1829, an dem Friedrich Schleiermacher mitgewirkt hat, treibt die Rücknahmen auf die Spitze. Da kürzlich die Kommissionsakten gefunden wurden, läßt sich die Bearbeitungsgeschichte rekonstruieren.[21] Schleiermacher hatte das Lied vorgeschlagen. Er kannte den Originaltext. Er hielt die Lieder des Novalis jedoch für zu subjektiv, nicht zum kirchlichen Gebrauch passend.[22] Der Kommissionsarbeit lagen deshalb die Fassungen des **Bremer Gesangbuchs* von 1812 und des **Jauerschen Gesangbuchs* von 1813 zugrunde. Das Bremer entfernt sich von Novalis deutlich, das Jauersche stark. Auf dem letzteren baut die Berliner Fassung auf. Mit *Wenn ich nur den Heiland habe* macht sie, wie schon die Jauersche (*Wenn ich ihn, den Heiland, habe*) eindeutig, wer allein der Mittler ist. Sie streicht die Strophen 4 (mit *Hab ich auch die Welt*) und 5 (mit der Vaterland-Mystik) ganz und läßt die dritte in eine Sterbestrophe münden:

Wenn ich nur den Heiland habe,
schlaf' ich sanft und selig ein;
ewig wird die höchste Gabe
mir sein treues Lieben seyn.
Mir kann vor dem Tod nicht grauen,
jenseit wird' ich Jesum schauen!

Auch die Strophenform ist geglättet; aus dem reizvollen Wechsel von dreihebigen, vierhebigen und fünfhebigen Zeilen werden sechs standardmäßige

Vierzeiler. Das Lied wurde damals auf die Melodie von *Herr, ich habe mißgehandelt* gesungen.

Neben der Geradheit des 73. Psalms («Wenn ich nur dich habe, so frage ich nicht nach Himmel und Erde» – Ps 73,5) hat die künstliche Einfalt des Novalis fraglos etwas Überzüchtetes. Seine Innovationen sind nicht jedermanns Sache. Aber sie stellten immerhin einen ernstgemeinten Versuch dar, den Graben zwischen der Stagnation der religiösen und der stürmischen Vorwärtsbewegung der profanen Poesie in der Goethezeit noch einmal zu überbrücken und eine innovatorische religiöse Produktivität freizusetzen. Der Versuch scheiterte aus vielerlei Gründen. Nach Novalis trennte sich die sakrale von der profanen Poesie. Die literarische Entwicklung des Kirchenlieds verlor im Laufe des 19. Jahrhunderts auf weiten Strecken den Anschluß und mündete in Traditionalismus und kulturelle Ghettoisierung.

H. K.

Müde bin ich, geh zur Ruh

Edition

Nachtgebet

1. Müde bin ich, geh zur Ruh',
Schließe beide Äuglein zu:
Vater, laß die Augen dein
Über meinem Bette sein!

2. Hab' ich Unrecht heut getan,
Sieh es, lieber Gott, nicht an!
Deine Gnad' und Jesu Blut
Macht ja allen Schaden gut.

3. Alle, die mir sind verwandt,
Gott, laß ruhn in deiner Hand!
Alle Menschen, groß und klein,
Sollen dir befohlen sein.

4. Kranken Herzen sende Ruh',
Nasse Augen schließe zu!
Laß den Mond am Himmel stehn
Und die stille Welt besehn!

Druckvorlage

Schon zu Lebzeiten von Luise Hensel gab es ihr Nachtgebet handschriftlich und gedruckt in mehreren Varianten. Die erste Druckfassung findet sich in der Sammlung des späteren Breslauer Bischofs Melchior Diepenbrock: *Geistlicher Blumenstrauß aus christlichen Dichter-Gärten,* Sulzbach 1829. Dort stehen die Strophen zusammen mit zahlreichen anderen Texten Luise Hensels in der letzten Abteilung «Lieder von Ungenannten» (Inhaltsverzeichnis). Unser Druck folgt der kritischen Edition *Lieder von Luise Hensel. Vollständige Ausgabe. Auf Grund des handschriftlichen Nachlasses bearbeitet von Hermann Cardauns,* Regensburg 1923, wo der Herausgeber auf S. 71 f. die von ihm präsentierte Lesart begründet.

Die Melodie stammt aus dem *Lieder-Buch für Kleinkinder-Schulen und die untern Klassen der Elementarschulen,* 1842 in Kaiserswerth herausgegeben von Theodor Fliedner. *Zahn dokumentierte sie unter Nr. 1245 nach der genannten Quelle, die ihm als ältester Fundort galt (vgl. *Zahn VI, S. 439).

Religiöse Poesie im Ton des «Wunderhorn»

Luise Hensel kam 1798 im evangelischen Pfarrhaus von Linum bei Fehrbellin (Mark Brandenburg) zur Welt. Nach dem frühen Tod des Vaters zog die Mutter mit den Kindern nach Berlin (1810). Durch Wilhelm, den älteren Bruder, der später Fanny Mendelssohn heiratete und zum Hofmaler und Akademieprofessor aufstieg, wurde Luise in romantisch-patriotisch bewegte Künstlerkreise Berlins eingeführt. Dort traf die Achtzehnjährige im Herbst 1816 auf den Dichter Clemens Brentano, den Mitherausgeber von *Des Knaben Wunderhorn* (Bd. I: 1805, Bd. II und III: 1808). Brentano, der sich in einer tiefen Lebenskrise befand, erlebte diese Begegnung als schicksalhaft.[1] Das Ineinander von religiösen, poetischen und erotischen Momenten der damals anhebenden Beziehung läßt sich kaum entwirren. Luise konvertiert 1818 zum Katholizismus und gelobt zwei Jahre später, jungfräulich zu bleiben. Vor der heftig Umworbenen und mystisch Erweckten liegt ein unruhiger Lebensweg, auf dem sich der Drang nach bürgerlicher Selbständigkeit und die Beugung unter spirituelle Autoritäten die Waage halten werden.

Luise Hensel. Zeichnung ihres Bruder Wilhelm Hensel

Ihr Freund und geistlicher Bruder Clemens hatte zu Weihnachten 1816 ihre frühen religiösen Lieder, darunter auch das vom Herbst des gleichen Jahres stammende *Müde bin ich, geh zur Ruh,* empfangen und als Wohltat, ja Rettung empfunden:

> Als ich verwüstet, geängstigt, im Innern unheilbar krank, erstarrt gegen Gott und geekelt gegen die Welt, wie in einer pfadlosen Traumöde im verderbten Leben stand, und verzweifelt an mir selbst, ohne Lust am Bösen und Guten,

Zeichnung zum Titelblatt von *Die Sängerfahrt*, Berlin 1818 (Freies Deutsches Hochstift, Frankfurt am Main)

> nichts war als ein dumpfer, todter Mensch: hat der schwer geprüfte, bestandene kindliche Geist, der diese Lieder aus inniger Liebe zum Herrn gesungen, sich meiner, wie der Samariter des unter die Räuber Gefallenen, rücksichtslos auf meine Schmach erbarmt, und ohne Absicht, ohne Vorbewußtsein einer Heilungskraft, mich aufgerichtet, geduldet, gestärkt und zur Heilung geführt. Diese Lieder haben zuerst die Rinde über meinem Herzen gebrochen, durch sie bin ich in Tränen zerflossen, und so sind sie mir in ihrer Wahrheit und Einfalt das Heiligste geworden, was mir im Leben aus menschlichen Quellen zugeströmt.[2] (An den Bruder Christian)

Auf Brentanos Drängen kommt es zu einer ersten Veröffentlichung ausgewählter Lieder der jungen Dichterin. Unter dem Pseudonym «Ludwiga» erscheinen ihre Verse in dem Almanach *Die Sängerfahrt. Eine Neujahrsgabe für Freunde der Dichtkunst und Mahlerei* (1818 in Berlin von Friedrich Förster herausgegeben, s. Abb.).

Vier Stücke Ludwigas stehen in der Abteilung «Geistliche Lieder». Das Nachtgebet gehört nicht zur Auswahl. Anders hingegen ein weltliches Lied (Will auch mit), das seinen Platz neben den Texten von Ludwig Tieck, Max von Schenkendorf, Wilhelm Müller, Clemens Brentano hat und den romantischen Titel des Almanachs aufs schönste bestätigt.

Brentanos Neigung, Luises Lieder aus der Zeit ihrer Dichtergemeinschaft wie eigene zu behandeln oder zu bearbeiten,[3] hat zu mancherlei Varianten und Zuweisungsschwierigkeiten geführt. Aber vielleicht können solche Eigenmächtigkeiten auch als Beleg dafür gelten, wie nahe manch frühe Strophe Luise Hensels der damaligen Vorstellung vom Volkslied kam, einem Lied, das um seines Ursprungs im unverbildeten Volksleben willen eben allen gehört. Die Wirkungsgeschichte von *Müde bin ich, geh zur Ruh* sollte zeigen, daß es diesem Maßstab standhielt.

«Christliches Gemeingut» aus evangelischer Tradition

Ihre pietistisch-mystische Frömmigkeit führte Luise Hensel in die Konversion und später zu einem rigorosen Katholizismus. Aber das kann nicht darüber hinwegtäuschen, daß ihr *Nachtgebet* noch ganz aus den Quellen lutherischer Frömmigkeit lebt. Mit den Kennzeichen dieser Herkunft ist es ökumenisch geworden, «christliches Gemeingut», wie das *dtv-Lexikon* formuliert.[4]

Christliches Gemeingut heißt zunächst: Im deutschen Sprachgebiet waren und sind diese Strophen unzählbar vielen Christen aus allen Konfessionen als Abendlied oder als Nachtgebet vertraut. Die großen Gesangbücher verhielten sich zwar lange zurückhaltend: Bevorzugter Platz des Liedes wurde zunächst die Anhangsrubrik «Geistliche Volkslieder», und als Volkslied galt es auch in entsprechenden nichtkirchlichen Sammlungen. Inzwischen findet man es aber im Hauptteil des **Evangelischen Gesangbuchs*, im **Evangelisch-reformierten* und im **Katholischen Gesangbuch der deutschsprachigen Schweiz* (beide 1998) und in Diözesananhängen des **Gotteslob*. – «Christliches Gemeingut» heißt darüber hinaus: Das Lied hat schon seit der Mitte des vorigen Jahrhunderts die deutsche Sprachgrenze überschritten. Es gibt mindestens sieben Übersetzungen ins Englische (vgl. *Julian), dazu steht es in den derzeit gültigen Gesangbüchern Dänemarks, Tschechiens und Lettlands.

Wie kommt es, daß Luise Hensels Lied so verbreitet ist? An der Musik kann es nicht liegen. Denn es ist mit den verschiedensten Vertonungen im Umlauf. Sein Erfolg muß damit zusammenhängen, daß hier eine ganz einfache Form durch einen sehr persönlichen Ton beseelt ist und daß beide, Ton und Form, einem überaus naheliegenden Gebet dienen: der Bitte zu Gott in der allabendlich wiederkehrenden Stunde des Zubettgehens.

Die Bitten setzen nicht unmittelbar ein. Zuerst kommt in knappster Aussage das eigene Befinden und Verhalten ins Wort: müde sein, zur Ruhe gehen, die Augen schließen. *Müde* am Anfang der ersten Zeile, *Ruh* an deren Ende – das sind die wohlklingenden und beziehungsoffenen Signalworte für den persönlichen Übergang vom Tag zur Nacht. Alle Verschiedenen können sich hier mit der eigenen Erfahrung einfinden. Dann das Augenschließen. Erst dieses Motiv führt in die Bitte hinein. Denn nun kommt es auf Gottes Augen an: *Vater, laß die Augen dein / über meinem Bette sein.* Die Tradition, aus der diese erste Strophe stammt, sucht man am besten in Paul Gerhardts

Abendlied *Nun ruhen alle Wälder* auf. «Der Leib eilt nun *zur Ruhe*» (Str. 4); «Nun *geht*, ihr matten Glieder,/ *geht* hin und legt euch nieder,/ der *Betten* ihr begehrt» (Str. 6); «Mein *Augen* stehn verdrossen,/ im Nu sind sie *geschlossen.*/ Wo bleibt dann Leib und Seel?/ Nimm sie zu deinen Gnaden,/ sei gut für allen Schaden,/ du *Aug* und Wächter Israel.» (Str. 7) Auch bei Paul Gerhardt in einer einzigen Strophe zweimal die Augen: *meine* Augen, die ihren Dienst unterbrechen müssen, sie können und wollen nicht mehr – und *Gott* als Auge, da nach Ps 121,4 der Hüter Israels ja nicht schläft noch schlummert.

Mit Str. 2 spricht Luise Hensel die Bitte um Vergebung aus. Dabei nimmt sie mit *Hab ich Unrecht heut getan* den Abendsegen aus Luthers Kleinem Katechismus auf («wollest mir vergeben alle meine Sünde, *wo ich Unrecht getan habe*») und berührt mit *macht ja allen Schaden gut* noch einmal Paul Gerhardt («sei gut für allen Schaden»). In Str. 3 wendet sich das Gebet zur Fürbitte: Die Familie zuerst soll in deiner Hand ruhen dürfen, aber eben nicht nur sie: *Alle Menschen, groß und klein,/ sollen dir befohlen sein.* Wieder sind Wendungen aus Luthers Abendsegen anwesend: «Ich *befehle mich*, meinen Leib und Seele und *alles in deine Hände*», nun aber beansprucht für Bitten, die über das Bedürfen des eigenen Ich hinausgehen.

Hier nun könnte das kleine Gedicht zu Ende sein. Mit *Alle Menschen, groß und klein* ist ja ein äußerster Kreis erreicht. Aber es setzt noch einmal neu an. Das Gebet für die anderen soll nicht allgemein bleiben, es will konkreter werden und für besondere Nöte eintreten: *Kranken Herzen sende Ruh,/ nasse Augen schließe zu.* Dazu allerdings scheinen die unmittelbar folgenden Schlußverse des Liedes einen befremdlichen Kontrast zu bilden: *Laß den Mond am Himmel stehn/ und die stille Welt besehn.* Schützt die Beterin sich vor den Nöten der Welt, kaum daß sie sie berührt hat, durch den Schritt zurück in die Idylle? Durch poetische Distanzierung?

Die beiden Zeilen sind in der Liedgeschichte durch immer neue Fassungen ersetzt worden, durch Varianten, die allesamt geistlicher sein sollten als das Original: *Laß die noch im Finstern gehn / bald den Stern der Weisen sehn.* Oder: *Gott im Himmel, halte Wacht, /gib uns eine gute Nacht.* Oder: *Nimm uns endlich allzumal/ auf in deinen Himmelssaal.* Oder: *Mach, daß unser Engel wacht/ über alle diese Nacht.* Oder: *Hab auf alles gnädig acht,/ schenk uns eine gute Nacht.* Oder: *Laß an deinem ewgen Heil/ uns im Himmel haben teil.* Oder: *Alle Kindlein bloß und arm,/ bette du sie weich und warm.*[5]

Zu einem besseren Verständnis gelangt man nur, wenn man die eingesetzten poetischen Mittel wahrnimmt. Die Schlußstrophe hat auffällig viel mit der Anfangsstrophe gemeinsam. In einer schon bei Luise Hensel selbst auftauchenden Variante beginnt sie wie der Liedeingang mit *Müde(n).*[6] Identisch sind auch die ersten Reimpaare: *Ruh – schließe [...] zu.* Ebenso sind die menschlichen Augen in beiden Strophen da, und zwar jeweils in der zweiten Zeile (1,2 und 4,2). Das aber läßt danach fragen, wie es denn mit den Augen Gottes (1,3f.) steht: Gibt es auch für sie eine Entsprechung? Jedenfalls ist da jemand, der sehen soll, nun aber nicht der *Vater* [im Himmel] (1,3f), sondern der *Mond am Himmel* (4,3f.). Was soll der Mond *besehn* dürfen? Die *stille Welt*, also die befriedete, die Schlaf gewährende Welt. Denn die Welt könnte sich ja gerade nachts auch als die kriegerisch zerrissene und grausam ängstigende zeigen. Hier nun taucht für den prüfenden Blick eine dritte Quelle aus der evangelischen Tradition auf: *Der Mond ist aufgegangen,* das *Abendlied* von Matthias Claudius, also die durch den frommen *Wandsbecker Boten* angesichts der Aufklärung des literarischen Publikums präsentierte Verwandlung von Paul Gerhardts *Nun ruhen alle Wälder.* Aus der Eröffnungsstrophe des Claudius-Liedes sind der *Mond* und die Wendung *am Himmel* in Luises *Nachtgebet* eingetreten, und ihr Wunschbild *stille Welt* ist ein Echo auf des Wandsbeckers bewundernden Satz *Wie ist die Welt so stille* und die tröstliche Metapher *stille Kammer* aus dessen zweiter Strophe. Was besagt das für das Verständnis der Schlußzeilen von *Müde bin ich, geh zur Ruh*?

Der irdische Mond vertritt dort auf poetisch-welthafte Weise die wachenden und schützenden Augen Gottes, von denen am Anfang des Liedes noch ganz traditionell die Rede war. Dazu paßt, daß von Luise überliefert ist, sie habe als Schülerin, gepeinigt von Zweifeln an der rationalistisch ausgetrockneten Glaubenslehre, Ruhe des Herzens in der Astronomie und in der Betrachtung des Sternenhimmels gesucht. Ihre Strophe 4 ist also eine aufschlußreiche, dem romantischen Zeitempfinden naheliegende Reprise des Hauptmotivs aus der Strophe 1. Darüber sollte sich niemand mit gut gemeinten Verbesserungen hinwegsetzen. Martin Luther, Paul Gerhardt, Matthias Claudius, Luise Hensel – ihre Abendgebete, in eine Reihe gestellt, können als Sequenz einer von Jahrhundert zu Jahrhundert weitergegebenen, aber zunehmend säkular herausgeforderten Frömmigkeit gelesen werden.

Kinder und Erwachsene

Das häusliche Nachtgebet ist inzwischen verschwunden oder – im günstigen Fall – zum Ritus am Kinderbett geworden. Daß Luise Hensel ihr Lied ausdrücklich für Kinder geschrieben hätte, ist nicht überliefert. Trotz der *Äuglein* wird die 18jährige Halbwaise sich selbst gemeint haben. Bei solchen Strophen lag es ja wirklich nahe, die noch herüberleuchtende Kindheit und das bleibend verpflichtende Kindsein, also die Tochter- und Schwestersorge für *alle, die mir sind verwandt,* zusammenzuführen.

Die Unterscheidung zwischen Kinder- und Erwachsenenlied wäre dann zweitrangig, wie denn überhaupt ein gutes geistliches Kinderlied nur eines sein kann, das auch Erwachsene ernsthaft und gern mitsingen. Gut vorstellbar also, daß nicht wenige Kinder das *Nachtgebet* in ihr Erwachsenwerden mitgenommen haben, und sei es so, daß es ihnen erst am Bett der eigenen Kinder wieder wichtig wurde, als sie dort nach Worten suchten, die den Tag beschließen. Sind sie damit zurückgewichen ins Überholte, ins Unwirkliche? Haben sie sich also regressiv verhalten?

Das Schlagwort Regression, oft vorwurfsvoll gebraucht, klärt wenig, wenn nicht anerkannt wird, daß Rückzug auch lebensdienlich sein kann. Ist Zuflucht ohne Flucht zu haben? Und neuer Vorstoß ohne Zuflucht? Kurt Marti hat den Umschlag von Rückzug in Widerstand einmal unter der Überschrift *Wütendes Liebeslied* ins Wort gebracht.[7] Bezeichnenderweise beginnt sein Gedicht mit einer Parodie: «Traurig bin ich,/ geh zur Ruh./ Decke mich mit/ Deinem Körper zu!» Seine Leser wissen, worauf er anspielt. Sie werden ihm nicht unterstellen, daß die Geliebte Gott ersetzen soll. Aber seine Erinnerung an *Müde bin ich, geh zur Ruh* verschärft den Ausdruck für Angewiesenheit, für entbehrte Nähe und Geborgenheit angesichts des höhnisch drohenden Fortgangs der Weltzerstörung. Wenn das Gebet der Kindheit selbst für einen entschlossen säkularen Sprechversuch etwas leisten kann, hat es den eigenen Rang bestätigt. «[...] Eiszeit! Doch mit/ Dir im Arm/ fühl ich wieder/ wütend mich und warm.» Zuflucht bringt voran. Luise Hensels *Nachtgebet* muß sich nicht verstecken. Die in ihm weitergeführte Überlieferung rührt sich neu auch in nachromantischer Nacht.

J. H.

Stille Nacht

Edition

Weihnachts-Lied

1. Stille Nacht! Heil'ge Nacht!
Alles schläft, einsam wacht
Nur das traute heilige Paar,
Holder Knab' im lockigten Haar;
Schlafe in himmlischer Ruh!
Schlafe in himmlischer Ruh!

2. Stille Nacht! Heilige Nacht!
Gottes Sohn! O! wie lacht
Lieb' aus Deinem göttlichen Mund,
Da uns schlägt die rettende Stund;
Jesus! in Deiner Geburt!
Jesus! in Deiner Geburt!

3. Stille Nacht! Heilige Nacht!
Die der Welt Heil gebracht;
Aus des Himmels goldenen Höh'n
Uns der Gnaden Fülle läßt seh'n:
Jesum in Menschengestalt!
Jesum in Menschen-Gestalt!

4. Stille Nacht! Heilige Nacht!
Wo sich heut alle Macht
Väterlicher Liebe ergoß,
Und als Bruder huldvoll umschloß
Jesus die Völker der Welt!
Jesus die Völker der Welt!

5. Stille Nacht! Heilige Nacht!
Lange schon uns bedacht,
Als der Herr vom Grimme befreit,
In der Väter urgrauer Zeit
Aller Welt Schonung verhieß!
Aller Welt Schonung verhieß!

6. Stille Nacht! Heilige Nacht!
Hirten erst kund gemacht
Durch der Engel «Hallelujah!»
Tönt es laut bei Ferne und Nah:
«Jesus der Retter ist da!»
«Jesus der Retter ist da!»

Druckvorlage

Erst seit 1995, als eine Salzburger Familie es der Öffentlichkeit übergab, ist ein Manuskript aus der Hand des Textdichters bekannt, das hier als Druckvorlage dient. Nach Auskunft des Salzburger Stille-Nacht-Museums[1] stammt das Blatt wahrscheinlich aus dem Jahr 1822 oder 1823. Es ist signiert: «Text von Joseph Mohr, Coadjutor 1816»; der Text entstand demzufolge 1816. Es enthält auch die erst im Dezember 1818 entstandene Komposition von Franz Xaver Gruber für zwei Singstimmen und Gitarre.

Von den sieben bis 1995 nachgewiesenen Autographen des Liedes aus der Hand des Komponisten sind die beiden auf das Entstehungsjahr 1818 zurückgehenden verschollen. Im zweitältesten (Nr. 2, ca. 1822) fehlt die dritte Strophe. Autograph 3 enthält nur die ersten drei Strophen. Deshalb wurde bisher nach Autograph 4 gedruckt. Unsere Druckvorlage wäre chronologisch als 2a einzuordnen. Die Autographen weisen im Wortbestand minimale, in der Interpunktion zahlreiche, in Melodie, Satz und Instrumentation größere Unterschiede auf.[2] Bereits seit dem Ende des 19. Jahrhunderts wird *Schlafe in himmlischer* eine Terz höher gesungen, was von keinem der acht Autographen gestützt wird.

Entstehung und Geheimnis

Aus den vielen Legenden, die sich um die Entstehung dieses Liedes ranken,[3] sei das dürr Faktische herausgegriffen: daß am 24. Dezember des Jahres 1818 der damalige Hilfspriester in Oberndorf bei Salzburg, Joseph Mohr (1792–1848), das uneheliche Kind eines fahnenflüchtigen Soldaten und einer Strickerin, dem Lehrer, Mesner und Organisten Franz Gruber (1787–1863), einem Leinewebersohn, ein schon zwei Jahre vorher geschriebenes Gedicht überreichte, «mit dem Ansuchen eine hierauf passende Melodie für 2 Solo-Stimmen samt Chor und für eine Guitarre-Begleitung schreiben zu wollen».[4] Noch am selben Abend überbrachte dieser «seine einfache Composition, welche sogleich in der heiligen Nacht mit allem Beifall produzirt wurde». Das Lied stammt also aus einfachsten ländlichen Verhältnissen, verfaßt von zwei befreundeten Kirchendienern, denen nichts Vergleichbares mehr sonst gelang und deren Urheberschaft noch zu ihren Lebzeiten vergessen wurde, als *Stille Nacht* bereits den Weg um die Welt angetreten hatte.

Das Lied gilt als Paradebeispiel für Kitsch, mit seiner Terzenseligkeit, seinem weihevoll wiegenden Sechs-Achtel-Takt, seinen mit lustvollen Glissandi ausgesungenen Vorhaltnoten, seiner primitiven Gitarrenbegleitung und seinem holden Knaben im lockigen Haar. Aber die arrogante Distanzierung der Intellektuellen gibt keine zureichende Antwort auf die Frage nach seiner gewaltigen Wirkung. Es liegt ein Faszinosum vor, das erst einmal verstanden werden muß, bevor man es verurteilt. Das Geheimnis dieser Wirkung zu erklären: das ist die Herausforderung, vor der jede Analyse bestehen muß. Mehr als bei anderen Liedern hat man hier zu unterscheiden zwischen Werk und Wirkung, zwischen den produktionsästhetischen Absichten seiner Schöpfer und den rezeptionspsychologischen Befindlichkeiten seiner Sänger. Wie konnte es kommen, daß sich seit anderthalb Jahrhunderten Menschen von New York bis Tokio von dem ergreifen lassen, was in einer begnadeten Stunde ein salzburgischer Hilfspriester und ein Dorforganist schufen?

Ein Produkt in der Tradition der josephinischen Aufklärung

Der im bayerisch-österreichischen Raum damals aktuelle Geschmacksstandard in Sachen Kirchenlied war bestimmt durch Autoren wie Michael Denis oder Christoph von Schmid, durch Gesangbücher wie das immer noch populäre der *Maria Theresia von 1774, das **Landshuter Gesangbuch* von 1777 und das *Münchener von 1811. In ihrer Grundtendenz der josephinischen Aufklärung verpflichtet, neigen diese Bücher und Autoren dazu, das Heilsgeschehen zu historisieren, indem sie es aus der quasi sakramentalen Gegenwärtigkeit und Immerzeitlichkeit der barocken Frömmigkeit in ein weihevoll verklärtes Damals verlegen. Anders als in der protestantischen Spätaufklärung, die das Narrative möglichst radikal durch eine daraus abstrahierte Sittenlehre zu ersetzen sucht, bleibt im katholischen Raum das erzählende Moment der Heilsgeschichte erhalten. Eine Restkontinuität zur Barockzeit bleibt lebendig; der Bruch ist nicht so tief wie andernorts. Aber der Wandel der Zeiten fordert dennoch seinen Tribut. Die Heilsgeschichte rückt aus dem Präsens des jederzeit Abrufbaren in die märchenhafte Vergangenheit des «Als der Herr noch auf Erden wandelte», die vom Standpunkt einer aufgeklärt-mythenfernen Gegenwart als entrücktes Einst beschworen wird. Das Kommen des Heils wird zum szenisch-dramatischen Zitat eines vergangenen Geschehens literarisiert. Erzähltempus ist das Imperfekt, das den Rahmen bildet, in dem die zwischen Gänsefüßchen stehenden Szenen als Spiel im Spiel erscheinen.

> «Tauet Himmel, den Gerechten,
> Wolken! regnet ihn herab!»
> rief das Volk in bangen Nächten [...] (Denis)[5]

Oder (so die Aufklärungsfassung[6] des bekannten Lieds):

> «O Heiland! reiß den Himmel auf!
> rief einst die Welt: «Nimm deinen Lauf
> zu uns [...]»

Oder:

> Am letzten Abendmahle,
> die Nacht vor seinem Tod,
> nahm Jesus dort im Saale,
> Gott dankend, Wein und Brod.
> «Nehmt», sprach Er, «trinket, esset!
> das ist mein Fleisch und Blut.
> damit ihr nie vergesset,
> was meine Liebe thut.» (Christoph von Schmid)[7]

Mit einer solchen erzählten Szene beginnt auch *Stille Nacht*. Das heilige Paar wiegt, abgeschieden von allen anderen Menschen, sein Kind: *Schlafe in himmlischer Ruh!* In der zweiten Strophe schon erweitert sich die Kommunikationssituation, die Szene öffnet sich aufklärungstypisch in Richtung auf ein fabula docet. Ein «Wir» betritt die Szene, eine Gemeinde legt das Geschehen theologisch aus: *Da uns schlägt die rettende Stund; Jesus! in deiner Geburt!* In der dritten Strophe entfernt sich diese Gemeinde von der Krippe, spricht von Jesus nicht mehr in der zweiten, sondern in der dritten Person und transponiert den theologischen Lehrgehalt aus dem Szenischen ins Begriffliche – vom *Heil* der *Welt*, der *Fülle* der *Gnaden* und von Gott (Jesus) in *Menschen-Gestalt* ist nun die Rede. Das erzählerische Moment ist mittlerweile aufgegeben. Auch die Eingangszeile erinnert kaum noch daran, weil die *stille Nacht* durch die allegorische Auslegung *die der Welt Heil gebracht* ihre sinnlich-erzählerische Konkretion verliert.

In der vierten Strophe wird die Inkarnationstheologie aufklärungstypisch aktualisiert als Programm einer Völkerverbrüderung. Die fünfte Strophe fundiert diese Botschaft anamnetisch durch die Erinnerung an die alttestamentliche Verheißung solchen Völkerfriedens, als die Wasser der Sintflut zurückwichen, Noahs Taube mit dem Ölzweig im Schnabel wiederkehrte und der Herr versprochen hatte, er wolle fortan die Erde nicht mehr verfluchen um der Menschen willen (Gen 8,21).

Die sechste Strophe führt nach der lehrhaften Ausweitung der Strophen 2–5 in die erzählte Szene zurück. Die Hirten rufen erst einander, dann aller Welt die Botschaft zu, die ihnen die Engel verkündet hatten. «Und sie kamen eilend und fanden beide, Maria und Joseph, dazu das Kind in der Krippe liegen. Da sie es aber gesehen hatten, breiteten sie das Wort aus, welches zu ihnen von diesem Kinde gesagt war» (Lk 2,16–17). Nah und fern tönt nun das *Jesus der Retter ist da!*

Wirkung im Sog der Romantik

Friedrich Schiller hat in seiner Abhandlung *Über naive und sentimentalische Dichtung* zwei Typen von Dichtung unterschieden, deren einer, der naive, aus dem Einssein mit der Natur dichtet, während das Dichten des anderen, sentimentalischen, aus der Distanz heraus erfolgt. Die Dichter «werden entweder Natur *sein*, oder sie werden die verlorene *suchen*».[8] Zu den sentimentalischen Gattungen gehören Elegie, Satire und Idylle. Im Sinne dieser Definition ist *Stille Nacht* eine Idylle. Das Inkarnationsgeschehen wird sentimentalisiert. Ein Idyll lebt nicht vom Haben, sondern von der Sehnsucht. Es inszeniert ästhetisch das Gegenteil jenes Mangels, den die Satire aggressiv beleuchtet. Es imaginiert freudig als vorhanden, wovon die Elegie im Ton der Trauer um ein Verlorenes spricht. Idyllen sind wirkungsstark, aber folgenlos. «Bei dem höchsten Gehalt für das *Herz*», meint Schiller, bieten die Hirtenidyllen «allzuwenig für den *Geist*». «Wir können sie daher nur lieben und aufsuchen, wenn wir der Ruhe bedürftig sind, nicht wenn unsre Kräfte nach Bewegung und Tätigkeit streben. Sie können nur dem kranken Gemüte *Heilung*, dem gesunden keine *Nahrung* geben [...]»[9]

Bei Mohr und Gruber mag es eine persönliche Glaubensnaivität gegeben haben, einen Fundus barocker Frömmigkeit. Als Künstler jedoch senden sie, mit dem gesuchten Vokabular, ihren anspruchsvollen hochsprachlichen Wendungen, dem rhetorischen Völkerverbrüderungspathos und der italienisch beeinflußten Pastorellen-Tradition der Musik,[10] typische Signale der sentimentalischen Distanz aus.

Dazu kommt, daß die josephinische Konzeption vom Rezeptionsstrom der Romantik erfaßt wird, der das sentimentalische Element weiter vertieft. Der Kahn, der das verspätete Produkt der Provinzaufklärung auf diesem Strom mitnimmt, heißt «romantisches Volkslied». Der Name ist mit Schminke aufgebracht; denn «Volk» war das Kostüm, in dem der Bürger damals ging. «Das Volk» hat damals keine Volkslieder gesungen. *Des Knaben Wunderhorn* war nicht dem Volk abgelauscht, sondern verdankt sich dem Sammeleifer von reichen und vornehmen Großstadtintellektuellen wie Clemens Brentano und Achim von Arnim, die ihren Fundstücken aus Liedsammlungen und Flugblättern als Bearbeiter das romantische Finish gaben. *Stille Nacht* fügte sich gut in dieses Programm ein, denn das Lied ist, wie Eichendorffs *In einem kühlen Grunde*, wie Wilhelm Müllers *Am Brunnen vor dem Tore*, wie Heinrich Heines *Ich weiß nicht, was soll es bedeuten*, bewußte Kunstpoesie, nicht naives Erzeugnis des Volksmunds. Die Wirkungsgeschichte erst hat es zum Modellfall naiver Volkspoesie stilisiert. Seine vermeintlich musterhafte Einfalt hat es für Sentimentaliker attraktiv gemacht, bei denen es die gleiche unstillbare Wehmut auslöst wie die erwähnten Lieder Eichendorffs, Müllers und Heines.

Des Knaben Wunderhorn. Alte deutsche Lieder, gesammelt von Achim von Arnim und Clemens Brentano, Heidelberg 1805–1808, Titelkupfer zur Eröffnung des Kinderliederteils im dritten Band. (Weihnachtsidyll).

Es handelt sich um eine ästhetische Attraktion, nicht um eine religiöse. Wäre die Wirkung des Liedes religiös, dann müßte, wer es singt, sein Leben daran ausrichten. Die Hauptwirkung von *Stille Nacht* läßt sich jedoch als folgenlose Ergriffenheit kennzeichnen. Die Tränen fließen, aber am nächsten Tag wird wieder gerechnet, übervorteilt, gemordet. Die sentimentalische Distanz wird immer größer, je weiter das wirkliche Leben von dem, was man da singt, entfernt ist. Am Ende steht der reine Ästhetizismus. Damit sind Wirkungen gemeint, die zwar intensiv, aber ohne Bezug zum Leben sind, schöne und starke Empfindungen, die aber aus dem Raum der Kunst nicht mehr nach draußen dringen.

Der Weg des Liedes bestätigt diesen Befund. Ein Orgelbauer brachte es aus dem Salzburgischen nach Tirol, von wo es eine Zillertaler Sängergruppe mit nach Leipzig nahm. Erst von dort aus trat es, meist als Tiroler Volkslied etikettiert, seinen Weg in die Welt an. Das «Tiroler Volkslied», das die wohlhabenden Bürger in der Großstadt Leipzig mit tiefer Sehnsucht nach der verlorenen Natur erfüllte: damit haben wir den klassischen Fall sentimentalischer Distanz. Das Lied, das eigentlich der dörflichen Welt des Alpenlandes gehört, wird im Dickicht der Städte gesungen von Leuten, denen es nicht zukommt. Es wird rezeptiv romantisiert. Mohrs Wortwahl bietet die nötigen Anhaltspunkte. *Hold* und *traut*, später auch das *huldvoll* in Strophe 4 sind Worte aus der Vorstellungswelt des Mittelalters, die im Jahre 1816 längst archaisch war.[11] Es sind zugleich Lieblingsworte der Romantik, die die Welt des Mittelalters nostalgisch beschwor. «Es waren schöne glänzende Zeiten», beginnt Novalis seinen Aufsatz über das alte christliche Europa.[12] Man muß sich zurückimaginieren in diese Zeiten, in diese stille Nacht. Sie sind nicht Gegenwart, nicht die des Jahres 1816 und erst recht nicht die des 21. Jahrhunderts.

Dieser durch die Wortwahl angezeigten Distanz entspricht eine Idyllisierung der Weihnacht in der ganzen Szene. Das *Alles schläft, einsam wacht* der Anfangszeilen verwendet, mit dem emphatischen «Nur hier» des lieblichen Orts, einen Topos profaner Idyllik: *Abendstille überall/ nur im Tal die Nachtigall.* Der theologische Ernst der Inkarnation ist der ästhetischen Faszination eines locus amoenus gewichen. Nicht von der *Knechtsgestalt* dessen, der da *elend, nackt und bloß* in einer Futterkrippe liegt,[13] ist hier die Rede, sondern von einem holden Knaben im lockigen Haar.

Die *rettende Stund*, heißt es, schlage in dieser Geburt. Das läßt sich zwar traditionell theologisch verstehen. Aber was assoziieren die, die es singen, wirklich? Worin besteht die «Rettung»? Im Gemüt haftet der hold lächelnde Knabe. Daß ein hübsches Kind uns erlöst habe, fügt sich in eine romantische Hoffnung, die nicht vom entwickelten Verstand, sondern von Unbefangenheit, Naivität und Unschuld die Befreiung vom Bösen erwartet. Mündigkeitsanspruch, kluge Berechnung und Künstlichkeit des Lebens erzeugen als gegenläufigen Wunschtraum die Sehnsucht nach der verlorenen Einfalt, die sich im Motiv des unschuldigen Kindes verkörpert. Die «neue goldne Zeit», die Novalis erwartete, trat metaphorisch als Kind auf, «mit dunkeln unendlichen Augen», wundenheilend und tröstend.[14] Das Unheil, aus dem der moderne Mensch erlöst werden will, ist nicht mehr die Sündenverfallenheit, sondern die Reflexionskrankheit, die des Naiven als ihres ständigen Palliativs bedarf.

Sie hat auch die Fügung *himmlische Ruh* erfaßt, die ein erholsames Naturidyll dem Lärm der Alltagswelt gegenüberstellt. Daß im Himmel Ruhe herrsche, wird zur lockenden Vorstellung erst, seit es den Lärm der modernen Großstadt gibt. Die Ruhe, um die es hier geht, meint aber nicht nur das Verstummen des Außenlärms, sondern das Stillstehen des Mühlrads im Kopf, das die auf mündige Selbstbegründung zielende Aufklärung in Gang gesetzt hat. Der aufklärungsmüde, überforderte Mensch sehnt sich nach Kindlichkeit und singt *Stille Nacht.*

Der erste Einzeldruck erfolgte etwa 1833,[15] der erste Gesangbuchdruck 1838,[16] der erste Anthologiedruck, mit weitester Verbreitung, 1843 im *Musicalischen Hausschatz der Deutschen.*[17] Schon früh verschwanden die programmatischen Strophen 3 bis 5 aus den bald unübersehbar zahlreichen Drucken, denn sie behinderten die Romantisierung. Die Rezeption konnte nur den holden Knaben brauchen, nicht den völkerversöhnenden *Bruder* aus Strophe 4. Der allzu eindeutige Name *Jesus* mußte dem allgemeineren *Christ* weichen. Was übrigblieb, war das szenische Idyll. Die grammatischen Unschärfen der verbliebenen Strophen 1, 2 und 6, deren Satzbau nur bei sehr aufmerksamer Lektüre zu identifizieren ist, führen zu einer Fragmentarisierung des Textes, zum Zerfall in einzelne Rufe, die sich beliebig kombinieren lassen und nur noch eine schwebende Stimmung erzeugen, deren einzelne Aussagen gleichgültig geworden sind. Es würde kaum jemandem auffallen, wenn man sänge: *Gottes Sohn, o wie lacht/ nur das traute hochheilige Paar.* Oder *Alles schläft, einsam wacht/ holder Knabe im lockigen Haar.* Oder *Stille Nacht, heilige Nacht/ tönt es laut von fern und nah.*

Gekürzt und fragmentarisiert paßte das Lied unter den bürgerlichen Weihnachtsbaum. Man konnte reiche Gaben verteilen, ohne des armen Hilfspriesters und seines Organisten zu gedenken. Oder man gedachte kurz der Armut, wie es bei Buddenbrooks an Weihnachten geschieht,[18] um danach mit um so besserem Gewissen Karpfen mit zerlassener Butter zu speisen. Als nur noch ästhetisch rezipiertes Idyll paßt *Stille Nacht* nun auch in den Krieg. Keine Kriegsweihnacht ohne dieses Lied! Tränen der Ferne vom Ideal vergossen, und dann wieder an die Kanonen!

Ist *Stille Nacht* dann nicht der Gipfel der Verlogenheit? Ist es nicht sentimentalisch, sondern bloß sentimental? Das Lied hat jedenfalls starke Wirkungen, gerade auf die, die es ablehnen. Oft handelt es sich um Verwundete, die mit dem Lied deprimierende Erlebnisse gehabt haben. Sie haben die kindliche Weihnachtsseligkeit ernst genommen und irgendwann merken müssen, daß es sich nur um eine starke, aber flüchtige Stimmung gehandelt hat. Nun schwören sie sich, darauf nie wieder hereinzufallen. Und doch treten Tränen in ihre Augen, wenn das *einsam wacht* sie unvermittelt trifft.

Hier muß, trotz allen Mißbrauchs und aller Lüge, auch etwas Großes vorliegen. Das Lied ist das komprimierte Gegenteil zu der Welt, in der wir leben. Es läßt eine andere Welt ahnen, wenn es erklingt. Es malt eine Utopie, ohne eine Mißbrauchssicherung vorzusehen, weshalb es so leicht zur Ideologie verkommt. In seiner schutzlosen Einfalt liegt zugleich das Geheimnis seiner Wirkung. Nicht einmal Lächerlichkeit, nicht einmal die zahlreichen Parodien töten es. Es hält den Lügen stand, zu denen es herhalten muß, und behauptet dennoch seine utopische Dimension. Es wird verspottet und hält stand. «Frau Permaneder sang es mit bebenden Lippen, denn am süßesten und schmerzlichsten rührt es an dessen Herz, der ein bewegtes Leben hinter sich hat und im kurzen Frieden der Feierstunde Rückblick hält…»[19] Es trägt die Gloriole der unverwirklichten Träume des Lebens und heiligt damit die triste Gewöhnlichkeit, zu der die meisten verurteilt sind.

Die Kirchen verhielten sich lange reserviert. Es waren Gesangbücher mit nicht nur religiösen Interessen: das ursprünglich für die Auslandsdeutschen und die Kolonien bestimmte *DEG (dreistrophig in der Reihenfolge 1, 6, 2) und die Militärgesangbücher des Ersten Weltkriegs, die *Stille Nacht* den Weg in viele, aber längst nicht in alle evangelischen Kirchengesangbücher bahnten. Nach 1945 verschwindet es daraus wieder, um erst 1993 von neuem im Stammteil des *EG aufzutauchen.

Noch spröder gaben sich die katholischen Gesangbuchmacher. Vor dem **Gotteslob* von 1975 findet sich *Stille Nacht* in ihren Diözesangesangbüchern fast nie. Erst in unseren Tagen, wo man damit zufrieden sein muß, wenigstens an Weihnachten einen hohen Prozentsatz der Bevölkerung in den Kirchen zu finden, muß man auch froh sein, mit *Stille Nacht* wenigstens ein Lied zu haben, das diese Massen halbwegs kennen. Das Gefühl des Erhabenen, das sich einstellt, wenn nach dem Schlußsegen der Dimmer in Aktion tritt, bis nur noch der Lichterbaum brennt, wenn dann die bis auf den letzten Platz gefüllte Kirche vom Gesang des *Stille Nacht* erbebt, ist ein mächtiges ästhetisches Ereignis, in dem eine Begegnung mit dem Menschgewordenen wirkungsstark simuliert wird. Einer glaubensarmen Zeit bleibt die Hoffnung, daß Gott auch aus solcher Simulation die hilflose Bitte um Erlösung lesen wird.

H. K.

Heilig, heilig, heilig

Edition

Zum Sanctus

Heilig, heilig, heilig, heilig ist der Herr,
heilig, heilig, heilig, heilig ist nur Er!
Er, der nie begonnen, Er, der immer war,
ewig ist und waltet, sein wird immerdar.

Heilig, heilig, heilig, heilig ist der Herr!
Heilig, heilig, heilig, heilig ist nur Er.
Allmacht, Wunder, Liebe, alles ringsumher!
Heilig, heilig, heilig, heilig ist der Herr!

Druckvorlage

Gesänge zur Feier des heiligen Opfers der Messe nebst einem Anhange: Das Gebet des Herrn. Text von Joh. Phil. Neumann. Für gemischten Chor mit Blasinstrumenten- und Orgelbegleitung componirt von Franz Schubert, o. O., o. J. (Autograph Wien 1827, Erstdruck Wien 1870, erst dort mit dem Titel *Deutsche Messe*). Hieraus sind der Text und die Melodie der Sopranstimme übernommen.[1] Je nach Verfügbarkeit von Stimmen und Instrumenten erfuhr die Komposition manchen Wandel, während der Text mit geringfügigen Ausnahmen konstant blieb. In der gemeindlichen Singepraxis, die erst im 20. Jahrhundert einsetzt, ist es üblich, lediglich die Sopranstimme und die Orgelbegleitung zu verwenden.

Dünung der Ewigkeit

«Sehr langsam», lautet die Tempobezeichnung im Autograph, und das Pianissimo dominiert drei der vier Zeilen. Entsprechend getragen und innig pflegt das Lied gesungen zu werden. Es bietet eine der seltenen Gelegenheiten, die Seele ungestört ausschwingen zu lassen. Die Singenden werden nicht gehetzt, wenn der Organist sein Handwerk versteht. Muß er sonst meistens eine träge Gemeinde hinter sich herschleppen, so darf hier die Gemeinde bei ihrem Tempo verweilen, ja sich exzessiv der Langsamkeit hingeben. Die Zeit wird nichtig, in ihrem Gefolge der Raum. Vor dem inneren Auge erscheinen Bilder von Elementarlandschaften – Wüsten, Steppen, das Meer in seiner rollenden Monotonie. «Schließen wir doch die Augen, geborgen von Ewigkeit!» (Thomas Mann, *Der Zauberberg*)[2] Zwanzigmal das Wort «heilig», ein in sich kreisender Text, dessen Schlußzeile wieder beim Anfang angekommen ist, ein langsames Steigen und Sinken der Melodie, die wie träge Meereswellen ist, deren höchste in der ersten Strophe die Wendung «nie begonnen» hinaufträgt, in der zweiten das Wort «Liebe», die aber im Grunde einen gleichbleibenden Spiegel umspielt, jenes g, das die Wörter «heilig» und «ewig» eine Terz über dem Grundton es, der erst am Ende auf «Herr» und auf «Er» erreicht wird, dahinschweben läßt. Weder Text noch Musik wissen etwas vom Fortschreiten, sie wollen nur bei sich sein, der Fortschritt, von der Aufklärung gepriesen, ist ihnen fremd.

Beginnlosigkeit

Schon die Kinder auf der Straße erzählen einem heute, das Universum habe mit einem Urknall begonnen. «Nichts beginnt, alles schwebt und weilt», behauptet hingegen die *Steady State*-Theorie,[3] zitiert von Botho Strauß,[4] der paradox folgert: «Raubt man Gott den Anfang, so bekräftigt man doch nur sein Immerdar!» So steht es auch im Liede: *Er, der nie begonnen, Er, der immer war.* Nicht im Anfang schuf Gott, sondern irgendwann … Oder er schuf nie, sondern ließ geschehen … «Inzwischen habe ich meine Meinung geändert und versuche jetzt, andere Physiker davon zu überzeugen, daß das Universum nicht aus einer Singularität entstanden ist» (Stephen Hawking). Es bestehe vielmehr die Möglichkeit, «daß die Raumzeit endlich sei, aber keine Grenze habe, was bedeuten würde, daß es keinen Anfang, keinen Augenblick der Schöpfung gibt».[5] Wie kann der Mensch mit der Erkenntnis der absoluten Beginnlosigkeit leben, fragt Botho Strauß, «die eine Beginnlosigkeit nicht nur der Schöpfung, sondern, davon ausgestreut metastatisch ins Geäder des Bewußtseins, eine Beginnlosigkeit von *allem und jedem sein muß* […]?» Alles Suchen nach Anfängen und ersten Ursachen ist dann nur «Einstweh», der Traum des hoch Entfalteten vom ursprünglich Einfachen. Statt dessen: «Das Mannigfaltige war von Anbeginn, es ist irreduzibel.» Das Samenkorn, das auf engstem Raum das ganze Gesetz des genetischen Werdens in sich trägt, ist nicht einfach.

«ER ließ geschehen, irgendwann.» Ist es ein Argument gegen den Anfang, daß er vom Immerwährenden verschluckt wurde? Der Glaube, erklärt Botho Strauß, «weiß tiefer: wir bedürfen des Anfangs, der Geist bedarf dieser Gewißheit und wäre nicht lebensfähig, wenn sie nicht wenigstens als Mythos erhalten bliebe». Die Frage des Anfangs werde eine Glaubensfrage sein: «lebensnotwendige Beibehaltung einer gedanklichen Wohltat, so wie Blake noch die Erde als Scheibe weiterhin dachte, wider besseres Wissen, weil dies seinem Geist und seinem Herzen nützte». Umgekehrt hört die Teilchenphysik allmählich auf, die Frage nach der Einheit der Natur zu stellen. Das Vielfältige wird vielfältig bleiben. «Das Eine, das Einzige, das Zweitlose gibt es nur im Wissen des Glaubens.»

Er, der nie begonnen, Er, der immer war – vielleicht summte Neumann/ Schuberts Sanctus im Bewußten oder Unbewußten des Katholiken Botho Strauß, als er sich solchen Betrachtungen über Beginnlosigkeit überließ.

Johann Philipp Neumann

Der Autor (1774–1849)[6] war vielseitig: Eigentlich Jurist, lehrte er später klassische Philologie, Physik und Astronomie in Ljubljana, Graz und Wien. Als Dichter war er nur gelegentlich tätig, hatte für Schubert, mit dem er persönlich bekannt war, ein (verlorenes) Libretto zu der Oper *Sakontala* gefertigt, brachte 1826 *Geistliche Lieder* und 1830 eine Sammlung *Ernst, Frohsinn und Scherz* heraus (darin zum Beispiel ein Hymnus auf das Gaslicht), beides Produkte, die die konventionellen Bahnen des spätjosephinischen Geistes kaum je verließen. Ein einziges Mal, mit dem *Heilig, heilig, heilig,* ist ihm ein Gedicht geglückt, das zu Recht und nicht nur wegen der Noten von Franz Schubert über seine Erdentage hinaus lebendig blieb.

Kein Einzug in Jerusalem

Sanctus, Sanctus, Sanctus Dominus Deus Sabaoth.
Pleni sunt caeli et terra gloria tua.
Benedictus qui venit in nomine Domini. Hosanna in excelsis.[7]

Der liturgische Text des *Sanctus* steht am Ende der Präfation in dem Teil der Eucharistiefeier, der früher «Opfermesse» hieß und von der Gabenbereitung über die Wandlung zur Kommunion hinführt. Der Ablauf orientiert sich an den biblischen Berichten aus der Leidenswoche, liturgisch an der Abfolge von Palmsonntag, Gründonnerstag, Karfreitag und Ostern. Das *Benedictus* im *Sanctus* zitiert das jubelnde Palmsonntags-Hosanna des Volkes, als Jesus in Jerusalem einzieht,[8] so wie bei der Wandlung die Einsetzung des Abendmahls am Gründonnerstag zitiert werden wird und wie das *Agnus Dei* und die ihm folgenden Gebete an Karfreitag und Ostern erinnern werden.

Von all dem steht bei Neumann nichts. Er verzichtet darauf, den liturgischen Platz textlich korrekt auszufüllen, läßt das Hosanna aus und setzt an seine Stelle ein freies Gedicht, das allenfalls vage Anspielungen an theologische Gottesprädikate enthält, aber eine erkennbare Einbindung in die Geschichte Jesu vermissen läßt. Neumanns Text und besonders Franz Schuberts Musik denken statt dessen daran, daß die Opfermesse als Mysterium galt. Nicht die Kommunion in ihrem heutigen, oft nur als soziale Geste verstandenen Sinn, sondern die geheimnisvolle Wandlung erschien ihnen im Einklang mit einer langen katholischen Tradition als der heilsentscheidende Augenblick. Auf ihn leitet die Mystik des Schubert/Neumannschen *Sanctus* hin. Das mysterium fidei (Geheimnis des Glaubens), oft nur beredet, in dieser Musik wird es Gestalt.

Deutsche Singmessen

Freilich war liturgische Treue im damaligen Kontext auch nicht so strikt gefordert. Das *Heilig, heilig, heilig* ist das fünfte Stück einer deutschen Singmesse, wie sie sich, nach vorsichtigen Anfängen in den Jahrzehnten davor, seit Ende des 18. Jahrhunderts immer mehr einbürgerten.[9] Statt der traditionellen, aus der Privatmesse des Priesters heraus entstandenen missa lecta, in der der Priester die Messe leise oder halblaut in lateinischer Sprache zelebrierte, während die Gemeinde aus dem Gebetbuch betete oder den Rosenkranz murmelte, verbreitete sich, von der josephinischen Aufklärung, die die Verständlichkeit der liturgischen Vollzüge einklagte, gefördert, diese neue

Form allmählich zuerst in den österreichischen und dann in einigen deutschen Diözesen. Die Gemeinde singt nun, dem Verlauf der Messe folgend, nicht mehr nur Propriumslieder (dem jeweiligen Fest zugehörig), sondern auch Ordinariumslieder in deutscher Sprache, was bisher unüblich war. Da der Priester weiterhin lateinisch zelebrierte, so daß der römischen Vorschrift Genüge getan war, waren die Lieder nicht allzu streng an ihre liturgische Funktion gebunden.

Lieder zum Kirchenjahr waren seit Jahrhunderten gedichtet worden und in großer Zahl vorhanden, aber durch die Singmessen entstand plötzlich ein neuer, bisher im katholischen Raum ungestillter Bedarf: Lieder zu den gleichbleibenden Teilen der Messe wurden in großer Zahl erforderlich, zum Eingang, zum Gloria, zum Credo, zum Offertorium, zum Sanctus, vor der Wandlung, zum Agnus Dei und zum Schluß – eine übliche Meßliedreihe hat diese acht Positionen. Als berühmteste und bis heute mit Abstand am weitesten verbreitete Singmesse entstand Franz Seraph Kohlbrenners (1728–1783) *Hier liegt vor deiner Majestät im Staub die Christenschar,* vertont von Michael Haydn und zuerst gedruckt im **Landshuter Gesangbuch* von 1777.[10] Noch radikaler ging der *Normalmeßgesang* vor,[11] der 1783 in den österreichischen Erblanden durch die Staatsmacht eingeführt wurde und vorsah, daß alle acht Lieder der Reihe auf ein und dieselbe Melodie gesungen werden sollten. Man dachte einfach und praktisch im Josephinismus – sehr einfach und sehr praktisch. Davon blieb im österreichischen Raum die Tendenz zu einer sehr geringen Anzahl von Liedern; diese sollen dann allerdings möglichst auswendig beherrscht werden, von der Kindheit bis ins höchste Alter unverlierbar ins Bewußtsein eingebrannt sein.

Auch wenn solchen Meßliedreihen später gelegentlich ältere Texte eingefügt wurden, waren sie es doch eigentlich, die der Aufklärung und ihren Liedern eine starke Nachwirkung verliehen. Ihnen verdanken Lieder wie Beim letzten Abendmahle, *O Jesu, all mein Leben bist du, Nimm an o Herr, die Gaben* oder *Wir weih'n, wie du geboten* ihren hohen Bekanntheitsgrad im katholischen Raum. Die Singmesse, die sich gottesdienstlich vom 19. Jahrhundert an bis zur Liturgiereform des Zweiten Vaticanums (seit 1963) als typisch katholisch einprägte, ist also keineswegs so alt, wie sie dem traditionsbewußten Katholiken vorkommt, sondern trägt diesen aufklärerischen Akzent weit ins zwanzigste Jahrhundert hinein. Ihre Einführung geschah regional versetzt – manche Diözesen kannten noch Anfang des 20. Jahrhunderts keinen Volksgesang während der Messe.[12]

Die Restauration, die im Zuge ihrer Aufklärungsfeindschaft gelegentlich auch die deutsche Singmesse angriff, konnte gegen ihre Beliebtheit nichts ausrichten[13] – nicht einmal, wenn sie so starke Worte gebrauchte wie ihr Sachwalter Guido Maria Dreves SJ: «In ihrem Ursprunge unlauter, weil Kind und Kindeskind josephinistischer Aufklärerei, trägt sie [die Singmesse] alle Spuren jener glaubensarmen, kalten und ausgenüchterten Perückenperiode an sich, schale Lehrhaftigkeit des Inhalts, lendenlahm sich hinschleppende Versification, verbunden mit ungebührlich lustigen oder sauersüßlichen Liedesweisen.»[14]

Von der Liedmesse zur liederlichen Messe

Als die römische Liturgie entstand, sprach das Volk lateinisch. Zur privilegierten Sakralsprache entwickelte sich das Lateinische erst im weiteren Verlaufe des Mittelalters, nach seinem Niedergang als Profansprache. Im 16. Jahrhundert machte die Reformation Front gegen das Lateinische und setzte allmählich die Volkssprache im Gottesdienst durch. Im katholischen Raum war es erst die Aufklärung des 18. Jahrhunderts, die den Katholiken wenigstens ein Nebeneinander von lateinischer Liturgie und deutschem Volksgesang brachte. Was damals ein Verdienst war, entwickelte sich zum Handicap, als mit dem zweiten Vatikanischen Konzil die Volkssprache zur Liturgiesprache wurde. Das Volk hätte nun die liturgischen Texte selbst singen oder sprechen dürfen. Statt dessen wurden die Liedmessen beibehalten, mit dem Ergebnis, daß die liturgischen Antworten des Volkes, die bisher wenigstens, das Volk stellvertretend, vom Priester auf lateinisch gesprochen oder gesungen wurden, nun ganz ausbleiben. Ersatz hat sich an ihrer Stelle breitgemacht. Die Liedergewohnheit will nicht weichen. Wo das Gloria kommen müßte, wird ein Lied gesungen, zum Credo: ein Lied, desgleichen zum Sanctus oder zum Agnus Dei. Wo vorher ganz verschiedene Ausdrucksformen standen – Hymnus (Gloria), Bekenntnis (Credo), Akklamation (Sanctus), Litanei (Agnus Dei) –, steht nun ein oft genug schläfrig-übliches Anstimmen von mehr oder weniger passenden Liedern – die verliederte, die «liederliche» Messe hat sich eingebürgert. Auch das Neumannsche *Heilig, heilig, heilig* ist ja keine Akklamation, schon wegen seiner Zweistrophigkeit nicht, kein Jubel des Volkes über den, der da in Jerusalem eingezogen ist, um uns alle zu erlösen, sondern ein christusloses Lob des Immerwährenden, das auf den liturgischen Platz keine Rücksicht nimmt.

Rezeption

Die Schubert-Messe wurde erst spät in die gottesdienstliche Praxis eingespeist. Im Spätsommer 1827 entstanden, wurde sie in den Anfangsjahrzehnten erst einmal von der kirchlichen Zensur behindert, die den Gesängen den Vermerk «admittuntur jedoch nicht zum öffentlichen Kirchengebrauche» zukommen ließ.[15] Die Zulassung nur für den Privatgebrauch kam einem Verbot gleich. Erst 1846 oder 1850 wurde das Werk freigegeben. Eine 1853 veröffentlichte Bearbeitung für Sopran, Alt und Orgelbegleitung durch Ferdinand

Schubert ebnete auch dem *Sanctus* den Weg, der aber zunächst nicht in die Kirchen, sondern in die Knabenschulen und die Männerchöre führte, die das Werk populär gemacht haben.[16] Erst im Laufe des 20. Jahrhunderts beginnt eine einstimmige Gemeindepraxis mit Orgelbegleitung, und erst nach dem Zweiten Weltkrieg gelangt die Schubertmesse (oft nur Teile von ihr, manchmal nur das *Heilig, heilig, heilig*) in eine größere Anzahl von Diözesangesangbüchern. Ins Mainzer Gesangbuch zum Beispiel dringt das deutsche *Sanctus* (hier zusammen mit der gesamten Schubertmesse) erst 1952 ein, in einem Anhang *Kirchenlieder unserer Brüder aus dem Osten.* Im **Gotteslob* von 1975, das den Liedern des 19. Jahrhunderts generell die kalte Schulter zu zeigen pflegte, wurde die Messe wieder eliminiert (und zwar im Stammteil wie auch im Mainzer Anhang). Doch ist die Erinnerung an ein großes Singeerlebnis so stark geblieben, daß vier der acht Lieder, darunter das *Heilig, heilig, heilig,* 1997 im Mainzer Anhangsanhang wieder auftauchen.[17] Auch im **Katholischen Gesangbuch der deutschsprachigen Schweiz* begegnet das Schubertsche *Sanctus* wieder, allerdings mit geändertem Text. Ob es so häufig gesungen wird wie früher, darüber fehlen bisher gesicherte Erkenntnisse.

H. K.

Maria Maienkönigin

Edition

Die Maikönigin (Dritter Mai.)

1. Maria, Maienkönigin!
Dich will der Mai begrüßen,
O segne seinen Anbeginn,
Und uns zu Deinen Füßen.

2. Maria! Dir befehlen wir,
Was grünt und blüht auf Erden,
O laß es eine Himmelszier
In Gottes Garten werden.

3. Behüte uns mit treuem Fleiß,
O Königin der Frauen!
Die Herzensblüten lilienweiß
Auf grünen Maiesauen.

4. Vor allen sind's der Blümlein drei,
Die laß kein Sturm entlauben:
Die Hoffnung grün und sorgenfrei,
Die Liebe und den Glauben.

5. O laß die Blumen um und um
In allen Herzen sprossen,
Und mache sie zum Heiligtum,
Drin sich der Mai erschlossen.

6. Die Seelen kalt und glaubensarm,
   Die mit Verzweiflung ringen,
   Die stummen mache liebeswarm,
   Damit sie freudig singen.

7. Damit sie gleich der Nachtigall
   Im Liede sich erschwingen,
   Und mit der Freude hellstem Schall
   Dir Maienlieder singen.

Druckvorlage

Marienlieder zur Feier der Maiandacht, gedichtet von Guido Görres. Rom, im Mai 1842. Zweite um dreißig Lieder vermehrte Auflage, München 1844, 14; (1. Auflage 1843; 3., vermehrte Auflage 1853). Das Lied ist unterschiedlich vertont worden: gleich 1843 von Kaspar Aiblinger (wie hier ediert), später noch mehrfach; größere Verbreitung hat die nachfolgend wiedergegebene Fassung von Joseph Mohr (1876) gefunden.[1]

Von Rom ins Heimatland

Verfasser des Liedes ist Guido Görres (1805–1852), einziger Sohn des für die Geschichte der katholischen Erneuerung in der 1. Hälfte des 19. Jahrhunderts bedeutsamen Joseph Görres.[2] Nach erfolgreichen sprachwissenschaftlichen und historischen Studien setzte der 25jährige seine akademische Laufbahn nicht fort, sondern wurde volksschriftstellerisch tätig. Im Schatten seines Vaters, des «alten Görres», wurde er Herausgeber der *Historisch-politischen Blätter.* In enger Verbindung mit der Münchener Spätromantik betätigte er sich als Dichter und Sammler poetischer Überlieferung. Das mit Franz Graf Pocci herausgegebene Periodikum *Festkalender in Bildern und Liedern*[3] («die erste deutsche illustrirte Jugendzeitschrift von künstlerischem Werth»[4]) seit 1834/35 und das «zu des Wissens Erweiterung, zu des Lebens Erheiterung»[5] bestimmte *Deutsche Hausbuch* (1846/1847) zeigen seine poetisch-pädagogischen Interessen, die auch für das hier in Frage stehende Gedicht zu unterstellen sind.

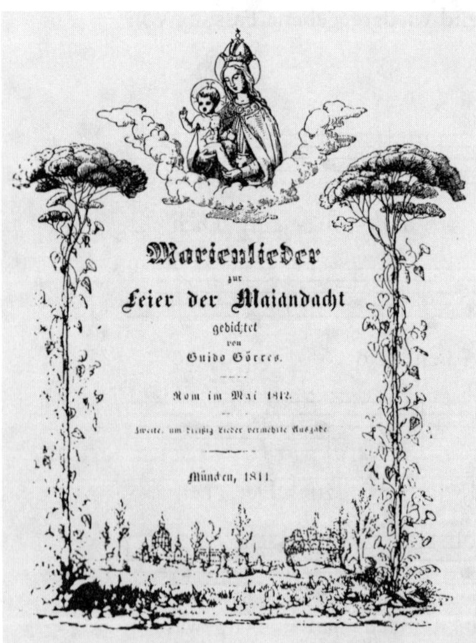

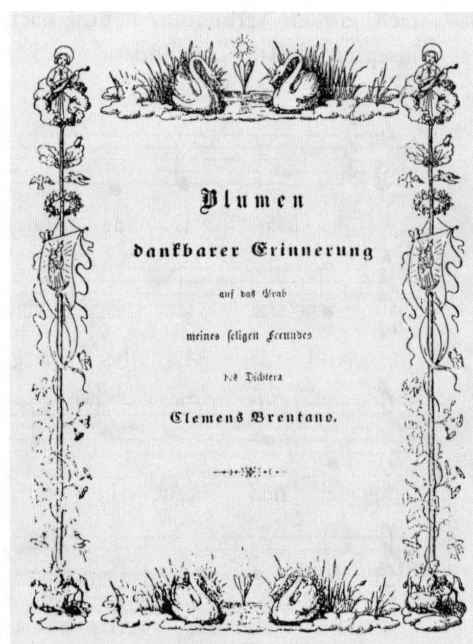

Frontispiz und Widmungsblatt der zweiten Auflage

Die *Marienlieder zur Feier der Maiandacht, wo Die Maikönigin* zuerst erschien, tragen den Entstehungsvermerk «Rom im Mai 1842». Der Herausgeber der dritten Auflage klärt das mit einigen beigegebenen Versen näher auf:

In St. Peters hoch geweihtem Dome,
Wo des Dichtes Herz so fromm erglüht!
Weiht' der reinsten Jungfrau er die Lieder,
Als der sonnenhelle Mai erblüht.
Und die Frühlingsblumen trug der Pilger
Aus der heil'gen Stadt in's Heimatland,
legte sie zum lichten Kranz gewunden,
Auf des Freundes Grab mit treuer Hand.[6]

Der Freund ist der 1842 gestorbene Clemens Brentano; ihm ist die Liedersammlung gewidmet: «Blumen dankbarer Erinnerung auf das Grab meines Seligen Freundes, des Dichters Clemens Brentano».[7] Die blumenmetaphorisch unterstrichene Beziehung zu Brentano, der im Görres-Kreis verkehrte, wie auch der Hinweis auf den poetischen Transfer von Rom «in's Heimatland» deuten auf das spätromantische Milieu einer ebenso deutschen wie römisch-katholischen Frömmigkeit und Poesie.

Guido Görres hat diese Gedichte nicht als privater Lektüre zugedachte Poeme, sondern als Lieder für die Volksandacht gemeint. Sie sind also von vornherein auf der Suche nach einer Melodie, in der sie nach der Intention des Dichters erst ihr Ziel erreichen. So begrüßt Görres auch die im Jahre 1843 erfolgte erste Vertonung: «Herr Kapellmeister Aiblinger, ein bewährter Meister im Gebiete religiöser Tonkunst, hat ihnen in kindlich frommer Begeisterung und einfachem Ernste seine melodische Stimme geliehen. Der Dichter kann sich nur darüber freuen, daß er einen Componisten gefunden, der seine stummen Lieder in herzergreifenden Gesang verwandelt.»[8]

Maiandacht

Die Lieder sind «zur Feier der Maiandacht» gedichtet. Sie werden damit einer speziell auf den Monat Mai bezogenen katholischen Devotionsform zugeordnet, die Görres in Italien kennengelernt hatte und die mit der Uraufführung seiner Lieder in großem Rahmen erstmals im Jahre 1843 in der Münchener Herzogspitalkirche abgehalten wurde.

Die «Maiandacht» in jener spezifischen Form, daß an jedem Tag des Monats Mai eine eigene Marienandacht abgehalten wird, ist zu Beginn des 18. Jahrhunderts in Italien entstanden.[9] Das älteste bisher bekannte Maibüchlein ist im Jahre 1726 in Parma erschienen. Sein Verfasser ist der Jesuit Annibale Donesi, und es trägt den Titel *Il mese di Maria: O sia il mese di Maggio consegnato a Maria Coll' Esercizio di varii fiori di Virtù.* Ein zweites, ebenfalls in vielen Auflagen und Übersetzungen verbreitetes Maiandachtsbüchlein erschien 1758; sein Verfasser war P. Franz Lalomia, ebenfalls ein Jesuit. Die neue Übung verdankt ihre Entstehung den volksmissionarischen Bemühungen italienischer Jesuiten. Sie verbreitete sich zunächst in Italien, dann auch in Frankreich und in den übrigen europäischen Ländern. In Deutschland beginnt die Entwicklung zu Beginn der 1840er Jahre und erfaßt im Laufe von zwei Jahrzehnten alle deutschen Diözesen. Das Interesse an der neuen volkstümlichen Andacht wird durch päpstliche Approbation und Empfehlung nachhaltig unterstützt. Bis zur Mitte des 20. Jahrhunderts ist die Maiandacht eine für das katholische Milieu besonders typische Frömmigkeitsform.

Daß nicht nur einzelne Festtage, sondern ein ganzer Monat der Verehrung Marias geweiht sein sollte, ist ein Novum in der in Rom mit dem 7. Jahrhundert einsetzenden Marienfestgeschichte. Nach der heortologischen Regel, daß neue Feste sich häufig alten implantieren, wäre es nicht ausgeschlossen, daß die Maiandacht sich auf volkstümliche Frühlingsbegehungen bezog. Johann Baptist Metzler glaubt das sogar genau zu wissen: «Sie wurde den ausgearteten, weltlichen Maifestlichkeiten entgegengesetzt, welche sich zum Teil aus dem heidnischen Altertum erhalten zu haben scheinen.»[10] Das Rom der Kaiserzeit kannte ein der Flora, der italischen Göttin der Blumen und Blüten, geweihtes Fest, das vom 28. April bis 3. Mai begangen wurde. Es galt der Fürbitte für alles Blühende.[11] Zu den ludi florales gehörten sowohl Blütenopfer wie mimische Possen der stadtrömischen Dirnen.[12] Die christlichen Schriftsteller des 4./5. Jahrhunderts beklagen die Laszivität dieser heidnischen Frühlingsfestivitäten. Maibräuche, in denen sich florale und erotische Momente mischen, gab und gibt es auch im nordeuropäischen Volksbrauchtum (Walpurgisnacht auf den 1. Mai, Maienstecken an den Häusern der Geliebten, Maibaum, Umzüge mit Maikönig und Maikönigin). Klerikale Versuche, damit verbundene Ausschweifungen einzudämmen, sind belegt.[13]

Wenn es zutrifft, daß neue Feste auf dem Grund von älteren nur florieren, wenn sie deren Emotionen und Imaginationen in irgendeiner Weise in sich aufnehmen können, so bedeutete das, daß die erotischen und floralen Momente der alten Maifeiern in die neue Form der Marienverehrung zu sublimieren waren.

Florale Mariologie

Die entscheidende Quelle für die Verflechtung von Eros, Blumen und Maria ist die marianische Lektüre des Hohenlieds aus dem Alten Testament. Es handelt sich beim Canticum Canticorum um Liebeslieder, die mit dem Frühling verbunden sind: «Sieh nur, der Winter ist dahin; / vorüber, fort ist der Regen. / Die Blumen erscheinen im Lande. / Die Zeit des Singens ist da. / Und das Gurren der Turteltaube hebt an.» (Hld 2,11 f.) Auch die Braut selbst wird im Bild der Taube (vgl. Hld 2,14; 5,2.12; 6,9) und der Blumen gesehen. Für letzteres sind zwei Stellen folgenreich geworden: Hld 2,1 f.: «Ego flos campi, / Et lilium convallium. / Sicut lilium inter spinas / Sic amica mea.» – «Ich bin die Blume des Feldes/ und die Lilie im Talgrund./ Wie eine Lilie unter Dornen/ So ist meine Freundin.» Das «Lilium inter spinas» wurde im Mittelalter als «Rose ohne Dornen» ausgelegt, so daß sich in diesem Bild der «rosa mystica» das alte Symbol der Venus mit dem der Reinheit zum neuen Emblem der Jungfrau-Mutter verband. Die zweite blumentheologisch wichtige Stelle ist Hld 4,12: «Ein verriegelter Garten/ ist meine Schwester und Braut,/ ein verriegelter Garten/ mit versiegeltem Quell.» Hier steht im Text der Vulgata das berühmte Wort vom «hortus conclusus».

Zu den Hoheliedversen kommen zwei Verse aus dem 24. Kapitel des Buches Jesus Sirach. Dort spricht die Weisheit: «Ich wuchs empor einer Palme gleich zu Engeddi,/ Gleich den Rosenstöcken zu Jericho» (Sir 24,14) – «quasi plantatio rosae in Iericho» (vgl. Eccl 24,18) – und: «Einem Weinstock gleich trieb ich liebliche Sprossen,/ meine Blüten gaben köstliche und reiche Frucht» (Sir 24,17) – «et flores mei fructus honoris et honestatis» (Eccl 24,23). Da die «Sapientia» der alttestamentlichen Weisheitsliteratur wie die Braut des Hohenliedes auf Maria hin gelesen wurde, war auch eine mariologische Auslegung der Tugendblüten und des Rosenhags («plantatio rosae») angebahnt. Das erste, bereits zitierte Maiandachtsbüchlein des Jesuiten Donesi aus dem Jahre 1726 hat als Motto den lateinischen Hoheliedvers «Flores apparuerunt in terra nostra» (Cant 2,12) und gibt damit klar zu erkennen, in welche bereits ausgebildete Vorstellungswelt sich die neue Devotion implantiert.

Ein Rest vom Paradiese her

Die Transplantation dieser Andacht nach Deutschland ist in ihrem Erfolg ohne das romantische Umfeld der ersten Hälfte des 19. Jahrhunderts nicht zu denken. In Dichtung und Kunst spielte beides eine die Gemüter bewegende Rolle: das Bild Mariens und eine florale Naturfrömmigkeit. Bei Clemens Brentano findet sich das eine wie das andere. Bei Philipp Otto Runge wird eine Mystik des Blumenlebens entwickelt, in den Tageszeiten-Bildern um weibliche Figuren herum, die als naturreligiöse Echofiguren der katholischen Madonna lesbar sind. In einem Brief an Ludwig Tieck vom 1. Dezember 1802 schreibt Runge von dieser seiner floralen Theologie:

> […] es wird mir bei allen Blumen und Bäumen vorzüglich deutlich und immer gewisser, wie in jedem ein gewisser menschlicher Geist und Begriff oder Empfindung steckt, und wird es mir so klar, daß das noch vom Paradiese her sein muß: es ist gerade so das Reinste, was noch in der Welt ist und worin wir Gott oder sein Abbild, nämlich das, was Gott zu der Zeit, da er die Menschen schuf, Mensch geheißen hat – erkennen können.[14]

«Vorzüglich» die Blumen und Bäume sind für Runge ein Rest «vom Paradiese» her; dies sichtbar zu machen sieht er als Aufgabe seiner Kunst. Bei Wackenroder und Tieck, Novalis und Eichendorff, Overbeck und Schnorr von Carolsfeld findet sich die Liebe zu Marienbildern ebenso wie zur Natur im Frühling. Die graphische Gestaltung der Görresschen *Marienlieder* kommemoriert diesen kulturellen Kontext im Ornament des Rahmens. Es ist ein um das gekrönte Marienmonogramm herum gewundenes Blumenrankenwerk mit singenden Vögeln.

Philipp Otto Runge, *Die vier Zeiten. Der Tag.* Radierung 1803/07 (Hamburger Kunsthalle).

Die Maikönigin

Das Lied hat den Untertitel *Dritter Mai*; für diesen Tag war es in der ursprünglichen Intention des Dichters, die für jeden Tag des Monats ein eigenes Lied vorsah, gedacht. Das könnte ein Grund sein für den dritten Vers: *Oh segne seinen Anbeginn.* Spätere Bearbeitungen haben das häufig durch *Mit holdem Sinn* ersetzt, weil das Lied im ganzen Monat gebraucht wurde.

Die Anrede *Maienkönigin* ist in dem gewiß nicht armen Reservoir der traditionellen Marienephiteta, wie sie z. B. in der Lauretanischen Litanei gesammelt sind, eine Neuheit. Sie sieht Maria wie eine christianisierte Frühlingsgöttin, Maria-Flora, die die Huldigung der Vegetation entgegennimmt. Die Menschen machen sich in ihrem Gesang zur Stimme der Natur, bringen zum Ausdruck, was diese im Mai will. Bei dem *und uns zu deinen Füßen* ist wohl an die Gläubigen vor dem Maialtar zu denken, der für die Maiandacht eigens errichtet wird, wobei der Blumenschmuck als Darbringung verstanden wird, als Opfergabe der aufblühenden Natur. Im Lied zum 1. Mai heißt es in der ersten Strophe: *Drum wollen wir dir bringen, / Was uns der Mai gebracht. / Und hier zu deinen Füßen / Mit Blumen dich begrüßen.*

Mit der Begrüßung ist die Bitte um Segen verbunden, und zwar für ihn, den Mai, und uns. Segen meint Fruchtbarkeit und Gedeihen, und das wird von Maria auch für das Naturgeschehen erbeten: *Maria! Dir befehlen wir, / was grünt und blüht auf Erden.* Das ist nicht allegorisch gemeint, sondern auf das Naturgeschehen selbst bezogen, als christlich eingebundene Naturreligiosität.

Aber dem Lied geht es vom Anbeginn der ersten Strophe an um den Mai *und uns*; so kommt nun ein weiteres Feld in den Blick: *O laß es eine Himmelszier / in Gottes Garten werden.* Es? Das heißt: Die irdische Vegetation soll durch Maria in himmlische verwandelt werden. Als ihr Raum wird *Gottes Garten* genannt, wobei man Gen 2,8 folgend zuerst an das Paradies, den Garten Eden denkt. Die dritte Strophe wird genauer; es geht um *die Herzensblüten*; die *Maiesauen* liegen im Innern. Das Herz, die Seele, ist ein Garten, der der Pflege bedarf. Maria wird nun angerufen als *Königin der Frauen*, was die *Wunderschön prächtige, hohe und mächtige, liebreich holdselige, himmlische Frau*[15] meinen kann, hier aber durch das *mit treuem Fleiß* das Hausfrauliche akzentuiert. Die Maienkönigin nimmt nicht nur auf ihrem Blumenthron die Huldigung entgegen, sie wird als Gärtnerin in Anspruch genommen, die sich des Gottesgartens der Seele annimmt; *O du in Gottes Garten / Als Gärtnerin bestellt* heißt es in der ersten Strophe des Liedes zum 1. Mai. Bei den pflegebedürftigen *Herzensblüten* handelt es sich um die Tugenden, wie die dritte Strophe hervorhebt, vor allem die drei göttlichen Tugenden, Glaube, Hoffnung und Liebe, wobei im lyrischen Bild vor allem *die Hoffnung, grün und sorgenfrei* hervorsticht.

Die beiden letzten Strophen rufen ins Gedächtnis, daß mit dem freudigen Maienschein der Winter keineswegs einfach vergangen ist: *Die Seelen kalt und glaubensarm, / Die mit Verzweiflung ringen.* Kälte, Glaubensarmut, Verzweiflung – das ist das Negativbild der drei Tugenden Liebe, Glaube, Hoffnung. Die Winterlichkeit der Seelen ist vor allem an ihrer Stummheit zu merken. Und wie sich mit der wachsenden Liebeswärme der Gesang der Vögel im Frühling freudig erhebt, so ist es auch mit den kalten Seelen. «Cantare amantis est», sagt Augustinus. Maria wird gebeten, die kalten Seelen zu erwärmen: *Damit sie gleich der Nachtigall/ im Liede sich erschwingen.*

Das Lied zielt auf Einstimmung: die aufgrund ihrer Seelenlage noch *stumm* sind, sollen in Schwung geraten, damit sie mit *der Freude höchstem Schall/ Dir Maienlieder singen.*

Daß der hier angesungene Aufbruch aus winterlicher Herzenskälte und Seelenträgheit von Görres auch im zeitgeschichtlichen Sinne verstanden wurde, gibt das Vorwort seines *Deutschen Hausbuchs* (1846) zu erkennen. Nachdem dort die geschichtliche «Selbstvergessenheit» der Deutschen im allgemeinen und der Katholiken im besonderen beklagt worden ist, heißt es:

> Doch der Winter und der lange Winterschlaf ist vorüber, die Sonne ist wieder frühlingswarm über den Schnee- und Eisgefilden aufgegangen; ein neues zukunftreiches Leben ist erwacht; seinen Bestrebungen soll sich auch das *Deutsche Hausbuch* anschließen.[16]

Nicht nur das *Hausbuch*, sondern auch die *Marienlieder zur Maiandacht.* Das Lied *Maria Maienkönigin* zielt somit gegen den allzu langen Winter, als den man die Aufklärung empfand.

Maria Maienkönigin ist kein Werk von erstem Rang. Mißt man Görres' Marienlieder am Niveau romantischer Poetik, so lautet das Urteil verständlicherweise: «Das Bemühen des Dichters um Verständnis und kindliche Innigkeit führt zu sprachlicher Einschränkung. Die Reime sind abgenützt, die Bilder stereotyp, das Spektrum an Gedanken schmal.»[17] Doch würden an dieser Meßlatte nicht wenige andere Lieder in den heutigen Gesangbüchern scheitern. Gedichte, die vom Volk singbare Lieder sein sollen, unterliegen bestimmten Bedingungen. Und es ist in der neueren Zeit schon viel, wenn sich in gewohnte Klangschemata hier und da eine kleine poetische Innovation einnisten kann. Görres' Lied schlägt mit seinem Titel und einigen damit assoziierten Imaginationen im Gesamtrepertoire der kirchlichen Marienlieder einen Ton an, den man sonst nicht findet.

Aufstieg und Fall

Seine Marienlieder fanden offenbar Resonanz; jedenfalls meldet Görres im Jahre 1845:

> [...] in Baiern und am Rhein, wo diese Melodien des ernsten religiösen Tonmeisters in verschiedenen Kirchen gesungen wurden, haben sie durch ihre zarte, tiefgefühlte Innigkeit die Gemüther erhebend und rührend, das gläubige Volk

> zur Andacht geweckt und in allen katholischen Herzen vollen Anklang gefunden.[18] [...] Ursprünglich für einen kleinen Kirchenchor von Kindern bestimmt und mit Orgel- oder Klavierbegleitung versehen, sind sie leicht vorzutragen. Sie eignen sich daher auch nicht minder für den kirchlichen Gebrauch, für Marienfeste und die nachmittägliche Andacht, als auch für Wallfahrten und Bittgänge und die häusliche Erbauung bei Clavierbegleitung.[19]

Die Aiblingersche Melodie kommt, abgesehen von der Diözese Köln, allmählich außer Gebrauch. Es gab wohl Bedenken gegen die volkstümliche Tönung dieser bayrischen Fassung. Der einflußreiche Hymnologe Guido Maria Drewes SJ (1859–1905), Begründer der *Analecta Hymnica Medii Aevi*, äußerte in seiner 1884 erschienenen Schrift *Ein Wort zur Gesangbuchfrage*: «Es ist etwas echt Populäres in diesen Lieder und viel Frömmigkeit, aber es fehlt ihnen – ob sie schier viel zum Kirchengesange verwendet werden – doch der dem Kirchenliede eigentümliche Ton.»[20]

Der Text hat in seiner Urfassung sieben Strophen zu je vier kreuzgereimten Zeilen. Daß er in der späteren Gesangbuchgeschichte gewöhnlich dreistrophig auftaucht, verdankt sich der Aiblingerschen Vertonung. Während sich der Satz von P. Stein (1845) an die ursprüngliche Strophengliederung hält, faßt der des königlich bayerischen Hof-Kapellmeisters je zwei Textstrophen zu einer Melodieeinheit zusammen. Das bedeutet bei einer siebenstrophigen Textvorlage, daß eine Textstrophe entfallen oder eine weitere hinzugedichtet werden muß. In der ersten Ausgabe der Aiblingerschen Vertonung ist die vierte Strophe (*Vor allen sind's der Blümlein drei...*) entfallen. Da Görres selbst diese Komposition emphatisch begrüßt hat, sind *die Blümlein drei* zwar nicht durch einen Sturm entlaubt, wohl aber von der erfolgreichen Musik überrollt worden. Nur das **Kölner Gesang- und Gebetbuch* von 1887 hat sie gerettet. Es hat vier statt drei Liedstrophen und fügt am Ende eine neue Halbstrophe an: *Zu dir sich wenden froh empor,/ Wie Blumen zu der Sonne/ Und preisen mit dem Engelchor/ Dich einst in ew'ger Wonne.* Sonst aber bleibt es bei der Dreiteilung, an die sich auch die Vertonung von Joseph Mohr hält.

In den seit dem Ende des 19. Jahrhunderts erscheinenden deutschen Diözesangesangbüchern kann das Lied eine relativ starke Position erobern. Bis in die fünfziger Jahre des 20. Jahrhunderts läßt es sich in drei Vierteln aller Bücher belegen.[21] Erst das Einheitsgesangbuch **Gotteslob* bringt eine Zäsur. In seinem Stammteil steht es nicht mehr. Der **Redaktionsbericht zum Gotteslob* weist das Initium *Maria Maienkönigin* in fünf Diözesananhängen (Aachen, Augsburg, Bamberg, Osnabrück, Würzburg) nach, wobei Augsburg unter diesem Initium einen ganz anderen Text führt als die übrigen.

Die Reform hat nicht nur die Gesamtfrequenz drastisch reduziert, sondern, wo man an dem Lied noch festhielt, auch den Text tangiert. Während die fränkischen Diözesen Bamberg und Würzburg, sie allein, an ihrer angestammten Fassung festhielten, konnte sich in den Kölner und Osnabrücker Nischen das Lied nur unter starker Mutation halten. Im Kölner Anhang ist, wie im Aachener, von den drei Strophen nurmehr eine geblieben. Sie hat hier als neues Initium *Maria Himmelskönigin*. Uranische Epitheta («Regina caeli», «Stella maris», «Himmelskönigin», «Meerstern», «Morgenstern», «Morgenröte») sind im Marienliederschatz gewiß ebenso beliebt wie die vegetabilen und in ihren religionsgeschichtlichen Implikationen (Venus, Aurora) gewiß ebenso bedenkenswert wie jene, aber das Epitheton *Maienkönigin* war doch eine poetische Novität mit eigenem Assoziationsraum. Aus welchen lokalen Gründen den Bearbeitern *Himmelskönigin* erträglicher erschien, müßte näher untersucht werden. Ökumenisch gesehen, dürfte bibelfeste Protestanten ohne marianische Sinnkanalisierung der Ausdruck *Himmelskönigin* in Christenmund vielleicht erst recht beunruhigen, wenn sie an Jer 7,18 und Jer 44,17–25 denken, wo der Kult, den die Jerusalemer Frauen der «Himmelskönigin» (Aschera/Ischtar/Astarte) widmen, als ausgesprochener Greuel und Inbegriff heidnischen Götzendienstes betrachtet wird. Aber daran werden die Kölner katholischen Bearbeiter um 1970 gar nicht gedacht haben.

Die Osnabrücker Diözesanfassung beginnt das Lied wie gewohnt, weicht jedoch schon im Verlauf der ersten Strophe von Görres' Gedicht ab:

Maria, Maienkönigin,
dich will der Mai begrüßen.
O, segne ihn mit gütgem Sinn
und uns zu deinen Füßen!
Maria, dir empfehlen wir,
was grünt und blüht auf Erden,
laß uns in dieser Pracht und Zier
das Werk des Schöpfers ehren.

Behüte auch, Maria rein,
du größte aller Frauen,
das Gottesvolk, die Kinder dein,
im Glauben und Vertrauen
zu Jesus Christus, deinem Sohn,
dem Retter und Befreier.
Lobpreis durch ihn in Ewigkeit
des Vaters Macht und Treue!

O öffne, Himmelskönigin,
im Lied uns Herz und Stimme,
zu danken Gott im Heilgen Geist,
daß wir sein Lob stets singen,
der Christi Kirche ward gesandt
in Sturm und Feuerflammen
zu führen sie mit seiner Hand
durch alle Zeiten! Amen.

Der anonymen Umdichtung, die hier ins Werk gesetzt ist, war die ganze Mai-Theologie des Liedes sichtlich ein Dorn im Auge. Die romantische Frühlingsbilderwelt wird durch ein Arrangement zeitgemäßer theologischer Topoi (Schöpfung und Schöpfer; Kirche als Gottesvolk; Christus als *Retter und Befreier*; durch die Pfingstzeit angeregt: Heiliger Geist *in Sturm und Feuerflammen*) ersetzt, die sich zu einem trinitarischen Gebilde (Dreifaltigkeitssonntag!) fügen sollen. Das alles wird aber mit konventionellen Versatzstücken (*Maria rein*; *die Kinder dein* usw.) und mißglückten Reimen (*Erden – Ehren; Befreier – Treue; Stimme – singen; flammen – Amen*) so zusammengestückt, daß sich aus der trinitarischen Modernisierung des alten Marienlieds kaum etwas ergibt, was das Görressche Gedicht plausibel beerben könnte. Das wohlgemeinte Bemühen, sich aus dem Talgrund romantischer Volksfrömmigkeit in die lichten Höhen zeitgenössischer Trinitätstheologie emporzuarbeiten, erzeugt doch nicht die visuelle Evidenz und klangliche Resonanz, die seiner Vorlage immerhin eignet.

Was hier am Exempel zu beobachten ist, scheint symptomatisch für nicht wenige Rettungsversuche kirchlicher Frömmigkeitsverwaltung: Das Alte schien nicht mehr tragbar, das an seine Stelle gesetzte Neue aber vermag die mit dem Alten verbundenen Emotionen und Imaginationen nicht mehr aufzufangen. Mit Überarbeitungen wie dieser haben ihre Initiatoren den Niedergang der aus dem 19. Jahrhundert überkommenen Maiandacht in der aufgeklärten Kirchlichkeit des späten 20. Jahrhunderts wohl ebenso geahnt wie gefördert. Die einschlägige liturgiewissenschaftliche Monographie zur Maiandacht aus neuerer Zeit ruft denn auch unverblümt zur gänzlichen Ausrodung aus dem offiziellen Kirchenliederschatz auf: «Als geistliche Gesänge, teilweise als geistliches Volkslied, mögen sie neben den Kirchenliedern weiterleben, auf die Tradierung in einzelnen Diözesanhängen des **Gotteslob* sollte jedoch zugunsten wertvollerer Gesänge verzichtet werden.»[22] Das Lied *Maria Maienkönigin* erweist sich als Kind einer Epoche, die mit der romantischen Wiederbelebung der katholischen Frömmigkeit zu Beginn des 19. Jahrhunderts einsetzte und in der Öffnung des katholischen Milieus nach der Mitte des 20. Jahrhunderts auslief. Nur in diesem «hortus conclusus» konnte es offenbar seine Unbefangenheit bewahren.

Sind, wie konservative Katholiken in der Logik des Liedes vermuten könnten, diejenigen, die solche Maienlieder nicht mehr singen können, jene *Seelen kalt und glaubensarm, / die mit Verzweiflung ringen*, – Repräsentanten also einer neuen Aufklärungseiszeit, die es wieder zu überwinden gilt? Aber den pastoralen Lockrufen ins alte warme Milieu mangelt schon bei denen, die sie von sich geben, die Atmosphäre, die ihnen in der Mitte des 19. Jahrhunderts Resonanz verschaffte. Die Nachtigall singt, wenn sie denn wieder singen sollte, nur in freier Natur.

Görres hatte sein Lied für die Andacht des ganzen gläubigen Volkes gedacht. Als solches ist es vergangen, was nicht heißt, daß es in devotionalen

Reservaten nicht noch in Gebrauch sein könnte. Aber die Romantiker haben auch von einer «neuen Mythologie» und «zweiten Naivität» geträumt, in der die Poesie mit der Arbeit des Gedankens sich versöhnt hätte. Das Lied *Maria Maienkönigin* wurde hier auch in solcher Perspektive in Erinnerung gerufen.

Im gleichen Jahr, in dem in München die öffentliche Verehrung der Maienkönigin einsetzte, starb in Tübingen Friedrich Hölderlin. Im Entwurf einer Hymne mit dem Titel *An die Madonna* finden sich die Verse:[23]

Doch, Himmlische, doch will ich
Dich feiern und nicht soll einer
Der Rede Schönheit mir,
Die heimatliche, vorwerfen,
Dieweil ich allein
Zum Felde gehe, wo wild
Die Lilie wächst, furchtlos,
Zum unzugänglichen,
Uralten Gewölbe
Des Waldes,
    das Abendland,
    und gewaltet über
Den Menschen hat, statt anderer Gottheit, sie
Die allvergessende Liebe.

A. S.

Auf, gläubige Seelen

Edition

1. Auf, gläubige Seelen,
singet Jubellieder
und kommet, kommt alle nach Bethlehem!
Christus, der Heiland,
stieg zu uns hernieder.
Kommt, lasset uns anbeten unsern Herrn!

2. O sehet, die Hirten
eilen von den Herden
und suchen das Kind nach des Engels Wort;
Gehn wir mit ihnen,
Friede soll uns werden!
Kommt, lasset uns anbeten unsern Herrn!

3. Der Abglanz des Vaters,
Herr der Herren alle,
ist heute erschienen in unserm Fleisch:
Gott, der in Windeln
liegt im kalten Stalle.
Kommt, lasset uns anbeten unsern Herrn!

4. Schaut, wie er in Armut
liegt auf Stroh gebettet,
o schenken wir Liebe für Liebe ihm!
Jesus, das Kindlein,
das uns all errettet:
Kommt, lasset uns anbeten unsern Herrn!

Druckvorlage

Text und Melodie werden hier nach der Fassung im Gesangbuch *Köln 1949, Nr. 151, wiedergegeben.

Notre Dame 1886

Paul Claudel: «Meine Bekehrung vollzog sich am 25. 12. 1886. Meine Familie war indifferent, ich selbst völlig glaubensfremd, hatte vollkommen die Religion vergessen und befand mich in der Unwissenheit eines Barbaren. So war mein Zustand, als ich mich Weihnachten 1886 nach Notre Dame de Paris begab. Da vollzog sich das Ereignis, das mein ganzes Leben beherrscht. In einem Augenblick wurde mein Herz berührt, und ich glaubte mit einer solchen Hingabe, daß seither alle Wechselfälle meines Lebens meinen Glauben nicht erschüttern, ja nicht einmal berühren konnten. Es ist wahr! Gott existiert! Er ist da, ein persönliches Wesen wie ich – er liebt mich, er ruft mich. Tränen waren über mich gekommen, und der sanfte Gesang des *Adeste fideles* trug noch zu meiner inneren Erregung bei.»[1]

Dichtung und Wahrheit

Adeste fideles ist weltweit eines der bekanntesten und beliebtesten Weihnachtslieder und findet sich in allen deutschsprachigen Kirchengesangbüchern.[2]

Die Basis des Textes ist die lateinische Cantio *Adeste fideles*. Als Verfasser werden Borderies [um 1790] (*GL), Wade [um 1750 bzw. 1766] (*KG, *RG) sowie Wade und Borderies [um 1790] (*EG) genannt. Die deutsche Übersetzung wird auf Ranke [1823 bzw. 1826] zurückgeführt (*EG, *KG, *RG[3]) oder als Neufassung der EGB-Kommission[4] (*GL) vorgestellt. Die Melodie wird bald Wade [um 1750 bzw. 1766] (*KG, RG), bald Reading [vor 1681 und 1782[5]] (*EG) / [17. Jh.] (*GL) zugeschrieben.

Angesichts der Tatsache, daß die neueren Gesangbücher sich um genaue bibliographische Angaben bemühen, ist die Vielfalt einander widersprechender Zuschreibungen erstaunlich. Welche Angaben sind richtig, welche falsch?

Weihnachtslied und Opernarie

Über die musikalische Seite des *Adeste* wissen wir wenig: Auf wen geht die Melodie zurück, und wann ist sie entstanden? Handelt es sich um ein geistliches Lied oder um eine Kontrafraktur? Bestehen Beziehungen zwischen dem *Adeste* und der Opernarie aus *Le Comte d'Acajour* von Favart?[6] Sicher ist, daß die Melodie in den ersten Jahrzehnten rhythmische Veränderungen vom Dreier- zum Zweiertakt erfahren hat. Wahrscheinlich ist auch, daß es sich um ein Sololied mit Refrain handelt. Dabei fällt auf, daß dieser Refrain in allen alten Quellen nicht, wie man sowohl textlich als auch musikalisch erwarten würde, nur aus der Schlußzeile (6), sondern aus der zweite Hälfte der Strophe (4–6) besteht. Von daher ist es nicht ausgeschlossen, daß schon im 17. Jahrhundert ein Text in jener die zweite Strophenhälfte repetierenden Form bestand, der auf die bereits bekannte Weise des «Air angelois»[7] gesungen und später zu einem geistlichen Lied, dem *Adeste fideles*, umgedichtet wurde.[8]

Zwei katholische Traditionen

Eine bemerkenswerte Fassung des *Adeste* findet sich im *Paroissien complet*, Paris 1827.[9] Der Text hat hier sieben Strophen[10] zu je fünf Zeilen mit einem abschließenden Refrain. Ein einheitliches Reimschema ist nicht auszumachen, was in jener Zeit für das Kirchenlied selten ist. Betrachtet man die Form, so fällt auf, daß die Strophen 1, 3, 5 und 6 in der Silbenzahl (6 – 6 – 10 – 5 – 6 – 10) der rhythmischen Verse völlig einheitlich sind.[11] Anders hingegen die auch untereinander heterogenen Strophen 2, 7 und 8: Hier variieren einzelne Verse um bis zu zwei Silben, Wortbetonung und Versakzent decken sich häufig nicht. Die unterschiedliche poetische Qualität der Strophen weist auf die Existenz zweier Traditionen hin. Daß es sich bei dem *Adeste* des *Paroissien* um einen Mischtext handelt, wird durch die Überlieferungsgeschichte bewiesen: Auf die allen Quellen gemeinsame Strophe 1 folgen in der älteren, englischen Tradition die Strophen 2, 7 und 8, in der jüngeren, französischen, die Strophen 3, 5 und 6.[12]

Die englische Tradition

Adeste, fideles	Herbei, ihr Gläubigen,
Laeti triumphantes,	Mit Freude und Jubel
Venite, venite in Bethlehem;	Kommt, kommt nach Bethlehem.
Natum videte	Seht den Neugeborenen,
Regem Angelorum;	Den König der Engel.
Venite adoremus Dominum.	Kommt, laßt uns anbeten den Herrn.
Deum de Deo;	Gott von Gott,
Lumen de Lumine,	Licht vom Licht,
Gestant puellae viscera	Ihn trägt der Leib der Jungfrau.
Deum verum,	Wahrer Gott,
Genitum non factum:	Gezeugt, nicht geschaffen.
Venite adoremus Dominum.	Kommt, laßt uns anbeten den Herrn.
Cantet nunc io	Nun möge io singen
Chorus Angelorum:	der Chor der Engel,
Cantet nunc aula celestium,	singen möge nun der himmlische Hof.
Gloria	Ehre
In excelsis Deo!	Gott in der Höhe!
Venite adoremus Dominum.	Kommt, laßt uns anbeten den Herrn.
Ergo qui natus	Da du also geboren bist
Die hodierna,	Am heutigen Tag,
Jesu Tibi sit gloria:	Jesus, sei dir die Ehre,
Patris aeterni	Du, des ewigen Vaters
Verbum caro factum!	Wort, das Fleisch geworden.
Venite adoremus Dominum.[13]	Kommt, laßt uns anbeten den Herrn.

Der Text findet sich zusammen mit der Melodie in sieben Handschriften, die sämtlich von John Francis Wade geschrieben und unterzeichnet sind.[14] Wade wurde 1710 geboren und lebte in Douai in Nordfrankreich, wo sich viele Flüchtlinge aufhielten, die wegen des Jakobitenaufstandes 1745 aus England geflohen waren. An dem dortigen katholischen Kolleg war er für den Lateinunterricht und den Kirchengesang zuständig und als Kopist liturgischer Gesangbücher beschäftigt. Er starb 1786 in Lancashire.[15] Ob Wade den Text verfaßt[16] «oder nur abgeschrieben hat»,[17] muß offenbleiben. Der älteste erhaltene datierte handschriftliche Beleg für das *Adeste* stammt aus dem Jahre 1750. Das katholische Liturgiebuch *The Evening Office of the Church* bringt in der vierten Auflage, London 1760, den Text ohne Melodie. Diese ist 1782 in *Essay or Instruction for Learning the Church Plain Chant* erstmals gedruckt.[18] Die ältere Tradition ist nicht auf England beschränkt, sondern, zum Teil stilistisch verbessert und um weitere Strophen vermehrt, auch in Nordfrankreich in Gebrauch.[19]

Die französische Tradition

Adeste, fideles,	Herbei, ihr Gläubigen,
Laeti triumphantes	Mit Freude und Jubel
Venite, venite in Bethlehem;	Kommt, kommt nach Bethlehem.
Natum videte	Seht den Neugeborenen,
Regem Angelorum;	Den König der Engel.
Venite adoremus Dominum.	Kommt, laßt uns anbeten den Herrn.
En grege relicto,	Sieh! Zurück bleibt die Herde,
Humiles ad cunas,	Und der ärmlichen Krippe
Vocati pastores appropiant.	Nahen, dem Ruf folgend, die Hirten.
Et nos ovanti	Auch wir wollen mit freudigem
Gradu festinemus,	Schritt dorthin eilen.
Venite adoremus Dominum.	Kommt, laßt uns anbeten den Herrn.
Aeterni Parentis	Des ewigen Vaters
Splendorem aeternum	ewigen Glanz
Velatum sub carne videbimus,	werden wir sehen, verhüllt im Fleisch.
Deum infantem,	Gott als Kind,
Pannis involutum,	in Windeln gewickelt.
Venite adoremus Dominum.	Kommt, laßt uns anbeten den Herrn.
Pro nobis egenum	Ihn, der für uns arm geworden ist
Et foeno cubantem	Und im Stroh liegt,
Piis foveamus amplexibus;	wollen wir, liebevoll umarmend, erwärmen.
Sic nos amantem	Ihn, der uns so sehr liebt,
Quis non redamaret?	wer würde ihn nicht wiederlieben?
Venite adoremus Dominum.[20]	Kommt, laßt uns anbeten den Herrn.

Die Strophen der französischen Tradition werden Jean François Borderies zugeschrieben. 1764 geboren, 1788 zum Priester geweiht, floh er in der Französischen Revolution nach England. Nach dem Sturz Robespierres kehrte er über Flandern nach Frankreich zurück. 1819 wurde er Generalvikar in Paris, 1827 Bischof von Versailles. Fünf Jahre später starb er.[21] In seiner Zeit als Bischof verfaßte er einen Katechismus und gab die liturgischen Bücher seiner Diözese neu heraus.[22] In der Tat finden sich Text und Melodie der französischen Tradition im *Processional de Versailles* von 1833[23] sowie im *Graduel noté* von 1835,[24] und hier mit der Rubrik «Zur Geburt unseres Herrn für die Mitternachtsmesse bei der Elevation, wie es der Brauch ist»,[25] eine Bemerkung, die nicht gerade für eine Autorschaft von Borderies spricht. Wenn bereits im *Paroissien complet* der französische Text erscheint und mit der englischen Tradition zu einer siebenstrophigen Version verwoben ist, so zeigt dies, daß beide Fassungen geraume Zeit vor 1827 in Frankreich bekannt gewesen sein müssen. Die älteste bekannte Quelle ist St. Omer 1822.[26]

Borderies hat sich zu den von ihm stammenden liturgischen Schöpfungen detailliert geäußert.[27] Seine Angaben stimmen mit der Ausgabe seiner Werke[28] überein und werden durch die liturgischen Bücher von Versailles bestätigt.[29] Weder hier noch dort begegnet uns das *Adeste.* Auch die Weihnachtspredigt[30] des Bischofs würde sicher anders lauten, wenn er, wie sein Biograph Felix Antoine Philibert Dupanloup[31] behauptet, der Verfasser dieses Gesanges wäre. Borderies fand das *Adeste* in der Weihnachtsliturgie vor und bezog es in seine Katechese[32] ein, die im Rahmen der Vesper ihren Ort hatte. Sein Biograph zog daraus den verständlichen, aber falschen Schluß, daß nur der von ihm verehrte und literarisch hochgebildete Bischof von Versailles der Autor eines so berühmten Stückes sein könne.

Das *Adeste* verbreitete sich rasch, auch über die Diözesen Frankreichs hinaus.[33] Es begegnet im *Antiphonarium Romanum*, Rom 1852,[34] sowie im *Katholischen Gesangbuch* Luxemburg 1857[35] und fand Aufnahme in die *Variae preces*, Solesmes 1892.[36]

Kommt, lasset uns anbeten!

Es ist auffällig, daß beide Texttraditionen in der ersten Strophe übereinstimmen. Wenn in der englischen Überlieferung auf die poetisch nicht zu beanstandende Eröffnungsstrophe drei weitere folgen, die formal wie literarisch hinter deren Qualität weit zurückbleiben, so legt das den Schluß nahe, daß diese nicht von Anfang an Teil eines mehrstrophigen Liedes war; denn daß ein und derselbe Dichter alle vier Strophen verfaßt hat, ist schwer vorstellbar. Strophe 1 dürfte älter sein und erst unter Wade eine Weiterdichtung erfahren haben.

Was könnte die Funktion der ursprünglich einzigen Strophe gewesen sein? Der auch aus dem Stundengebet und der Kreuzverehrung bekannte Refrain *Kommt, lasset uns anbeten!* deutet auf eine eucharistische Verwendung als Begleitgesang zur Wandlung hin. Unsere Cantio ist also ein Weihnachts-Ave-verum. Dem entspricht die oben zitierte Rubrik zum *Adeste* im *Graduel noté* von *Versailles.* In die gleiche Richtung weist die Inhaltsübersicht des Manuskripts von 1751, wo unter dem Sammelbegriff «Verschiedene Gesänge für Sonn- und Festtage» neben dem Meßordinarium von Hymnen und Antiphonen zur Elevation und zum Sakramentalen Segen die Rede ist.[37] Wenn sich auch das *Adeste* als Begleitgesang zur Elevation nicht erhalten hat, so ist es doch, wie Claudel bezeugt, im Umfeld des Sakramentalen Segens der Weihnachtsvesper lebendig geblieben und heute noch vielerorts üblich.[38]

Älter ist nicht immer besser

Die beiden Traditionen gemeinsame Einleitungsstrophe ist eine Aufforderung an die Gläubigen, nach Betlehem zu kommen, um den dort geborenen König der Engel[39] zu sehen und anzubeten. Dieses Invitatorium findet in der englischen Tradition eine Fortsetzung, in der das Weihnachtsereignis mit der Christologie der Konzilien von Nicaea und Konstantinopel in Verbindung gebracht wird. Dabei werden mehrfach Sätze des Credo zitiert; das Kind in der Krippe wird sozusagen dogmatisch definiert. Im folgenden werden die Engel aufgefordert, den Lobgesang des Gloria zu singen. Die letzte Strophe greift das *Verbum caro factum* des Prologs (Joh 1,14) auf und zieht daraus eine doxologische Konsequenz.

Das Ganze ist ein Gemisch von zwar theologisch richtigen und wichtigen Aussagen, die jedoch in keinem inneren Zusammenhang stehen. Ein roter Faden ist nicht zu erkennen: Von Strophe zu Strophe wechseln sowohl Aussageformen (Befehl – Bekenntnis – Aufforderung – Gebet) als auch Personen (Gläubige – Maria / Jesus – Engel – Jesus) und Kommunikationssituation. Dic Rolle der Gläubigen in den einzelnen Strophen ist schwankend. Die erste Person Plural wird ausschließlich im Refrain gebraucht, der jedoch nur in der Eröffnungsstrophe unmittelbar aus dem Text erwächst. Die zweite Strophe ist dogmatisches Zitat, das Gloriamotiv der dritten weihnachtlicher Topos. Die englische Fassung ist kein Meisterwerk – weder poetisch noch theologisch.

Anders die französische Tradition. Alle Strophen bilden hier ein überzeugendes Ganzes, in dem die an die Gläubigen gerichtete Aufforderung konsequent entfaltet wird. Die zweite Strophe berichtet, wie, auf den Ruf des Engels hin, die Hirten nach Bethlehem eilen und, deren Beispiel folgend, die Gläubigen sich auf den Weg machen. Sie finden in der Krippe ein Kind, in Windeln gewickelt, und schauen in ihm den ewigen Glanz des ewigen Vaters, verhüllt im Fleisch. Diese dritte Strophe enthält das Paradox der Menschwerdung Gottes, eines Gottes, der sich offenbart, indem er sich verschleiert.[40] Hier liegt die zentrale Aussage des Liedes: «Die Liebe will verborgen sein.»[41] Die vierte Strophe spricht von dem wunderbaren Wechsel, von dem auch das Weihnachtslied[42] im Anschluß an die römische Liturgie[43] staunend singt. «Er, der reich war, wurde euretwegen arm, um euch durch seine Armut reich zu machen» (2 Kor 8,9). «Für uns und um unseres Heiles willen ist er vom Himmel herabgestiegen, hat Fleisch angenommen und wurde Mensch.» Das Motiv für diese Erniedrigung (Phil 2,6–11) ist die Liebe. Die Konsequenz dessen, daß er uns zuerst geliebt hat, ist, daß wir ihn und in ihm die anderen wiederlieben:

> Die Liebe Gottes wurde unter uns dadurch offenbart, daß Gott seinen einzigen Sohn in die Welt gesandt hat, damit wir durch ihn leben. Wenn Gott uns so geliebt hat, müssen auch wir einander lieben. Wir wollen lieben, weil er uns

zuerst geliebt hat. Wenn jemand sagt: Ich liebe Gott!, aber seinen Bruder haßt, ist er ein Lügner, denn wer seinen Bruder nicht liebt, den er sieht, kann Gott nicht lieben, den er nicht sieht. (1 Joh 4,7–20)

In dem Kind von Betlehem begegnen die Gläubigen der Herrlichkeit (Joh 1,14.18), aber auch der Liebe Gottes, die sie zur Gegenliebe aufruft. So endet die letzte Strophe mit der Frage nach der Liebe als der Antwort des Menschen auf die Menschwerdung Gottes.[44] Die Verwandlung der Gläubigen durch diese Liebe ist der Zielpunkt des ganzen Liedes.

Adeste als Kirchenlied

Das 19. Jahrhundert bringt die ersten Übersetzungen des lateinischen Originals.

Die auf Frederick Oakeley zurückgehende englische Übersetzung *Ye faithful, approch ye* von 1841 gibt dem Hymnus einen Platz in der anglikanischen Liturgie und macht ihn weltbekannt.[45] Die noch heute im evangelischen Raum gesungene deutsche Fassung *Herbei, o ihr Gläub'gen*[46] stammt aus der Zeit um 1823 und geht auf Friedrich Heinrich Ranke zurück.[47] Ihr liegt der Text der englischen Tradition zugrunde. An wenigen Stellen werden schwierig erscheinende Passagen durch gängigere Wendungen aus dem *Credo* bzw. *Te Deum* ersetzt.

Im katholischen Raum setzte sich die französische Fassung durch, die in der auf Joseph Mohr zurückgehenden Übersetzung *Auf, gläubige Seelen* 1873 erstmals in **Cäcilia* erscheint.[48] Ein Vergleich mit dem lateinischen Original zeigt, daß, bedingt durch die vorgegebene Strophenform, der Text an drei Stellen Erweiterungen erfährt. Auch versuchen Mohr wie Ranke in zwei Fällen schwierigere Wendungen durch vertraute zu ersetzen.

Mit vollem Recht hat sich das **Gotteslob* für die poetisch wie theologisch weitaus bessere französische Tradition entschieden. Zugrunde liegt die Übersetzung von Joseph Mohr, mit geringfügigen Veränderungen, die man nicht immer als Verbesserungen bezeichnen kann. Allerdings ist die vierte Strophe der französischen Tradition durch die dritte der englischen ersetzt. Diese Schlußstrophe in der französischen Tradition ist jedoch der Zielpunkt der gesamten Dichtung. Wer meint, sie gegen eine allgemeine Gloria-Strophe aus einem anderen Kontext austauschen zu können, hat den Duktus des *Adeste* nicht verstanden und einen Hymnus von hohem Rang zerstört.

H. B.

Du Kind, zu dieser heilgen Zeit

Edition

Eine spätere Melodie

Weihnachts-Kyrie

Und sie gebar ihren ersten Sohn und wickelte ihn in Windeln und legte ihn in eine Krippe; denn sie hatten sonst keinen Raum in der Herberge. Die Bibel

Du Kind, zu dieser heiligen Zeit
gedenken wir auch an dein Leid,
das wir zu dieser späten Nacht
durch unsere Schuld auf dich gebracht.
Kyrie eleison!

Vorderer Buchdeckel von *Neue Weihnachtslieder*, Kassel 1939 (Bärenreiter-Verlag)

Die Welt ist heut voll Freudenhall.
Du aber liegst im armen Stall.
Dein Urteilsspruch ist längst gefällt,
das Kreuz ist dir schon aufgestellt.
Kyrie eleison!

Die Welt liegt heut im Freudenlicht.
Dein aber harret das Gericht.
Dein Elend wendet keiner ab.
Vor deiner Krippe gähnt das Grab.
Kyrie eleison!

Die Welt ist heut an Liedern reich.
Dich aber bettet keiner weich
und singt dich ein zu lindem Schlaf.
Wir häuften auf dich unsre Straf'!
Kyrie eleison!

Wenn wir mit dir einst auferstehn
und dich von Angesichte sehn,
dann erst ist ohne Bitterkeit
das Herz uns zum Gesange weit!
Hosianna!

Druckvorlage

Der Text ist am 20. Dezember 1937 entstanden.[1] In der handschriftlichen Fassung begann er mit *Du Gottessohn, zur heilgen Zeit.*[2] Erstmals gedruckt erschien er in Jochen Klepper, *Kyrie. Geistliche Lieder,* Eckart Verlag Berlin-Steglitz, 1938. Unsere Edition folgt dem Abdruck in der noch vom Autor selbst besorgten dritten erweiterten Auflage, Berlin-Steglitz 1941.

Jochen Kleppers *Weihnachts-Kyrie* ist bald nach Erscheinen mehrfach vertont worden. Besonders verbreitet hat sich die Komposition von Gerhard Schwarz. Sie stand taktstrichlos in dem von Karl Vötterle als Bärenreiter-Ausgabe 1345 vorgelegten Heft *Neue Weihnachtslieder*, Kassel o. J. [1939]. Hier wird sie als Melodie A in der mit Taktstrichen versehenen Fassung aus dem Gesangbuch der Evangelisch-reformierten Kirchen der deutschsprachigen Schweiz (*Zürich 1998) wiedergegeben. Bei der Herausgabe der **Gemeinsamen Kirchenlieder* 1973 und des *EG 1993 hatte man sich dagegen für die Komposition von Volker Gwinner (1970) entschieden. Unsere Edition folgt mit der Melodie B dem ersten Druck in *Beiheft 72 zum Evangelischen Kirchengesangbuch Ausgabe Niedersachsen*, Neuhausen-Stuttgart o. J.

Weihnachten 1937: heilige Zeit und späte Nacht

Von Jochen Kleppers Liedtexten sind 18 den Stationen des Kirchenjahres zugeordnet. Weihnachten war Kleppers wichtigstes Fest. In seinen Tagebüchern hielt er jedesmal fest, wie er es in den Gottesdiensten erfahren und im häuslichen Kreis begangen hatte. So ist es kein Zufall, daß von seinen Kirchenjahresliedern sechs dem Weihnachtsfest gelten. Allein drei davon sind in der Vorweihnachtszeit 1937 entstanden. Aber kein anderes Weihnachtslied zeigt so deutlich wie *Du Kind, zu dieser heiligen Zeit* Spuren der Krise, die sich für Klepper in der Kollision von Zeitgeschichte und Lebensgeschichte seit 1933 von Jahr zu Jahr verschärfte. Allerdings ist die Krise auch in diesem Liede nicht einfach ablesbar. Sie verbirgt sich in dem theologisch pointierten Gegensatz von *Du Kind* und *Die Welt*, der das ganze Lied durchzieht. Das vorangestellte Zitat aus der lukanischen Weihnachtsgeschichte (Lk 2,7) bietet das Grundmuster dieses Kontrastes: Für dieses Kind gibt es in der Herberge keine komfortable Bleibe.

Das gilt auch gegen den Augenschein, der *die Welt* jedenfalls *heut* in weihnachtlich verwandelter Gestalt zeigt: Der Augenschein trügt – es sei denn, er werde im Sinne des Heiles gedeutet, das gerade unter gegenteiliger Gestalt verborgen ist.

Jochen Kleppers Tagebücher[3] zeigen überdeutlich beides: zum einen die weihnachtliche Idylle, an der Klepper im eigenen Haus, dem Refugium der bedrohten Familie, festhielt und die er nach Maßgabe von Überlieferung und Kunstverstand liebevoll zu stilisieren pflegte; zum anderen den zur deutschen Tagespolitik gewordenen Rassenwahn, der den Lebensraum dieses Autors und seiner jüdischen Frau Johanna (verw. Stein, geb. Gerstel) mit ihren Töchtern Brigitte und Renate noch in den Festzeiten einschränkte, verschattete, unterminierte.

1937 war das Jahr von Kleppers größtem schriftstellerischen Erfolg. Sein Friedrich-Wilhelm-Roman *Der Vater* hatte eine Woge der Zustimmung, ja der Bewunderung ausgelöst. Doch seinem Erscheinen folgte alsbald Kleppers Ausschluß aus der Reichsschrifttumskammer und damit das Berufsverbot. Er sei «nicht geeignet [...], durch schriftstellerische Veröffentlichungen auf die geistige und kulturelle Entwicklung der Nation Einfluss zu nehmen». Auf dem Aktenexemplar dieses Bescheides steht zweimal der Vermerk, der den eigentlichen Grund des Ausschlusses angibt, einmal maschinenschriftlich und einmal handschriftlich: «Ehefrau Jüdin».[4] Zwar gelang es Klepper, eine jederzeit widerrufliche Sondergenehmigung zu erlangen. Aber sie schloß die Bedingung ein, daß für jedes zur Veröffentlichung bestimmte literarische Produkt, auch für das kleinste, eine Druckerlaubnis zu beantragen sei. Dieser Prozedur unterwarf sich Klepper erstmals im Oktober 1937. Es folgten Monate quälenden Wartens. Zu Weihnachten war die Genehmigung immer noch nicht da, traf dann aber doch noch unmittelbar vor Silvester ein.

In dieser Wartezeit, und zwar in der Woche vor dem Christfest, entstanden auch die drei Weihnachtslieder. Klepper thematisiert darin sehr überlegt jeweils einen besonderen Festakzent: *Sieh nicht an, was du selber bist* (Tagebuchnotiz am 17. Dezember) ist ein Lied seelsorgerlichen Zuspruchs. *Die Nacht ist vorgedrungen* (18. Dezember) ist ein Hoffnungslied in der Zielspannung zwischen ‹Noch nicht› und ‹Bald›. *Du Kind, zu dieser heiligen Zeit* (20. Dezember) schließlich ist eine Anamnese des ganzen Christusweges, Anlaß nehmend an dessen armseligem Anfang, der Geburt Jesu im Stall. Mit dem Gedenken (1,2) ist das Eingeständnis des Kontrastes zwischen der weihnachtlichen Scheinwelt und der weihnachtlichen Wirklichkeit verbunden. Dabei rückt der Autor, der sich im Wir der singenden Gemeinschaft äußert, nicht einfach von der weltförmigen Weihnacht der anderen ab. Diese Gemeinschaft weiß sich zuallererst selbst aufgedeckt in der allgemein vergeßlichen Art, das Fest zu begehen. Und sie gesteht für alle anderen *unsere Schuld* (1,4) ein, die *zu dieser späten Nacht* (1,3) das Leiden des Kindes verursacht, *heut* (2,1; 3,1; 4,1) wie eh und je. Aber die Dunkelheit der *späten Nacht* überhaupt wahrzuhaben, *im armen Stall* schon *das Kreuz* (Str. 2), in der *Krippe* schon das gähnende *Grab* (Str. 3) vorabgebildet zu finden, das hängt im Falle dieses Liedes nun doch daran, daß der Autor, der dem singenden Wir die Stimme gibt, bei aller Anhänglichkeit an den weihnachtlichen Schein auch sich selbst als ausgegrenzt, verschmäht, verstoßen erfährt. Die Nacht der Zeitgeschichte und der eigenen Biographie läßt genauer erkennen und eindringlicher aussprechen, welches Kind denn da einst so notdürftig beherbergt worden ist.

Freier Umgang mit Luthers Vorbild

Es ist bekannt, daß Jochen Klepper in den wenigen Jahren seiner Kirchenlieddichtung viel Zeit an das Gesangbuchstudium gewendet hat. Zweifellos war ihm Luthers *Gelobet seist du, Jesu Christ* völlig vertraut. Daß es sich dabei um die Weiterführung einer spätmittelalterlichen «Leise» handelt, wird ihm vielleicht nicht bewußt, jedenfalls nicht wichtig gewesen sein. Genug, daß es ein klassisches Weihnachtslied gab, das nach jeder vierversigen Strophe in den Fleh- und Huldigungsruf *Kyrie eleison* («Herr, erbarme dich») mündet. Diesem Vorbild schloß Klepper sich an.

Er tat es allerdings nicht peinlich genau. Sein Lied läßt sich auf die Melodie der Lutherstophen nicht singen. Denn bei Luther ist der jeweils zweite Vers nur siebensilbig, und der Kyrie-Ruf ist zu einer Viersilbeneinheit elidiert («Kyrieleis»). Klepper dagegen bleibt mit den viermal acht Silben in der Regel der alten Hymnenstrophe, auch erlaubt er sich keine Verkürzung des *Kyrie eleison*. Die wichtigste Abweichung liegt allerdings im Sprachgestus. Luthers Lied war *Ein lobgesang von der geburt Christi*,[5] Kleppers Lied dagegen ist ein Gesang erinnernden Eingeständnisses. Von daher gewinnt auch das

Kyrie eleison den Ton von Beugung und Buße, wie Klepper ihn wohl aus der Eingangsliturgie der schlesischen und Berliner Gottesdienste kannte.

Nach diesen Merkmalen der Anlehnung an die Tradition und ihrer freien Weiterführung im Sinne der eigenen Liedabsicht ist auch Kleppers strenge Komposition zu unterstreichen. In den Rahmen von zwei Wir-Strophen (die eine auf das Jetzt blickend, die andere auf das Einst) sind drei Strophen eingestellt, in denen die Welt und das Kind als Gegensatz erscheinen: die Welt wohl im Echo und Abglanz der Christgeburt, aber nicht fähig, sich der damit anhebenden Geschichte wirklich zu stellen. Selbst der Liederreichtum (ein im Blick auf Kleppers Weihnachtslieder von 1937 doch sehr beziehungsreicher Hinweis) verfehlt, wozu er an der Krippe doch bestimmt wäre. Die drei Innenstrophen sind von den beiden rahmenden Strophen aber auch syntaktisch abgehoben. Während die Eckstrophen jeweils aus einem mehrteiligen Satzgefüge bestehen, regiert innen die knappste Form: Jeder einzelne Vers (bis auf die Ausnahme in 4,2f.) hat seinen eigenen Hauptsatz. Das Verb dominiert. Es sorgt für überführende Einsicht (3,2: *Dein Elend wendet keiner ab*) und für Anschauung im Unanschaulichen (3,3: *Vor deiner Krippe gähnt das Grab.* 4,4: *Wir häuften auf dich unsere Straf*).

Bei der letzten Strophe darf noch einmal an Luthers Vorbild erinnert werden. War Luthers Lied von Anfang an Lobgesang, so begegnet hier das Eingeständnis: Jetzt ist die Zeit noch nicht da, *ohne Bitterkeit* zu singen, ohne Beklommenheit zu loben. Wir holen unsere Lieder aus gepreßten Herzen. Erst in der Gemeinschaft mit dem Auferstandenen, im Sehen «von Angesicht zu Angesicht» (1 Kor 13,12) wird es anders sein. Klepper, der seine Lieder für Klage nicht freigeben wollte (*Nicht klagen sollst du: l o b e n!* schließt ein anderes Weihnachtslied von 1937), hat hier doch einmal – nicht nur im Tagebuch, sondern im Liede selbst – eingeräumt, daß zeitenthobenes Singen eine innere Unmöglichkeit ist. Die Spuren der Aktualität sind in seinen Liedern allermeist kaum zu erkennen. Das trägt ihm heute viel Kritik ein. Hat er uns aus katastrophaler Situation das überzeitliche Kirchenlied hinterlassen? Unser Beispiel belegt das Gegenteil.

Die letzte Abweichung von der Tradition: Wenn am endzeitlich bestimmten Schluß des Liedes nicht mehr «Kyrie eleison» stehen sollte, wäre «Halleluja» die naheliegende Alternative gewesen.[6] Aber Kleppers Wahl ist eine andere: Er schließt mit «Hosianna!» Der Hosianna-Ruf hat seinen gottesdienstlichen Ort beim Abendmahl, dort also, wo der Gottesdienst an seinen zweiten Höhepunkt kommt. So bleibt Klepper wie beim Kyrie in der ihm vertrauten Liturgie. Ist das Loblied überhaupt eine Vorwegnahme des Künftigen, so gehört es in der Jetztzeit zur gottesdienstlichen Tischgemeinschaft, dem vorgreifenden Glaubensereignis schlechthin.[7]

Der verborgene Karfreitag

Das *Weihnachts-Kyrie* hat ein Seitenstück in dem wenige Monate später entstandenen *Gründonnerstags-Kyrie.* Nicht nur die Überschriften entsprechen einander, auch die Vierzeilenstrophe (zu Gründonnerstag allerdings kreuzweise gereimt) mit dem «Kyrie»- und dem abschließenden «Hosianna»-Ruf. Von diesen beiden Texten her ist die Wahl des Titels für Kleppers gesammelte geistliche Lieder einsichtig: *Kyrie* (1938). Das Bändchen besteht aus drei überschriftslosen Zyklen (Tageskreis, Jahreskreis, Lebenskreis), und die Vervollständigung bzw. Auffüllung dieser Zeitkreise hat Klepper bei fast allen seinen Lieddichtungen im Sinn gehabt.[8]

Um so auffälliger ist, daß ein Lied zum Karfreitag fehlt. Ist damit der zentrale Platz des traditionellen protestantischen Festkalenders leergeblieben? Auch wenn Klepper kein eigentliches Karfreitagslied geschrieben hat – der Kreuzestod Jesu ist in mehreren anderen Liedern präsent, vor allem eben im *Weihnachts-Kyrie* und auch im *Gründonnerstags-Kyrie*, dem Lied zum Heiligen Abend vor dem Karfreitag. Kleppers Neigung, die gegliederte Zeit zyklisch zu entfalten, hat ihn doch nicht dazu geführt, die Feste voneinander zu trennen. So hat er sich nicht davor gescheut, einem Festlied gelegentlich schwere Fracht mitzugeben, auf die die Singenden nicht von vornherein eingestellt sind.

Dem verdankt das Lied *Du Kind, zu dieser heiligen Zeit* die theologische Kompaktheit. Mit seinen unbeschönigten Kontrasten bleibt es den Singenden *zu dieser heiligen Zeit* die Weihnachtsstimmung schuldig, weil es ihnen *zu dieser späten Nacht* die Weihnachtswahrheit ernst machen will. Doch gerade in einer kulturellen und kirchlichen Lage, die einem zu Weihnachten immer nur das schon längst Verbrauchte anzubieten scheint, wirkt solcher Ernst befreiend.

Zu den Melodien

Bei Gerhard Schwarz steht die Eingangszeile mit den bewegten Vierteln, die ihren Weg durch große Intervalle nehmen (ein Quintsprung abwärts, zwei Quartsprünge aufwärts) und dabei das Kreuzeszeichen abbilden, in deutlichem Kontrast zur zweiten Zeile, in der das ruhige Dreiermaß von Halben und Vierteln vorherrscht und die Intervalle klein bleiben.

Die Weise führt so auf das intensive *gedenken wir auch an dein Leid* zu (1,2), dem in den drei folgenden Strophen das *du aber [...]* entspricht und in der letzten der endzeitliche Ausblick: *und dich von Angesichte sehn.* Schon mit diesem Kontrast ist dem Komponisten Entscheidendes zur Interpretation des Textes gelungen.

Im *EKG war dem Neujahrslied Jochen Kleppers *Der du die Zeit in Händen hast* (Oktober 1937) als Lehnmelodie die Weise von *Kommt her zu mir, spricht Gottes Sohn* (geistlich 1530/1543) zugewiesen worden. An die darin dominante Phrase erinnert der Anfang von Volker Gwinners Neukomposition für das Weihnachtslied:

Gwinner

1530/1543

Hat Gwinner sich von der alten Weise anregen lassen? Jedenfalls ist die musikalische Idee, aus der heraus er die erste Zeile gestaltet hat, maßgeblich für die ganze Strophe geworden. Um ihretwillen hat er wohl auch eine Elision in Kauf genommen: *Kyrie eleison* wird verkürzt zu *Kyrieleison*. Der Fünf-Viertel-Takt ist im *EG singulär. Die nie unterbrochene Folge der metrischen Figur Viertel – Viertel – Viertel – Halbe sorgt für ein gespanntes Gleichmaß. Der kreisende Aufstieg vom Grundton d zur flüchtig berührten Oktave am Anfang von Zeile 3 und der ebenso bewegte Abstieg, bei dem erst mit dem letzten Ton wieder der Ausgangspunkt erreicht wird, verleiht der Melodie den Drang auf ihr Ziel hin. Die Zielspannung wird durch die Pause vor dem abschließenden *Kyrieleison* noch verstärkt. Im ernsten Spiel der von Volker Gwinner gefundenen Tonfolge ist Kleppers Text Strophe für Strophe gut aufgehoben.

J. H.

Von guten Mächten treu und still umgeben

Edition

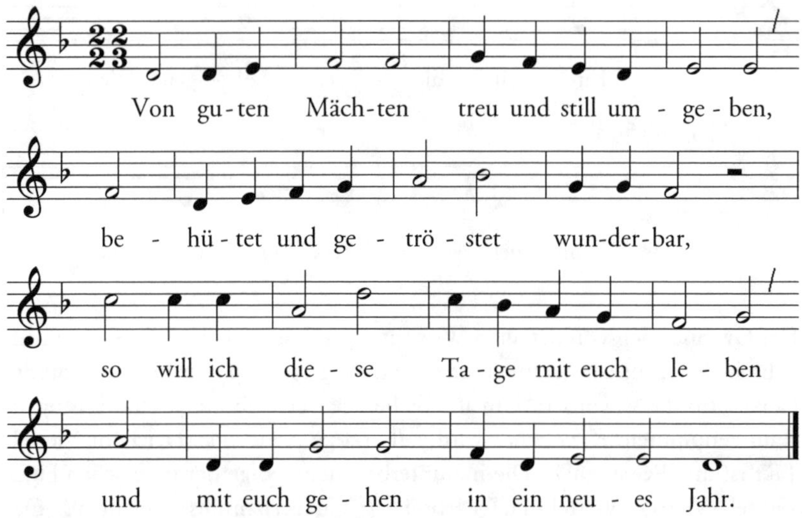

1. Von guten Mächten treu und still umgeben
behütet und getröstet wunderbar, –
so will ich diese Tage mit euch leben
und mit euch gehen in ein neues Jahr;

2. noch will das alte unsre Herzen quälen
noch drückt uns böser Tage schwere Last,
Ach Herr, gib unsern aufgeschreckten Seelen
das Heil, für das Du uns geschaffen hast.

3. Und reichst Du uns den schweren Kelch, den bittern,
des Leids, gefüllt bis an den höchsten Rand,
so nehmen wir ihn dankbar ohne Zittern
aus Deiner guten und geliebten Hand.

4. Doch willst Du uns noch einmal Freude schenken
an dieser Welt und ihrer Sonne Glanz,
dann woll'n wir des Vergangenen gedenken,
und dann gehört Dir unser Leben ganz.

5. Laß warm und hell die Kerzen heute flammen
die Du in unsre Dunkelheit gebracht,
führ, wenn es sein kann, wieder uns zusammen!
Wir wissen es, Dein Licht scheint in der Nacht.

6. Wenn sich die Stille nun tief um uns breitet
so laß uns hören jenen vollen Klang
der Welt, die unsichtbar sich um uns weitet,
all Deiner Kinder hohen Lobgesang.

7. Von guten Mächten wunderbar geborgen
erwarten wir getrost, was kommen mag.
Gott ist bei uns am Abend und am Morgen,
und ganz gewiß an jedem neuen Tag.

Druckvorlage

Das Gedicht ist Bestandteil eines Briefes, den Dietrich Bonhoeffer am 19. Dezember 1944 aus dem Kellergefängnis des Reichssicherheitshauptamtes in der Berliner Prinz-Albrecht-Straße an seine Braut Maria von Wedemeyer schrieb – auf einem Papierbogen, der zum Ende hin knapp wurde. Die Wiedergabe des Gedichts folgt dem Druck in *Brautbriefe Zelle 92*.[1] Er ist mit der abgelichteten Originalhandschrift, die erst 1988 zugänglich wurde, verglichen worden. Bis dahin hatte eine maschinenschriftliche Vervielfältigung des Gedichtes als authentisch gegolten. Sie lag sämtlichen früheren Drucken zugrunde, ist aber nunmehr in einigen Einzelformulierungen überholt. Groß- und Kleinschreibung des Originals ist beibehalten worden, ebenso die Zeichensetzung. Die Abbildung des Briefschlusses von Seite 454 mag daran erinnern, daß Bonhoeffer zu einer Reinschrift nicht mehr gekommen ist.

Die Fassung der Weise von Otto Abel ist dem **Evangelischen Gesangbuch* von 1993 entnommen. In der Erstveröffentlichung (1959) galt die Melodie der damals allein gebrauchten Schlußstrophe. Sie sah vor, daß die Zeilen 3 und 4 wiederholt werden. Seit man auch die übrigen Strophen auf Abels Melodie singt, entfällt die Wiederholung.

Entstehung

Der evangelische Pfarrer Dietrich Bonhoeffer – habilitierter Universitätsdozent, Ökumeniker, Leiter eines illegalen Predigerseminars, theologischer Lehrer der Bekennenden Kirche – hatte sich nach Beginn des Zweiten Weltkrieges der Konspiration gegen Hitler angeschlossen und seinen Platz in der Widerstandsgruppe um Oster und Canaris gefunden, die unter dem Deckmantel der militärischen Abwehr operierte. Am 5. April 1943, noch bevor er seine überraschende Verlobung mit Maria von Wedemeyer bekanntgeben und mit ihr zusammen den gemeinsamen Lebensweg auch vor den Augen der Familien und Freunde planen konnte, wurde Bonhoeffer verhaftet und in das Militäruntersuchungsgefängnis Berlin-Tegel verbracht. Dort entstand das Briefwerk, dessen theologisch relevante Auszüge seit 1952 unter dem Titel

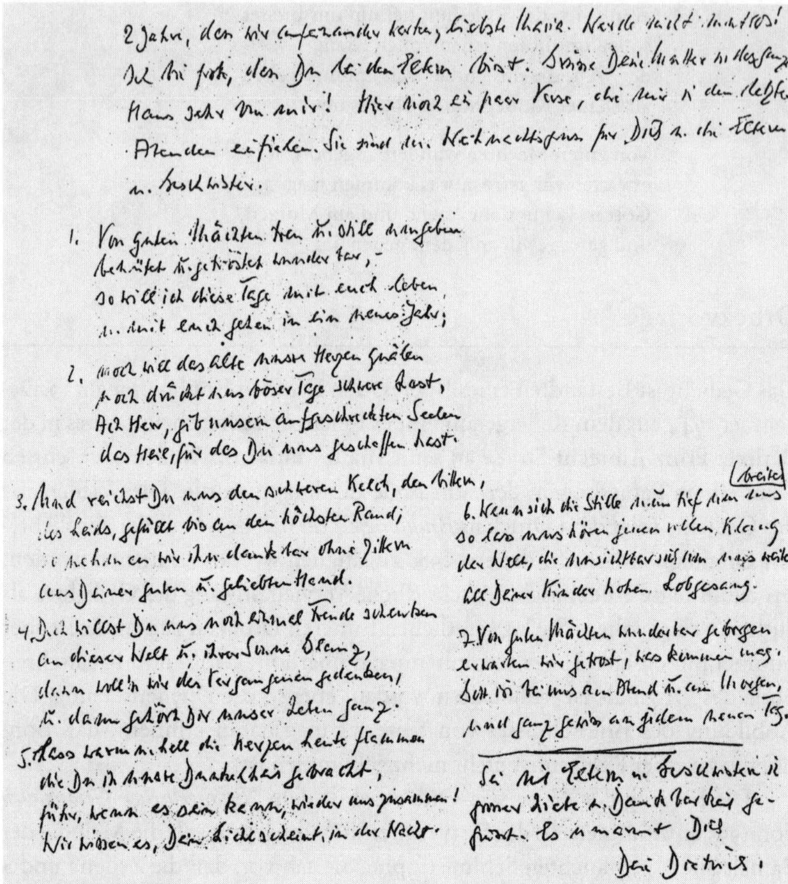
2 Jahre, die wir aufeinander warten, liebste Maria. Werde nicht mutlos! Ich bin froh, daß Du bei den Eltern bist. Grüße Deine Mutter u. das ganze Haus sehr von mir! Hier noch ein paar Verse, die mir in den letzten Abenden einfielen. Sie sind der Weihnachtsgruß für Dich u. die Eltern u. Geschwister.

1. Von guten Mächten treu u. still umgeben
behütet u. getröstet wunderbar, –
so will ich diese Tage mit euch leben
u. mit euch gehen in ein neues Jahr;

2. noch will das Alte unsre Herzen quälen,
noch drückt uns böser Tage schwere Last,
Ach Herr, gib unsern aufgeschreckten Seelen
das Heil, für das Du uns geschaffen hast.

3. Und reichst Du uns den schweren Kelch, den bittern,
des Leids, gefüllt bis an den höchsten Rand;
so nehmen wir ihn dankbar ohne Zittern
aus Deiner guten u. geliebten Hand.

4. Doch willst Du uns noch einmal Freude schenken
an dieser Welt u. ihrer Sonne Glanz,
dann woll'n wir des Vergangenen gedenken,
u. dann gehört Dir unser Leben ganz.

5. Laß warm u. hell die Kerzen heute flammen
die Du in unsre Dunkelheit gebracht,
führ, wenn es sein kann, wieder uns zusammen!
Wir wissen es, Dein Licht scheint in der Nacht.

6. Wenn sich die Stille nun tief um uns breitet
so laß uns hören jenen vollen Klang
der Welt, die unsichtbar sich um uns weitet
all Deiner Kinder hohen Lobgesang.

7. Von guten Mächten wunderbar geborgen
erwarten wir getrost, was kommen mag.
Gott ist bei uns am Abend u. am Morgen,
und ganz gewiß an jedem neuen Tag.

Sei mit Eltern u. Geschwistern in grosser Liebe u. Dankbarkeit gegrüßt. Es umarmt Dich Dein Dietrich.

Von guten Mächten in der Handschrift Dietrich Bonhoeffers, Brief vom 19. Dezember 1944 aus dem Gefängnis im Reichssicherheitshauptamt, Berlin, Prinz-Albrecht-Straße

Widerstand und Ergebung[2] weltberühmt geworden sind. Kurz vor und nach dem gescheiterten Aufstand vom 20. Juli 1944 hatte Bonhoeffer seinen aus der Haftanstalt geschmuggelten Briefen und Entwürfen für den Freund Eberhard Bethge[3] auch Gedichte beigelegt, die teils seine persönliche Situation, teils sein sich anbahnendes neues Verständnis des Christ- und Kircheseins unter den unumkehrbar weltlichen Bedingungen der Moderne reflektieren. Nach einem die Verschwörer schwer belastenden Aktenfund wurde Bonhoeffer am 8. Oktober 1944 in den Gestapokeller des Reichssicherheitshauptamtes verlegt.

Der Weihnachtsbrief an Maria mit dem für sie und die ganze Familie bestimmten Gedicht ist das letzte erhaltene theologische Dokument aus Bonhoeffers Feder. In den Wirren des Kriegsendes über Buchenwald nach

Süddeutschland transportiert, ereilte ihn kurz vor der Befreiung ein ‹Standgericht›, das von Hitler persönlich angeordnet worden war. Dietrich Bonhoeffer starb am 9. April 1945 im Konzentrationslager Flossenbürg.

Gedicht oder Lied?

Hat Bonhoeffer ein Lied schreiben wollen? Die Bezifferung der Strophen könnte dafür sprechen, mittelbar auch der Umstand, daß er in der Haftzeit intensiven Umgang mit dem Gesangbuch hatte. Aber in der ihm vertrauten evangelischen Gesangbuchdichtung dürfte es keine Melodie gegeben haben, die ihn bei seinen Strophen begleitet hat. Das metrische Muster von vier jambischen Fünfhebern mit gekreuztem Reim und alternierendem weiblichen und männlichen Ausgang ist zwar in der deutschen Lyrik weit verbreitet, ja es handelt sich im 20. Jahrhundert sogar um die häufigste aller Strophenformen.[4] Doch im Kirchengesang der Tradition, mit der Bonhoeffer vertraut war, trifft man sie nicht an. So hat man damit zu rechnen, daß hier ein privates Gedicht, ein persönlich adressierter Weihnachts- und Neujahrswunsch, ins Gesangbuch gekommen ist. Die Deutung muß beiden Sachverhalten gerecht werden: der Privatheit dieser Strophen und der ihnen gleichwohl eignenden Übertragbarkeit und Allgemeinheit. Die Voraussetzung dafür, daß eine solche Zusammenschau möglich ist, liegt in dem Einklang von Biographie und Theologie. Er ist für Bonhoeffers Werk insgesamt bezeichnend.

Eröffnung und Schluß

Von guten Mächten treu und still umgeben weiß sich der Mensch, der hier zu sprechen beginnt, *behütet und getröstet wunderbar,* und mit einer Selbstentschließung, die diese Gewißheit bekenntnishaft aufnimmt, wendet er sich an die anderen Menschen, die zu ihm gehören: *so will ich diese Tage mit euch leben / und mit euch gehen in ein neues Jahr.* Gute Mächte um mich – und so ich mit euch! Das ist die eröffnende Botschaft des Gedichtes. In der Schlußstrophe variiert der Autor den Ausdruck der Gewißheit, mit dem er begonnen hat – *Von guten Mächten wunderbar geborgen* – bezieht dann aber mit einer Wir-Rede die Angeredeten in sein eigenes Vertrauensbekenntnis ein, indem er fortfährt: *erwarten wir getrost, was kommen mag. / Gott ist bei uns am Abend und am Morgen, / und ganz gewiß an jedem neuen Tag.* Gute Mächte um uns – und wir getrost, weil Gott bei uns bleibt! Das ist das Ziel des ganzen Gedichts. Zwischen der Ich-Ihr-Aussage des Eingangs und der Wir-Gott-Aussage des Schlusses liegt ein Weg. Die erste Leserin und mit ihr die nächsten in beiden Familien, namentlich Bonhoeffers Eltern und Geschwister, waren eingeladen, den Weg mitzugehen. Es lag Bonhoeffer fern, die Seinen nur mit der erbaulich-faßlichen Quintessenz der Schlußstrophe zu grüßen – obwohl gerade sie seinem Gedicht den Weg ins Gesangbuch gebahnt hat.

Wie kann der Autor, der doch der Willkür böser Mächte preisgegeben war, von guten Mächten sprechen? Und worauf zielt er dabei? Auch wenn wir den letzten Brief an Maria von Wedemeyer nicht kennten – und tatsächlich war er viele Jahre unter Verschluß, bis Maria von Wedemeyer-Weller ihn erstmals auszugsweise in einer englischen Übersetzung veröffentlichte –, ließe sich aus dem Umgang des Häftlings mit den Psalmen leicht zeigen, daß er dabei an diejenige Wirklichkeit dachte, die biblische Rede dem Wirken Gottes durch Engel vorbehält. Das wird durch die folgende Briefpassage bestätigt:

> Es werden sehr stille Tage in unsern Häusern sein. Aber ich habe immer wieder die Erfahrung gemacht, je stiller es um mich herum geworden ist, desto deutlicher habe ich die Verbindung mit euch gespürt. Es ist, als ob die Seele in der Einsamkeit Organe ausbildet, die wir im Alltag kaum kennen. So habe ich mich noch keinen Augenblick allein und verlassen gefühlt. Du, die Eltern, Ihr alle, die Freunde und Schüler im Feld, Ihr seid mir immer ganz gegenwärtig. Eure Gebete und guten Gedanken, Bibelworte, längst vergangene Gespräche, Musikstücke, Bücher bekommen Leben und Wirklichkeit wie nie zuvor. Es ist ein großes unsichtbares Reich, in dem man lebt und an dessen Realität man keinen Zweifel hat. Wenn es im alten Kinderlied von den Engeln heißt: ‹zweie die mich decken, zweie, die mich wecken›, so ist diese Bewahrung am Abend und am Morgen durch gute unsichtbare Mächte etwas, was wir Erwachsenen heute nicht weniger brauchen als die Kinder.[5]

So betrachtet, ist *Von guten Mächten* ein Engellied. Die es heute singen, wissen das allerdings kaum. Sie verbinden mit den *guten Mächten* meist wohl viel allgemeinere, nicht selten freilich auch ganz individuell gepflegte Vorstellungen. Wenn der von sehr handgreiflichen bösen Mächten umgebene Bonhoeffer die biblischen Engel als die verborgen wirkenden und in seiner eigenen Geschichte erfahrbaren *guten Mächte* deutet, dann gibt er – hier wie auch sonst in seinen Briefen – einen neuen Zugang zu fremd gewordener Glaubensüberlieferung frei.

Glaubensweg und Strophenfolge

Von guten Mächten treu und still umgeben – der erste Vers von Strophe 1 ist durch die schon besprochene Wendung für die Engel ausgezeichnet. Es ist dies ein Initium, das mit seinen Anmutungen dem ganzen folgenden Text Aufmerksamkeit zu schaffen vermag. Darüber hinaus lebt die Zeile auch von einer geheimen Berührung mit Ps 139,5: «Von allen Seiten *umgibst* du mich und hältst deine Hand über mir.» Vers 2 assoziiert mit «behütet» einen anderen Psalmvers: «Er hat seinen Engeln befohlen, daß sie dich *behüten* auf allen deinen Wegen» (Ps 91,11; ausdrücklich zitiert im weiteren Verlauf des zum

Folgenden herangezogenen Kontextes). In Vers 3 will das exponierte «so» wahrgenommen werden. Was vorausgeht, ist nicht einfach Beschreibung des eigenen seelischen Zustandes, sondern schon Bewegung auf die Angeredeten hin. Der Autor kommt auf eine Weise zu den Seinen, die ihre quälende Sorge dämpft, weil sie Trost und Gewißheit mitbringt. Es gibt eine zu Pfingsten 1944 geschriebene Betrachtung Bonhoeffers für Eberhard und Renate Bethge, bestimmt für den letzten Urlaubstag, den die beiden miteinander und mit dem eben getauften Kind verbringen können, bevor Bethge an die Front zurück muß. Dort meditiert Bonhoeffer, angeleitet durch Ps 54,6, über den gegenseitigen Beistand, der darin besteht, daß zwei Menschen einander versichern, daß Gott selbst ihr Beistand sei. «Nichts fällt uns so schwer als den andern in Gefahren, Aufgaben, Entscheidungen, schwierigen Lagen allein lassen zu müssen, ihm darin nicht beistehen zu können. [...] In solcher Lage trifft Euch das Psalmwort: ‹Siehe, der Herr steht mir bei.› So spricht ein Mensch zum andern, so tröstet er den andern und sich selbst.»[6] Vor dem Hintergrund dieser Betrachtung zeigt sich: Bonhoeffer gibt schon mit den ersten Versen dem ganzen Gedicht die Richtung auf Seelsorge mit.[7]

Strophe 2: Die schlimme Gegenwart wird nicht weggeschoben. Sie kommt ins Wort. Die guten Mächte haben es mit quälender Gegenmacht, mit dem lastenden Druck *böser Tage* zu tun. Es sind die Tage des alten Jahres, und insofern stehen sie unter dem zeitlichen Vorbehalt des *noch*. Aber werden sie sich nicht ins neue Jahr hinein fortsetzen? Und hält ihnen die eben ausgesprochene Gewißheit stand? In den Psalmen ist die Kehrseite jedes Vertrauensbekenntnisses die Bitte, oft die klagende Bitte, und so bricht die Rede auch hier in den Hilferuf um: *Ach Herr, gib unsern aufgeschreckten Seelen / das Heil, für das Du uns geschaffen hast.*

Gottes Heil ist nicht mit Glückhaben zu verwechseln. Es schließt die Wendung zum Schlimmeren nicht aus. Darum setzt Strophe 3 nicht adversativ ein, sondern konzessiv, einräumend: *Und reichst Du uns den schweren Kelch, den bittern / des Leids, gefüllt bis an den letzten Rand.* In den theologischen Reflexionen des gefangenen Bonhoeffer zur weltlichen Interpretation des Evangeliums hat das Bild des Menschen Jesus, der seiner Verhaftung entgegenharrt und im Garten Gethsemane einsam um das Ja zum Todeskelch ringt, einen einzigartigen Platz. Hier kehrt es in das Gedicht zur Jahreswende ein. Die Fortsetzung *so nehmen wir ihn dankbar ohne Zittern / aus Deiner guten und geliebten Hand* könnte als pathetischer Ausdruck weltabgekehrter Leidensbereitschaft gelesen werden – aber wohl nur, wenn man übersieht, daß in diese Verse die Gewißheit eingeflossen ist, Gott werde die Bitte, den *aufgeschreckten Seelen* schon jetzt sein Heil zuzuwenden, in jedem Fall erhören, auch im schlimmen Fall. Das Gebet steht und fällt nicht mit der Abwendung des Übels.

Allerdings ist die aufs Diesseitige gerichtete Hoffnung der Betenden ebenfalls im Recht. Sie liegt nicht unterhalb des Niveaus der Frömmigkeit

Bonhoeffers. Im Gegenteil: Ohne diese Hoffnung hätte das Christsein seinen irdischen Geschmack und damit auch Dankbarkeit und Verantwortung für die Welt verloren, in die Gott doch selbst eingekehrt ist. So nimmt das Gedicht mit dem jetzt erst adversativen Einsatz von Strophe 4 eine für Bonhoeffer höchst charakteristische Wende: *Doch willst du uns noch einmal Freude schenken.* Der jetzt noch Gefangene erhofft für sich und die Seinen den prallen Reichtum des Daseins. Die dann zur Vergangenheit gewordenen Leiden werden nicht einfach verschwunden sein. Sie bleiben im Gedenken gegenwärtig und machen mit allem Neuen zusammen die Ganzheit der wiedererlangten irdischen Existenz aus – im Dank: *und dann gehört dir unser Leben ganz.*

Strophe 5: Bonhoeffer kehrt in die Gegenwart von 1944 zurück. Die Kerzen in den Weihnachtszimmern der beiden Familien gehören dazu. Sie sind Sinnbild für Gottes Licht und für seinen Einzug in die verfinsterte Welt. Der dringlichste Weihnachtswunsch darf ausgesprochen werden: *Bring, wenn es sein kann, wieder uns zusammen!* Das persönlich Ersehnte spricht für sich selbst und gegen das Chaos.

Aber Weihnachten ist mehr als die trauliche Familiengemeinschaft und ihre religiöse Überhöhung. Strophe 6 lehrt, den Klang der Welt wahrzunehmen, *die unsichtbar sich um uns weitet.* Das ist zunächst eine Anspielung auf das Credo. Im sog. Nicaenum wird bekannt, daß Gott «die sichtbare und die unsichtbare Welt» geschaffen habe. Unsichtbar ist die Welt, aus der die Engel kommen. Der *hohe Lobgesang* meint denn auch das *Ehre sei Gott in der Höhe*, den Gesang der himmlischen Heerscharen in der Weihnachtsgeschichte. Und noch ein anderer Text ist in der Strophe anwesend. In Bonhoeffers Gesangbuch stand das früher sehr beliebte, jetzt vergessene Lied des Berliner Hofpredigers Rudolf Kögel mit diesem Anfang: *Zions Stille soll sich breiten/ um mein Sorgen, meine Pein;/ denn die Stimmen Gottes läuten/ Frieden, ewgen Frieden ein.* Das weltliche, «religionslose Christentum»,[8] dem Bonhoeffer mit seinen Reflexionen aus der Haft theologisch zuarbeiten wollte, schloß für ihn nicht aus, sehr persönlich aus den Quellen der Frömmigkeit zu schöpfen, die ihm Bibel und Bekenntnis, Kindheit und Gesangbuch erschlossen hatten.

Strophe 7 bringt eine letzte Änderung der Sprechrichtung. Das ‹ich – ihr› in Strophe 1 steht für die dialogische Ebene des Gesprächs, das ‹wir – Du› in den Strophen 2–6 für die dialogische Ebene des Gebets. In der Schlußstrophe heißt es dagegen: ‹wir – Gott›. Das individuelle Bekenntnis mündet in das überindividuelle, in das allgemeine und objektive ein. Dabei will Bonhoeffer seine Leser mit nichts Überraschendem mehr befremden. Im Gegenteil: Der Reim ‹mag – Tag› ist ganz geläufig, und mit der Sequenz ‹Abend – Morgen – neuer Tag› wird nichts Neues eingebracht, sondern nur das schon Vertraute neu befestigt: Gott ist bei uns, so sind wir geborgen, und was da kommen mag, erwarten wir getrost. Freilich, das Allgemeine und vermeintlich Zeitlose ist erst in der Schlußrede da, und nach der berühmten theologischen Denkfigur Bonhoeffers ist auch dieses ‹Letzte› nicht ohne das ‹Vorletzte› zu haben.

Am Ende des sprachlichen Weges findet ein inmitten tödlicher Bedrohung festgehaltener unglaublicher Glaube den reinen, den unaufwendig einfachen Ausdruck, der seither zahllose Leser angerührt hat.

Wirkung

Vielleicht gibt es keine andere geistliche Dichtung seit dem Zweiten Weltkrieg, die sich so im allgemeinen Fundus der Sentenzen, Leit- und Lebenssprüche eingenistet hat wie die Schlußstrophe *Von guten Mächten wunderbar geborgen*. Man trifft sie auf Kalenderblättern, Postern und Postkarten, in Todesanzeigen und hinterlassenen Eintragungen, in Schul- und Andachtsbüchern, bei Kasualreden in der Kirche und sogar als überlegt montiertes Zitatfragment im weltlichen Gedicht. Die Isolierung der Schlußstrophe ist einerseits ein Ausdruck der Verlegenheit dem Ganzen gegenüber (sofern das überhaupt bekannt ist), andererseits ein Beispielfall für den reichlich belegbaren Sachverhalt, daß zum Erfolg einer Wortgestaltung auch die ihr mitgegebene (oder nicht entzogene) Offenheit für unterschiedlichste Weisen persönlicher Deutung und Aneignung gehört. Dietrich Bonhoeffer, der heftige Kritiker kulturprotestantischer Religiosität, hat, indem er mit seinem letzten Gedicht auch der eigenen *Praxis pietatis* poetischen Ausdruck gab, dazu beigetragen, daß sich gerade die Religiösen nicht von ihm abwandten. Wie verkürzt auch immer – eine unübersehbare Menge hat aufgenommen, was er hinterließ.

Vertonungen

Zur Wirkungsgeschichte des Textes gehört die Geschichte seiner Vertonungen. Sie kann hier nur angedeutet werden, und auch das nur soweit, wie sie den Kirchengesang betrifft. Zum geistlichen Lied ist Bonhoeffers Text in der DDR geworden. Der Kirchenmusiker und Komponist Theophil Rothenberg berichtete, er habe in evangelischen Jugendkreisen – in der «Jungen Gemeinde» also, die damals staatlich beargwöhnt und administrativ eingeschränkt wurde – mehrfach erlebt, daß am Ende des Gruppenabends ein Jugendlicher für den Kreis das Abendgebet hielt und dabei *Von guten Mächten wunderbar geborgen* sprach. Von den übrigen Strophen habe man gar nichts gewußt. Daraufhin habe er Otto Abel um eine Vertonung gebeten, die dann sogleich in die von Rothenberg herausgegebene Sammlung Die *singende Schar* aufgenommen wurde.[9] Von Abel stammt auch der vierstimmige Chorsatz. Da sich die Komposition nur auf die 7. Strophe bezog, leuchtet ein, daß für die Zeilen 3 und 4 eine Wiederholung vorgesehen war. In der Folgezeit kam es zu immer neuen Vertonungen, zu unterschiedlichen Versuchen, noch andere Strophen aus dem Textbestand ins Lied zu holen, auch zu Strophenumstellungen.

Die familiäre Ich-Ihr-Strophe des Anfangs sah man als Hindernis an, das umgangen werden mußte. Inzwischen ist nicht mehr strittig, daß der unversehrte und ungekürzte Text zugrunde zu legen ist. Fremdsprachige Fassungen für offizielle Gesangbücher gibt es u. a. in Holland, Norwegen, Schweden, Ungarn und in den Vereinigten Staaten.

Die Zahl der gedruckten Vertonungen dürfte irgendwo zwischen 25 und 50 liegen. Im Ausland scheint die Melodie von Joseph Gelineau (1971) und die schon vorgefundene, hierzulande aber leider unbekannte, von C. Hubert H. Parry (1904, *Intercessor*) zu überwiegen. In Deutschland konkurrieren die Melodien von Otto Abel (1959) und Siegfried Fietz (1970). Einige Ausgaben des *EG bieten zusätzlich zu ersterer auch die letztere an.

Sie ist an der Popularmusik orientiert und findet nicht nur in der jüngeren Generation begeisterte Zustimmung. Die Auseinandersetzung darüber wogt hin und her. Die Kritik setzt allerdings zu kurz an, wenn sie sich nur gegen die von Fietz gewählte Stilebene des Sacro-Pop richtet. Folgenreicher ist, daß er Strophe 7 zum Kehrvers gemacht hat. Sie erklingt also schon nach der ersten Strophe und so fort bis zur sechsten. Das Resultat ist vorweggenommen, die Dominanz des Mottos erübrigt den Glaubensweg durch die Strophen hin.

J. H.

Und suchst du meine Sünde

Edition – A

Edition – B

Von Dir zu Dir

Und suchst du meine Sünde,
flieh ich von dir zu dir.
Ursprung, in den ich münde,
du fern und nah bei mir.

Wie ich mich wend und drehe,
geh ich von dir zu dir;
die Ferne und die Nähe
sind aufgehoben hier.

Von dir zu dir mein Schreiten,
mein Weg und meine Ruh,
Gericht und Gnad, die beiden,
bist du – und immer du.

Druckvorlage und Druckgeschichte

Der Text ist erstmals veröffentlicht in einem Gedichtband Schalom Ben-Chorins, der unter dem Titel *Aus Tiefen rufe ich – Biblische Gedichte* 1953/1966 im Herbert-Reich-Verlag in Hamburg erschien. Das Gedicht stand unter der Überschrift *Von dir zu dir* (mit kleinem Anfangsbuchstaben geschrieben).

Für den Evangelischen Kirchentag 1967 in Hannover wurden mehrere neue Texte, darunter auch *Und suchst du meine Sünde,* einem größeren Kreis von Komponisten zur Vertonung zugesandt. Die Melodie des Heidelberger Komponisten Kurt Boßler erhielt den Zuschlag. Der Text wurde mit dieser Melodie in das Kirchentagsliederheft von 1967 aufgenommen. Noch vor Erscheinen dieses Heftes erschien in demselben Jahr im Hänssler-Verlag in Stuttgart der Text mit einer Melodie des Komponisten Paul Ernst Ruppel. Sie wurde, ebenfalls 1967, in die Sammlung *Neue Geistliche Lieder* aufgenommen, die Oskar Gottlieb Blarr u. a. bei Bosse in Regensburg herausbrachten. In der Bosse-Edition, die unmittelbar nach dem Kirchentag noch 1967 unter dem Titel *Der Frieden ist unter uns* fünfzehn neue Kirchentagslieder zusammenstellte, erschien Ben-Chorins Text mit beiden Melodien. Unsere Edition richtet sich nach dieser Ausgabe. Paul Ernst Ruppel stellte seiner einstimmig notierten Melodie eine kurze Intonation voran und gab folgende Anweisung: «Liedgebet für 1 Stimme, solistisch, chorisch, auch als Gemeindegesang; Instrumente können stützend und färbend unisono mitspielen.» Kurt Boßler lieferte zu seiner Melodie einen vierstimmigen Satz und stellte das Lied unter den Hinweis: «Chorlied oder Gemeindegesang und Orgel; als Gemeindelied einen Ton tiefer zu singen». Das *EG bringt das Lied in der Rubrik «Beichte» (*EG 237), entsprechend dem Hinweis des Komponisten einen Ton tiefer als im Original (c-Moll statt d-Moll).

Ein jüdischer Dichter im christlichen Gesangbuch

Als der jüdische Schriftsteller und Publizist Schalom Ben-Chorin erfuhr, daß sein Gedicht vertont worden und für das Liederheft des Evangelischen Kirchentags 1967 in Hannover vorgesehen war, soll er zu seiner Frau gesagt haben: «Stell dir vor, ich bin der erste Jude, der mit einem Lied in ein christliches Gesangbuch kommt.» Worauf sie antwortete: «Aber bedenk doch, unser Vater David ist mit seinen Psalmen schon längst in christlichen Gesangbüchern zu finden ...».[1]

Es ist wahr: Die Psalmen sind von Anfang an von der christlichen Gemeinde gesungen und gebetet worden. Die ersten Christen waren ja Juden. Sie blieben bei den altvertrauten Worten und deuteten sie im Licht eigener neuer Erfahrungen, füllten sie mit christlichem Sinn. Je mehr die junge Religion sich auf einstmals heidnische Gebiete ausdehnte und je tiefer der Bruch zwischen dem alten Israel und der jungen Christenheit wurde, desto mehr verstanden sich die Christen als die legitimen «Besitzer» der Psalmen und als ihre eigentlichen «Erben». Sie nahmen nicht mehr wahr, daß neben ihnen nach wie vor auch die Juden ihre Psalmen beteten. Man sang dieselben Worte und hörte doch nicht, wie jahrhundertelang in diesen Worten jüdische und christliche Stimmen zusammenklangen. Im Gegenteil: Christlicher Antijudaismus und der ohne denselben nicht denkbare Antisemitismus haben in ihrem fatalen Streben, die jüdischen Stimmen zum Schweigen zu bringen, eine Spur tief verstörenden mörderischen Tuns hinterlassen.

Heute nun steht der Text des Juden Schalom Ben-Chorin im Evangelischen Gesangbuch. Zwei christliche Komponisten haben ihm eine Melodie beigegeben und ihn zum Lied gemacht, in das eine christliche Gemeinde einstimmen kann. Nach allem, was die Geschichte von Christen und Juden bisher ausgemacht hat, ist dies ein bemerkenswerter Vorgang. Dabei ist es kein Zufall, daß es sich um ein Lied zur Beichte handelt.

Schalom Ben-Chorin / Friede Sohn der Freiheit

Als Fritz Rosenthal war er 1913 in München geboren worden. An der dortigen Universität hatte er u. a. Germanistik und Vergleichende Religionswissenschaft studiert. Er schloß sich der zionistischen Jugendbewegung an, geriet in das Blickfeld der Gestapo und wurde wiederholt in Haft genommen. Am Ende blieb ihm nichts anderes, als Deutschland zu verlassen. 1935 wanderte er nach Palästina aus. In Jerusalem schlug er sich als Publizist und Journalist durch und beteiligte sich engagiert an der Diskussion über religiöse Fragen. Später, 1958, gründete er dort die erste jüdische Reformgemeinde und setzte sich für die religiöse Gleichberechtigung der Frauen ein.

Nach seiner Einwanderung nahm er das Pseudonym, unter dem er schon zuvor verschiedene Texte veröffentlicht hatte, als amtlichen Familiennamen an und wählte als Vornamen, unter Bezug auf seinen deutschen Vornamen Fritz/Friedrich, «Schalom». Dieser Name wurde ihm Programm.

Nach dem Zweiten Weltkrieg hat er wie kein anderer im Geiste Martin Bubers schon früh das jüdisch-christliche Gespräch gefördert. 1961 war er der einzige Gast aus Israel beim Deutschen Evangelischen Kirchentag in Berlin und dort Mitbegründer der «Arbeitsgruppe Juden und Christen». Zahlreiche Veröffentlichungen (u. a. eine Trilogie mit dem Titel *Die Heimkehr. Jesus, Paulus und Maria in jüdischer Sicht*[2]) halfen mit, daß Begegnung und Gespräch von Juden und Christen möglich wurde. Christliche Theologen haben begonnen, darüber nachzudenken, was es bedeutet, daß jüdischer und christlicher Glaube in der Wurzel untrennbar sind.

Ziel und Hoffnung Ben-Chorins war «ein freierer Blick vom Judentum auf das Christentum und vom Christentum auf das Judentum».[3] Der Weg dorthin war und ist für die Beteiligten schwierig. Man kann in der Wurzel untrennbar und doch einander fremd sein. Die Aufnahme des Liedes von Schalom Ben-Chorin in ein christliches Gesangbuch zeigt jedoch, daß Schritte auf dem Weg wechselseitiger Wahrnehmung möglich sind.

Überschrift, Form und Sprache

Das Gedicht beginnt mit einem Zitat: Die ersten beiden Zeilen (*Und suchst du meine Sünde, flieh ich von dir zu dir*) sind der kosmogonischen Dichtung *Keter Malkhut* (*Königskrone oder Reichskrone*) des mittelalterlichen spanisch-jüdischen Dichters und Philosophen Salomo Ibn Gabirol (1020–1058; lateinischer Name: Avicebron) entnommen. Der abschließende Teil jener Dichtung enthält ein Sündenbekenntnis und wurde deswegen vielerorts in die Liturgie des jüdischen Versöhnungstages (Jom Kippur) aufgenommen, jenes großen Festes, das für Juden «der Sabbat aller Sabbate» ist.[4] Schalom Ben-Chorin hat die zweite Hälfte dieses Zitates in jeder Strophe seines Gedichtes aufgegriffen und sie zudem als Überschrift über das Ganze gesetzt. Man wird also nicht fehlgehen, wenn man alle drei Strophen als Entfaltung jener Bewegung deutet, die mit den vier Worten *von dir zu dir* umschrieben wird.

Alles scheint ganz einfach zu sein. Die Strophenform ist aus der Volksliederdichtung zur Genüge bekannt: Vier Zeilen, die jeweils abwechselnd unbetont und betont enden. Sie bewegen sich im dreihebigen Jambus und sind im Kreuzreim gebunden. Das bleibt alles überschaubar und liest sich flüssig. Die knappen Sätze sind klar strukturiert und bedienen sich einer eher nüchternen Sprache, die fast karg wirkt: Es gibt zahlreiche einsilbige Wörter, die des öfteren durch Apokopierung entstehen (*flieh, wend, geh, Gnad*); schmückende Eigenschaftswörter fehlen, manchmal wird im Satz das Verb ausgespart (1/4; 3/1). Die dreimalige Wiederkehr der Überschrift bindet alles eng zusammen und läßt dabei den Eindruck entstehen, daß hier auf kleinem Raum ein einziger Gedanke mottohaft und gut verständlich die zwölf Zeilen bestimmt.

Ein Ich spricht zu einem Du. Formen dieser beiden Pronomina sind in den zwölf Zeilen zwanzigmal zu finden und machen damit fast ein Drittel des gesamten Wortbestandes aus.

Im Fortgang der Strophen entsteht ein Weg: Er geht vom Du der 1. Strophe (*Und suchst du*...) über das Ich zu Beginn der 2. (*Wie ich mich wend*...) und der 3. Strophe (*mein Schreiten, mein Weg*) wieder zum Du zurück, das am Ende der 3. Strophe zweifach verdichtet erscheint (*bist du – und immer du*). So bildet die Form des Gedichtes seinen Inhalt ab.

Man erfaßt: Das ist ein Gebet. Das Ganze ist also höchst-persönlich. Dennoch stellt sich nicht etwa der Eindruck von Intimität ein. Zu verschieden sind die Wortarten, die Ich und Du kennzeichnen. Das Ich ist ganz überwiegend mit Verben der Bewegung verbunden. Das Du wird durch Substantive gekennzeichnet, die einen gewissen Grad von Abstraktheit haben und zudem in Gegensatzpaare gefügt sind. So bleibt das Du unanschaulich, ungreifbar.

Das Ich ist ständig unterwegs. Das Du ist immer da. Es bleibt dabei «immer du». Die Sprache des Gedichtes scheint einfach. Die Sache aber ist offensichtlich mehrschichtig.

Du und Ich

Wie mitten im Gespräch beginnt der Text: *Und suchst du*... Da wird etwas fortgeführt, was schon vorher begonnen hat. Typisch für hebräische Redeweise ist solches verknüpfende *und* am Anfang von Erzählung oder Rede. Man findet es häufig in beiden Teilen der Bibel. Ben-Chorin hat sich deutlich dagegen verwahrt, daß «ein Sachverständiger für deutsche Dichtung» die Anfangszeile seines Textes ändern wollte in «Fragst du nach meiner Sünde».[5] Denn dieses «und» weist darauf hin, daß es für hebräisches Denken keine isolierten Fakten oder Worte gibt. Alles hängt zusammen. Nie setzt ein Mensch aus eigener Kraft einen Anfang. Immer schon ist er in Gespräch und in Geschichte verwickelt. Immer schon ist er in Beziehung. Es gibt also eine Geschichte zwischen dem Du und dem Ich. Das ist eine Geschichte des Suchens. Sie geht von dem Du aus.

«Adam, wo bist du?» hatte die Stimme gefragt, die sich auf den ersten Blättern der Bibel zu Wort meldet. Es ist die erste Frage, die in der Bibel steht (1 Mose 3,9). Ihr folgen weitere Fragen: «Wo ist dein Bruder?» (1 Mose 4,9) und «Was hast du getan?» (1 Mose 4,10). Am jüdischen Versöhnungstag oder in der christlichen Beichte stellen Menschen sich diesen Fragen. Biblisch-jüdische und mit ihr die christliche Tradition meinen, es sei nicht das erste, daß «Adam» Fragen hat und auf der Suche ist; das erste sei, daß er gefragt ist und daß nach ihm und seinem Tun gesucht wird.

Das redende Ich weiß, wie es auf solches Gesucht-Werden zu reagieren pflegt: fliehen, sich wenden und drehen. Zugleich weiß es, daß alle seine vergangenen (*Ursprung*) und künftigen (*in den ich münde*) Lebensbewegungen unausweichlich im Gegenüber zu dem suchenden Du bleiben. Auf irritierende, logisch nicht zu entschlüsselnde Weise mischen sich in diesem Gegenüber-Sein die Erfahrung von Nähe und Ferne, von Bekanntheit und Fremdheit, zugleich auch die Erfahrung von eigener Ortlosigkeit und von Heimat (*Weg und Ruh*). Das Du wird als bedrängend und erschreckend, als anklagend (*Gericht*), zugleich auch als beschenkend und freisprechend (*Gnade*) erfahren.

Biblische Tradition prägt diese Sätze, auch ohne daß wörtlich zitiert wird. Man kann erinnert werden an Jer 23,23f.: «Bin ich nur ein Gott, der nahe ist, spricht der HERR, und nicht auch ein Gott, der ferne ist? Meinst du, daß sich jemand so heimlich verbergen könne, daß ich ihn nicht sehe?

spricht der HERR. Bin ich es nicht, der Himmel und Erde erfüllt?»[6] Auch die Formulierungen des 139. Psalms – der ebenfalls zur Liturgie des Versöhnungstages gehört – sind nah: «Wohin soll ich gehn vor deinem Geist, wohin vor deinem Antlitz entlaufen? Ob ich den Himmel erklömme, du bist dort, bettete ich mir im Gruftreich, da bist du. Erhübe ich Flügel des Morgenrots, nähme Wohnung am hintersten Meer, dort auch griffe mich deine Hand» (Ps. 139,7–10).[7]

Eine Erfahrung, die schon vor zweieinhalbtausend oder vor dreitausend Jahren ins Wort gefaßt worden ist, spricht sich also in diesem Text aus der zweiten Hälfte des zwanzigsten Jahrhunderts zum wiederholten Male aus. Es ist jene elementare Erfahrung, von der Menschen reden, die sich im Gegenüber zu diesem Du finden: die Erfahrung von eigener Flucht – und von Zuflucht.

Präsenz

Im ganzen Lied bleibt das Du ohne Namen. Es ist jenes Du, das in der Bibel «Gott Abrahams, Isaaks und Jakobs» genannt wird. Das ist ein anderer als der Gott der Philosophen, wie schon Blaise Pascal gewußt hat. Es ist auch ein anderer als der Gott der Atheisten. Er ist prinzipiell Gott in Begegnung. Theo-logie, die ihm entspricht, ist eher eine Theo-logie in der Sprechform der Anrede[8] als ein System begrifflicher Rede über ihn.

Bis heute wird der Name dieses Gottes von Juden nicht ausgesprochen. Zwar ist dieser Name seit den Zeiten Moses bekannt. Man weiß, wie er geschrieben wird. Man weiß, was er bedeutet: «Ich bin, der ich bin. Ich werde da sein, als der ich da sein werde.» Aber der Name bleibt unausgesprochen. An seiner Stelle klingt ein anderes Wort. So tritt in diesem Lied das Du an die Stelle des Namens. Es wird deutlich, daß der, der den unausgesprochenen Namen trägt, angerufen und angeredet werden kann. In der Anrufung wird er als Du präsent. Seine Präsenz ist durch Sprache, nämlich durch die Sprechform der Anrede, vermittelt. Zugleich wird, wer sich dieser Sprechform bedient, selbst als Ich gegenüber diesem Du konstituiert. Nicht durch Selbstfindung konstituiert sich ein solches Ich, sondern indem es sich auf die Sprechform der Anrede einläßt und durch sie in das Gegenüber zu einem Du geholt, vor dem Du präsent wird. Gebetssprache bezieht sichnicht auf etwas, das vor oder jenseits von Sprache immer schon begriffen und verfügbar wäre. Sie ist vielmehr selbst Medium des Begreifens.[9] Sprache kann Wirklichkeit nicht nur bezeichnen. Sie kann Wirklichkeit setzen. Jüdische Denker des zwanzigsten Jahrhunderts haben immer wieder eindringlich auf diese Tatsache hingewiesen.[10]

Zwei Melodien

Paul Ernst Ruppel

Die Melodie ist zweiteilig strukturiert. Der erste Bogen überspannt die beiden ersten Verszeilen. d' ist zwar Grundton, aber die Oktave c'-c» steckt den Raum ab, in dem sich die Bewegung in zwei Schritten von unten nach oben entfaltet: Von c' aus wird der Grundton im Durchgang berührt, c' setzt also den Anfang. c" steht am Ende des Bogens und ist der höchste und der längste Ton der gesamten Melodie. In Strophe 1 und 2 ist er mit dem Wort «dir» verbunden. Der zweite Bogen wendet, ebenfalls in zwei Schritten, zurück; dabei beginnt und endet Zeile 3 auf demselben Ton: *Ursprung* und Mündung (*Ferne und Nähe, Gericht und Gnade*) liegen ineinander. Wieder trägt der Ton c (hier c") am Anfang von Zeile 4 das Wort *du*. Endton wird jetzt der Grundton d' (*mir*). Die rhythmische Bewegung ist äußerst vielfältig. Jede Zeile führt ihre eigene Bewegung aus. In den ersten beiden Zeilen ist sie nah an der Bewegung der Sprache, gewinnt dann in Zeile drei (die in jeder Strophe die Gegensatzpaare bringt) durch Synkopierung und in Zeile 4 durch Längungen deutliche Dichte.

Äußerst kunstvoll und im Bestand des Kirchenliedes einmalig ist die Verarbeitung des melodischen Materials: Es besteht aus sieben Tönen (wobei c' und c" als *ein* Ton gedeutet werden). Zeile 1 bringt sie alle, in den folgenden Zeilen entfallen entweder a oder c, alle anderen bleiben. Sie sind so geordnet, daß dichteste Beziehungen zwischen den Zeilen entstehen. Ohne weiteres hörbar ist die Verwandtschaft zwischen 1 und 2, 3 und 4: Sie entsteht dadurch, daß das Material dasselbe bleibt und nur leicht anders gemischt wird. So hört man 1 und 2 wie eine Sequenz und 3 und 4 wie eine Variation. Nicht zu hören, aber beim Notenlesen zu sehen ist eine noch kunstvoller gestaltete Ordnung, die, dem Kreuzreim des Textes folgend, die Zeilen bindet: Zeile 3, vom 6. bis zum 1. Ton rückwärts gelesen, gleicht Zeile 1, vom 2.–7. Ton gelesen («Krebs»). Zeile 4, vom Ende zum Anfang gelesen, entspricht Zeile 2. Auch ohne daß das Ohr es erfaßt, ist in der Melodie das *Von dir zu dir* präsent. Und in der Zahl Sieben schimmert noch eine weitere Sinngebung durch: In biblisch-jüdischer Tradition steht die Sieben für die Vollendung der Schöpfung und damit für das befriedete Beieinander von Gott und Mensch, Mensch und Welt, Gott und Welt. Zugleich ist die Sieben die Zahl, die für die Gegenwart, für das Heute, steht, denn der siebte Tag ist nie zu Ende gegangen. In 1 Mose 2,3 fehlt die Formulierung, die alle anderen Schöpfungstage als vollendet und vergangen kennzeichnet: «Da ward aus Abend und Morgen der ... Tag.»

Das durchgehende Alla-breve-Metrum bringt im Verlauf der Melodie manche Synkopierung mit sich – Zeichen der ständig zueinander in Beziehung tretenden Gegensätze.

Diese Melodie ist anspruchsvoll. Im Schaffen von Paul Ernst Ruppel, dem (1913 geborenen) langjährigen Singewart des Christlichen Sängerbundes, nimmt sie eine Sonderstellung ein. Ruppel hat sich jahrzehntelang vor allem mit Formen gemeindegemäßen Singens und Formen der Laienmusik, auch der Jugendmusik, beschäftigt. Mit dieser Melodie aber sucht er Anschluß an die Kunstmusik. Sie macht hörbar, daß die Worte, die durch sie zum Klingen kommen, einen Anspruch stellen und Zeit brauchen. Sie ist zwar sangbar und auch einprägsam, streift aber die Grenze eines Gemeindeliedes. Dies war wohl der Grund dafür, daß 1967 auf dem Kirchentag und später im EG der Melodie von Kurt Boßler der Vorrang gegeben wurde.

Kurt Boßler (1911–1976)

Auch diese Melodie ist in zwei Teile gegliedert: Rhythmische Prägung und Melodiebildung der Zeilen 1 und 2 werden in der zweiten Hälfte fast wörtlich von der Quinte aus wiederholt. Die Wiederholung hat aber nichts Schematisches: Zum einen gibt es geringfügige rhythmische Abweichungen, zweimal auch einen Taktwechsel, zum anderen gibt es die stete Erhöhung der Spannung von Anfang bis Ende. Sie kommt dadurch zustande, daß die gesamte Bewegung von unten nach oben geht: Ziel ist die Oberoktav, die in der letzten Zeile nachdrücklich fünfmal angeschlagen wird. Jede der vier Zeilen beginnt und endet jeweils mit demselben Ton, bildet also das «Von dir zu dir» im Detail ab. Die höhere Stufe wird dann im Sprung zwischen den Zeilen 1 und 2 bzw. 3 und 4 erreicht.

Vielleicht hat Kurt Boßler bewußt in diese Melodie den Klang eines alten Kirchenliedes aufgenommen: Die ersten drei Zeilen haben eine deutliche Verwandtschaft mit *Erhalt uns, Herr, bei deinem Wort* (*EG 193).

Singen

Die beiden Melodien haben aus Schalom Ben-Chorins biblischem Gedicht ein Gemeindelied gemacht. Der Text will nun nicht mehr nur gelesen, bedacht und interpretiert, er will gesungen werden. Singen ist, wie alles Musizieren, eine Zeitkunst. Es erfüllt die Gegenwart. Die Melodie macht es möglich, daß der Text sich öffnet für viele Stimmen, die gemeinsam Worte in Tönen gegenwärtig setzen. Ein Lied, das gesungen wird, wird auch gehört, bleibt also nicht allein im Bereich des Denkens, sondern wird sinnenhaft wahrgenommen und im Vorgang des Singens den Singenden sozusagen «auf den Leib» geschrieben. Was Geist und Gemüt mit dem Lied anfangen, bleibt dabei zunächst offen. Worte und Töne können völlig fremd oder irrelevant bleiben. Es gibt jedoch auch die Erfahrung, daß im Singen eines Liedes gemeinsame Präsenz der Singenden entsteht. Dies geschieht nicht nur dadurch, daß die je verschiedenen Stimmen durch die Melodie «zum Einklang» erlöst werden, wie Franz Rosenzweig einmal formuliert hat. Es ist die erklingende Sprache, welche die je verschiedenen Zeiten der Singenden und die «diesseits getrennten Herzen», also die je verschiedenen Ichs, auf eine gemeinsame Zeit und ein gemeinsames Gegenüber ausrichtet, nämlich auf die Gegenwart jenes Du, das in diesem Lied angerufen wird.[11]

Schalom Ben-Chorin ist 1999 gestorben. Auf seinem Grabstein steht in hebräischer Sprache der Satz: «Du bist ja bei mir.»

C. R.

Wir sind mitten im Leben zum Sterben bestimmt

Edition

Wir sind mitten im Leben zum Sterben bestimmt;
was da steht, das wird fallen. Der Herr gibt und nimmt.

Wir gehören für immer dem Herrn, der uns liebt;
was auch soll uns geschehen, er nimmt und er gibt.

Wir sind mitten im Sterben zum Leben bestimmt;
was da fällt, soll erstehen. Er gibt, wenn er nimmt.

Druckvorlage

Die Edition folgt in Text und Melodie dem katholischen Gesangbuch **Gotteslob* (1975), Nr. 655.

Memento mori

Wir sind mitten im Leben zum Sterben bestimmt – die ersten Verse des Liedes hallen wie das Echo einer tausendjährigen Klage über die Bedrohtheit und Begrenztheit menschlicher Existenz. *Media vita in morte sumus,* so beginnt die mittelalterliche, erstmals 1080 im Reichenauer Tonar belegte Antiphon, die als abendliches Memento mori und später im Totenoffizium gesungenen wurde.

Mitten wir im Leben sind mit dem Tod umfangen: Martin Luther gestaltet daraus eine dreistrophige Leise, die erstmals 1524 veröffentlicht wird. *Wir sind mitten im Leben zum Sterben bestimmt:* das Lied des katholischen Seelsorgers Lothar Zenetti entsteht 1970 und erscheint ein Jahr später mit der Vertonung von Herbert Beuerle in dem ökumenischen Liederbuch **Schalom*. Heute stehen sein und Luthers (allerdings auf eine Strophe reduziertes) Lied nebeneinander im **Gotteslob* unter den Nummern 654 und 655.

Ohne Schnörkel

Der Text besticht durch seine Kargheit und Geschlossenheit: Jede der sechs paargereimten Langzeilen hat 12 Silben und ein anapästisches Metrum (xxx́ xxx́ xxx́ xxx́), dem der Text im ganzen folgt. Die Satzstruktur ist knapp und klar gehalten. Auffällig sind der völlige Verzicht auf Adjektive und

Paris, Bibliothèque Nationale, Ars moriendi Blockbuch Nr. 11, Die Todesstunde. Der Kampf um die Seele des Sterbenden hat sein Ende gefunden. Ein Engel nimmt sie in Form einer kleinen Gestalt in Empfang und führt sie, begleitet von drei weiteren Himmelsboten, in die ewige Seligkeit. Das dem Kreuz zugewandte Antlitz des Verstorbenen ist entspannt; doch außer sich vor Wut toben die Teufel: «Warum haben wir uns diese Seele bloß entgehen lassen!»

Adverbien und die geringe Zahl der Substantive, an deren Stelle oft Pronomina stehen. Nur drei Wortfelder tragen den Text: «Leben – Sterben»; «stehen – fallen» und «geben – nehmen». Verwoben in diese antithetischen Gruppen sind die einzigen beiden Subjekte: Das «wir», jeweils mit Verben in passiver Bedeutung verbunden («bestimmt – gehören – bestimmt»), und «der Herr», der jeweils als Ursache des «Gebens» und «Nehmens» erscheint. Die Geschlossenheit wird verstärkt durch die perfekte Symmetrie der Anapher «wir – was» zu Beginn jeder Langzeile und durch die refrainartigen Sentenzen im jeweils letzten Halbvers.

Die lapidare Vertonung von Herbert Beuerle, im natürlichen a-Moll im 4/4-Takt gehalten, imitiert die klare Struktur des Textes. Das a ist nicht nur der Anfangs- und Endton, sondern gleichzeitig eine Art Tenor, auf dem oder um den sich die Melodie meist bewegt. Sie verläßt den eintönigen Sprechgesang, der ihr Fundament bildet, nur dann, wenn es gilt, Akzente zu setzen, so im vorletzten Takt, auf dessen höchsten Ton jeweils die Worte *Herr, nimmt* und *gibt* fallen. Eindrücklich für jeden, der das Lied singt, sind die ungewöhnlich langen, auskomponierten Pausen nach jedem Langvers: Das Lied und mit ihm die Singenden bewegen sich auf der Grenze zwischen Singen und Verstummen, Sprechen und Schweigen.

Gespräche über das Sterben

Wir sind mitten im Leben zum Sterben bestimmt – das von dem mittelalterlichen Dichter und dem Reformator beschworene Memento mori angesichts dieser auch in der Mitte des Lebens jäh hereinbrechenden Wirklichkeit des Todes wird besiegelt durch das drastische Diktum: *Was da steht, das wird fallen* – ein Nachhall, ein auf das Grundbild des Stehens und Fallens reduzierter Nachhall der Worte, die der Tradition nach der Urahne aller Kirchenlieddichter singt, der König und Psalmensänger David, bei dem die menschliche Existenz kurz und gefährdet ist wie Blume und Gras:

Ps 103,14–16 Denn der Herr weiß, was wir für Gebilde sind;
er denkt daran, wir sind nur Staub.
Des Menschen Tage sind wie Gras,
er blüht wie die Blume des Feldes.
Fährt der Wind darüber, ist sie dahin;
der Ort, wo sie stand, weiß von ihr nichts mehr.

Ps 90,3.5–6 Du läßt die Menschen zurückkehren zum Staub
und sprichst: Kommt wieder, ihr Menschen.
Von Jahr zu Jahr säst du die Menschen aus;
sie gleichen dem sprossenden Gras.
Am Morgen grünt es und blüht,
am Abend wird es geschnitten und welkt.

Der Herr gibt und nimmt – und als Abgesang dieser ersten Strophe das gottergebene Fazit des Hiob, der nicht nur allen Besitz, sondern auch alle Töchter und Söhne verloren hat:

Hiob 1,23 Der Herr hat gegeben, der Herr hat genommen;
gelobt sei der Name des Herrn.

Sind das die letzten Worte im Angesicht des unbegreiflichen und unausweichlichen Todes? Fromme Resignation, Sich-schicken ins Unvermeidliche?

Wir gehören für immer dem Herrn, der uns liebt. Was auch soll uns geschehen – eine weitere Stimme mischt sich in das Gespräch, die des Apostels Paulus:

Röm 14,7–8 Keiner von uns lebt sich selber, und keiner stirbt sich selber:
Leben wir, so leben wir dem Herrn, sterben wir, so
sterben wir dem Herrn. Ob wir leben oder ob wir sterben,
wir gehören dem Herrn.

Röm 8,38–39 Denn ich bin gewiß: Weder Tod noch Leben, weder
Engel noch Mächte, weder Gegenwärtiges noch Zukünftiges,
weder Gewalten der Höhe oder Tiefe noch irgendeine
andere Kreatur können uns scheiden von der Liebe Gottes,
die in Christus Jesus ist, unserem Herrn.

Er nimmt und er gibt – die Erfahrung von Empfangen und Verlieren wird nicht einfach aufgehoben, sie bleibt bestehen, aber sie wird neu geordnet; im Vergleich zu Vers 1,2 sind die Elemente «geben – nehmen» zu «nehmen – geben» vertauscht, der Verlust ist nicht mehr das letzte Wort.

Wir sind mitten im Sterben zum Leben bestimmt – die «Liebe Christi» in Strophe 2 markierte den Wendepunkt, die Neuordnung der Erfahrung. Strophe 3 kann daher mit der Neuordnung der in Strophe 1 geschilderten Verhältnisse einsetzen. Von dieser neuen Erfahrung erfüllt, versichert der Apostel:

2 Kor 6,2.9 Jetzt ist sie da, die Zeit der Gnade; jetzt ist er da, der Tag
der Rettung. Wir sind wie Sterbende, und seht: wir leben!

Was da fällt, soll erstehen – es gilt nicht allein mehr die Erfahrung einer Existenz, die bedroht ist wie die schutzlose Blume, die am Morgen noch blüht und steht und am Abend schon fällt und welkt, sondern, gerade vor dem Tod, gilt auch die Verheißung im Bild des Samenkorns. Nach seinem Apostel ergreift Jesus selbst das Wort:

Joh 12,24 Wenn das Weizenkorn nicht in die Erde fällt und stirbt,
bleibt es allein; wenn es aber stirbt, bringt es reiche Frucht.

Er gibt, wenn er nimmt – kein ewiges Wechselspiel von Geben und Nehmen, Werden und Vergehen, Leben und Sterben; kein bloßes Neben- und Nacheinander, sondern alles Nehmen ist noch einmal vom Geben umfangen. Was sich schon beim ersten Hören des Liedes sofort eingeprägt hat, die Variation des Verhältnisses von «geben» und «nehmen», ist die sich in drei Schritten vollziehende Umkehrung des Hiobschen Diktums, eine Umkehrung, die schon Luther angesichts der mittelalterlichen Antiphon benannte: «*Mitten wir im Leben sind mit dem Tod umfangen*; aber die Stimme des Evangeliums [...] singt: Mitten im Tode sind wir im Leben» (Martin Luther, Auslegung des 90. Psalms, *WA 40,496).

Text als Zitatenkollage, Poesie als Zusammenfluß von spirituellen Erfahrungen aus Jahrtausenden – in dem Lied Zenettis führen ein mittelalterlicher Dichter, ein deutscher Reformator, ein von Gott Geschlagener, ein Jerusalemer König, ein konvertierter Schriftgelehrter und ein Nazarener Zimmermannssohn einen Dialog über die Todesverfallenheit des Menschen. Ohne Pathos und Sentimentalität, in einer angesichts des Todes lapidaren Sprache und Melodie singen sie von der Umkehr der Verhältnisse durch die Liebe Christi: *Media vita in morte sumus – media morte in vita sumus.* A. F.

Der Tag, mein Gott, ist nun vergangen

Edition

Der englische Originaltext	Die deutsche Übertragung
1. The day, Thou gavest, LORD, is ended, The darkness falls at Thy behest; To Thee our morning hymns ascended, Thy praise shall sanctify our rest.	1. Der Tag, mein Gott, ist nun vergangen und wird vom Dunkel überweht; am Morgen hast du Lob empfangen, zu dir steigt unser Nachtgebet.
2. We thank Thee that Thy Church unsleeping, While earth rolls onward into light, Through all the world her watch is keeping, And rests not now by day or night.	2. Die Erde rollt dem Tag entgegen; wir ruhen aus in deiner Nacht und danken dir, wenn wir uns legen, daß deine Kirche immer wacht;
3. As o'er each continent an island The dawn leads on another day, The voice of prayer is never silent, Nor dies the strain of praise away.	3. denn unermüdlich, wie der Schimmer des Morgens um die Erde geht, ist immer ein Gebet und immer ein Loblied wach, das vor dir steht.
4. The sun that bids us rest is waking our brethren 'neath the western sky, And hour by hour fresh lips are making Thy wondrous doings heard on high.	4. Die Sonne, die uns sinkt, bringt drüben den Brüdern überm Meer das Licht; und immer wird ein Mund sich üben, der Dank für deine Taten spricht.
5. So be it, LORD; Thy Throne shall never, Like earth's proud empires, pass away; Thy Kingdom stands, and grows for ever, Till all Thy creatures own Thy sway.	5. So sei es, Herr: die Reiche fallen, dein Thron allein wird nicht zerstört; dein Reich besteht und wächst, bis allen dein großer, neuer Tag gehört.

Druckvorlage

Der Autor der hier wiedergegebenen deutschen Fassung ist Gerhard Valentin (1919–1975). Seine auf 1964 datierte Übertragung des englischen Abendliedes *The day, Thou gavest, LORD, is ended* erschien erstmals in der Liedblattreihe *Schöne Musika* (Burckhardthaus-Verlag Gelnhausen/Berlin), danach 1966 im gleichen Verlag als Ringbuch-Liedblatt im Rahmen der «Arbeitshilfe für den Konfirmandenunterricht». Unserem Abdruck von Text und Melodie liegt zugrunde **Schalom* (Gelnhausen/Berlin 1971), das von der Arbeitsgemeinschaft der Evangelischen Jugend Deutschlands in Verbindung mit dem Referat für Liturgie der Bischöflichen Hauptstellen für Jugendseelsorge und der Werkgemeinschaft Lied und Musik herausgegeben worden ist und zu dessen Redaktionkreis auch Gerhard Valentin gehörte. Das *EG bietet das Lied unter Nr. 266 (mit der Ersetzung von «Brüder» durch «Menschen» und leichten Abweichungen in der Interpunktion).

Die englische Vorlage stammt von John Ellerton (1826–1893). Erstmals gedruckt in *A Liturgy for Missionary Meetings* (Frome, Somerset, 1870), wurde sie vom Autor in der Folgezeit leicht verändert und zusammen mit der für diesen Text von C. C. Scholefield komponierten Melodie *St. Clement* (*Church Hymns With Tunes*, London 1874) in seine *Hymns Original and Translated*, London 1888, aufgenommen. Im Jahre darauf erschien das Lied in einer erweiterten Ausgabe des berühmten Gesangbuchs *Hymns Ancient and Modern*. Die Wiedergabe des englischen Textes und des Tonsatzes oben folgt dem Neudruck dieser Ausgabe: *Hymns Ancient and Modern for use in the Services of the Church with Accompanying Tunes, Old Edition, 1889, Reprinted with Altered Preface 1906*, London o.J., Nr. 477. Der Tonsatz wurde wie im *EG von A-Dur nach G-Dur transponiert und statt im 3/2-Takt im 6/4-Takt notiert.

Wie kommt ein ausländisches Kirchenlied in deutsche Gesangbücher?

Die Antwort scheint ganz einfach, die Frage fast überflüssig zu sein. Gehört die Liedwanderung von einem Sprachraum in den anderen nicht zu den Selbstverständlichkeiten des universellen Christentums? Tatsächlich trifft man Lieder deutscher Herkunft in den Gesangbüchern aller Erdteile. Aber der Weg in der Gegenrichtung war bis tief in das 20. Jahrhundert hinein nur schwer passierbar. Eine eigentümliche Mentalitätssperre der Großkirchen stand dem Austausch entgegen. Wohl importierten die Freikirchen und Gruppen des evangelistisch-erwecklichen Missionschristentums eine Fülle von Liedern aus angelsächsischen Ländern, meist neupietistische, dazwischen auch ‹klassische›. Aber in den Gottesdiensten der evangelischen Landeskirchen und der katholischen Diözesen sang man nichts Englisches. Man hatte am eigenen Erbe genug. Das Abendlied *The day, Thou gavest, Lord* ist nun ein lehrreiches Beispiel dafür, wie einem viktorianischen Klassiker der Weg ins evangelische Gesangbuch gebahnt worden ist. Genau genommen sind hier sogar zwei Wege zu betrachten: der Weg über die Frauen und der Weg über die Jugend.

Seit mehr als 100 Jahren, in Deutschland seit etwa 1950, steht der «Weltgebetstag der Frauen» im ökumenischen Kalender. Diese jährliche Veranstaltung wird durch ein Netzwerk von nationalen Komitees und zahllosen Gemeindeinitiativen getragen. Es hat sich darin eine Feierform entwickelt, in der ortsgemeindliche Gruppen durch konkrete Informationen in die ökumenische Wahrnehmung jeweils *eines* fremden Landes einbezogen werden und durch eine bestimmte Gebetsordnung an der Spiritualität dortiger Frauen teilhaben. Jahr um Jahr bietet ein anderes Land die Weltgebetstagsliturgie für alle übrigen Länder an. Aber in diesen wechselnden Liturgien gibt es doch ein gleichbleibendes Stück, und das ist John Ellertons Abendlied. 1958 schuf der Pfarrer und Anglist Karl Albrecht Höppl eigens für den Weltgebetstag der Frauen eine vierstrophige deutsche Fassung von Ellertons Lied. Sie wurde aber zumeist nicht mit der Originalmelodie von C. C. Scholefield gesungen, sondern mit einer Lehnmelodie aus dem **Genfer Psalter*. Diese Form mit der Kopfzeile «Der Tag ist um, die Nacht kehrt wieder» (s. *EG Nr. 490) wurzelte sich bei den deutschen Frauengruppen des Weltgebetstages so tief ein, daß sie jährlich wie ein Erkennungssymbol begrüßt wurde.

Das ökumenische Liederbuch **Schalom* (1971), von einer evangelisch-katholischen Arbeitsgruppe geschaffen, spiegelt in Anlage und Liedauswahl, in Begleittexten und Graphiken das Bild der christlichen ‹Achtundsechziger› und ihrer spirituellen Begleiter aus der Mitarbeiterschaft der kirchlichen Jugendarbeit wider. Auch hier griff man auf John Ellertons Abendlied von der *oratio sempiterna* zurück – und daß man es tat, mag als ein Warnungsschild gegen das verbreitete Urteil gelten, die ‹Achtundsechziger› hätten den Glauben nur in politisches Engagement und soziale Aktion aufgelöst! Ob Höppls Fassung in jener um das evangelische «Burckhardthaus» versammelten Mitarbeiterschaft bekannt war, muß dahinstehen. Jedenfalls wählte man hier die Textfassung von Gerhard Valentin und entschied sich von vornherein für die originale Weise von Scholefield. Gerhard Valentin, ein ehrenamtlicher Jugendleiter und später in evangelischen Jugendarbeitszentralen hauptamtlich für die gestalterischen Bereiche des Werkes tätig (Texte, Bilder, Szenen), war ausgebildeter Pädagoge, Germanist, Anglist und Schauspieler. Weil seine Version auch die von Höppl ausgelassene Strophe 2 des Originals einbezieht, die vom Wachen und Beten der weltweiten Kirche spricht, und weil die poetische Qualität dieser Übertragung unübersehbar ist, hat sie heute eine Vorrangstellung inne: Sie wird am häufigsten nachgedruckt und ist längst auch in den Kirchen der deutschsprachigen Schweiz zu Hause (vgl. **Kumbaya* Nr. 266, *RG Nr. 605, *KG Nr. 689). Das **Evangelische Gesangbuch* bietet in der Rubrik «Ökumene» die Fassung aus der Jugendarbeit (Nr. 266, Valentin), in der Rubrik «Abend» die Fassung aus der Frauenarbeit (Nr. 490, Höppl).

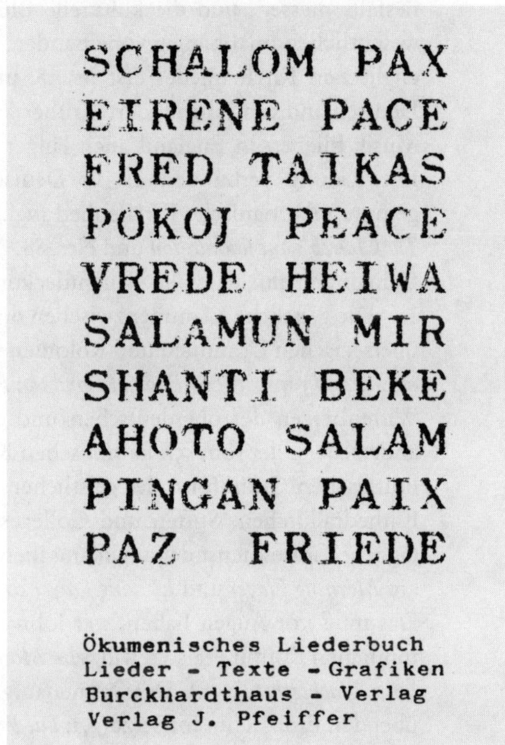
SCHALOM PAX
EIRENE PACE
FRED TAIKAS
POKOJ PEACE
VREDE HEIWA
SALAMUN MIR
SHANTI BEKE
AHOTO SALAM
PINGAN PAIX
PAZ FRIEDE

Ökumenisches Liederbuch
Lieder - Texte - Grafiken
Burckhardthaus - Verlag
Verlag J. Pfeiffer

Titelblatt zu *Schalom. Ökumenisches Liederbuch*, 1971 (Burckhardthaus-Verlag)

Viktorianisches England

Von seiner Kindheit abgesehen, verbrachte der anglikanische Pfarrer und Hymnologe John Ellerton (1826–1893) sein ganzes Leben unter der Regentschaft der Queen Viktoria (1837–1901). Viktorias Mutter und ebenso ihr Gemahl stammten aus einem deutschen Fürstenhause. Aber Deutschland konnte sich mit dem britischen Imperium im viktorianischen Zeitalter keinesfalls messen, und die kulturelle Blüte beider Reiche entfaltete sich im wesentlichen unabhängig voneinander. So fällt etwa die Zeit des klassischen englischen Kirchenliedes erst ins 18. und 19. Jahrhundert, während sie für Deutschland um Jahrhunderte früher anzusetzen ist. Geistliche Poesie und Musik blieben in England auch länger mit der allgemeinen künstlerischen Entwicklung verbunden als in Deutschland. So wurde das romantisch getönte viktorianische Kirchenlied (vgl. im *EG außer Nr. 266 noch Nr. 264 *The Church's one foundation* und Nr. 488 *Abide with me*) für deutsche Chöre und Gemeinden eine reizvolle Neuentdeckung.

Die geistliche Klammer zwischen dem britischen Mutterland und seinen überseeischen Dominien und Kolonien war die anglikanische Kirche (*Church of England*) mit ihrem *Book of Common Prayer*. Anders als in den Kirchen der Wittenberger, der oberdeutschen und der Genfer Reformation, aber auch anders als in der römisch-katholischen Kirche war hier das Stundengebet zur liturgischen Grundform des geistlichen Lebens geworden, nicht nur in den Kathedralkirchen, Stiften und Colleges, auch in den Ortsgemeinden. Der tägliche Gottesdienst der anglikanischen Weltkirche findet Fassung und Halt am *Morning Prayer* und *Evening Prayer* bzw. *Evensong* des *Common Prayer Book*. Das muß vor Augen haben, wer John Ellertons Abendlied in seiner eigentümlichen Kontur erfassen will. *Am Morgen hast du Lob empfangen,/ zu dir steigt unser Nachtgebet* (1,3f.). Der Sonnenaufgang, wie er sich von Ost nach West über den Erdball hin fortsetzt (2,1: *Die Erde rollt dem Tag entgegen*), und der Einbruch der Dunkelheit, der ihm im Tageslängenabstand über die Meridiane hin folgt – sie werden hier nicht als kosmische Erscheinungen besungen, sie sind vielmehr die ununterbrochene Zeitspur des Gebetes: *Denn unermüdlich, wie der Schimmer / des Morgens um die Erde geht, / ist immer ein Gebet und immer / ein Loblied wach, das vor dir steht.* Strophe 3 folgt der gleitenden Morgendämmerung, die von den Ländern des Ostens herkommt. Strophe 4 dagegen rechnet mit dem westlich gelegenen Atlantik, auf dem es Schiffe, aber keine Kirchen gibt. Darum der große Sprung: *Die Sonne, die uns sinkt, bringt drüben / den Brüdern überm Meer das Licht [...].*

Immer ist das Signalwort dieses Liedes. In den Strophen 2–4 erscheint es viermal, in Strophe 3 noch verstärkt durch das vorbereitende Reimwort *Schimmer*. Das Lied gestaltet die Vorstellung vom immerwährenden Gebet (1 Thess 5,17: «Betet ohn Unterlaß») und der Gebetswache (Mt 26,41: «Wachet und betet, damit ihr nicht in Anfechtung fallet»). Doch steht dem Dichter dabei nicht die Vigil vor Augen, nicht die Nachtwache einer betenden Gemeinschaft, sondern das von Land zu Land, von Kontinent zu Kontinent weiterwandernde Morgen- und Abendgebet der anglikanischen Kirche: *[...] wir ruhen aus in dieser Nacht/ und danken dir, wenn wir uns legen, / daß deine Kirche immer wacht* (2,2–4). Kein Land um 1870, für das diese Sicht naheliegender und anschauungskräftiger gewesen wäre als für England.

Imperialismus oder Ökumene

Daß Kirche und Weltmacht hier so eng zusammenrücken, hätte der Übernahme des Liedes in das Nachkriegsdeutschland des 20. Jahrhunderts eigentlich entgegenstehen müssen. Der Vorbehalt dagegen hätte sich auch auf folgende Nachricht stützen können: 1897, ein paar Jahre nach Ellertons Tod, feierte man das 60jährige Kronjubiläum der Queen Viktoria, die seit 1876 auch Kaiserin von Indien war, und zu den verordneten Festgesängen des Tages gehörte eben unser Lied, gesungen «in ten thousands of churches throughout the world». Aber – gesungen wurde eben auch die 5. Strophe, die alles imperiale Empfinden, das durch die vorhergehenden Strophen so kräftig angeregt werden konnte, unter die Krise des Reiches Gottes stellt.[1] Der Originaltext tut dieses mit viel deutlicherer politischer Zuspitzung als die deutsche Übertragung: *So be it, LORD; Thy Throne shall never,/ Like earth's proud empires, pass away:/ Thy Kingdom stands, and grows forever,/ Till all Thy creature own Thy sway.* Die Schlußstrophe hält den Unterschied zwischen britischem Empire (*earth's proud empires*) und Königsherrschaft Gottes (*Thy Kingdom*) offen. Sie läßt die Singenden eine Ökumene sehen, die von der geglaubten Zukunft her lebt und nicht vom weltgeschichtlichen Status quo.

Nach dem Zweiten Weltkrieg öffnete sich den Deutschen wieder die Welt: im Westen des Landes sehr bald real, im Osten für lange Zeit eher virtuell. Doch hier wie dort erfuhren immer mehr Menschen, daß jenseits der Grenzen nicht nur Feinde wohnten, die auf Dauer in der Pose von Siegern über das deutsche Schreckensregime verharrten, sondern auch Freunde; und unter den Freunden viele, die mit ihren Gemeinden und Kirchentümern offen für Gäste waren, gerade auch für Gäste aus Deutschland. Diese Gastfreundschaft überwältigte. Sie war das Kernerlebnis der ersten Besuche aus dem Ausland und der ersten Reisen dorthin. Sie wirkte weiter, auch als die Internationalisierung der Ferien- und Berufswelt zur Selbstverständlichkeit wurde.

Genuin deutsche Lieder zum Thema Ökumene waren rar. Gab es sie überhaupt? Konnten sie die neuen Erfahrungen mit *den Brüdern [Menschen] überm Meer* in sich aufnehmen und zu einem gemeinsamen Ausdruck des Glaubens verwandeln? Im Rückblick läßt sich sehr gut verstehen, daß Ellertons Lied mit den nunmehr deutschen Strophen freudig begrüßt wurde. Und viele Evangelische, die es sangen, werden sich kaum klargemacht haben, daß noch ein weiterer Reichtum darin steckt: Die ‹Kirche des Wortes›, wenig geübt in allem, was Andacht heißt, tritt über die Schwelle zu fremder Frömmigkeit: Sie ist zu Gast bei einer ‹Kirche des Gebetes›.

Melodiefragen

Als Karl Albrecht Höppl 1958 seine deutsche Fassung für die Ordnung des Weltgebetstags der Frauen schuf, griff er auf die Melodie zum Zehn-Gebote-Lied aus dem **Genfer Psalter* zurück. Sie war schon seit langem für das Missionslied *O daß doch bald dein Feuer brennte* (*EG Nr. 255) in Gebrauch und insofern auch für den neuen Text geeignet. Auch entsprach diese Entscheidung der stilistischen Maßgabe des damals noch ziemlich neuen **Evangelischen Kirchengesangbuches* (EKG). Zudem gab es schon ein Vorbild, und das gab vermutlich den Ausschlag: Das einflußreiche englische Gesangbuch **Songs of Praise* hatte die Genfer Melodie ebenfalls gewählt und die originale Komposition *St. Clement* übergangen.[2]

In der Mitte der sechziger Jahre war der Stilkanon des *EKG schon sehr umstritten, besonders im Umkreis des Kirchentages und der Jugendarbeit. Das schloß die Bereitschaft ein, sich unbekannte Melodien zuzumuten. Gerhard Valentin hatte 1964 offenbar nur noch Scholefields Weise «*St. Clement*» im Sinn, und Kirchenkomponisten, die dem neuen Liede verpflichtet waren, sprangen ihm mit einladenden Tonsätzen bei. Das *EG nahm schließlich auch den originalen vierstimmigen Tonsatz auf.

Die Melodie von C. C. Scholefield ist eigentlich zweiteilig. Faßt man sie im Anschluß an die Struktur der Textstrophe als vierteilige auf, dann folgt sie dem Schema ABAC: Zeile 3 wiederholt Zeile 1, Zeile 4 variiert Zeile 2 und führt sie zum abschließenden Grundton. So ist das Ganze durch lange Tonfolgen bestimmt, die sich teils durch Wiederholung, teils durch Abwandlung einprägen. Ein weiteres Kennzeichen: Das Text-Ton-Verhältnis ist nur zum geringeren Teil syllabisch organisiert. Die akzentuierten Textsilben erhalten in den meisten Fällen zwei Töne, d. h. sie sind zusätzlich durch Tonligaturen hervorgehoben. Die Melodie schreitet voran, indem sie zahlreiche unbetonte Durchgangsstufen beansprucht. Die so angebundenen Töne bewirken in der dreiertaktigen Melodie ein verstärktes Schwingen und Wiegen. Schließlich: Die Melodie startet zweimal (am Anfang von Zeile 1 und Zeile 3) mit einem Sextsprung nach oben, vom d zum h. Der dazwischenliegende Grundton g wird in der Folge zwar mehrfach einbezogen, aber als Ruhepunkt erst ganz am Schluß gefunden. Das gibt den Sextaufschwüngen des Anfangs eine Vorrangstellung im Ganzen. Eine Steigerung des Gefühls ist nicht mehr möglich, nur noch eine Beschwichtigung. Die wiegende Melodie wirkt ‹weich›. Sie führt aus der Erregung des Abends in die Ruhe der Nacht. Der vierstimmige Tonsatz des Komponisten dient dieser Eigenart ausgezeichnet.

Insgesamt: Die Melodie St. Clement ist nicht ungefährdet. Sie nutzt sich leicht ab und ist durch eine gewisse Überanstrengung des Gefühls bedroht. Das wird der Grund dafür sein, daß der berühmte Ralph Vaughan Williams sie für die von ihm betreuten **Songs of Praise* verworfen hatte.[3] Dennoch: Zusammen mit der Textübertragung aus dem Englischen behauptet diese spätromantische Komposition ihren Wert. Unser eigener Melodienbestand aus dem 19. Jahrhundert wird durch sie charaktervoll ergänzt.

J. H.

Der du uns weit voraus ins Reich der Ängste gingst

Edition – A

Edition – B

Du som gick före oss
längst in i ångesten,
hjälp oss att finna dig,
Herre, i mörkret.

Der du uns weit voraus
ins Reich der Ängste gingst,
lass dich im Dunkeln noch,
Herr, von uns finden.

Du som bar all vår skuld in i förlåtelsen, du är vårt hjärtas fred, Jesus, för evigt.	Der du all unsre Schuld in dein Verzeihen trugst, Friede den Herzen sei, Jesus, auf ewig.
Du som med livets bröd går genom tid och rum, giv oss för varje dag, Kristus, det brödet.	Der du mit Lebensbrot durch die Geschichte ziehst, tägliches Brot gib uns, Christus, auch heute.
Du som går före oss ut i en trasig värld, sänd oss med fred och bröd, Herre, i världen.	Der du uns weit voraus in Elendswelten gehst, sende mit Brot uns aus, Herr, und mit Frieden.

Druckgeschichte und Druckvorlage

Das schwedische Lied findet sich heute in **Den svenska psalmboken* (1986). Melodie und Satz sind 1959 von Sven-Erik Bäck geschaffen worden. Olov Hartman schrieb dazu 1968 den Text.

In einem DDR-Beiheft zum *EKG (*Neue Lieder,* Berlin 1978) erschien eine erste Übertragung ins Deutsche von Jürgen Henkys mit dem Incipit *Der du vorausgingst, weit, bis in das Reich der Angst.* Der Anfang der vierten Strophe lautete: *Der du vorausgehst, weit, in die zerstückte Welt.* Da die Herausgeber des Liederheftes die schwedische Melodie für zu schwer hielten, wurde diesem Text damals eine von Johannes Petzold neu komponierte Weise beigegeben. In der von Jürgen Henkys veröffentlichten Sammlung *Frühlicht erzählt von dir* (München 1990) steht diese erste Textfassung mit beiden Melodien und dazugehörigen Sätzen.

Die Herausgeber des 1997 in Graz erschienenen internationalen Gesangbuchs **Unisono* entschieden sich dafür, das Lied mit der originalen Melodie von Bäck zu veröffentlichen. Dadurch sah sich Jürgen Henkys veranlaßt, die Textfassung im Hinblick auf angemessenere Singbarkeit noch einmal zu überarbeiten. So entstanden das neue Incipit *Der du uns weit voraus/ ins Reich der Ängste gingst* sowie die veränderte Fassung der vierten Strophe: *Der du uns weit voraus/ in Elendswelten gingst.* Das *RG übernahm diese Version von **Unisono.*

Der von uns edierte Text schließt sich in den Strophen 1–3 an das *RG an. Strophe 4 erscheint in einer mit dem Autor abgesprochenen Korrektur der Fassung von **Unisono* und *RG, welche die präsentische Formulierung des schwedischen Originals und der deutschen Erstfassung des *Frühlicht* aufnimmt. Die einstimmige Melodiefassung wurde **Den svenska Psalmboken* entnommen. Der vierstimmige Satz entspricht dem Druck im *RG, das unter das Lied folgende Anweisung setzt: «Dieses Lied soll einstimmig, aber zusammen mit dem Begleitsatz gesungen werden.»

Eine Welle neuer Lieder: «Hymn explosion» in Europa

Nicht nur in Deutschland, sondern auch in anderen europäischen Ländern, nämlich in den Niederlanden, in England und in den nordischen Ländern, ist seit ca. 1960 eine Fülle neuer Lieder entstanden. Explosionsartig entstanden neue Texte und Melodien – ein Prozeß, der sich inzwischen verlangsamt hat, aber ständig weiter geht.

Schon immer hat das Kirchenlied auf Veränderungen in Theologie und Kirche, in Kultur und Gesellschaft reagiert. Neue Lieder entstehen aufgrund neuer theologischer Akzentsetzungen, aber auch aufgrund neuer Erfahrungen von Welt und neuer Gewohnheiten des Ausdrucks. Manche sind aber nicht nur Reaktion, sondern selbst Impuls und Anfang, indem sie dazu beitragen, daß bisher nie gedachte Gedanken um sich greifen und bisher unbekannte Erfahrungen sich einstellen. So sind neue Lieder einerseits Ausdruck eines neuen Lebensgefühls, andererseits schaffen sie Raum, in dem ein neues Lebensgefühl entstehen und sich ausbreiten kann.

Liederwanderung

Von jeher sind christliche Lieder und Gesänge in andere Sprachen übersetzt worden: von der hebräischen Sprache in die griechische, danach in die lateinische. Nachdem in anderen europäischen Sprachen eigene muttersprachliche Gesänge entstanden waren, gab es erneut große Wanderungsbewegungen. Im Jahrhundert der Reformation nahmen sie gewaltig zu. Zunächst, am Beginn des 16. Jahrhunderts, wanderten zahlreiche Lieder der Böhmischen Brüder aus dem Tschechischen ins Deutsche. Dann aber waren es jahrhundertelang vor allem deutschsprachige Kirchenlieder, die in andere Sprachen übersetzt und in anderen Ländern heimisch wurden. Lediglich der ursprünglich französische Genfer Liedpsalter hat eine vergleichbar weit aufgefächerte Übersetzungsgeschichte.

Im 20. Jahrhundert ist es zu einer völlig neuen Entwicklung gekommen. Wiederum entstand ein lebhafter Austausch von Liedern über Sprachgrenzen hinweg, aber anders als in früheren Zeiten gab es nun keine Hauptrichtung der Vermittlung mehr. Heute wandern Lieder hin und her, können aus jeder Richtung in jede Richtung gehen und Verbindung schaffen zwischen Ländern des europäischen und auch des außereuropäischen Bereichs. Dabei ist der deutschsprachige heute wohl eher ein nehmender als ein gebender Raum.

Befördert wurde dieser Prozeß durch die im 20. Jahrhundert entstandene ökumenische Bewegung der Kirchen, die die Neugier auf das Fremde und die Lust auf das Kennenlernen des Anderen weckte; durch die Arbeit der Internationalen Arbeitsgemeinschaft für Hymnologie, die einen interdisziplinären wissenschaftlichen und persönlichen Austausch in Gang setzte; schließlich durch viele einzelne, die Lieder über die Grenzen trugen. Für den deutschen Sprachraum ist als ein herausragender Vermittler Jürgen Henkys[1] zu nennen. Sein Name steht im Stammteil des *EG unter zwölf Texten, die er aus dem Niederländischen, dem Englischen oder dem Norwegischen ins Deutsche übertragen hat. Systematisch ist er auf der Suche nach neuen Liedern, in denen noch nicht Gehörtes zu Wort und Klang gefunden hat.

Die Ergebnisse von «Hymn explosion» und Liederwanderung haben sich in verschiedenen mehrsprachigen internationalen Liedersammlungen niedergeschlagen (**Cantate Domino* 1951/Neuauflage 1973; **Thuma Mina* 1995; **Unisono* 1997). Sie haben aber auch die europäische Gesangbucharbeit der letzten Jahrzehnte entscheidend beeinflußt. Im Zuge dieser Entwicklung haben Lieder dann auch konfessionelle und kirchliche Grenzen überschritten. Die christlichen Kirchen sind einander heute im Singen der ihnen gemeinsamen Lieder viel näher, als sie es selbst wissen, solange sie ihre Identität ausschließlich über ihre Lehrsätze und ihre Bekenntnisformeln definieren.

**Den svenska Psalmboken* ist ein gemeinsames Gesangbuch für die lutherische, die katholische und zwölf weitere kirchliche Gemeinschaften und Freikirchen in Schweden.

Du som gick före oss / Der du uns weit voraus

Obwohl das *EG sich für viele Lieder aus fremden Sprachen geöffnet hat, ist dieses schwedische Lied weder im Stammteil noch in einem Regionalteil zu finden. Den Schweizern blieb es vorbehalten, ihm im *RG einen Platz zu geben. Mutig war dieser Schritt – und auch ganz und gar nicht unumstritten. Denn das Lied hat eine äußerst bedenkliche Eigenschaft: Es hat ein anspruchsvolles musikalisches Gewand. Dergleichen führt im allgemeinen zu dem Verdacht, das sei «für eine Gemeinde nicht geeignet», da zu schwierig, mithin «elitär». Ein Lied, das in musikalischer Hinsicht einer gewissen Bemühung bedarf, das also Zeit, Aufmerksamkeit und mehrfache Wiederholung braucht, hat es bei Gesangbuchmachern oft schwer – jedenfalls in Deutschland. In Schweden allerdings ist dieses Lied in mehrere Gesangbücher aufgenommen worden, und es hat Stimmen gegeben, die es als «eines der schönsten Lieder unserer Zeit»[2] bezeichnet haben. In den Niederlanden hat man dieses Lied schon mit Kindern gesungen, führt Kinder so singend in neue Klangwelten ein.[3]

Ein fremdes musikalisches Gewand

Die Melodie war vor dem Text da – das gibt es äußerst selten. Sie ist 1959 von Sven-Erik Bäck (1919–1994), der in Schweden als Komponist auch experimenteller Musik einen Namen hat, zusammen mit dem Begleitsatz als sich wiederholender Choral für eine geplante Passionsmusik geschaffen worden.

Die kurze Melodie gehört zu den seltenen Beispielen einer zwölftönigen Weise. Weit weg ist die Welt traditioneller Dur-Moll-Tonalität, in der die Liebhaber älterer Kirchenlieder ebenso zu Hause sind wie die Freunde der Volksmusik oder die Anhänger der vielfältigen Popmusik-Stile, die es auch in der Kirche gibt. Zwölftönigkeit heißt ‹Atonalität›. Es gibt keinen tonus, kein Zentrum, auf das die anderen Töne bezogen wären. Alle zwölf Töne des Oktavraums sind gleichberechtigt. In den zwei viertaktigen Melodiezeilen, in die das Lied im schwedischen Gesangbuch gegliedert ist (das *RG gliedert, entsprechend den Textzeilen, in vier zweitaktige Melodiezeilen), kommen alle zwölf Töne vor, manche mehrmals, der zwölfte, das Dis, zuallerletzt.

Es gibt deutliche rhythmische, melodische und formale Verknüpfungen zwischen den Langzeilen und zwischen den Taktpaaren. So haben z.B. die drei ersten Taktpaare dasselbe rhythmische Muster und bringen jeweils im zweiten Takt eine punktierte Tonwiederholung, wobei es sich im ersten und zweiten Taktpaar zudem um die Wiederholung derselben Tonstufe (g) handelt. Daneben gibt es korrespondierende Auf- und Ab-Bewegungen oder auch korrespondierende Quartsprünge nach unten oder nach oben, durch die Beziehungen zwischen den Zeilen oder zwischen einzelnen Takten entstehen. Derartige Beziehungen werden im Singen unbewußt erinnert und rufen im zunächst irritierend freien Raum von Atonalität die Ahnung von Ordnung wach.

Das letzte Taktpaar hat eine hörbare Sonderstellung: keine Punktierung, keine Tonwiederholung und, abgesehen vom Schritt zur Schlußnote, keine schrittweise Bewegung in eine Richtung. Statt dessen gibt es drei immer größer werdende Intervalle, die in wechselnde Richtungen springen. Allerdings ist auch diese so eigengeprägte Wendung auf Vorhergehendes bezogen, z.B. auf das Ende der ersten Langzeile (des zweiten Taktpaares), die ebenfalls – wenn auch in direktem Sprung – den Raum einer kleinen Sexte überspannt.

Die beiden Melodiezeilen füllen den verhältnismäßig großen Tonraum einer None. In der Höhenlage sind sie unterschieden. Die zweite Zeile setzt in deutlichem Kontrast zum Ende der ersten in der Höhe neu an, findet zum höchsten Ton der Melodie und bleibt insgesamt höher als die erste Zeile. Behutsam stellt sich so in der zweiten Hälfte der Eindruck größerer Helligkeit ein. Der Dur-Akkord, der sich im Melodieverlauf am Übergang vom sechsten zum siebten Takt überraschend einstellt, verstärkt diesen Eindruck.

Mag vieles musikalisch aufeinander bezogen sein, mag manches davon im Singen unbewußt aufgenommen werden – für sich genommen, bleibt die

Melodie schwierig. Aber: Fest verbunden mit ihr ist, nach dem Willen des Komponisten, der Begleitsatz. Er besteht aus konsonanten Dur- und Moll-Akkorden, die sich in kleinen Bereichen zwar durchaus zueinander in Beziehung setzen lassen, die aber in ihrer Gesamtabfolge ungewohnt sind. Die Akkorde stützen die Melodie, machen sie singbar und geben ihr von Ton zu Ton neue Farbe. Man wird nicht schnell singen dürfen, wenn man erfassen will, wie hier die ungewöhnliche Kombination von atonaler Melodie und harmonisch-konsonantem Satz einen musikalischen Raum eigener Art entstehen läßt: fremd und sperrig und doch bekannt und vertraut. Tonalität und Atonalität sind hier beieinander, untrennbar und doch deutlich voneinander unterschieden, eine neue Klangwelt, in die man sich singend und hörend gemeinsam vorwagen kann.[4]

Ein Lied zum Agnus Dei

Die ursprünglich geplante Passionsmusik, in welcher diese Klangwelt ihren Ort hätte haben sollen, blieb unvollendet. Melodie und Satz blieben beinahe zehn Jahre lang ungenutzt liegen. 1968 entstand dann im Rahmen einer Fernsehproduktion die *Messe des Aufbruchs*, ein Werk, das auf die Idee des Kirchenmusikers und Musikwissenschaftlers Harald Göransson (*1917) zurückging und zu dem Sven-Erik Bäck die Musik schrieb. Diese Messe war der Versuch, den traditionellen Gottesdienst musikalisch, textlich und strukturell neu zu gestalten. Der Theologe und Dichter Olov Hartman (1906–1982) erhielt den Auftrag, zu der Melodie von Bäck eine Paraphrase oder Auslegung des Agnus Dei zu schreiben. So entstand das Lied *Du som gick före oss längst in i ångsten*. Es hat sich sehr bald als Abendmahlslied verbreitet.

Für die Interpretation des Textes ist der Ort, dem das Lied ursprünglich (und im schwedischen Gesangbuch bis heute) zugeordnet ist, von Bedeutung. Der ‹Ort› deutet das Lied. Allerdings findet auch der ‹Ort›, die Abendmahlsfeier, vom Lied her eine Deutung. Das Lied steht im Horizont des Agnus Dei, jenes Gesangs, der im Abendmahlsgottesdienst auf den Friedensgruß folgt: «Christe, du Lamm Gottes, der du trägst die Sünd der Welt, erbarm dich unser». Während der Brechung des Brotes wird das gesungen, kann mehrfach wiederholt werden und mündet schließlich in die Bitte: «Gib uns deinen Frieden». Nicht mehr Dank und Lobpreis bestimmen hier den Ton der Feier, sondern die Bitte. Das Brotbrechen symbolisiert die Lebenshingabe dessen, der im Gesang angerufen wird, und das Ineinander von Handlung und Gesang deutet darauf hin, daß aus dieser Lebenshingabe Brot und Frieden wachsen.

Sprache und Form

Knappheit bestimmt die Form. Auf drei sechssilbige Zeilen folgt, deutlich retardierend, die vierte mit nur fünf Silben. Alle vier Zeilen jeder Strophe verknüpfen kleine sprachliche Einheiten zu jeweils einem einzigen Satz. Die Strophen sind parallel gebaut. Sie entsprechen in ihrer Binnenstruktur der Grundform des Agnus Dei: Auf eine Anrufung, die den Angerufenen an seinem Tun erkennbar macht (*der du ... gingst; der du ... trugst; der du ... ziehst; der du ... gehst*), folgt eine Bitte (Zeile 3 und 4).

Anders als im lateinischen Agnus Dei wird der Angerufene nicht durch die zur liturgischen Formel geronnene biblische Metapher «Lamm Gottes» (Joh 1,29), sondern durch die Benennung als Person identifiziert; sie steht jeweils am Anfang der vierten Textzeile: *Herr, Jesus, Christus, Herr.* Das erinnert an die Übersetzung des lateinischen Textes durch Martin Luther, der den Gesang mit der Anrufung «Christus» beginnen ließ: Der Angerufene ist erkennbare Person, hat einen Ort in Geschichte und Welt.

Karg wirkt die Sprache. Sie ist reimlos und hat viele einsilbige Wörter, die einem glatten Sprachfluß eher abträglich sind. Es gibt keine schmückenden Beiwörter. Substantive und Verben werden auf engstem Raum in scheinbar kunstloser Weise zueinander in Beziehung gesetzt. Alles wirkt einfach und leicht verstehbar. Elementare Dinge geraten in den Blick: Angst, Schuld, Brot, Frieden. Sie haben es mit Grunderfahrungen von Existenz zu tun und umschreiben den Raum, in dem Angerufener und Anrufende etwas miteinander zu tun bekommen. Zugleich umschreiben sie einen Raum von Zeit und Welt, der über die Gegenwart der Anrufenden hinausreicht.

Distanz und Nähe

Das Lied springt in die Anrede, als sei der Angeredete bekannt und präsent: *Der du...* Zugleich ist er aber *uns weit voraus* gegangen, hat sich in der Vergangenheit in eine Zukunft entfernt, die den Anrufenden erst noch bevorsteht, bleibt Einer, der noch fern, da noch *zu finden* ist. Vorausgegangen ist der Angerufene nicht etwa in den Himmel oder in eine Herrlichkeit, sondern in das *Reich der Ängste* (Str. 1). Auch wenn die Stichworte nicht erscheinen und die Szenen nicht andeutend umschrieben werden: Gethsemane und Golgatha bringen sich in Erinnerung. *Reich der Ängste,* das ist «Zittern und Zagen» (Mk 14,33), das ist unerfüllte Sehnsucht nach menschlicher Nähe und Begleitung (Mk 14,34). *Reich der Ängste,* das ist Alleingelassen-Sein in Todesangst und im Schrei nach Gott, der ohne Antwort bleibt. Der in Strophe 1 angerufene *Herr* führt nicht aus dem *Reich der Ängste* heraus. Er ist dort zu finden. Insofern ist er nicht nur fern, sondern zugleich nah – denn das *Reich der Ängste* kennen alle.

Die zweite Strophe greift die Aussage des Agnus Dei auf und wandelt sie charakteristisch ab. Nicht objektivierend-dogmatisch wird geredet (»die Sünd der Welt»), sondern Jesu Geschichte wird zur eigenen Existenz in Beziehung gesetzt (*der du all unsre Schuld in dein Verzeihen trugst*). Vergangene Tat bestimmt ‹unser› Heute. Das Entscheidende ist getan.

Die Strophen 3 und 4 wechseln das Tempus: Jesu Geschichte hat nicht nur in der Vergangenheit gespielt; sie geht weiter: *Du … ziehst, du … gehst* (3,2; 4,2). Überraschend ist die Wendung in der letzten Strophe, die zunächst das Incipit der ersten Strophe aufgreift und dann charakteristisch verändert: *Der du in Elendswelten gehst.* Elendswelten – das ist die Welt, in der die Menschen leben, immer schon. Es ist eine *zerstückte Welt*, wie die frühere Übersetzung, dicht am Original bleibend, sie nannte. Der im Lied Angerufene *Herr, Jesus, Christus* führt nicht aus den Elendswelten hinaus. Diejenigen, die Abendmahl feiern, lassen sich von ihm in diese hineinführen. Ihr Blick wird nicht nach oben, sondern nach unten gerichtet. Nicht Sehnsucht nach himmlischer Heimat oder auch nur nach Brot und Frieden für sich selbst bestimmt ihre Bitte, sondern Sehnsucht danach, daß durch sie selbst Brot und Frieden in diese Welt kommen.

Auch angesichts moderner Welterfahrung hält dieses neue Abendmahlslied daran fest, daß solches Bitten nicht sinnlos ist. Entscheidend ist hierbei der Sprung aus der Vergangenheit in die Gegenwart, jener Übergang (jenes «Pascha»), der den Ursprung, das Zentrum und die Hoffnung des christlichen Glaubens ausmacht: Wie Einer, der *weit voraus ins Reich der Ängste* ging, darin nicht unterging, sondern zu Einem wurde, der mit Lebensbrot und Frieden *durch die Geschichte zieht.* Es ist dieser Übergang, der in der Eucharistie gefeiert wird, ein Transitus, in den die Feiernden selbst hineingezogen werden, so daß sie in den Spuren Dessen gehen, der *weit voraus* gegangen ist und geht, und in der Welt das weitergeben wird, was er austeilt.

Eine seltsame Freiheit meldet sich hier zu Wort, eine Freiheit, die offenbar im Umkreis Jesu von Nazareth während seines Lebens und durch seinen Tod und nach seinem Tod erfahren werden konnte und erfahren werden kann: nicht mehr umgetrieben sein vom Wunsch nach eigenem Glück, sondern vom Wunsch nach Brot und Frieden für andere.

Die musikalische Gestalt des Liedes macht hörbar, daß dies nach wie vor eine ungewohnte Botschaft ist. Die schlichte Sprache aber, die von Anfang an den Eindruck erweckt, als sei man schon längst im Gespräch, zieht in eine Nähe hinein, läßt Brot und Frieden greifbar nahe erscheinen.

C. R.

Der Chaos schuf zu Menschenland

Edition

Schriftlied

Die chaos schiep tot mensenland,
die mensen riep tot zinsverband,
Hij schreef, ons tot bescherming,
zijn handvest van ontferming.
Hij schreef ons vrij, met eigen hand.

Schrift die mensenoorsprong schrijft.
Woord dat trouw blijft.

Der Chaos schuf zu Menschenland,
Der Menschen hier zusammenband,
Er schrieb sein Wort, gegeben
zum Schutz für unser Leben.
Er schrieb uns frei mit eigner Hand.

Schrift, die Menschenursprung schreibt.
Wort, das treu bleibt.

Dat boek waarin getekend staan	Das Buch, das jeden Namen nennt,
gezichten, zielen, naam voor naam,	Gesichter, Seelen, Menschen kennt,
hun overslaande liefde,	die Liebe, so lebendig,
hun overgaande liefde,	die Liebe, so vergänglich,
hun weeën die niet overgaan,	die Wehn, die nie zu Ende gehn.
Schrift die mensendagen schrijft.	Schrift, die Menschentage schreibt.
Licht dat aanblijft.	Licht, das hell bleibt.
Zijn onvergankelijk testament:	Sein unvergänglich Testament:
Dat Hij ons in de dood nog kent –	daß Er uns auch im Tod noch kennt –
De dagen van ons leven	die Tage, die wir leben,
ten dode opgeschreven,	auf Tod hin festgeschrieben,
ten eeuwig leven omgewend.	zum ewig Leben hingelenkt.
Schrift die mensentoekomst schrijft.	Schrift, die Menschenzukunft schreibt.
Naam die trouw blijft.	Er, der treu bleibt.

Druckvorlage

Das von Huub Oosterhuis in holländischer Sprache gedichtete Lied ist im Jahre 1985 entstanden. Gedruckt findet sich der Text zuerst in: H. Oosterhuis, *Nieuw Bijbels Liedboek,* Baarn 1986, 12, später in ders., *Gezongen Liedboek,* Kampen 1993, 287. Die Ausgaben unterscheiden sich nur durch den hinzugefügten Schriftvers: «De aarde was woest en leeg. Genesis 1» bzw. «Jozua 1, vers 8». Die Melodie ist von Antoine Oomen, zuerst abgedruckt in: *Liturgische gezangen voor de viering van de eucharistie II,* Hilversum 1993, 53; die Partiturausgabe enthält einen mehrstimmigen Satz mit Klavierbegleitung. Die deutsche Fassung entstand im Zusammenhang der von einer Arbeitsgruppe am Lehrhaus Bremen unter der Leitung von Hanns Keßler erstellten Übersetzung von *Nieuw Bijbels Liedboek* und erschien unter dem Titel Huub Oosterhuis, *Wort das trägt. Biblische Lieder und Gebete,* Düsseldorf 1990. Für die Übersetzung von *Schriftlied* zeichnet Frans Doevelaar. Der Text findet sich dort S. 12, die Melodie S. 173.

Autor

Huub Oosterhuis (geb. 1933) ist der bekannteste Dichter von Kirchenliedern und liturgischen Texten im niederländischen Sprachraum.[1] Der Ort seiner poetischen Tätigkeit ist eine Amsterdamer Gemeinde, die sich seit drei Jahrzehnten regelmäßig zum Gottesdienst versammelt. Die «studentenekklesia» ist eine freie Gemeinde, die nach Konflikten mit der Kirchenleitung aus der katholischen Studentengemeinde hervorgegangen ist. Oosterhuis' Dichtung kommt dem Ursprung nach aus einer katholischen Liturgietradition; in ihrer bibeltheologischen Ausformung hat sie jedoch starke reformierte und jüdische Inspirationen in sich aufgenommen. Seine Lieder sind in Holland und Flandern im katholischen wie im evangelischen Bereich weit verbreitet. Seit dem Ende der sechziger Jahre sind viele Texte von Oosterhuis ins Deutsche übersetzt worden. Das katholische **Gotteslob* von 1975 enthält sieben seiner Lieder, das **Evangelische Gesangbuch* drei.

Die starke Wirkung, die Oosterhuissche Texte über die niederländische Sprachgrenze hinaus entfaltet haben, war der Anlaß, eines seiner Lieder in diese Sammlung aufzunehmen. Die Übersetzung von Frans Doevelaar ist Dienst an einer möglichst wortgetreuen deutschen Fassung. Zuzusprechen ist dies deutsche Kirchenlied aber doch dem, der es auf Niederländisch erfunden hat.

Die Zeit der Schrift

Das *Schriftlied* hat die einfache Struktur von drei fünfzeiligen Strophen. Auf jede Strophe folgt ein zweizeiliger Refrain, unverändert im Klang des Endreims: *schreibt – bleibt.* Der Zusammenhang von Schrift und Zeit ist damit schon intoniert. Dieser Grundklang entfaltet sich in die Dimensionen der Zeit: Menschenursprung und Menschenzukunft, dazwischen: Menschentage. Das entspricht der bekannten Extension der Zeit in Vergangenheit, Gegenwart, Zukunft, geht aber darin aufs äußerste. Diese «Schrift» beschränkt sich nicht auf eine Zeitspanne, bleibt nicht, wie Geschichtsbücher üblicherweise, bei dem, was zwischen terminierbaren Daten faktisch geschehen ist; sie greift zurück zum Ursprung der Zeit überhaupt und voraus auf ihr Ende. Es ist ein Buch der Weltgeschichte vom ersten bis zum jüngsten Tag, ein Buch der Menschheitsgeschichte von der Genesis bis zur Apokalypse. In seinem Weltzeitrahmen ist alles unterzubringen, was sonst noch in und von der Welt aufzuschreiben ist. So ist es das Buch der Bücher, ihr Rahmenwerk.

Freilich ist diese Schrift, wie uns die historische Kritik zur Genüge gelehrt hat, eine Bibliothek heterogenster Schriften, auf- und zusammengeschrieben in unterschiedlichen Zeiten und literarischen Formen. All das will in Anschlag gebracht sein. Aber in der Weitsicht des *Schriftliedes* verdankt dieses Sammelsurium orientalisch-antiker Literatur seinen Rang nur dem, daß es zusammengebunden als *ein* Buch erscheint und zu lesen ist. In dieser Prätention der Einheit der Schrift behauptet sich in und gegenüber der historischen Dissoziation der Moderne ein älteres jüdisch-christliches Erbe. Was gewährleistet diesen Zusammenhang? – *Wort, das treu bleibt. Licht, das hell bleibt. Er, der treu bleibt.* Es ist die Konstanz einer die Zeitläufte der Menschen übergreifenden Treue. Das verbindet die historisch diversesten Schriften zur einen Schrift von der einen Menschheitsgeschichte.

Menschentagebuch

Die mittlere, zwischen der ersten und letzten vermittelnde Strophe spricht von dem, was von den Menschentagen aufgezeichnet ist in diesem Buch. Der holländische Text sagt: *gezichten, zielen, naam voor naam,* also: «Gesichter, Seelen, Name für Name». Das war so präzis ins Deutsche nicht hinüberzubringen, wo es nun heißt: *Das Buch, das jeden Namen nennt/ Gesichter, Seelen, Menschen kennt.* Das holländische Original verzichtet an dieser Stelle auf das Wort «Menschen», um zu sagen, was Menschen in der Sichtweise der Schrift sind: Gesichter, Seelen, Namen. Die Poesie gibt uns die Grundkategorie biblischer Anthropologie zu bedenken. *Naam voor naam* heißt wörtlich «Name für Name», einer nach dem anderen, die unabsehbare Reihe der biblischen Namen von Kain bis Maria Magdalena. Die deutsche Übersetzung forciert das ein wenig ins Allgemeine: *jeden Namen,* kann damit aber akzentuieren, daß in diesem Buch über die namentlich Genannten hinaus anonym viele, ja auf eine gewisse Weise alle vorkommen, «wir» (die 1. Person des Gedichts) eingeschlossen.

Aufgezeichnet ist vor allem die Liebe, natürlich «ihre Liebe» (*hun liefde*) die von den Gesichtern, Seelen, Namen ausgehende Liebe, *overslaande liefde,* wie es holländisch heißt, aufflammende, überspringende Liebe, in diesem Sinne: *Liebe, so lebendig;* aber nicht minder: *die Liebe, so vergänglich,* Liebe, die nicht anhält, die vorübergeht, erlischt, in Feindschaft umschlägt vielleicht. So sind es Geschichten von Liebe und Leid der Menschen. Und in diesem Doppelsinn Vorgeschichten einer Geburt: *Wehn, die nie* (oder vielleicht doch einmal?, also besser «nicht», «niet»?) *zu Ende gehn,* weil aus dem Leib der Menschheit immer noch nicht geboren ist der neue Mensch, so wie es Röm 8 beschreibt, daß die ganze Schöpfung (die geisterfüllten Christenmenschen eingeschlossen) noch immer seufzt und in Wehen liegt, guter Hoffnung, daß die Herrlichkeit der Kinder Gottes das Licht der Welt erblickt.

Auf diese Weise, als ein Buch nicht der reinen Lehre und auch nicht der reinen Heiligen, sondern als ein Buch der unter den Menschen obwaltenden Liebesgeschichten mit ihren Schönheiten und Schrecken und den Passionsgeschichten einer noch ausstehenden Geburt, schreibt es die Wirklichkeit der Menschentage. So ist es ein Buch der Weltliteratur, ein Buch unter Büchern, die, wo sie wirklich groß sind, immer in diesem Sinne *Menschentage* schreiben. Beim Buch der Bücher ist es freilich so, daß in und über allem ein unerlöschliches Licht mit aufgezeichnet ist, ein *Licht, das hell bleibt* (vgl. Ps 119,105; Weish 18,4; Joh 1,5.9).

Urkunde

Sie ist kein reines Menschentagebuch, die Schrift, schreibt sie doch – nach Auskunft der ersten Strophe des Liedes – über alle erinnerbaren Tage hinaus von deren Uranfang, vom *Menschenursprung*. Wie geht das zu? Wer hat damit angefangen? – *Er schrieb* ... Wer? *Der Chaos schuf zu Menschenland, der Menschen hier zusammenband.* Die erste Zeile faßt in sich den Bogen der Schöpfungsgeschichte von der Erde, die wüst war und leer, bis zur Erde, dem Menschen anvertraut, daß er sie bestelle und erfülle. Die zweite Zeile heißt im holländischen Grundtext: *die mensen riep tot zinsverband.* Aber das klingt im Deutschen nicht: «Der Menschen rief zum Sinnverband». Wenn es statt dessen heißt: *Der Menschen hier zusammenband,* muß man aber dazusagen und -denken, was eigentlich gemeint ist. Jedenfalls keine Fesselung. Es ist da eine Stimme, ein Ruf an die Menschengeschöpfe, der Ruf in einen Sinnzusammenhang, der sie untereinander und mit ihm, der rief, verbinden sollte. In *zinsverband* klingt das altbekannte Wort «Bund» an und wird neu ausgelegt: «Bund» – ein gemeinsamer, menschenverbindender Sinn; «Gemeinsinn» als die Uridee des Bundes, zu dem die Menschen aufgerufen sind.

In der biblischen Wortfolge steht am Uranfang der reine Spruch, das «Es werde» der Schöpfung, ihm folgt der Anspruch an die Geschöpfe, der Aufruf zum Bund. Dies – das Tatwort der Schöpfung und der Ruf der Stimme – ist die mündliche Vorgeschichte der Schrift.

Und dann, vom selben Schöpfer und Anstifter des Bundes gesagt: *Er schrieb.* Daß Gott nicht nur ein redender, sondern auch ein schreibender Gott sei, geht uns nicht so leicht ein. Aber es steht geschrieben: «Und als er mit Moses auf dem Berg Sinai zu Ende geredet hatte, übergab er ihm die beiden Tafeln des Gesetzes, steinerne Tafeln, vom Finger Gottes beschrieben» (Ex31,18), und «Moses ging den Berg hinab, die beiden Gesetzestafeln in der Hand. Die Tafeln waren Gottes Werk, und die Schrift war Gottesschrift, auf den Tafeln eingegraben» (Ex32,15f.). Die Tafeln werden zerschmettert am Fuße des Berges, wo das Volk um das goldene Kalb tanzt, und dann doch nochmals angefertigt, ein Duplikat der Urschrift, aus Erbarmen (Ex34,1). So heißt es in unserem Lied: *Zijn handvest van ontferming* – «seine Urkunde des Erbarmens». Mit der Rede vom schreibenden Gott hält das Lied am Wortlaut der Schrift fest. Schrift fixiert die freie Rede, graviert sie in Stein, unrevidierbar. Und «Gottesschrift» heißt, daß dies nicht Menschensatzung ist, nicht Gesetz des Moses, sondern den Menschen, auch dem Mann Moses auf dem Berg vorgesetzte, vorgegebene Vorschrift.

Wird die Menschheit hier gebeugt unter die steinharte Gewalt eines ewigen Gesetzes? Das Lied sieht den Kern der Gottesschrift in der Befreiung der Menschen: *Er schrieb uns frei mit eigner Hand.* So setzt die Schrift der zehn Worte auf den Tafeln auch ein: «Ich bin der Herr, dein Gott, der ich dich aus dem Lande Ägypten, dem Sklavenhause herausgeführt habe. Du sollst keine anderen Götter neben mir haben.» (Ex 20,2) Die Gottesschrift auf den Tafeln ist die Fortsetzung der Befreiung aus der Sklaverei. «Mit starker Hand und ausgestrecktem Arm» (Dt 4,34; 5,15; 7,19; 9,29; 11,2; 26,8) hat der Herr Israel aus der Unterdrückung befreit. Die Handschrift auf den Tafeln ist die aus dem Freiheitskrieg hervorgegangene Verfassung, aufgeschrieben, daß die Befreiten nicht zurückfallen in alte Unfreiheit, in Chaos und Sinnlosigkeit. Kein neues Sklavengesetz also, sondern ein Schutzbrief für die gefährdeten Menschen, *gegeben/ zum Schutz für unser Leben* und darum «geschrieben», festgeschrieben aus Erbarmen. Im Kontinuum von Schöpfung und Befreiung bekundet und beurkundet sich das *Wort, das treu bleibt.*

Testament

Die dritte Strophe nimmt aus dem semantischen Feld der «Schrift» das Stichwort *Testament* auf. Das ist im üblichen Sprachgebrauch der «letzte Wille», die letztwillige Verfügung; so wird es auch in Hebr 9,16 gebraucht. Aber «testamentum» ist über die Brücke des griechischen «diatheke» auch die Übersetzung von hebräisch «berith», was wir gewöhnlich mit «Bund» übersetzen (vgl. Mt 26,28 par.). «Bund» und «letzter Wille», beide Bedeutungen spielen mit, wenn es hier heißt: *Sein unvergänglich Testament.* In der judenchristlichen Theologie dieses Liedes wird nicht ein neues gegen ein altes Testament gestellt. Schluß und Ziel der einen Schrift ist die Besiegelung der Urkunde des Anfangs, des Schöpfers letzter Wille.

Das Testament ist zusammengedrängt in den einen Satz: *daß Er uns auch im Tod noch kennt,* daß wir im Tode nicht und niemals dem langsamen, allgemeinen Vergessen anheimfallen, daß Er, von dem das ganze Liede singt, uns auch dann noch kennt: Gesichter, Seelen, Namen. Der Gedankenstrich nach dieser Verszeile markiert die Denkpause, die dieser Satz eigentlich verlangt. Aber das Lied geht weiter zu sagen, wie dieses kurze Testament zu verstehen sei. Die *Menschentage* der zweiten Strophe tauchen noch einmal auf: *Die Tage, die wir leben/ auf Tod hin festgeschrieben;* «zum Tode aufgeschrieben» (*ten dode opgeschrieben*) heißt es ganz wörtlich. Das Buch, in dem die Namen und Taten der Menschen aufgeschrieben werden, ist ein alter Topos der apokalyptischen Literatur. Es ist das «Buch des Lebens», in dem die stehen, die zu retten sind (vgl. Offb 3,5; 17,8; 20,15). In Oosterhuis' Lied gibt es keine selektive Buchführung. Die Niederschrift all unserer Tage läuft ausnahmslos auf den Tod zu. Aber – und das ist das Testament –: *zum ewig Leben hingelenkt.* «Omgewend», «umgewendet», steht im holländischen Original, und das meint im Bildfeld des Buches die Wendung des Blattes, Gottes Umblättern unserer todgeweihten Lebenstage auf die Kehrseite des ewigen Lebens.

So schreibt die Schrift *Menschenzukunft.* Sie verläßt sich dabei auf den Namen: *Naam die trouw blijft,* «Name, der treu bleibt». *Er, der treu bleibt,* heißt es in der deutschen Übersetzung. Noch deutlicher könnte man schreiben «ER», so wie Martin Buber in seiner Bibelübersetzung den heiligen, unaussprechlichen Gottesnamen durch das großgeschriebene Pronomen wiedergibt. Alle Zukunftsvisionen, auch die des letzten Buches der Schrift haben für das *Schriftlied* ihren Flucht- und Brennpunkt in diesem Namen und seiner Treue: ER, der da ist und bleibt.

«Geloven in zoiets kleins en onvervangbaars als een liedje», hat Huub Oosterhuis über die Sprachgrenze hinübergesagt: «Glauben an so etwas Kleines und Unersetzliches wie ein Lied.»[2]

A. S.

Titelkupfer des *Freylinghausenschen Gesangbuchs, Ausgabe Halle 1741, mit Bezug auf Offb 14,1 («Und ich sah das Lamm stehen auf dem Berg Zion und mit ihm hundertvierundvierzigtausend, die hatten seinen Namen und den Namen seines Vaters geschrieben an ihrer Stirn») und 15,3 («Und sangen das Lied Mosis, des Knechtes Gottes und das Lied des Lammes»).

Anmerkungen

*Titelangaben mit * verweisen auf das Verzeichnis der abgekürzt zitierten Titel*

Vorwort

1 Johann Wolfgang Goethe: *Noten und Abhandlungen zum besseren Verständnis des west-östlichen Divans*; Abschnitt *Israel in der Wüste*, Gedenkausgabe der Werke, Briefe und Gespräche (Artemis-Ausgabe), Zürich ^{2}1959, Band 3, S. 504f.

2 Am Ende der Vorrede zu den *Grundlinien der Philosophie des Rechts*.

3 Gabriele Brandstetter: *Erotik und Religiosität. Eine Studie zur Lyrik Clemens Brentanos*, München 1986, S. 243.

4 *Des Knaben Wunderhorn. Alte deutsche Lieder*, hrsg. v. Heinz Rölleke, Stuttgart 1987, Band I, *Nachschrift an den Leser*, S. 415.

5 *Neu eingerichtetes Sachsen = Weimar = Eisenach = und Jenaisches Gesang = Buch, bestehend aus 1192. alten und neuen Liedern auf speciellen gnädigsten Befehl Jhro regierenden Herzogl. Durchl. zum allgemeinen Gebrauch in Dero saemmtl. Herzogthuemern und incorporirten Landen, auch Hennebergischen Antheil, nebst einem Gebetbuch. Jetzt neu uebersehen und mit einer Vorrede begleitet von Joh. Gottfr. Herder F. S. Oberhofprediger und Generalsuperintendent des Herzogthums Weimar. Mit Hochfuerstl. gnaedigsten Privilegio. Weimar, verlegts Carl Rudolf Hoffmanns seel. Erben, 1783* [Erste Auflage 1778].

6 Juli 1810, Artemis-Ausgabe 22, 597.

7 *Die Christenheit oder Europa*, in: Novalis, *Schriften* Band III, Stuttgart ^{2}1965, S. 517 und 518.

8 Vgl. Hans Maier: *Von der Schönheit des Christentums*, in: *Literatur in Bayern* Nr. 57, September 1999, S. 2–8.

9 Thomas Mann: *Bemerkungen zu dem Roman «Der Erwählte»* (1951), Essays, hrsg. v. Hermann Kurzke und Stephan Stachorski, Band VI, Frankfurt am Main 1997, S. 205f.

10 Dante Alighieri: *Die Göttliche Komödie, Fegefeuer,* 22. Gesang, Verse 67–69.

Eingang

1 Tertullian: *Über das Gebet* 28 (CChr.SL 1,273 Diercks / BKV2 7,271 Kellner).

2 Johannes Chrysostomus: *Expositio in Psalmum* 41 (42),2 (PG 55,157 / Heinrich Hüschen: *Frühchristliche Hausmusik*, in: Karl Gustav Fellerer (Hrsg.): *Geschichte der katholischen Kirchenmusik* I, Kassel u. a. 1972, S. 45f.).

3 Vgl. Gerhard Lohfink: *Psalmengebet und Psalmenredaktion*, in: Archiv für Liturgiewissenschaft 34 (1992), S. 1–22.

4 Vgl. Regina Randhofer: *Psalmen in einstimmigen vokalen Überlieferungen. Eine vergleichende Untersuchung jüdischer und christlicher Traditionen.* 2 Bde. (= Europäische Hochschulschriften/36, Musikwissenschaft, 131), Frankfurt/M. u. a. 1995.

5 Arnold Stadler: *«Die Menschen lügen. Alle» und andere Psalmen*, Frankfurt/Leipzig ^{3}1999.

6 Z. B. Knut Nystedt, Heinz Werner Zimmermann, Hans Darmstadt u. a.

7 *WA Deutsche Bibel, 10,1; 98,23.

8 Rolf Geißler: *Bemerkungen zur Affinität von Poesie und Judentum*, in: Kirche und Israel. Neukirchener Theologische Zeitschrift (1993), S. 48ff.

9 Ex 15,3.

10 Übersetzung des Benediktinischen Antiphonale (Hg. von der Abtei Münsterschwarzach, Münsterschwarzach 1996), Bd. I, S. 213.

11 Jürgen Ebach: *Tags in einer Wolkensäule, nachts in einer Feuersäule. Gott wahrnehmen*, in: Karl Heinz Bohrer/Kurt Scheel (Hrsgg.): *Nach Gott fragen. Über das*

Religiöse (Sonderheft MERKUR, Deutsche Zeitschrift für europäisches Denken, 53. Jahrgang), Berlin 1999, S. 794.

12 Z. B. *Gesangbuch der kommenden Kirche*, Bremen 1938 (Osterlieder).

13 Röm 11,18.

14 Hebräischer und deutscher Text aus: Jonathan Magonet (Hrsg.): *Das jüdische Gebetbuch*, Bd. 1, Gütersloh 1997, S. 553 f.

15 Eusebius: *Kirchengeschichte* 5,28,5.

16 Franz Joseph Dölger: *Sol Salutis. Gebet und Gesang im christlichen Altertum. Mit besonderer Berücksichtigung auf die Ostung in Gebet und Liturgie*, Münster 1925, S. 67.70.

17 *Das Ludwigslied*, in: Horst Dieter Schlosser (Hrsg.): *Althochdeutsche Literatur. Ausgewählte Texte mit Übertragungen*, Frankfurt/M., 1970, S. 276–277, Vers 46–47.

18 Walther Lipphardt: *Die mittelalterlichen Leisen*, in: Musik und Altar, 15 (1963), S. 167–173; 16 (1964), S. 20–24, 74–79, 176–181.

19 Joachim Gnilka: *Der Christushymnus des Philipperbriefes (2,6–11) und die neutestamentliche Hymnendichtung*, in: Hansjakob Becker/Rainer Kaczynski (Hrsgg.): *Liturgie und Dichtung. Ein interdisziplinäres Kompendium* (Pietas Liturgica 1), St. Ottilien 1983, S. 173–185. Martin Hengel. *Das Christuslied im frühesten Gottesdienst*, in: Walter Baier u. a. (Hrsgg.): *Weisheit Gottes – Weisheit der Welt*. Festschrift für Joseph Kardinal Ratzinger, St. Ottilien 1987, S. 357–404.

20 Joseph Pothier: *Chant de la Litanie avec tropes ou versets à l'Office des Ténèbres*, in: Revue du chant grégorien, 11 (1903), S. 133–140; Adalbert Kurzeja: *Der älteste Liber Ordinarius der Trierer Domkirche (London, Brit. Mus., Harley 2958, Anfang 14. Jh.). Ein Beitrag zur Liturgiegeschichte der deutschen Ortskirchen*, Münster 1970, S. 125–126 (Lit.). Deutsche Fassung: *«Bis er wiederkommt …»*. Ein Liederbuch, hrsg. vom Liturgischen Arbeitskreis der Katholischen Hochschulgemeinde München, als Manuskript gedruckt, München 1965, S. 62–63, Nr. 113.

21 Syrische Didaskalie 2 (*CSCO.S 175,17 Vööbus).

22 Konzil von Laodicea, can. 59 (Mansi, Sacrorum Conciliorum nova et amplissima collectio, vol.2, Graz 1960, S. 573 f).

23 Augustinus: *Bekenntnisse* 9,6 f (*CChr.SL 27,141 Verheijen).

24 Ebd.

25 Der lateinische Hymnus ist ediert bei Walter Bulst: *Hymni latini antiquissimi*, Heidelberg 1956, S. 39; die Übersetzung folgt bis auf wenige von mir zu verantwortende Änderungen dem Stundenbuch (Hymnus zur Laudes am Sonntag der ersten und dritten Woche). Zur Deutung des Hymnus vgl. Angelus A. Häußling: *Heute die Hymnen von gestern singen? Das Fallbeispiel des Laudeshymnus Aeterne rerum conditor des Ambrosius*, in: Martin Klöckener/Heinrich Rennings (Hrsgg.): *Lebendiges Stundengebet. Vertiefung und Hilfe*, (Festschrift für Lucas Brinkhoff, Freiburg/Basel/Wien 1988, S. 316–341; Ansgar Franz: *Tageslauf und Heilsgeschichte. Untersuchungen zum literarischen Text und liturgischen Kontext der Tagzeitenhymnen des Ambrosius von Mailand*, (Pietas Liturgica. Studia 9), St.Ottilien 1994, S. 147–275.

26 Wir sagen zwar, der Hahn ‹krähe› und empfinden das nicht als sonderlich melodisch, doch liegt auch dem deutschen Wort «Hahn» etymologisch die Bedeutung «Morgensänger» zugrunde; es hat die gleiche indogermanische Wurzel wie lateinisch «canere» (singen), «canorus» (wohltönend). Unsere romanischen Nachbarsprachen bleiben daher bei der Anschauung, der Hahn «sänge» («le coq chante», «el/il gallo canta»).

27 Belege für diese Vorstellungen aus der antiken Literatur bei Franz: *Tageslauf*, S. 161–167.

28 Beide haben eine gleiche Wirkung auf die Schlafenden und die Sünder, sie «wecken» (5,1 ff; 8,2) und sie «erlösen von Schuld» (4,4 f; 7,1 ff).

29 Hexameron 5,90 (*CSEL 31,1,203 Schenkl).

30 Belege bei Franz: *Tageslauf*, S. 167–173.

31 Augustinus: *Bekenntnisse* 9,7 (*CChr.SL 27,141 Verheijen).

Christ ist erstanden

1 Gemeinsame Kirchenlieder. Gesänge der deutschsprachigen Christenheit, Berlin 1973, Nr. 29. Ältere Quellenausgaben: *Kehrein I, S. 473–481 (Nr. 216–222); *Wackernagel II, S. 43–44 (Nr. 39–42); S. 726–732 (Nr. 935–940.942–951); *Meister I, S. 331–335 (Nr. 168). Erwähnt sei, daß die älteste Fassung des Liedes lautet: *Christ der ist erstanden*. Die in der späteren Tradition durchgängige Weglassung des *der* führt zu einer Längung des Eingangswortes *Christ* und muß als Gewinn für das Lied bezeichnet werden. Zum Ganzen vgl. Walther Lipphardt: *«Christ ist erstanden». Zur Geschichte des Liedes*, in: JLH 5 (1960), S. 96–114, hier S. 101.

2 Klosterneuburg CCI 1213, Fol 83v; vgl. *Das Deutsche Kirchenlied. Kritische Gesamtausgabe der Melodien. Abt. II: Geistliche Gesänge des deutschen Mittelalters, Die handschriftliche Überlieferung des deutschen Kirchenlieds,* Zürich [Druckfahne], S. 68 (Nr. 55), vgl. Abb. 14.

3 *Das Deutsche Kirchenlied. Kritische Gesamtausgabe der Melodien. Abt. III: Die Melodien bis 1570*, Kassel 1997, Teil 2, S. 7 (C11 c5 1513[2] MiSchöf 1513–T Nr. 62).

4 Ebd. C11B ee4 1533[02] WitK 1533 Bl. 93.

5 Walther Lipphardt: *Die mittelalterlichen Leisen*, in: Musik und Altar, 15 (1963), S. 167–173; 16 (1964), S. 20–24, 74–79, 176–181.

6 *GL 248, *EG 124, *RG 502, *KG 482. Siehe den Beitrag zu dem Lied in diesem Band.

7 *GL 131, *KG 352.

8 *GL 130, *EG 23, *RG 392, *KG 331. Siehe den Beitrag zu dem Lied in diesem Band.

9 *GL 303, *EG 498.

10 *GL 494, *EG 214. Siehe den Beitrag zu dem Lied in diesem Band.

11 *GL 499, *EG 75, *RG 435, *KG 388.

12 *GL 654, *EG 518, *RG 648, *KG 706. Siehe den Beitrag zu dem Lied in diesem Band.

13 *GL 213, *EG 99, *RG 462, *KG 436.

14 *Meister I, Anhang I, Faksimile I.

15 Franz Karl Praßl: *Der älteste Salzburger Liber Ordinarius (Codex M II 6 der Universitätsbibliothek Salzburg). Zu seinen Inhalten und seiner Wirkungsgeschichte,* in: Stefan Engels/Gerhard Walterskirchen (Hrsgg.): *Musica Sacra Mediaevalis. Geistliche Musik Salzburgs im Mittelalter* (Salzburg, 6.-9. Juni 1996. Kongreßbericht), St. Ottilien 1998 (= Studien und Mitteilungen zur Geschichte des Benediktinerordens und seiner Zweige, 40. Ergänzungsband), S. 31–47. Zur Datierung und zu einer weiteren älteren Quelle vgl. S. 38.

16 Faksimile der Quelle bei Lipphardt: *Christ*, Tafel I.

17 Walther Lipphardt u. a.: Art. *«Liturgische Dramen»*, in: *Die Musik in Geschichte und Gegenwart*, Bd. 8, Sp. 1010–1051, hier Abb. 3 (Sp. 1016).

18 Die Passauer Quellen der Osterfeiern bei Walther Lipphardt: *Lateinische Osterfeiern und Osterspiele*, Bd. 4 Berlin/New York, 1975, S. 1091–1157 (Nr. 631–656, bes. 642 und 638). Zur Liturgie von Passau vgl. Georg-Hubertus Karnowka: *Breviarium Passaviense. Das Passauer Brevier im Mittelalter und die Breviere der altbayerischen Kirchenprovinz* (= Münchener Theologische Studien, II. Systematische Abteilung, Bd. 44), St. Ottilien 1983, S. XI-XVI.128–131.

19 Walther Lipphardt: *Hymnologische Quellen in der Steiermark und ihre Erforschung* (= Grazer Universitätsreden 13), Graz 1974, S. 14–29; ders.: *Studien zur Musikpflege in den mittelalterlichen Augustiner-Chorherren-Stiften des deutschen Sprachgebietes. I. Osterlied und Osterspiel*, in: Jahrbuch des Stiftes Klosterneuburg, N. F. 7 (1971), S. 7–102.

20 Geringfügige Abweichungen des Liedes von der heute gesungenen Fassung der Sequenz im Graduale Romanum erklären sich durch die Abhängigkeit der Leise von der mittelalterlichen regionalen Tradition des *Victimae paschali laudes*; vgl. Johannes Plath: *Christ ist erstanden. Das Osterlied der Evangelischen Kirche* (= Welt des Gesangbuchs. Die singende Kirche in Gabe und Aufgabe, Heft 18), 1. Notenbeigabe nach S. 16; Lipphardt: *Hymnologische Quellen*, S. 54–55; Hans Musch: *Musik im Gottesdienst*, Bd. 1, Regensburg [4]1994, S. 366. Zum Ganzen

vgl. Walther Lipphardt: *Die Weisen der lateinischen Osterspiele des 12. und 13. Jahrhunderts* (= Musikwissenschaftliche Arbeiten 2), Kassel 1948.

21 Die entsprechende Strophe ist im Missale Romanum des Konzils von Trient von 1570 getilgt, wodurch jedoch die Paarigkeit der Sequenz gestört ist. Einen Versuch der Neufassung der ausgefallenen Strophe bietet z. B. *GL 216.

22 Edition bei Walther Lipphardt: *Lateinische Osterfeiern und Osterspiele,* Bd. 4, S. 1127 f., Nr. 642.

23 Lipphardt: *«Christ ist erstanden»,* S. 112. – Die Melodiesynopse auf Seite 33 erfolgt unter Verzicht auf die Wiedergabe der rhythmischen Gestalt.

24 Bei *Marter* liegt die Ligatur auf *alle,* da beide Worte eine Einheit bilden.

25 Luther: *WA 37, S. 67.

26 Die ältesten Quellen bezeugen, daß das Lied nicht angestimmt wird, sondern das Volk unmittelbar in die lateinische Liturgie einstimmt; vgl. Lipphardt: *Christ,* S. 122 f.

27 Helmut Gollwitzer: *Christ ist erstanden,* in: Hans-Jürgen Schultz (Hrsg.), *In dieser österlichen Zeit. Ein Passions- und Osterbrevier,* Hamburg 1955, S. 97–105.

28 Arthur Schopenhauer: *Die Welt als Wille und Vorstellung,* § 56 (Ende) und § 57 (Anfang).

29 Textfassung nach der Lutherbibel wie in der Motette Fürwahr, er trug unsre Krankheit von Melchior Franck.

30 Ulrich Asendorf: *Gekreuzigt und Auferstanden. Luthers Herausforderung an die moderne Christologie,* Hamburg 1971, S. 291–356; ders., *Die Theologie Martin Luthers nach seinen Predigten,* Göttingen 1988, S. 116–128.

31 Luther: *WA 12, S. 521, vgl. Martin Rössler: *Die Liedpredigt. Geschichte einer Predigtgattung,* Göttingen 1976, S. 21.

32 Luther: *WA 46, S. 315, vgl. Rössler, S. 40. Der im Original lateinisch-deutsche Mischtext wurde ins Neuhochdeutsche übertragen.

33 Luther: *WA 49, S. 358, vgl. Rössler, S. 44.

34 Luther: *WA/Tischreden, Bd. 4, S. 517 (Nr. 4795); vgl. Markus Jenny: *Luthers geistliche Lieder und Kirchengesänge. Vollständige Neuedition in Ergänzung zu Band 35 der Weimarer Ausgabe,* Wien 1985, S. 109 (Nr. 32).

35 Lipphardt: *Christ,* S. 102.

36 A. a. O., S. 114.

37 Alex Stock: *Kleines Motivregister österlicher Gesänge,* in: Alex Stock/Manfred Wichelhaus (Hrsgg.): *Ostern in Bildern, Reden, Riten, Geschichten und Gesängen,* Einsiedeln 1979, S. 211–215. Zu Luther vgl. Asendorf: *Theologie,* S. 141–149.

38 *CAO, Nr. 8100.

39 *RG 462; *KG 436.

40 Wunibald Roetzer: *Des heiligen Augustinus Schriften als liturgiegeschichtliche Quelle – eine liturgiegeschichtliche Studie,* München 1930, S. 232–235; Winfried Kurzschenkel: *Die theologische Bestimmung der Musik. Neuere Beiträge zur Deutung und Wertung des Musizierens im christlichen Leben,* Trier 1971, S. 139–141.

41 Christa Reich: *Evangelium: Klingendes Wort. Zur theologischen Bedeutung des Singens,* Stuttgart 1997, S. 11–15.

42 *Graduale Triplex,* Solesmes 1979, S. 226–227; vgl. Stäblein, S. 186.

43 Jenny: *Luthers Lieder,* S. 109.

44 Hier folgen *RG 462 und *KG 436 nicht *GL 213, sondern *EG 99.

45 So schon in der Crailsheimer Schulordnung von 1480, in der Wittenberger Kirchenordnung von 1533 und 1536 in Eisenach. Vgl. Lipphardt: *Christ,* S. 112; Johannes Janota: *Studien zu Funktion und Typus des deutschen geistlichen Liedes im Mittelalter* (MTU 23), München 1968, S. 178–182.

46 Gerhard Hahn: *‹Christ ist erstanden gebessert›. Zu Luthers Stellung in der Geschichte des deutschen Gemeindeliedes,* in: Ingeborg Glier / Gerhard Hahn / Walter Haug / Burghart Wachinger (Hrsgg.): *Werk – Typ – Situation,* Stuttgart 1969, S. 326–345; Wichmann von Meding: *Luthers Gesangbuch. Die gesungene Theologie eines christlichen Psalters* (= Schriftenreihe Theos, Bd. 24), Hamburg 1998, S. 97–102.

47 *Hahn, S. 177–179; *HbEKG 3/1, S. 325–330.

48 Markus Jenny: *Luther, Zwingli, Calvin in ihren Liedern,* Zürich 1983, S. 58–61 (Nr. 8). Die irrtümliche Zusammen-

schreibung von ‹Todesbanden› statt ‹Todes Banden› wurde im Sinne des Index (S. 296) sowie der Kritischen Ausgabe Jenny: *Luthers Geistliche Lieder,* S. 71 und 194 korrigiert.

49 Hahn, S. 177.

Nun bitten wir den Heiligen Geist

1 Berthold von Regensburg: *Vollständige Ausgabe seiner Predigten,* Band I, hrsg. v. Franz Pfeiffer, Wien 1862, Nachdruck, hrsg. v. Kurt Ruh, Berlin 1965, S. 43.

2 Vgl. Gerard Achten: *De gebedenboeken van de cistercienzerinnenkloosters Medingen en Wienhausen,* in: *Miscellanea Neerlandica: opstellen voor Dr. Jan Deschamps ter gelegenheit van zijn zwentigste verjaardag,* hrsg. v. Elly Cockx-Indestege und Frans Hendrickx, Teil III: *Bibliotheek- en geestesgeschiedenis, kunst- en cultuurgeschiedenis,* Leuven 1987, S. 173–188. Die Frühdatierung ging auf Walther Lipphardt zurück: *Zwei neu aufgefundene Nonnengebetbücher aus der Lüneburger Heide als Quelle niederdeutscher Kirchenlieder des Mittelalters,* in: JLH 14 (1969), S. 123–129, dort (Tafel VI) auch ein Faksimile der Seite mit *Nun bitten wir den Heiligen Geist.*

3 Walther Lipphardt: *Die mittelalterlichen Leisen,* in: *Musik und Altar* 15, 1963/64, S. 167–173.

4 Vgl. Ansgar Franz: *Die Alte Kirche,* in: *Kirchenlied und Gesangbuch. Quellen zu ihrer Geschichte,* hrsg. v. Christian Möller, Tübingen 2000 (= Mainzer Hymnologische Studien I), S. 12.

5 Vgl. Dieter Richter: *Die deutsche Überlieferung der Predigten Bertholds von Regensburg. Untersuchungen zur geistlichen Literatur des Spätmittelalters,* München 1969.

6 Berthold I, S. 43, die folgenden Zitate und Zusammenfassungen ebd. S. 42–45.

7 Zum Beispiel *HbEKG 3/1, S. 390f.

8 «Jeder Mensch soll zweimal am Tag das Glaubensbekenntnis sprechen: des Morgens, wenn du aufstehst, und zur Nacht, wenn du dich niederlegst, bis zu deinem Tod: damit, wenn du dann am Ende darniederliegst und der Teufel dir deinen Christenglauben gern abgewönne, dieser dir nicht leicht wegzunehmen ist.»

9 «Wir sind heimatlos hier, deshalb sollten wir dieses Leben ruhig verachten und heimwärts ziehen in ein Land, wo wir viel größere Freude empfänden.»

10 Eine Auslegung dieser Fassung bei *Hahn, S. 190–195.

11 *Walter 1524, hier nach *WA 35, Ergänzungsband, S. 223f.

12 *Christliche Geseng Lateinisch vnd Deudsch zum Begrebnis. D. Martinus Luther,* Wittenberg 1542 (*DKL 1542[15]).

13 *Vehe 1537.

14 Zum Beispiel in *Konstanz 1600, *Köln 1617, *Fulda 1724, *Cantate 1847, *Mainz 1901, *Köln 1930, *Würzburg 1935 u. a. m.

15 *Redaktionsbericht zum Gotteslob, 1988, S. 642f.

16 Ähnlich Waltraud Ingeborg Sauer-Geppert: *«Nun bitten wir den Heiligen Geist» im Gotteslob,* in: *JLH 20, 1976, S. 179–182.

In dulci jubilo

1 Die Melodie des *Ergo merito* hier nach einem der sehr seltenen neuzeitlichen Drucke (in einem Werk, das außer lateinischen Hymnen einige wenige deutschsprachige Gesänge enthält): Compendium responsorium et Antiphonarum Ecclesiasticarum [...], Köln 1743 (= *DKL 1743[21]).

2 Mit Freiheiten übertragen nach dem fünften Kapitel von Heinrich Seuses Lebensbeschreibung. Im Originaltext findet sich die Passage in Heinrich Seuse: *Deutsche Schriften,* hrsg. v. Karl Bihlmeyer, Stuttgart 1907 (Reprint 1961), S. 21.

3 Vgl. Konrad Ameln: *Die Cantio «In dulci jubilo».* In: JLH 29 (1985), S. 23–78. Ameln datiert die Medinger Handschrift, die für ihn den ältesten Textbeleg enthält, noch ins 14. Jahrhundert. Seit dem Aufsatz von Gerard Achten muß jedoch aus kunsthistorischen und kodikologischen Gründen als sicher

gelten, daß diese und eine Reihe anderer Handschriften des niederdeutschen Zisterzienserinnenklosters Medingen erst aus der Zeit der Wende des 15. zum 16. Jahrhundert stammen; vgl. Gerard Achten: *De gebedenboeken van de cisterciënzerinnenkloosters Medingen en Wienhausen,* in: *Miscellanea Neerlandica: opstellen voor Dr. Jan Deschamps ter gelegenheit van zijn zwentigste verjaardag,* hrsg. v. Elly Cockx-Indestege und Frans Hendrickx, Teil III: *Bibliotheek- en geestesgeschiedenis, kunst- en cultuurgeschiedenis,* Leuven 1987, S. 173–188. Für diesen und eine Reihe anderer wertvoller Hinweise danke ich Anne Harzer, Mainz, die eine Dissertation über *In dulci jubilo* vorbereitet.

4 Beschreibung bei Ameln, S. 29f. (Sigle DAR), Text hier nach dem Faksimile bei Clytus Gottwald: *«In dulci jubilo». Morphogenese eines Weihnachtsliedes.* In: JLH 9 (1964), S. 133–143, Tafel III (leicht modernisiert). Als derzeit ältester Text der zehnzeiligen Fassung muß neuerdings eine Handschrift der Mainzer Stadtbibliothek gelten, die aus der Mainzer Kartause stammt und zwischen 1380 und 1400 datiert wird. Darauf macht Gisela Kornrumpf in einem Aufsatz aufmerksam, der mir erst nach Manuskriptabschluß bekannt wurde und etliche Präzisierungen des bisher Bekannten enthält: *In dulci jubilo. Neue Aspekte der Überlieferungsgeschichte beider Fassungen des Weihnachtsliedes.* In: *Edition und Interpretation. Neue Forschungsparadigmen zur mittelhochdeutschen Lyrik.* Festschrift für Helmut Tervooren. Hrsg. v. Johannes Spicker, Stuttgart 2000, S. 159–190. Obgleich sie älter ist, zeigt die Mainzer Fassung (abgedruckt bei Kornrumpf S. 168) stärkere Korruptionssignale als die Kölner, so daß sie bei der Textermittlung nicht hilfreich ist.

5 Ameln, S. 58.

6 Text nach dem Faksimile bei Gottwald, Tafel III, Übertragung in Wolfgang Jungandreas: *Das Ms. 1305 der Universitätsbibliothek Leipzig, eine Handschrift aus Schlesien.* In: JLH 17 (1972), S. 205–212, hier S. 212 (modernisiert und ergänzt).

7 Dokumentiert bei Ameln, S. 71–78.

8 Dokumentiert bei Joseph Smits van Waesberghe, *Das Weihnachtslied In dulci jubilo und seine ursprüngliche Melodie,* in: Festschrift Helmut Osthoff zum 65. Geburtstage, Tutzing 1961, S. 27–37.

9 Näheres dazu Ansgar Franz in diesem Band.

10 *EKG Nr. 94.

11 Leipzig 1543, *DKL 1543[07] (Titelblatt fehlt).

12 Johann Wolfgang von Goethe, *Sämtliche Werke,* Band 35, Deutscher Klassiker Verlag, Frankfurt 1999, S. 294. Hudhud diente König Salomo als Liebesbote, vgl. Goethe 35, 648.

Es kommt ein Schiff

1 In Ms.germ.oct.53 (Staatsbibliothek zu Berlin – Preußischer Kulturbesitz).

2 M. Eucharis Becker OP: *Untersuchungen zu dem Tauler zugeschriebenen Lied «Es kumpt ein schiff geladen»,* in: Ephrem Filthaut OP (Hrsg.): *Johannes Tauler, ein deutscher Mystiker. Gedenkschrift zum 600. Todestag,* Essen 1961, S. 77ff.

3 Wiedergabe nach: Markus Jenny: *«Es kommt ein Schiff, geladen» II,* in: *JLH 10 (1965), S. 152. Lediglich in der letzten Strophe steht, aufgrund eines Hinweises von Uwe Ruberg, das für Johann Tauler charakteristische *enphohet* (Jenny hat *empholet*).

4 So bei Louise Gnädinger, Johannes Tauler, Lebenswelt und mystische Lehre, München 1993, S. 430.

5 Paul Alpers: *«Es kommt ein Schiff, geladen» I,* in:* JLH 10 (1965), S. 147–151; vor allem: Viviane Mellinghoff-Bourgerie: *Zur Geschichte des Liedes «Es kommt ein Schiff, geladen», Von Ephräm dem Syrer zu Johannes Tauler,* in: *JLH 33 (1990/91), S. 111–129.

6 Diesen Hinweis verdanke ich Gerhard Hahn; vgl. auch Albrecht Greule: *Sprachwissenschaftliche Beiträge zur Kirchenliedforschung,* in: Zeitschrift für deutsche Philologie 111 (1992), S. 66f.

7 Hierzu im einzelnen V. Mellinghoff-Bourgerie, S. 121–126.

8 Einheitsübersetzung.

9 Ephrem der Syrer (306–373).

10 Gnädinger, S. 431.
11 Ebd.
12 A. a. O., S. 427f. Louise Gnädinger bin ich auch für schriftliche Hinweise zu Dank verpflichtet.

Gelobet seist du, Jesu Christ

1 Vgl. Martin Luther: *Die deutschen geistlichen Lieder,* hrsg. von Gerhard Hahn, Tübingen 1967, S. 26f. (Nr. 15).
2 Zur Entstehungs- und Rezeptionsgeschichte des Liedes vgl. *Bäumker I, 271–275; Hans-Bernhard Schönborn: *Das Weihnachtslied in evangelischen Gesangbüchern des 18. Jahrhunderts,* in: *JLH 26 (1982), S. 20–66, hier S. 55–57; Waltraut-Ingeborg Sauer-Geppert: *Sprache und Frömmigkeit im deutschen Kirchenlied,* Kassel 1984, S. 146–170.
3 Zitiert nach: Walther Lipphardt: *«Gelobet seist du Jesu Christ». Zur Geschichte des Weihnachtsliedes und seiner Melodie,* in: Musik und Gottesdienst 22 (1968), S. 151–153, hier S. 151.
4 Zit. nach *Bäumker I, S. 276.
5 Ebd., S. 275f.
6 Martin Rössler: *Da Christus geboren war … Texte, Typen und Themen des deutschen Weihnachtsliedes,* Stuttgart 1981, S. 11.
7 Vgl. Lipphardt: *«Gelobet seist du Jesu Christ»; ders.: Zwei neu aufgefundene Nonnengebetbücher aus der Lüneburger Heide als Quelle niederdeutscher Kirchenlieder des Mittelalters,* in: *JLH 14 (1969), S. 123–133; ders.: *Die liturgische Funktion Deutscher Kirchenlieder in den Klöstern niedersächsischer Zisterzienserinnen des Mittelalters,* in: ZKTh 94 (1972), S. 158–198; Wilhelm Thomas: *Mittelniederdeutsche Weihnachtslieder aus vorreformatorischer Zeit,* in:* JLH 8 (1963), S. 118–122.
8 Vgl. Johannes Janota: *Studien zu Funktion und Typus des deutschen geistlichen Liedes im Mittelalter,* München 1968, S. 117–121; vgl. Thomas: *Mittelniederdeutsche Weihnachtslieder.*
9 Zur Auslegung vgl. *Hb EKG 3/1, S. 154–158; *Hahn, S. 181–190; stärker systematisiert Karl Hauschild: *Die Christusverkündigung im Weihnachtslied unserer Kirche,* Göttingen 1952; Johannes Wirsching: *Den aller Welt Kreis nie beschloss … Beobachtungen zu Martin Luthers Lobgesang auf die Geburt Jesu Christi* (EKG 15), in: theologia viatorum XIV (1977/78), S. 229–238.
10 Vgl. *HbEKG 1/2, S. 46–50.
11 Vgl. *EKG 15, *EG 23.
12 *HbEKG 3/1, S. 150.
13 Wirsching: *Den aller Welt Kreis nie beschloss,* S. 231.
14 *Gotteslob, Nr. 130.

Gott sei gelobet und gebenedeiet

1 Faksimile in: Walther Lipphardt: *Ein Mainzer Prozessionale (um 1400) als Quelle deutscher geistlicher Lieder,* in: *JLH 9 (1964), Tafel II gegenüber S. 97. Vgl. *Bäumker I, S. 384.
2 Vgl. *HbEKG 3/1 Göttingen 1970, S. 539–542; *Hahn, S. 215–221; Markus Jenny: *Luther, Zwingli, Calvin in ihren Liedern,* Zürich 1983.
3 Wichtige Hinweise zur mittelalterlichen Geschichte des Leis verdanke ich Hans-Otto Korth; vgl. Lipphardt: *Ein Mainzer Prozessionale* (wie Anm. 1); *Bäumker I, S. 716–720.
4 Text aus: *Handschriftliches Processionale aus dem Franziskaner-Kloster zu Miltenberg,* zit. nach: *Bäumker I, S. 716f.; von Walther Lipphardt wurde es als im späten 14. Jahrhundert in Mainz entstandenes Prozessionale nachgewiesen.
5 *WA 12, 218; vgl. auch Martin Luther: *Deutsche Messe* (1526), in: *WA 19, S. 99.
6 Rev. Text nach *WA 38, S. 245.
7 *HbEKG 3/1. Zu Luthers Abendmahlsverständnis vgl. z. B. Albrecht Peters: *Realpräsenz. Luthers Zeugnis von Christi Gegenwart im Abendmahl,* Berlin 1960; Tom G. A. Hardt: *Venerabilis et adorabilis Eucharistia. Eine Studie über die lutherische Abendmahlslehre im 16. Jahrhundert,* Göttingen 1988; Hans B. Meyer: *Luther und die Messe. Eine liturgiewissenschaftliche Untersuchung über das Verhältnis Luthers zum Meßwesen des späten Mittelalters,* Paderborn 1965; zur Geschichte des Abendmahlsliedes vgl. Armin-Ernst

Buchrucker: *Theologie der evangelischen Abendmahlslieder,* Erlangen 1987.

8 «Wie des Christen Glaube lehrt, Brot in Christi Fleisch sich kehrt».

9 Zit. nach Otto Dietz (Hrsg.), Martin Luther, *Liturgische Schriften,* München ²1950, S. 75.

10 *Das *Babstsche Gesangbuch,* S. XXI.

11 Lat. und deutscher Text nach: *Das vollständige Römische Meßbuch,* hrsg. von Anselm Schott, Freiburg/Brsg. ⁴1934, S. 619.

12 Vgl. **Kirchenlied,* S. 93 f.

13 **Gotteslob* Nr. 494. Der Bedeutungswandel des Wortes «Leichnam» von Leib zu Leiche hat dem Vers «Herr, durch deinen heiligen Leichnam» im *EKG immer schon einen Anmerkungsstern beschert. Das *Gotteslob erkauft sich die Textunanstößigkeit mit der Variante *Herr, du nahmest menschlichen Leib an,/ der von deiner Mutter Maria kam. Durch dein Fleisch und Blut*...; das neue *EG folgt dieser katholischen Vorlage. Das schon in mittelalterlichen Fassungen begegnende, in manche katholische Gesangbücher des 20. Jahrhundert übernommene *Herr, durch deinen heilgen Fronleichnam* verdiente demgegenüber theologisch-poetischen Vorzug, auch wenn eine kleine konfessionelle Differenz damit zutage träte.

Mitten wir im Leben sind

1 *Luthers geistliche Lieder und kirchliche Gesänge.* Vollständige Neuedition in Ergänzung zu Band 35 der Weimarer Ausgabe (Archiv zur Weimarer Ausgabe der Werke Martin Luthers 4), hrsg. v. Markus Jenny, Köln/Wien 1985, S. 160 f.

2 Martin Luther: *Ennaratio Psalmi* XC, *WA 40, S. 496.

3 Die in der nachstehenden Interpretation des Liedes angeführten Vorläufer, die lateinische Antiphon *Media vita in morte sumus* und deren deutsche Übertragung *In mittel vnsers lebens zeyt,* sind entnommen aus dem Aufsatz von Walther Lipphardt: *Mitten wir im Leben sind. Zur Geschichte eines Liedes und seiner Weise,* in: *JLH 8 (1963) S. 99–118, hier S. 103 und 108.

4 Zu Luthers Liedschaffen allgemein und speziell zu unserem Lied vgl. *Hahn, S. 204–215.

5 Martin Luther, *Sermon von der Bereitung zum Sterben* 7, *WA 2, S. 687.

6 Hier nach *Altona 1789, später dann in: Friedrich Gottlieb Klopstock, *Werke,* Band VII: *Geistliche Lieder,* Leipzig 1804, S. 233–234.

Ich wollt, daß ich daheime wär

1 Straßburg Cod.Bibl.Johann. B 121 – v. J. 1445.

2 Burghart Wachinger: *Notizen zu den Liedern Heinrich Laufenbergs,* in: *Medium Aevum deutsch.* Festschrift für Kurt Ruh, Tübingen 1979, S. 349 ff., hier S. 384.

3 In: *Jahrbücher für musikalische Wissenschaft,* hrsg. von Friedrich Chrysander, 2/1867, S. 37.

4 *HbEKG 3/2, S. 317.

5 *Wackernagel II, S. 528.

6 Günter Lanczkowski: Art. *Rulman Merswin,* in: Peter Dinzelbacher (Hrsg.): *Wörterbuch der Mystik,* Stuttgart 1989, S. 353.

7 *Frank, S. 30.

8 Alle Bibelzitate in der Übersetzung Martin Luthers.

9 *Nun bitten wir den heiligen Geist;* s. den Beitrag in diesem Band.

10 Bernard McGinn: *Die Mystik im Abendland,* Bd. 2 Entfaltung, Freiburg 1996, S. 201 ff.

11 *Wackernagel II, Nr. 708,1.

12 Zit. von Louise Gnädinger: *Johannes Tauler. Lebenswelt und mystische Lehre,* München 1993, S. 410.

13 Corona Bamberg OSB: *Vitam aeternam omni concupiscentia spiritali desiderare* (RB 4,46), in: *Itinera Domini,* Festschrift für Emmanuel v. Severus OSB, Münster 1988, S. 11 ff.

14 *Wackernagel II, Nr. 786,1.

15 *Wackernagel II, Nr. 792,4.

16 *Wackernagel II, Nr. 794,2.

17 S. Wachinger, S. 379.

18 *Kleines Gesangbuch geistlicher Lieder für Kirche, Schule und Haus,* Stuttgart 1860.

19 In vierstimmigem Satz zu einer Melodie von Friedrich Hommel.
20 Gütersloh 1883 ^{18}1919.
21 Hg. von Adolf Seifert.
22 Hg. von Fritz Sotke.
23 Z. B. *Evangelischer Psalter für Haus und Gemeinschaft,* Elberfeld 1914 und noch in ^{3}1930.
24 S. Dorothee Sölle: *Mystik und Widerstand,* Hamburg ^{2}2000.
25 *Wackernagel II, Nr. 703,10; 739,25.26.
26 *Wackernagel II, Nr. 717.
27 August Rische: *Geistliches Volkslied,* Leipzig/Bielefeld ^{3}1870; **Große Missionsharfe,* Gütersloh 1883.
28 «O Jesu Christ, meins Lebens Licht», heute: «O Jesu Christe, wahres Licht», *EG 72.
29 *EG 517.

O Lamm Gottes unschuldig

1 *DKL 1539^{04}, der Text hier nach *Wackernagel III, Nr. 620.
2 *Wackernagel I, Nr. XL.
3 Vgl. *Wackernagel III, 568 (Nr. 619. Die erwähnten Magdeburger Gesangbücher sind: *Geystlike leder, uppet nye gebetert tho Wittenberch, dorch D. Martin. Luther (...),* Magdeburg 1534 (=Philipp Wackernagel, *Bibliographie zur Geschichte des deutschen Kirchenlieds im 16. Jahrhundert,* Frankfurt am Main 1855, Nr. 325), die späteren Auflagen: *DKL 1538^{03}, 1541^{04}, 1543^{08}; vgl. Albert Friedrich Wilhelm Fischer: *Kirchenlieder-Lexikon,* Gotha 1879 (Reprint Hildesheim 1967), Band II, S. 188.
4 Vgl. dazu die alte Miszelle von Stadtpfarrer Jehle, Stuttgart, zu *O Lamm Gottes unschuldig,* in: *Monatsschrift für Gottesdienst und kirchliche Kunst* 14 (1909), S. 136.
5 *Wackernagel III, 568; **Fischer: Kirchenlieder-Lexikon* II, S. 188. Zur Biographie vgl. *HbEKG 2/1, S. 52f.; *HbEKG 3/1, S. 270; sowie *HbEKG *Sonderband,* S. 100–102.
6 Philipp Julius Rehtmeyer: *Braunschweigische Kirchen-Historie,* Teil II, 1700, 19, zit. nach Konrad Ameln: *Das Sanktus- und das Agnus-Dei-Lied von Nikolaus Decius,* in: *Monatsschrift für Gottesdienst und kirchliche Kunst* 45 (1940), S. 9–15, hier S. 9.
7 *HbEKG, *Sonderband,* S. 101.
8 Fischer: *Kirchenlieder-Lexikon* I, S. 188, vgl. *HbEKG, *Sonderband,* S. 101, *Bäumker I, S. 456f.
9 Zur Geschichte des *Agnus Dei* vgl. Josef Andreas Jungmann: *Missarum sollemnia* II, Wien 1958, S. 413–422.
10 Rudolf Bultmann: *Das Evangelium des Johannes,* Göttingen ^{17}1962, S. 69.
11 *HbEKG 3/1, 271.
12 *Nürnberg 1625; *DKL 162505, 2. Auflage *DKL 163102.
13 *HbEKG 3/1, S. 271.
14 Josef Müller-Blattau: Einleitung zu: *Johann Sebastian Bach, Matthäus-Passion. Johannes-Passion. Weihnachts-Oratorium. h-Moll-Messe,* hrsg. von Josef Müller-Blattau, Stuttgart 1950, S. 3f.
15 Zit. nach Philipp Otto Runge: *Briefe und Schriften,* hrsg. von Peter Betthausen, Berlin ^{2}1983, S. 77f.

Nun freut euch, lieben Christen g'mein

1 Peter W. Urquart/Jehoash Hirshberg: Art. Musica ficta, in: *Die Musik in Geschichte und Gegenwart,* 2. neubearbeitete Auflage, Sachteil, Kassel 1997, Bd. 6, Sp. 662–682.
2 Hartwig Drude zu **EKG 239* in: *HbEKG 3/2, S. 168 ff. Walter Blankenburg: *Geschichte der Melodien des Evangelischen Kirchengesangbuchs* (=*HbEKG 2/2), Göttingen 1957, S. 68.
3 Blankenburg, S. 69.
4 Nachweise bei Eduard Emil Koch: *Geschichte des Kirchenlieds und Kirchengesangs der christlichen, insbesondere der deutschen evangelischen Kirche,* 1. Bd., Stuttgart 1866, S. 244.
5 Inge Mager: *Lied und Reformation. Beobachtungen zur reformatorischen Singbewegung in norddeutschen Städten.* In: Alfred Dürr und Walter Killy (Hrsg.): *Das protestantische Kirchenlied im 16. und 17. Jahrhundert* (= Wolfenbütteler Forschungen, Bd. 31), Wiesbaden 1986, S. 25ff.
6 Luther: *WA Tischreden 2; 2545 b.
7 Vgl. den Beitrag in diesem Buch.
8 Johann Caspar Wetzel: *Historische*

Lebensbeschreibung der berühmtesten Liederdichter, Anderer Theil, Herrnstadt 1721, S. 125.

9 *Hahn, S. 104ff. Dort Hinweise auf vielfältige Literatur.

10 *Hahn, S. 109f.

11 *Hahn, S. 17.

12 *WA 10,3, 368, 20f.

13 *WA 19, 149, 11–24.

14 *WA 35, 474, 15–17.

15 *WA 35, 477, 6–11. Christa Reich: *«... davon ich singen und sagen will». Überlegungen zum Verhältnis von Musik und Evangelium,* in: dies., *Evangelium: klingendes Wort,* Stuttgart 1997, S. 11ff.

16 Z. B. Wilhelm Nelle: *Geschichte des deutschen evangelischen Kirchenliedes,* Hamburg 1909, S. 24.

17 These XVI der (ursprünglich lateinischen) 95 Thesen: *Disputatio pro declaratione virtutis indulgentiarum,* *WA 1; 7f. 1517. Deutsche Übersetzung in: Hans von Campenhausen (Hrsg.): *Luther. Die Hauptschriften,* Berlin o. J., S. 19.

18 Gerhard Hahn: *Der Ratschluß der Erlösung,* in: Gemeinsame Arbeitsstelle für gottesdienstliche Fragen 32/98, S. 90ff.

19 Waltraud Ingeborg Sauer-Geppert: *Sprache und Frömmigkeit im deutschen Kirchenlied. Vorüberlegungen zu einer Darstellung seiner Geschichte,* Kassel 1984, S. 131.

20 *WA 28, 169, 30–170, 15, zit. nach Albrecht Beutel: *In dem Anfang war das Wort. Studien zu Luthers Sprachverständnis,* Tübingen 1991, S. 335, Anm. 776.

21 *WA 10,3, 4,6–12; s. Beutel, S. 442, Anm. 661.

22 Z. B. *Frankfurt 1800; *Württemberg 1830.

23 Z. B. Alfred Jung: *«Nun freut euch, lieben Christen g'mein». Eine theologische Untersuchung des Lutherliedes,* in: JLH 19 1975, S. 200ff.

24 Jürgen Ebach: *Das Zitat als Kommunikationsform,* in: ders.: *Gott im Wort. Drei Studien zur biblischen Exegese und Hermeneutik,* Neukirchen-Vluyn 1997, S. 27ff

Aus tiefer Not schrei ich zu dir

1 Luther: *WA *Briefwechsel,* Bd. 3, S. 220–221 (Nr. 698) [Text ins Neuhochdeutsche übertragen]; vgl. *Hahn, S. 33–37; ders.: *Klageschrei aus zwei Jahrhunderten,* in: Gemeinsame Arbeitsstelle für gottesdienstliche Fragen 26 (1996) S. 10–13. Den Arbeiten von Hahn verdankt dieser Beitrag wesentliche Anregungen.

2 Vgl. Markus Jenny: *Luthers geistliche Lieder und Kirchengesänge. Vollständige Neuedition in Ergänzung zu Band 35 der Weimarer Ausgabe,* Köln/Wien 1985, S. 68–70 und 188–193; ders.: *Luther, Zwingli, Calvin in ihren Liedern,* Zürich 1983, S. 119–124.

3 Hinweis auf eine Beobachtung von Paul Drews in *WA 35, 101f.

4 Markus Jenny: *Vom Psalmlied zum Glaubenslied – Vom Glaubenslied zum Psalmlied. Historische und aktuelle Probleme um Luthers ‹Aus tiefer Not schrei ich zu dir›,* in: Musik und Kirche 49 (1979) S. 267–278, bes. S. 275.

5 Luther: *WA 1, 206.

6 Hahn: *Klageschrei,* S. 12.

7 Hahn: *Evangelium,* S. 251.

8 Terminus von Jürgen Henkys, vgl. Hahn: *Klageschrei,* S. 10.

9 Exsultet der Osternacht, Missale Romanum.

10 Jenny: *Psalmlied,* S. 276–278.

11 Sowohl das katholische als auch das reformierte Gesangbuch der Schweiz bieten den Text mit geringfügigen sprachlichen Anpassungen (*KG 384 = *RG 83/84).

12 Jenny: *Luthers geistliche Lieder,* S. 68; vgl. auch S. 13–16.

13 Ebd., S. 68.

14 Ebd., S. 70.

15 Jenny: *Luther-Zwingli,* S. 124.

16 Z. B. BWV 38; vgl. Alfred Dürr: *Die Kantaten von Johann Sebastian Bach,* Kassel 1971, Bd. 2, S. 494–497. Karl Christian Thust: *«Aus tiefer Not schrei ich zu dir» – «Ein feste Burg ist unser Gott». Hymnologische Einführung und theologische Meditation zu zwei Lutherliedern,* in: Ebernburg-Hefte 26 (1992) S. 39–58.

17 Franz Sedlmeir, *‹Bei dir, da ist Vergebung, damit du gefürchtet werdest›. Überlegungen*

zu Psalm 130, in: Biblica 73 (1992), S. 473–495.

18 Heinz Zahrnt: *Glaubst du, so hast du,* in: Frankfurter Allgemeine Zeitung vom 17.2.1996, Beilage *Bilder und Zeiten.*

19 Ebd.

Es ist ein Ros entsprungen

1 Die Strophen 3–23 sind abgedruckt in dem einschlägigen Aufsatz von Andreas Heinz: *«Es ist ein Ros entsprungen». Zur Provenienz und Textgeschichte eines ökumenischen Weihnachtsliedes,* in: Trierer Theologische Zeitschrift 95 (1986), S. 253–281, hier S. 274–279, dem diese Darstellung wesentliche Materialien und Erkenntnisse verdankt.

2 Textabdruck bei Rudolf Ewerhart: *Eine unbekannte Textquelle zum Weihnachtslied «Es ist ein Ros' entsprungen»,* in: Kirchenmusikalisches Jahrbuch 41 (1957), S. 64–67. Zu Frater Conradus und der Vermittlerrolle der Kartause s. Heinz, S. 257–262.

3 Heinz, S. 279.

4 Michael Praetorius, *Musae Sioniae VI,* Wolfenbüttel 1609, Nr. 53. (*DKL 1609[10]). Abbildung bei Konrad Ameln: *«Es ist ein Ros entsprungen». Strittige Fassungen von Text und Weise,* in: JLH 5 (1960), S. 146–154, Tafel V.

5 *De carne Christi 21,5* (*CChr II 2,912); vgl. Alois Thomas, Art.: *Wurzel Jesse, in: Lexikon der christlichen Ikonographie IV,* S. 549–558; Gertrud Schiller, *Ikonographie der christlichen Kunst I,* Gütersloh 1966, S. 26–33.

6 *CAO 7709, abgedruckt in Cantus Selecti, Solesmes 1949, S. 120f. (Nr. 102); vgl. Yves Delaporte: *Fulbert de Chartres et l'École Chartraine. Le Chant Liturgique au XI° Siècle,* in: Etudes Grégoriennes 2, 1957, S. 51–81, hier S. 64–65. Daß selbst die in Wittenberg 1561 erschienene Sammlung alter Kirchengesänge durch Lossius (*DKL 1561[20]) auf das Responsorium nicht verzichtet, zeigt dessen außerordentliche Bedeutung. Der Fulbert-Text erscheint in einer Illustration des *Stammheimer Missale*: Abbildung bei Schiller, *Ikonographie IV/2,* Gütersloh 1980, Nr. 611.

7 Fol 137r/v. Zur Person vgl. Ludwig Pralle: *Die volksliturgischen Bestrebungen des Georg Witzel* (1501–1573), in: Jahrbuch für das Bistum Mainz 3 (1948), S. 224–242.

8 Das Lied steht in dem abgelegenen Büchlein *Das Allerschönste Kind in der Welt,* Würzburg 1622 (*DKL 1622[07]).

9 Näheres Heinz, S. 270–272.

10 AMS 17 = *Missale Romanum,* Introitus *Dum medium silentium* der Messe am Sonntag in der Oktav von Weihnachten.

11 AMS 11 = *Missale Romanum,* Introitus *Puer natus est* der 3. Weihnachtsmesse.

12 Das in Predigt und Kunst des Mittelalters vorkommende Thema [Red.]: Art.: *Ratschluß der Erlösung,* in: *Lexikon der Christlichen Ikonographie III,* S. 499–502, findet sich auch im Kirchenlied, z. B. *Aus hartem Weh die Menschheit klagt* (*Kirchenlied 1938, *Einheitslied 1947 [z. B. *Trier 1955] vgl. Flugblatt *Wackernagel II, S. 929, [Nr. 1156], *Bäumker IV, S. 254–255 [Nr. 10/11], Str. 2) sowie *Nun freut euch liebe Christen g'mein,* (*EG 341, Str. 4+5); vgl. Gerhard Hahn: *Der Ratschluß der Erlösung,* in: Gemeinsame Arbeitsstelle für gottsdienstliche Fragen 32 (1998), S. 90–92.

13 Herbert Heine: *Die Melodien der Mainzer Gesangbücher in der ersten Hälfte des 17. Jahrhunderts* (= Quellen und Abhandlungen zur mittelrheinischen Kirchengeschichte Bd. 23), Mainz 1975, S. 152–153.

14 Erhard Quack, in: **Werkbuch zum Gotteslob* I, S. 156.

15 Ameln S. 154.

16 Heinrich Bone: **Cantate! Katholisches Gesangbuch nebst Gebeten und Andachten für alle Zeiten und Feste des Kirchenjahres,* Mainz 1847, S. 31–32 (Nr. 35) = *Trier 1871: *Nun singet von der Blume*; vgl. Heinz S. 256, Anm. 15.

17 Winterfeld I, S. 105 und Musikbeispiel Nr. 90.

18 Friedrich Layriz: *Kern des deutschen Kirchenlieds von Luther bis auf Gellert,* Nördlingen 1844, XI; vgl. Johannes Heinrich/ Siegfried Fornaçon, *Nochmals «Es ist ein Ros entsprungen»,* in: *JLH 7 (1962), S. 179–181.

19 Hermann Kurzke: *Ein verborgener Prinz,*

in: Frankfurter Allgemeine Zeitung vom 23.12.1995 (Frankfurter Anthologie).

20 *Wackernagel II, S. 925–928 (Nr. 1153–1154).

21 Julius Smend: *Unsere Chöre und die Programme ihrer kirchlichen Veranstaltungen,* in: Monatsschrift für Gottesdienst und kirchliche Kunst 4 (1899), S. 113. Die Vorgeschichte skizziert Ameln, S. 146–150.

22 Friedrich Spitta: *Es ist ein Ros entsprungen,* in: Monatsschrift für Gottesdienst und Kirchliche Kunst 5 (1900), S. 10–20; ders.: *«Es ist ein Ros entsprungen.» Zum zweiten, hoffentlichen letzten Male,* in: ebd. 21 (1916), S. 213–216; vgl. Gustav Erlemann: *Die Einheit im katholischen deutschen Kirchenliede. Eine kritische Würdigung der Lieder der heutigen Diözesan-Gesangbücher von Deutschland, Luxemburg, Österreich und der Schweiz, sowie des Militärgesangbuches Berlin. Zugleich eine Auswahl und Festlegung der Lieder, die für ein einheitliches Gesangbuch in Betracht kommen könnten I,* Trier 1911, S. 108–113 (Nr. 49).

23 Näheres zur Geschichte dieser Lesart bei Ameln, S. 149–150.

24 Christoph Krummacher: *Das Evangelische Gesangbuch,* in: Theologische Literaturzeitung 120 (1995), S. 763–778, hier S. 773.

25 Spitta (1900), S. 20.

26 So schließt das Responsorium *Gaude Maria* mit den Worten *«et post partum Virgo inviolata permansisti»*: *CAO 6759, abgedruckt in: *Cantus selecti,* S. 167–169 (Nr. 135).

27 Walter Tappolet (Hrsg.): *Das Marienlob der Reformatoren. Martin Luther, Johannes Calvin, Huldrych Zwingli, Heinrich Bullinger,* Tübingen 1962, S. 49–54.360.

28 Protokoll der Arbeitsgemeinschaft Ökumenisches Liedgut vom 21.–23.4.1976 in Mainz, S. 24 [Nr. 0202]: «Die EKG-Fassung entstand aus dem Versuch, aus einem vermeintlichen Marienlied ein Christuslied zu machen … Hinter der EGB-Fassung wird die Lehre semper virgo vermutet, unannehmbar für die Evangelischen.» Vgl. hierzu Markus Jenny: *Verlust katholischer Glaubenssubstanz?,* in: Gottesdienst 7 (1973), S. 97–99, bes. S. 99. Näheres hierzu demnächst in der Dissertation von Ernst-Ulrich Kneitschel: *Kirchenlied – Spiegel der Ökumene.*

Wie schön leuchtet der Morgenstern

1 Zur Biographie s. Martin Rössler: *Liedermacher im Gesangbuch,* Stuttgart ²1992, Band 1, S. 117–143.

2 Philipp Nicolai: *FrewdenSpiegel des ewigen Lebens […],* Frankfurt am Main 1599, Vorrede.

3 Nicolai: *FrewdenSpiegel,* S. 112f.

4 Ein guter Überblick bei Waldtraut Ingeborg Sauer-Geppert: *Sprache und Frömmigkeit im deutschen Kirchenlied,* Kassel 1984, S. 170–212.

5 Zu Kanzler von Müller, 19.4.1819, vgl. Goethe: *Sämtliche Werke,* Band 35, Frankfurt: Deutscher Klassiker Verlag 1999, S. 266.

6 Der Erstdruck des Liedes findet sich in: *Sammlung Geistlicher Gesänge, zur Beförderung der Erbauung, von Johann Adolf Schlegeln, Pastorn an der Marktkirche der Altstadt Hannover […],* Leipzig 1766, Nr. 37.

Wachet auf, ruft uns die Stimme

1 Philipp Nicolai: *FrewdenSpiegel des ewigen Lebens […],* Frankfurt am Main 1599, Vorrede.

2 Abgedruckt bei Ada Kadelbach: *Die geistlichen Lieder Philipp Nicolais und die höfische Akrostichonliteratur,* in: Friedhelm Brusniak/Renate Steiger (Hrsgg.): *Hof- und Kirchenmusik in der Barockzeit: Hymnologische, theologische und musikgeschichtliche Aspekte,* Bensberg 1998, S. 221–245, hier S. 228f.

3 Martin Rössler: *Liedermacher im Gesangbuch,* Bd. 1, Stuttgart 1990, S. 122f.

4 Nicolai: *Freudenspiegel,* Vorrede.

5 Ebd.

6 Ebd.

7 Eine Einordnung der Schrift in den zeitgenössischen theologischen und

frömmigkeitsgeschichtlichen Kontext bei Martin Brecht: *Der «Freudenspiegel» und sein geistiger Hintergrund,* in: *Die Pest, Tod, das Leben – Philipp Nicolai – Spuren der Zeit.* Beiträge zum Philipp-Nicolai-Jahr 1997, Unna 1997, S. 27–42; Matthias Richter: *Philipp Nicolai und sein Freudenspiegel des ewigen Lebens,* in: Brusniak/Steiger, S. 207–220.

8 Nicolai: *Freudenspiegel,* S. 1 f.
9 Nicolai: *Freudenspiegel,* Vorrede.
10 Nicolai: *Freudenspiegel,* S. 412.
11 Ebd., S. 15.
12 Ebd., S. 15–17.
13 Daniel Rumpius: *Liederbüchlein* [...]. *Auff die Sonntage durchs gantze Jar,* Ülzen 1587, Lied 8.
14 Freudenspiegel, S. 311.
15 Vgl. ebd., S. 111.
16 Ebd., S. 343–346.
17 Ebd., S. 312.
18 Ebd., S. 350.
19 Vgl. den Kommentar zu *In dulci jubilo* in diesem Band.
20 Walter Blankenburg: *Die Kirchenliedweisen von Philipp Nicolai,* in: Musik und Kirche 26 (1956), S. 172–176. Hans-Otto Korth/Daniela Wissemann-Garbe: *Philipp Nicolai und seine Lieder,* in: *Die Pest, der Tod, das Leben* [Anm. 7], S. 59–80.
21 *Werkbuch zum Gotteslob 1, S. 120.
22 Ebd.

O du hochheilig Kreuze

1 Wesentliche Hinweise zu Quellen und Überlieferungskontext verdanke ich der Diplomarbeit von Thomas Rollersbroich: *O du hochheilig Kreuze,* Mainz WS 1998/99.
2 Michael Härting: *Das Erfurter Gesangbuch von 1630,* in: Musica Sacra 86 (1966), S. 250–252, 284–286, 315–317, 347–350, gibt auf S. 285 *Konstanz 1594 (vgl. *Bäumker I, S. 73 f.) als älteste Quelle des Textes an. Ihm folgen der *Redaktionsbericht zum Einheitsgesangbuch ‹Gotteslob›,* hrsg. v. Paul Nordhues und Alois Wagner, Paderborn/Stuttgart 1988, S. 611 (Nr. 182), und neuestens *KG. Im Inhaltsverzeichnis des in der Zentralbibliothek des Kantons Luzern befindlichen Exemplars (KB G6.274.12°) fehlt das betreffende Lied, das Initium ist jedoch im Vorsatzblatt handschriftlich eingetragen.
3 Johanna Sieper: *Das Mysterium des Kreuzes in der Typologie der alten Kirche,* in: Kyrios 9 (1969), S. 1–30, 65–82; Odo Casel: *Mysterium des Kreuzes,* Paderborn 1954, S. 75–81; Hugo Rahner: *Griechische Mythen in christlicher Deutung,* Zürich 1957, S. 55–73; vgl. ders.: *Symbole der Kirche. Die Ekklesiologie der Väter,* Salzburg 1964, S. 6; Photina Rech: *Inbild des Kosmos. Eine Symbolik der Schöpfung,* Salzburg/Freiburg 1966, Bd. 1, S. 475–546.
4 Andreas Falkner/Paul Imhof (Hrsgg.): *Ignatius von Loyola und die Gesellschaft Jesu,* Würzburg 1990.
5 Hubert Dopf: *Musik und Kirchenlied in der Pastoral der Jesuiten,* in: Michael Sievernich/Günter Switek (Hrsgg.): *Ignatianisch. Eigenart und Methode der Gesellschaft Jesu,* Freiburg/Basel/Wien 1990, S. 369–385, hier 372; Dietz-Rüdiger Moser: *Verkündigung durch Volksgesang. Studien zur Liedpropaganda und -katechese der Gegenreformation,* Berlin 1981; Ruth Konstanciak: *Gesangbücher,* in: *Die Jesuiten in Ingolstadt* 1549–1773. Ausstellung des Stadtarchivs der Wissenschaftlichen Stadtbibliothek und des Stadtmuseums Ingolstadt, Ingolstadt 1991, S. 236–237.
6 Joachim-Friedrich Ritter: *Friedrich von Spee (1591–1635). Ein Edelmann, Mahner und Dichter,* Trier 1977; Gunther Franz (Hrsg.): *Friedrich Spee. Dichter, Seelsorger, Bekämpfer des Hexenwahns.* Kaiserswerth 1591/Trier 1635; Katalog der Ausstellung in Düsseldorf 1991, Stadtbibliothek Trier 1991.
7 S. *Hahn, passim.
8 Rita Haub: P*etrus Frank SJ, Dichter des Totentanzes «Der grimmig Todt mit seinem Pfeil»,* in: Sammelblatt des Historischen Vereins Ingolstadt, 107 (1998), S. 95–100. Weitere Hinweise zu Frank und dem Münchner Kreis verdanke ich der in Arbeit befindlichen Dissertation von Beatrix Türmer, Universität Mainz.
9 *Die Jesuiten in Ingolstadt 1549–1773.* Ausstellung des Stadtarchivs der Wissenschaftlichen Stadtbibliothek und des

Stadtmuseums Ingolstadt, Ingolstadt 1991; vgl. auch *Die Jesuiten in Bayern (1549–1773).* Ausstellung des Bayerischen Hauptstaatsarchivs und der oberdeutschen Provinz der Gesellschaft Jesu, Ausstellungskatalog der Staatlichen Archive Bayerns 29, Weißenhorn 1991.

10 Eugen Paul: *Petrus Canisius als Katechet und Pädagoge,* in: Julius Oswald/Peter Rummel (Hrsgg.): *Petrus Canisius – Reformer der Kirche.* FS zum 400. Todestag des zweiten Apostels Deutschlands (Jahrbuch des Vereins für Augsburger Bistumsgeschichte 30), Augsburg 1996, S. 194–201, hier S. 196–197.

11 Vgl. Wolfgang Beringer: Art. Gretser, in: *LThK 3 Bd. 4, S. 1441–1442; Urs Herzog: *Jacob Gretsers Leben und Werk. Ein Überblick,* in: Literaturwissenschaftliches Jahrbuch. Neue Folge 11 (1970), S. 1–36; Hermann König: *Jakob Gretser S. J. (1562–1625). Ein Charakterbild,* in: Freiburger Diözesanarchiv 77 (1957), S. 136–170. Eine Teilübersetzung bietet: *Signaculum S. Crvcis. Das ist / Ein lustiger und nutzlicher Tractat von dem Zeichen deß heiligen Creutz. Erstlich in Latein beschrieben Durch Iacobum Gretservm Societatis Iesv Theologum. An jetzo aber in die Teutsche Sprach gebracht Durch F. Carolvm Stengelivm Conventualn zu Sanct Ulrich und Afra in Augspurg cum facultate Superiorum Anno M.DC.XII. Mit Rom. Key. May. Gnad vnd Freyheit Gedruckt zu Ingoldstatt durch Andream Angermayr.*

12 P. *Matthäus Rader SJ,* Bd. 1, 1595–1612, bearbeitet von Helmut Zäh und Silvia Strodel, eingeleitet und herausgegeben von Alois Schmid, München 1995.

13 Vgl. Georg May: *Das Recht des Gottesdienstes in der Diözese Mainz zur Zeit von Bischof Joseph Ludwig Colmar (1802–1818),* Bd. 1 (= Kanonistische Studien und Texte 36), Amsterdam 1987, S. 516–524, bes. 518; vgl. auch Herbert Heine, *Die Melodien der Mainzer Gesangbücher in der ersten Hälfte des 17. Jahrhunderts* (= Quellen und Abhandlungen zur Mittelrheinischen Kirchengeschichte 23), Mainz 1975, S. 255 (Nr. 132).

14 *Cantate!, S. XXXIII–XXXIV (Vorrede).

15 *Konstanz 1600 = *Konstanz 1607 bietet nur die Baßstimme. Die Melodie findet sich als Sopranstimme in dem vollständigen Satz von *Konstanz 1613; vgl. Karl Severin Meister: *Das katholische deutsche Kirchenlied in seinen Singweisen von den frühesten Zeiten bis gegen Ende des 17. Jahrhunderts. Auf Grund älterer Handschriften und gedruckten Quellen,* Freiburg 1862, Bd. 1, S. 417–419 (Nr. 229/230); Anhang II, Nr. 16.

16 Die Melodie entspricht Antiphonen vom Typ *Per singulos dies* im germanischen Choraldialekt, vgl. *Antiphonarium Monasticum secundum traditionem Helveticae Congregartionis Benedictinae ad codicum fudem restitutum,* Engelberg 1943, Bd. 1, S. 177.

17 Redaktionsbericht, S. 611 (Nr. 182).

18 Matthias Claudius: *Eine Korrespondenz zwischen mir und meinem Vetter,* in: Sämtliche Werke, hrsg. v. Jost Perfahl, München 1968, S. 343–344.

19 Gretser, Bd. 1, S. 1.

20 Siegfried Hofmann: *Ingolstädter Kirchenbauten,* in: *Die Jesuiten in Ingolstadt,* S. 60–82; vgl. auch Reinhold Baumstark (Hrsg.): *Rom in Bayern. Kunst und Spiritualität der ersten Jesuiten,* München 1997, Ausstellungskatalog des Bayerischen Nationalmuseums, S. 358–360.

21 Hofmann, S. 61.

22 Gerhard Römer: *Die Liturgie des Karfreitags,* in: Zeitschrift für Katholische Theologie 77 (1955), S. 39–93. Hermanus A. P. Schmidt: *Hebdomada sancta,* Rom/ Freiburg/Barcelona 1957, Bd. 2, S. 791–796.

23 *AH 50, S. 71–73 (Nr. 66); *AH 50, S. 74–75 (Nr. 67); Walther Bulst: Hymni latini antiquissimi LXXV. Psalmi III, Heidelberg 1956, S. 127–129; A. S. Walpole: *Early latin Hymns. With introduction and notes,* Cambridge 1922 (Reprint Hildesheim 1966), S. 164–173; vgl. auch Josef Szövérffy: *Die Annalen der lateinischen Hymnendichtung,* Bd. 1, Berlin 1964, S. 128–140; ders.: *Hymns of the holy cross. An annotated Edition with introduction,* (Medieval Classics: Texts and Studies 7), Brooklin/Leyden 1976, S. 7–20; Clemens Blume: *Unsere liturgischen Lieder. Das Hymnar der alten Kirche,* Regensburg 1932, S. 190–199.

24 Anton Baumstark: *Der Orient und die*

Gesänge der Adoratio crucis, in: Jahrbuch für Liturgiewissenschaft Bd. 2 (1922), S. 1–17, hier S. 4.

25 Fol. 7v. Zum Thema Türken im 16. Jahrhundert vgl. Guido Fuchs: *Psalmdeutung im Lied. Die Interpretation der ‹Feinde› bei Nikolaus Selnecker (1530–1592)* (= Veröffentlichungen zur Liturgik, Hymnologie und theologischen Kirchenmusikforschung 25), Göttingen 1993, S. 131–135.

26 Weitere Belege: *Straubing 1607, *München 1613, *Köln 1619.

27 *Rituale Romanum Pauli* V. (1614), Titulus II, Caput IV.

28 Franz Joseph Dölger: *Beiträge zur Geschichte des Kreuzzeichens,* in: Jahrbuch für Antike und Christentum 1 (1958) S. 5–19; 2 (1959) S. 15–29; 3 (1960) S. 5–16; 4 (1961) S. 5–17; 5 (1962) S. 5–22; 6 (1963) S. 7–34; 7 (1964) S. 5–38; 8/9 (1965/66) S. 7–52; 10 (1967) S. 7–29; hier Bd. 6, S. 7–18, Bd. 7, S. 19.

29 Hansjakob Becker/Rainer Kaczinsky (Hrsgg.): *Liturgie und Dichtung. Ein interdisziplinäres Kompendium,* Bd. 1 (= Pietas Liturgica I), St. Ottilien 1983, S. 1 (Einleitung). Einen guten Überblick über die Kreuzestypologie verdanke ich der Diplomarbeit von Martin Lenk: *Sacramenta ligni. Theologie des Kreuzes in Bildern des Alten Testamentes,* Mainz SS 1984; zur Ikonographie vgl. Albert Boeckler: *Die Regensburg-Prüfeninger Buchmalerei des XII. und XIII. Jahrhunderts* (= Miniaturen aus Handschriften der Bayrischen Staatsbibliothek, München, Ed. G. Leidinger, Bd. 7), München 1924, bes. S. 33–46 sowie Tafel XXVI–XXXVII.

30 Sieper, S. 1.

31 Sieper, S. 17–18; Rech, S. 515–546.

32 Sieper, S. 78–81; Johanna Petzold-Sieper: *Mysterium des Kreuzes. Seine Deutung in liturgischen und patristischen Texten,* in: Erbe und Auftrag 42 (1966), S. 363–374, hier S. 367–370; Dölger, 10 (1967), S. 14–15.

33 Jean Daniélou: *Liturgie und Bibel. Die Symbolik der Sakramente bei den Kirchenvätern,* München 1963, S. 60–74, bes. S. 66–68; Johannes Quasten: *Das Bild des Guten Hirten in den altchristlichen Baptisterien und in den Taufliturgien des Ostens und Westens. Das Siegel der Gottesherde,* in: Theodor Klauser/Anton Rücker (Hrsgg.): *Pisciculi. Studien zur Religion und Kultur des Altertums,* Festschrift Franz Joseph Dölger, Münster 1939, S. 220–244; Ders.: *Der Gute Hirte in frühchristlicher Totenliturgie und Grabeskunst,* in: *Miscellanea Giovanni Mercati,* Bd. 1 (= Studi e Testi 121), Citta del Vaticano 1973, S. 373–406.

34 *AH 54, S. 188–192 (Nr. 120); vgl. Szövérffy: *Annalen,* Bd. 2, Berlin 1965, S. 99–103; vgl. ders.: *Hymns,* S. 55–60; Blume, S. 198–199.

35 Siepen, S. 81; Casel, S. 80–81; vgl. Hans-Ruedi Weber: *Und kreuzigten ihn. Meditationen und Bilder aus zwei Jahrhunderten,* Göttingen/Freiburg 1980, S. 50, Tafel 25 «Versöhnung», Metall-Skulptur von Keiji Kosaka, Japan (2. Hälfte des 20. Jh.).

36 Karin Lerchner: *Lectulus floridus: Zur Bedeutung des Bettes in Literatur und Handschriftenillustration des Mittelalters,* (= Pictura et poesis Bd. 6) Köln/Weimar/Wien 1993, S. 27–28, 177–190.

37 AH 50, S. 534–535 (Nr. 366); vgl. Szövérffy: *Hymns,* S. 60–63.

38 Thérèse von Lisieux, Brief vom 18. 11. 1888, in: Rudolf Sterterbrink: *Allein die Liebe. Worte der heiligen Theresia von Lisieux,* Freiburg/Basel/Wien, 1980, S. 276.

39 Vgl. Dag Hammarskjöld: *Zeichen am Weg,* übertragen und eingeleitet von Anton Graf Knyphausen, München/Zürich 1965, S. 56.

40 *AH 50, S. 74–75 (Nr. 67); Bulst, S. 129; Walpole, S. 173–177.

O Heiland, reiß die Himmel auf

1 Der Titel beginnt mit einem alttestamentlichen Verweis und schließt mit einem neutestamentlichen: Die hebräische Konsonantenfolge ist eine Zitation aus dem angeführten Psalm 45(46),3 und lautet: jâpjâpêtâ [mibbenê 'âdâm] (Der Schönste [unter den Menschensöhnen]), was dann im weiteren Verlauf des Titels in italienischer und deutscher Umschreibung wiedergegeben ist.

Der Schlußverweis auf das 1. Kapitel des Kolosserbriefes bezieht sich auf die Verse 26f.: « ... das Geheimnis (Μυστήριον), welches von Ewigkeit und Alters her verborgen war, jetzt aber seinen Heiligen offenbart worden ist, denen Gott kundtun wollte, welches der Reichtum der Herrlichkeit dieses Geheimnisses unter den Heiden sei, das ist Christus, der in euch die Hoffnung der Herrlichkeit ist» (Übersetzung nach der Vulgata). Der Mittelteil des Titels, ‹Margarita in concha› (die Perle in der Muschel), ist seit der Alten Kirche ein geläufiges Bild für die Einheit der göttlichen Natur («Perle») und menschlichen («Muschel») in Jesus Christus.

2 Zur Biographie Spees vgl. Theo G. M. van Oorschot: *Friedrich Spee von Langenfeld. Zwischen Zorn und Zärtlichkeit,* (= Persönlichkeit und Geschichte 140), Göttingen und Zürich 1992; ders.: *Zur geistigen Biographie Spees,* in: Michele Battafarano (Hrsg.): *Friedrich von Spee. Dichter, Theologe und Bekämpfer der Hexenprozesse,* Gardolo di Trento 1988, S. 9–61. Zu den Lieddichtungen Spees vgl. die betreffenden Aufsätze in folgenden Sammelbänden: Anton Arens (Hrsg.): *Friedrich Spee im Licht der Wissenschaften. Beiträge und Untersuchungen* (Quellen und Abhandlungen zur mittelrheinischen Kirchengeschichte 49), Mainz 1984, S. 73–81; Michael Härting (Hrsg.): *Friedrich Spee. Die anonymen geistlichen Lieder vor 1623*; Berlin 1979; Eckhard Grunewald/Nikolaus Gussone (Hrsgg.): *Von Spee zu Eichendorff. Zur Wirkungsgeschichte eines rheinischen Barockdichters,* Berlin 1991; Gunther Franz (Hrsg.): *Friedrich Spee. Dichter, Seelsorger, Bekämpfer des Hexenwahns. Kaiserswerth 1591 – Trier 1635* (Katalog zur Ausstellung in Düsseldorf 1991), Trier 1991. Speziell zu unserem Lied vgl. Joachim Pritzkat: *O Heiland reiß die Himmel auf. Zur 374jährigen Geschichte eines Liedes von Friedrich von Spee*, in: H. Kurzke/H. Ühlein (Hrsgg.), *Kirchenlied interdisziplinär. Hymnologische Beiträge aus Germanistik, Theologie und Musikwissenschaft*, Frankfurt 1999, 131–172; Ders., *Wo bleibstu Trost der gantzen Welt? Zur Spannung zwischen Diesseitsangst und Jenseitshoffnung bei Friedrich Spee und Andreas Gryphius*, in: Spee-Jahrbuch 5 (1998), 106–116.

3 Zitiert bei Emil Heck: *Friedrich von Spee als Seelsorger und Katechet im geistlichen Lied,* in: Schul-Informationen. Hauptabteilung Schule/Hochschule, Heft 2, Köln 1985, S. 45–53, hier S. 46.

4 Siehe die Synopse am Schluß dieses Artikels.

5 Die 2. O-Antiphon lautet z. B.: «O Herr und Führer des Hauses Israel, du bist dem Mose in der Flamme des Dornbuschs erschienen und hast ihm auf Sinai das Gesetz gegeben: Komm und erlöse uns mit starkem Arm.» Die Versanfänge aller sieben Antiphonen lauten im lateinischen Original: «O Sapientia / O Adonai / O radix Iesse / O clavis David / O Oriens / O Rex gentium / O Emmanuel», hinzu kommt eine achte, die sich an Maria richtet: «O Virgo virginum». Liest man unter Auslassung des «O» die Anfangsbuchstaben der einzelnen Verse rückwärts, so ergibt sich am Ende der Sequenz, am 23. Dezember also, als spielerischer Hinweis auf das bevorstehende Weihnachtsfest das Akrostichon «vero cras»: «Wirklich morgen».

6 Der Liedtext folgt der Orthographie des Erstdrucks (Würzburg 1622), der Bibeltext ist aus der lateinischen Vulgata übersetzt.

O Traurigkeit, o Herzeleid

1 *EG Nr. 80; vgl. *EKG Nr. 73.

2 Zitiert nach *Bäumker I, 491 (Nr. 224); vgl. *Fischer/Tümpel II, Nr. 186.

3 Zur Überlieferungsgeschichte vgl. *Bäumker I, 223f.; Bernhard Schneider: *Die Wirkungsgeschichte der Lieder Friedrich Spees in katholischen Gesangbüchern vom Barock bis zur Gegenwart,* in: Gunther Franz (Hrsg.): *Friedrich Spee zum 400. Geburtstag.* Kolloquium der Friedrich-Spee-Gesellschaft Trier, Paderborn 1995, S. 265–348; Peter Tenhaef, *Die musikalische Rezeption Friedrich Spees in Kölner Gesangbüchern des 17. bis 19. Jahrhunderts,* in: Eckhard Grunewald/ Nikolaus Gussone (Hrsgg.): *Von Spee zu Eichendorff,* Berlin

1991, S. 159–180; Bernhard Schneider: *Die Rezeption von Spee-Liedern in den Gesangbüchern der (Erz-)Diözesen Köln, Paderborn, Münster, Hildesheim und Osnabrück im 19. und 20. Jahrhundert,* ebd., S. 222–280; Kurt Küppers: *Zur Rezeption von Liedern Friedrich Spees in bayerischen Diözesan-Gesang- und Gebetbüchern unter besonderer Berücksichtigung der Regensburger Tradition,* ebd., S. 291–308.

4 Zitiert nach *Fischer/Tümpel II, Nr. 186.

5 *Würzburger Gesangbuch 1628.

6 Als Beispiel dieser liturgischen Zuordnung vgl. das *Paderborner Gesangbuch *Sursum Corda,* Paderborn 1948, Nr. 206f. und Nr. 212f.

7 Vgl. Wilhelm Nelle: *Schlüssel zum Evangelischen Gesangbuch für Rheinland und Westfalen,* Gütersloh [2]1920, 59 (Nr. 100); der Text des Liedes wird zitiert nach *Fischer/Tümpel II, Nr. 186.

8 Vgl. Hans-Dieter Ueltzen: *«Gott selbst ist tot.» Historische Bemerkungen zur Entstehung des Liedes und der Rede vom Tod Gottes,* in: EvTheol. 36 (1976), S. 563–567.

9 WA 50, S. 590,19.

10 Georg W. F. Hegel: *Vorlesungen über die Philosophie der Religion* II (Werke in 20 Bänden, hrsg. von Eva Moldenhauer/Karl Markus Michel, Band 17), Frankfurt/M. 1969, 297; vgl. Ueltzen, *«Gott selbst ist tot»,* S. 566f.

Ist das der Leib, Herr Jesu Christ

1 Zur Verbreitung des Liedes vgl. Bernhard Schneider: *Die Wirkungsgeschichte der Lieder Friedrich Spees in katholischen Gesangbüchern vom Barock bis zur Gegenwart,* in: Gunther Franz (Hrsg.): *Friedrich Spee zum 400. Geburtstag.* Kolloquium der Friedrich-Spee-Gesellschaft Trier, Paderborn 1995, S. 265–348; Peter Tenhaef, *Die musikalische Rezeption Friedrich Spees in Kölner Gesangbüchern des 17. bis 19. Jahrhunderts,* in: Eckhard Grunewald/ Nikolaus Gussone (Hrsgg.): *Von Spee zu Eichendorff,* Berlin 1991, S. 159–180; Bernhard Schneider: *Die Rezeption von Spee-Liedern in den Gesangbüchern der (Erz-)Diözesen Köln, Paderborn, Münster, Hildesheim und Osnabrück im 19. und 20. Jahrhundert,* ebd., S. 222–280; Kurt Küppers: *Zur Rezeption von Liedern Friedrich Spees in bayerischen Diözesan-Gesang- und Gebetbüchern unter besonderer Berücksichtigung der Regensburger Tradition,* ebd., S. 291–308. Zur Zuschreibung an Spee vgl. Theo G.M. van Oorschot: *Verzeichnis der anonymen Lieder von Friedrich Spee,* in: Anton Arens (Hrsg.): *Friedrich Spee im Lichte der Wissenschaften,* Mainz 1984, S. 73–81.

2. Die Textfassung folgt der in der Trierer Stadtbibliothek befindlichen Ausgabe des *Clausener Gesangbuches von 1653.

3. **Gotteslob* Nr. 219; *EKG Nr. 369, *EG Nr. 110.

4. Es findet sich in 19 Diözesananhängen, vgl. *Redaktionsbericht zum Einheitsgesangbuch «Gotteslob»,* hrsg. von Paul Nordhues/ Alois Wagner, Paderborn 1988, S. 1003.

5. Ulrich Ruh: *Umstrittene Auferstehung,* in: Herder Korrespondenz 48 (1994), S. 217–219, dort S. 219.

6. In Spees Osterlied *Erstanden ist der heilge Christ* (Text z. B. im Gebet- und Gesangbuch für das Erzbistum Köln, *Köln 1949, Nr. 194) wird hingegen die Passionsandacht zu den fünf Wunden Christi eigens auf den verklärten Leib Christi bezogen.

7 F. Horst, zit. nach Leo Krinetzki, *Das Hohelied,* Düsseldorf 1964, S. 77.

8 Sth Suppl. q 82 praef.

9 Vgl. Sth 3 q 54.

10 Vgl. auch das in Anm. 6 zitierte Lied *Erstanden ist der heilge Christ,* Str. 5.

11 *Gotteslob Köln 1975, Nr. 867.

12 Sth Suppl. q 84 a 1 sc.

13 Sth Suppl. q 84 a 1 cp.

14 Sth Suppl. q 84 a 2 ad 2.

15 Im Kölner *Gotteslob wird daraus ein Lauf der Erde um die Sonne: … *gleichwie die Welt viel tausend Meil/ die Sonn umläuft in schneller Eil.* Vgl. Karl Keller: *Das Auferstehungslied «Ist das der Leib, Herr Jesu Christ» und das Kopernikanische Weltbild,* in: Spee-Jahrbuch 2 (1995), S. 89–104.

Bei stiller Nacht

1 Friedrich Spee: *Trvtz-Nachtigal,* hrsg. von Theo G. M. van Oorschot: *Sämtliche Schriften.* Historisch-kritische Ausgabe in drei Bänden, Bd. I, Bern 1985, S. 182–185.
2 Friedrich Spee: *Güldenes Tugend-Buch,* hrsg. von Theo G. M. van Oorschot: *Sämtliche Schriften.* Historisch-kritische Ausgabe, Bd. II, München 1968, S. 171–173.
3 Ebd., S. 162.
4 Ebd., S. 164.
5 Ebd., S. 168.
6 Ebd., S. 170.
7 Ebd., S. 690.
8 Spee: *Trvtz-Nachtigal,* S. 185.
9 Zur Verbreitung des Liedes vgl. Bernhard Schneider: *Die Wirkungsgeschichte der Lieder Friedrich Spees in katholischen Gesangbüchern vom Barock bis zur Gegenwart,* in: Gunther Franz (Hrsg.): *Friedrich Spee zum 400. Geburtstag.* Kolloquium der Friedrich-Spee-Gesellschaft Trier, Paderborn 1995, S. 265–348; Peter Tenhaef, *Die musikalische Rezeption Friedrich Spees in Kölner Gesangbüchern des 17. bis 19. Jahrhunderts,* in: Eckhard Grunewald/ Nikolaus Gussone (Hrsgg.): *Von Spee zu Eichendorff,* Berlin 1991, S. 159–180; Bernhard Schneider: *Die Rezeption von Spee-Liedern in den Gesangbüchern der (Erz-)Diözesen Köln, Paderborn, Münster, Hildesheim und Osnabrück im 19. und 20. Jahrhundert,* ebd., S. 222–280; Kurt Küppers: *Zur Rezeption von Liedern Friedrich Spees in bayerischen Diözesan-Gesang- und Gebetbüchern unter besonderer Berücksichtigung der Regensburger Tradition,* ebd., S. 291–308.
10 Vgl. *Redaktionsbericht zum Einheitsgesangbuch «Gotteslob»,* hrsg. von Paul Nordhues/Alois Wagner, Paderborn 1988, S. 958.
11 Karl Otto Conrady: Das Große deutsche Gedichtbuch, Kronberg/Ts. 1977.

Herzliebster Jesu

1 *Martini Opitii Buch von der Deutschen Poeterey. In welchem alle jhre eigenschafft und zuegehör gründtlich erzehlet/ vnd mit exempeln außgeführet wird,* Breslau 1624, Reprint Tübingen 1963, S. 46.
2 Vgl. *Frank, Nr. 4.83.
3 Vgl. *Frank, Nr. 4.84.
4 Von Bartholomäus Ringwald, hier zitiert nach *Zahn I, 981.
5 Vgl. Markus Rathey: *Johann Rudolph Ahle. 1625–1673 – Lebensweg und Schaffen,* Eisenach 1999, S. 495f.
6 Näheres zur Biographie bei Martin Rössler: *Liedermacher im Gesangbuch,* Stuttgart ²1992, Band 1, S. 144–176; ferner in Philipp Wackernagels Einleitung zu der von ihm herausgegebenen Edition *Johann Heermanns geistliche Lieder,* Stuttgart 1856, und in der Einleitung von Irmgard Scheitler zu dem von ihr herausgegebenen Reprint von Heermanns *Sontags- und Fest-Evangelia / durchs gantze Jahr/ Auff bekandte Weisen gesetzt,* Leipzig 1636 (Reprint Frankfurt a. M. 1992).
7 Heermann, Blatt V.
8 Die folgenden Überlegungen gründen auf der Darstellung von Siegfried Fornaçon in *HbEKG 3/1, S. 283 ff., und auf den Arbeiten von Elke Axmacher, deren Aufsatz *Johann Heermanns Passionslied «Herzliebster Jesu, was hast du verbrochen» und seine Quellen* (in: *Musik und Kirche* 53, 1983, S. 179–184), durch ihre Untersuchung des Liedes in *HbEG 2 noch weiter differenziert wird.
9 Der lateinische Originaltext findet sich bei J.-P. Migne: *Patrologia Latina,* Band 158 (*Sancti Anselmi Opera Omnia I*), Paris 1853, Sp. 858–865, Heermanns Vorlage v. a. Sp. 861 ff. Heermann kannte ihn (nach Elke Axmacher) aus der Sammlung von Andreas Musculus: *Precationes ex veteribus orthodoxis doctoribus: Ex ecclesiae hymnis et canticis: Ex psalmis denique Davidis collectae [...],* Leipzig 1575.
10 Heermann hat die Ausgabe benützt: *Meditationes sanctorum Patrum. Schöne / andächtige Gebete / tröstliche Sprüche / Gottselige gedancken/ trewe Bußvermah-*

nungen/ hertzliche Dancksagungen/ vnd allerley nützliche Vbungen des Glaubens. Aus den heyligen Altvätern: Augustino, Bernhardo, Taulero vnd andern/ fleißig vnd ordentlich zusammen getragen vnd verdeutschet: Durch Martinvm Mollervm, Diener des heyligen Euangelij zur Sprottaw. Gedruckt zu Görlitz in OberLausitz bey Johann Rhambaw (Erster Teil, 1596; Erstdruck in zwei Teilen Görlitz 1584/1591).

11 *Zwölff Geistliche Andachten/ darin gar schöne trostreiche Gebet begriffen/ Welches die recht bewehrte Mittel/ dadurch man ein gnedigen Gott/ ein friedsames fröliches Gewissen/ vnd endtlichen die Kron deß ewigen Lebens erlangen kann [...]. Durch Philippvm Kegelivm [...],* Goslar 1622 (zuerst 1592).

12 Im *Hb EKG 3/1, S. 285.

13 So Elke Axmacher in einem Brief an den Verfasser.

14 Thomas Mann: *Gesammelte Werke in dreizehn Bänden,* Frankfurt a. M. 1974, Band II, S. 655.

15 «Der du vorübergehst, sieh, daß du die Ursache meiner Schmerzen bist», Inschrift des Kreuzes auf dem Münsterplatz von Überlingen, 1569.

16 *Gesangbuch zum gottesdienstlichen Gebrauch in den Königlich-Preußischen Landen,* Berlin: Mylius 1780.

Es ist ein Schnitter heißt der Tod

1 Kopie Deutsches Volkslied-Archiv Freiburg (DVA), dort auch die folgenden Flugblattbelege. Vgl. *Bäumker IV, Nr. 360.

2 Ediert in: *Deutsche Volkslieder. Texte und Melodien,* hrsg. v. Lutz Röhrich und Rolf Wilhelm Brednich, Düsseldorf 1967, Band II, S. 143–148.

3 Mehrfach in den letzten Abschnitten des Buches, in denen das Schnitterlied immer wieder zitiert wird.

4 Vgl. Hellmut Rosenfeld: *Der mittelalterliche Totentanz. Entstehung – Entwicklung – Bedeutung,* Köln/ Wien [3]1974, S. 10–14.

5 *Der Ackermann aus Böhmen,* Kap. 16, 3, nach *Johannes de Tepla Civis Zacensis: Epistola cum libello ackerman und Das büchlein ackerman,* hrsg. und übersetzt von Karl Bertau, 2 Bände, Berlin 1994, Band I, S. 51 f., S. 185.

6 Eine Strophe aus dem *Allgemeinen Gesangbuch,* *Mainz 1705, zitiert nach dem Kommentarband zur historisch-kritischen Edition von *Des Knaben Wunderhorn*: Clemens Brentano: *Sämtliche Werke und Briefe,* Band 9, 1: *Des Knaben Wunderhorn,* hrsg. v. Heinz Rölleke, Stuttgart 1975, S. 141.

7 *Zwey schöne Geistliche Lieder. Das Erste: Es ist ein Schnitter heißt der Tod [...],* Solothurn 1667 (DVA).

8 *Der alte Schnitter. Das ist/ Ein Newes Schnitter Lied/ oder BlümelGsang/ von dem vralten Schnitter genandt Todt [...],* Innsbruck 1640 (DVA).

9 Bei der Ermittlung der Blumennamen halfen Maria-Stephanie Kemmerling und Volker Wissemann.

10 Die Bedeutung von Schabab nach Grimm: *Deutsches Wörterbuch,* Band VIII, Leipzig 1893, Sp. 1944. *Schabab* heißt demzufolge auch eine Blume, der schwarze Koriander.

11 Das sagt das Lied *Des Knaben Wunderhorn* III, 87 über das Kraut Schabab.

12 Dem handschriftlichen Katalog von Joseph Gotzen zufolge, Haus der Kirchenmusik, Maria Laach.

13 *Mainz 1683.

14 Ein Beleg bei Helmut Husenbeth: *Toten-Begräbnis- und Armeseelenlied* in: *Handbuch des deutschen Volkslieds,* hrsgg. v. Rolf Wilhelm Brednich, Lutz Röhrich und Wolfgang Suppan, Band 1, München 1973, S. 463–481, hier S. 472.

15 Weitere Einzelheiten zu Quelle und Rezeption im *Wunderhorn*-Kommentar von Heinz Rölleke (Brentano, *Sämtliche Werke und Briefe,* Band 9, 1, S. 139–143).

16 Goethe in seiner Rezension der Sammlung in der Jenaischen Allgemeinen Literaturzeitung vom 21./22. Januar 1806, *Gedenkausgabe der Werke, Briefe und Gespräche,* Band 14, Zürich 1950, S. 444–459, hier S. 446.

17 Es findet sich sowohl im *Gesangbuch der kommenden Kirche,* Bremen 1939, wie auch in *Großer Gott, wir loben dich,* Weimar 1941.

Wer nur den lieben Gott läßt walten

1 Erich Trunz: *«Wer nur den lieben Gott läßt walten». Georg Neumarks Lied und seine Entstehung in Kiel,* in: *JLH 30 (1986), S. 49–65.
2 Andreas Marti: *«Wer nur den lieben Gott läßt walten» – ein Rest modaler Melodiebildung?* In: *JLH 31 (1988), S. 109–115.
3 Neueste Forschung korrigiert das Jahr des Schulabgangs auf 1641. Unser Lied wäre dann Anfang 1642 entstanden; vgl. Michael Ludscheidt: *Ut fert divina voluntas: «Wie mein Gott will, so halt' ich still.» Zum 375. Geburtstag des Dichters Georg Neumark,* in: Palmbaum. Literarisches Journal aus Thüringen 4/2 (1996), S. 75–86.
4 Diese Wörter der besseren Verständlichkeit wegen umgestellt.
5 Vgl. Jürgen Henkys: *Georg Neumarks Königsberger Lieder und Gedichte,* in: ders., *Das Kirchenlied in seiner Zeit,* Berlin (Ost) und Stuttgart 1980, S. 36–47.

O heilge Seelenspeise

1 Josef Andreas Jungmann: *Liturgisches Leben im Barock,* in: Ders., *Liturgisches Erbe und pastorale Gegenwart. Studien und Vorträge,* Innsbruck/Wien/München 1960, S. 108–119, hier S. 109–111, 115, 118.
2 *DKL 1649[03].
3 Daß es sich um den Erstdruck handelt, geht aus einem Hinweis in den *Sirenes partheniae,* Würzburg 1649, Fol. 3v–4r hervor: «biennium in primum lucem editae».
4 E. E. Ryden: *The Story of Christian Hymnody,* Illinois 1961, S. 52: «writen by a German Jesuit»; dort auch Hinweise auf englische Übersetzungen: *O Bread of life,* (ebd.); *O bread of pilgrims given,* (Hymn quest, S. 134). Wenn Karl Severin Meister: *Das katholische deutsche Kirchenlied in seinen Singweisen von den frühesten Zeiten bis gegen Ende des 17. Jahrhunderts. Auf Grund älterer Handschriften und gedruckter Quellen,* Bd. 1, Freiburg 1862, S. 510 (Nr. 306) vermerkt, daß man den Ursprung dieses Liedes «ins 14. Jahr. zu setzen pflegt», so ist diese Annahme völlig unbegründet.
5 Einen Einblick in die Quellenlage verdanke ich der Seminararbeit *O wunderbare Speise. Sprachliche Analysen zu den Haupttraditionen* von Ruth Komes/Michaela Küper, Mainz, WS 1989/90.
6 *Bäumker IV, S. 542 (Nr. 150). Die 1. Auflage ist nicht auffindbar, in der 2. Auflage Münster 1822 findet sich der Text ohne Noten, S. 64–65; zu Nadermann vgl. Eyssenhardt: *Nadermann, Hermann Ludwig,* in: ADB 23 (1886), S. 209.
7 Die 1. Auflage 1803 ist nicht auffindbar. Zu Herold vgl. Erika Heitmeyer: *Sursum corda. Vom Wesen und Wirken eines geistlichen Bestsellers. Begleitheft zur Ausstellung der Erzbischöflichen Akademischen Bibliothek Paderborn zur Geschichte des Paderborner Diözesan-Gesangbuchs.* Mit Beiträgen von Franz Wüstefeld und Hermann-Josef Schmalor. Hrsg. von Karl Hengst, Paderborn 1999, S. 43–45.
8 *Bäumker IV, S. 539–541 (Nr. 149).
9 Kap. 86: Thomas von Kempen: *Nachfolge Christi* (Klassiker der Meditation), Zürich/Einsiedeln/Köln [4]1988, S. 257.
10 Hugo Rahner: *Flumina de ventre Christi. Die patristische Auslegung von Joh 7,37.38,* in: ders., *Symbole der Kirche. Die Ekklesiologie der Väter,* Salzburg 1964, S. 175–235.
11 *Redaktionsbericht zum Einheitsgesangbuch ‹Gotteslob›,* hrsg. v. Paul Nordhues und Alois Wagner, Paderborn/Stuttgart 1988, S. 703 (Nr. 503).
12 Liturgiekonstitution des II. Vatikanischen Konzils, Art. 55; vgl. Jürgen Werbick: *Kelch des Heiles. Zur sakramententheologischen Deutung der eucharistischen Becher-Handlung im Kontext biblischer Metaphorik,* in: Bernd Jochen Hilberath/Dorothea Sattler (Hrsgg.): *Vorgeschmack. Ökumenische Bemühungen um die Eucharistie.* Festschrift für Theodor Schneider, Mainz 1995, S. 334–355; Heinrich Spaemann (Hg.), *‹... und trinket alle daraus›. Zur Kelchkommunion in unseren Gemeinden,* Freiburg/Basel/Wien 1986.
13 *Redaktionsbericht,* S. 136–137.
14 Ebd.

15 Alex Stock: *«Und die alten Lieder singen». Umgangsweisen mit der Liedtradition bei der Entstehung des Einheitsgesangbuches «Gotteslob»,* in: Liturgisches Jahrbuch 45 (1995), S. 18–31.

16 Tracy Chapman, *Crossroads,* Elektra Entertainment, New York 1989.

17 *Bäumker I, S. 732 (Nr. 407).

18 *Bäumker IV, S. 539–541 (Nr. 149). Die Quellenangabe im Gesang- und Gebetbuch für die Diözese Trier für 4 Singstimmen und Orgel, bearbeitet von Stephan Lück, Trier 1855, S. 179–181 (Nr. XV), der zufolge die «Melodie sich bereits in den *Sirenes symphoniacae, sive hymni sacri, quaternis vocibus per diversa anni tempora concinendi, in pios fidelium usus Paderbornae collecti,* *Köln 1678» finde, läßt sich anhand des Originalexemplars der Erzbischöflichen Akademischen Bibliothek Paderborn (PA 21/182 = Anonyme Drucke AN 2569) nicht bestätigen.

19 *Zahn II, S. 63–65 (Nr. 2293 a-f).

20 Vgl. zu Herkunft und Gestalt der Melodie Martin Staehlin: *Heinrich Isaac und die Frühgeschichte des Liedes «Innsbruck, ich muß dich lassen»,* in: *Liedstudien.* Festschrift für Wolfgang Osthoff zum 60. Geburtstag, hrsg. v. Martin Just und Reinhard Wiesend, Tutzing 1989, S. 107–119; sowie Walter Salmen, *Innsbruck, ich muß dich lassen: Die Wandlungen einer populären Hofweise vom 16. zum 20. Jahrhundert, in: Heinrich Isaac und Paul Hofhaimer im Umfeld von Kaiser Maximilian I:* Bericht über die vom 1. bis 5. Juli 1992 in Innsbruck abgehaltene Fachtagung, Innsbruck 1992, S. 245–253.

21 Englischsprachige Fassungen bietet *Hymn Quest. A Dictionary of Hymnody,* Bd. 1, London 1997, S. 136.

Ich steh an deiner Krippen hier

1 Die Melodie ist in diesem Band abgedruckt und im Liedkommentar besprochen.

2 Fulbert Steffensky: *Die Kirche und die Schönheit,* in: Gemeinsame Arbeitsstelle für gottesdienstliche Fragen der Evangelischen Kirche in Deutschland (Hrsg.), Arbeitsstelle Gottesdienst 36 (1999), S. 98ff.

3 Als vierstimmigen Chorsatz mit der Melodie des Lutherliedes.

4 Dietrich Bonhoeffer: *Widerstand und Ergebung. Briefe und Aufzeichnungen aus der Haft,* hrsg. von Eberhard Bethge, Neuausgabe Gütersloh [16]1997, S. 97 (= DBW Bd. 8, Gütersloh 1998, S. 246).

5 Karl Hauschildt: *Die Christusverkündigung im Weihnachtslied unserer Kirche,* Göttingen 1952. Martin Rößler: *Da Christus geboren war ... Texte, Typen und Themen des deutschen Weihnachtsliedes,* Stuttgart 1981 (= Calwer Theologische Monographien Bd. 7).

6 Vgl. dazu den Kommentar zu *O Haupt, voll Blut und Wunden* in diesem Band.

7 Ernst Koch: *Die Bernhard-Rezeption im Luthertum des 16. und 17. Jahrhunderts,* in: Kaspar Elm (Hrsg.): *Bernhard von Clairvaux, Rezeption und Wirkung im Mittelalter und in der Neuzeit,* Wiesbaden 1994, S. 333ff.

8 *Wackernagel I Nr. 391.

9 Alex Stock: *Poetische Dogmatik.* Christologie Bd. 1, Namen, Paderborn u. a. 1995, S. 63ff.

10 Vgl. dazu den Kommentar zu *Es kommt ein Schiff, geladen* in diesem Band.

11 Vgl. den Liedkommentar zu *O Haupt voll Blut und Wunden* in diesem Band.

12 Vgl. Elke Axmacher: *Johann Arndt und Paul Gerhardt,* Tübingen/Basel 2000 (= Mainzer Hymnologische Studien 3).

13 Johann Arndt: *Predigten über die Evangelien des Kirchenjahrs,* hrsg. v. Clemens Bartels, Hermannsburg 1909, S. 50ff.

14 *Wackernagel I, Nr. 12,7.

15 *Wackernagel III, Nr. 16,7; *EG 4,4.

16 Vgl. den Kommentar zu diesem Lied in diesem Band.

17 Christa Reich: *Heilsgegenwart – Zeitverschränkung im Kirchenlied,* in: Gemeinsame Arbeitsstelle für gottesdienstliche Fragen 29 (1997), Hannover 1997, S. 97ff., S. 111ff.

18 *Zahn, Nr. 4659ff.

19 Gerhard Hahn, Jürgen Henkys (Hrsgg.): *Liederkunde zum Evangelischen Gesangbuch,* Heft 2, Göttingen 2000, S. 28 (= *HbEG 3); Walter Blankenburg: Art. *Schemelli,* in: *MGG Bd. 11, Sp. 1663.

20 Friedrich Spitta: *Kritische Bemerkungen zu unsren Kirchenliedern II, Die Weihnachtslieder Paul Gerhardts,* in: Monatschrift für Gottesdienst und kirchliche Kunst 1924, S. 7 ff. Vgl. dazu Hermann Kurzke: *Kirchenlied und Psychoanalyse,* in: Thomas Sprecher (Hrsg.): *Das Unbewußte in Zürich, Literatur und Tiefenpsychologie um 1900. Sigmund Freud, Thomas Mann und C. G. Jung,* Zürich 2000, S. 73–93.
21 Christian Bunners: *Paul Gerhardt. Weg – Werk – Wirkung,* Berlin 1993, S. 293 ff.
22 Bonhoeffer, S. 205.
23 Bonhoeffer, S. 97.
24 Tilmann Moser: *Gottesvergiftung,* Frankfurt 1980, S. 77. Vgl. dazu Hermann Kurzke: *Kirchenlied und Psychoanalyse,* S. 73–93.
25 Moser, S. 98.
26 Moser, S. 101.

Geh aus, mein Herz, und suche Freud

1 Paul Gerhardt: *Geistliche Andachten,* hrsg. von Friedhelm Kemp, Bern 1975, Nr. XL.
2 *Fischer/Tümpel III, S. 398.
3 Lothar Schmidt: *Hertz und Garten-Zier. Paul Gerhardts «Sommer-Gesang»,* in: Volker Meid (Hrsg.): *Gedichte und Interpretationen,* Bd. 1; Renaissance und Barock, Stuttgart 1995, S. 294.
4 Wolfgang Werth: *Still wie ein Apfel in der Hand. Das Gedicht hört seinem Leser zu. Dankrede zur Verleihung des Preises der Frankfurter Anthologie,* FAZ vom 13. 5. 2000.
5 Rainer Hillenbrand: *Paul Gerhardts deutsche Gedichte. Rhetorische und poetische Gestaltungsmittel zwischen traditioneller Gattungsbindung und barocker Modernität,* Frankfurt 1992.
6 A. a. O., S. 129 ff.
7 Hans-Georg Kemper (Hrsg.): *Barthold Heinrich Brockes, Irdisches Vergnügen in Gott. Naturlyrik und Lehrdichtung,* Stuttgart 1999, S. 15.
8 Hans-Bernhard Schönborn: *Paul Gerhardt und seine Lieder in der Tradition des «locus amoenus»,* in: JLH 21 (1977), S. 155–161.
9 Friedrich-Wilhelm Marquardt: *Was dürfen wir hoffen, wenn wir hoffen dürften? Eine Eschatologie,* Bd. 1, Gütersloh 1993; hier: *Im Garten,* S. 103 ff.
10 Hillenbrand, S. 101 ff.
11 Johann Walter: *Herzlich tut mich erfreuen die liebe Sommerzeit,* *EG 148.
12 Waltraud Ingeborg Sauer-Geppert: *Sprache und Frömmigkeit im deutschen Kirchenlied. Vorüberlegungen zu einer Darstellung seiner Geschichte,* Kassel 1984; dort zu *«süß»*: S. 35 ff.
13 Elke Axmacher: *Johann Arndt und Paul Gerhardt,* Tübingen/Basel 2001 (= Mainzer Hymnologische Studien 3).
14 Clemens Bartels (Hrsg.): *Predigten über die Evangelien des Kirchenjahrs von Johann Arndt,* Hermannsburg 1909; vgl. die Predigt Am Sonntage nach dem Weihnachtsfest, S. 59 ff, dort S. 69; Am fünften Sonntage nach Epiphanias, S. 140 ff., dort S. 146 f.; auf S. 147 auch ein Gebet.
15 Vgl. das Zitat aus Arndts *Buch der Natur* bei Schmidt, S. 299.
16 Das ist die letzte Strophe aus Gerhardts Lied *Wir singen dir, Immanuel,* *EKG 30,11; *EG Bayern/Thüringen 543,11.
17 Z. B. **Geistlicher Liederschatz 1846,* *Stuttgart 1854, *Frankfurt am Main 1867.
18 So schon Gesangbuch *Magdeburg 1726.
19 Siehe den Beitrag in diesem Band.
20 Herausgegeben im Auftrag des Bundes deutscher Jugendvereine von Hugo Stehn.
21 Herausgegeben von Walter Hensel.
22 Herausgegeben von Hermann Peter Gericke, Hugo Moser, Alfred Quellmalz.
23 Kemper, S. 217 ff.
24 Z. B. Unbekannter Verfasser und Jochen Rieß: *«Geh aus, mein Herz, und suche Freud, denn du hast nicht mehr lange Zeit»,* in: *… heute noch einen Apfelbaum pflanzen». Ökumenisches Liederbuch zur Schöpfung,* Zürich 1989, Nr. 30.
25 Rostock 1982, S. 7 ff.
26 Hermann Petrich, *Unser geistliches Volkslied,* Gütersloh ²1924, S. 48.
27 Zit. von Christian Bunners, *Paul Gerhardt. Weg – Werk – Wirkung,* Berlin/München 1993, S. 352.

O Haupt voll Blut und Wunden

1 Während das Lied seit seiner der Erstveröffentlichung einen festen Platz in den evangelischen Gesangbüchern hat, setzt die katholische Rezeption seit der 2. Hälfte des 19. Jahrhunderts vermehrt ein (*Augsburg 1859, *Mainz 1865, *Trier 1871, *Köln 1887) und ist ab dem **Kirchenlied* (1938) und den **Einheitsliedern* (1947) flächendeckend in allen Diözesangesangbüchern zu verzeichnen.

2 Marlies Lehnertz: *Vom hochmittelalterlichen katholischen Hymnus zum barocken evangelischen Kirchenlied. Paul Gerhardts «O Haupt voll Blut und Wunden» und seine lateinische Vorlage, das «Salve caput cruentatum» Arnulfs von Löwen,* in: Hansjakob Becker/Rainer Kaczynski, *Liturgie und Dichtung. Ein interdisziplinäres Kompendium,* Bd. 1 (Pietas Liturgica 1), St. Ottilien 1983, S. 755–773, hier S. 772.

3 Vgl. hierzu den Kommentar von Elke Axmacher, in: *HbEG 3.

4 Neben den in den Anmerkungen 2 und 3 genannten Arbeiten bietet eine grundlegende Deutung des Gerhardt-Liedes Waltraut Ingeborg Sauer-Geppert: *Sprache und Frömmigkeit im deutschen Kirchenlied. Vorüberlegungen zu einer Darstellung seiner Geschichte,* Kassel 1984, S. 212–239.

5 Anselm von Canterbury: *Orationes sive meditationes,* in: F. S. Schmitt, S. Anselmi Opera III, 1946, S. 7f.

6 Vgl. zur Frömmigkeit des Hochmittelalters J. A. Jungmann: *Christliches Beten in Wandel und Bestand,* Freiburg/Basel/Wien 1991, S. 98–114; Arnold Angenendt: *Geschichte der Religiosität im Mittelalter,* Darmstadt 1997, S. 532–553; Peter Dinzelbacher: *Christliche Mystik im Abendland,* München u. ö. 1994, S. 106–120.

7 Bernhard von Clairvaux: *Predigten über das Hohe Lied, Sermo 43,3 f.,* in: Sämtliche Werke, lateinisch/deutsch, hg. von G. B. Winkler, Bd. VI, Innsbruck 1995, S. 99–101.

8 Vgl. Clemens Blume / Guido Maria Dreves: *Ein Jahrtausend lateinischer Hymnendichtung,* Teil 1, Berlin 1965, S. 327.

9 Vgl. Ernst Koch: *Die Bernhard-Rezeption im Luthertum des 16. und 17. Jahrhunderts,* in: Kaspar Elm (Hrsg.), *Bernhard von Clairvaux. Rezeption und Wirkung im Mittelalter und in der Neuzeit* (Wolfenbütteler Mittelalter-Studien 6), Wiesbaden 1994, S. 333–351.

10 Vgl. als die deutlichsten Parallelen zwischen Hymnus und Psalm: *noli deesse* (laß mich nicht im Stich) – *cum ipso sum* (ich bin bei ihm); *libera me* (befreie mich) – *liberabo eum* (ich werde ihn befreien); *temet ipsum ostende in cruce salutifera* (zeige dich selbst im heilbringenden Kreuz) – *ostendam illi salutare meum* (ich zeige ihm mein Heil).

11 Siehe dazu den Beitrag über Luthers *Mitten wir im Leben sind* in diesem Band.

12 Zur Herkunft dieses Verses aus Luthers Hauspostille vgl. Jürgen Henkys: *Wer so stirbt, der stirbt wohl,* in: Reformation und Praktische Theologie, (Festschrift W. Jetter), Göttingen 1983, S. 111–116.

13 Vgl. hierzu den Kommentar von Elke Axmacher, in: *HbEG 3.

Ich will dich lieben, meine Stärke

1 *DKL 1738[11].

2 Bei *Zahn (Nr. 2763–2774) finden sich zwölf Melodien, davon vier mit größerer Verbreitung.

3 Näheres in dem grundlegenden Aufsatz von Irmgard Scheitler: *Angelus Silesius: «Heilige Seelen-Lust». Die Rezeption der «Geistlichen Hirten-Lieder» vom 17. bis zum Anfang des 19. Jahrhunderts,* in: *Liturgie und Dichtung. Ein interdisziplinäres Kompendium,* hrsg. v. Hansjakob Becker, St. Ottilien 1983, Band I, S. 711–753.

4 Zum Beispiel schon *Paderborn 1765.

5 Angelus Silesius: *Heilige Seelenlust oder Geistliche Hirtenlieder der in ihren Jesum verliebten Psyche,* 1657, (1668.) Hrsg. v. Georg Ellinger, Halle 1901 [Vorrede] S. 4f.

6 Angelus Silesius: *Cherubinischer Wandersmann (Geistreiche Sinn- und Schlussreime). Abdruck der ersten Ausgabe von 1657. Mit Hinzufügung des sechsten Buches nach der zweiten Ausgabe von 1675,* hrsg. v. Georg Ellinger, Halle 1895, Buch I, Nr. 8.

7 *Cherubinischer Wandersmann, Erinnerungs Vorrede an den Leser,* S. 5.
8 *Heilige Seelenlust,* S. 3 (Vorrede).
9 *Cherubinischer Wandersmann,* III, 78.
10 Augustinus: *Confessiones,* X, 27.
11 *Breviarium Romanum [...] Pars Autumnalis,* Regensburg o. J. (ca. 1930), S. 72 (Feria secunda ad Laudes).
12 Johann Arndt: 4. Buch, 1. Kapitel, hier zitiert nach der erweiterten Ausgabe *Johann Arnd's sechs Bücher vom wahren Christenthum nebst dessen Paradiesgärtlein,* hrsg. v. Johann Friedrich von Meyer, Frankfurt [3]1845, S. 365.
13 *Heilige Seelen-Lust* I, 26; hier nach **Kirchenlied,* Freiburg 1938.
14 *Gottfrid Arnolds Historie und beschreibung Der Mystischen Theologie / oder geheimen Gottes Gelehrtheit / wie auch derer alten und neuen Mysticorum,* Frankfurt 1703, Facsimile Stuttgart 1969, S. 487.
15 Näheres bei Scheitler, z. B. S. 732 f.
16 Friedrich Schlegel: *Von der wahren Liebe Gottes und dem falschen Mystizismus* (1819), in: *Kritische Friedrich-Schlegel-Ausgabe,* München/Paderborn/Wien 1959 ff., Band VIII, S. 529–545.
17 Zum Beispiel *Augsburg 1859 (verändert).
18 *Cherubinischer Wandersmann,* IV, 165.
19 *Cherubinischer Wandersmann,* IV, 176.

Gib dich zufrieden und sei stille

1 Reprint: Paul Gerhardt: *Geistliche Andachten* [1667]. Samt den übrigen Liedern und den lateinischen Gedichten hrsg. von Friedhelm Kemp. Mit einem Beitrag von Walter Blankenburg, Bern 1975.
2 Das einzige nachweisbare Exemplar dieses Buches befindet sich unter der Signatur Hb 2101 (Slg. Wernigerode) in der Staatsbibliothek zu Berlin – Preußischer Kulturbesitz, Musikabteilung mit Mendelssohn-Archiv.
3 *Hb EKG 1/2, 1964, S. 447.
4 In den ersten Auflagen des *Evangelischen Gesangbuchs* (1993) hat sich im Zuge der für nötig befundenen Revision von 7,6 ein Fehler eingeschlichen. Im Sinne des auf jeden Fall zu bewahrenden Reimprinzips müßte gelesen werden: «Er hat ein Hand, voll aller Gaben, davon sich *Land und See* muß laben» – nicht: *«See und Land».*
5 Eine genaue Unterscheidung zwischen Darstellung (narratio) und Beweisführung (argumentatio) legt sich bei unserem Text nicht nahe.
6 *Quis, quid, cur, ubi, quando, quemadmodum, quibus admininculis?* Vgl. Heinrich Lausberg: Handbuch der literarischen Rhetorik, München 1960, Band I, S. 183 und 203; Roland Barthes: *Die alte Rhetorik,* in: Josef Kopperschmidt (Hrsg.): *Rhetorik,* Bd. 1: *Rhetorik als Texttheorie,* Darmstadt 1990, S. 35–90, hier S. 61.
7 Vgl. Franz Günter Sieveke: *Topik im Dienst poetischer Erfindung,* in: Kopperschmidt, S. 228–263, hier S. 244.
8 Römer 8,28. Vgl. im Lied *zu deinem Besten schauen* (4,4) und *Scharen der Erwählten und Getreuen* (15,1 f.).
9 Vgl. *Deutsches Wörterbuch* von Jakob und Wilhelm Grimm, Bd. 8, Leipzig 1893, Sp. 2644 ff.
10 Heinrich Schmid: *Die Dogmatik der evangelisch-lutherischen Kirche,* dargestellt und aus den Quellen belegt, Frankfurt a. M. 1876, S. 131 f.
11 Andere Fragen zur Melodie, etwa wie sie sich dem eigentümlichen Metrum der Strophe stellt, müssen hier unbesprochen bleiben. Ausdrücklich sei darauf hingewiesen, daß die CD-Wiedergabe nach dem *Schemellischen Gesangbuch im Aufgesang vom Original abweicht.
12 *Zahn, Nr. 7415–7427.
13 *Dietrich Bonhoeffer: Werke,* Bd. 14 (Illegale Theologenausbildung: Finkenwalde 1935–1937), Gütersloh 1995, S. 716.
14 Vgl. Dietrich Bonhoeffer: *Werke,* Bd. 8 (Widerstand und Ergebung), Gütersloh 1998, Register.
15 Ebd., S. 571. Hervorhebungen von J. H. – Eine Interpretation des Liedes im Sinne einer «Ermutigung zum geistlichen Widerstand» stammt von Christian Möller: *Gottesdienst als Gemeindeaufbau,* Göttingen [2]1990, dort S. 205–213.

Lobe den Herren, den mächtigen König der Ehren

1 Joachim Neander: *Bundeslieder und Dankpsalmen von 1680.* Historisch-praktische Ausgabe mit ausgesetztem Generalbaß von Oskar Gottlieb Blarr, Köln 1984.
2 Vgl. die Notenbeispiele bei Siegfried Fornaçon: *Lobe den Herren, den mächtigen König der Ehren,* in: JLH 2 (1956), S. 130–133.
3 Helmut Ackermann: *Joachim Neander. Sein Leben Seine Lieder Sein Tal,* Düsseldorf ²1999, hinterer Buchdeckel.
4 Ackermann, S. 52.
5 S. den Reprint-Auszug bei Blarr, S. 6.
6 S. den Beitrag in diesem Band.
7 Romantische Abbildungen bei Ackermann, S. 71, 75, 79. Dort auch die Erwägungen zu Neanders Aufenthalten im Gesteins und zum Aufkommen des neuen Namens.
8 *Psalmen Davids In Teutsche Reymen verständtlich vnd deutlich gebracht / nach Frantzosischer Melodey vnd Reymen art [...] Durch Ambrosium Lobwasser / D. [...] In Dusseldorf / Bey Bernhardt Buyß / im jahr 1612* (Das Düsseldorfer Gesangbuch von 1612. Faksimile-Nachdruck. Herausgeber Gesamtverband der Evangelischen Kirchengemeinden in Düsseldorf, Düsseldorf 1983).
9 Vgl. zu dieser Stelle Bernhards Hoheliedauslegung; deutsch: *Die Schriften des honigfließenden Lehrers Bernhard von Clairvaux.* Nach der Übertragung von A. Wolters, hrsg. durch E. Friedrich, Band 6, Wittlich o. J., S. 112f.
10 Die originale Fassung Luthers, zu Neanders Zeiten jedenfalls dem Wortlaut nach gebräuchlich, lautet: «Meine taube jnn den fels löchern / jnn den stein ritzen. Zeige mir deine gestalt. Las mich hören deine stim».
11 Zur Gliederung des Liedes in Eck- und Binnenstrophen vgl. Britta Martini: *Lobe den Herren, den mächtigen König der Ehren. Einige sprachwissenschaftliche Aspekte der Textanalyse,* in: JLH 38 (1999), S. 242–252, dort vor allem S. 243f. und S. 246f.
12 Aufschlußreich ist dafür der Anfang von Neanders Vorrede, Blarr, S. 16.
13 Reinhard Deichgräber, *HbEKG 3/2, S. 154.
14 A. a. O., S. 250.
15 Ackermann, S. 70.
16 Ebd.
17 Blarr, S. 115.

Morgenglanz der Ewigkeit

1 Vgl. Markus Rathey: *Johann Rudolph Ahle. 1625–1673 – Lebensweg und Schaffen,* Eisenach 1999, insbes. S. 467–506 und S. 586.
2 Zur Lebensgeschichte vgl. *HbEKG 2/1, S. 203–205, R. Fritze-Eggimann: *Morgenglanz der Ewigkeit, Begegnung mit Christian Knorr von Rosenroth,* in: Jahrbuch für Schlesische Kirchengeschichte 65 (1986), S. 84–90; zur Entstehungsgeschichte des *Neuen Helicon* vgl. Dr. Fuchs: *Die Quellen zu der geistlichen Liederdichtung des Christian Knorr von Rosenroth,* in: Monatsschrift für Gottesdienst und Kirchliche Kunst 20 (1915), S. 185–190; zu den kabbalistischen Interessen vgl. Italo Michele Battafarano: *Glanz des Barock. Forschungen zur deutschen als europäischer Literatur,* Bern 1994, S. 137–153.
3 Karl Otto Conrady (Hrsg.): *Das große deutsche Gedichtbuch,* Kronberg Ts. 1977, S. 145f.
4 Walter Höllerer: *Christian Knorr von Rosenroth, Morgenlied,* in: Dieter E. Zimmer (Hrsg.): *Mein Gedicht. Begegnungen mit deutscher Lyrik,* Wiesbaden 1961, S. 131–134, dort S. 133.
5 Zur Rezeptionsgeschichte im evangelischen Gesangbuch vgl. Fuchs: *Die Quellen,* S. 189f.; Albert Friedrich Wilhelm Fischer: *Kirchenlieder-Lexikon,* Gotha 1879 (Reprint Hildesheim 1967), Band I, S. 94.
6 *Werkbuch zum Gotteslob VII,* hrsg. im Auftrag der Kommission für das Einheitsgesangbuch von Josef Seuffert, Freiburg/Brsg. 1978, S. 307.
7 Ebd., S. 307; vgl. dazu auch Albert Stein: *«Morgenglanz der Ewigkeit» (EG Nr. 450). Auf dem Weg zu Gottes ewigem Licht,* in: *Lebendiger Glaube. Liedpredigten zu neuen und alten Liedern,* hrsg. von Friedrich

Wintzer und Henning Schröer, Göttingen 1997, S. 69–78, dort S. 77f.

8 *Gotteslob Nr. 668.

9 Zur Motivik vgl. Erich Schick: *Morgenglanz der Ewigkeit. Meditation über Christian Knorr von Rosenroths Morgenlied,* Tübingen 1952; *HbEKG 3/2, S. 438–441.

10 Christian Freiherr Knorr von Rosenroth, *Kabbala denudata II. Liber Sohar restitutus,* Francoforti 1684 (Reprint Hildesheim 1974), S. 2.

11 Zitiert nach: *Der Sohar. Das Heilige Buch der Kabbala,* nach dem Urtext ausgewählt, übertragen und hrsg. v. Ernst Müller, Köln 1982, S. 49.

12 Vgl. dazu auch Stpfr. Jehlke: *Hymnologische Nachlese,* in: Monatsschrift für Gottesdienst und kirchliche Kunst 16 (1911), S. 51.

13 Zitiert nach Fuchs: *Die Quellen,* S. 188; vgl. *HbEKG Sonderband, S. 536f.

14 Zitiert nach Conrady, S. 70.

15 Vgl. auch Fuchs: *Die Quellen,* S. 187f.

16 Die lateinischen Zitate («tränke, was trocken ist» – «Feuer, Liebe») entstammen der Pfingstsequenz «Veni sancti spiritus».

17 Wolfgang Philipp: *Christus in der Sicht der Aufklärungsepoche,* in: Werner Georg Kümmel u. a.: *Jesus Christus. Das Christusverständnis im Wandel der Zeiten,* Marburg 1963, S. 85–108, dort S. 86.

18 Ebd., S. 92f.

Jesu, geh voran

1 *Graf Ludwigs von Zinzendorf Teutscher Gedichte Neue Auflage,* Barby 1766. Die Neuauflage ist nahezu identisch mit der ersten Auflage von 1735, aus der auch die Vorrede übernommen wurde. Zitat nach dem Reprint: *Nikolaus Ludwig von Zinzendorf. Ergänzungsbände zu den Hauptschriften,* hrsg. von Erich Beyreuther und Gerhard Meyer, Ergänzungsband II, Hildesheim 1964.

2 Ebd.

3 S. den Beitrag in diesem Band.

4 A. a. O., Nr. X (S. 28–30).

5 Vgl. dazu Erich Beyreuther: *Der junge Zinzendorf,* Marburg 1957, 202–235.

6 S. dazu die vielbändige Reihe 4 der Reprintausgabe *Nikolaus Ludwig von Zinzendorf. Materialien und Dokumente,* hrsg. v. Erich Beyreuther, Gerhard Meyer und Amedeo Molnár, Hildesheim 1979. Reihe 4 bietet die von Zinzendorf veranlaßten Gesangbuchdrucke. Für den Überblick nach wie vor unentbehrlich ist Joseph Th. Müller: *Hymnologisches Handbuch zum Gesangbuch der Brüdergemeine,* Herrnhut 1916 (Neudruck als Abschlußband der Reihe 4 von «Materialien und Dokumente»).

7 Materialien und Dokumente, Reihe 4, Band I, Teile I und II.

8 Materialien und Dokumente, Reihe 4, Band III, Teil I, Nr. 415. Aus «nach der lebens=bahn» ist «auf der lebens=bahn» geworden. Das Bild vom Weg durch trockene Wüsten bei Labsal aus Jesu Brüsten ist aufgegeben zugunsten der rauhen Wege, die nur durch den Empfang nötiger Pflege zu bestehen sind. Vgl. auch das sog. **Londoner Gesangbuch*, ebd. Band IV, Teil II, wo aus Zinzendorfs *Seelenbräutigam*-Lied nur vier ausgewählte Strophen erscheinen («O du süsse Lust», Nr. 1668).

9 Die Druckform im Herrnhuter und im Londoner Gesangbuch zeigt, daß in den Versen «nimm mich bey der hand/ weg zum vaterland» (*Berthelsdorfer Gesangbuch*) kein Wegnehmen, Hinwegnehmen gemeint ist, sondern daß Jesus als «Weg» angeredet ist.

10 Zinzendorf: «meinen».

11 So im Evangelischen Gesangbuch der Provinz Brandenburg von 1886.

12 Im Morgenlied *Glanz der ewigkeit* beginnt die 13. Strophe: «Hilf uns dahinan/ Auf der Bundes=bahn». (*Teutsche Gedichte*, 30).

Gott ist gegenwärtig

1 Allerdings ist das wichtige niederländische *Liedboek voor de kerken* (1973) wieder zu der von lebendigen Achteln bestimmten ursprünglichen Form von 1680 zurückgekehrt, freilich ohne den Schlußvers zu oktavieren.

2 Johannes Schmidlin: *Ein Hundert*

Geistliche Lieder aus dem Blumengärtlein Gerhard Tersteegens. Zürich 1764, Faksimile-Ausgabe Köln 1997, S. 40.

3 Ausführlich behandelt diese Vorrede Christian Bunners: *Mystik und geistliches Singen bei Gerhard Tersteegen,* in: Bernhard Oestreich u. a. (Hrsgg.): *Glaube und Zukunftsgestaltung,* Frankfurt am Main 1999, S. 401–415.

4 Nach *Gerhard Tersteegens Geistliches Blumengärtlein mit der Frommen Lotterie und einem kurzen Lebenslauf des Verfassers.* Neue Ausgabe, Stuttgart [15]1956, S. 63. Überschrift: *Im Mittelpunkt bleibt man still.*

5 A. a. O., 62. S. Überschrift: *Wer sein Leben verliert, der wird es finden.* Tersteegen sah hier wie auch sonst manchmal eine doppelte Lesart vor: *Laß willig los* oder *Laß alles los.*

6 Manfred Kock/Jürgen Thiesbonenkamp (Hrsgg.): *Gerhard Tersteegen – Evangelische Mystik inmitten der Aufklärung,* Köln 1991. Darin vor allem: Hans-Jürgen Schrader: *Hortulus mystico-poeticus – Erbschaft der Formeln und Zauber der Form in Tersteegens ‹Blumengärtlein›* (S. 47–67). Weitere Literatur: Waltraut-Ingeborg Sauer-Geppert: *Zur Mystik in den Liedern Gerhard Tersteegens,* in: *Unterscheidung und Bewahrung* (Festschrift Hermann Kunisch), Berlin 1961, 304–320; Reinhard Deichgräber: *Gott ist genug. Liedmeditationen nach Gerhard Tersteegen,* Göttingen 1975, [2]1997; Martin Rössler, *Gerhard Tersteegen,* in: ders., *Liedermacher im Gesangbuch 2,* Stuttgart 1990, S. 146–175.

Wunderschön prächtige

1 Die Edition basiert auf insgesamt achtzehn Flugschriften des 18. und frühen 19. Jahrhunderts sowie einigen Drucken in Sondergesangbüchern. Sie wird entwickelt und im einzelnen quellenkritisch begründet in der Dissertation von Christiane Schäfer (Graduiertenkolleg Geistliches Lied und Kirchenlied interdisziplinär, Universität Mainz), die unter dem Titel *Wunderschön prächtige. Zum Marienlied des 18. Jahrhunderts* in den *Mainzer Hymnologischen Studien* erscheinen wird. Dieser Pionierarbeit, die zahlreiche bisher unbekannte Quellen ans Licht gebracht hat, ist die vorliegende Darstellung in vielen Einzelheiten verpflichtet.

2 *ALLerheILIgstes WvnDer Der Liebe IesV Des ErLösers Das ist Verborgener Gott, Verborgener Mensch in dem hochwürdigsten Sacrament […],* Köln 1774 (Datierung nach Anagramm).

3 *Katholisches Lehr- Gebet- Gesang- und Schulbuch, gesammelt und verfasset von einem Pfarrh. des Metzer Bistums […],* Straßburg 1789.

4 *Drey schoene neue Geistliche Lieder […] Das Zweite. Wunderschoen, praechtige, große und cc. […],* Klagenfurt 1765.

5 *Geistliche Lieder, welche das Jahr hindurch bey denen Kinderlehren von der auswendigen Schuljugend deren Ursulinerinnen pflegen abgesungen zu werden,* Graz 1770.

6 *Geistliche Gesaenger Fuer die Heilige Mission-Zeit […],* Nanzig 1772.

7 *Vier schöne und erbauliche Lieder. Vor dem wunderthätigen Bild der göttlichen Mutter auf dem Rigyberg abzusingen. Gedruckt im Jahre 1781.*

8 *Englischer Wegweiser, oder kurzes Gebeth- und Gesangbüchlein […],* Köln 1782.

9 *Katholisches Lehr-, Gebeth- und Gesangbuch […],* Mainz 1797.

10 *Marianischer Pilgerstab zum Gebrauch der Kevelaerischer Marianischer Bruderschaft […],* Geldern ca. 1800.

11 *Drey neue Zeller-Lieder. Das Erste: Wunderschoen praechtige, grosse cc. […],* Ödenburg 1801.

12 *Fuenf schoene marianische Lieder, Zu der Gnadenreichen Bildnuß Mariae bey Eisenstadt […] Das Vierte: Wunderschoenpraechtige, grosse und cc. […],* Ödenburg 1805.

13 *Katholisches Gesangbuch für den öffentlichen Gottesdienst im Bißthume Wuerzburg […],* hrsg. v. Sebastian Poertner, Würzburg 1828.

14 *Katholisches Lehr-, Gebet-, Gesang- und Schulbuch, von einem Pfarrer des Metzer Bisthums,* 2. Auflage Zabern 1829.

15 Vgl. Irmgard Scheitler: *Laurentius von Schnüffis,* in: *Die österreichische Literatur.* Hrsg. v. Herbert Zeman, Graz 1986, S. 1191–1235.

16 Nach dem Druck in: *Katholisches Gesangbuch für das Bisthum Speyer,* Speyer 1842.
17 Zum Beispiel im 1996 erschienenen Nachtrag zum Limburger *Gotteslob.

Gott ist mein Lied

1 Vgl. *Carl Philipp Emanuel Bach. Musik und Literatur in Norddeutschland.* Ausstellung zum 200. Todestag Bachs, Heide in Holstein 1988. Dort für unseren Zusammenhang besonders instruktiv: Ada Kadelbach: *Carl Philipp Emanuel Bach und das Kirchenlied,* S. 101–112.
2 So im Druck Weimar 1864.
3 Die folgenden Zitate nach der ersten vollständigen Luther-Bibel, Wittenberg 1534.

Auferstehn, ja auferstehn wirst du

1 Vgl. *Zahn, Nr. 536.
2 *Zahn, Nr. 1987–2010.
3 Diese erschien zuerst in: Johann Christian Kittel: *Vierstimmige Choräle mit Vorspielen. Zum allgemeinen sowohl als zum besonderen Gebrauch für die Schleswig-Hollsteinischen Kirchen,* Altona 1803.
4 Friedrich Gottlieb Klopstock: *Geistliche Lieder. Erster Theil,* Kopenhagen und Leipzig 1758, die folgenden Zitate S. 3 und S. 10.
5 Am 4. Februar 1829, in: Johann Peter Eckermann: *Gespräche mit Goethe in den letzten Jahren seines Lebens,* zuerst Leipzig 1836–1848.
6 Marie Luise Kaschnitz: *Gesammelte Werke,* Frankfurt 1985, Band 5, S. 504f.
7 Vgl. Heinrich Riehm: *Die Lieder und Gesänge in den Regionalteilen des Evangelischen Gesangbuchs. Eine Dokumentation,* Heidelberg 1996.

Ihr Christen, hoch erfreuet euch

1 *Lobsingt dem Herrn. Neues Singbüchlein für das Bistum Speyer,* Berlin 1941.
2 Die folgenden Ausführungen verdanken sich der grundlegenden Untersuchung von Hermann Ühlein: *Kirchenlied und Textgeschichte. Literarische Traditionsbildung am Beispiel des deutschen Himmelfahrtsliedes von der Aufklärung bis zur Gegenwart,* (Studien zur Literatur- und Kulturgeschichte 8/Pietas Liturgica. Studia 9), Würzburg/St. Ottilien 1995.
3 So Wilhelm Nelle: *Geschichte des deutschen evangelischen Kirchenliedes,* Hamburg 1904 (Reprint der Ausgabe [3]1928 Hildesheim 1962), S. 253.
4 Vgl. Vitus Anton Winter: *Versuche zur Verbesserung der katholischen Liturgie,* München 1804, § 1.
5 Vgl. den Hymnus des Ambrosius *Hic est dies verus dei* Str. 4,1: «Opus stupent et angeli» – «Das Werk (der Erlösung der Welt durch den Tod Christi) erstaunt sogar die Engel».

Der Mond ist aufgegangen

1 Reinhard Görisch: *Das Abendlied von Matthias Claudius im Kirchengesangbuch. Skizze einer zwiespältigen Karriere,* in: Jahrbuch der deutschen Schillergesellschaft 26 (1982), S. 128, Anm. 16.
2 Die Werkausgabe liegt vor in einem Nachdruck nach dem Text der Erstausgaben (*Asmus* 1775–1812) und den Originaldrucken (*Nachlese*) samt den 10 Bildtafeln von Chodowiecki sowie den übrigen Illustrationen dieser Ausgaben. Verantwortlich für die Textredaktion: Jost Perfahl. Mit einem Nachwort und einer Zeittafel von Wolfgang Pfeiffer-Belli sowie Anmerkungen und Bibliographie von Hansjörg Platschek, Darmstadt 1980. Das *Abendlied* findet sich dort auf den Seiten 217 und 218. Als neuere kritische Ausgabe des Textes steht zur Verfügung: *Matthias Claudius: Der Mond ist aufgegangen. Gedichte und Prosa.* Eine Auswahl von Reinhard Görisch. Frankfurt/M. und Leipzig 1998, S. 120–122. Auch diese Edition richtet sich nach der Werkausgabe.
3 Albrecht Grözinger: *Praktische Theologie und Ästhetik. Ein Beitrag zur Grundlegung der Praktischen Theologie,* München 1987, S. 10.

4 Albrecht Beutel: *«Jenseit des Monds ist alles unvergänglich». Das «Abendlied» von Matthias Claudius,* in: *«Nicht umsonst auf diese Welt gesetzt ...». Matthias Claudius. Zum 250. Geburtstag des Wandsbecker Boten. Beiträge einer Tagung der Evangelischen Akademie Baden vom 4.–6. Mai 1990 in Bad Herrenalb,* hrsg. v. der Evangelischen Akademie Baden, Karlsruhe 1990, S. 71 ff.; Reinhard Görisch: *Matthias Claudius,* in: Christian Möller (Hrsg.): *Geschichte der Seelsorge in Einzelportraits, Bd. 2: Von Martin Luther bis Matthias Claudius,* Göttingen/Zürich 1995, S. 403 ff.; Reiner Marx: *Unberührte Natur, christliche Hoffnung und menschliche Angst. Die Lehre des Hausvaters in Claudius' «Abendlied»,* in: *Gedichte und Interpretationen, Bd. 2: Aufklärung und Sturm und Drang,* hrsg. von Karl Richter, Stuttgart 1983, S. 341 ff.

5 Reinhard Görisch (Hg.): *Matthias Claudius: Der Mond ist aufgegangen. Gedichte und Prosa,* Frankfurt/Leipzig 1998, S. 263.

6 Die *Fackel* Nr. 455 vom 18.1.1917, S. 97, zit. von Grözinger (Anm. 2), S. 9.

7 Jost Perfahl/Wolfgang Pfeiffer-Belli/Hansjörg Platschek (Hrsgg.): *Matthias Claudius. Sämtliche Werke,* Darmstadt 1980, S. 488 (Asmus VI. Teil).

8 Beutel, S. 75.

9 *Frank, S. 426.

10 Beutel, S. 77.

11 Beutel, S. 81.

12 *EG 469, *GL 704.

13 *EG 477,2.

14 Franz Fühmann: *Das mythische Element in der Literatur,* in: Erfahrungen und Widersprüche. Versuche über Literatur, Frankfurt 1976, S. 208 ff.

15 Beutel, S. 83 unter Hinweis auf die Bedeutung des Wortes zur Zeit des *Abendlieds.*

16 Perfahl/Pfeiffer-Belli/Platschek (Hrsgg.): *Matthias Claudius,* S. 256 (Asmus IV. Teil).

17 Beutel, S. 94.

18 Perfahl/Pfeiffer-Belli/Platschek (Hrsgg.): *Matthias Claudius,* S. 256 (Asmus IV. Teil).

19 A. a. O., S. 547 (Asmus VII. Teil).

20 A. a. O., S. 60 (Asmus I. und II. Teil).

21 Fühmann, S. 209 ff.

22 Perfahl/Pfeiffer-Belli/Platschek (Hrsgg.): *Matthias Claudius,* S. 216 (Asmus IV. Teil).

23 Görisch, *Matthias Claudius,* S. 275.

24 Zit. von Hans-Günter Ottenberg: Art. *Berliner Liederschule,* in: Die Musik in Geschichte und Gegenwart, 2. neubearbeitete Auflage, Sachteil I, Kassel u. a. 1994, Sp. 1488.

25 Z. B. Leonhard Lechner, in: *Teutsche Vilanellen* 1590.

26 Nürnberg um 1555.

27 *EG 84.

28 Weitere Texte, die mit dieser Melodie verbunden wurden: *Die Herrlichkeit der Erden* (Andreas Gryphius, *EG 527), *Nun sich der Tag geendet* (Gerhard Tersteegen, *EG 481).

29 S. den Beitrag in diesem Band.

30 Die Synopse beider Melodien ist entnommen aus: Lars Ulrich Abraham/Carl Dahlhaus: *Melodielehre,* Laaber 1982, S. 83.

31 Zur Analyse der Melodie vgl. ebd. S. 80 ff.

32 Ottenberg, I 1488.

33 Vgl. Abraham/Dahlhaus, S. 103.

34 Görisch, *Abendlied,* S. 125.

35 Ernst Klusen: *Deutsche Lieder,* 2 Bde., Frankfurt ²1981, S. 821, Anm. 17.

36 Görisch, *Abendlied,* S. 128.

37 August Hermann Niemeyer (Hrsg.): *Gesangbuch für höhere Schulen und Erziehungsanstalten,* Halle 1785.

38 Heinz Rölleke (Hrsg.): *Das Volksliederbuch,* Köln 1993, S. 140.

39 Ebd.

Wenn ich ihn nur habe

1 Novalis: *Schriften,* Band I, Stuttgart ³1977, S. 164–165.

2 Zu den Vertonungen zählt auch eine von Franz Schubert, vgl. Walther Dürr: *Hymne und geistliches Lied: franz Schuberts Novalis-Vertonungen,* in: *Geistliches Lied und Kirchenlied im 19. Jahrhundert: theologische, musikologische und literaturwissenschaftliche Aspekte,* hrsg. v. Irmgard Scheitler, Tübingen und Basel 2000 (Mainzer hymnologische Studien 2), S. 105–122.

3 Novalis: *Schriften,* Band II, Darmstadt 21965, S. 545 (*Vorarbeiten zu verschiedenen Fragmentsammlungen* Nr. 105, Frühjahr 1798).
4 Novalis: *Schriften,* Band III, Darmstadt ^{2}1968, S. 372 (*Allgemeines Brouillon* Nr. 601, Herbst 1798).
5 Novalis: *Schriften,* Band I, S. 177.
6 Novalis:*Die Lehrlinge zu Saïs,* in: Novalis: *Schriften,* Band I, S. 95.
7 Tagebuch 13.5.1797, in: Novalis: *Schriften,* Band IV, Darmstadt 1975, S. 36.
8 *Unter tausend frohen Stunden,* in: Novalis: *Schriften,* Band I, S. 164.
9 Novalis: *Schriften,* Band III, S. 557 (*Fragmente und Studien 1799–1800,* Nr. 12, Herbst 1799).
10 Novalis: *Schriften,* Band III, S. 569 (*Fragmente und Studien 1799–1800,* Nr. 97, Herbst 1799).
11 Novalis: *Schriften,* Band III, S. 570 (*Fragmente und Studien 1799–1800,* Nr. 104, Herbst 1799).
12 Novalis: *Schriften,* Band III, S. 562 (*Fragmente und Studien 1799–1800,* Nr. 48, Herbst 1799).
13 Novalis: *Schriften,* Band III, S. 653 (*Fragmente und Studien 1799–1800,* Nr. 573).
14 Novalis: *Schriften,* Band IV, Darmstadt 1975, S. 317.
15 Das überliefert Augustin Coelestin Just 1805 über Novalis, laut Novalis: *Schriften,* Band IV, S. 548.
16 Novalis: *Schriften, Band* III, S. 588 (*Fragmente und Studien 1799–1800,* Nr. 226, Herbst 1799).
17 *Was wär ich ohne dich gewesen?,* in: Novalis: *Schriften,* Band I, S. 159.
18 Zum Beispiel *Christliches Gesangbuch zur Befoerderung oeffentlicher und haeuslicher Andacht,* Bremen 1812; ähnlich *Allgemeines Evangelisches Gesangbuch für das Großherzogthum Hessen,* Darmstadt 1845, und *Gesangbuch für die evangelisch-christliche Kirche in Nassau,* Wiesbaden o. J. [Ausgabe 1890].
19 Zum Beispiel *Gesangbuch für die Evangelische Kirche im Großherzogthum Hessen,* Darmstadt 1880 u. ö.; *Gesangbuch für die evangelisch-christliche Kirche in Nassau,* Wiesbaden o. J. [Ausgabe 1890].
20 *Katholisches Gesangbuch zum allgemeinen Gebrauche bei oeffentlichen Gottesverehrungen,* 3 Bände, München 1810–1811, hier II, 471 f., ihm folgend auch *Der frohe singende Christ zu Hause und auf dem Felde. Ein Volks=Liederbuch [...],* Augsburg 1816/1817.
21 Die folgenden Informationen verdanke ich Bernhard Schmidt, dessen in Kürze erscheinende Schleiermacher-Dissertation die Akten publizieren wird.
22 *Die praktische Theologie [...] von Dr. Friedrich Schleiermacher. Aus Schleiermachers handschriftlichem Nachlasse und nachgeschriebenen Vorlesungen,* hrsg. v. Jacob Frerichs, Berlin 1850, S. 179.

Müde bin ich, geh zur Ruh

1 Näheres bei Hartwig Schultz: *Schwarzer Schmetterling. Zwanzig Kapitel aus dem Leben des romantischen Dichters Clemens Brentano,* Berlin 2000, Kapitel 16–18.
2 *Clemens Brentano's Gesammelte Schriften.* Achter Band. *Gesammelte Briefe.* Erster Band, Frankfurt am Main 1855, S. 238.
3 Dazu Kristina Hasenpflug: *Gedichte Clemens Brentanos an Luise Hensel. Ein lyrischer Dialog,* in: Anton Schwob und Erwin Streitfeld (Hrsgg.), *Quelle – Text – Edition,* Tübingen 1997, S. 203–221.
4 *dtv-Lexikon in 20 Bänden.* Band 8: Hau-Irt, Mannheim und München 1990, S. 66.
5 Auflistung bei Eberhard Oehler: *Laß den Mond am Himmel stehn und die stille Welt besehn,* in: Württembergische Blätter für Kirchenmusik 61 (1994), S. 201–203.
6 *Müden Herzen sende Ruh* heißt es in einem als Original nicht mehr erhaltenen Autograph, faksimiliert in: Anton Kippenberg: *Deutsche Gedichte in Handschriften,* Leipzig o. J. [1935], Nr. 22.
7 Kurt Marti: *Ungrund Liebe. Klagen Wünsche Lieder,* Stuttgart 1987, S. 51.

Stille Nacht

1 Für diese Information und für die Überlassung einer Kopie des Manuskripts danke ich Hanno Schilf.

2 Beschrieben von Josef Gassner, in: *Stille Nacht Heilige Nacht. Geschichte und Ausbreitung eines Liedes,* hrsg. v. Alois Schmaus und Lenz Kries-Rettenbeck, Innsbruck/München 1967, S. 23–59, S. 161–170.

3 Thomas Hochradner: *Stille-Nacht-Blüten. Mißverständnisse, ihre Ursachen und Folgen,* in: 175 Jahre *«Stille Nacht! Heilige Nacht!»,* hrsg. v. Thomas Hochradner und Gerhard Walterskirchen, Salzburg 1994, S. 70–80.

4 Franz Gruber: *Authentische Veranlassung zur Composition des Weihnachtsliedes Stille Nacht, heilige Nacht!* (1854), in: Schmaus, S. 21 (Faksimile), S. 164.

5 Michael Denis 1774, hier in der Version *Landshut 1777, danach mit zahlreichen Varianten in katholischen Gesangbüchern weit verbreitet.

6 Hier *Mainz 1790.

7 Erstdruck in: Christoph von Schmid: *Christliche Gesänge zur öffentlichen Gottesverehrung,* Dillingen 1807, S. 24, später unter dem Initium *Beim letzten Abendmahle* in katholischen Gesangbüchern weit verbreitet.

8 Friedrich Schiller: *Über naive und sentimentalische Dichtung,* Werke in drei Bänden, München 1966, Band II, S. 554.

9 Ebd., S. 581.

10 Dazu Gerlinde Haid: *Siciliano als Typus weihnachtlicher Volksmusik,* in: 175 Jahre [wie Anm. 3], S. 135–146.

11 Vgl. Thomas Krisch: *Sprachwissenschaftliche Überlegungen zum Stille-Nacht-Lied,* in: *175 Jahre* [wie Anm. 3], S. 83–88.

12 Novalis: *Die Christenheit oder Europa* (1799), in: *Schriften,* Band III, Stuttgart ²1968, S. 519.

13 Wie in Nikolaus Hermans Lied *Lobt Gott, ihr Christen allegleich,* 1560.

14 Novalis: *Die Christenheit oder Europa.*

15 Faksimile in: *175 Jahre* [wie Anm. 3], S. 155.

16 Nach *175 Jahre* [wie Anm. 3], S. 175.

17 *Musicalischer Hausschatz der Deutschen,* hrsg. v. Gottfried Wilhelm Fink, Leipzig 1843.

18 Thomas Mann: *Buddenbrooks,* in: Gesammelte Werke in dreizehn Bänden, Frankfurt 1974, Band I, S. 543 (8. Teil, 8. Kapitel).

19 A. a. O., S. 535

Heilig, heilig, heilig

1 Hier nach *«Deutsche Messe»/Deutsche Trauermesse* (D 872, D 621), hrsg. v. Michael Kube (*Neue Ausgabe saemtlicher Werke,* Serie 1, *Kirchenmusik,* Band 6), Kassel 2001.

2 Im Abschnitt *Strandspaziergang,* in: Thomas Mann: *Gesammelte Werke,* Frankfurt 1974, Band III, S. 756.

3 Vgl. Stephen Hawking: *Die illustrierte Kurze Geschichte der Zeit.* Aktualisierte und erweiterte Ausgabe, Reinbek 2000, S. 62 f.

4 In seinen Reflexionen *Beginnlosigkeit,* München/Wien 1992, S. 9. Was genau Strauß da zitiert, hat er nicht preisgegeben. Im folgenden werden aus diesem Buch Stellen teils verwendet, teils zitiert, die sich auf den Seiten 8, 29 f. und 120 finden.

5 Hawking, S. 66, S. 145.

6 Vgl. *Allgemeine Deutsche Biographie,* Band 23, Leipzig 1886, S. 525 f.

7 «Heilig, Heilig, Heilig, Herr, Gott der Heerscharen. Himmel und Erde sind erfüllt von Deiner Herrlichkeit. Hosanna in der Höhe! Hochgelobt sei, der da kommt im Namen des Herrn! Hosanna in der Höhe!» (Lateinisch und deutsch bei Anselm Schott: *Das Meßbuch der heiligen Kirche,* hier nach der Ausgabe Freiburg im Breisgau 1952).

8 Joh 12,13, vgl. Mt 21,9; Mk 11,9; Lk 19,38.

9 Vgl. Franz Kohlschein: *«Christkatholisches Gesang- und Andachtsbuch zum Gebrauche bei der öffentlichen Gottesverehrung im Bisthum Konstanz» (Konstanz 1812),* in: *«Der große Sänger David – euer Muster». Studien zu den ersten diözesanen Gesang- und Gebetbüchern der katholischen Aufklärung.* Hrsgg. v. Franz Kohlschein und Kurt Küppers, Münster 1993, S. 137–281, hier S. 179 f.

10 Der Text wird nach dem *Landshuter Gesangbuch abgedruckt in dem Aufsatz von Hermann Ühlein: *«Der heilige Gesang zum Gottesdienste in der römisch-katholischen Kirche». Der erste Band des Landshuter Gebet- und Gesangbuches* (Landshut 1777). In: Kohlschein/Küppers, S. 282–321, hier S. 306–314.

11 Eingesehen wurde die Ausgabe: *Normalmeßgesang, Litaneyen und Gebether, wie selbe bey der neuen Gottesdiensteseinrichtung zu allgemeinen Gebrauch vorgeschrieben worden,* Klagenfurt 1784. Das Initium des Eingangslieds lautet *Wir werfen uns darnieder, vor Dir Gott Sabaoth,* der gesamte Text des *Normalmeßgesangs* stammte von Ignaz Franz.

12 Vgl. Kurt Küppers: *Diözesan-Gesang- und Gebetbücher des deutschen Sprachgebietes im 19. und 20. Jahrhundert,* Münster 1987, S. 52.

13 Vgl. Kohlschein, S. 271.

14 Guido Maria Dreves: *Ein Wort zur Gesangbuchfrage,* Freiburg 1884, S. 121.

15 Das «Censur-Protokoll» ist abgedruckt in: *Schubert. Die Dokumente seines Lebens.* Gesammelt und erläutert von Otto Erich Deutsch, Kassel 1964, S. 460.

16 Vgl. Franz Burkhart: *Franz Schuberts «Deutsche Messe»,* in: *Österreichische Musikzeitschrift* 31 (1976), S. 465–573.

17 *Beiheft zum Gotteslob für das Bistum Mainz,* Mainz 1997, Nr. 037–040.

Maria Maienkönigin

1 *Marienlieder gedichtet von Guido Görres. In Musik gesetzt für eine oder mehrere Stimmen mit Clavier- oder Orgelbegleitung von Kaspar Aiblinger K. bayer. Hofkapellmeister* 4. Heft, München 1845 (*Bäumker IV, Nr. 257); *Marienlieder gedichtet von Guido Görres. In Musik gesetzt und für den mehrstimmigen Gesang in Kirche, Schule und Haus eingerichtet von P. Stein,* 2. Heft, Coblenz 1845, Nr. 9; *Marienrosen. Eine Sammlung von 30 mehrstimmigen Liedern ohne Begleitung zur Verehrung der seligsten Jungfrau Maria von P. Anselm Schubiger,* Einsiedeln o. J. (1845) (*Bäumker IV, Nr. 258); Joseph Mohr, *Cantate!,* Regensburg 1876 (hier als 2. Fassung abgedruckt).

2 Zur Biographie vgl. F. Binder: Art. *Görres, Guido,* in: *Wetzer und Welte's Kirchenlexikon* V, Freiburg/Brsg. 21888, S. 791–794; Irmgard Scheitler: *Poesie der Unschuld. Geistliche Lieder von Guido Görres,* in: dies. (Hrsg.): *Geistliches Lied und Kirchenlied im 19. Jahrhundert,* Tübingen 2000 (= Mainzer hymnologische Studien 2), S. 233–254.

3 *Festkalender in Bildern und Liedern, geistlich und weltlich, von Franz Graf Pocci, Guido Görres und ihren Freunden,* München 1834–1836, 15 Hefte.

4 Binder: Art. *Görres,* S. 793.

5 Widmungsverse auf dem Frontispiz von *Deutsches Hausbuch,* Bd. 1, München 1846.

6 *Marienlieder zur Feier der Maiandacht gedichtet von Guido Görres,* München ^{3}1853, S. 143.

7 Marienlieder zur Feier der Maiandacht gedichtet von Guido Görres, München ^{2}1844.

8 Ankündigung, in: *Geistliche Lieder von Guido Görres in Musik gesetzt für 2 oder 3 Sopranstimmen mit Orgel- oder Klavierbegleitung von Maria Görres,* Coblenz 1845, 28; vgl. Franz Hauk: *Johann Caspar Aiblinger (1779–1867). Leben und Werk.* 2 Bde. (= Eichstätter Abhandlungen zur Musikwissenschaft 6), Tutzing 1989.

9 Zur Geschichte der Maiandacht vgl. Johann Baptist Metzler: *Die Marien-Maiandacht in ihrer historischen Entwicklung und Ausbreitung,* in: Der Katholik 39 (1909), S. 100–125, 177–181, 262–282; ders.: *Die Marien-Maiandacht,* in: Zeitschrift für Aszese und Mystik 3 (1928), 89–101; Kurt Küppers: *Marienfrömmigkeit zwischen Barock und Industriezeitalter. Untersuchungen zur Geschichte und Feier der Maiandacht in Deutschland und im deutschen Sprachgebiet,* St. Ottilien 1987; ders.: *Maiandacht,* in: Marienlexikon IV, hrsg. v. Remigius Bäumer, St. Ottilien 1992, S. 244–246.

10 Metzler: *Die Marien-Maiandacht in ihrer historischen Entwicklung,* S. 104.

11 Küppers: *Marienfrömmigkeit,* S. 17.

12 Vgl. Metzler: *Die Marien-Maiandacht in ihrer historischen Entwicklung,* S. 104; H. Le Bonniec: *Art. Flora,* in: *dtv-Lexikon der Antike,* Bd. 1, München ^{2}1976, S. 259; *Art. Ludi Florales,* ebd., Bd. 2, München 1970, S. 66; Küppers: *Marienfrömmigkeit,* S. 16f.

13 Metzler: *Die Marien-Maiandacht in ihrer historischen Entwicklung und Ausbreitung,* S. 108–112.

14 Zit. nach Philipp Otto Runge: *Briefe*

und Schriften, hrsg. u. kommentiert von Peter Betthausen, Berlin 1981, S. 106f.

15 Vgl. den Beitrag zu dem Lied in diesem Band.

16 *Deutsches Hausbuch* I, S. VII.

17 Scheitler: *Poesie der Unschuld,* S. 242.

18 *Ankündigung,* 28.

19 Ebd.

20 Guido Maria Dreves: *Ein Wort zur Gesangbuch-Frage,* Freiburg/Brsg. 1884 (= Ergänzungshefte zu den Stimmen aus Maria Laach 28), S. 51.

21 Vgl. die Angabe in Küppers: *Marienfrömmigkeit,* S. 115–226.

22 Küppers: *Marienfrömmigkeit,* S. 284.

23 Friedrich Hölderlin: *Werke in einem Band,* auf der Grundlage der Ausgabe von Günter Mieth hrsg. v. Hans Jürgen Balmes, München 1990, S. 389f.

Auf, gläubige Seelen

1 Paul Claudel: *Introduction et choix de textes par Pierre Claudel,* Paris 1965, 84–89.

2 *Bäumker IV, S. 438–440 (Nr. 25); Gustav Erlemann: *Die Einheit im katholischen deutschen Kirchenliede. Eine kritische Würdigung der Lieder der heutigen Diözesan-Gesangbücher von Deutschland, Luxemburg, Österreich und der Schweiz sowie des Militärgesangbuches Berlin. Zugleich eine Auswahl und Festlegung der Lieder, die für ein einheitliches Gesangbuch in Betracht kommen könnten,* Bd. 1, Trier 1911, S. 147–150 (Nr. 58); Ingeborg Weber-Kellermann: *Das Buch der Weihnachtslieder. 151 Deutsche Advents- und Weihnachtslieder. Kulturgeschichte, Noten, Texte, Bilder.* Mit Klavier- und Orgelbegleitung. Musikalische Bearbeitung von Hilger Schallehn, Mainz u. a. 1982, S. 172–173 (Nr. 80).

3 «Kommission 1998». Der Text ist identisch mit *KG und stellt eine Verbesserung der *EG-Fassung in stilistischer (Str. 4) und literarischer Hinsicht dar (Str. 2 entspricht dem lateinischen Originaltext: «Licht vom ewgen Lichte»; Aussage, nicht Anrede!).

4 * *Werkbuch zum Gotteslob,* Bd. 1, Freiburg/Basel/Wien 1975, S. 175.

5 Die Zeitdifferenz hängt mit der Existenz mehrerer Musiker dieses Namens zusammen; vgl. Greta Konradt: Art. *Reading, John (II),* in: *HbEG 2, S. 248–249.

6 Jean Stéphan: *L'Adeste Fideles: Etude sur son origine et son développement,* Paris/Tournai/Rom, o. J. (1947), S. 9–15 [= vom Autor besorgte erweiterte französische Übersetzung: John Stephan O. S. B.: *The Adeste Fideles. A Study on Its Origin and Development, o. O.* (Buckfast-Abbey) o. J. (1947)]; hier auch weitere Hinweise auf Händel, Bach und Mozart.

7 Stéphan, S. 10.

8 Es scheint, daß hier «Worte ... einer schon bestehenden Musik angepaßt sind». Martin Rößler: *Da Christus geboren war ... Texte, Typen und Themen des deutschen Weihnachtsliedes,* (= Calwer Theologische Monographien Bd. 7), Stuttgart 1981, 252.

9 Text (um eine Strophe erweitert, s. Anm. 11) bei John Julian: *Adeste fideles,* in: Dictionary of Hymnology. Origin and History of Christian Hymns and Hymnwriters of all Ages and Nations, London 1892 (= Michigan 1985), Bd. 1, S. 20–22, Bd. 2, S. 1549 und 1600, hier Bd. 1, S. 20.

10 Strophe 4 ist eine spätere Hinzufügung: vgl. Julien, Bd. 1 S. 20; Stéphan, S. 32–34.

11 Lizenzen 4,2 (Splendorem) und 5,2 (et foeno); vgl. A. Dabin: *L'Accentuation rythmique de l'Adeste,* in: Revue du chant grégorien, 2 (1893/94) S. 106–109.

12 Amédée Gastoué: *L'«Adeste fideles»,* in: La Tribune de Saint-Gervais. Revue musicologique de la Schola Cantorum 19 (1913) 93–98.

13 Im Unterschied zur späteren Überlieferung hat die älteste Handschrift «adorate» statt «adoremus»; vgl. Stéphan, S. III–V (Text mit Noten) und S. 24–25.

14 Stéphan, S. 15–27, 39–41; vgl. Marilyn Kay Stulken: *Hymnal Companion to the Lutheran Book of Worship,* Philadelphia 1981 = ²1985, S. 146–148. Bennett Zon: *The origin of Adeste fideles,* in: Early Music 24 (1966), S. 279–288, hier S. 283.

15 Henning Schröer: Art. *Wade,* in: *HbEG 2, S. 336–337.

16 Stéphan, S. 18–28.

17 *Redaktionsbericht zum Einheitsgesangbuch ‹Gotteslob›,* hrsg. v. Paul Nordhues und Alois Wagner, Paderborn/Stuttgart 1988, S. 907 (Nr. 143).
18 Nähere Angaben bei Stéphan, S. 8.29.
19 *Eucologe de Lisieux,* Édition corrigée, Lisieux 1841, S. 192–193.
20 Älteste Quelle: *Office de Saint Omer suivi de plusieures hymns,* St. Omer 1822; vgl. Julian, Bd. 1, S. 20; Robert Amiet: *Missels et bréviaires imprimés (supplement aux catalogues de Weale et Bohatta). Propre des Saints (éditio princeps),* Paris 1990, S. 323; *RH Bd. VI, S. 131.
21 Felix Antoine Philibert Dupanloup: *La vie de Mgr. Borderies, évêque de Versailles,* Paris 1905; Roger Trunk, Art. *Borderies,* in: Herbst, S. 50.
22 Dupanloup, S. 413–415.
23 S. 346, Rubrik: Le Jour de Noël au Salut.
24 Bd. 1, S. 185.
25 Vgl. Julian, Bd. 2, S. 1600.
26 *Office de Saint Omer suivi de plusieures hymns,* St. Omer 1822, S. 170–171 (ohne Noten); vgl. Julian, Bd. 1, S. 20; Amiet, S. 131.
27 Dupanloup, S. 414–415.
28 *Œuvres de M. Borderies, évêque de Versailles, précédées d'une notice sur sa vie,* Paris 1832–1834, hier Bd. IV/Anhang: Cantiques, Proses, Hymnes, S. 555–561, vgl. auch 547–554; vgl. *RH Nrr. 9336, 12118, 20060, 22101, 28447.
29 *RH IV, S. 127; vgl. Robert Amiet: *Missels et bréviaires imprimés*, Paris 1990.
30 Borderies: *Œvres,* Bd. I, S. 227–255.
31 Dupanloup, S. 122–123.
32 Dupanloup betont neben den lateinischen und volkssprachlichen Dichtungen und Gesängen Borderies vor allem dessen Aktivitäten im Bereich der Katechese und hat selbst ein Handbuch des Katechismus geschrieben: *Manuel des Catéchismes ou Recueil de Prieres, Billets, Cantiques, etc.*, Paris 1857.
33 *Eucologe latin et français, Complet, à l'usage du diocèse de Mende,* Dijon 1834, S. 245–246: «Dans plusieurs Eglises, le jour de Noël, on dit au Salut l'Hymne suivante»; Office Noté, Selon le Rit du Diocèse de Beauvais, 1845, S. 202. Weitere Quellen im RH. Erstaunlicherweise fehlt das *Adeste im Processionale Parisiense,* Paris 1824, in der umfangreichen Serie der «Antiphonae, Hymni, Prosae et Responsoria de SS. Sacramento» (S. CXCVI).
34 *RH Bd. V, S. 13, Nr. 450: ebenso im Antiphonarium Paris 1855, S. 703–704.
35 *Luxemburg 1868; Werkbuch, S. 175 = *Bäumker IV, S. 438–439 (Nr. 25).
36 S. 73–75; Rubrik: «Rhythmus recens, usu receptus».
37 Stéphan, S. 18.
38 Zum Thema Gesänge und Eucharistieverehrung vgl. Maurice Brillant: *Eucharistia. Encyclopédie polulaire sur l'Eucharistie,* Paris 1934, hier bes. die Beiträge von Félix Raugel: *La musique eucharistique,* S. 897–912, bes. 908–911, sowie A. Molien: *Le culte rendu à l'hostie,* S. 306–344, bes. 322–328; vgl. auch Eduoard Dumoutet: *Le désir de voir l'hostie et les origines de la dévotion au Saint-Sacrament,* Paris 1926.
39 Die Wendung ist in der Liturgie selten, findet sich jedoch in dem Weihnachtsresponsorium *Nesciens mater virgo* (*CAO 7212).
40 Zur Schlußstrophe *Jesu quem velatum nunc aspicio* des *Adoro te* vgl. Hansjakob Becker: *Liturgische Gesänge zwischen ‹Et homo factus est› und ‹Ecce homo›*, in: Gemeinsame Arbeitsstelle für gottesdienstliche Fragen 32 (1998) S. 52–57.
41 *EG 94,4.
42 Lobt Gott ihr Christen, *EG 27,4+5.
43 Das Thema findet sich in der Liturgie in der Antiphon *O admirabile commercium* (*CAO 3985).
44 Vgl. Joh 3,14.
45 Zur Tradition und Weiterdichtung im englischsprachigen Raum vgl. *Hymn Quest. A Dictionary of Hymnody*, Bd. 1, London 1997, S. 3.
46 *EG 45; *RG 413.
47 Wolfgang Herbst: Art. *Ranke,* in: *HbEg 2, S. 247–248 mit Zitat von Johann Valentin Strebel, *Ein musikalisches Pfarrhaus, gezeichnet von seinem alten Haupte Joh. Val. Strebel,* Basel 1886, S. 21–23.
48 Die Auflage von 1868 bietet nur den lateinischen Text.

Du Kind, zu dieser heilgen Zeit

1 Vgl. den Hinweis auf die unveröffentlichte Tagebucheintragung bei Martin Johannes Wecht: *Jochen Klepper. Ein christlicher Dichter im jüdischen Schicksal,* Düsseldorf und Görlitz 1998, S. 173.

2 Vgl. Jochen Klepper: *Gast und Fremdling. Briefe an Freunde,* hrsg. von Eva-Juliane Meschke, Witten und Berlin 1960, S. 103.

3 *Unter dem Schatten deiner Flügel. Aus den Tagebüchern der Jahre 1932–1942 von Jochen Klepper,* hrsg. von Hildegard Klepper. Auswahl, Anmerkungen und Nachwort von Benno Mascher, Stuttgart 1956. Der größere Teil der Tagebücher ist noch nicht veröffentlicht. Er wurde zusammen mit weiteren Materialien aus dem Nachlaß von Wecht berücksichtigt.

4 Ernst G. Riemschneider: *Der Fall Klepper. Eine Dokumentation,* Stuttgart 1975, S. 29. Faksimile eines Durchschlages des Kammerbescheides ebd., S. 30.

5 So im *Klugschen Gesangbuch, Wittenberg 1533.

6 Vgl. die Osterleise *Christ ist erstanden.*

7 Darüberhinaus sei daran erinnert, daß die Verwendung des *Hosianna* gegen Ende der dreißiger Jahre keineswegs selbstverständlich war . Hatte sich doch der Wahn einer «Arisierung» auch auf die kirchliche Sprache und vor allem auf die Beseitigung jeglicher Reminiszenzen der jüdisch-hebräischen Wurzel ausgedehnt. So tritt in dem deutsch-christlichen Gesangbuch der Kommenden Kirche (Bremen 1939) in dem Lied *Wie soll ich dich empfangen* an die Stelle des Satzes *Dein Zion streut dir Palmen* nun *Der Jünger Scharen streuen*, und in dem Osterlied *Christ ist erstanden* heißt es statt der Halleluja-Strophe nun schlicht *Gott sei gelobt.* Für Klepper kommt die Ersetzung der hebräischen Wörter überhaupt nicht in Frage.

8 Vgl. Jürgen Henkys: *Die Zeit im Liede Jochen Kleppers. «Kyrie» 1938–1978,* in: ders.: Das Kirchenlied in seiner Zeit, Berlin und Stuttgart 1980, S. 48–64.

Von guten Mächten treu und still umgeben

1 *Brautbriefe Zelle 92. Dietrich Bonhoeffer – Maria von Wedemeyer 1942–1945,* München 1992; S. 209.

2 *Dietrich Bonhoeffer Werke,* Bd. 8: *Widerstand und Ergebung,* Gütersloh 1998.

3 Vgl. Eberhard Bethge: *Dietrich Bonhoeffer,* München 1967 u. ö.; ders.: *Liedpredigt zu «Von guten Mächten» am 17. Januar 1988,* in: ders., *Erstes Gebot und Zeitgeschichte,* München 1991, S. 142–153.

4 *Frank, S. 321.

5 *Brautbriefe,* S. 208. Zum Engelmotiv vgl. schon den Weihnachtsbrief Maria v. Wedemeyers aus dem Vorjahr (25.12.43), ebd. S. 104f.

6 *Dietrich Bonhoeffer Werke,* Bd. 16: *Konspiration und Haft 1940–1945,* Gütersloh 1996, S. 655.

7 Jürgen Henkys: *Dietrich Bonhoeffers Gefängnisgedichte,* Berlin-Ost und München 1986, S. 26–28.

8 Vgl. dazu einführend Ernst Feil, *Die Theologie Dietrich Bonhoeffers. Hermeneutik – Christologie – Weltverständnis,* München [4]1991, S. 324–354.

9 *Die singende Schar. Ein Liederbuch junger Christen,* Bd. III, Berlin-Ost 1959.

Und suchst du meine Sünde

1 Dieter Trautwein: *Ausländische Autoren, denen ich begegnet bin,* in: *Werkbuch zum EG,* hrsg. im Auftrag der Evangelischen Kirche in Deutschland von Wolfgang Fischer u. a., Lieferung VI *Lieder aus anderen Ländern und Sprachen,* Göttingen 2000, S. 55f.

2 Taschenbuch-Ausgabe als Kassette, München 1991.

3 Ebd., in: Paulus. *Der Völkerapostel in jüdischer Sicht,* S. 198.

4 Leo Trepp: *Der jüdische Gottesdienst,* Stuttgart 1992, S. 127ff.

5 Trautwein, a. a. O., S. 56.

6 Übersetzung von Martin Luther.

7 Übersetzung von Martin Buber.

8 Vgl. dazu insgesamt: Martin Buber: *Ich und Du,* Heidelberg [10]1979. Julie

Kirchberg: *Theologie in der Anrede als Weg zur Verständigung zwischen Juden und Christen.* Innsbruck 1991.

9 Johannes Anderegg, *Sprache und Verwandlung. Zur literarischen Ästhetik*, Göttingen 1985, S. 84.

10 Z. B. Martin Buber, Franz Rosenzweig, Eugen Rosenstock-Huessy (der zum Christentum übertrat), Walter Benjamin u. a.

11 Franz Rosenzweig: *Der Stern der Erlösung,* Frankfurt [3]1990, S. 258–361, S. 401–403.

Der Tag, mein Gott [The day thou gavest]

1 Vgl. Percy Dearmer: *Songs of Praise Discussed. A Handbook to the Best-Known Hymns and to Other Recently Introduced,* London 1933, S. 36.

2 *Songs of Praise.* Enlarged Edition, London o. J. Das Vorwort der für die Musik dieses Gesangbuches zuständigen Herausgeber Ralph Vaughan Williams und Martin Shaw stammt von 1931 (s. S. xii).

3 Zu Ralph Vaughan Williams und seiner Bewertung von Kirchenliedmelodien s. Jürgen Henkys: *Aus Liedtraditionen der fremdsprachigen Ökumene;* in: Christian Möller (Hrsg.): *Kirchenlied und Gesangbuch. Quellen zu ihrer Geschichte,* Tübingen 2000 (Mainzer Hymnologische Studien 1), S. 359f.

Der du uns weit voraus [Du som gik före oss]

1 Vgl. zur Biographie und Liedschaffen von Jürgen Henkys: Dietrich Schuberth: Art. *Henkys, Jürgen,* in: *HbEG 2, S. 140–142.

2 *Den svenska psalmboken.* Volym 3 (Text- och musikkommentarer). Slutbetänkande av 1969 å psalmkommitté, Stockholm 1985, S. 34. Übersetzung aus dem Schwedischen: Jürgen Henkys.

3 Marijke Blej-Pel: *Who is afraid of Sven-Erik Bäck? Jedenfalls nicht die Kinder!,* in: Neues Singen in der Kirche 1997/4, S. 21f.

4 Vgl. die Analyse von Text, Melodie und Satz von Andreas Marti: in: Neues Singen in der Kirche 1993/2, S. 6f.

Der Chaos schuf zu Menschenland [Die chaos schiep tot mensenland]

1 Zum poetischen Werk von Huub Oosterhuis und seinem kirchlich-theologischen Kontext vgl. Kees Kok: *De vleugels van een lied. Over de liturgische poëzie van Huub Oosterhuis,* Baarn 1990; Alex Stock: *Hierhin, Atem. Zur poetischen Theologie von Huub Oosterhuis,* Amsterdam 1994.

2 Huub Oosterhuis: *Zien soms even,* Bilthoven 1972, S. 131; deutsch: ders., *Weiter sehen als wir sind,* Wien 1973, S. 142.

Verzeichnis der abgekürzt zitierten Titel

Sekundärliteratur, Lexika und Quellenwerke

*AH
Analecta Hymnica

*Bäumker
Wilhelm Bäumker: Das katholische deutsche Kirchenlied in seinen Singweisen von den frühesten Zeiten bis gegen Ende des siebzehnten Jahrhunderts, auf Grund handschriftlicher und gedruckter Quellen bearbeitet von Wilhelm Bäumker, 4 Bände, Freiburg im Breisgau 1883–1911 (Reprint Hildesheim 1962)

*CAO
Corpus Antiphonalium Officii, Rom 1963ff.

*CChr.SL
Corpus Christianorum Series Latina

*CSEL
Corpus scriptorum ecclesiasticorum Latinorum

*CSCO.S
Corpus scriptorum Christianorum Orientalium – Scriptores Syri

*DKL
Das deutsche Kirchenlied. Verzeichnis der Drucke von den Anfängen bis 1800, bearbeitet von Konrad Ameln, Markus Jenny und Walther Lipphardt, Band I, Teil 1: Verzeichnis der Drucke (= RISM B/VIII/1), Kassel u. a. 1975

*DKL III
Das deutsche Kirchenlied. Kritische Gesamtausgabe der Melodien, Abteilung III, vorgelegt von Joachim Stalmann, bearbeitet von Karl-Günther Hartmann und Hans-Otto Korth, Kassel 1993ff.

*Fischer/Tümpel
Albert Friedrich Wilhelm Fischer: Das deutsche evangelische Kirchenlied des 17. Jahrhunderts, vollendet und hrsg. von Wilhelm Tümpel, 5 Bände, Gütersloh 1904–1911 (Reprint Hildesheim 1964)

*Frank
Horst J. Frank: Handbuch der deutschen Strophenformen, 2., durchgesehene Auflage, Tübingen/Basel 1993

*Hahn
Gerhard Hahn: Evangelium als literarische Anweisung. Zu Luthers Stellung in der Geschichte des deutschen kirchlichen Liedes (= MTU 73), München 1981

*HbEG 2
Handbuch zum Evangelischen Gesangbuch Bd. 2: Komponisten und Liederdichter des Evangelischen Gesangbuchs, hrsg. v. Wolfgang Herbst, Göttingen 1999

*HbEG 3
Handbuch zum Evangelischen Gesangbuch Bd. 3: Liederkunde zum Evangelischen Gesangbuch, mehrere Einzelhefte, hrsg. v. Gerhard Hahn und Jürgen Henkys, Göttingen 2000ff.

*HbEKG 2/1
Handbuch zum Evangelischen Kirchengesangbuch Bd. 2/1: Lebensbilder der Liederdichter und Melodisten, unter Benutzung eines Manuskriptes von Otto Michaelis bearbeitet von Wilhelm Lueken, hrsg. v. Christhard Mahrenholz und Oskar Söhngen, Göttingen 1957

*HbEKG 3/1
Handbuch zum Evangelischen Kirchengesangbuch Bd. 3: Liederkunde. Erster Teil, hrsg. v. Christhard Mahrenholz und Oskar Söhngen, Göttingen 1970

*HbEKG 3/2
Handbuch zum Evangelischen Kirchengesangbuch Bd. 3: Liederkunde. Zweiter Teil, hrsg. v. Joachim Stalmann und Johannes Heinrich, Göttingen 1990

*HbEKG Sonderband
Handbuch zum evangelischen Kirchengesangbuch, Sonderband: Johannes Kulp: Die Lieder unserer Kirche. Eine Handreichung zum Evangelischen Kirchengesangbuch, bearbeitet und hrsg. v. Arno Buchner und Siegfried Fornaçon, Göttingen 1958

*JLH
Jahrbuch für Liturgik und Hymnologie

*Julian
John Julian (Hrsg.): A dictionary of hymnology: setting forth the origin and history of christian hymns of all ages and nations; with special reference to those contained in the hymn books of english-speaking countries, London 1891 (Reprint New York o. J.)

*LThK
Lexikon für Theologie und Kirche

*MGG
Musik in Geschichte und Gegenwart

*Redaktionsbericht zum Gotteslob
Redaktionsbericht zum Einheitsgesangbuch «Gotteslob», hrsg. von Paul Nordhues und Alois Wagner, Paderborn 1988

*RH
Repertorium Hymnologicum

*WA
Martin Luther: D. Martin Luthers Werke: kritische Gesamtausgabe, Weimar u. a. 1883ff. (Weimarer Ausgabe)

*WA 35 Ergänzung
Luthers Geistliche Lieder und Kirchengesänge. Vollständige Neuedition in Ergänzung zu Bd. 35 der Weimarer Ausgabe, bearbeitet von Markus Jenny, Köln-Wien 1985

*Wackernagel
Philipp Wackernagel: Das deutsche Kirchenlied von der ältesten Zeit bis zu Anfang des XVII. Jahrhunderts, mit Berücksichtigung der deutschen kirchlichen Liederdichtung im weiteren Sinne und der lateinischen von Hilarius bis Georg Fabricius und Wolfgang Ammonius, 5 Bände, Leipzig 1864–77 (Reprint Hildesheim 1987)

*Werkbuch zum Gotteslob
Werkbuch zum Gotteslob, im Auftrag der Kommission für das Einheitsgesangbuch hrsg. v. Josef Seuffert, 7 Bände, Freiburg/Basel/Wien 1975ff.

*Zahn
Johannes Zahn: Die Melodien der deutschen evangelischen Kirchenlieder, aus den Quellen geschöpft u. mitgeteilt, 6 Bände, Gütersloh 1889–1893 (Reprint Hildesheim 1963)

Gesang- und Liederbücher

*Achtliederbuch
Etlich cristlich Lider Lobgesang vn[d] Psalm dem rainen Wort Gottes gemeß auß der heylige Schrifft durch mancherley hochgelerter gemacht ... Wittenberg 1524 (Reprint Kassel u. a. 1957, hrsg. von Konrad Ameln)

*Andernach 1608
Catholische Geistliche Gesänge/ Vom süssen Namen Jesu/ vnd der Hochgelobten Mutter Gottes Mariæ ... Andernach 1608

*Augsburg 1666
Rheinfelßisches Deutsches Catholisches Gesang-Buch ... Augsburg 1666

*Augsburg 1859
Laudate. Katholisches Andachtsbuch zum Gebrauche bei dem öffentlichen Gottesdienste im Bisthum Augsburg, Augsburg 1859

*Babst 1545
Geystliche Lieder. Mit einer newen vorrhede/ D. Mart. Luth. Gedruckt zu Leipzig durch Valentin Babst ... 1545 (Reprint Kassel u. a. 1988, hrsg. v. Konrad Ameln)

*Bamberg 1628
Catholisches Gesangbuch Auß vnterschiedlichen/ von der Römischen Catholischen Kirchen approbierten Gesangbüchern ... colligirt, welche in Processionibus, Creutzgängen/ Wallfahrten/ bey der H. Meß Predig vnd Kinderlehr zu gebrauchen. ... Mit 4. Stimmen componirt/ in welchen der

Discant allzeit führet den Choral; Durch Johann Degen … Getruckt zu Bamberg 1628 (Reprint Bamberg 1992, mit Übertragung der vierstimmigen Notensätze und einem Kommentar)

*Barby
Gesangbuch zum Gebrauch der evangelischen Brüdergemeinen, Barby 1778

*Basel 1831
Sammlung Geistlicher Lieder. Nebst einem Anhang von Gebeten, Basel 1831

*Berlin 1640
Newes vollkömliches Gesangbuch/ Augspurgischer Confession, Auff die in der Chur- und Marck Brandenburg Christliche Kirchen/ Fürnemlich beyder ResidentzStädte Berlin und Cölln gerichtet … Jn richtige Ordnung gebracht/ vnd mit beygesetzten Melodien … verfertiget/ Von Johan Crüger … Berlin 1640

*Berlin 1780
Gesangbuch zum gottesdienstlichen Gebrauch in den Koeniglich=Preußischen Landen. Mit allergnaedigster Koenigl. Freyheit. Berlin 1780 verlegts August Mylius Buchhaendler in der Bruederstraße. (= *Mylius).

*Berlin 1829
Gesangbuch zum gottesdienstlichen Gebrauch für evangelische Gemeinen, Berlin 1829

*Berthelsdorf 1725
Nicolaus Ludwig von Zinzendorf: Berthelsdorfer Gesangbuch. Sammlung geistlicher und lieblicher Lieder, Dresden 1725 (Reprint Hildesheim 1979, mit einem Vorwort von Erich Beyreuther und Gerhard Meyer und einer Einführung in die Gesangbücher N. L. von Zinzendorfs von Dietrich Meyer = Nikolaus Ludwig von Zinzendorf. Materialien und Dokumente IV,1)

*Bremen 1812
Christliches Gesangbuch zur Beförderung öffentlicher und häuslicher Andacht, Bremen 1812

*Brixen 1903
Brixner Diözesan-Gesangbuch mit Gebeten, Innsbruck 1903

*Bunsen 1833
Versuch eines allgemeinen evangelischen Gesang= und Gebetbuchs zum Kirchen= und Hausgebrauche, Hamburg 1833

*Cäcilia 1868
Joseph Mohr: Cäcilia. Ein Gesangbuch für die Kirche mit Congregationsliedern und Gebeten, Paderborn 1868

*Cantate Domino 1951/1973
Cantate Domino. An ecumenical hymn book – Ein ökumenisches Gesangbuch – Psaultier oecuménique, new edition – neue Ausgabe – nouvelle édition, published on behalf of the World Council of Churches – veröffentlicht im Auftrag des Ökumenischen Rates der Kirchen – publiée sous le patronage de Conseil oecuménique des églises, Kassel u. a. 1973 (1. Auflage 1951)

*Cantate!
Cantate! Katholisches Gesangbuch nebst Gebeten und Andachten für alle Zeiten und Feste des Kirchenjahres. Nach den alten, sonst allgemein gebräuchlichen Gesängen und Andachten, sowie nach dem lateinischen Kirchenritus bearbeitet von Heinrich Bone … Mainz 1847

*Chorgesangbüchlein Johann Walters
Johann Walter: Geystliches Gesangbüchlin/ Erstlich zu Wittenberg/ vnd volgend durch Peter Schoeffern getruckt … Wittenberg 1524

*Clausener Gesangbuch
Außerlesenes Bett- Betracht- vnd Gesang-Buchlein von den Sieben farnembsten Schmertzen MARIÆ MATRIS DOLOROSÆ. Jn allen Processionen durchs Jahr/ Fürnemblich aber auff der Pilgerfahrt Nacher Eberhards Clausen/ zu vnser L. Frawen Miraculoser H. Capellen gar nützlich zugebrauchen … Trier 1653

*Corner 1625
Groß Catolisch Gesangbüch Darinen in die vierhundert Andechtige alte vnd newe gesäng vnd rüff/in eine gute vnd richtige ordnung züsam gebrach, so theils zu Hauß theils zu Kirchen auch bey Procesionen und Kirchenfesten mit grosen nütz konnen gesungen werden. Alles mit sonderm fleiß

aus dem mehrern bißhero getruckten gesangbüchern zusam getra gen: theils auch von newe gestelt durch Dauit Gregorium Cornerum, Nürnberg 1625

*Darmstadt 1698
Geistreiches Gesang-Buch … mit einer … Vorrede Eberhard Philipps Züehlen, Darmstadt 1698

*DEG 1915
Deutsches evangelisches Gesangbuch für die Schutzgebiete und das Ausland, herausgegeben vom Deutschen Evangelischen Kirchenausschuß, Berlin 1915

*DEG Frankfurt 1927
Frankfurter evangelisches Gesangbuch, Frankfurt/M. 1927

*Den svenska psalmboken
Den svenska psalmboken: antagen av 1986 års kyrkomöte, Stockholm 1986

*Dresden 1656
Dreßdenisch Gesangbuch Christlicher Psalmen und Kirchenlieder, Dresden 1656

*EG Bayern/Thüringen
Evangelisches Gesangbuch. Ausgabe für die Evangelisch-Lutherischen Kirchen in Bayern und Thüringen, München 1994

*EG Württemberg
Evangelisches Gesangbuch. Ausgabe für die Evangelische Landeskirche in Württemberg, Stuttgart 1996

*EG
Evangelisches Gesangbuch. Stammausgabe der Evangelischen Kirche in Deutschland, Stuttgart 1993

*Ein neues Lied 1932
Ein neues Lied. Ein Liederbuch für die deutsche evangelische Jugend, Berlin 1932

*Einheitslied 1947
Einheitslieder der deutschen Bistümer. Authentische Gesamtausgabe, Freiburg/Mainz 1947

*EKG (Neue Lieder)
NEUE LIEDER. Beiheft zum Evangelischen Kirchengesangbuch, Berlin 1978

*EKG
Evangelisches Kirchengesangbuch. Stammausgabe, Kassel 1950

*Elberfeld 1858
Evangelisches Gesang-Buch, herausgegeben nach den Beschlüssen der Synoden von Jülich, Cleve, Berg und von der Grafschaft Mark, Elberfeld 1858

*Elsaß-Lothringen 1899
Evangelisches Gesangbuch für Elsaß-Lothringen, Straßburg 1899

*Elsaß-Lothringen 1913
Evangelisches Gesangbuch für Elsaß-Lothringen, Straßburg 1913

*Erfurt 1524
Eyn Enchiridion oder Handbüchlein. eynem ytzlichen Christen fast nutzlich bey sich zuhaben/ zur stetter vbung vnd trachtung geystlicher gesenge und Psalmen … Erfurt 1524 (Reprint Kassel 1983, mit einem Geleitwort von Konrad Ameln)

*Erfurt 1630
Catholisch Gesang Buch/ Aus vnterschieddenen/ von der Röm=Catholischen Kirchen approbirten Gesangbüchern … Ein jedes mit seinen Noten vnd Melodey … Erfurt 1630

*Erfurt 1666
Catholische Geistliche Nachtigal/ Aus unterschiedlichem von der Römischen Catholischen Kirchen Approbierten Gesangbüchern gezogen … Erfurt 1666

*Evangelisches Gesangbuch (1993)
Evangelisches Gesangbuch. Stammausgabe der Evangelischen Kirche in Deutschland, Stuttgart 1993

*Feldgesangbuch 1940
Lieder der Kirche für den Feldgottesdienst hrsg. vom Kirchenrat des Kantons Zürich, Zürich ca. 1940

*Frankfurt 1800
Frankfurtisches neues Gesangbuch zur Beförderung der öffentlichen und häuslichen Andacht, Frankfurt/M 1800

*Frankfurt 1867
Gesangbuch für den öffentlichen Gottes-

dienst der evangelisch-protestantischen Gemeinden der freien Stadt Frankfurt, Frankfurt/M. 1867

*Frankfurt 1927
Frankfurter evangelisches Gesangbuch, Frankfurt/M. 1927

*Freiburg 1893
Magnificat. Katholisches Gebet = und Gesangbuch für die Erzdiöcese Freiburg … Freiburg im Breisgau 1893

*Freylinghausen 1704
Geist-reiches Gesang-Buch/ Den Kern Alter und Neuer Lieder/ Wie auch die Noten der unbekannten Melodeyen/ Und darzugehörige nützliche Register in sich haltend … herausgegeben von Johann Anastasio Freylinghausen … Halle 1704

*GB der evangelischen Brüdergemeine
Gesangbuch der evangelischen Brüdergemeine, ausgegeben im Erinnerungsjahr 1927 (Hamburg [3]1950)

*Geistliche Oden und Lieder
Christian Fürchtegott Gellert: Geistliche Oden und Lieder (= Chr. F. Gellert: Gesammelte Schriften II, hrsg. von H. John, C. Lehnen und B. Witte, Berlin/New York 1997)

*Geistlicher Liederschatz 1846
Geistlicher Liederschatz Sammlung der vorzüglichsten geistlichen Lieder für Kirche, Schule und Haus und alle Lebensverhältnisse, Berlin 1846

*Geistliches Psälterlein
Melodeyen Vber die Gesäng vnd Psalmen deß Cöllnischen Psälterleins. PP. Soc. Iesu … Köln 1650

*Gemeinsame Kirchenlieder 1973
Gemeinsame Kirchenlieder. Gesänge der deutschsprachigen Christenheit herausgegeben im Auftrag der christlichen Kirchen des deutschen Sprachbereichs von der Arbeitsgemeinschaft für Ökumenisches Liedgut, Berlin – Regensburg – Wien – Graz – Zürich – Solothurn 1973

*GL
Gotteslob. Katholisches Gebet- und Gesangbuch. Stammausgabe, Stuttgart 1975

*Genfer Psalter
Pierre Pidoux: Le Psautier Huguenot du XVI. siècle, Basel 1962 [krit. Ausgabe der Melodien und der Dokumente]

*Gotteslob 1975
Gotteslob. Katholisches Gebet- und Gesangbuch. Stammausgabe, Stuttgart 1975

*Grimma 1843
Neu eingerichtetes Freibergisches Gesangbuch nebst einem Anhange neuer Lieder, Grimma 1843.

*Große Missionsharfe
Große Missionsharfe. Geistliches Liederbuch für gemischten Chor, sowie für Klavier- oder Harmonium-Begleitung, hrsg. v. Hermann Gustav Emil Niemeyer, 4. Auflage, Gütersloh 1883

*Gütersloh 1844
Hauschoralbuch. Alte und neue Choralgesänge mit vierstimmigen Harmonieen und mit Texten, Gütersloh 1844

*Halle 1835
Evangelisches Gesangbuch oder Neu bearbeitete Sammlung alter und neuer Lieder zum kirchlichen Gebrauch, Halle 1835

*Halle 1846
Evangelisches Kirchengesangbuch. Herausgegeben von dem christlichen Vereine im nördlichen Deutschland, Halle 1846

*Hamburg 1604
Melodeyen Gesangbuch Darinn D. Luthers vnd ander Christen gebreuchlichsten Gesenge/ Ihren gewoehn=lichen Melodeyen nach/ Durch Hieronymum Praetorium, Joachimum Deckerum, Jacobum Praetorium, Davidem Scheidemannum … in vier stimmen vbergesetzt/ begriffen sindt … Hamburg 1604

*Hamburg 1833
Versuch eines allgemeinen evangelischen Gesang= und Gebetbuchs zum Kirchen= und Hausgebrauche, Hamburg 1833

*Hannover 1646
New Ordentlich Gesang=Buch/Sampt Einer nothwendigen Vorrede und Erinnerung Von dessen nuetzlichem Gebrauch … Hannover 1646

*Herold 1808
Melchior Ludolf Herold: Choralmelodien zum Heiligen Gesange oder vollständigen katholischen Gesangbuche für den öffentlichen Gottesdienst und die häusliche Andacht, herausgegeben für Schullehrer und Chorsänger, o. O. 1808

*Herrnhut 1735
Nicolaus Ludwig von Zinzendorf: Herrnhuter Gesangbuch. Christliches Gesang-Buch der Evangelischen Brüder-Gemeinen, Herrnhut 1735 (Reprint Hildesheim 1981 mit einem Vorwort von Erich Beyreuther und Gerhard Meyer und einer Einleitung «Zinzendorf und seine Gesangbücher als Ausdruck barocken Lebensgefühls» von Gerhard Meyer = Nikolaus Ludwig von Zinzendorf. Materialien und Dokumente IV,3)

*Homburg vor der Höhe 1734
Hessen=Homburgisches Neu=Vollständiges Gesang=Buch, Enthaltend eine Sammlung von 1941. der außerlesensten Geist= und Lieblichen Alt=und Neuen Liedern ... Homburg vor der Höhe 1734

*Jauer 1813
Sammlung christlicher Lieder für die kirchliche Andacht evangelischer Gemeinen, Breslau und Jauer 1813

*Kassel 1920
Evangelisches Kirchengesangbuch für den Konsistorialbezirk Cassel, Kassel 1920

*Katholisches Gesangbuch der deutschsprachigen Schweiz
Katholisches Gesangbuch. Gesang- und Gebetbuch der deutschsprachigen Schweiz, Zug 1998

*KG
Katholisches Gesangbuch. Gesang- und Gebetbuch der deutschsprachigen Schweiz, Zug 1998

*Kirchenlied
Kirchenlied. Eine Auslese geistlicher Lieder, Freiburg im Breisgau 1938

*Klugsches Gesangbuch
Geistliche lieder auffs new gebessert zu Wittemberg. D. Mart. Luth., Wittenberg 1533 (Reprint Kassel u. a. 1954, ergänzt und hrsg. von Konrad Ameln)

*Köln 1619
Catholische Kirchen Gesäng/ auff die Fürnemste Fest deß gantzen Jahrs wie mann dieselb zu Cölln/ vnnd anderstwo/ bey allen Christlichen Catholischen Lehren pflegt zu singen ... Köln 1619

*Köln 1623
Außerlesene, Catholische, Geistliche Kirchengesäng von Pfingsten, biß zum Aduent, &c. Weinacht Jubel, &c. Fastengesäng, &c. Oster Jubel, &c. Wallieder, &c. Vnd Allerley durch das gantze Jahr zu singen. 1623. Gedruckt zu Cölln, Bey Peter von Brachel ... Köln 1623

*Köln 1625
2. Auflage von *Köln 1623

*Köln 1634
3. Auflage von *Köln 1623

*Köln 1638
Geistlicher Psalter in welchem die ausserlesenste alt: vnd newe kirchen vnd hausgesang neben den lieblichsten Psalmen Dauids verfasset seindt ... Köln 1638

*Köln 1678
Syrenes Symphoniacae sive Hymni sacri quaternis vocibus ... Coloniae Agr. 1678

*Köln 1774
ALLerheILIgstes WVnDer Der LIebe IesV Des ErLösers Das ist Verborgener Gott, Verborgener Mensch in dem hochwürdigsten Sacrament ... Köln 1774

*Köln 1807
Melchior Ludolf Herold: Der heilige Gesang oder vollständiges katholisches Gesangbuch für den öffentlichen Gottesdienst und die häusliche Andacht, 2. Auflage, Köln 1807

*Köln 1837
Katholisches Gebet- und Gesang-Buch. Zunächst für höhere Lehranstalten, Köln 1837

*Köln 1852
Kölnisches Gesangbuch. Sammlung katholischer Kirchenlieder mit Melodien nach der kölnischen Festordnung ... hrsg. v. Albert Gereon Stein ... Köln 1852

*Köln 1887
Gesang- und Gebetbuch für die Erzdiöcese Köln, Köln 1887

*Köln 1949
Gebet- und Gesangbuch für das Erzbistum Köln, Köln 1949

*Konstanz 1594
Catholische Kirchen=Gesang vor vnd nach dem Catechismo zu singen, Konstanz 1594

*Konstanz 1600
Catholisch Gesangbüchlein/ in fünff vnderschidliche Theil abgetheilet bey dem Catechismo/ auch fürnemmen Festen/in Processionen/ Creutzgängen vnd Kirche[e]-färten sehr nutzlich/ zugebrauchen … Konstanz 1600

*Konstanz 1613
Catholisch Gesangbüchlein/ bey dem Catechismo/ an fürnehmen Festen/ inn Processionen/ Creutzgängen/ Kirchfährten/ und an andern Orten/ sehr nutzlich zu gebrauchen, Konstanz 1613

*Kumbaya
Kumbaya. Ökumenisches Jugendgesangbuch, hrsg. v. Michael Dähler, Zürich 1980

*Landshut 1777
Der heilige Gesang zum Gottesdienste in der roemisch-katholischen Kirche … Landshut 1777

*Layriz 1844
Friedrich Layriz (Hrsg.): Kern des deutschen Kirchenlieds von Luther bis auf Gellert, Nördlingen 1844

*Leisentrit
Geistliche Lieder und Psalmen der alten Apostolischen recht und warglaubiger Christlicher Kirchen: auffs fleissigste und christlichste zusamenbracht/ durch Johann Leisentrit von Olmutz, Bautzen 1567 (Reprint Leipzig 1966, mit einem Nachwort von Walther Lipphardt)

*Lippstadt 1807
Melchior Ludolph Herold: Der Heilige Gesang oder vollständiges katholisches Gesangbuch für den öffentlichen Gottesdienst und die häusliche Andacht, 2. Auflage, Lippstadt 1807

*London 1749
Nicolaus Ludwig von Zinzendorf: Londoner Gesangbuch. Alt- und Neuer Brüder-Gesang, London 1749–1754 (Reprint Hildesheim 1980, mit einer Einführung von Dietrich Meyer = Nikolaus Ludwig von Zinzendorf. Materialien und Dokumente IV,4)

*Lübeck 1832
Gesangbuch für die evangelisch-reformierte Gemeinde zu Lübeck, Lübeck 1832

*Luxemburg 1868
Katholisches Gesang- und Gebetbuch für das apostolische Vikariat Luxemburg, Luxemburg 1868

*Magdeburg 1726
Magdeburgisches Gesangbuch Darinnen Nebst denen in Evangelisch-Lutherischen Kirchen gebräuchlichen alten viele neue auserlesene geistreiche Lieder enthalten … Magdeburg 1726

*Magdeburg 1786
Neu=vermehrtes und verbessertes Magdeburgisches Gesang=Buch darinnen von denen in der Evangelisch=Lutherischen Kirchen gebräuchlichen alten, viele neue … Lieder enthalten… Magdeburg 1786

*Magdeburg 1851
Vollstaendiges Gesang=Buch, in sich haltend 1000 geistreiche und auserlesene Lieder, sowohl des seligen Herrn D. Martin Luthers … als auch anderer gottseligen Männer … Magdeburg 1851

*Mainz 1605
Catholisch Cantual oder Psalmbuechlein: Darinnen viel Lateinische vnnd Deutsche/aber meistentheils alte Catholische Gesaenge begriffen/welche mann auff die fuernembsten Fest deß gantzen Jahrs/auch bey dem Ampte der H. Meß/Processio=nen/vnd sonst/zusingen pflegt. Jetzt von Newem vbersehen/ver=bessert/vnd in seine Ordnung gebracht und gestelt: Ein jedes mit seinen Noten vnnd Melo=dey: Außtheylung sampt einem Ordent=lichen Register. Gedruckt in der Churfuerst=lichen Statt Meyntz/durch Balthasar Lippen/Im Jahr 1605

*Mainz 1628
Himmlische Harmony Von vielerley lieblich zusammen=stimmenden Frewd= Leid=Trost=und Klagvöglein/ Das ist/ New Mayntzisch Gesangbuch/ Darinn die außerlesenste/ theils alte theils newe/ Catholische Kirchengesäng/ mit sonderem fleiß in ein Ordnung gezogen/ vnd sampt dem Basso generali ad Organum, auff alle vnd jede Gesäng/ in Truck verfertigt ... Mainz 1628

*Mainz 1661
Mäyntzisch Gesangbuch In welchem begriffen seynd die außerlesenste/ so wol alte/ als neue Catholische/ Latein- und Teutsche Gesäng ... Von vielen/ mit der Zeit eingeschlichenen/ untauglichen Texten/ ungereumbten Reymen/ und andern dergleichen Truckfehlern geleutert/ und verbessert ... Mainz/Frankfurt 1661

*Mainz 1683
Allgemeines Gesang=Buch Jn welchem Die ausserlesenste so wol alte als neue Lieder/ so in den Mayntzischen/ Cölnischen/ Trierischen/Würtzburgischen und Speyrischen Gesang Bücheren Verfast und begriffen/ in dieses allgemeine Gesangbuch zusammen gesetzt seynd. Mit beyfügung der jenigen newen Lieder/ so in obgemelten Ertz= und Bistumben dieser Zeit üblich/ und dannoch in keinem deren Gesangbüchern zu finden seynd ... Mainz 1683

*Mainz 1705
Allgemeines Gesang-Buch/ Jn welchem Die außerlesneste so wol alte als neue Lieder/ so in dem Mäyntzerische/ Cöllnischen/ Trierischen/ Würtzburgischen und Speyrischen Gesang-Büchern Verfasst und begriffen/ in dieses allgemeine Gesang-Buch zusammen gesetzet/ und mit Notten gezieret seynd ... Mainz 1705

*Mainz 1728
Catholisches CANTUAL, Das ist: Alt und neu Mayntzisch Gesang=Buch/ Darinnen Die außerlesenste/ theils alte/ theils neue Catholische Latein= und Teutsche Gesänger begriffen seynd/ so man das gantze Jahr durch In denen Kirchen/ Schulen/ Wallfahrten, und sonsten zu singen pfleget. Sambt dem Basso Generali ad Organum begriffen. Anjetzo von neuem übersehen/ corrigirt/ und mit vielen neuen Gesängern vermehrt und verbessert ... Mainz 1728

*Mainz 1755
Catholisches CANTUAL, Eines Mayntzer auch Allgemeinen Gesang=Buchs, Erste Abtheilung darin Die außerlesenste, theils alte theils neue Catholische Latein=und Teutsche Gesaenger begriffen seynd, so man das gantze Jahr durch Jn denen Kirchen, Schulen, Wallfahrten, und sonsten zu singen pflegt. Sammt dem Basso Generali ad Organum begriffen. Anjetzo von neuem uebersehen, corrigirt, und mit vielen neuen Gesaengern vermehrt/und verbessert ... Mainz 1755

*Mainz 1772
Catholisches CANTUAL, Eines Mayntzer auch allgemeinen Gesang=Buchs, Erste Abtheilung darin Die außerlesenste, theils alte theils neue Catholische Latein=und Teutsche Gesaenger begriffen seynd/so man das gantze Jahr durch Jn denen Kirchen, Schulen, Wallfahrten, und sonsten zu singen pflegt. Samt dem Basso Generali ad Organum begriffen. Anjetzo von neuem uebersehen, corrigirt, und mit vielen neuen Gesaengern vermehrt und verbessert ... Mainz 1772

*Mainz 1778
Ernst Xaver Turin (Hrsg.): Sammlung geistlicher Lieder, Mainz 1778

*Mainz 1787
Neues christkatholisches Gesang=und Gebetbuch für die mainzer Erzdiözes ... Mainz 1787

*Mainz 1790
Neues christkatholisches Gesang=und Gebetbuch fuer die mainzer Erzdioezes. Sechste Auflage ... Mainz 1790

*Mainz 1797
Katholisches Lehr=Gebeth=und Gesang=Buch, mit auserlesenen Beicht= Kommunion=Meß=und andern andaechtigen Gebethen, auch neuen Gesaengen, sonderbar von dem hochwuerdigsten Sakrament des Altars merklich vermehrt, auf bekannte Melodien eingerichtet. Achte Auflage ... Mainz 1797 [erste Auflage 1739]

*Mainz 1841
Neues christkatholisches Gesang= und Gebetbuch für die Mainzer Diözese. Neue, umgearbeitete und verbesserte Ausgabe. Mit Genehmigung des bischöflichen Ordinariats. Mainz 1841

*Mainz 1847
Cantate! Katholisches Gesangbuch nebst Gebeten und Andachten für alle Zeiten und Feste des Kirchenjahres. Nach den alten, sonst allgemein gebräuchlichen Gesängen und Andachten, sowie nach dem lateinischen Kirchenritus bearbeitet von Heinrich Bone, Mainz 1847

*Mainz 1865
Katholisches Gebet- und Gesangbuch für die Diöcese Mainz, Mainz 1865

*Mainz 1887
Katholisches Gebet= und Gesangbuch für die Diöcese Mainz. Herausgegeben im Auftrage des Hochwürdigsten Herrn Wilhelm Emmanuel, Bischof des heiligen Stuhles von Mainz. Neue Auflage. Mainz, Verlag von Franz Kirchheim, 1887 u. ö.

*Marchesches Gesangbuch
Nicolaus Ludwig von Zinzendorf: Marchesches Gesangbuch. Sammlung geistlicher und lieblicher Lieder, Herrrnhut und Görlitz [1731] (Reprint Hildesheim 1980 = Nikolaus Ludwig von Zinzendorf. Materialien und Dokumente IV,2)

*Maria Theresia 1774
Geistliche Lieder zum Gebrauche der hohen Metropolitankirche bey St. Stephan in Wien und des ganzen wienerischen Erzbistums, Wien 1774

*München 1604
Newe auserlesene Geistliche Lieder/ Welche nit allein lieblich zu singe[n]: Sonder auch allen guthertzigen Christen gantz töstlich vnd nützlich zulesen vnd zubetrachten … München 1604

*München 1811
Katholisches Gesangbuch zum allgemeinen Gebrauche bei öffentlichen Gottesverehrungen, 3 Bände, München 1810–1811; hier: Bd. 3, 1811

*Münster 1810
Hermann Ludwig Nadermann (Hrsg.): Geistliche Lieder: nebst einigen Gebeten und Litaneyen, zum gottesdienstlichen Gebrauche des Münsterischen Gymnasiums, Münster 1810

*Mylius
Gesangbuch zum gottesdienstlichen Gebrauch in den Koeniglich=Preußischen Landen, Berlin 1780

*Nord-Stern
Nord=Stern/ Führer auff dem Weg zur Seeligkeit/ durch drey kräfftige Wirckungen; BETEN/ PSALLJEREN/ LESEN. das ist: Drey Catholische Büchlein: I. Geistreiches Bet=Buch: II. Außerlesenes Psalter=buch: III. Heilsames Lehr=buch: Zum nutzen der Teutschen Nation/ und insonderheit der Nord=Ländern … Amsterdam 1671

*Nürnberg 1625
Groß Catolisch Gesangbuch Darinen in die vierhundert Andechtige alte vnd newe gesäng vnd rüff/ in eine gute vnd richtige ordnung züsam gebrach, so theils zu Hauß theils zu Kirchen auch bey Procesionen und Kirchenfesten mit grosen nütz konnen gesungen werden. Alles mit sonderm fleiß aus dem mehrern bißhero getruckten gesangbüchern zusam getragen: theils auch von newe gestelt durch Dauit Gregorium Cornerum, Nürnberg 1625

*Nürnberg 1631
Groß catolisch Gesangbuch: darin fast in die fünfhundert alte und neue Gesang und Ruff, in ein gut und richtige Ordnung aus allen biß hero außgangenen catholischen Gesangbüchern zusammengetragen und jetzo aufs neue corrigiert worden / durch David Gregorium Cornerum. Nürnberg 1631

*Nürnberg 1676
Nürnbergisches Gesang-Buch/ Darinnen 1160. außerlesene/ so wol alt als neue/ Geist- Lehr- und Trostreiche Lieder … zu finden … Nürnberg 1676

*Paderborn 1616
Catholische, GEistliche Kirchen Gesäng, auff die fürnembsten Festa, Auch in Processionen, Creutzgängen, vnnd Kirchfärten: Bey der heiligen Meß, Predigt, in Häusern,

vnd auff dem Feld sehr nützlich zugebrauchen, Mit viel schönen andächtigen Weyhnächtgesängen vermehret vnd mit fleiß corrigirt, Paderborn 1616

*Paderborn 1628
Christlich Catholisch Gesangbuch/ in welchem Auff alle Fest vnd Zeiten des gantzen Jahrs/ in Processionen, bey dem Ampt der H. Meß vnd Communion/ vor vnd nach der Predig/ vnd sonsten sehr viel Catholische mit schönen Melodeyen gezierte Gesänge begriffen ... Paderborn 1628

*Paderborn 1765
GOTT, und der allerseeligsten Gottes-Gebährerin, und Jungfrauen MARIÆ gewidmetes, Neues verbessert- und vermehrtes Catholisch-Paderbornisches gesang-Buch, Welches zum Gebrauch des öffentlichen Gottesdienstes in denen Kirchen so wol, als zu eines jeden besonderen Andacht, und Seelen-Heyl, zu gebrauchen ... Paderborn 1765

*Paderborn 1770
Neues verbessertes, und in einen kürtzeren Begriff verfassetes dem dreyeinigen GOTT der allerseeligsten Jungfrau und Gottes-gebährerin MARIÆ, und anderen Heiligen GOttes, gewidmetes Catholisch-Paderbornisches Gesang-Buch ... Zweyte Auflage ... Paderborn 1770

*Paderborn 1948
Sursum corda! Gesang- und Gebetbuch für das Erzbistum Paderborn, Paderborn 1948

*Philadelphia 1814
Das neue und verbesserte Gesangbuch: worinnen die Psalmen Davids samt einer Sammlung alter und neuer geistreicher Lieder, sowohl für privat und Hausandachten, als auch für den öffentlichen Gottesdienst enthalten sind ... Philadelphia 1814

*Porst 1778
Geistliche und Liebliche Lieder, Welche der Geist des Glaubens durch Doct. Martin Luthern, Johann Heermann, Paul Gerhardt und andere seine Werkzeuge in den vorigen und jetzigen Zeiten gedichtet, und die bisher in Kirchen und Schulen Der Königl. Preuß. und Churfl. Brandenburg. Lande bekannt, ... Johann Porst ... Berlin 1779

*Porst 1892
Geistliche und liebliche Lieder, welche der Geist des Glaubens durch D. Martin Luther, Johann Heermann, Paul Gerhardt und andere seine Werkzeuge in den vorigen und jetzigen Zeiten gedichtet, und die bisher in Kirchen und Schulen der Königl. Preuß. und Kurfl. Brandenb. Lande bekannt ... Johann Porst ... Berlin 1892

*Praxis Pietatis Melica 1653
PRAXIS PIETATIS MELICA. Das ist: Vbung der Gottseligkeit in Christlichen und trostreichen Gesängen/ Herrn D. Martini Lutheri fürnemlich/ wie auch anderer vornehmer und gelehrter Leute: Ordentlich zusammen gebracht/ Vnd/ über vorige Edition mit gar vielen schönen/ neuen Gesängen (derer ingesamt 500) vermehret: Auch zu Beforderung des so wol Kirchen= als Privat=Gottesdienstes/ mit beygesetzten Melodeyen/ nebst dazu gehörigem Fundament/ verfertiget Von Johann Crügern ... Berlin 1653

*Praxis Pietatis Melica 1656
PRAXIS PIETATIS MELICA. Das ist: Vbung der Gottseligkeit in Christlichen und trostreichen Gesängen/ Herrn D. Martini Lutheri fürnemlich/ wie auch anderer seiner getreuen Nachfolger/ und reiner Evangelischer Lehre Bekenner . Ordentlich zusammen gebracht/ Vnd/ über vorige Edition mit noch gar vielen schönen/ neuen Gesängen de novo vermehret und verbessert. Auch zu Befoderung des so wol Kirchen- als Privat-Gottesdienstes/ mit beygesetztem bishero gebräuchlichen/ und vielen schönen neuen Melodien/ nebst dazu gehörigem Fundament/ verfertiget Von Johann Crügern ... Frankfurt/M. 1653

*Praxis Pietatis Melica 1674
Johann Crügers/ Neu zugerichtete PRAXIS PIETATIS MELICA: Das ist: Ubung der Gottseligkeit/ In Christlichen und trostreichen Gesängen Herrn D. Martin. Lutheri fürnemlich/ wie auch anderer seiner getreuen Nachfolger/ und reiner Evangelischer Lehr Bekenner. Ordentlich zusammen gebracht/ Und zur Beförderung des so Kirchen= als Privat-Gottesdiensts/ mit bißhero gebräuchlichen/ wie auch neuen Melodeyen/ neben darzu gehörigen Fundament

verfertiget/ und mit vielen trostreichen Gesäng vermehret Von Peter Sohren … Frankfurt/M. 1674

*Quempasheft 1930
Das Quempas=Heft. Auslese deutscher Weihnachtslieder im Auftrage des Finkensteiner Bundes herausgegeben von Wilhelm Thomas und Konrad Ameln, Kassel 1930

*Regensburg 1881
Lasset uns beten! Katholisches Gebet- und Gesangbuch von J. Mohr, Regensburg 1881

*RG
Gesangbuch der Evangelisch-reformierten Kirchen der deutschsprachigen Schweiz, Zürich 1998

*Sachsen 1926
Gesangbuch für die evangelisch=lutherische Landeskirche Sachsens, Dresden 1926

*Schalom
Schalom. Ökumenisches Liederbuch. Lieder, Texte, Grafiken, hrsg. von der Arbeitsgemeinschaft der Evangelischen Jugend, Gelnhausen/Berlin 1971

*Schein
Cantional Oder Gesangbuch Augspurgischer Confession, Jn welchem des Herrn D. Martini Lutheri und anderer frommen Christen/ auch des Autoris eigene Lieder vnd Psalmen … so in Chur- u. Fürstenthümen Sachsen, insonderheit aber in … Leipzig gebräuchlich. Verfertiget/ vnd mit 4. 5. vnd 6. Stimmen Componiret Von Johan-Hermano Schein … Leipzig 1627

*Schemellisches Gesangbuch
Musicalisches Gesang-Buch, Darinnen 954 geistreiche, sowohl alte als neue Lieder und Arien, mit wohlgesetzten Melodien, in Discant und Baß, befindlich sind … herausgegeben von George Christian Schemelli … Leipzig 1736 (Reprint Hildesheim 1999)

*Schleswig 1676
Auszerlesene Geistliche Lieder/ Ausz unterschiedlichen GEsangbüchern zusammen getragen und Auff gnädigste Anordnung Der durchläuchtigsten Fürstinn und Frauen Fr. Maria Elisabeth … Zu Beförderung des so wol öffentlichen Gottesdienstes in dero Hoff-Capelle/ als auch geheimen Andacht außgefertiget, Schleszwig 1676 [Reprint Husum 1986, hrsg. und mit einem Nachwort versehen von Ada Kadelbach]

*Singeschiff
Das Singeschiff. Lieder deutscher katholischer Jugend / hrsg. vom Katholischen Jungmännerverband Deutschlands, Düsseldorf 1930

*Songs of Praise
Songs of Praise. Enlarged Edition, London o.J.

*Spangenberg 1545
CANTIONES ECCLESIASTICAE LATINAE SIMVLAC SYNCERIORES QVAEdam praeculae, quae in calce voluminis reperiuntur Dominicis & Festis diebus in commemoratione Coenae Domini, per totius Anni circulum cantandae ac praelegendae. Per Iohannem Spangenbergium … KJrchengesenge Deutsch/ auff die Sontage vnnd fuernemliche Feste/ durchs gantze Jar/ zum Ampte/ so man das hochwirdige Sacrament des Abendmals Christi handelt/ auffs kuertzest durch Johan Spangenberg/ verfasset, Magdeburg 1545

*Speyer 1599
Alte Catholische Geistliche Kirchen=geseng/auff die fuernemste Feste/ Auch in Processionen/ Creutzgaengen vnd Kirchenfaer=ten: Bey der H. Meß/ Predig/ in Heusern/Vnd auff dem Feld zu=gebrauchen/sehr nuetzlich/sampt einem Ca=techismo. Auß Beuelch Deß Hochwürdigen Fuer=sten vnd Herrn/Herrn Eber=harten Bischouen zu Speir/unnd Probsten zu Weis=senburg/u. in die[se] ordnung ge=stelt. Gedruckt zu Coel[ln]/Durch Arnoldt Quent[ell]. M.D.XCIX.

*Speyer 1842
Katholisches Gesangbuch für das Bisthum Speyer, Speyer 1842

*Speyer 1929
Salve Regina. Gebet= und Gesangbuch für das Bistum Speyer … Neuausgabe, Speyer 1929

*Stiersches Gesangbuch 1835
Evangelisches Gesangbuch oder Neu bearbeitete Sammlung alter und neuer Lieder zum kirchlichen Gebrauch, Halle 1835 [Einführung v. Rudolf Stier]

*Straßburg 1541
Gesangbuch, darinn begriffen sind, die aller fuernemisten vnd besten Psalmen/ Geistliche Lieder/ vnd Chorgeseng/ aus dem Wittembergischen/ Strasburgischen/ vnd anderer Kirchen Gesangbuechlin zusamen bracht/ vnd mit besonderem fleis corrigiert vnd gedrucket ... Straßburg 1541 (Reprint Stuttgart 1953)

*Straßburg 1763
Neues vollstaendiges Gesang=Buch/ Worinnen Eine Auswahl Von alten u. neuen Liedern enthalten ... Straßburg 1763

*Straßburg 1789
Katholisches Gesangbuch zum Gebrauch des Bistums Straßburg, Straßburg 1789

*Straubing 1607
Ein new Rueff=Büchlein/ Von Etlichen sonderbarn Catholischen/ Wahlfahrten= Gesängen/ so GOtt/ seiner lieben Mutter/ vnd dem heyligen Sacramenten deß Altars zu Ehren/ gemacht/ vnd füglich zum Preiß GOTTES mögen gesungen werden ... Straubing 1607

*Stuttgart 1837
Evangelischer Liederschatz fuer Kirche und Haus. Eine Sammlung geistlicher Lieder aus allen christlichen Jahrhunderten, gesammelt und nach den Beduerfnissen unserer Zeit bearbeitet von M. Albert Knapp, 2 Bände, Stuttgart und Tübingen 1837

*Stuttgart 1854
Gesangbuch für die Evangelische Kirche in Württemberg, Stuttgart 1854

*Stuttgart/Augsburg 1854
Deutsches Evangelisches Kirchen-Gesangbuch. In 150 Kernliedern, Stuttgart und Augsburg 1854

*Thuma Mina 1995
Thuma Mina. Singen mit den Partnerkirchen – Singing with our Partner Churches – Internationales Ökumenisches Liederbuch – International Ecumenical Hymnbook – Herausgegeben von der Basler Mission, Basel und dem Evangelischen Missionswerk in Deutschland, Hamburg ... Basel und München-Berlin 1995

*Trier 1871
Gesang= und Gebetbuch für die Diöcese Trier, Trier 1871

*Unisono
UNISONO. Ökumenische mehrsprachige Lieder der Christenheit – A multilingual book of ecumenical hymns – Chants chrétiens écuméniques en plusieurs langues. Herausgegeben von der Internationalen Arbeitsgemeinschaft für Hymnologie ... Graz 1997

*Vehe
Ein New Gesangbüchlin Geystlicher Lieder/ vor alle gutthe Christen nach ordenung Christlicher kirchen ... Leipzig 1537 (Reprint Mainz 1970, mit einem Geleitwort von Walther Lipphardt = Beiträge zur mittelrhein. Musikgeschichte 11)

*Vorentwurf
Evangelisches Gesangbuch. Vorentwurf, hrsgg. von den Gesangbuchausschüssen der Evangelischen Kirche in Deutschland und dem Bund der Evangelischen Kirchen in der Deutschen Demokratischen Republik, o. O. 1988

*Walter
s. Chorgesangbüchlein Johann Walters

*Weihnachtslied 1932
Das Weihnachtslied. 70 deutsche gottesdienstliche Weihnachtsgesänge, meist mit eigenen Weisen, aus dem 14. bis 17. Jahrhundert, hrsgg. von Wilhelm Thomas und Konrad Ameln, Kassel 1932

*Weimar 1783
Neu eingerichtetes Sachsen=Weimar= Eisenach= und Jenaisches Gesang=Buch, bestehend aus 1192. alten und neuen Liedern ... zum allgemeinen Gebrauch in Dero saemmtl. Herzogthuemern und incorporirten Landen ... Jetzt neu uebersehen und mit einer Vorrede begleitet von Joh. Gottfr. Herder ... Weimar 1783.

*Weimar 1795
Weimarisches Gesangbuch nebst einigen Gebeten zur öffentlichen und häuslichen Andacht ... Johann G. Herder ... Weimar ca. 1795

*Wittenberg 1529
Verschollen. Früheste erhaltene Ausgabe: Geistliche lieder auffs new gebessert zu Wittemberg. D. Mart. Luth., Wittenberg 1533 (Reprint Kassel u. a. 1954, ergänzt und hrsg. von Konrad Ameln)

*Württemberg 1830
Gesangbuch für die evangelischen Kirchen und Schulen des Königreichs Württemberg, Stuttgart 1830

*Würzburg 1622
PSALM XLIV. … Il più bello del mondo. Das Allerschönste Kind in der Welt. MARGARITA in Concha, &c. Berl in Goldt/ Die Gottheit in der Menschheit/&c. … Wunder vber Wunder ad Coloss. I. Gedruckt zu Würtzburg/ bey Johan Volmari/ Jm Jahr 1622

*Würzburg 1628
Alte vnd Newe Geistliche Catholische außerlesene Gesäng/ auff Sonn- vnd fürnehme Festäg des gantzen Jars/ Processionen/ Creutzgängen vnd Wallfarten/ bey der H. Meß/ Predig/ Kinderlehr/ in Häusern vnd auff dem Feld sehr nützlich vnd andächtig zugebrauchen […], Würzburg 1628

*Würzburg 1647
Sirenes marianae, sive hymni in honorem B. Mariae V. et vsvm partheniorum sodalium concinnati […], Würzburg 1647

*Würzburg 1649
Sirenes Partheniae, sive Hymni, Christo Jesu & Matri Virgini Mariae sacri, duabus vocibus adornati … Würzburg 1649
Im selben Jahr erschien auch die deutsche Ausgabe: Keusche Meerfraeulein/ oder Geistliche Gesaeng/ Christo Jesu Unserm Seligmacher: Mariae Seiner Gebenedeyten Mutter zu Ehren/ auß Latein in Teutsch uebersetzt …Würzburg 1649

*Würzburg 1828
Katholisches Gesangbuch für den öffentlichen Gottesdienst im Bißthume Würzburg, oder Sammlung älterer und neuerer Kirchengesänge Katholisches Gesangbuch für den öffentlichen Gottesdienst im Bißthume Würzburg, oder Sammlung älterer und neuerer Kirchengesänge: zur Verherrlichung des katholischen Gottesdienstes und zur Beförderung der Andacht bei demselben … Würzburg 1828

*Würzburg 1828
Katholisches Gesangbuch für den öffentlichen Gottesdienst im Bißthume Würzburg oder Sammlung älterer und neuerer Kirchengesänge zur Verherrlichung des kath. Gottesdienstes … frei bearbeitet und hrsg. von Sebastian Pörtner … Würzburg 1828

*Zürich 1853
Gesangbuch für die Evangelisch-Reformirte Kirche des Kantons Zürich, Zürich 1853

*Zürich 1998
Gesangbuch der Evangelisch-reformierten Kirchen der deutschsprachigen Schweiz, Zürich

Abbildungsnachweis

S. 29: Handschrift Ccl. 1213; fol. 83 verso, Chorherrenstift Klosterneuburg, Stiftsbibliothek.
S. 30: Codex 1482, fol. 84 verso, Österreichische Nationalbibliothek, Wien.
S. 39 unten: Cgm 716, fol 29 verso, Bayerische Staatsbibliothek, München.
S. 232 und 233: aus Georg Neumark: Fortgepflanzter Musikalisch-Poetischer Lustwald (1657). Herzog August Bibliothek Wolfenbüttel [156.5 Poet.]
S. 242: Clm 8201, fol 94 verso, Bayerische Staatsbibliothek, München.
S. 285: Cod. U. H. 1, fol. 95, Badische Landesbibliothek Karlsruhe.
S. 286: Kardinal-Hengsbach-Haus Essen
S. 454: Abdruck mit freundlicher Genehmigung von Ruth Alice von Bismarck, Nachlaßverwaltung Dietrich Bonhoeffer.

Die anderen Abbildungen entstammen den Archiven der Autoren.

Namenregister

Das Register berücksichtigt nur den Textteil, nicht die Anmerkungen

Liedregister

Das Register berücksichtigt nur den Textteil, nicht die Anmerkungen

Danksagung

Es war eine gute Zeit, die fünf Jahre, in denen dieses *Geistliche Wunderhorn* entstand; die sechs Verfasser erinnern sich gern an die intensiven interdisziplinären und interkonfessionellen Diskussionen, die bei der kritischen Sichtung der einzelnen Kommentarentwürfe entstanden. Immer wieder haben auch Stipendiaten des Mainzer Graduiertenkollegs Geistliches Lied und Kirchenlied interdisziplinär an diesen Sitzungen teilgenommen. Der Deutschen Forschungsgemeinschaft und dem Land Rheinland-Pfalz, die zusammen dieses Kolleg finanzieren, gebührt Dank für die Schaffung eines Umfelds, in dem universitäre Kirchenliedforschung im großen Stil überhaupt erst möglich wurde. Die Johannes Gutenberg-Universität Mainz fördert seit vielen Jahren eine hymnologische Arbeitsstelle mit einem Gesangbucharchiv, das inzwischen über zweitausend Gesangbücher vom 16. Jahrhundert bis zur Gegenwart umfaßt und den Quellenhintergrund für die entstehungs- und wirkungsgeschichtlichen Befunde dieses Buches lieferte.

Der Deutschen Forschungsgemeinschaft und der Thyssen-Stiftung ist zu danken für gewährte Forschungsfreijahre. Die Internationale Arbeitsgemeinschaft für Hymnologie hat zahlreiche Kontakte auch über die deutschen Grenzen hinaus ermöglicht, die Kasseler und die Züricher Arbeitsstellen der Gesellschaft zur Erforschung des Deutschen Kirchenlieds haben Noten und Auskünfte zur Verfügung gestellt. Mit Quellen und Informationen zu einzelnen Liedern waren die Staatsbibliothek zu Berlin – Preußischer Kulturbesitz, die Universitätsbibliothek und die Staats- und Stadtbibliothek in Augsburg, das Deutsche Volkslied-Archiv in Freiburg, die Abtei von Solesmes, die Bibliotheken der Priesterseminare in Fulda und in Münster, die Erzbischöfliche Akademische Bibliothek Paderborn, die Kantonsbibliotheken von Luzern und Thurgau, die Stiftsbibliotheken in Engelberg und St. Gallen, die Österreichische Nationalbibliothek in Wien, die Musikabteilung der Bayerischen Staatsbibliothek in München, die Bibliothèque de Saint-Omer, das Tiroler Volksliedarchiv, das Stille-Nacht-Museum in Salzburg, die Tübinger Arbeitsstelle der neuen Schubert-Ausgabe, die Brentano-Forschungsstelle im Freien Deutschen Hochstift zu Frankfurt und zahlreiche andere Bibliotheken behilflich.

Für die gründliche Durchsicht des Gesamtmanuskripts, bei der sich noch zahlreich Verbesserungen ergaben, seine formale Vereinheitlichung, seine musikwissenschaftliche Überprüfung, den Notensatz und weitere nützliche Hilfen bei der Schlußredaktion ist vor allem Markus Rathey die Ehre zu geben. Von den zahlreichen

Einzelpersonen, die in irgendeiner Weise, mit wissenschaftlichen Auskünften, mit Beschaffung seltener Quellen und Bildvorlagen, mit Bestell-, Schreib- und Kopierarbeiten direkt oder indirekt zum Gelingen des Unternehmens beigetragen haben, soll hier nur der wichtigsten gedacht werden: Waltraud Appel, Elke Axmacher, Lucyna Bialy, Arno Claas, François Duhazé, Christian Finke, Dominik Fugger, Louise Gnädinger, Bertrand Gamelin OSB, Roland Götz, Günther Grünsteudel, Sabine Gruber, Gertraud Haberkamp, Gerhard Hahn, Anne Harzer, Kristina Hasenpflug, Erika Heitmeyer, Jürgen Hillesheim, Anton Issel, Bertold Jäger, Maria-Stephanie Kemmerling, Peter Knauer SJ, Hans-Otto Korth, Michael Kube, Max Lütolf, Günter Mayer, Dorothea Monninger, Cornelia Müller, Guido Muff OSB, Theo G.M. van Oorschot, Sonja Ortner, Julius Oswald SJ, Franz Karl Praßl, Joachim Roller, Thomas Rollersbroich, Uwe Ruberg, Christiane Schäfer, Ludger Schenke, Hermann-Josef Schmalor, Bernhard Schmidt, Patrick Schödl, Hans-Rüdiger Schwab, Hartwig Schultz, Benigna Strnisco, Ulrike Süß, Stefan Trappen, Beatrix Türmer, Heike Wennemuth, Reinhard Wiesend, Daniela und Volker Wissemann.

Die CD zu diesem Buch

Diese CD steht zwar im Dienst des Buches, zu dem sie gehört, aber das heißt nicht, daß sie nur dokumentarisches Material zur Veranschaulichung einer kulturgeschichtlichen Darlegung böte. Sie ist durchaus auch etwas Eigenständiges – eine künstlerische Komposition, die die Stimmen vieler Jahrhunderte zu einer Einheit fügt, einen Bogen schlägt von der archaischen Feierlichkeit des tausend Jahre alten «Christ ist erstanden» bis zum jagenden Tempo von «Der Chaos schuf zu Menschenland». Die Aufnahme präsentiert 23 von 50 Liedern des Buches. Sie folgt zwar der chronologischen Anordnung, führt die Lieder aber nicht historistisch im Stil ihrer Entstehungszeit auf, sondern mischt musikalisch Altes und Modernes, vergegenwärtigt das Alte durch Interpretation, Instrumentation, Vor- und Zwischenspiele, zeigt ein reiches Spektrum teils vertrauter, teils ungewohnter musikalischer Farben und drückt aus, wofür die Sprache keine Worte hat.

Im einzelnen können sich Abweichungen ergeben zwischen den im Buch edierten Fassungen und denen auf der CD. Das hat unterschiedliche Gründe. Wenn die Aufnahme eine klassisch gewordene Vertonung bringt («Wenn ich einmal soll scheiden» oder «Gib dich zufrieden und sei stille»), wenn sie zeigen will, wie unterschiedlich eine Melodie bei ein und demselben Komponisten vertont werden kann («Wie schön leuchtet der Morgenstern») oder wie ein altes Lied mit eher moderner Harmonisierung klingt («O Haupt voll Blut und Wunden»), muß sie jeweils die Textfassung verwenden, die zu der betreffenden Musikfassung gehört. Es kann deshalb nicht immer akustisch vernommen werden, was der Liedkommentar im Buch über die betreffende Melodie oder zum Text sagt.

Statt dessen machen die Aufnahmen die lebendige Wirkungsgeschichte der Kirchenliedmelodien hörbar. Sie zeigen eine Vielzahl unterschiedlichster Klänge, vom unbegleiteten Sologesang («O du hochheilig Kreuze») bis hin zur Klavierbegleitung neuer Lieder wie bei «Der du uns weit voraus ins Reich der Ängste gingst». Von Fall zu Fall werden auch zwei verschiedene Melodien eines Liedes vorgestellt («Aus tiefer Not», «Ich steh an deiner Krippen hier», «Und suchst du meine Sünde»). Auch ein weltliches Lied wird gesungen («Innsbruck, ich muß dich lassen»), weil seine Melodie wichtige Fernwirkungen auf geistliche Weisen ausgeübt hat («O heilge Seelenspeise», «Der Mond ist aufgegangen»). Ganz gelegentlich wird auch einstimmiger Gesang mit Orgelbegleitung eingespielt, um den «Sitz im Leben» der gewohnten Kirchenpraxis in Erinnerung zu rufen («Gott ist gegenwärtig», «Wunderschön prächtige»).

«Stille Nacht» wurde hingegen nach dem ältesten bekannten Manuskript aufgeführt, mit Gitarrenbegleitung, so, wie es sich Textdichter und Komponist damals vorgestellt hatten.

Die immer wieder eingeschalteten Orgelimprovisationen machen sinnfällig, daß von den alten Melodien bis heute starke Anregungskräfte ausgehen.

Hermann Kurzke, Christa Reich

Geistliches Wunderhorn – Lieder der CD

1 **Christ ist erstanden**
[Seite 29, T2:28]

2 **In dulci jubilo**
[Seite 51, T1:31]
Strophen 1, 3
Satz: Michael Praetorius

3 **Es kommt ein Schiff**
[Seite 60, T3:32]
Strophen 1 – 4
Satz: Kurt Thomas

4 **Mitten wir im Leben sind**
[Seite 84, T4:59]
Strophen 1, 3
Satz: nach Lukas Osiander

5 **Aus tiefer Not schrei ich zu dir**
[Seite 124, T4:03]
Strophe 1
Satz: Bartholomäus Schümler
(Straßburger Fassung)
Strophe 2
Straßburger Fassung
Strophe 3
Luther-Fassung
Strophe 5
Satz: Johann Sebastian Bach
(Luther-Fassung)

6 **Wie schön leuchtet der Morgenstern**
[Seite 146, T4:37]
Strophen 1, 4
Satz: Johann Hermann Schein
Strophe 7
Satz: Michael Praetorius

7 **O du hochheilig Kreuze**
[Seite 167, T2:37]
Strophen 1, 3, 4, 5, 8
Solo: Felix Groß, Bariton
(Mitglied im Windsbacher Knabenchor)

8 **Bei stiller Nacht**
[Seite 207, T1:52]
Strophen 1 – 3, 15
Solo: Peter Hohlweg, Bariton
(Mitglied im Windsbacher Knabenchor)

9 **Es ist ein Schnitter**
[Seite 224, 2:49]
Strophen 1 – 3, 16
Solo: Peter Hohlweg, Bariton
(Mitglied im Windsbacher Knabenchor)
Gitarre: Jochen Roth

10 **Wer nur den lieben Gott läßt walten**
[Seite 231, T0:58]
Strophe 7
Satz: Johann Sebastian Bach

11 **O heilge Seelenspeise**
[Seite 239, T4:45]
«O allerhöchste Speise»
Strophe 1 – 3
Solo: Friedrich Spieser, Tenor
(Mitglied im Windsbacher Knabenchor)
Orgelzwischenspiel
«O wunderbare Speise», Strophe 1
«Innsbruck, ich muss dich lassen», Strophe 1
Satz: Heinrich Isaac

12 **Ich steh an deiner Krippen hier**
[Seite 249, T5:46]

Strophen 1, 4
Satz: Johann Eccard
Orgelzwischenspiel
Strophen 5, 8, 9 aus Bach-Schemelli
Soli: David Jerusalem, Tenor und Denis Prell, Sopran (Mitglieder im Windsbacher Knabenchor)

13 **O Haupt voll Blut und Wunden**
[Seite 275, T6:10]

Strophen 1 – 3
Satz: Augustinus Franz Kropfreiter
Orgelzwischenspiel
Strophe 9
Satz: Johann Sebastian Bach

14 **Ich will dich lieben, meine Stärke**
[Seite 291, T2:54]

Strophen 1, 2, 5
Satz: Adolf Lohmann

15 **Gib dich zufrieden und sei stille**
[Seite 299, T1:50]

Strophen 1, 10 aus Bach-Schemelli
Soli: Michael Rapke, Bariton und Simon Streib, Bariton (Mitglieder im Windsbacher Knabenchor)

16 **Gott ist gegenwärtig**
[Seite 337, T3:33]

Strophen 1, 2, 5
Soli: Markus Meyer, Sopran und Malik Gücberk, Sopran (Mitglieder im Windsbacher Knabenchor)

17 **Wunderschön prächtige**
[Seite 345, T1:39]

Strophe 1

18 **Der Mond ist aufgegangen**
[Seite 380, T1:47]

Strophen 1, 2
Satz: Bernward Bruchhäuser-Meisemann

19 **Wenn ich ihn nur habe**
[Seite 394, 2:41]

Strophen 1, 5
Satz: Heinrich Carl Breidenstein

20 **Stille Nacht**
[Seite 408, 2:53]

Strophen 1 – 3
Soli: Matthias Franz, Sopran und Bijan Djafari, Alt (Mitglieder im Windsbacher Knabenchor)
Gitarre: Jochen Roth
Satz: Franz Xaver Gruber

21 **Und suchst du meine Sünde**
[Seite 462, T2:18]

Strophe 1
Paul Ernst Ruppel
Strophe 1 – 3
Kurt Boßler
Solo: Denis Prell, Sopran (Mitglied im Windsbacher Knabenchor)

22 **Der du uns weit voraus ins Reich der Ängste gingst**
[Seite 484, T3:00]

Strophe 1 – 4
Satz: Sven Erik Bäck

23 **Der Chaos schuf zu Menschenland**
[Seite 492, T2:07]

Strophe 1 – 3
Satz: Antoine Oomen

Alle Orgelimprovisationen und freien Begleitsätze von Torsten Laux

Windsbacher Knabenchor

Die «Windsbacher» sind das «überzeugendste Plädoyer für die Existenzberechtigung von Knabenchören auch im dritten Jahrtausend». So beurteilt der namhafte Musikwissenschaftler und Autor Prof. Christoph Rueger den künstlerischen Stellenwert des in Nordbayern beheimateten Ensembles. Er faßt damit pointiert zusammen, was Fach- wie Publikumskritik dem Chor seit Mitte der 90er Jahre bescheinigen: einer der «tonangebenden deutschen Knabenchöre» zu sein und zu den «besten ihres Fachs» zu gehören.

So rühmt beispielsweise die Südwest Presse die «musikalische und technische Vielseitigkeit» des Chores sowie die «Qualität der Interpretation: präsent, plastisch, biegsam im Ausdruck, unbestechlich in der Intonation und beispielhaft konzentriert». Die Leipziger Volkszeitung ergänzt diese Qualitätsmerkmale mit Vokabeln wie «traumwandlerisch sichere Homogenität (...), spielerisch anmutende Leichtigkeit in Bewältigung der Koloraturen, die Wendigkeit und Vielfalt des Ausdrucks». Weitere Medien verweisen auf die «schlechthin phänomenalen Qualitäten» wie «verblüffende stimmliche Lockerheit, kaum zu übertreffende Intonationsreinheit, fein nuancierter, transparenter Ensembleklang in Verbindung mit plastischer, doch stets schlichter, ungekünstelter Deklamation» (Frankfurter Allgemeine Zeitung).

Gegründet wurde der Windsbacher Knabenchor 1946 von Hans Thamm, der den Chor innerhalb von 30 Jahren zu einem unverwechselbaren Vertreter der evangelischen Kirchenmusik entwickelte und ihn durch zahlreiche Rundfunk- und Plattenproduktionen bekannt gemacht hat. Seit 1978 von Karl-Friedrich Beringer geleitet, festigten die «Windsbacher» ihren national wie international guten Ruf und sind zu einem musikalischen Ensemble mit Weltgeltung gereift. Ihr Repertoire umfaßt die Chorliteratur a cappella von der Renaissance bis zu Werken des ausgehenden 20. Jahrhunderts ebenso wie die bedeutendsten Oratorien der Barockzeit und der Romantik.

Konzertreisen führten den Chor zu den meisten namhaften Musikfestivals in Deutschland (Schleswig-Holstein, Rheingau, Internationales Bach-Fest Leipzig, Brandenburgische Sommerkonzerte, Mosel-Festwoche). Auch im Ausland hat er seine musikalische Visitenkarte mehrfach hinterlegt – in Südamerika, den USA, in Japan, Taiwan, Israel und in europäischen Ländern. Im Jahr 2000 sangen die «Windsbacher» auf Einladung des Melbourne-Festivals erstmals in Australien.

Karl-Friedrich Beringer

Karl-Friedrich Beringer leitet den Windsbacher Knabenchor seit 1978 und führte das Ensemble zu Weltruhm, so daß dieser heute als einer der «tonangebenden deutschen Knabenchöre» firmiert (Fono Forum). Als Chordirigent «mit Leib und Seele», der die Sänger «herausfordert, alles zu geben, was in ihren Kehlen und Herzen steckt», aber auch als Orchesterdirigent zählt er heute zu den gefragten Musikerpersönlichkeiten (Südwest Presse/Leipziger Volkszeitung).

Neben seiner zielstrebigen Arbeit mit dem Windsbacher Knabenchor im Bereich der a-cappella-Literatur entwickelte Beringer enge musikalische Beziehungen zu namhaften Orchestern, Instrumental- und Vokalsolisten. Er leitete vielbeachtete Aufführungen der Oratorien von Bach, Händel, Mozart und Mendelssohn-Bartholdy. Gegenwärtig arbeitet er mit dem Münchener Kammerorchester, dem Münchner Rundfunkorchester, dem Deutschen Symphonie-Orchester Berlin und den Deutschen Kammer-Virtuosen Berlin zusammen. Zahlreiche CD-Einspielungen dokumentieren die musikantisch inspirierten Interpretationen des detailfreudigen Dirigenten Karl-Friedrich Beringer, der selbst einem «arg traktierten Klassik-Hit (...) viele ungewohnte, verdeckte Töne abgewinnen» kann (Nürnberger Nachrichten).

Seit 1981 ist Karl-Friedrich Beringer Gast in renommierten Konzertreihen sowie bei in- und ausländischen Musikfesten, darunter in Schaffhausen, Luzern, Ansbach, beim Brandenburgischen Musiksommer und dem Rheingau Musik Festival. Gemeinsam mit seinen «Windsbachern» gastierte er in fast allen Musikzentren Deutschlands sowie in Südamerika, den USA, Taiwan, Japan, Israel und vielen europäischen Ländern.

Jochen Roth

Jochen Roth studierte Gitarre an der Musikhochschule Würzburg in der Klasse von Professor Jürgen Ruck. 1993 schloss er mit der künstlerischen Diplomprüfung ab. Seine instrumentale Ausbildung wurde durch die Teilnahme an mehreren Meisterkursen von Alvaro Pierri (Kanada), Hubert Käppel (Köln), Frank Bungarten (Hannover) und Manuel Barrueco (USA) sowie durch Studien bei Prof. Thomas Müller-Pering an der Musikhochschule in Weimar ergänzt.

Als Preisträger in verschiedenen nationalen und internationalen Wettbewerben wurde er unter anderem beim Wettbewerb der Musikalischen Akademie Würzburg (1988), beim internationalen Gitarren-Duo Wettbewerb in Bubenreuth (1991) und beim 4. Internationalen Wettbewerb Forum Gitarre 1999 in Wien ausgezeichnet. Außerdem ist er Kulturförderpreisträger 1997 der Stadt Unna.

Derzeit lehrt Jochen Roth als Dozent an der Hochschule für Kirchenmusik in Bayreuth und hat darüber hinaus Lehraufträge an der Hochschule für Musik in Würzburg und der Universität Erlangen-Nürnberg inne.

Neben der solistischen Tätigkeit gilt seine besondere Vorliebe vor allem den verschiedenen kammermusikalischen Möglichkeiten seines Instrumentes, die er über die Originalliteratur hinaus durch eigene Bearbeitungen zu erweitern sucht, was sich im Rahmen seiner intensiven Konzerttätigkeit im In- und Ausland als Solist und gefragter Kammermusiker stets eindrucksvoll widerspiegelt.

Mit dem Bayerischen Rundfunk entstanden bereits mehrere Solo- sowie Kammermusikaufnahmen.

Auf seinen beiden bisher erschienenen CDs interpretiert Jochen Roth Werke von Federico Moreno Torróba für Gitarre solo und, zusammen mit der Leipziger Sopranistin Susanne Scheinpflug, spanische Musik für Gesang und Gitarre. Eine zweite Solo-CD sowie zwei Kammermusikeinspielungen werden voraussichtlich noch im Jahr 2001 erscheinen.

Torsten Laux

Torsten Laux (geboren 1965 in Worms/Rhein) erhielt seit 1978 Orgelunterricht bei Kantor Otfried Miller in Bensheim/Bergstraße und studierte seit 1985 an der Musikhochschule in Frankfurt/Main Kirchenmusik bis zur A-Prüfung 1989 (Orgelliteraturspiel bei Prof. Hans-Joachim Bartsch, Improvisation bei Prof. Reinhardt Menger und KMD Gerd Wachowski) und Orgel (Künstlerische Ausbildung bei Professor Edgar Krapp) bis zum Konzertexamen 1992. 1994 bis 1996 folgten weitere Studien bei Professor Daniel Roth (Paris) und Prof. Bernhard Haas (Stuttgart).

Torsten Laux ist Preisträger einiger renommierter internationaler Orgelwettbewerbe (Johann-Pachelbel-Preis der Internationalen Orgelwoche Nürnberg, Georg-Böhm-Orgelwettbewerb in Lüneburg, Gottfried-Silbermann-Orgelwettbewerb in Freiberg/Sachsen, Internationaler Wettbewerb «Orgelland Thüringen», August-Gottfried-Ritter-Wettbewerb der Landeshauptstadt Magdeburg, Bachpreis der Landeshauptstadt Wiesbaden, Internationaler Orgelwettbewerb in Odense/Dänemark, Jan-Pieterszoon-Sweelinck-Wettbewerb in Danzig/Gdansk u. a.). In Biarritz (Frankreich) gewann er alle drei Preise im Fach Improvisation («Prix André Marchal», Sonderpreis und Publikumspreis).

Er spielte Aufnahmen für den Hessischen Rundfunk, für den Südwestfunk, für den Mitteldeutschen Rundfunk, für den Belgischen Rundfunk, für den Ungarischen Rundfunk, für Radio France und auch für das Fernsehen (hr, MDR, Arte, France TV 1, Rumänisches Fernsehen und Eurovision) ein. Seit 1989 sind eine Langspielplatte und neun Compact Discs erschienen. Konzertreisen führten ihn nach Frankreich, Belgien, England, Dänemark, Schweden, Finnland, Italien, Polen, Ungarn und Rumänien. Im In- und Ausland gibt er Orgelkurse für Improvisation und Interpretation und ist außerdem als Juror bei internationalen Orgelwettbewerben gefragt.

Torsten Laux war von 1995 bis 1999 Kantor und Organist der Dankeskirche Bad Nauheim, seit 1993 ist er außerdem Dozent für Orgelimprovisation an der Fachakademie für Kirchenmusik in Bayreuth. Zum Sommersemester 1999 erhielt er einen Ruf als Professor für Orgel an der Robert-Schumann-Hochschule in Düsseldorf.

Aufgenommen vom 27. April bis 1. Mai 2001
durch das Tonstudio Teije van Geest
Tonmeister: Joachim Müller

RONDEAU PRODUCTION

Tonträger mit dem Windsbacher Knabenchor
Heinrich-Brandt-Straße 18
D-91575 Windsbach

Telefon 09871/708-200
Telefax 09871/7949
http://rondeau.de